PwC Deutsche Revision
PRICEWATERHOUSECOOPERS

Finanzdienstleistungsinstitute
Kommentierung der neuen
Solvenz- und Marktaufsicht

Fachverlag
Moderne Wirtschaft

Inhaltsübersicht

3

Inhaltsverzeichnis

9

Abbildungsverzeichnis

Abkürzungsverzeichnis

A

a.F.	alte Fassung
Abs.	Absatz
abzgl.	abzüglich
ADR	American Depository Receipts
ADS	Adler/Düring/Schmaltz: Rechnungslegung und Prüfung der Unternehmen; 6. Auflage
AktG	Aktiengesetz
AKV	Allgemeinen Kreditvereinbarungen
AnzV	Anzeigenverordnung

B

BAK	Bundesaufsichtsamt für das Kreditwesen
BAWe	Bundesaufsichtsamt für den Wertpapierhandel
BBkG	Bundesbankgesetz
BCCI	Bank of Credit and Commerce International
BGB	Bürgerliches Gesetzbuch
BGBl.	Bundesgesetzblatt
BIZ	Bank für Internationalen Zahlungsausgleich, Basel
BKR	Bankrechtskoordinierungsrichtlinie
BMF	Bundesministerium für Finanzen
BörsG	Börsengesetz
bzw.	beziehungsweise

C

CAPM	Capital Asset Pricing Model
CMF	Common Minimum Information Framework
CoMö	Consbruch/Möller/Bähre/Schneider, Gesetz über das Kreditwesen, Textsammlung, Loseblattsammlung, München

D

d.h.	das heißt
DAX	Deutscher Aktienindex
DB	Der Betrieb
DBBk	Deutsche Bundesbank
DTB	Deutsche Terminbörse
DV	Datenverarbeitung

E

E.v.	Eingang vorbehalten
ECU	European Currency Unit
EDR	European Depository Receipt
EDV	Elektronische Datenverarbeitung
EG	Europäische Gemeinschaften
EK	Eigenkapital
EM	Eigenmittel
EMR	Eigenmittelrichtlinie
EMUS	Eigenmittelunterlegungssatz
EStG	Einkommensteuergesetz
EU	Europäische Union
evtl.	eventuell
EWG	Europäische Wirtschaftsgemeinschaft
EWR	Europäischer Wirtschaftsraum

F

f., ff.	folgend, folgende
FATF	Financial Action Task Force on Money Laundering vom Juni 1996
FDLI	Finanzdienstleistungsinstitut
FFD	Forward Forward Deposit
FRA	Forward Rate Agreement
FRF	Französische Franc
FU	Finanzunternehmen
FW	Fremdwährung

G

GDR	Global Depository Receipt
ggf.	gegebenenfalls
GKR	Großkreditrichtlinie
Grd I	Grundsatz I
GroMiKV	Großkredit- und Millionenkreditverordnung
GwG	Geldwäschegesetz

H

hEK	haftendes Eigenkapital
HGB	Handelsgesetzbuch
Hs.	Halbsatz

I

IDR	International Depository Receipt
idR	in der Regel
ieS	im engeren Sinne
iHv	in Höhe von
InvestmG	Investmentgesetz
iSd	im Sinne der, des, dieser
iSv	im Sinne von
iVm	in Verbindung mit
IWF	Internationaler Währungsfonds

K

KAGG	Gesetz über Kapitalanlagegesellschaften
KAR	Kapitaladäquanzrichtlinie aus dem Jahre 1993
KfW	Kreditanstalt für Wiederaufbau
kg	Kilogramm
KI	Kreditinstitut
KN	Kreditnehmer
KOR	Konsolidierungsrichtlinie
KredBestV	Kreditbestimmungsverordnung
KStG	Körperschaftsteuergesetz
KWG	Gesetz über das Kreditwesen

L

LIBOR	London Interbank Offered Rate
LZB	Landeszentralbank

M

MaH	Mindestanforderungen an das Betreiben von Handels-geschäften der Kreditinstitute, Verlautbarung des BAK vom 23. Oktober 1995
MESZ	Mitteleuropäische Sommerzeit
MEZ	Mitteleuropäische Zeit
Mio	Million
modD	modifizierte Duration
MW	Marktwert

N

NIF	Note Issuance Facilities
Nr.	Nummer

O

o.a.	oben angeführt
o.ä.	oder ähnliche(s)
o.g.	oben genannt
OECD	Organisation für wirtschaftliche Zusammenarbeit und Entwicklung
OHG	offene Handelsgesellschaft
OTC	over the counter

P

PC	Personal-Computer
PrüfbV	Prüfungsberichtsverordnung

R

rd.	rund
RechKredV	Verordnung über dir Rechnungslegung der Kreditinstitute
RUF	Revolving Underwriting Facilities

S

S.	Satz
SEC	Security and Exchange Commission
sog.	sogenannt(e)
SOR	Solvabilitätsrichtlinie
SPV	special purpose vehicles

T

Tz.	Textziffer

U

u.a.	unter anderem
uE	unseres Erachtens
UmbH	Unternehmen mit bankbezogenen Hilfsdiensten
USD	US-Dollar
uU	unter Umständen

V

v.H.	von Hundert
VaR	Value at Risk
VerbrKrG	Verbraucherkreditgesetz
vgl.	vergleiche

W

WP	Wertpapier
WpHG	Gesetz über den Wertpapierhandel (Wertpapierhandelsgesetz)
WPR	Wertpapierdienstleistungsrichtlinie

Z

z.B.	zum Beispiel
z.T.	zum Teil
zzgl.	zuzüglich

Vorwort

Nach Schätzungen wird erwartet, daß künftig rund 7.000 Finanzdienstleistungsinstitute neben den Kreditinstituten der Solvenz- bzw. Marktaufsicht des Bundesaufsichtsamtes für das Kreditwesen (BAK) bzw. des Bundesaufsichtsamtes für den Wertpapierhandel (BaWe) unterliegen. Was ist der Hintergrund für die Einbeziehung dieser Institute in die Aufsicht? Im Zuge der Vereinheitlichung des europäischen Binnenmarktes ist es seit Ende der siebziger Jahre ein intensiv verfolgtes Anliegen, eine Liberalisierung des Finanzdienstleistungsmarktes zu erreichen. Neben der Berücksichtigung der unterschiedlichen Banksysteme (Universal- und Trennbankensystem) war Anknüpfungspunkt das Prinzip der Anerkennung nationaler Regelungen auf der Grundlage des notwendigen Maßes an Harmonisierung. So wurde über die Zeit ein Netz von für den Finanzdienstleistungssektor einschlägigen Regelungen geschaffen, von denen insbesondere die schon in nationales Recht umgesetzten

- 1. Bankrechtskoordinierungsrichtlinie (1977),
- 1. Konsolidierungsrichtlinie (1983),
- 2. Bankrechtskoordinierungsrichtlinie (1989),
- Solvabilitätsrichtlinie (1989),
- Eigenmittelrichtlinie (1989),
- 2. Konsolidierungsrichtlinie (1992) sowie
- Großkreditrichtlinie (1992)

anzuführen sind. Den vorläufigen Schlußpunkt in dieser langen Reihe von Rechtssetzungen stellen die Kapitaladäquanzrichtlinie aus dem Jahre 1993 (KAR) sowie die derzeit noch im Entwurf vorliegende, die KAR ergänzende Richtlinie (KAR II), die Wertpapierdienstleistungsrichtlinie (WPR) sowie die BCCI-Folgerichtlinie aus den Jahren 1993 bzw. 1995 dar, die nach EU-rechtlichen Vorgaben bis zum 31. Dezember 1995 in bundesdeutsches Recht zu transformieren waren. Das Gesetz über das Kreditwesen (KWG) ist einheitlich zum 1. Januar 1998 in Kraft getreten (die §§ 10, 10a und 13 bis 13b KWG müssen von den meisten Finanzdienstleistungsinstituten erst ab 1. Januar 1998 angewendet werden).

Die Umsetzung dieser Richtlinien erfolgt im wesentlichen durch Änderungen des KWG, der Eigenkapitalgrundsätze I und Ia, des Wertpapierhandelsgesetzes (WpHG) sowie daran anknüpfender Bestimmungen. Ferner sind Änderungen des Börsengesetzes, des Handelsgesetzbuchs, der Gewerbeordnung, des Versicherungsaufsichtsgesetzes, des Auslandsinvestment-Gesetzes und des Gesetzes über Kapitalanlagegesellschaften erforderlich.

Die KAR bezweckt eine aufsichtsrechtliche Harmonisierung des Geschäftes der Kreditinstitute und Wertpapierfirmen, sofern dieses sich inhaltlich vergleichen läßt. Die Tätigkeiten der EG-rechtlichen Wertpapierfirmen wurden auf nationaler Ebene im wesentlichen als Tätigkeiten der Finanzdienstleistungsinstitute umgesetzt, soweit diese Tätigkeiten nicht schon als Banktätigkeit anzusehen waren. Damit wird eine Gleichstellung der im Zuge des Betreibens dieser Geschäfte eingegangenen Risiken durch eine weitreichende Eigenmittelunterlegung insbesondere der Marktpreisrisiken nach dem Prinzip: "Same business - same risk - same rules" angestrebt. Dies bedeutet insbesondere für die Finanzdienstleistungsinstitute die erstmalige Anwendung der vorgenannten Vorschriften. So bezieht sich das KWG künftig auf Institute iSv § 1 Abs. 1b KWG, womit sowohl Kredit- als auch Finanzdienstleistungsinstitute erfaßt werden (Anwendungsbereich). Während Kreditinstitute über das Betreiben von Bankgeschäften definiert werden, werden die Finanzdienstleistungsinstitute entsprechend über den Begriff der Finanzdienstleistungen determiniert. Als Finanzdienstleistungsinstitute gelten künftig Institute, die

- die Anlagevermittlung

- die Abschlußvermittlung

- die Finanzportfolioverwaltung

- den Eigenhandel

- die Drittstaateneinlagenvermittlung

- das Finanztransfergeschäft und

- das Sortengeschäft

betreiben; jedoch gilt das Finanzkommissions- und Emissionsgeschäft als bankgeschäftliche Tätigkeit.

Die WPR verleiht den Wertpapierfirmen bzw. Finanzdienstleistungsinstituten den sogenannten "europäischen Paß", d.h. die Freiheit der Niederlassung und des Dienstleistungsverkehrs, den die Kreditinstitute bereits über die 2. Bankrechtskoordinierungsrichtlinie erhalten hatten. Sie ist inhaltlich in direktem Zusammenhang mit der KAR zu sehen, da die KAR bei der Verwendung von Begriffen auf Definitionen der WPR zurückgreift und im übrigen durch die WPR die Beaufsichtigung der Institute erweitert wird.

Als Folge des Zusammenbruches der Bank of Credit and Commerce International verschärft die BCCI-Folgerichtlinie die Zulassungskriterien für die Institute und erweitert die Befugnisse der Aufsichtsbehörden zum Austausch von Informationen und zum Entzug der Erlaubnis.

Das bisherige Bankaufsichtsrecht sah im wesentlichen die Unterlegung von adressenausfallrisikobehafteten Positionen vor und erfaßte die im Handelsgeschäft bedeutsamen Marktrisiken nur im Rahmen der Obergrenzenregelung des Grundsatzes Ia. Die Vorschriften der KAR über die Eigenmittelunterlegung der Adressenausfall- und Marktpreisrisiken aus dem Handelsgeschäft werden im Zuge der 6. KWG-Novelle und der Novellierung der Eigenkapitalgrundsätze in deutsches Recht umgesetzt und haben umfangreiche Änderungen insbesondere des KWG und des Grundsatzes I aber auch der Großkredit- und Millionenkreditverordnung zur Folge. Zur Beantwortung künftiger aufsichtsrechtlicher Fragestellungen sind somit grundsätzlich alle drei Rechtsquellen sowie die entsprechenden Erläuterungen heranzuziehen.

Angesichts der Öffnung des Europäischen Marktes für Wertpapierfirmen bzw. Finanz-dienstleistungsinstitute, die insbesondere im Trennbankensystem anzutreffen sind, wurde es erforderlich, deren Handelstätigkeit und die sich daraus ergebenden Marktpreisrisiken in die Bankaufsicht einzubeziehen. Gleichwohl war ein Ansatz zu entwerfen, der auch die Handelstätigkeit der Kreditinstitute adäquat berücksichtigt. Insoweit ergab sich die Notwendigkeit, im Rahmen der KAR das sogenannte Anlagebuch und Handelsbuch zu definieren. Entscheidendes Kriterium für die Zuordnung einer Position zum Handels-buch ist der auf die Erzielung eines Handelserfolges ausgerichtete Geschäftszweck. Auf der Grundlage dieser Unterscheidung wird es künftig zwei Institutskategorien geben: Zum einen die Handelsbuchinstitute, die aufgrund des Umfanges ihres Handelsgeschäf-tes die Adressaten der neuen Regelungen sind, und zum anderen die Nichthandelsbuch-institute, die mit ihrem Handelsbuch eine vorgegebene Bagatellschwelle nicht über-schreiten dürfen, um von der Anwendung der Vorschriften über das Handelsbuch frei-gestellt zu werden.

Damit die Institute den insbesondere über den Grundsatz I erweiterten Eigenmittelunter-legungspflichten nachkommen können, wurde der ursprüngliche Begriff des haftenden Eigenkapitals in § 10 KWG modifiziert. Durch Einführung der neuen Kategorie der Drittrangmittel sowie der Eigenmittel als der übergeordneten Größe wird künftig auf ein, differenziertes Unterlegungssystem für Adressenausfall- und Marktpreisrisiken abge-stellt.

Des weiteren kam es durch die neue Strukturierung der aufsichtspflichtigen Institute zu einer Erweiterung der Großkreditsystematik. Hier finden sich unterschiedliche Ansätze für Nichthandelsbuchinstitute (§ 13 KWG) und Handelsbuchinstitute (§ 13a KWG). Die Konsolidierungsvorschriften sind künftig in dem neuen § 13b KWG fixiert.

Infolge der Umsetzung der KAR war des weiteren eine grundlegende Überarbeitung der KredBestV, deren Rechtsgrundlage in § 22 KWG zu finden ist, notwendig; in der an die Stelle der KredBestV getretenen GroMiKV sind insbesondere die Definition der sogenannten Handelsbuch-Gesamtposition, die Grundlage für § 13a KWG bildet, sowie die entsprechenden Anzeige- und Anrechnungserleichterungen iSd §§ 13 ff. KWG geregelt.

Wie bisher wird auch künftig die Konkretisierung des Kriteriums der Angemessenheit der Eigenmittel vom BAK vorgenommen. Gemäß § 10 Abs. 1 Satz 2 KWG stellt das BAK Grundsätze auf, nach denen es beurteilt, ob die Höhe der Eigenmittel der Institute angemessen ist. § 10a Abs. 1 KWG regelt dies auch für die Eigenmittelausstattung von Instituts- oder Finanzholding-Gruppen. Neben dem neuen Grundsatz I werden die Liqui-ditätsgrundsätze derzeit grundlegend überarbeitet; ihre Einführung ist nach der aktuellen Diskussion zum 1. Januar 1999 mit einer Übergangsfrist bis zum Jahr 2000 geplant ist.

Der Grundsatz I in seiner bisherigen Form hatte die Beaufsichtigung von Adressen-ausfallrisiken aus dem traditionellen bilanziellen und außerbilanziellen Kreditgeschäft sowie aus Derivaten zum Ziel, wonach für diese Risiken eine Eigenkapitalunterlegung vorgeschrieben wurde. Unabhängig davon setzte der Grundsatz Ia Obergrenzen für Marktrisikopositionen fest, die sich am haftenden Eigenkapital orientierten. Künftig sind sowohl Adressenausfallrisiken als auch Marktpreisrisiken durch die Unterlegung mit Eigenmitteln abzusichern - eine "Doppelbelegung" der Eigenmittel durch Adressen-ausfallrisiken einerseits und Marktpreisrisiken andererseits wird es deshalb nicht mehr geben (Building-block-approach). Die neuen Regelungen werden in einem grundlegend novellierten Grundsatz I zusammengefaßt; der bisherige Grundsatz Ia wird gestrichen.

Mit der Neufassung des Grundsatzes I wird den Vorschriften der KAR bezüglich der Eigenmittelunterlegung von Marktrisikopositionen und bestimmter Arten des Adressenausfallrisikos aus dem Handelsbuch Rechnung getragen. Aus Gründen der Übersichtlichkeit wird die bisherige Gliederungsweise in Absätzen aufgegeben und durch die Paragraphenform ersetzt. Neben dem neuen Grundsatz I werden zusätzlich bestimmte Meldeerfordernisse durch das BAK festgesetzt, die in einer Verordnung für ergänzende Angaben zu Derivaten fixiert werden. Diese Verordnung gilt gleichwohl für Handels- und Nichthandelsbuchinstitute. Nach der neuen Systematik des Grundsatzes I gehen die Regelungen des bisherigen Grundsatzes I zum Adressenausfallrisiko in den 2. Abschnitt ein. Neben der Präambel und dem einleitenden 1. Abschnitt stellen damit die übrigen Neuregelungen inhaltliche Erweiterungen des Grundsatztextes im Zusammenhang mit der Eigenmittelunterlegung von Marktrisikopositionen dar. So befassen sich der 3. und 4. Abschnitt mit den über das Gesamtinstitut zu unterlegenden Marktpreisrisikokategorien Fremdwährung und Rohwaren, wohingegen der 5. Abschnitt insbesondere die aus Handelsbuchrisikopositionen resultierenden zins- und aktienkursbezogenen Risiken erfaßt. Der 6. Abschnitt regelt die Behandlung von besonderen Optionspreisrisiken. Im abschließenden 7. Abschnitt werden Anforderungen an interne Risikomodelle festgelegt, nach denen diese auch für aufsichtsrechtliche Zwecke eingesetzt werden können.

Die meisten Finanzdienstleistungsinstitute befinden sich derzeit noch in der organisatorischen und im weiteren in der DV-technischen Umsetzung der neuen Vorschriften. Die 6. KWG-Novelle und der neue Grundsatz I stellen insbesondere hohe Anforderungen an die Organisation, die personelle Ausstattung der Institute, deren DV-Systeme und Datenhaushalte. In der Praxis treten immer wieder Fragen und Probleme auf, zu deren Lösung wir mit dieser speziell auf Finanzdienstleistungsinstitute ausgerichteten Broschüre, die eine Kommentierung der Vorschriften der 6. KWG-Novelle, des neuen Grundsatzes I sowie der neuen Vorschriften des WpHG aus dem Blickwinkel eines Finanzdienstleistungsinstituts enthält, beitragen möchten.

Daneben haben wir eine Broschüre und CD-ROM, die sich an alle Institute wendet, mit einer weitergehenden Kommentierung erarbeitet. Die CD ROM bietet darüberhinaus ein paralleles Arbeiten mit den Kommentierungen, Gesetzestexten und dem Glossar sowie umfassende Präsentationen (Kurzdarstellung der wesentlichen Neuerungen, Überblickseminar, drei detaillierte Einzelseminare zum KWG und zum Grundsatz I), die ein intensives Selbststudium ermöglichen. Die Gesetzestexte, EG-Richtlinien und sonstigen Dokumentationen runden die CD-ROM im Sinne eines Nachschlagewerks ab, so daß auch die Historie der neuen Vorschriften nachvollziehbar ist.

Die Inhalte dieser Broschüre wurden unter der Leitung von WP Günter Borgel und WP Georg Kütter von Katja Barz, Marion Keseling, Matthias Reuter, Anette Sebald und Thorsten Schwarting erarbeitet. Die DV-technische Unterstützung erfolgte durch Hans Krug.

Frankfurt am Main, im Mai 1998

WP Hans Wagener

A Hintergrund der neuen Vorschriften

I. Harmonisierung der Eigenmittelanforderungen in der EU

Im Zuge der Vereinheitlichung des europäischen Binnenmarktes war es ein seit Ende der siebziger Jahre intensiv verfolgtes Anliegen, eine Liberalisierung des Finanzdienstleistungsmarktes zu erreichen, die notwendigerweise von der Schaffung von Mindeststandards im rechtlichen Bereich und hier insbesondere im Bankenaufsichtsrecht begleitet wurde. Ausgehend von der einheitlichen Europäischen Akte im Jahre 1986 stellen sich die Verfahrensregeln wie folgt dar:

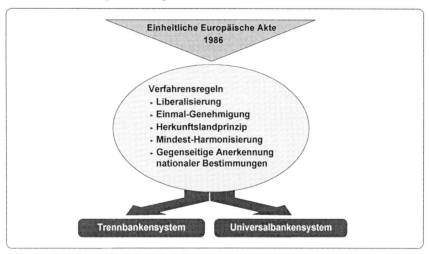

Abb. 1: Grundsätze der EG-Richtlinien

Neben der Berücksichtigung der unterschiedlichen Bankensysteme war Anknüpfungspunkt das Prinzip der Anerkennung nationaler Regelungen auf der Grundlage des notwendigen Maßes an Harmonisierung. So wurde über die Zeit ein eng verwobenes Netz von für den Finanzdienstleistungssektor einschlägigen Regelungen geschaffen, von denen inbesondere die

- 1. Bankrechtskoordinierungsrichtlinie (77/780/EWG),
- 1. Konsolidierungsrichtlinie (83/350/EWG)
- 2. Bankrechtskoordinierungsrichtlinie (89/646/EWG),
- Solvabilitätsrichtlinie (89/647/EWG),
- Eigenmittelrichtlinie (89/299/EWG),
- 2. Konsolidierungsrichtlinie (92/30/EWG) sowie
- Großkreditrichtlinie (92/121/EWG)

anzusprechen sind, die allesamt bereits Eingang in das deutsche Recht gefunden haben.

31

Den vorläufigen Schlußpunkt in dieser langen Reihe von Rechtssetzungen stellen die Kapitaladäquanzrichtlinie (93/6/93) (KAR) sowie die derzeit noch im Entwurf vorliegende, die KAR ergänzende Richtlinie (KAR II), die Wertpapierdienstleistungsrichtlinie (93/22/EWG) (WPR) sowie die BCCI-Folgerichtlinie (95/26/EG) dar, die nach EU-rechtlichen Vorgaben bis zum 31.12.1995 in bundesdeutsches Recht zu transformieren waren. Durch Verzögerung im nationalen Umsetzungsverfahren traten die neuen Regelungen jedoch grundsätzlich erst zum 1. Januar 1998 in kraft. Die Transformation erfolgte im wesentlichen durch Änderungen des Gesetzes über das Kreditwesen (KWG), der Eigenkapitalgrundsätze I und Ia, des Wertpapierhandelsgesetzes (WpHG) sowie daran anknüpfender Bestimmungen. Ferner waren Änderungen des Börsengesetzes, des Handelsgesetzbuches, der Gewerbeordnung, des Versicherungsaufsichtsgesetzes, des Auslandsinvestment-Gesetzes und des Gesetzes über Kapitalanlagegesellschaften erforderlich.

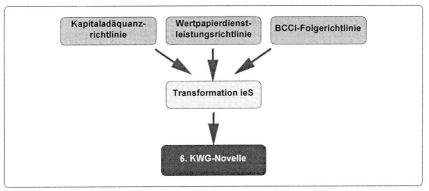

Abb. 2: Transformation in deutsches Recht

Die KAR bezweckt eine aufsichtsrechtliche Harmonisierung des Geschäftes der Kreditinstitute und Wertpapierfirmen, sofern dieses sich inhaltlich vergleichen läßt, und strebt insoweit eine Gleichstellung der im Zuge des Betreibens dieser Geschäfte eingegangenen Risiken durch eine weitreichende Eigenmittelunterlegung insbesondere der Marktpreisrisiken an; der Grundsatz lautet: "Same business - same risk - same rules". Gerade durch die starke Ausweitung des Einsatzes derivativer Finanzinstrumente in den letzten Jahren, mit denen erhebliche Risikopositionen durch im Verhältnis geringe Kapitaleinsätze eingegangen werden können, ist dieses Anliegen von herausragender Bedeutung.

Die WPR verleiht den Wertpapierfirmen den sog. "Europapaß", d.h. die Freiheit der Niederlassung und des Dienstleistungsverkehrs, den die Kreditinstitute bereits über die 2. Bankrechtskoordinierungsrichtlinie erhalten hatten. Sie ist inhaltlich in direktem Zusammenhang mit der KAR zu sehen, da die KAR bei der Verwendung von Begriffen auf Definitionen der WPR zurückgreift und im übrigen durch die WPR die Beaufsichtigung der Institute erweitert wird.

Als Folge des Zusammenbruches der Bank of Credit and Commerce International verschärft die BCCI-Folgerichtlinie die Zulassungskriterien für Kreditinstitute und Finanzdienstleitungsinstitute (Institute) und erweitert die Befugnisse der Aufsichtsbehörden zum Austausch von Informationen und zum Entzug der Erlaubnis.

II. Eigenmittelanforderungen der BIZ

Im Vor- bzw. Gleichlauf zu den Richtlinien der Europäischen Union hat der bei der Bank für Internationalen Zahlungsausgleich (BIZ) in Basel ansässige Basler Ausschuß für Bankenaufsicht, ein Gremium der Zentralnotenbanken und der Bankaufsichtsbehörden der G10-Staaten (Belgien, Deutschland, Frankreich, Großbritannien, Italien, Japan, Kanada, Luxemburg, Niederlande, Schweden, Schweiz, USA), die Frage der Eigenmittelunterlegung von Risikopositionen behandelt. Die Blickrichtung des Ausschusses zielte allerdings nicht auf eine Rechtsangleichung in Europa (dies ist allein Anliegen der Europäischen Union), sondern auf die bedingte Harmonisierung der aufsichtsrechtlichen Strukturen für die international tätigen Institute. Unabhängig davon, jedoch mit Augenmerk für das Wirken der anderen Seite, wurden in Brüssel und Basel in den Grundzügen ähnliche Standards für die Absicherung der sich aus den Bankgeschäften ergebenden Risiken erarbeitet.

So gab der Basler Ausschuß für Bankenaufsicht im Jahr 1988 die sog. "Internationale Konvergenz der Eigenkapitalmessung und Eigenkapitalanforderungen" als Empfehlung an die angeschlossenen Staaten heraus, die sich mit der Eigenkapitalunterlegung von Adressenausfallrisiken befaßte und als Pendant zur Solvabilitätsrichtlinie der damaligen Europäischen Gemeinschaft zu sehen ist. Im Januar 1996 verabschiedete der Basler Ausschuß dann eine "Änderung der Eigenkapitalvereinbarung zur Einbeziehung der Marktrisiken" (Basler Marktrisikopapier), indem in obiges Papier Verfahren zur Eigenmittelunterlegung der Marktpreisrisiken integriert wurden. Diese aktuelle Empfehlung ist als Parallele zur Kapitaladäquanzrichtlinie der Europäischen Union zu sehen.

Vorweggenommen sei insoweit nur, daß das Basler Marktrisikopapier im ersten Schritt weiter ging als die Anforderungen der EU (hier: KAR), da es nicht nur Standardverfahren zur Unterlegung von Marktpreisrisikopositionen vorgab, sondern sich darüber hinaus auch dezidiert mit der aufsichtsrechtlichen Behandlung von Rohwaren- und spezifischen Optionsrisiken sowie den Einsatzmöglichkeiten interner Modelle für aufsichtsrechtliche Zwecke auseinandersetzte. Mit der KAR II, der Ergänzung der KAR, ist jedoch weitgehend eine Angleichung vorgesehen.

Mangels originärer oder abgeleiteter Rechtsetzungskompetenz ist der Basler Ausschuß jedoch nicht in der Lage, in den beteiligten Staaten die unmittelbare Wirksamkeit seiner jeweils ausgesprochenen Empfehlungen zu erreichen. Da sich die Kreditinstitute der angeschlossenen Nationen aber freiwillig verpflichtet haben, die beschlossenen Maßnahmen zu respektieren, wird eine Verbindlichkeit der Basler Übereinkünfte auf einzelstaatlicher Ebene erreicht.

III. Universal- und Trennbankensystem

Ansatzpunkt für die darzustellende Problematik der Eigenmittelunterlegung von Marktpreis- und Adressenausfallrisiken sind die in Europa nebeneinander bestehenden Universal- und Trennbankensysteme. Für das gerade im angelsächsischen Bereich heimische Trennbankensystem ist charakteristisch, daß Kreditinstitute im engeren Sinne (Art. 1 1. Gedankenstrich 1. Bankrechtskoordinierungsrichtlinie, auf den die KAR verweist) ausschließlich das Einlagen- und Kreditgeschäft und unabhängig davon Wertpapierfirmen das Effekten- bzw. das Handelsgeschäft betreiben. Demgegenüber werden von den im übrigen Europa anzutreffenden Universalbanken die angesprochenen, aber auch noch weitere Dienstleistungen unter einem Dach angeboten.

Im Zuge der Rechtsvereinheitlichung in Europa stellte sich nunmehr die Frage der (Gleich-)Behandlung beider Systeme. Hier ergaben sich aufsichtsrechtliche Schwachstellen, da in der Vergangenheit lediglich Regeln zur Beaufsichtigung der Adressenausfallrisiken geschaffen worden waren (Solvabilitätsrichtlinie, Basler Eigenkapitalübereinkunft aus dem Jahr 1988), die jedoch nur Anwendung fanden auf die Kreditinstitute des Trennbankensystems sowie auf die Kreditinstitute des Universalbankensystems in dem wesentlichen Geschäftsbereich des Kreditgeschäftes. Das Adressenausfallrisiko aus originären und derivativen Geschäften wurde hiermit limitiert. Vergleichbare aufsichtsrechtliche Vorgaben für den Bereich der Marktpreisrisiken fehlten jedoch.

Angesichts der Öffnung des Europäischen Marktes für die Wertpapierfirmen, die insbesondere im Trennbankensystem anzutreffen sind, ergab sich damit die Notwendigkeit, deren Handelstätigkeit und die sich daraus ergebenden Marktpreisrisiken in die Bankaufsicht einzubeziehen. Gleichwohl war ein Ansatz zu entwerfen, der auch die Handelstätigkeit der Kreditinstitute adäquat berücksichtigt. Insoweit ergab sich die Notwendigkeit, im Rahmen der KAR das sogenannte Anlagebuch und Handelsbuch zu definieren, wobei letzteres die Handelstätigkeit der Institute umfaßt. Kreditinstitute, die das Kredit- und Handelsgeschäft betreiben, haben die SOR und KAR zu beachten, Wertpapierfirmen (in der deutschen Umsetzung die Finanzdienstleistungsinstitute), die insbesondere das Handelsgeschäft betreiben, demgegenüber nur die KAR.

IV. Ansatz und Aufbau der Kapitaladäquanzrichtlinie

Während die Kreditinstitute über die 2. Bankrechtskoordinierungsrichtlinie den sogenannten "Europapaß" und damit die Freiheit der Niederlassung und des Dienstleistungsverkehrs in Europa erhalten hatten, wird den Wertpapierfirmen dieser im Zuge der Umsetzung der WPR verliehen. Ausgehend vom damit vorhersehbaren Aufeinandertreffen des Trennbanken- und Universalbankensystems in Europa war es insofern erforderlich, einheitliche Standards für den Tätigkeitsbereich der Wertpapierfirmen, der bislang keinen aufsichtsrechtlichen Anforderungen unterlag, unter Berücksichtigung der bestehenden Regeln für das Geschäft der Kreditinstitute zu schaffen.

Die Unterschiedlichkeit des Geschäftes von Kreditinstituten einerseits und Wertpapierfirmen andererseits sprach jedoch gegen eine Anwendung der bestehenden, auf die Kategorie der Adressenausfallrisiken ausgerichteten Aufsichtsregeln auf die Wertpapierfirmen. Während Kreditinstitute sich insbesondere im Bereich des "längerfristigen" Einlagen- und Kreditgeschäftes bewegen, in dem die Adressenausfallrisiken ein wesentliches Risiko darstellen, liegt der Schwerpunkt der Geschäfttätigkeit der Wertpapierfirmen im "kürzerfristigen" Handelsbereich, in dem die Marktpreisrisiken überwiegen.

Da Kreditinstitute (als Universalbanken) und Wertpapierfirmen beim Betreiben der Handelsgeschäfte ("same business") denselben Risiken ("same risks") ausgesetzt sind und deswegen auch denselben aufsichtsrechtlichen Standards ("same rules") unterworfen sein sollten, ist es die Aufgabe der KAR, ein einheitliches Konzept ("level playing field") für die Beaufsichtigung der Marktpreisrisiken, die sich aus der Handelstätigkeit der Institute ergeben, zu schaffen.

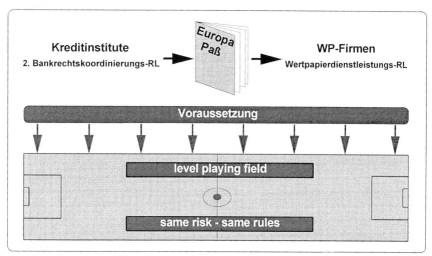

Abb. 3: Hintergrund der EG-Richtlinien

Um diesem Konzept jedoch auch eine organisatorische Grundlage zu bereiten, ist es notwendig, zwei gegeneinander abgegrenzte Bankbereiche zu schaffen. So faßt man terminologisch die über die KAR neu in die Aufsicht einzubeziehende Handelstätigkeit der Institute hinsichtlich der Limitierung der Marktpreisrisiken unter der Bezeichnung "Handelsbuch" zusammen und grenzt diese eindeutig gegen die bereits in die Aufsicht einbezogenen und schwerpunktmäßig Adressenausfallrisiken unterliegenden Bankgeschäfte ab, die als "Anlagebuch" bezeichnet werden.

Bezogen auf den Anwendungsbereich lassen sich die neuen Vorschriften der KAR unter Berücksichtigung dieser beiden "Bücher" dahingehend systematisieren, daß die Zins- und Aktien-/Indexrisiken, soweit sie sich aus dem Handelsbuch ergeben, sowie die Währungsrisiken, die aus dem Handels- und Anlagebuch der Institute stammen, mit Eigenmitteln zu unterlegen sind. Darüber hinaus werden für die Adressenausfallrisiken aus Anlage- oder Handelsbuchaktivitäten z.T. unterschiedliche Meßverfahren aufgrund der abweichenden Risikoausprägung vorgegeben. Des weiteren werden die bisherigen Großkreditregelungen künftig um eine handelsbuchbezogene Großkreditbetrachtung erweitert. Im Zusammenhang mit der weitreichenden Unterlegungspflicht der Risikopositionen kommt es zu einer Ausweitung des bisherigen Eigenkapitalbegriffs (künftig Eigenmittel genannt).

V. Verbindungen zu anderen Bereichen der Risikoerfassung

1. Jahresabschluß

Im Unterschied zu den Normen des Bankaufsichtsrechtes und hier insbesondere des KWG, die sich als präventive bzw. protektive staatliche Normen zur Verhinderung von Institutsinsolvenzen im Bereich des Kreditwesens qualifizieren lassen, gibt das

Handelsrecht die Anforderung an die (externe) Rechnungslegung gegenüber der Öffentlichkeit bzw. bestimmten Adressaten vor.

Hintergrund der Regelungen des Handelsgesetzbuches (HGB) sind u.a. die besonderen Anforderungen an den Kaufmann, in welcher Art und Weise er seinen Jahresabschluß zu erstellen hat. Insoweit besteht nach § 238 Abs. 1 HGB eine Verpflichtung zur Führung von (Handels-) Büchern, in denen die Handelsgeschäfte und die Lage des Vermögens des Kaufmanns nach den Grundsätzen ordnungsmäßiger Buchführung ersichtlich zu machen sind. Einen Begriff des Handelsbuches iSd KAR kennt das Handelsrecht nicht! Des weiteren hat der Kaufmann nach § 242 Abs. 1 HGB zu Beginn seines Handelsgewerbes und für den Schluß eines jeden Geschäftsjahres einen das Verhältnis seines Vermögens und seiner Schulden darstellenden Abschluß (Eröffnungsbilanz, Bilanz) aufzustellen.

Anliegen ist es damit, eine Transparenz in die Geschäfte sowie die Vermögens- und Schuldenlage des Kaufmanns zu bringen, um im Sinne eines effektiven Gläubigerschutzes die Geschäftspartner und in einem begrenzten Sinne auch die Öffentlichkeit vor einem unlauteren Geschäftsgebaren und einer daraus resultierenden möglichen Zahlungsunfähigkeit des Kaufmanns zu schützen. Die Anforderungen an die externe Rechnungslegung erhöhen den Informationsgehalt der veröffentlichten Zahlen und steigern so den Informationsstand der Institutskunden, wodurch die Kontrolle des Instituts durch den Markt verbessert wird. Bei entsprechend informativen Jahresabschlußdaten und anderen Angaben der Institute sind die Kunden in der Lage, auf eine riskantere Politik der Unternehmensführung zu reagieren und sie dadurch in ihrem Risikoverhalten zu disziplinieren.

Im Rahmen der aktuellen Diskussion über die Bilanzierung und Bewertung von Finanzinstrumenten werden auch sogenannte Handels- und Nichthandels- (= Anlage-)bücher unterschieden, woraus Unterschiede in Art und Weise der Bewertung abgeleitet werden. Die Definition dieser Handelsbücher orientiert sich an institutsspezifischen Kriterien und umfaßt Geschäfte, die mit dem Ziel, kurzfristige Handelserfolge zu erzielen, abgeschlossen werden. Eine abschließende Definition existiert nicht. Im weiteren wurde mit § 340c Abs. 1 HGB für Kreditinstitute erstmals der Ansatz verfolgt, eine Art "Handelserfolg" zu definieren und im Jahresabschluß auszuweisen; die Praxis zeigt hier jedoch weitgehende Interpretationsunterschiede. Eine Verbindung zu dieser handelsrechtlichen Norm wird in Abschnitt F II dargestellt. Vorwegzunehmen ist jedoch, daß keine zwingende Identität der Geschäfte des Handelsbuches iSd KWG und iSd aktuellen handelsrechtlichen Diskussion besteht.

Durch eine Ergänzung des § 340 HGB um einen Absatz 4 gelten die §§ 340 bis 340o HGB mit Ausnahme des § 340c Abs. 1 HGB auch für Finanzdienstleistungsinstitute iSd § 1 Abs. 1a KWG, soweit sie nicht nach § 2 Abs. 6 oder Abs. 10 KWG von der Anwendung ausgenommen sind.

Finanzdienstleistungsinstitute sind somit auch verpflichtet, neben dem Jahres- und ggfs. Konzernabschluß einen Anhang sowie einen Lagebericht nach den Vorschriften der §§ 340 bis 340i HGB aufzustellen.

Die Ausnahme von § 340c Abs. 1 HGB (GuV-Position "Nettoertrag/-aufwand aus Finanzgeschäften) soll verhindern, daß der größte Teil des Geschäftes der Finanzdienstleistungsinstitute nur in Form eines Saldos dargestellt wird.

Die Offenlegung von Jahresabschluß und Lagebericht ist nur für Finanzdienstleistungsinstitute vorgeschrieben, die Kapitalgesellschaft sind (vgl. § 340 Abs. 4 S. 3 HGB).

Ungeklärt ist die Anwendung der §§ 340g und 340f HGB, die die Vorsorge und Bildung von Sonderposten für allgemeine Bankrisiken, soweit dies aufgrund der besonderen Risiken von Kreditinstituten notwendig ist, regeln. Da der Wortlaut dieser Paragraphen durch das Richtlinienbegleitgesetz nicht geändert wurde und auch die zugrundeliegende Richtlinie des europäischen Rates über den Jahresabschluß und den konsolidierten Abschluß von Banken und Finanzinstituten (Bankbilanzrichtlinie) in den entsprechenden Artikeln 37 und 38 lediglich von Bankgeschäften der Kreditinstitute spricht, gehen wir z.Z. davon aus, daß die Finanzdienstleistungsinstitute die §§ 340f und 340g HGB nicht anwenden können.

Da nunmehr die grundsätzliche Anwendung der für Kreditinstitute geltenen Rechnungslegungsbestimmungen auch für Finanzdienstleistungsinstitute vorgesehen ist, wird auch die Verordnung über die Rechnungslegung der Kreditinstitute um entsprechende Regelungen zu ergänzen sein. Die Verordnungsermächtigung wurde in § 330 Abs. 2 HGB entsprechend auf Finanzdienstleistungsinstitute ausgedehnt.

2. Internes Risikomanagement

Im Unterschied zu den gesetzlichen Regelungen des Bank- und Wertpapieraufsichtsrechts, die ggf. als Vorschriften für das externe Risikomanagement bezeichnet werden können, haben die Normen des internen Risikomanagements keinerlei Außenwirkung. Vielmehr dienen sie ausschließlich dazu, die Anforderungen an eine adäquate Risikosteuerung und Risikoüberwachung innerhalb eines Instituts festzulegen. Dies bedeutet, daß die Geschäftsleitung entsprechende materielle Vorgaben zu machen hat, anhand derer die nachgeordneten Stellen die erforderlichen Maßnahmen des Risikomanagements im einzelnen umsetzen können.

Im Zuge der 6. KWG-Novelle nähern sich das über das KWG geregelte externe und das interne Risikomanagement stärker einander an. Bislang standen sich beide Bereiche streng isoliert gegenüber, indem einerseits die aufsichtsrechtlichen Standards des Bundesaufsichtsamtes für das Kreditwesen (BAK) gewahrt werden mußten und daneben in einem in Regelfall vollständig eigenen Prozeß internes Risikomanagement betrieben wurde. Durch die Neukonzeption des KAR II und die Empfehlung des Basler Ausschusses für Bankenaufsicht können die Institute künftig interne Risikomodelle auch für aufsichtsrechtliche Zwecke einsetzen, sofern diese bestimmten qualitativen und quantitativen Standards genügen. Damit wird der internen wie externen Aufsicht Rechnung getragen, indem allein der aufgrund anerkannter statistischer Verfahren im Zuge des internen Risikomanagements ermittelte potentielle Verlustbetrag unter Berücksichtigung eines Multiplikators mit Eigenkapital abzusichern und nicht noch zusätzlich eine Absicherung von Risikopositionen durch standardisierte aufsichtsrechtliche Verfahren vorzunehmen ist. Insoweit beschreitet das Aufsichtsrecht einen Weg von der quantitativen zur qualitativen Aufsicht.

Abschließend ist hinsichtlich der Frage der Verbindungen zu anderen Bereichen der Risikoerfassung festzustellen, daß zwar eine Annäherung bestimmter handelsrechtlicher Normen sowie Normen des internen Risikomanagements an die aufsichtsrechtlichen Normen der 6. KWG-Novelle bzw. des neuen Eigenkapitalgrundsatzes I eintritt, daß jedoch in Theorie und Praxis unverändert Differenzen bestehen bleiben, die die Fragen des Datenmanagements nicht erleichtern, sondern komplexer werden lassen.

B Überblick und Aufbau der neuen Vorschriften für Finanzdienstleistungsinstitute

I. Kreditwesengesetz

1. Übersicht

Das KWG bildet die rechtliche Grundlage für die Regulierung und Beaufsichtigung der Institute in Deutschland. Es soll die Funktionsfähigkeit der Kreditwirtschaft erhalten, die ordnungsmäßige Durchführung der Bankgeschäfte und Finanzdienstleistungen gewährleisten und die Gläubiger der Institute vor Vermögensverlusten schützen. Das KWG gibt hierzu den rechtlichen Rahmen durch Vorschriften über die Struktur und die Tätigkeit der Institute und stellt sicher, daß die Aufsichtsorgane (BAK und DBBk) die für ihre Überwachungsaufgabe erforderlichen Informationen erhalten.

Das KWG ist in sechs Abschnitte gegliedert. Der erste Abschnitt enthält die Legaldefinitionen wie z.B. Kreditinstitut und Finanzdienstleistungsinstitut und bezeichnet die für die Beaufsichtigung der Institute zuständigen Organisationen. Der zweite Abschnitt enthält die Vorschriften, die bei der laufenden Geschäftstätigkeit zu beachten sind. Dies sind insbesondere die Regelungen zur Eigenmittelausstattung, zum Kreditgeschäft, zu den Meldepflichten und zur Prüfung des Jahresabschlusses. Im dritten Abschnitt finden sich die für die Beaufsichtigung der Institute erforderlichen Vorschriften, die u.a. die Zulassung zum Geschäftsbetrieb, die Informations- und Prüfungsrechte sowie die Eingriffsbefugnisse des BAK regeln. Im vierten Abschnitt sind die Regelungen zum "europäischen Paß" und zur Einbeziehung von ausländischen Zweigstellen in die Beaufsichtigung enthalten. Straf- und Bußgeldvorschriften sind im fünften Abschnitt, die Übergangs- und Schlußvorschriften im sechsten Abschnitt aufgeführt.

Zur Beaufsichtigung von Risiken, die bei Kredit- und Finanzdienstleistungsinstituten bei der Durchführung ihrer Geschäfte entstehen, sah das bisherige Bankaufsichtsrecht im wesentlichen die Unterlegung von adressenausfallrisikobehafteten Positionen vor und erfaßte die im Handelsgeschäft bedeutsamen Marktrisiken nur im Rahmen der Obergrenzenregelung des Grundsatzes Ia. Die Vorschriften der KAR über die Eigenmittelunterlegung der Adressenausfall- und Marktpreisrisiken aus dem Handelsgeschäft sind im Zuge der 6. KWG-Novelle und der Novellierung der Eigenkapitalgrundsätze in deutsches Recht umgesetzt worden und haben umfangreiche Änderungen, insbesondere des KWG und des Grundsatzes I, zur Folge. Die rechtlichen Grundlagen für die Beaufsichtigung der Institute bilden nunmehr das KWG und die hierzu erlassenen Ausführungsverordnungen des Eigenkapitalgrundsatzes I und der Großkredit- und Millionenkreditverordnung.

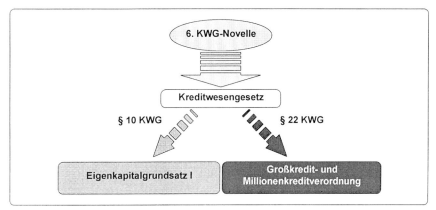

Abb. 4: Die drei Bestandteile des Aufsichtsrechts

2. Anwendungsbereich, Begriffsbestimmungen

Das novellierte Kreditwesengesetz führt eine Reihe neuer Begriffe ein, von denen im folgenden einige der wichtigsten kurz dargestellt werden sollen.

Mit der Transformation der KAR und der WPR in deutsches Recht werden sämtliche Wertpapierfirmen im Sinne der WPR der Aufsicht durch das BAK unterstellt und damit ein völlig neuer Kreis von Tätigkeiten im Bereich der Finanzdienstleistungen aufsichtsrechtlich erfaßt. Das KWG enthält nunmehr auch für Unternehmen, die gewerbsmäßig Dienstleistungen im Zusammenhang mit Finanzinstrumenten erbringen, die Finanzdienstleistungsinstitute, Mindestbedingungen für die Zulassung, Beaufsichtigung und die Vergabe des "europäischen Passes" gemäß §§ 24a, 53b KWG. Damit gilt auch für Finanzdienstleistungsinstitute mit Sitz in einem EU-Staat das Prinzip der einheitlichen Erlaubnis, die der Herkunftsstaat erteilt und die berechtigt, im gesamten Europäischen Wirtschaftsraum ohne weitere spezielle Zulassung Finanzdienstleistungen zu erbringen.

Das KWG bezieht sich künftig auf Institute iSv § 1 Abs. 1b KWG, womit sowohl Kredit- als auch Finanzdienstleistungsinstitute erfaßt werden (Anwendungsbereich). Die neue aufsichtsrechtliche Kategorie der Finanzdienstleistungsinstitute wird über § 1 Abs. 1a KWG in das KWG eingeführt. Während Kreditinstitute über das Betreiben von Bankgeschäften definiert werden, werden die Finanzdienstleistungsinstitute entsprechend über den Begriff der Finanzdienstleistungen bestimmt. Das Betreiben von Bankgeschäften und damit die Tätigkeit als Kreditinstitut ist subsidiär gegenüber dem Erbringen von Finanzdienstleistungen, d.h. der Begriff des Kreditinstituts und des Finanzdienstleistungsinstituts schließen sich aus. Viele Vorschriften gelten für beide Institutsgruppen, es bestehen jedoch aufgrund der unterschiedlichen Risiken, die sich für Kunden der jeweiligen Institute ergeben, auch wesentliche Unterschiede zwischen den Anforderungen an Kreditinstitute und Finanzdienstleistungsinstitute. Zu den Finanzdienstleistungen - und damit der staatlichen Aufsicht durch das BAK unterstellt - zählen die Anlage- und Abschlußvermittlung, die Finanzportfolioverwaltung, der Eigenhandel (für andere), die Drittstaateneinlagenvermittlung, das Finanztransfergeschäft und das Sortengeschäft.

Auf der Grundlage der KAR werden die Vorschriften über das Handelsbuch im Gesetz geregelt. § 1 Abs. 12 KWG enthält die Definition der Begriffe Handelsbuch und Anlagebuch. Entscheidendes Abgrenzungskriterium bildet hierbei der auf die Erzielung eines Handelserfolges ausgerichtete Geschäftszweck sowie der Umfang der Handelsgeschäfte. Das Anlagebuch wird als Restgröße definiert, da die Positionen, die nicht dem Handelsbuch zugeordnet werden, unter das Anlagebuch fallen. Die Trennung zwischen Handelsbuch- und Nichthandelsbuchinstituten und die daran anknüpfende unterschiedliche aufsichtsrechtliche Behandlung ist die materiell bedeutsamste Neuerung, die die 6. KWG-Novelle für Kreditinstitute bringt. Die wesentlichen Unterschiede zwischen den beiden Institutskategorien der Handelsbuch- und Nichthandelsbuchinstitute bestehen bei den Großkreditvorschriften und der Beaufsichtigung der Marktpreisrisiken (Zins- und Aktienkursrisiken).

3. Eigenmittelvorschriften

Im Interesse der Erfüllung der Verpflichtungen der Institute gegenüber ihren Gläubigern und der Stabilität des Bank- und Finanzsystems verlangt das KWG, daß Institute über angemessene Eigenmittel (§§ 10, 10a) sowie eine ausreichende Liquidität (§ 11) verfügen. Diese Vorschriften werden durch den vom BAK erlassenen Eigenmittel-Grundsatz I sowie die Liquiditäts-Grundsätze II und III ergänzt, die detaillierte Anforderungen hinsichtlich des Angemessenheit der Eigenmittel und der Liquidität stellen; anzumerken ist, daß auch die Liquiditätsgrundsätze derzeit überarbeitet werden. Anlagevermittler und Abschlußvermittler, die die Befugnis haben, sich bei der Erbringung von Finanzdienstleistungen Eigentum oder Besitz an Geldern oder Wertpapieren von Kunden zu verschaffen oder die auf eigene Rechnung mit Finanzinstrumenten handeln sowie Finanzportfolioverwalter und Eigenhändler (für andere) müssen diese Vorschriften beachten.

Mit Umsetzung der 6. KWG-Novelle erweitern sich sowohl die zu erfassenden Risiken als auch die zu ihrer Unterlegung zur Verfügung stehenden Eigenmittel. In diesem Zusammenhang wurde der ursprüngliche Begriff des haftenden Eigenkapitals in § 10 KWG modifiziert. Neben dem haftenden Eigenkapital, das sich aus Kern- und Ergänzungskapital abzüglich der Posten des § 10 Abs. 6 KWG zusammensetzt, gibt es nunmehr mit den sog. Drittrangmitteln eine neue Eigenmittelkategorie.

Für bestimmte Finanzdienstleistungsinstitute (sog. Wertpapierhandelsunternehmen) gilt über die Eigenmittelanforderungen des § 10 KWG i.V.m. Grd I hinaus, daß Eigenmittel mindestens in Höhe von einem Viertel seiner Sachaufwendungen vorliegen müssen (§ 10 Abs. 9 KWG).

Mit der Neufassung des § 10 KWG wurde das bisher statische Eigenmittelkonzept zugunsten einer weitgehenden Dynamisierung der Eigenmittelbestandteile aufgegeben. Nachdem die Kreditinstitute in der Vergangenheit zur Berechnung des haftenden Eigenkapitals auf ihre letzte festgestellte Bilanz oder bei unterjährigen Eigenkapitalveränderungen auf eine gegebenenfalls beantragte Eigenkapitalneufestsetzung des BAK zurückgreifen mußten, können sie nunmehr auf der Basis des "effektiven Kapitalzu- oder -abflusses" Eigenkapitalveränderungen weitestgehend auf täglicher Basis berücksichtigen. Es bleibt jedoch in Teilbereichen auch bei einer statischen Betrachtungsweise, sofern sich Teilpositionen der Eigenmittel allein aus der letzten festgestellten Bilanz ergeben. Obgleich das KWG bereits in der Vergangenheit das Prinzip der Herabsetzungsautomatik für bestimmte Positionen des haftenden Eigenkapitals kannte, kommt es künftig zu einer Ausweitung dieser Systematik im Sinne einer ausgedehnten Herab- wie Heraufsetzungsautomatik bei der Zusammenführung der Einzelpositionen der Eigenmittel. Dies trägt dem Umstand Rechnung, daß die Institute künftig auf täglicher Basis ihre Risikopositionen berechnen müssen, so daß insoweit korrespondierend auch die täglichen Veränderungen der Eigenmittel in die Betrachtung einzubeziehen sind, um die Angemessenheit der Eigenmittelausstattung zu gewährleisten.

Daneben läßt sich in der Gesamtsystematik des neuen Eigenmittelbegriffs noch eine weitere dynamische Komponente ausmachen. Hierunter faßt das KWG die Abhängigkeit der für die Unterlegung von Handelsbuch- bzw. Marktpreisrisikopositionen einbringbaren Drittrangmittel in Relation zu dem für die Risiken des Anlagebuches nicht verbrauchten Kernkapital (freies Kernkapital).

4. Kreditvorschriften

Für Kredite enthält das KWG Vorschriften in den §§ 13 bis 22 KWG. Als risikoreicher gelten hierbei Großkredite, die daher besonderen Größenlimitierungen sowie Anzeige- und Beschlußregelungen unterliegen (§§ 13 bis 13b KWG.). Die Großkreditvorschriften sind wie die Vorschriften zur Eigenmittelausstattung von Anlagevermittlern und Abschlußvermittlern, die die Befugnis haben, sich bei der Erbringung von Finanzdienstleistungen Eigentum oder Besitz an Geldern oder Wertpapieren von Kunden zu verschaffen oder die auf eigene Rechnung handeln sowie von Finanzportfolioverwaltern und Eigenhändlern (für andere) zu beachten.

Die Großkreditvorschriften der §§ 13, 13a und 13b KWG regeln, wie auch die bisherigen Großkreditvorschriften, Anzeigepflichten, Obergrenzen und Beschlußfassungspflichten. Die Großkreditvorschriften unterscheiden dabei zwischen Nichthandelsbuchinstituten (§ 13) und Handelsbuchinstituten (§ 13a). Danach haben Handelsbuchinstitute künftig ihre Großkredite getrennt nach Anlagebuch- und Handelsbuchposition zu behandeln.

In § 13 KWG wird die bisherige Regelung für Großkredite im wesentlichen für Nichthandelsbuchinstitute fortgeschrieben. Ein Großkredit liegt für Nichthandelsbuchinstitute dann vor, wenn die Kredite an einen Kreditnehmer insgesamt zehn vom Hundert des haftenden Eigenkapitals des Instituts erreichen oder übersteigen. Es gibt allerdings einige Erleichterungen bei der Unterlegungspflicht des Überschreitungsbetrages bei Fusionen von Kreditnehmern sowie bei der Anzeigepflicht.

Handelsbuchinstitute müssen nach § 13a KWG ihre Großengagements als Anlagebuch- und Handelsbuch-Gesamtposition bzw. der kreditnehmerbezogenen Gesamtposition (Zusammenfassung von Anlage- und Handelsbuch) erfassen. Insofern ergeben sich für Handelsbuchinstitute differenzierte Einzel- und Aggregatobergrenzen und somit differenzierte Vorschriften zur Eigenmittelunterlegung. Für sie besteht ein Gesamtbuch-Großkredit, wenn die Gesamtheit der Kredite an einen Kreditnehmer (kreditnehmerbezogene Gesamtposition) zehn vom Hundert der Eigenmittel erreicht oder übersteigt; darüber hinaus besteht ein Anlagebuch-Großkredit, wenn die Gesamtheit der Kredite an einen Kreditnehmer ohne Berücksichtigung der kreditnehmerbezogenen Handelsbuch-Gesamtposition (kreditnehmerbezogene Anlagebuch-Gesamtposition) zehn vom Hundert des haftenden Eigenkapitals erreicht oder übersteigt.

5. Beaufsichtigung von Finanzdienstleistungsinstituten

a. Organe der Aufsicht

Durch die Umsetzung der WPR werden in Deutschland erstmals die Anbieter von Finanzdienstleistungen einer speziellen staatlichen Aufsicht, der Beaufsichtigung durch das BAK und das BAWe unterstellt. Die bisher bestehende Arbeitsteilung zwischen dem BAK und dem BAWe wurde mit der 6. KWG-Novelle beibehalten und weiterentwickelt. Das BAK ist weiterhin für die Zulassung und die Solvenzaufsicht zuständig, das BAWe führt die Marktaufsicht über die Wertpapierdienstleistungen durch.

Die zentralen Aufgaben des BAK im Bereich der Beaufsichtigung der Institute umfassen

- die Erteilung der Erlaubnis zum Geschäftsbetrieb und ggf. die Aufhebung der Erlaubnis,

- die Überprüfung der persönlichen Zuverlässigkeit und fachlichen Eignung der Geschäftsleiter und ggf. ihre Abberufung,

- die Anteilseignerkontrolle,

- die laufende Überwachung der wirtschaftlichen Situation der Institute,

- die Verfolgung unerlaubt betriebener Bankgeschäfte und Finanzdienstleistungen.

Da sich die Aufgaben des BAK und der Deutschen Bundesbank (BBk) teilweise überschneiden, sieht das KWG eine Mitwirkung der BBk bei der Beaufsichtigung der Institute vor. Die Ausgestaltung der Zusammenarbeit mit der BBk wird in § 7 KWG geregelt.

Die Marktaufsicht des BAWe umfaßt

- die Überwachung der Einhaltung der sog. Wohlverhaltensregeln,

- die Bekämpfung von Insidergeschäften,

- die Kontrolle der ad hoc-Publizität,

- die Überwachung der Mitteilungs- und Veröffentlichungspflichten der Stimmrechtsanteile an börsennotierten Gesellschaften,

- die Überwachung der Prospektveröffentlichungspflichten bei öffentlichen Angeboten von nicht zum amtlichen Handel zugelassenen Wertpapieren.

Unberührt von den Regelungen der 6. KWG-Novelle bleibt die Zuständigkeit der Börsenaufsichtsbehörden bestehen, wie z.B. für die skontroführenden Kurs- und Freimakler im Hinblick auf die Beachtung der börsenrechtlichen Vorschriften einschließlich der Überwachung der wirtschaftlichen Leistungsfähigkeit.

Die Kontrolle, ob die KWG-Vorschriften eingehalten werden, erfolgt in erster Linie anhand von Anzeigen der Institute selbst. Neben den Anzeigen zum Kreditgeschäft (z.B. Großkreditanzeigen) und den Meldungen zu den Grd I, II und III sind dem BAK die personellen, organisatorischen, rechtlichen und finanziellen Änderungen nach § 24 KWG anzuzeigen. Zur Überwachung der geschäftlichen Entwicklung der Institute dienen die Monatsausweise nach § 25 KWG, die der BBk einzureichen sind. Darüber hinaus haben die Institute den aufgestellten und den später festgestellten Jahresabschluß sowie den Lagebericht einzureichen und der Abschlußprüfer hat seinen Prüfungsbericht unverzüglich nach Beendigung der Prüfung dem BAK und der BBk vorzulegen (§ 26 KWG).

b. Rechte und Befugnisse des BAK

Die Beaufsichtigungsmöglichkeiten des BAK werden durch die Informationsrechte nach § 44 KWG ergänzt. Danach ist das BAK befugt, Auskünfte von Instituten und deren Organmitgliedern über alle Geschäftsvorgänge oder die Vorlage von Unterlagen zu verlangen. Das BAK kann, ohne besonderen Anlaß, bei den Instituten Prüfungen vornehmen. Zu dessen Durchführung bedient sich das BAK entweder eigener Prüfer, der BBk oder anderer externer Prüfer (Wirtschaftsprüfer, Prüfungsverbände). Die Informationsrechte des § 44 KWG berechtigen das BAK auch, Vertreter zu Organversammlungen und -sitzungen zu entsenden und die Einberufung von Organversammlungen und -sitzungen zu verlangen.

Grundsätzlich greifen Institutsregulierung und -aufsicht nicht in unternehmerische Entscheidungen eines Instituts ein. Das BAK hat jedoch in besonderen Fällen auch hoheitliche Eingriffsbefugnisse gegenüber den Instituten. Anläße für solche Maßnahmen können unzureichende Eigenmittel und eine unzureichende Liquidität (§ 45), das Bestehen einer Gefahr für die Erfüllung der Verpflichtungen des Instituts gegenüber seinen Gläubigern (§ 46) oder einer Konkursgefahr (§ 46a) sein. Die Eingriffsbefugnisse des BAK reichen in diesen Fällen von der Beschränkung der Gewinnausschüttung und der Kreditgewährung über das Verbot der Annahme von Geldern oder Wertpapieren, der Einschränkung oder Untersagung der Geschäftstätigkeit bis zum Veräußerungs- und Zahlungsverbot oder zur Institutsschließung.

6. Zulassungsvoraussetzung

Finanzdienstleistungsinstitute bedürfen künftig ebenso wie Kreditinstitute einer schriftlichen Erlaubnis des BAK zum Geschäftsbetrieb. Der Inhalt des beim BAK einzureichenden Erlaubnisantrages ist in § 32 KWG bestimmt. Für Finanzdienstleistungsinstitute, die am 1. Januar 1998 zulässigerweise tätig waren, gelten in diesem Zusammenhang die Übergangsvorschriften des § 64e Abs. 2 KWG. Die Zulassungsvoraussetzungen müssen nicht nur bei Antrag sondern auch während der Ausübung der Tätigkeit als Finanzdienstleistungsinstitut erfüllt sein; im einzelnen verweisen wir hierzu auf Abschnitt L I.

7. Inkrafttreten

Die Änderungen des KWG durch die 6. KWG-Novelle treten grundsätzlich zum 1. Januar bzw. 1. Oktober 1998 in Kraft, wobei jedoch die Finanzdienstleistungsinstitute, die am 1. Januar 1998 zulässigerweise tätig waren, die Regelungen zur Eigenmittelausstattung (§§ 10, 10a KWG), zur Liquidität (§ 11 KWG) und zu den Großkrediten (§§ 13 bis 13b KWG) unter bestimmten Voraussetzungen erst ab 1. Januar 1999 anzuwenden brauchen (§ 64e Abs. 3 KWG). Darüber hinaus sind für diese Institute weitere Übergangsregelungen in § 64e Abs. 3 KWG enthalten; im einzelnen verweisen wir hierzu auf Abschnitt L II.

II. Eigenkapitalgrundsatz I

1. Übersicht

Nach § 10 Abs. 1 KWG müssen Institute im Interesse der Erfüllung ihrer Verpflichtungen gegenüber ihren Gläubigern angemessene Eigenmittel haben. Wie bisher wird auch künftig die Konkretisierung des Kriteriums der Angemessenheit der Eigenmittel vom BAK vorgenommen. Gemäß § 10 Abs. 1 S. 2 KWG stellt das BAK hierzu Grundsätze auf, nach denen es beurteilt, ob die Höhe der Eigenmittel der Institute angemessen ist. § 10a Abs. 1 KWG regelt dies auch für die Eigenmittelausstattung von Instituts- oder Finanzholding-Gruppen. Unter den Anwendungsbereich des neuen Grd I fallen Kreditinstitute und Finanzdienstleistungsinstitute, soweit sie einer Solvenzaufsicht durch das BAK unterworfen sind.

Der alte Grundsatz I hatte die Beaufsichtigung von Adressenausfallrisiken aus dem traditionellen bilanziellen und außerbilanziellen Kreditgeschäft sowie aus Derivaten zum Ziel, indem für diese Risiken eine Eigenkapitalunterlegung vorgeschrieben wurde. Unabhängig davon setzte der nunmehr aufgehobene Grundsatz Ia Obergrenzen für Marktrisikopositionen fest, die sich am haftenden Eigenkapital orientierten. Bei Vollauslastung des haftenden Eigenkapitals durch die Unterlegung von Adressenausfallrisiken konnte das insofern "verbrauchte" Eigenkapital durch die gleichzeitige Beanspruchung der Obergrenzen des Grundsatzes Ia quasi doppelt belegt werden.

Nach dem neugefaßten Grundsatz I sind entsprechend der Vorgaben der KAR sowohl Adressenausfallrisiken als auch bestimmte Marktpreisrisiken durch die Unterlegung mit Eigenmitteln abzusichern - eine "Doppelbelegung" der Eigenmittel durch Adressenausfallrisiken einerseits und Marktpreisrisiken andererseits ist nicht mehr möglich. Die neuen Regelungen sind in dem grundlegend novellierten Grundsatz I zusammengefaßt; der bisherige Grundsatz Ia wurde aufgehoben.

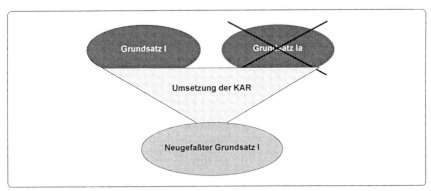

Abb. 5: Neufassung des Grundsatzes I

Nach der Systematik des neuen Grundsatzes I werden Adressenausfall- und Marktpreis-risiken in bestimmte Blöcke oder Bausteine in Abhängigkeit von der Art der Risiken zerlegt. Für die einzelnen Risikoarten werden sodann nach unterschiedlichen Verfahren Teilanrechnungsbeträge ermittelt, die jeweils mit haftendem Eigenkapital bzw. Eigen-mitteln zu unterlegen sind. Daraus folgt, daß die Eigenmittel nur einmal zur Unterlegung verwendet werden können. Auch Eigenmittel, die zuvor im Rahmen der Vorschriften der §§ 12, 13 ff. KWG zur Risikounterlegung aus Überschreitungen verbraucht wurden, stehen nicht mehr für die Eigenmittelunterlegung nach Grundsatz I zur Verfügung (Buil-ding-block-approach).

2. Angemessenheit der Eigenmittel

Der erste Abschnitt des Grd I enthält die grundlegenden Bestimmungen für die erforder-liche Mindestkapitalausstattung der Institute. Für die Deckung der Adressenausfallrisi-ken des Anlagebuches darf nur das haftende Eigenkapital (Kernkapital und Ergänzungs-kapital der 1. und 2. Klasse) herangezogen werden. Die entsprechende Regelung findet sich in § 2 Abs. 1 Grd I und unterscheidet sich materiell nicht von der Regelung des bis-herigen Grundsatzes I.

Für die Eigenmittelunterlegung von Marktrisikopositionen gilt nach § 2 Abs. 2 Grd I, daß die Summe der Anrechnungsbeträge für die Marktrisikopositionen und die speziel-len Risikopositionen aus Optionen den um die Drittrangmittel vermehrten Differenz-betrag zwischen dem haftenden Eigenkapital und der in Höhe von acht vom Hundert berücksichtigten Summe der gewichteten Risikoaktiva (Adressenausfallrisikopositionen des Anlagebuches) täglich bei Geschäftsschluß nicht übersteigen darf. Die Markt-risikopositionen dürfen somit nur durch freies Kern- und Ergänzungskapital der 1. und 2. Klasse, d.h. Kapital, das zur Unterlegung von Adressenausfallrisiken des Anlage-buches oder zur Unterlegung von Positionen iSd §§ 12, 13 ff. KWG nicht benötigt wird, und durch Drittrangmittel (Ergänzungskapital der 3. und 4. Klasse) unterlegt werden.

3. Adressenausfallrisiken des Anlagebuches

Der zweite Abschnitt des Grd I enthält die maßgeblichen Bestimmungen zur Bemessung der Adressenausfallrisiken (Kredit- und Eindeckungsrisiken) aus den Geschäften des Anlagebuches. Hierzu werden die zu berücksichtigenden Bilanzaktiva, außerbilanziellen Geschäfte sowie Swapgeschäfte, Termingeschäfte und Optionsrechte aufgelistet und die Höhe der jeweiligen Bemessungsgrundlage bzw. das Anrechnungsverfahren und die Bonitätsgewichte festgelegt. Als wichtigste Neuerung ist nunmehr die ermäßigte Anrech-nung von Swapgeschäften, Termingeschäften und Optionsrechten zulässig, die in bankaufsichtsrechtlich anerkannte zweiseitige Nettingvereinbarungen einbezogen sind.

4. Marktrisikoposition

Der neue Grd I enthält jeweils in einzelnen Abschnitten getrennt die Regelungen zur Ermittlung und Eigenmittelunterlegung der Marktpreisrisiken und der Adressenausfallrisiken aus Geschäften des Handelsbuches. Im einzelnen werden die erfaßten Risiken in folgende Marktrisikopositionen aufgeteilt:

- Währungsgesamtposition (dritter Abschnitt)

- Rohwarenposition (vierter Abschnitt)

- Handelsbuch-Risikoposition (fünfter Abschnitt)

- Optionsposition (sechster Abschnitt)

Die Währungs- und Rohwarenrisiken sind sowohl von Handelsbuch- als auch Nichthandelsbuchinstituten mit Eigenmittel zu unterlegen; eine Zuordnung dieser Positionen zum Handels- oder Anlagebuch entfällt. Die Vorschriften zur Handelsbuch-Risikoposition finden hingegen auf Nichthandelsbuchinstitute keine Anwendung. Optionsgeschäfte sind von Nichthandelsbuchinstituten nur bei der Berechnung der Währungsgesamt- und Rohwarenposition zu berücksichtigen.

In der Handelsbuch-Risikoposition wird das Positionsrisiko aus zins- und aktien-/indexkursbezogenen Finanzinstrumenten und das Adressenausfallrisiko aus Handelsbuchpositionen erfaßt. Zu Errechnung der Eigenmittelanforderung wird das Positionsrisiko aus zins- und aktienkursbezogenen Finanzinstrumenten in die Komponenten "besonderes Kursrisiko" (Ausprägung des Adressenausfallrisikos) und "allgemeines Kursrisiko" (Marktrisiko) zerlegt und jeweils getrennt mit Eigenmitteln unterlegt. In die Anrechnungsbeträge für das Adressenausfallrisiko wird das Abwicklungs- und Vorleistungsrisiko aus Wertpapiergeschäften, das Erfüllungsrisiko aus Derivate-, Wertpapierpensions- und -leihgeschäften sowie das Kreditrisiko aus Forderungen des Handelsbestandes einbezogen.

III. Großkredit- und Millionenkreditverordnung (GroMiKV)

Die am 1. Januar 1998 in Kraft getretene Großkredit- und Millionenkreditverordnung (GroMiKV) ersetzt die bisherige Kreditbestimmungsverordnung (KredBestV). Die GroMiKV enthält detaillierte Ausführungsbestimmungen zum KWG, insbesondere zur Bemessungsgrundlage der Risikoaktiva, zur Berücksichtigung von Sicherheiten und Nettingvereinbarungen und zur Adressengewichtung. Daneben regelt die Verordnung Vorschriften zur Abgrenzung von Handelsbuch- und Nichthandelsbuchinstituten, zur sogenannten Handelsbuch-Gesamtposition, die die Grundlage für die Großkreditregelung der Handelsbuchinstitute (§ 13a KWG) bildet, sowie zu den Anzeige- und Anrechnungserleichterungen und den Anzeigepflichten für Groß- und Millionenkredite (§§ 13 bis 14 KWG).

Der erste Abschnitt der GroMiKV enthält die grundlegenden Bestimmungen, die sowohl für Handelsbuch- als auch für Nichthandelsbuchinstitute gelten. § 2 GroMiKV regelt die Bemessungsgrundlage für die Ermittlung der Kreditbeträge, die auf die Großkreditgrenzen anzurechnen und in die Großkredit- bzw. Millionenkreditanzeigen einzubeziehen sind. Die Ermittlung des Kreditäquivalenzbetrages, mit dem Swap-Geschäfte und andere als Festgeschäfte oder Rechte ausgestaltete Termingeschäfte als Kredit anzurechnen sind (§ 4 GroMiKV), erfolgt dabei analog der entsprechenden Handhabung im Grundsatz I nach der Marktbewertungsmethode bzw. Laufzeitmethode, wobei Nettingvereinbarungen unter bestimmten Voraussetzungen (§§ 5 bis 8 GroMiKV) risikomindernd berücksichtigt werden können.

Die speziellen Vorschriften für Großkredite sind in Abschnitt 2 der Verordnung enthalten. Gemeinsam für Handelsbuch- und Nichthandelsbuchinstitute sind für die Anrechnung von Kreditbeträgen auf die Großkreditobergrenzen in den §§ 16 bis 20 GroMiKV Gewichtungssätze bzw. Regelungen zur Berücksichtigung von Sicherheiten vorgegeben. Die Bagatellregelung des § 2 Abs. 11 KWG, wonach ein Institut die Vorschriften über das Handelsbuch nicht anzuwenden braucht, wenn bestimmte Grenzen der Handelsbuchposition nicht überschritten werden, ist in den §§ 21 und 22 GroMiKV näher spezifiziert. Organisatorische und meldetechnische Bestimmungen sind im weiteren getrennt nach Handelsbuch- und Nichthandelsbuchinstituten geregelt. Darüber hinaus enthalten die Regelungen für die Handelsbuchinstitute die wesentlichen Vorschriften zur Ermittlung der kreditnehmerbezogenen Handelsbuchgesamtposition (§§ 37 bis 41 GroMiKV) und zur Unterlegung von Überschreitungen bestimmter Großkreditgrenzen (§§ 42, 43 GroMiKV).

Ausnahmen von den Millionenkreditanzeigen und das Anzeigeverfahren als solches sind im dritten Abschnitt der GroMiKV unter den Sondervorschriften für Millionenkredite enthalten.

IV. Wertpapierhandelsgesetz

1. Übersicht

Das WpHG wurde im Rahmen des zweiten Finanzmarktförderungsgesetzes in Kraft gesetzt und dient der Transformation folgender EG-Richtlinien:

- der Richtlinie über die bei Erwerb und Veräußerung einer bedeutenden Beteiligung an einer börsennotierten Gesellschaft zu veröffentlichenden Informationen (Transparenz-Richtlinie),

- der Richtlinie zur Koordinierung der Vorschriften betreffend Insidergeschäften (Insider-Richtlinie),

- der Richtlinie über Wertpapierdienstleistungen (Wertpapierdienstleistungs-Richtlinie); die vollständige Umsetzung ist mit der 6. KWG-Novelle erfolgt.

Mit dem WpHG soll die Funktionsfähigkeit und die internationale Wettbewerbsfähigkeit des Finanzplatzes Deutschland erhalten bzw. gefördert werden. Zum einen wurden mit diesem Gesetz Insider-Straftatbestände und Eingriffsmöglichkeiten zur konsequenten Verfolgung von Insider-Verstößen geschaffen. Darüber hinaus will das WpHG das Vertrauen der Anleger durch gleichberechtigten, schnellen Zugang zu öffentlichen Informationen (Ad hoc-Publizität) und die Transparenz der Eigentümerstrukturen der börsennotierten Gesellschaften erhöhen. Die Einhaltung der Regelungen für die Wertpapiermärkte wird u.a. durch das Bundesaufsichtsamt für den Wertpapierhandel (BAWe) überwacht.

Das dritte Finanzmarktförderungsgesetz führt die Verbesserung der Rahmenbedingungen für die Marktteilnehmer fort und vervollständigt die Maßnahmen der Aufsicht.

Das WpHG regelt im einzelnen die Aufgaben und Kompetenzen des BAWe (§§ 3 bis 11 WpHG), die Meldepflicht betreffend der Geschäfte in Wertpapieren und Derivaten (§ 9 WpHG), den Insiderhandel (§§ 12 bis 20 WpHG), die Verpflichtung zur Veröffentlichung und Mitteilung kursbeeinflussender Tatsachen (§ 15 WpHG), Mitteilungs- und Veröffentlichungspflichten bei Veränderungen des Stimmrechtsanteils an börsennotierten Gesellschaften (§§ 21 bis 30 WpHG) und Verhaltensregeln und Organisationspflichten für Wertpapierdienstleistungsunternehmen (§§ 31 bis 37 WpHG).

2. Anwendungsbereich, Begriffsbestimmungen

Anzuwenden ist das WpHG nach § 1 WpHG auf die Erbringung von Wertpapierdienstleistungen und Wertpapiernebendienstleistungen, den börslichen und außerbörslichen Handel mit Wertpapieren, Geldmarktinstrumenten und Derivaten sowie auf Veränderungen der Stimmrechtsanteile an börsennotierten Gesellschaften. Der Anwendungsbereich ist im Zuge der vollständigen Umsetzung der Wertpapierdienstleistungsrichtlinie auf die Erbringung von Wertpapierdienstleistungen und Wertpapiernebendienstleistungen sowie den börslichen und außerbörslichen Handel mit Geldmarktinstrumenten erweitert worden.

§ 2 WpHG enthält die für das WpHG erforderlichen Begriffsbestimmungen. Die Definition der Wertpapiere und Geldmarktinstrumente erfolgt dabei im Rahmen der vollständigen Umsetzung der WPR analog zu den Begriffsbestimmungen in § 1 Abs. 11 KWG. Der Derivatebegriff in § 2 Abs. 2 WpHG wurde im Zuge der 6. KWG-Novelle erheblich ausgeweitet. Durch die Streichung der im bisherigen Wortlaut enthaltenen Voraussetzung, daß die Instrumente an einem in- oder ausländischen börslichen Markt gehandelt werden müssen, werden nunmehr auch "over-the-counter" gehandelte Derivate (OTC-Derivate) erfaßt.

Der Begriff der Wertpapierdienstleistungen wurde durch die Einbeziehung der Geldmarktinstrumente in den Anwendungsbereich des Gesetzes und die vollständige Umsetzung der WPR ergänzt, wodurch insbesondere der Kreis der Wertpapierdienstleistungen erweitert wurde.

3. Bundesaufsichtsamt für den Wertpapierhandel

Die Einhaltung der Vorschriften des WpHG wird vom BAWe überwacht. Es hat Mißständen entgegenzuwirken, die die ordnungsmäße Durchführung des Wertpapierhandels oder von Wertpapierdienstleistungen oder Wertpapiernebendienstleistungen beeinträchtigen oder erhebliche Nachteile für den Wertpapiermarkt bewirken können. Durch die Änderungen der §§ 4, 6 und 7 WpHG wird die Aufsichtsbefugnis des BAWe erweitert bzw. konkretisiert. Beispielsweise wird in § 4 Abs. 1 WpHG klargestellt, daß dem BAWe die Mißstandsaufsicht bei allen Wertpapierdienstleistungen und Wertpapiernebendienstleistungen obliegt.

4. Insiderüberwachung

Dem Verbot von Insider-Geschäften unterliegen nach § 14 WpHG Primärinsider einerseits und die Sekundärinsider andererseits, die über Insiderinformationen verfügen. Als Insiderinformationen gelten nach § 13 Abs. 1 WpHG nur solche unveröffentlichten Informationen, die sich auf Emittenten bestimmter Papiere oder diese Papiere selbst beziehen. Der Kreis der Wertpapiere, die Gegenstand von Insiderinformationen sein können, wird als Insiderpapiere beschrieben (§ 12 WpHG). Primärinsider sind nach § 13 Abs. 1 WpHG solche Personen, die unmittelbaren Zugang zu Insiderinformationen haben, Sekundärinsider ist dagegen jeder Dritte, der Kenntnis von einer Insidertatsache hat (§ 14 Abs. 2 WpHG). Zur Überwachung der Einhaltung des Insiderhandelsverbots sind u.a. Mitteilungspflichten der Marktteilnehmer (§ 9 WpHG), die Verpflichtung zur Ad hoc-Publizität (§ 15 WpHG) und Auskunftsrechte des BAWe (§ 16 WpHG) im Gesetz enthalten.

V. Sonstige Gesetze und Verordnungen

1. Verordnungen über Anzeige- und Meldepflichten

Für die Beurteilung der Angemessenheit der Eigenmittelausstattung haben Finanzdienstleistungsinstitute - nur die Eigenhändler, Finanzportfolioverwalter und die Anlagevermittler und Abschlußvermittler, die befugt sind, sich Eigentum oder Besitz an Geldern oder Wertpapieren von Kunden zu verschaffen oder die auf eigene Rechnung mit Finanzinstrumenten handeln - Meldungen nach Grd I zu erstatten. Die Einhaltung der Liquiditätsvorschriften wird aufsichtsrechtlich anhand der Grundsätze II und III kontrolliert. Aufgrund der Umstellung der Bilanzgliederung von Ursprungs- auf Restlaufzeiten ab dem 1. Januar 1998 und der Einbeziehung der Finanzdienstleistungsinstitute in die Anwendung werden die Liquiditätsgrundsätze derzeit überarbeitet. Finanzdienstleistungsinstitute bis 1. Januar 1999 von der Anwendung der Grundsätze II und III befreit; inwieweit dann bereits die novellierten Grundsätze vorliegen und anzuwenden sind, ist derzeit noch offen.

Daneben enthält das KWG eine Vielzahl von Anzeigepflichten, denen auch Finanzdienstleistungsinstitute unterliegen. Neben den Großkredit- und Millionenkreditanzeigen sind hier insbesondere die Anzeigen nach § 24 KWG und die Monatsausweise nach § 25 KWG zu nennen. Einzelheiten zu den Anzeigepflichten des KWG sind in den dazu erlassenen Verordnungen geregelt. Im einzelnen haben Finanzdienstleistungsinstitute für ihre Anzeigepflichten nach dem KWG folgende Verordnungen zu beachten:

- Die Verordnung über die Erfassung, Bemessung, Gewichtung und Anzeige von Krediten im Bereich der Großkredit- und Millionenkreditvorschriften des Gesetzes über das Kreditwesen (Großkredit- und Millionenkreditverordnung - GroMiKV),

- die Verordnung über die Anzeigen und die Vorlage von Unterlagen nach dem Gesetz über das Kreditwesen (Anzeigenverordnung - AnzV),

- die Verordnung über die Einreichung von Monatsausweisen durch Skontroführer nach dem Gesetz über das Kreditwesen (Skontroführer-Monatsausweisverordnung - SkontroMonAwV),

- die Verordnung zur Einreichung von Monatsausweisen nach dem Gesetz über das Kreditwesen (Monatsausweisverordnung - MonAwV)

- die Verordnung über die Einreichung zusammengefaßter Monatsausweise nach dem Gesetz über das Kreditwesen (Zusammengefaßte-Monatsausweis-Verordnung - ZuMonAwV),

- die Verordnung über die Ergänzungsanzeige von Finanzdienstleistungsinstituten und Wertpapierhandelsbanken nach dem Gesetz über das Kreditwesen (Ergänzungsanzeigenverordnung - ErgAnzV),

- die Verordnung über die Erstanzeige von Finanzdienstleistungsinstituten und Wertpapierhandelsbanken nach dem Gesetz über das Kreditwesen (Erstanzeigenverordnung - ErstAnzV).

Neben den Verordnungen, Grundsätzen und Erläuterungen sind die entsprechenden Schreiben und Verlautbarungen des BAK zu Einzelfragen der Anzeige- bzw. Meldepflichten zu berücksichtigen.

2. Geldwäschegesetz

Mit dem Begleitgesetz zur 6. KWG-Novelle wurde auch das Geldwäschegesetz geändert. Finanzdienstleistungsinstitute i.S.d. § 1 Abs. 1a KWG müssen nunmehr ebenfalls die Anforderungen an die internen Sicherungsmaßnahmen (§ 14 GwG) erfüllen. Danach müssen Finanzdienstleistungsinstitute Vorkehrungen wie die Bestimmung einer leitenden Person, die Entwicklung interner Organisationsanweisungen, die Sicherstellung der Zuverlässigkeit von Mitarbeitern sowie deren Schulungen in Methoden der Geldwäsche dagegen treffen, daß sie zur Geldwäsche mißbraucht werden. Zu den Einzelheiten der Verpflichtungen des GwG sind die Schreiben und Verlautbarungen des BAK heranzuziehen.

3. Börsengesetz

Das Börsengesetz (BörsG) enthält zur Organisation der deutschen Börsen u.a. Bestimmungen über die Börsen und deren Organe, zur Feststellung des Börsenpreises und Maklerwesens, zur Zulassung von Wertpapieren zum Börsenhandel mit amtlicher und nicht amtlicher Notierung sowie zum Börsenterminhandel. Die Änderungen einzelner Vorschriften des BörsG im Zuge der Umsetzung der 6. KWG-Novelle sind im wesentlichen notwendige (Folge-)Anpassungen an die Novellierung des KWG. Mit den Änderungen wird in erster Linie der aus der Umsetzung der WPR und KAR folgenden modifizierten Aufsichtsstruktur Rechnung getragen.

Das Gesetz beinhaltet im Hinblick hierauf insbesondere

- die Gleichbehandlung von Kreditinstituten und Börsenmaklern und anderen inländischen Finanzdienstleistungsinstituten bei den Zulassungsvoraussetzungen zur Teilnahme am Börsenhandel und den Verzicht auf das bislang gesetzlich vorgeschriebene Erfordernis der Hinterlegung einer Sicherheitsleistung für alle zum Börsenhandel zugelassenen Unternehmen,

- die Verbesserung der internationalen Zusammenarbeit der Börsen bei der Über-wachung von Risikopositionen durch einen unmittelbaren Informationsaustausch,

- die Ermöglichung einer flexibleren Veröffentlichungspraxis von Transaktionsdaten im Hinblick auf die Bedürfnisse der Marktteilnehmer unter Beachtung der Interessen des Publikums,

- die Einbindung der börsenrechtlichen Aufsichtsstruktur in das infolge der Umsetzung der Wertpapierdienstleistungs- und Kapitaladäquanz-Richtlinie modifizierte aufsichts-rechtliche Gesamtgefüge sowie

- die Aufhebung des Emissionseinführungsmonopols der Kreditinstitute bei der Zulassung von Wertpapieren in den amtlichen Handel.

Um das BörsG der WPR anzupassen, wurde der Anwendungsbereich auf Investment-zertifikate erweitert. Dementsprechend umfaßt der Wertpapier- und Wertpapierbörsen-begriff iSd BörsG nunmehr auch Investmentzertifikate. Um der gängigen Praxis Rech-nung zu tragen, wird auch der Handel in Edelmetallen und Edelmetallderivaten an Wert-papierbörsen zugelassen (§ 1 Abs. 5 S. 2 BörsG). Zur Implementierung einer funktionie-renden Warenterminbörse in Deutschland umfaßt der Anwendungsbereich des BörsG darüber hinaus auch Warenterminbörsen. Nach der neuen Legaldefinition handelt es sich dabei um solche Börsen, an denen Waren, Edelmetalle oder Derivate gehandelt werden. Im Zuge der internationalen Überwachung von Risikopositionen wird auch für Waren-börsen eine Handelsüberwachung eingeführt (§ 1b BörsG).

Nach § 2b BörsG unterliegen nunmehr auch Finanzdienstleistungsinstitute und Finanzunternehmen, die an der Börse auftreten, ebenso wie die im bisherigen § 2b BörsG genannten Unternehmen einer speziellen Zulassung und Aufsicht. Entsprechend der neuen Begrifflichkeiten gelten die im bisherigen § 3 BörsG genannten freien Makler aufgrund ihrer Vermittlungtätigkeit und ihres Eigenhandels als Finanzdienst-leistungsinstitute. Ihre Vertretung im Börsenrat wird ebenso neu geregelt wie die der Wertpapierhandelsbanken, die ausdrücklich berücksichtigt werden.

Dem Grundsatz, mehr Transparenz zu schaffen, trägt die Neufassung des § 4 BörsG Rechnung. Danach kann bei außergewöhnlich umfangreichen Geschäften die Veröffent-lichung der Umsätze mit zeitlicher Verzögerung erfolgen. Diese Regelung bewahrt Marktteilnehmer davor, den Abbau einer großen Position zu niedrigeren Kursen hinneh-men zu müssen, weil sich der Markt durch die unverzügliche Veröffentlichung der Umsätze auf ein stark steigendes Angebot eingestellt hat. Künftig soll der Blockhandel wieder in die Börse reintegriert werden und mit der zeitlichen Verzögerung der Ver-öffentlichung eine verspätete Transparenz in einem Sektor erreicht werden, der bisher gänzlich intransparent geblieben ist.

Der bisherige Aufgabenbereich der Prüfung der wirtschaftlichen Leistungsfähigkeit sämtlicher Börsenmakler ist anläßlich der 6. KWG-Novelle modifiziert worden. Nach § 8b Abs. 1 BörsG überprüft die Börsenaufsichtsbehörde die wirtschaftliche Leistungs-fähigkeit der sog. Skontroführer. Dies sind sowohl die Kursmakler als auch andere zur Feststellung oder Ermittlung des Börsenpreises betrauten skontroführenden Freimakler im geregelten Markt und im Freiverkehr. Die Prüfungskompetenz der nicht skontroführ-renden Freimakler wird dem BAK zugewiesen.

C Finanzdienstleistungsinstitute

I. Übersicht

Über den § 1 Abs. 1a KWG wird eine neue Unternehmenskategorie der Aufsicht durch das BAK unterstellt: Die Finanzdienstleistungsinstitute. Analog zur tatbestandlichen Umschreibung der Kreditinstitute handelt es sich hierbei um Unternehmen, die Finanzdienstleistungen für andere gewerbsmäßig oder in einem Umfang erbringen, der einen in kaufmännischer Weise eingerichteten Geschäftsbetrieb erfordert und die keine Kreditinstitute sind. Der Katalog des § 1 Abs. 1a S. 2 KWG umfaßt die folgenden Finanzdienstleistungen:

1. Anlagevermittlung

2. Abschlußvermittlung

3. Finanzportfolioverwaltung

4. Eigenhandel

5. Drittstaateneinlagenvermittlung

6. Finanztransfergeschäft

7. Sortengeschäft

Die Finanzdienstleistungsinstitute entsprechen im wesentlichen den in der WPR erfaßten Wertpapierfirmen. Die Richtlinie ist jedoch insofern umgesetzt worden, als daß Tätigkeiten, die nach der WPR zur Einstufung als Wertpapierfirma führen, KWG-rechtlich z.T. schon als Bankgeschäft iSv § 1 Abs. 1 S. 2 KWG definiert waren (Finanzkommissionsgeschäft und Emissionsgeschäft). Damit hält die KWG weiterhin am Universalbankenprinzip und auch an der gegenüber dem EU-Recht weiteren Kreditinstitutsdefinition fest. Über die Vorgaben der WPR hinaus werden, insbesondere zur wirksamen Bekämpfung der Geldwäsche, spezielle Tätigkeiten der Aufsicht unterstellt. Daher umfassen die Finanzdienstleistungen auch das Drittstaateneinlagen-, das Finanztransfer- und das Sortengeschäft. Diese Finanzdienstleistungsinstitute unterliegen jedoch einer "vereinfachten" Aufsicht durch das BAK (§ 2 Abs. 7 KWG).

Dementsprechend läßt sich eine Zweiteilung der Finanzdienstleistungsinstitute in die Nrn. 1 bis 4 (Anlage- und Abschlußvermittlung, Finanzportfolioverwaltung, Eigenhandel) und die Nrn. 5 bis 7 (Drittstaateneinlagenvermittlung, Finanztransfergeschäft, Sortengeschäft) des § 1 Abs. 1a KWG vornehmen. Die Nummern 1 bis 4 ergeben sich als Wertpapierdienstleistungen aus der Umsetzung der WPR. Gemeinsames Merkmal dieser Tätigkeiten ist, daß sie alle in Zusammenhang mit Finanzinstrumenten iSv § 1 Abs. 11 KWG zu erbringen sind, um als Finanzdienstleistung zu gelten. Die zweite Gruppe umfaßt die Finanzdienstleistungen, die zur wirksamen Bekämpfung der Geldwäsche in den Katalog des § 1 Abs. 1a S. 2 KWG aufgenommen wurden. Der Katalog der in § 1 Abs. 1a S. 2 KWG aufgeführten Finanzdienstleistungen ist abschließend.

Die Qualifikation eines Unternehmens als Finanzdienstleistungsinstitut ist gegenüber seiner Einordnung als Kreditinstitut subsidiär, d.h. ein Kreditinstitut kann nie gleichzeitig Finanzdienstleistungsinstitut sein.

Eine Teilmenge der Finanzdienstleistungsinstitute fällt unter die Definition des Wertpapierhandelsunternehmens. Als Wertpapierhandelsunternehmen (Wertpapierfirmen isd WPR) gelten nach § 1 Abs. 3d S. 2 KWG solche Finanzdienstleistungsinstitute, die Dienstleistungen isd § 1 Abs. 1a S. 2 Nr. 1 bis 4 KWG (Anlagevermittlung, Abschlußvermittlung, Finanzportfolioverwaltung, Eigenhandel für andere) betreiben. Soweit die Finanzdienstleistungen ausschließlich Devisen, Rechnungseinheiten oder Derivate isv § 1 Abs. 11 S. 4 Nr. 5 KWG (Rohwaren/ Edelmetalle) betreffen, sind die Institute jedoch nicht als Wertpapierhandelsunternehmen zu klassifizieren. Die Definition des Wertpapierhandelsunternehmens ist relevant für die Definition der Finanzholding-Gesellschaft (§ 1 Abs. 3a KWG) und der gemischten Unternehmen (§ 1 Abs. 3b KWG) sowie für die Eigenmittelausstattung (§ 10 Abs. 9 KWG), die Vorschriften zum Europäischen Paß (§§ 53b, 53d KWG) und für die Konsolidierungsvorschriften der Finanzholding-Gruppe (§ 10a Abs. 3, § 13b Abs. 2 KWG).

Ausnahmeregelungen bestehen für Anlage- und Abschlußvermittler, die keine Befugnis haben, sich bei der Erbringung von Finanzdienstleistungen Besitz oder Eigentum an Kundengeldern oder -wertpapieren zu verschaffen und die keinen Handel auf eigene Rechnung betreiben (vgl. hierzu Kapital E). Die besonderen Regelungen sehen entweder eine Ausnahme von den Bestimmungen des KWG vor, d.h. das Finanzdienstleistungsunternehmen ist kein Finanzdienstleistungsinstitut isd KWG, oder Ausnahmen von einzelnen Vorschriften des KWG.

II. Finanzdienstleistungen

1. Anlagevermittlung

Unter Anlagevermittlung ist gemäß § 1 Abs. 1a S. 2 Nr. 1 KWG die Vermittlung von Geschäften über die Anschaffung und die Veräußerung von Finanzinstrumenten oder deren Nachweis zu verstehen. Der Tätigkeitsumfang umfaßt die Entgegennahme und Weiterleitung von Aufträgen für Rechnung von Anlegern und entspricht damit der Regelung im Anhang Abschnitt A Nr. 1a WPR.

Der Anlagevermittler isv § 1 Abs. 1a S. 2 Nr. 1 KWG beschränkt sich auf die Entgegennahme und Übermittlung von Aufträgen von Anlegern über die Anschaffung und Veräußerung von Finanzinstrumenten oder deren Nachweis. Erfaßt ist die Tätigkeit des Nachweismaklers isd § 34c GewO, soweit sie sich auf Finanzinstrumente isd § 1 Abs. 11 KWG bezieht. Der Begriff des Nachweismaklers wird in der GewO nicht ausdrücklich erwähnt. In der Praxis wird anhand des Gesetzeswortlauts aber unterschieden zwischen dem Nachweismakler, der lediglich die Gelegenheit zum Abschluß von Verträgen nachweist, und dem Abschlußmakler, der darüber hinaus den Abschluß der Verträge durch eine konkret abzielende Tätigkeit vermittelt.

Die Anlagevermittlung isv § 1 Abs. 1a S. 2 Nr. 1 KWG erfaßt damit zwei Geschäftsbereiche. Zum einen werden die Vermittler von Finanzinstrumenten erfaßt, die Finanzanlagen an Kunden vermitteln. Die weitere Berufsgruppe, die von den Regelungen des KWG betroffen ist, sind die Börsen- und Freimakler, sofern diese das reine Vermittlungsgeschäft betreiben und nicht als Eigenhändler für andere gemäß § 1 Abs. 1a S. 2 Nr. 4 KWG anzusehen sind. Soweit sich die Vermittlungstätigkeit einzig auf eine reine Botentätigkeit reduziert, liegt keine Finanzdienstleistung isv § 1 Abs. 1a KWG vor.

2. Abschlußvermittler

Die Tätigkeit des Abschlußvermittlers (§ 1 Abs. 1a S. 2 Nr. 2 KWG) umfaßt die Anschaffung und Veräußerung von Finanzinstrumenten in fremdem Namen und für fremde Rechnung. Dadurch ist der Abschlußvermittler zivilrechtlich offener Stellvertreter, er benennt die Partei, für die er eine Finanzdienstleistung (Vermittlung) erbringt. Im Gegensatz dazu ist die verdeckte Stellvertretung (im eigenen Namen und für fremde Rechnung) als Finanzkommissionsgeschäft Bankgeschäft und damit den Kreditinstituten vorbehalten. Dieser Tatbestand beruht auf Anhang Abschnitt A Nr. 1 b) der WPR.

Der Abschlußvermittler übt seine Tätigkeit als Abschlußmakler (§ 34c GewO) oder als Handelsvertreter (§ 84 HGB) aus. Die Tätigkeit des Abschlußvermittlers deckt sich mit der Tätigkeit des Abschlußmaklers iSd § 34c GewO, sofern er eine Partei bei Abschluß des Geschäfts vertritt, andernfalls fällt die Tätigkeit unter § 1 Abs. 1a S. 2 Nr. 1 KWG.

Aufgrund der weitgehenden inhaltlichen Übereinstimmung der Tätigkeit der Anlage- und Abschlußvermittler werden diese im KWG gleichbehandelt. Die Unterscheidung liegt im rechtlichen Auftreten des Vermittlers, bei der Anlagevermittlung als reiner Vermittler und bei der Abschlußvermittlung als offener Stellvertreter.

3. Finanzportfolioverwalter

Der Finanzportfolioverwalter übernimmt die Verwaltung von einzelnen in Finanzinstrumenten angelegten Vermögen für andere (§ 1 Abs. 1a S. 2 Nr. 3 KWG). Unter Verwaltung wird das Treffen von Anlageentscheidungen verstanden. Wichtig für eine Eingruppierung als Finanzportfolioverwalter ist dabei das Vorliegen eines Entscheidungsspielraumes bei den Anlageentscheidungen, d.h. die Anlageentscheidungen müssen im eigenen Ermessen des Verwalters liegen. Hat der Portfolioverwalter diesen Entscheidungsspielraum nicht, wird er also nur beratend tätig und verbleibt die Entscheidung bei dem Anleger, so kommt eine Eingruppierung als Finanzportfolioverwalter nicht in Betracht. Die Anlageberatung ist Tätigkeit von Finanzunternehmen iSv § 1 Abs. 3 S. 1 Nr. 6 KWG.

Der Finanzportfolioverwalter übernimmt lediglich die Verwaltung von Portfolios (Depots). Die Verwahrung der Kundenvermögen hat durch ein Kreditinstitut zu geschehen, welches die Erlaubnis zum betreiben des Depotgeschäftes besitzt. D.h. die Wertpapiere eines Kunden müssen auf einem Depot des Kunden bei einem Kreditinstitut verwahrt werden.

Kundengelder und Kundenwertpapiere dürfen von dem Portfolioverwalter nur zu treuen Händen entgegengenommen werden, da ansonsten Bankgeschäfte berührt würden, nämlich das Depot- oder das Einlagengeschäft.

In den verwalteten Portfolios können auch Vermögenswerte von verschiedenen Kunden zusammengefaßt werden; damit ist beispielsweise die Finanzportfolioverwaltung für BGB-Gesellschaften gemeint. Die Erläuterungen zum KWG und das Informationsblatt 1/97 des BAK weisen ausdrücklich darauf hin, daß Wertpapiere auf einem Depotkonto des Kunden bei einem Unternehmen, das zum Betreiben des Depotgeschäfts befugt ist, verwahrt werden müssen. Der Finanzportfolioverwalter ist Bevollmächtigter seines

Kunden und verwaltet in dessen Auftrag ein Portfolio, das wenigstens zu einem Teil in Finanzinstrumenten iSv § 1 Abs. 11 KWG angelegt ist.

Unter die Finanzportfolioverwaltung fällt auch das sog. "switchen" zwischen Fondsanlagen, d.h. die Umschichtung von Vermögen zwischen verschiedenen Investmentfonds ohne vorliegen eines konkreten Kundenauftrages.

Die Einordnung als Finanzportfolioverwalter beruht auf der Umsetzung des Anhangs Abschnitt A Nr. 3 der WPR.

4. Eigenhandel

Der Eigenhändler iSv § 1 Abs. 1a S. 2 Nr. 4 KWG tritt seinen Kunden gegenüber als Käufer oder Verkäufer von Finanzinstrumenten auf, er handelt in eigenem Namen und für eigene Rechnung. Entscheidendes Merkmal für die Einstufung als Eigenhändler ist dabei, daß dieser den Eigenhandel als Dienstleistung für Dritte im Sinne der Wertpapierdienstleistungsrichtlinie erbringt (Anhang Abschnitt A Nr. 2 WPR), obwohl es sich zivilrechtlich um einen reinen Kaufvertrag handelt.

Zu den Eigenhändlern zählen insbesondere die amtlichen und freien Skontroführer an den Wertpapierbörsen. Dies sind die Kursmakler und die freien Makler, die zur Kursfeststellung bestellt sind. Die von diesen Maklern üblicherweise betriebenen Aufgabegeschäfte sind typische Eigenhandelsgeschäfte, die als Dienstleistung für Dritte abgeschlossen werden.

Die Erläuterungen zum WpHG, in denen die Tätigkeit des Eigenhändlers ebenfalls definiert wird, führen zu § 2 explizit das sog. "market-making" als Eigenhandel für andere auf. Hierunter versteht man die Übernahme der Verpflichtung gegenüber Dritten zur jederzeitigen Anschaffung und Veräußerung von Finanzinstrumenten. Weiterhin wird in der Richtlinie gemäß § 35 Abs. 2 des WpHG zur Konkretisierung der §§ 31 und 32 WpHG der Eigenhandel für andere mit Festpreisgeschäften gleichgesetzt.

Die verschiedenen Handelsformen lassen sich wie folgt darstellen:

a) Handel im fremden Namen für fremde Rechnung (offene Stellvertretung) ist als Abschlußvermittlung Finanzdienstleistung iSv § 1 Abs. 1 S. 2 Nr. 2 KWG,

b) Handel im eigenen Namen für fremde Rechnung ist als Finanzkommissionsgeschäft Bankgeschäft iSv § 1 Abs. 1 S. 2 Nr. 4 KWG,

c) Handel im eigenen Namen für eigene Rechnung ist - sofern als Dienstleistung für Dritte erbracht - als Eigenhandel Finanzdienstleistung iSv § 1 Abs. 1a S. 2 Nr. 4 KWG.

Im Einzelfall kann die Unterscheidung zwischen einem Eigenhändler für andere und einem Anlage- oder Abschlußvermittler, der daneben Handel auf eigene Rechnung betreibt, schwer fallen. Konsequenzen hat diese Unterscheidung insbesondere für die Anwendung der Vorschriften über die Millionenkredite (§ 14 KWG), die von den Eigenhändlern zu beachten sind, jedoch für die Anlage- und Abschlußvermittler ohne Bedeutung sind.

5. Drittstaateneinlagenvermittlung

Unter den Begriff der Drittstaateneinlagenvermittlung iSv § 1 Abs. 1a S. 2 Nr. 5 KWG fällt die Vermittlung von Verträgen über Einlagen an Adressen in Staaten außerhalb des Europäischen Wirtschaftsraumes bzw. die Entgegennahme von Einlagen im Inland und deren unverzügliches Weiterleiten an solche Adressen.

Wird ein "Treuhänder" auf offizielle Weisung einer ausländischen Firma aktiv und sammelt im Geltungsbereich des KWG Gelder ein, liegt ein erlaubnispflichtiges Betreiben einer Zweigstelle dieses Unternehmens nach § 53 KWG vor. Eine Zweigstelle eines ausländischen Unternehmens liegt nicht vor, wenn der "Treuhänder" lediglich als "Bote" des Anlegers auftritt. Um diese "Konstruktionen" der Aufsicht zu unterstellen, wird die Tätigkeit des Drittstaateneinlagenvermittlers der Aufsicht des BAK unterstellt.

Die Drittstaateneinlagenvermittlung ist nicht von der WPR vorgegeben, wird aber der Aufsicht des BAK unterworfen, um unseriöse, am sog. "Grauen Kapitalmarkt" tätige Unternehmen vom Markt zu verdrängen. Ziel ist es, den Kundenschutz zu verbessern und das Vertrauen in die Seriösität der Finanzmärkte zu stärken.

6. Finanztransfergeschäft

Zur Verhinderung von Geldwäscheaktivitäten wird auch die Finanztransferdienstleistung mit Umsetzung der 6. KWG-Novelle unter die Aufsicht des BAK gestellt.

Das Finanztransfergeschäft gemäß § 1 Abs. 1a S. 2 Nr. 6 KWG ist die gewerbsmäßige Besorgung von Zahlungsaufträgen für andere im bargeldlosen Zahlungsverkehr. Angeboten werden diese Dienstleistungen sowohl von speziellen "Money Transmitter Agencies" als auch von ausländischen Kreditinstituten. Die Abwicklung dieser Geschäfte läuft oft über Repräsentanzen dieser Institute im Inland, die sich auf die Sammlung von Informationen über die bankwirtschaftliche Situation und die wirtschaftliche Entwicklung des Landes sowie auf die Kontaktpflege, Werbung, Anbahnung und Vermittlung von Geschäften beschränken.

Der Begriff des Finanztransfergeschäftes ist definiert als "Besorgung von Zahlungsaufträgen". Diese Definition dient als Auffangtatbestand zum Einlagen- bzw. Girogeschäft. Der Begriff beinhaltet die Entgegennahme von Bar- oder Buchgeld und dessen Weiterleitung an einen vom Auftraggeber benannten Empfänger. Die Weiterleitung kann entweder durch physischen Transport durch den Finanzdienstleister geschehen oder über die Konten des Finanzdienstleister bei anderen Instituten erfolgen.

Die Finanztransferdienstleister werden nur in dem Umfang den Vorschriften des KWG unterworfen, der für die Bekämpfung der Geldwäsche mit gewerberechtlichen Instrumenten erforderlich ist (vgl. § 2 Abs. 7 KWG).

Zur Abgrenzung des Finanztransfergeschäfts von dem Girogeschäft (Bankgeschäft gemäß § 1 Abs. 1 S. 2 Nr. 9 KWG) hat das BAK am 6. März 1998 ein Schreiben veröffentlicht. Danach werden folgende Tätigkeiten als Finanzdienstleistungen iSd § 1 Abs. 1a S. 2 Nr. 6 KWG erfaßt:

- Die Entgegennahme von Bargeld, dessen physischer Transport, ggf. auch in anderen Stückelungen und Währungen, und Übergabe an den Empfänger in bar,

- die Entgegennahme von Bar- oder Buchgeld und die (in der Regel taggleiche) Auszahlung der entsprechenden Summe an den Empfänger in bar unter Nutzung des Kommunikationsnetzes des Dienstleisters,

- die Entgegennahme von Bar- oder Buchgeld des Auftraggebers durch den Dienstleister und anschließender Transfer über Konten des Dienstleisters auf ein bei einem Kreditinstitut geführtes Konto des Empfängers.

7. Sortengeschäft

Das Sortengeschäft gemäß § 1 Abs. 1a S. 2 Nr. 7 KWG umfaßt den Austausch von Banknoten oder Münzen, die gesetzliche Zahlungsmittel sind und den An- und Verkauf von Reiseschecks. Durch diese Regelung unterliegen die Wechselstuben als Finanzdienstleistungsinstitute der Aufsicht des BAK.

Unternehmen, die das Sortengeschäft lediglich als Nebengeschäft betreiben (z. B. Hotels, Reisebüros oder Kaufhäuser), werden gemäß § 2 Abs. 6 S. 1 Nr. 12 KWG nicht als Finanzdienstleistungsinstitute behandelt und beaufsichtigt.

Die Geldwechselstuben unterliegen somit den Regelungen des Geldwäschegesetzes.

III. Finanzinstrumente

1. Übersicht

Die Definition des Begriffs Finanzinstrumente (§ 1 Abs. 11 KWG) geht auf Art. 1 Nr. 4 und 5 WPR sowie auf den Anhang Abschnitt B zur WPR zurück. Hiernach werden die Finanzinstrumente in vier Gruppen unterteilt:

- Handelbare Wertpapiere
- Geldmarktinstrumente
- Devisen und Rechnungseinheiten
- Derivate.

Die Ausstellung einer Urkunde ist nicht erforderlich. Die Definition der Wertpapiere, Geldmarktinstrumente und Derivate ist mit der des § 2 Abs. 1 WpHG identisch.

Voraussetzung für eine Eingruppierung als Wertpapier ist, daß dieses Papier auf einem Markt gehandelt werden kann. Demnach gehören Aktien oder ähnliche Wertpapiere, die z.B. nur durch Rückkauf des Emittenten übertragen werden können, nicht zu den Finanzinstrumenten. Unerheblich ist auch, ob die Wertpapiere tatsächlich gehandelt werden; allein die Möglichkeit des Handels ist hinreichendes Kriterium.

Die Definition von Derivaten als unbedingte Termingeschäfte (Festgeschäfte) und bedingte Termingeschäfte (Optionsgeschäfte) umfaßt alle Ausgestaltungen von Termingeschäften, da alle Produkte auf eines dieser Geschäfte oder die Kombination von beiden zurückgeführt werden können.

Keine Finanzinstrumente sind nach dem Informationsblatt des BAK (April 1998) beispielsweise Bausparverträge, Versicherungen, Immobilien, geschlossene Immobilienfondsanteile und Schiffsbeteiligungen, aber auch GmbH-Anteile, Anteile an KG oder typische und atypische stille Beteiligungen. D.h. Vermittler dieser Produkte sind keine Finanzdienstleistungsinstitute iSd KWG. Jedoch kann eine Registrierungspflicht nach dem aktuell vorliegenden Entwurf eines Gesetzes zur Ausübung der Tätigkeit als Finanzdienstleistungsvermittler und als Versicherungsvermittler in Frage kommen.

2. Aktien und ähnliche Wertpapiere

Alle Aktienarten fallen ohne Ausnahme unter den Begriff der Finanzinstrumente. Die Ausstellung einer Urkunde ist nicht erforderlich.

Aktien lassen sich unterteilen nach

- ihren Rechten in Stamm- und Vorzugsaktien,

- ihrem Ausgabezeitpunkt in alte und junge Aktien sowie

- dem Modus der Eigentumsübertragung, d.h. in Inhaberaktien als auch Namensaktien nach § 10 AktG, unabhängig davon, ob sie vinkuliert sind.

Zu ähnlichen Wertpapieren zählen Zwischenscheine, die nach § 10 Abs. 3 AktG auf den Namen lauten müssen. Ferner gehören sogenannte American Depository Receipts (ADR) als aktienähnliche Wertpapiere hierzu. Das ADR ist ein auf den Namen lautendes, handelbares Zertifikat, das einen Anteil an einem bei einer Depository Bank hinterlegten Aktienbestand von nicht-US-amerikanischen Aktien verbrieft. Das ADR wird von der Depository Bank ausgegeben und stellt eine Art Spiegelaktie dar, die Vorteile bei der Registrierung an amerikanischen Börsen bietet. Neben dem ADR existieren das European Depository Receipt (EDR), das in Europa emittiert wird, sowie das International Depository Receipt (IDR) und das Global Depository Receipt (GDR), die an internationalen Börsen gehandelt werden. Diese Instrumente gehören ebenfalls zu den aktienähnlichen Wertpapieren.

Soweit Genußscheine und Gewinnschuldverschreibungen oder ähnliche Gewinnanteilscheine aktionärstypische Vermögensrechte verbriefen, fallen sie ebenfalls unter diesen Posten.

3. Schuldverschreibungen und ähnliche Wertpapiere

Nach dem Emittenten gegliedert unterscheidet man zwischen

a) Anleihen der öffentlichen Hand, darunter Staatsanleihen, Anleihen besonderer Körperschaften, Bundesobligationen, Kassenobligationen, unverzinsliche Schatzanweisungen, Bundesschatzbriefe,

b) Bankschuldverschreibungen, darunter vor allem Pfandbriefe, Kommunalobligationen, Rentenbriefe,

c) Anleihen der gewerblichen Wirtschaft, darunter z.B. Industrieobligationen, Wandelschuldverschreibungen, Optionsanleihen und

d) Auslandsanleihen, darunter u.a. Zerobonds, ECU-Anleihen, Doppelwährungsanleihen, Annuitätenanleihen, Bonds mit Laufzeitverkürzungs- oder -verlängerungsmöglichkeit.

Fallen die Geschäftsgegenstände unter eine der o.a. Kategorien oder sind sie mit einer der Kategorien vergleichbar, handelt es sich um Finanzinstrumente im Sinne des KWG, sofern sie handelbar sind.

4. Investmentanteile

Ausdrücklich unter die handelbaren Wertpapiere subsumiert werden die Anteilscheine, die von Kapitalanlagegesellschaften oder ausländischen Investmentgesellschaften ausgegeben werden (Ausnahme: geschlossene Immobilienfondsanteile). Zu unterscheiden sind folgende Investmentanteile.

Inländische Investmentanteile sind Anteilscheine einer Kapitalanlagegesellschaft, die einen Anspruch des Anteilinhabers gegenüber der Kapitalanlagegesellschaft auf einen Teil des zugrundeliegenden Sondervermögens verbriefen (§ 18 Abs. 1 und 2 KAGG). Der Anteilschein ist ein Quotenpapier (nennwertloses Wertpapier). Die Anteile müssen Rechte an allen Gegenständen des Sondervermögens umfassen. Sie können entweder als Inhaberpapiere oder, wenn sie auf Namen lauten, als Orderpapiere ausgestellt werden. Der Inhaber besitzt keine Mitspracherechte.

Ausländische Investmentanteile sind Anteilscheine, die nach § 1 Abs. 1 S. 1 AuslInvestmG Ansprüche an ein Vermögen, das ausländischem Recht untersteht, verbriefen. Das Vermögen kann aus Wertpapieren, Forderungen aus Gelddarlehen, über die eine Urkunde ausgestellt ist, Einlagen oder Grundstücken bestehen und muß nach dem Grundsatz der Risikomischung angelegt sein. Der Vertrieb der Anteile ist dem BAK anzuzeigen.

5. Geldmarktinstrumente

Die Kategorie der Geldmarktinstrumente ist als Auffangtatbestand definiert.

Geldmarktinstrumente sind Forderungen, die nicht unter die Definition "Wertpapiere" fallen und üblicherweise auf dem Geldmarkt gehandelt werden. Dies können nicht wertpapiermäßig verbriefte oder als Wertrechte ausgestaltete Forderungsrechte sein.

Als Beispiele für üblicherweise auf dem Geldmarkt gehandelte Forderungen sind anzuführen:

- Kürzerfristige Schuldscheindarlehen
- Bestimmte Unternehmensgeldmarktpapiere
- Euro notes
- Certificates of deposit
- Bons de caisse
- Finanzierungs-Fazilitäten (RUF's, NIF's) bei tatsächlicher Inanspruchnahme.

6. Derivate

Derivate sind als Festgeschäfte oder Optionsgeschäfte ausgestaltete Termingeschäfte, deren Preis unmittelbar oder mittelbar abhängt von

- dem Börsen- oder Marktpreis von Wertpapieren,
- dem Börsen- oder Marktpreis von Geldmarktinstrumenten,
- dem Kurs von Devisen oder Rechnungseinheiten,
- Zinssätzen oder anderen Erträgen oder
- dem Börsen- und Marktpreis von Waren oder Edelmetallen.

Ein Festgeschäft ist ein zwischen Abschlußdatum (Datum des Verpflichtungsgeschäfts) und Fälligkeitsdatum (Datum des Erfüllungsgeschäfts) noch nicht erfülltes schwebendes Geschäft, aus dem beide Parteien noch Rechte und Pflichten haben. Hierbei handelt es sich um die unbedingten Termingeschäfte und die Pensionsgeschäfte.

Ein Optionsgeschäft räumt dem Optionskäufer das Recht ein, zu (europäische Option) oder bis zu (amerikanische Option) einem künftigen Zeitpunkt (Ausübungstag) einen bestimmten Geschäftsgegenstand (underlying) zu vorab festgelegten Konditionen (Basispreis oder strike price) zu kaufen (Kaufoption oder Call) oder zu verkaufen (Verkaufsoption oder Put). Der Optionsverkäufer (Stillhalter) erhält als Gegenleistung für die Einräumung dieses Rechts eine Optionsprämie. Zur Einordnung als Optionsgeschäft ist es im weiteren unerheblich, ob es sich in Abhängigkeit von dem Zahlungszeitpunkt der Optionsprämie um future-style- oder stock-style-Optionen handelt. Bei future-style-Optionen wird die Optionsprämie am Ausübungstag, bei stock-style-Optionen am Abschlußtag gezahlt.

Unter die derivativen Geschäfte fallen insbesondere:

- Devisentermingeschäfte
- Devisenoptionen
- Zinstermingeschäfte (u.a. Termingeschäfte mit festverzinslichen Wertpapieren, Forward Rate Agreements, Forward Forward Deposits)
- Finanzswaps (Währungs-, Zins-, Aktien-Index-Swaps)
- Zinsoptionen (u.a. Optionen auf festverzinsliche Wertpapiere, Caps, Collars, Floors, Swaptions)
- Aktienoptionen
- Aktienindex-Termingeschäfte
- Aktienindex-Optionen
- Warentermingeschäfte
- Warenoptionen

Hierbei sind sowohl börsengehandelte Produkte (Futures und Optionen) als auch OTC-gehandelte Produkte (Forwards, Swaps und Optionen) zu berücksichtigen.

Eine abschließende Aufzählung der Geschäftsarten ist aufgrund der Produktvielfalt nicht möglich. Bei sog. Compound Instruments, d.h. bei aus mehreren (originären und/oder derivativen) Produkten zusammengesetzten Finanzinstrumenten, sind die einzelnen Bestandteile entsprechend zu berücksichtigen.

7. Devisen und Rechnungseinheiten

Devisen sind auf fremde Währung lautende und im Ausland zahlbare Forderungen, die aus Sichtguthaben, Schecks und Wechseln bestehen können. Ausländische Barzahlungsmittel (Sorten) werden nicht von dem Begriff "Devisen" erfaßt.

Devisen und vergleichbare Rechnungseinheiten, die keine gesetzlichen Zahlungsmittel sind (z.B. ECU, Sonderziehungsrechte), werden ebenfalls zu den Finanzinstrumenten gerechnet. Darunter fallen in bezug auf die Kategorie Devisen jedoch nur Bestände an Devisen und Devisenkassageschäfte, nicht jedoch Devisentermingeschäfte, Devisenswapgeschäfte und Devisenoptionen.

IV. Gewerbsmäßigkeit und Geschäftsumfang, der eine kaufmännische Organisation erfordert

Voraussetzung für die Einordnung als Finanzdienstleistungsinstitut ist die gewerbsmäßige Erbringung von Finanzdienstleistungen oder ein Umfang der erbrachten Finanzdienstleistungen, der einen in kaufmännischer Weise eingerichteten Geschäftsbetrieb erfordert.

Gewerbsmäßigkeit bedeutet, daß die Geschäftstätigkeit auf gewisse Dauer angelegt ist und mit Gewinnerzielungsabsicht betrieben wird, dabei ist der Umfang der betriebenen Geschäfte nicht maßgebend, es kommt lediglich auf die Gewinnerzielungsabsicht an.

Durch das Kriterium eines in kaufmännischer Weise eingerichteten Geschäftsbetrieb werden beispielsweise solche Unternehmen unter die Aufsicht des BAK gestellt, die Finanzdienstleistungen in einem nicht unerheblichen Umfang betreiben, diese jedoch nicht mit Gewinnerzielungsabsicht erbringen.

Da die beiden Kriterien alternativ gelten, werden auch Finanzdienstleister mit geringem Geschäftsumfang von den Regelungen des KWG bzw. WpHG erfaßt. Im Unterschied zu der Definition der Finanzunternehmen (§ 1 Abs. 3 KWG), die auf die Haupttätigkeit abstellt, wird in § 1 Abs. 1a KWG kein Bezug auf den Tätigkeitsumfang der erbrachten Finanzdienstleistung genommen, so daß auch als Nebentätigkeit erbrachte Finanzdienstleistungen grundsätzlich beaufsichtigt werden.

D Abgrenzung zu anderen Institutionen

I. Abgrenzung zu Kreditinstituten

1. Definition der Kreditinstitute

a. Überblick

Kreditinstitute isv § 1 Abs. 1 S. 1 KWG sind Unternehmen, die eines der in § 1 Abs. 1 S. 2 KWG genannten Bankgeschäfte gewerbsmäßig oder in einem Umfang betreiben, der einen in kaufmännischer Weise eingerichteten Geschäftsbetrieb erfordert.

Der Katalog der Bankgeschäfte umfaßt folgende Tätigkeiten:

1. Die Annahme fremder Gelder als Einlagen oder anderer rückzahlbarer Gelder des Publikums, sofern der Rückzahlungsanspruch nicht in Inhaber- oder Orderschuldverschreibungen verbrieft wird, ohne Rücksicht darauf, ob Zinsen vergütet werden (Einlagengeschäft).

2. Die Gewährung von Gelddarlehen und Akzeptkrediten (Kreditgeschäft).

3. Den Ankauf von Wechseln und Schecks (Diskontgeschäft).

4. Die Anschaffung und die Veräußerung von Finanzinstrumenten im eigenen Namen für fremde Rechnung (Finanzkommissionsgeschäft).

5. Die Verwahrung und die Verwaltung von Wertpapieren für andere (Depotgeschäft).

6. Die in § 1 des Gesetzes über Kapitalanlagegesellschaften bezeichneten Geschäfte (Investmentgeschäft).

7. Das Eingehen der Verpflichtung, Darlehensforderungen vor Fälligkeit zu erwerben.

8. Die Übernahme von Bürgschaften, Garantien und sonstigen Gewährleistungen für andere (Garantiegeschäft).

9. Die Durchführung des bargeldlosen Zahlungsverkehrs und des Abrechnungsverkehrs (Girogeschäft).

10. Die Übernahme von Finanzinstrumenten für eigenes Risiko zur Plazierung oder die Übernahme gleichwertiger Garantien (Emissionsgeschäft).

11. Die Ausgabe vorausbezahlter Karten zu Zahlungszwecken, es sei denn, der Kartenemittent ist auch der Leistungserbringer, der die Zahlung aus der Karte erhält (Geldkartengeschäft).

12. Die Schaffung und die Verwaltung von Zahlungseinheiten in Rechnernetzen (Netzgeldgeschäft).

Im folgenden werden die Bankgeschäfte näher erläutert werden, die für die Abgrenzung der Finanzdienstleistungsinstitute von den Kreditinstituten wichtig sind.

b. Einlagengeschäft

Der alte Begriff des Einlagengeschäfts wurde in § 1 Abs. 1 S. 2 Nr. 1 KWG um einen neuen Tatbestand ergänzt: Die Annahme anderer rückzahlbarer Gelder des Publikums. Die subjektive Zwecksetzung ist nicht mehr relevant für die Zuordnung als Einlagengeschäft; ebenso spielt es keine Rolle, ob die Absicht besteht, durch Ausnutzung der Zinsspanne Gewinne zu erzielen. Für die Einordnung als Einlagengeschäft sind drei Tatbestandsmerkmale relevant:

1) Es müssen Gelder angenommen werden. Damit sind auch weiterhin Wertpapierdarlehen auf der Nehmerseite nicht als Einlagengeschäft (wie auch auf der Geberseite nicht als Kreditgeschäft iSd § 1 Abs. 1 KWG) einzustufen.

2) Es muß sich um Gelder handeln, auf die ein unbedingter Rückzahlungsanspruch besteht. Das heißt, alle eigenkapitalähnlichen Einlagen, die am laufenden Verlust des kapitalnehmenden Unternehmens teilnehmen oder die im Falle der Liquidation als nachrangig behandelt werden, sind nur bedingt rückzahlbar.

3) Es muß sich um Gelder des Publikums handeln. Die Hereinnahme rückzahlbarer Gelder von verbundenen Unternehmen stellt kein Einlagengeschäft dar.

Will ein Finanzdienstleistungsinstitut solche Gelder entgegennehmen, muß es die Erlaubnis zum Betreiben des Einlagengeschäftes beantragen, um diese Geschäfte legal tätigen zu können.

Die Ausgabe von Inhaber- und Orderschuldverschreibungen ist nach der Begründung zum Regierungsentwurf weiterhin nicht als Einlagengeschäft einzustufen.

c. Finanzkommissionsgeschäft

Das bisher in § 1 Abs. 1 Nr. 4 KWG definierte Effektengeschäft bezog sich nur auf Wertpapiere und Wertpapierderivate. Nunmehr wird hier allgemein die kommissionsweise (d.h. im eigenen Namen für fremde Rechnung) Anschaffung und Veräußerung von Finanzinstrumenten als Bankgeschäft definiert. Die Neufassung resultiert aus Anhang Abschnitt A Nr. 1 Buchstabe b der WPR und erweitert die Produkte auf die o.a. Finanzinstrumente.

Das Finanzkommissionsgeschäft ist das typische Geschäft, mit dem Wertpapierkauf- und verkaufaufträge der Kunden von Kreditinstituten ausgeführt werden.

d. Depotgeschäft

Das Depotgeschäft gemäß § 1 Abs. 1 S. 2 Nr. 5 KWG umfaßt die Verwahrung und die Verwaltung von Wertpapieren für andere. Unter Verwahrung versteht man in diesem Zusammenhang die Aufbewahrung von Kundenwertpapieren entweder als Sonderverwahrung oder als Drittverwahrung.

Die Verwaltung von Depots ist zu unterscheiden von der Verwaltung von Finanzportfolios als Finanzdienstleistung iSv § 1 Abs. 1a S. 2 Nr. 3 KWG. Die Verwaltung umfaßt beim Depotgeschäft insbesondere die Trennung der fälligen Zins- und Gewinnanteilscheine, die Einziehung des Gegenwertes, die Überwachung der Verlosungen und Kündigungen von Wertpapieren sowie die Teilnahme an Hauptversammlungen.

e. Girogeschäft

Unter dem Girogeschäft ist die Durchführung des bargeldlosen Zahlungsverkehrs und des Abrechnungsverkehrs zu verstehen (§ 1 Abs. 1 S. 2 Nr. 9 KWG). Hiermit ist die banktypische Dienstleistung der Verrechnung von Buchgeld mittels Gut- und Lastschriften, die Abwicklung des Scheckverkehrs nach Art. 31 Scheckgesetz und der gegenseitige Ausgleich von Verbindlichkeiten ohne Barzahlung gemeint.

f. Emissionsgeschäft

Das Emissionsgeschäft wurde mit Umsetzung der 6. KWG-Novelle neu in den Katalog der Bankgeschäfte aufgenommen (§ 1 Abs. 1 S. 2 Nr. 10 KWG) und beruht auf Anhang Abschnitt A Nr. 4 der WPR.

Unter dem Emissionsgeschäft (Underwriting) versteht man die Übernahme von Finanzinstrumenten für eigene Rechnung zur Plazierung oder die Übernahme gleichwertiger Garantien. Dies ist insbesondere im Rahmen des sogenannten Übernahmekonsortiums der Fall, bei dem mehrere Dienstleistungsunternehmen eine Emission zu einem festen Kurs in den eigenen Bestand übernehmen. Der Gegenwert wird dem Emittenten sofort vergütet. Die Konsorten plazieren die übernommenen Effekten anschließend im eigenen Namen und für eigene Rechnung und tragen damit das Absatzrisiko; nicht plazierte Effekten verbleiben in dem Eigenbestand.

2. Abschlußvermittlung versus Finanzkommissionsgeschäft

Bei der Tätigkeit als Abschlußvermittler (Finanzdienstleistung nach § 1 Abs. 1a S. 2 Nr. 2 KWG) tritt der Vermittler seinem Kunden gegenüber als offener Stellvertreter (in fremdem Namen und für fremde Rechnung) auf, während der Finanzkommissionär (Bankgeschäft nach § 1 Abs. 1 S. 2 Nr. 4 KWG) als verdeckter Stellvertreter (in eigenem Namen und für fremde Rechnung) auftritt. Das Finanzkommissionsgeschäft ist als Bankgeschäft den Kreditinstituten vorbehalten.

3. Finanzportfolioverwaltung versus Depotgeschäft

Der Finanzportfolioverwalter (Finanzdienstleistung nach § 1 Abs. 1a S. 2 Nr. 3 KWG) ist als Bevollmächtigter des Anlegers lediglich dazu berechtigt, die in dem betreffenden Portfolio befindlichen Finanzinstrumente zu verwalten. Die Regelung umfaßt die Verwaltung der Portfolios mit Ermessensspielräumen des Verwalters bei den einzelnen Anlageentscheidungen.

Das Depotgeschäft beinhaltet die Verwahrung und Verwaltung von Kundenwertpapieren in Depots. Bei dem Depotgeschäft handelt es sich nach § 1 Abs. 1 S. 2 Nr. 5 KWG um ein Bankgeschäft. Soweit die Portfolios Wertpapiere betreffen, darf das Finanzdienstleistungsinstitut diese daher nur bei einem Kreditinstitut verwahren lassen, da nur Kreditinstitute zum Betreiben des Depotgeschäfts befugt sind.

II. Abgrenzung zu Finanzunternehmen

1. Definition der Finanzunternehmen

Finanzunternehmen iSd § 1 Abs. 3 KWG sind Unternehmen, die weder Kreditinstitute noch Finanzdienstleistungsinstitute im Sinne dieses Gesetzes sind und deren Haupttätigkeit darin besteht,

1. Beteiligungen zu erwerben,

2. Geldforderungen entgeltlich zu erwerben,

3. Leasingverträge abzuschließen,

4. Kreditkarten oder Reiseschecks auszugeben oder zu verwalten,

5. mit Finanzinstrumenten für eigene Rechnung zu handeln,

6. andere bei der Anlage in Finanzinstrumenten zu beraten (Anlageberatung),

7. Unternehmen über die Kapitalstruktur, die industrielle Strategie und die damit verbundenen Fragen zu beraten sowie bei Zusammenschlüssen und Übernahmen von Unternehmen diese zu beraten und ihnen Dienstleistungen anzubieten oder

8. Darlehen zwischen Kreditinstituten zu vermitteln (Geldmaklergeschäfte).

Sofern auch nur eines der aufgeführten Geschäfte die Haupttätigkeit des Unternehmens ausmacht, ist ein Unternehmen bereits als Finanzunternehmen zu klassifizieren. Bei der Feststellung, ob es sich um die Haupttätigkeit eines Unternehmens handelt, ist von dem volumenmäßigen Umfang aller Geschäfte auszugehen.

Der Begriff des Finanzunternehmens stellt lediglich einen Anknüpfungspunkt für verschiedene bankaufsichtsrechtliche Tatbestände (z.B. Konsolidierung nach §§ 10a, 12 und 13b KWG) dar. Finanzunternehmen unterliegen nicht unmittelbar der Solvenzaufsicht durch das BAK.

2. Anlagevermittlung versus Anlageberatung

Bei der Anlagevermittlung (Finanzdienstleistung nach § 1 Abs. 1a S. 2 Nr. 1 KWG) steht das Finanzdienstleistungsinstitut in einem vertraglichen Verhältnis zwischen dem anlegenden Kunden und dem Unternehmen, für welches die Vermittlung erbracht wird. Demgegenüber erbringt der Anlageberater (Finanzunternehmen nach § 1 Abs. 3 Nr. 6 KWG) seine Dienstleistung nur dem anlegenden Kunden gegenüber und steht in keinem Verhältnis zu einem Unternehmen, welches Finanzanlagen vertreibt. Abgrenzungskriterium kann hier der Entgeltanspruch des Vermittlers bzw. Beraters sein. Wird das Entgelt von dem Unternehmen gezahlt, welches die Finanzinstrumente vertreibt, handelt es sich idR um die Tätigkeit eines Anlagevermittlers. Wird die "Provision" jedoch von den Kunden gezahlt, ist eher von einer Tätigkeit als Anlageberater auszugehen.

3. Finanzportfolioverwaltung versus Anlageberatung

Bei der Anlageberatung (Finanzunternehmen nach § 1 Abs. 1a S. 2 Nr. 1 KWG) wird der anlegende Kunde lediglich hinsichtlich der Anlageform beraten, während der Finanz-portfolioverwalter (Finanzdienstleistungsinstitut nach § 1 Abs. 1a S. 2 Nr. 3 KWG) in seiner Rolle als Bevollmächtigter des Kunden eigenen Ermessensspielraum bei den Anlageentscheidungen hat. Sein Tätigkeitsumfang geht über den des Anlageberaters hinaus. Aufgrund der besonderen Vertrauensstellung erscheint eine Eingruppierung dieser Tätigkeit als Finanzdienstleistung und damit eine nahezu vollumfängliche Anwendung des KWG und des WpHG gerechtfertigt.

4. Eigenhandel versus Handel mit Finanzinstrumenten auf eigene Rechnung

Der Eigenhandel (Finanzdienstleistung nach § 1 Abs. 1a S. 2 Nr. 4 KWG) erfolgt immer als Dienstleistung für Dritte (z.B. Aufgabegeschäfte des Skontroführers an Börsen). Der Handel mit Finanzinstrumenten auf eigene Rechnung (Finanzunternehmen nach § 1 Abs. 3 Nr. 5 KWG) beinhaltet den kurzfristigen An- und Verkauf von Finanzinstrumenten, um damit Handelserfolge zu erzielen. Der Handel mit Finanzinstrumenten für eigene Rechnung wird von den Finanzunternehmen nicht als Dienstleistung für Dritte erbracht.

Soweit Finanzdienstleistungsinstitute neben der Erbringung von Finanzdienstleistungen auf eigene Rechnung mit Finanzinstrumenten handeln, können diese die Ausnahmeregelung des § 2 Abs. 8 KWG nicht in Anspruch nehmen und müssen neben der Einhaltung der Solvenz- und Großkreditvorschriften ein Anfangskapital von mindestens 730.000 ECU aufbringen.

E Besondere Regelungen des KWG für Finanzdienstleistungsinstitute

I. Ausnahmeregelungen

1. Befreiungen

Das KWG sieht in § 2 Abs. 6 einige Ausnahmeregelungen für Finanzdienstleistungsinstitute vor. Bestimmte Anstalten und Unternehmen werden danach von den Vorschriften des KWG ausgenommen, obwohl sie materiell Finanzdienstleistungen erbringen. Diese Unternehmen unterliegen ggf. weiterhin dem neugefaßten § 34c GewO (Erlaubnis zum gewerbsmäßigen Betreiben best. Tätigkeiten). Zu diesen Unternehmen zählen:

1. Die Deutsche Bundesbank,

2. die Kreditanstalt für Wiederaufbau,

3. die öffentliche Schuldenverwaltung des Bundes, eines seiner Sondervermögen, eines Landes oder eines anderen Staates des Europäischen Wirtschaftsraums und deren Zentralbanken,

4. private und öffentlich-rechtliche Versicherungsunternehmen,

5. Unternehmen, die Finanzdienstleistungen ausschließlich für ihr Mutterunternehmen oder ihre Tochter- oder Schwesterunternehmen erbringen,

6. Unternehmen, deren Finanzdienstleistung ausschließlich in der Verwaltung eines Systems von Arbeitnehmerbeteiligungen an den eigenen oder an mit ihnen verbundenen Unternehmen besteht,

7. Unternehmen, die ausschließlich Finanzdienstleistungen im Sinne sowohl der Nummer 5 als auch der Nummer 6 erbringen,

8. Vermittler von Investmentanteilen (siehe E I 2),

9. Unternehmen, die Finanzdienstleistungen ausschließlich an einer Börse, an der ausschließlich Derivate gehandelt werden, für andere Mitglieder dieser Börse erbringen und deren Verbindlichkeiten durch ein System zur Sicherung der Erfüllung der Geschäfte an dieser Börse abgedeckt sind,

10. Angehörige freier Berufe, die Finanzdienstleistungen nur gelegentlich im Rahmen ihrer Berufstätigkeit erbringen und einer Berufskammer in der Form einer Körperschaft des öffentlichen Rechts angehören, deren Berufsrecht die Erbringung von Finanzdienstleistungen nicht ausschließt,

11. Unternehmen, deren Haupttätigkeit darin besteht, Geschäfte über Rohwaren mit gleichartigen Unternehmen, mit den Erzeugern oder den gewerblichen Verwendern der Rohwaren zu tätigen, und die Finanzdienstleistungen nur für diese Personen und nur insoweit erbringen, als es für ihre Haupttätigkeit erforderlich ist,

12. Unternehmen, deren einzige Finanzdienstleistung der Handel mit Sorten ist, sofern ihre Haupttätigkeit nicht im Sortengeschäft besteht.

Neben dieser Aufzählung wird eine weitere Ausnahmevorschrift in § 2 Abs. 10 KWG aufgeführt. Danach sind Handelsvertreter unter bestimmten Voraussetzungen von den Vorschriften des KWG befreit (siehe E.I.3.).

2. Vermittlung von Investmentanteilen

Die Anlage- oder Abschlußvermittlung von Investmentanteilen wird unter bestimmten Voraussetzungen von den Regelungen des KWG ausgenommen. Bei den betreffenden Vermittlern handelt es sich um Finanzdienstleistungsinstitute, die bei Erfüllung der Voraussetzungen des § 2 Abs. 6 Nr. 8 KWG nicht als solche gelten, und somit auch nicht die Möglichkeit haben, Finanzdienstleistungsinstitut zu werden.

Für die Inanspruchnahme der Ausnahmeregelung muß die Anlage- und Abschlußvermittlung ausschließlich zwischen Kunden und einem Institut erfolgen. Bei den vermittelten Produkten muß es sich um standardisierte Anteile von Kapitalanlagegesellschaften handeln. Faktisch wird zwar eine Finanzdienstleistung iSv § 1 Abs. 1a S. 2 Nr. 1 oder 2 KWG erbracht, die jedoch aufgrund der standardisierten Produkte mit geringeren Risiken behaftet ist und deshalb von den Regelungen des KWG ausgenommen wird.

Der Vermittler darf bei der Erbringung dieser Dienstleistung nicht befugt sein, sich Eigentum oder Besitz an Geldern, Anteilscheinen oder Anteilen von Kunden verschaffen. Ist der Vermittler beispielsweise befugt, Bargeld oder Anteilscheine für die Kapitalanlagegesellschaft in Empfang zu nehmen und zu quittieren, fällt diese Finanzdienstleistung nicht unter die Ausnahmeregelung. Bei Anwendung dieser Befreiungsvorschrift ist der Handel mit Finanzinstrumenten auf eigene Rechnung nicht explizit ausgeschlossen.

Die Befreiung bezieht sich auch auf die Anlage- und Abschlußvermittlung von Investmentanteilen für Institute, die aufgrund der Vorschrift über den europäischen Paß im Geltungsbereich des KWG tätig sind (§ 53b Abs. 1 S. 1 oder Abs. 7 KWG) bzw. diesen gleichgestellte Unternehmen (§ 53 c KWG). Hinsichtlich der Anteile fallen auch ausländische Investmentanteile, die nach dem Auslandsinvestment-Gesetz vertrieben werden dürfen unter diese Befreiungsvorschrift. Soweit die Voraussetzungen der Ausnahmevorschrift eingehalten sind, ist es unerheblich, ob die Vermittlung für ein oder für mehrere Institute ausgeführt wird, wichtig ist lediglich, daß die Voraussetzungen eingehalten werden.

Für die Anwendung der Ausnahmeregelung ist entscheidend, daß lediglich die Anlage- oder Abschlußvermittlung in dem o.a. Umfang erbracht wird und keine weiteren Finanzdienstleistungen erbracht werden. Beispielsweise gibt es Vermittlungsverträge, die es dem Vermittler ermöglichen, Investmentfondsanteile ohne Anweisung des Kunden umzuschichten ("switchen"). Auch wenn diese Umschichtung für den Kunden vorteilhaft ist, trifft der Vermittler in diesen Fällen eigene Anlageentscheidungen und führt zusätzliche Finanzdienstleistungen (Finanzportfolioverwaltung) aus. Die Tätigkeit als Vermittler von Investmentanteilen ist demnach aufsichtsfrei, sofern ausschließlich die Vermittlung und nebenbei keine andere Finanzdienstleistung wie die Vermögensverwaltung ("switchen") betrieben wird oder der Vermittler sich z.B. bei der Durchführung des Inkassos Eigentum oder Besitz an Geldern, Anteilscheinen oder Anteilen von Kunden verschaffen kann.

Die gegebenen Anforderungen schließen die gleichzeitige Vermittlung von Investment-anteilen und weiteren Finanzinstrumenten aus. Sobald weitere Finanzinstrumente iSv § 1 Abs. 11 KWG vermittelt werden, unterliegt das Finanzdienstleistungsinstitut - sofern keine weitere Ausnahmeregelung einschlägig ist - vollumfänglich den Vorschriften des KWG.

Diese Ausnahmeregelung beruht auf Art. 2 Abs. 2 Buchstabe g der WPR.

3. Handelsvertreter mit Haftungserklärung

Anlage- und Abschlußvermittler, die ausschließlich für Rechnung und unter der Haftung eines Einlagenkreditinstitutes oder eines Wertpapierhandelsunternehmens tätig sind, können nach § 2 Abs. 10 KWG von den Vorschriften des KWG befreit werden, sofern diese Tätigkeit die einzige Finanzdienstleistung darstellt und dies von dem garantieren-den Institut beim BAK angezeigt wird. In diesem Fall wird die Tätigkeit des Handelsver-treters (Vermittler) dem haftenden Institut zugerechnet. Die Vermittlung kann auch für mehrere der o.a. Institute erfolgen, sofern diese jeweils eine gesamtschuldnerische Haf-tungserklärung abgeben. Änderungen der angezeigten Verhältnisse sind dem BAK gegenüber ebenfalls anzeigepflichtig.

Voraussetzung ist, daß das Einlagenkreditinstitut oder das Wertpapierhandelsunterneh-men seinen Sitz im Inland hat oder aufgrund der Vorschriften über den europäischen Paß im Geltungsbereich des KWG tätig ist (§ 53b Abs. 1 S. 1 oder Abs. 7 KWG).

Unter diese Vorschrift fallen in erster Linie freie Mitarbeiter (Handelsvertreter), die eher wie Arbeitnehmer des haftenden Instituts angesehen werden können. Der beabsichtigte Kundenschutz durch die Solvenzaufsicht des BAK wird in diesen Fällen durch die Haf-tung des Instituts gewährleistet.

II. Erleichterungen

1. Drittstaateneinlagenvermittlung, Finanztransfergeschäft, Sortengeschäft

Finanzdienstleistungsinstitute, die außer der Drittstaateneinlagenvermittlung, dem Finanztransfergeschäft oder dem Sortengeschäft keine weiteren Finanzdienstleistungen betreiben, sind von bestimmten Vorschriften des KWG ausgenommen, da sie keiner strengeren Aufsicht bedürfen als Anlage- oder Abschlußvermittler, die nicht befugt sind, sich bei der Erbringung der Finanzdienstleistung Eigentum oder Besitz an Kunden-geldern oder -wertpapieren zu verschaffen und nicht auf eigene Rechnung mit Finanz-instrumenten handeln (§ 2 Abs. 7 KWG).

Diese Institute sind von folgenden KWG-Vorschriften befreit:

- Vorschriften über die Eigenmittel (§§ 2a Abs. 2, 10, 10a, 12 bis 12a KWG)
- Liquiditätsvorschriften (§ 11 KWG)
- Kreditvorschriften (§§ 13 bis 18 KWG)
- Vorschriften über den Europäischen Paß (§ 24a KWG)
- Vorschriften über das Anfangskapital (§ 33 Abs. 1 S. 1 Nr. 1 KWG)
- Erlöschen bzw. Aufhebung der Erlaubnis, wenn § 10 Abs. 9 nicht eingehalten wird (§ 35 Abs. 2 Nr. 5 KWG)
- Maßnahmen in besonderen Fällen (§§ 45, 46 bis 46c KWG)

Da diese Institute keine Risikopositionen aufbauen können, die die Sicherheit von Kundengeldern gefährden, sind sie insbesondere von den Vorschriften über das Anfangskapital und die Angemessenheit der Eigenmittel befreit.

2. Erleichterungen für Anlage- und Abschlußvermittler

Anlage- und Abschlußvermittler, die bei der Erbringung von Finanzdienstleistungen nicht befugt sind, sich Eigentum oder Besitz an Kundengeldern oder -wertpapieren zu verschaffen und nicht auf eigene Rechnung mit Finanzinstrumenten handeln, sind aufsichtsrechtlich von untergeordneter Bedeutung, so daß für diese Institute die Vorschriften des KWG gemäß § 2 Abs. 8 KWG nur in eingeschränkter Form anzuwenden sind (sog. "Light-Version" eines Finanzdienstleistungsinstituts). Diese Ausnahmeregelung entspricht Art. 2 Nr. 2 Anstr. 3 der Kapitaladäquanzrichtlinie.

Auf eigene Rechnung handeln bedeutet in diesem Zusammenhang die Ausnutzung von kurzfristigen Kursdifferenzen, um Gewinne zu erzielen. Eine rentierliche Anlage liquider Mittel wird dadurch nicht ausgeschlossen. Handel auf eigene Rechnung ist z.B. bei dem Betreiben von Optionsgeschäften oder bei sich schnell umschlagenden Wertpapierdepots anzunehmen. Die Definition, wann Handel auf eigene Rechnung betrieben wird, ist im Einzelfall jedoch von subjektiven Kriterien abhängig zu machen. Aus diesem Grund ist ein Kriterienkatalog aufzustellen, nach denen die gehaltenen Wertpapiere verschiedenen Wertpapierkategorien zugeordnet werden können. Entsprechend den Regelungen der §§ 340e und 340f HGB sind die Wertpapiere in die Wertpapierkategorien Handelsbestand, Liquiditätsreserve und Anlagebestand einzugruppieren (siehe auch S. 36).

Die Erleichterungsregelung des § 2 Abs. 8 KWG sieht folgende Befreiungen vor:

- Vorschriften über die Eigenmittel (§§ 10 und 12 Abs. 1 KWG)
- Liquiditätsvorschriften (§ 11 KWG)
- Vorschriften über die Groß-, Millionen- und Organkredite (§§ 13 bis 18 KWG, ausgenommen § 13b KWG)
- Maßnahmen in besonderen Fällen (§§ 45, 46 bis 46c KWG)

- Vorschriften über das Anfangskapital bei Vorliegen einer geeigneten Versicherung (§ 33 Abs. 1 S. 2 KWG)

- Anzeige nach § 24 Abs. 1 Nr. 10 KWG

Da diese Institute von den verwaltungstechnisch aufwendigsten Vorschriften (Vorschriften über die Eigenmittel und die Großkredite) befreit sind, kann man in diesem Zusammenhang von einer "Light-Version" sprechen.

Eine weitere wesentliche Erleichterung besteht in der Möglichkeit, das Anfangskapital durch eine entsprechende Versicherung (Vermögenschadenhaftpflichtversicherung) zu ersetzen (§ 33 Abs. 1 S. 2 KWG). Wird diese Sonderregelung genutzt, kann das Institut jedoch keinen Gebrauch von den Regelungen über den europäischen Paß machen (§ 2 Abs. 9 KWG).

F Erläuterung weiterer grundlegender Begriffe

I. Überblick

Mit der 6. KWG-Novelle werden die Aufsichtsrechtsnormen ein weiteres Mal an neue Gegebenheiten angepaßt. Aufgrund der Wertpapierdienstleistungsrichtlinie, aber auch zum Zweck des weiteren gesetzgeberischen Ziels der Beaufsichtigung des Kapitalmarkts, wird der Regelungsbereich des KWG erheblich ausgeweitet. Die Gleichstellung der angelsächsischen Wertpapierfirmen mit den kontinentaleuropäischen Universalbanken erfordert eine gegenüber der 5. KWG-Novelle nochmalige Erweiterung der Kategorisierung der in § 1 KWG erfaßten Unternehmen. Fast alle Finanzmarktteilnehmer unterliegen jetzt den speziellen Regeln des KWG und soweit es sich um Institute (Kreditinstitute und Finanzdienstleistungsinstitute) handelt auch der Aufsicht des BAK. Finanzunternehmen und Unternehmen mit bankbezogenen Hilfsdiensten werden weiterhin ausschließlich im Rahmen der aufsichtsrechtlichen Konsolidierung in die Überwachung einbezogen. Neben der Erweiterung der Unternehmensbegriffe enthält § 1 KWG die Definition des Handelsbuches sowie eine Reihe von Begriffen, die im Rahmen der Kreditvorschriften vor allem bei der Adressengewichtung oder im Zusammenhang mit den Vorschriften über das Anfangskapital und den "Europäischen Paß" zur Anwendung gelangen. Im folgenden werden die einzelnen Institutionen und sonstigen Begriffe des § 1 KWG dargestellt und kurz erläutert; vgl. zu weitergehenden Ausführungen C&L Deutsche Revision (Hrsg.), 6. KWG-Novelle und neuer Grundsatz I, Frankfurt am Main 1998.

II. Handelsbuch und Anlagebuch

1. Definition des Handelsbuches

Nach der neuen bankaufsichtsrechtlichen Systematik des KWG sind die Bestände und Geschäfte der Institute entweder dem Handelsbuch oder dem Anlagebuch zuzurechnen. Diese Zweiteilung dient zum einen der Klärung der Frage, ob ein Institut Handelsbuch- oder Nichthandelsbuchinstitut ist, und somit zur Festlegung der anzuwendenden Vorschriften im KWG bzw. Grundsatz I und zum anderen zur Bestimmung des Umfangs der der Ermittlung der Handelsbuch-Risikopositionen zugrundezulegenden Geschäfte.

Nach § 1 Abs. 12 S. 1 KWG sind dem Handelsbuch Geschäfte zuzuordnen, wenn ein Tatbestand der folgenden vier Voraussetzungen erfüllt ist:

- Geschäfte mit Finanzinstrumenten (vgl. Definition Abschnitt C III), handelbaren Forderungen oder Anteilen in der Absicht der Erzielung eines Eigenhandelserfolgs,

- Geschäfte zur Absicherung von Marktpreisrisiken des Handelsbuches,

- Aufgabegeschäfte,

- Forderungen im Zusammenhang mit dem Handelsbuch.

Ferner sind nach § 1 Abs. 12 S. 2 KWG auch alle Pensions- und Darlehens-(Leih-) Geschäfte, die Geschäfte mit Finanzinstrumenten des Handelsbuches zum Gegenstand haben, sowie vergleichbare Geschäfte dem Handelsbuch zuzuordnen.

Dem Handelsbuch nicht zuzuordnen sind gemäß § 1 Abs. 12 S. 3 KWG Devisen, Rechnungseinheiten, Rohwaren-Derivate und Edelmetall-Derivate. Dies ist damit zu begründen, daß für die Ermittlung des Währungs- und Rohwarenrisikos im Grundsatz I das Gesamtbuch (Anlage- und Handelsbuch) heranzuziehen ist. Die entsprechenden Geschäfte sind bei der Ermittlung der Bagatellgrenze gemäß § 2 Abs. 11 KWG ebenfalls nicht zu berücksichtigen.

Zu erörtern ist jedoch die Herausnahme der Devisen aus dem Handelsbuch. Unter Devisen sind an dieser Stelle die Bilanzposten bzw. die Devisenkassageschäfte zu verstehen, nicht jedoch die Devisentermin- oder Devisenoptionsgeschäfte. Das heißt, der Begriff der Devisen kann in diesem Zusammenhang nicht im Sinne von allen die Devisenposition (Währungsgesamtposition) eines Instituts beeinflussenden Geschäften interpretiert werden.

Die Begrenzung des Begriffs Devisen auf Bilanzposten und Devisenkassageschäfte folgt aus dem Gesamtzusammenhang dieser Ausnahmevorschrift. Hinsichtlich Edelmetall- und Rohwaren-Derivaten wird ausdrücklich auf die Definition der Derivate in § 1 Abs. 11 KWG verwiesen, jedoch fehlt ein entsprechender Verweis für Währungs-Derivate. Es werden nur die Devisen, die in § 1 Abs. 11 KWG neben den Währungs-Derivaten eigenständig angeführt sind, von der Anrechnung im Handelsbuch an dieser Stelle ausgenommen. Zudem kann dies auch aus Grundsatz I abgeleitet werden: Zinsrisiken sind ausschließlich aus Geschäften des Handelsbuches zu ermitteln. Die Erläuterungen zu Grundsatz I weisen jedoch diesbezüglich explizit daraufhin, daß auch die zinsmäßige Wirkungsweise von Devisentermingeschäften im Rahmen der Ermittlung der Zinsrisiken aus dem Handelsbuch zu berücksichtigen ist (vgl. Erläuterungen des BAK zu § 18 Grd I).

Unter die Rechnungseinheiten sind derzeit im wesentlichen Sonderziehungsrechte zu subsumieren.

2. Eigenhandelserfolg

Entscheidendes erstes Kriterium für die Zurechnung einer Position zum Handelsbuch ist die Absicht der Erzielung eines Eigenhandelserfolges mit Geschäften in Finanzinstrumenten (§ 1 Abs. 12 S. 1 Nr. 1 KWG). Somit ist hier die Definition des Eigenhandelserfolges ausschlaggebend. Hinsichtlich des Eigenhandelserfolgs verweisen die Erläuterungen zum KWG grundsätzlich (nicht abschließend) auf § 340c Abs. 1 HGB, der jedoch gemäß § 340 Abs. 4 HGB nicht auf Finanzdienstleistungsinstitute anzuwenden ist. Insoweit sind für diese Institute andere Merkmale heranzuziehen. Hierbei ist zu berücksichtigen, daß das KWG auf die Gewinnerzielungsabsicht abstellt und nicht auf das tatsächliche Ergebnis.

Somit sind alle Geschäfte, die in das Handelsbuch einzubeziehen sind, darauf zu untersuchen, inwieweit diese zur Ausnutzung kurzfristiger Preisschwankungen (Handelsgeschäfte mit Eigenhandelserfolgsabsicht) abgeschlossen werden.

3. Absicherungsgeschäfte

Darüber hinaus sind Bestände und Geschäfte dem Handelsbuch zuzurechnen, wenn sie zur Absicherung von Marktpreisrisiken aus dem Handelsbuch dienen (zweites Kriterium). Neben diesen Absicherungsbeständen und -geschäften sind zusätzlich die damit verbundenen (zugehörigen) Refinanzierungsgeschäfte gemäß § 1 Abs. 12 S. 1 Nr. 2 KWG dem Handelsbuch zuzuordnen.

Beispielhaft sei hier angeführt, daß Wertpapiere der Liquiditätsreserve, die nicht zum Zwecke der Erzielung eines Eigenhandelserfolges gehalten werden und somit nicht dem Handelsbuch zuzuordnen sind, dazu dienen können, Marktpreisrisikopositionen des Handelsbuches abzusichern. In der Praxis wird der Ursache-Wirkungs-Zusammenhang wohl häufig umgekehrt sein, d.h. Geschäfte des Handelsbuches dienen der Absicherung von nicht dem Handelsbuch zugehörigen Geschäften, was in der Praxis teilweise über den Abschluß interner Geschäfte dargestellt wird.

Unabhängig davon können auch Wertpapiere der Liquiditätsreserve und die zugehörigen Refinanzierungsgeschäfte dem Handelsbuch zugeordnet werden, was folgendes Beispiel verdeutlichen soll:

	Aktiva/Anspruch		Passiva/Verpflichtung
1	Wertpapier - Festzins (Liquiditätsreserve)	2	Geldaufnahme - variabler Zins
3	Zinsswap - variabler Zins (Handelsbuch)	3	Zinsswap - Festzins (Handelsbuch)

Die Wertpapiere können als Absicherung des Zinsswaps gesehen werden und somit sind neben dem Zinsswap die Geschäfte 1 und 2 dem Handelsbuch zuzuordnen.

In diesem Sinne sind Absicherungsgeschäfte somit zum einen solche Geschäfte, die abgeschlossen wurden, um Marktrisikopositionen des Handelsbuches zu verringern bzw. zu eliminieren (Fall 1). In der Praxis werden solche Geschäfte zur Schließung offener Handelspositionen direkt dem Handelsbuch zugeordnet. Sie dienen der Festschreibung von Gewinnen bzw. der Begrenzung von Verlusten aufgrund kurzfristiger Preisunterschiede. Hinzukommt allerdings die Verpflichtung, daß auch die mit diesen Absicherungsgeschäften in Zusammenhang stehenden Refinanzierungsgeschäfte dem Handelsbuch zuzuordnen sind.

Zum anderen kann man erörtern, ob es darüber hinaus noch Bestände oder Geschäfte geben kann, die aufgrund des Kriteriums "Absicherung" dem Handelsbuch zuzuordnen sind. Es handelt sich in § 1 Abs. 12 S. 1 Nr. 2 KWG um ein eigenständiges Abgrenzungskriterium des Handelsbuches, und in den Erläuterungen zum KWG wird darauf hingewiesen, daß Wertpapiere und andere Bestände und Geschäfte unabhängig von der Erfüllung der Kriterien des § 1 Abs. 12 S. 1 Nr. 1 KWG dem Handelsbuch aufgrund des Kriteriums "Absicherung" zuzurechnen sind (Fall 2). Somit können auch Geschäfte, die nicht mit der Absicht, einen Eigenhandelserfolg zu erzielen, abgeschlossen werden (z.B. Bestände an Wertpapieren der Liquiditätsreserve) unter dieses Kriterium subsumiert werden, wenn diese Wertpapiere Risiken aus dem Handelsbuch absichern.

Sofern nicht das Institut z.b. den Gesamtbestand der Wertpapiere der Liquiditätsreserve dem Handelsbuch zuordnet, was idR nicht der Fall sein wird, ist wohl eine einzelgeschäftsbezogene Zuordnung bestimmter Geschäfte notwendig. Wie schon oben bei der ersten Fallgruppe dargestellt, sind natürlich auch in diesem Fall die damit in Zusammenhang stehenden Refinanzierungsgeschäfte dann dem Handelsbuch zuzuordnen.

Hierbei ist zu berücksichtigen, daß in der Praxis eine derartige einzelgeschäftsbezogene Zuordnung dem dem Jahresabschluß oder dem internen Risikomanagement häufig zugrundeliegenden Ansatz der Bildung von positionsbezogenen Beständen/Büchern/Portfolien widerspricht. Zudem wird sich eine Einzelzuordnung in der Praxis DV-technisch nur schwerlich darstellen lassen bzw. wird diese sehr arbeitsaufwendig und/ oder fehleranfällig sein.

Zu den einzubeziehenden Refinanzierungsgeschäften ist anzumerken, daß deren Zuordnung zu den "Absicherungsbeständen bzw. -geschäften" unabhängig von Fall 1 oder Fall 2 in der Praxis ebenfalls Schwierigkeiten aufwerfen wird, da derzeit, wie oben dargestellt, idR keine Einzelverknüpfung von bestimmten Geschäften mehr vorgenommen wird bzw. sogenannte Schichtenbilanzen nicht mehr anzutreffen sind. Welche Refinanzierung gehört dann aber zu welchem Aktivgeschäft? Die Frage der Refinanzierungsgeschäfte könnte dann eigentlich nur derart gelöst werden, daß auch die Refinanzierungsgeschäfte von vornherein eindeutig dem Handels- oder Anlagebuch zugeordnet werden. Festzuhalten ist, daß diese Aufteilung jedoch nach dem KWG nicht gefordert wird.

Im weiteren ist die Frage zu erörtern, ob im Fall 2 alle Geschäfte zur Absicherung von Marktpreisrisiken aus dem Handelsbuch herangezogen werden können oder nur Geschäfte in Finanzinstrumenten gemäß § 1 Abs. 11 KWG. Nach dem Gesetzeswortlaut können alle Geschäfte herangezogen werden, da § 1 Abs. 12 S. 1 Nr. 1 KWG ausdrücklich Finanzinstrumente anführt, jedoch § 1 Abs. 12 S. 1 Nr. 2 KWG sich nur auf die Begriffe "Bestände" und "Geschäfte" bezieht. Auch aus Risikosicht müßten alle Geschäfte einbeziehbar sein, da z.B. auch nach den Definitionen des KWG nicht handelbare Forderungen Risiken aus dem Handelsbuch reduzieren können (z.B. Kredite). Zu gewährleisten ist dann nur eine eindeutige und stetige Zuordnung dieser Geschäfte.

Erforderlich ist aus diesem Grunde eine direkte Zuordenbarkeit des Absicherungsinstruments zu einer oder mehreren Position(en) des Handelsbuches. Wird z.B. ein Zinsswap, der dem Handelsbuch des Instituts zugeordnet wird, zur Absicherung des Zinsänderungsrisikos aus Krediten (Anlagebuch) abgeschlossen, so könnte insofern auch der Kredit dem Handelsbuch zugeordnet werden (Umkehrung der Ursache-Wirkungskette). Eine korrektere und einfachere Vorgehensweise wäre jedoch, von vornherein die Kriterien für das Handelsbuch institutsintern so festzulegen, daß dieser Zinsswap direkt dem Anlagebuch zuzuordnen ist.

4. Aufgabegeschäfte

Dem Handelsbuch zuzurechnen sind die Aufgabegeschäfte gemäß § 1 Abs. 12 S. 1 Nr. 3 KWG. Aufgabegeschäfte sind Geschäfte nach § 95 HGB und § 13 BörsG, bei denen der Handelsmakler bei Abschluß des Geschäftes die Gegenseite noch nicht benennen kann und sich deren Bezeichnung vorbehält. Zur Findung der endgültigen Ausführungsadresse setzt sich der Makler selbst ein (eigene Aufgabe). Die Auswahl des Geschäftspartners bleibt allein dem Makler überlassen, ohne daß der Vertragsinhalt selbst in Frage steht. Zum Ausgleich steht dem Auftraggeber das Recht zu, vom Makler selbst Erfüllung zu verlangen, falls dieser nicht oder nicht rechtzeitig einen geeigneten Geschäftspartner vermittelt (Garantiehaftung). Insofern sind diese Geschäfte aus Risikosicht sonstigen Geschäften des Handelsbuches gleichzustellen.

Durch die Einbeziehung der Aufgabegeschäfte in das Handelsbuch soll sichergestellt werden, daß das inhärente Abwicklungsrisiko bei Aufgabegeschäften berücksichtigt wird. Das Abwicklungsrisiko besteht darin, daß der Makler innerhalb der grundsätzlich üblichen Frist von zwei Geschäftstagen eine Gegenseite nicht benennen und das Geschäft selber nicht erfüllen kann. Damit besteht für das Institut ein Risiko für den Fall, daß es sich zu erhöhten Preisen eindecken muß. Aufgrund der Kurzfristigkeit der Aufgabegeschäfte sind diese im Handelsbuch zu erfassen.

5. Forderungen aus dem Handelsbuch

Sonstige Forderungen, die mit Geschäften des Handelsbuches unmittelbar verknüpft sind bzw. aus diesen resultieren, sind gemäß § 1 Abs. 12 S. 1 Nr. 4 KWG ebenfalls dem Handelsbuch zuzuordnen.

Unter die sonstigen Forderungen sind folgende Arten zu subsumieren:

- Gebühren und Provisionen, die beim Kauf anfallen (Anschaffungsnebenkosten),
- Zinsen, die allen Arten von zinstragenden Handelsbuchpositionen zuzurechnen sind, z.B. Zinsen auf Schuldverschreibungen,
- Dividenden auf die Aktienpositionen des Handelsbuches,
- Einschüsse wie z.B. Margins aus Positionen des Handelsbuches.

6. Pensions- und Leihgeschäfte

Der Begriff des Leihgeschäftes beinhaltet eine entgeltliche Überlassung eines Vermögensgegenstandes. Gegenstand der Leihe sind im wesentlichen Wertpapiere, Devisen und Wechsel. Den größten Umfang haben in Deutschland die Wertpapierleihgeschäfte. Bei der Wertpapierleihe handelt es sich um ein Sachdarlehen isv § 607 BGB, wobei dem Entleiher Wertpapiere darlehensweise übereignet werden und dieser hierfür ein laufzeitabhängiges Entgelt zahlt.

Eine Sonderform der Leihgeschäfte sind die Pensionsgeschäfte. Pensionsgeschäfte sind überwiegend kurzfristige Geldmarktgeschäfte. In der handelsrechtlichen Legaldefinition nach § 340b HGB versteht man darunter Kaufverträge, durch die ein Pensionsgeber ihm gehörende Vermögensgegenstände einem Pensionsnehmer gegen Zahlung des Kaufpreises überträgt und gleichzeitig vereinbart wird, daß die Vermögensgegenstände später an den Pensionsgeber zurückübertragen werden müssen (echtes Pensionsgeschäft) oder können (unechtes Pensionsgeschäft). Gegenstände von Pensionsgeschäften sind vor allem Wechsel, Wertpapiere, Schuldscheindarlehen oder Devisen.

Für die Zurechnung zum Handelsbuch ist es unerheblich, welche Marktseite das Institut einnimmt, d.h. ob es

- Pensionsgeber oder Verleiher oder
- Pensionsnehmer oder Entleiher ist.

7. Definition des Anlagebuches

Eine ausdrückliche Definition des Anlagebuches enthält das KWG nicht. Das Anlagebuch ist in dem Sinne negativ abgegrenzt, als alle Geschäfte, die die Kriterien für das Handelsbuch nicht erfüllen, automatisch dem Anlagebuch zuzuordnen sind.

Zu nennen sind hier insbesondere:

- traditionelles Kreditgeschäft,
- sonstige nicht üblicherweise auf dem Geldmarkt gehandelte Forderungen,
- (längerfristiges) Schuldscheingeschäft, das nicht zwecks Ausnutzung kurzfristiger Preisunterschiede abgeschlossen wird,
- Wertpapiere der Liquiditätsreserve nach § 340f Abs. 1 S. 1 HGB,
- Wertpapiere, die wie Anlagevermögen behandelt werden nach § 340c Abs. 2 HGB.

Das (längerfristige) Schuldscheingeschäft wird idR im Rahmen des Kreditgeschäftes abgeschlossen.

8. Institutsinterne Abgrenzung des Handelsbestandes

Auf der Grundlage der Definition des Handels- und Anlagebuches hat jedes Institut

- institutsintern und
- nachprüfbar

Kriterien zur Abgrenzung des Handels- und Anlagebuches festzulegen.

Die Festlegung institutsinterner Kriterien bedeutet nicht, eigenständige Kriterien entgegen den im KWG fixierten Kriterien zu definieren, sondern die aufsichtsrechtlichen Vorschriften zum Handelsbuch unter Berücksichtigung der individuellen Verhältnisse in die eigene Organisation einzubetten. Hierbei wird insbesondere die geschäftspolitische Ausrichtung und die Organisation der institutsspezifischen Handelstätigkeit zu beachten sein. Sinn und Zweck dieser Vorschrift ist die Objektivierung der im KWG allgemein vorgegebenen Kriterien in den Instituten. Insofern ist es auch erforderlich, diese Kriterien in nachprüfbarer (objektivierter) Weise festzulegen, so daß Dritten die Nachvollziehbarkeit in angemessenem Zeitaufwand möglich ist.

Hierbei ist eine enge Verbindung zu dem Handelsbestand, der der handelsrechtlichen Bilanzierung und Bewertung zugrunde liegt, zu sehen. Problematisch ist jedoch, daß das Handelsgesetzbuch die Begriffe Handelsbuch oder Handelsbestand selbst nicht verwendet oder gar definiert.

Die Abgrenzung des den handelsrechtlichen Vorschriften zugrundeliegenden Handelsbestands erfolgt nach der Zweckbestimmung im Wege einer Ermessensentscheidung der Institute. Die Zweckbestimmung entspricht insoweit den KWG-rechtlichen Erläuterungen, als daß die Ausnutzung kurzfristiger Preisunterschiede auch handelsrechtlich das wesentliche Kriterium zur Abgrenzung der Handelsgeschäfte von den Nichthandelsgeschäften darstellt.

In der Praxis wird zur Objektivierung insbesondere die Übertragung der Verantwortung für diese Geschäfte auf die Handelsabteilungen maßgebliches Kriterium sein, d.h. die vom Handel innerhalb des von der Geschäftsleitung vorgegebenen Rahmens abgeschlossenen Geschäfte gelten als Handelsbestand. Daran anschließend wird zur weiteren Objektivierung der Handelsgeschäfte deren Erfassung und buchhalterische Behandlung so ausgestaltet sein müssen, daß jederzeit eine eindeutige Zuordnung zum Handels- oder Nichthandelsbestand möglich ist. Dies muß insofern auch für das Handelsbuch im Sinne des KWG gelten.

Für die Zuordnung eines Geschäftes zum Handelsbuch können demnach als institutsinterne Kriterien herangezogen werden:

- Verantwortung (Entscheidungskompetenz) der Handelsabteilung:
  Liegt nur die Durchführung, nicht aber die Entscheidungskompetenz für ein bestimmtes Geschäft bei der Handelsabteilung, kann davon ausgegangen werden, daß auch ein anderer Geschäftszweck vorliegt.

- Limitvorgabe für die Handelsabteilung:
Die Handelsgeschäfte werden im Rahmen der für den Handel existierenden Marktpreis- und Adressenausfallrisikolimite abgeschlossen, woraus sich die Eigenverantwortung des Handels ergibt.

- Ergebnisverantwortung der Handelsabteilung:
Steht der Handelsabteilung der Erfolg aus dem entsprechenden Geschäft zumindest nach interner Erfolgsrechnung zu, sind diese Geschäfte dem Handelsbuch zuzuordnen. Zu beachten ist hierbei, daß z.b. laufende Erträge aus diesen Geschäften in der Praxis z.T. im Zinsergebnis enthalten sind, was jedoch nicht zu einer Umqualifizierung führt.

- Erfassung und Buchung der Geschäfte:
Die dem Handelsbuch zuzuordnenden Geschäfte sollten derart gekennzeichnet werden, daß eine eindeutige Abgrenzung zu Geschäften des Anlagebuches erfolgen kann. Dies kann durch eine Kennzeichnung oder eine getrennte buchhalterische Verarbeitung auf separaten (Nebenbuch-)Konten gewährleistet werden. Eine Kennzeichnung kann auch eine eindeutige (DV-)systemseitige Zuordnung bedeuten.

Die Kriterien müssen so festgelegt werden, daß Dritten die Nachvollziehbarkeit möglich ist. Als Dritte sind in diesem Zusammenhang an erster Stelle das BAK und die Deutsche Bundesbank zu sehen, jedoch auch der Abschlußprüfer insoweit, als die Einhaltung der Kriterien durch den Abschlußprüfer zu prüfen ist. Die festgelegten Kriterien sowie deren Änderung im Zeitablauf sind dem BAK und der Deutschen Bundesbank mitzuteilen.

9. Umwidmungen

Umwidmungen von Positionen des Handelsbuches in das Anlagebuch bzw. umgekehrt sind grundsätzlich möglich. Sie müssen in den Unterlagen des Instituts nachvollziehbar dokumentiert und begründet werden. Dies kann z.B. durch einen vorliegenden Beschluß der Geschäftsleitung erfüllt werden.

Sowohl die Einhaltung der institutsinternen Kriterien als auch die nachvollziehbare Begründung und angemessene Dokumentation von Umwidmungen ist im Rahmen der Jahresabschlußprüfung vom Abschlußprüfer zu prüfen und zu bestätigen.

Wichtig ist an dieser Stelle der Hinweis, daß vor dem Hintergrund der Verbindung des Handelsbuches mit § 340c Abs. 1 HGB zu beachten ist, daß handelsrechtliche Umwidmungen künftig idR wohl auch aufsichtsrechtliche Konsequenzen haben werden. Würde z.B. die Geschäftsleitung die Umwidmung von Wertpapieren der Liquiditätsreserve in Wertpapiere des Handelsbestandes beschließen, so wäre diese handelsrechtliche Umwidmung auch automatisch aufsichtsrechtlich nachzuvollziehen. Nach der Umwidmung schlagen sich die Ergebnisbestandteile dieser Wertpapiere im Nettoertrag nach § 340c Abs. 1 HGB nieder, wodurch das Kriterium der Erzielung des Eigenhandelserfolgs im Sinne des KWG gegeben wäre und somit eine Zuordnung zum Handelsbuch erfolgen müßte. Die handelsrechtliche Begründung für die Umwidmung müßte den aufsichtsrechtlichen Anforderungen genügen (Willkürverbot). Für diesen Fall ist jedoch festzu-halten, daß sich das Institut aufsichtsrechtlich härteren Regeln unterwerfen würde, da nach der Umwidmung eine Eigenmittelunterlegung der Marktpreisrisiken erforderlich wäre.

Interessanter sind naturgemäß die Fälle, in denen Wertpapiere des Handelsbestandes auf-grund eines möglichen Beschlusses der Geschäftsleitung der Liquiditätsreserve oder gar dem Anlagevermögen zugeordnet würden. Hiermit würde künftig die Verpflichtung ent-fallen, die daraus resultierenden Marktrisikopositionen mit Eigenmitteln zu unterlegen. Solche Fälle werden eine aufsichtsrechtlich haltbare Begründung erfordern. Ob die jeweilige Begründung für eine handelsrechtliche Umwidmung auch aufsichtsrechtlich ausreicht, kann aufgrund fehlender Vorgaben und Erfahrungen nicht per se unterstellt werden.

10. Anwendung der Handelsbuchvorschriften (Bagatellregelung)

Das Gesetz unterscheidet künftig zwei Kategorien von Instituten: Handelsbuch- und Nichthandelsbuchinstitute. Entscheidendes Kriterium ist der Umfang der dem Handels-buch zugeordneten Geschäfte. Der Umfang der Handelsbuchgeschäfte ist zum einen hin-sichtlich seines absoluten Betrages zu prüfen; zum anderen wird die Relation dieser Geschäfte im Verhältnis zum gesamten Geschäftsvolumen als Zuordnungskriterium herangezogen (§ 2 Abs. 11 KWG). Der Gesetzgeber geht bei dieser Abgrenzung davon aus, daß die Nichthandelsbuchinstitute Geschäfte mit Finanzinstrumenten nur in solchem Umfang betreiben, der eine Insolvenz des Instituts nicht befürchten läßt.

Mit der Bagatellregelung sollen Institute, deren Handelsbuch unbedeutend ist, davon befreit werden, erhebliche Investitionen in Spezialwissen und Ausstattung tätigen zu müssen, um den komplexen Vorschriften zur Erfassung der Marktpreisrisiken nach dem Fünften Abschnitt Grd I zu genügen. Dies betrifft vor allem die Regelungen zu Großkre-diten sowie Zins- und Aktienkursrisiken:

- Großkredite sind nach den Vorschriften des § 13 KWG, die weitgehend den bisher für Großkredite relevanten Anforderungen entsprechen, zu behandeln.

- Bei der Ermittlung der kreditäquivalenten Beträge für Kontrahentenrisiken im Rahmen der Großkredit- und Millionenkreditvorschriften sowie im Grundsatz I kann die Lauf-zeitmethode angewendet werden, soweit es sich um zins- und wechselkurs- sowie goldpreisbezogene Geschäfte handelt.

- Die Vorschriften des Fünften Abschnitts des Grundsatzes I zur Ermittlung der Zins-und Aktienrisiken im Handelsbuch sind nicht anzuwenden, d.h. weder bilanzielle noch außerbilanzielle Zins- und Aktienkursrisiken sind mit Eigenmitteln zu unterlegen.

- Optionsrisiken sind nur in Höhe ihres Deltaäquivalents zu ermitteln.

Nichthandelsbuchinstitute sind jedoch verpflichtet, ggf. ein Handelsbuch zu führen. Sie müssen institutsinterne nachprüfbare Kriterien festlegen und diese sowie Änderungen derselben dem BAK und der Deutschen Bundesbank mitteilen.

Die Bagatellregelung, die aus der KAR übernommen wurde, gliedert sich in zwei Stufen, die jeweils eine relative und eine absolute Obergrenze vorsehen. Die Stufen werden zeitlich abgegrenzt in "jederzeit" einzuhaltende Obergrenzen und Obergrenzen, die "in der Regel" einzuhalten sind. Die relative Obergrenze wird durch den Anteil des Handelsbuches in Prozent der Gesamtsumme der bilanziellen und außerbilanziellen Geschäfte gemessen. Dieser darf in der Regel 5% und zu keiner Zeit 6% überschreiten. Für die Absolutgrenze ist die Gesamtsumme der einzelnen Positionen des Handelsbuches maßgebend. Sie darf in der Regel 15 Millionen ECU nicht überschreiten oder zu keiner Zeit über 20 Millionen ECU liegen. Während der Rechtsbegriff "zu keiner Zeit" klar bestimmt, daß das Institut schon bei einmaliger Überschreitung als Handelsbuchinstitut gilt, ist der Begriff "in der Regel" interpretationsfähig. Nach den Erläuterungen des BAK ist die Regel dann durchbrochen, wenn die Grenzen nicht nur kurzfristig oder wiederholt überschritten werden.

Für die Berechnung des Anteils des Handelsbuches ist zunächst die Bezugsgröße zu ermitteln. Sie wird in § 2 Abs. 11 KWG mit der Gesamtsumme der bilanz- und außerbilanzmäßigen Geschäfte beschrieben. Nach § 21 GroMiKV ist diese aus den Krediten nach § 19 Abs. 1 KWG und den Stillhalterverpflichtungen aus Optionsgeschäften zu bilden. Zur Bestimmung des Anteils des Handelsbuches werden Derivate entsprechend dem Nominalwert oder Marktpreis der ihnen zugrundeliegenden Instrumente, die anderen Finanzinstrumente mit ihrem Nennwert oder Marktpreis angesetzt. Als Bemessungsgrundlage werden die in § 2 Abs. 11 GroMiKV vorgegebenen Ansätze weitgehend übernommen. Die einzige Abweichung von den Vorschriften nach § 2 Abs. 11 GroMiKV ist der Ansatz für Stillhalterpositionen in Optionsgeschäften. Nach § 21 Abs. 2 GroMiKV gilt für diese ausdrücklich der Ansatz zum effektiven Kapitalbetrag, hilfsweise zum Marktwert des Geschäftsgegenstandes. Bei der Ermittlung der Gesamtsumme ist zu beachten, daß laut § 2 Abs. 11 KWG eine Saldierung von Kauf- und Verkaufpositionen nicht zulässig ist. Vielmehr sind alle Positionen vorzeichenunabhängig zu addieren. Ein Netting ist grundsätzlich nicht zulässig. Lediglich beim schuldersetzenden Novationsnetting, bei dem ein neues Geschäft an die Stelle der alten tritt, besteht eine Ausnahme.

Übersteigt die Summe der Handelsbuchpositionen die Absolutgrenze von 20 Millionen ECU oder die Grenze von 15 Millionen ECU mehrfach, wird die Berechnung des Anteils hinfällig. Das Institut ist dann in jedem Fall als Handelsbuchinstitut einzustufen.

Ein Institut hat dem BAK und der Deutschen Bundesbank unverzüglich anzuzeigen,

- wenn es von der Möglichkeit, sich aufgrund des Unterschreitens der Bagatellgrenzen nach § 2 Abs. 11 S. 1 KWG als Nichthandelsbuchinstitut zu qualifizieren, Gebrauch macht,

- falls es eine der in der Bagatellregelung festgelegten Grenzen überschreitet oder

- freiwillig die Vorschriften für Handelsbuchinstitute gemäß § 2 Abs. 11 S. 4 KWG anwendet.

Nach § 24 GroMiKV hat ein Nichthandelsbuchinstitut die Feststellung des Erreichens oder Überschreitens der Bagatellgrenze durch geeignete organisatorische Maßnahmen sicherzustellen. Eine Beschreibung der dafür implementierten Verfahren, eine Aufschlüsselung der Berechnungsergebnisse und eine Aufschlüsselung der Positionen ist von dem Institut für das BAK und die Deutsche Bundesbank auf Abruf vorzuhalten. Auf die ursprünglich vorgesehene Verpflichtung der Nichthandelsbuchinstitute, täglich zum Geschäftsschluß die Gesamtsumme der Positionen ihres Handelsbuches zu ermitteln, wurde verzichtet.

Gemäß § 25 GroMiKV haben die Nichthandelsbuchinstitute quartalsweise Meldungen der Positionen des Handelsbuches an die zuständigen Zweigstellen der Landeszentralbank abzugeben. Stichtage sind jeweils die letzten Kalendertage der Monate März, Juni, September und Dezember. Die Meldungen sind bis zum 15. des jeweiligen Folgemonats einzureichen (§ 25 GroMiKV). Die Anzeigen nach § 2 Abs. 11 S. 4 KWG sind unverzüglich zu erstatten.

III. Institutionen

1. Vollumfängliche Beaufsichtigung

Während - wie bereits ausgeführt - das KWG in der Vergangenheit nur für Kreditinstitute Relevanz hatte, unterliegen mit Umsetzung der 6. KWG-Novelle grundsätzlich auch die Finanzdienstleistungsinstitute den Vorschriften des Kreditwesengesetzes. Kreditinstitute und Finanzdienstleistungsinstitute werden gemäß § 1 Abs. 1b KWG auch als Institute bezeichnet. Der Begriff dient der gesetzestechnischen Vereinfachung. Soweit Vorschriften des KWG sich nunmehr nicht nur auf Kreditinstitute sondern auch auf Finanzdienstleistungsinstitute beziehen, ist der Begriff Kreditinstitut durch den Begriff Institut ersetzt worden.

Kreditinstitute, die sowohl Einlagen oder andere rückzahlbare Gelder des Publikums entgegennehmen als auch das Kreditgeschäft betreiben, gelten nach § 1 Abs. 3d Satz 1 KWG als Einlagenkreditinstitute. Auf die Definition der Einlagenkreditinstitute wird im KWG beispielsweise bei der Definition der Finanzholding-Gesellschaft sowie der gemischten Unternehmen in § 1 Abs. 3a und 3b KWG, bei den Vorschriften über den Europäischen Paß (§§ 53b, 53d KWG), über das Anfangskapital (§ 33 Abs. 1 KWG) und über die Begrenzung von bedeutenden Beteiligungen außerhalb des Finanzsektors (§ 12 KWG) zurückgegriffen. Die GroMiKV knüpft in den Vorschriften über die Adressengewichtungen nach § 16 bis 18 GroMiKV sowie über die Entlastung der Großkreditobergrenzen durch die Berücksichtigung von Sicherheiten gemäß § 20 GroMiKV an die Legaldefinition des Begriffs des Einlagenkreditinstituts nach § 1 Abs. 3d KWG an.

In diesem Zusammenhang ist klarzustellen, daß auch Wertpapierhandelsbanken und Wertpapierhandelsunternehmen als Teilmenge der Kreditinstitute bzw. Finanzdienstleistungsinstitute der Beaufsichtigung unterliegen. Bei den Wertpapierhandelsbanken handelt es sich nach § 1 Abs. 3d KWG um Kreditinstitute, die keine Einlagenkreditinstitute sind und die das Finanzkommissions- oder das Emissionsgeschäft (§ 1 Abs. 1 S. 2 Nr. 4

oder Nr. 10 KWG) betreiben oder die die Finanzdienstleistung der Anlagevermittlung, Abschlußvermittlung, Finanzportfolioverwaltung oder Eigenhandel (§ 1 Abs. 1a S. 2 Nr. 1 bis 4 KWG) erbringen. Zu den Wertpapierhandelsunternehmen vgl. Abschnitt C I.

2. Beaufsichtigung auf konsolidierter Basis

Die folgenden Institutionen unterliegen nicht unmittelbar der Beaufsichtigung durch das BAK, sondern werden nur im Rahmen der aufsichtsrechtlichen Konsolidierung nach §§ 10a und 13b KWG mittelbar über die entsprechenden Institutsgruppen bzw. Finanzholdinggruppen in eine Aufsicht einbezogen. Die Übersicht enthält die Definitionen der betreffenden Institutionen und die wesentlichen anzuwendenden Gesetzesvorschriften des KWG.

Institution	Definition	Anwendung
Finanz-unternehmen	Unternehmen, die keine Institute sind und deren Haupttätigkeit darin besteht, Beteiligungen zu erwerben, Geldforderungen entgeltlich zu erwerben, Leasingverträge abzuschließen, Kreditkarten oder Reiseschecks auszugeben oder zu verwalten, mit Finanzinstrumenten für eigene Rechnung zu handeln, Anlageberatung in Finanzinstrumenten auszu-üben, Beratung über Kapitalstruktur, industrielle Strategie und die damit verbundenen Fragen, sowie Beratung und Dienstleistungen bei Zusammenschlüssen von Unternehmen anzu-bieten Geldmaklergeschäfte auszuüben. (§ 1 Abs. 3)	§§ 10a, 13b KWG § 10 Abs. 6 KWG § 12b KWG
Finanzholding-Gesellschaft	Finanzholding-Gesellschaften sind Finanz-unternehmen, deren Tochterunternehmen aus-schließlich oder hauptsächlich Institute oder Finanzunternehmen sind und die mindestens ein Einlagenkreditinstitut oder ein Wertpapier-handelsunternehmen zum Tochterunternehmen haben. (§ 1 Abs. 3a KWG)	§ 8a KWG, §§ 10a, 13b KWG §§ 12, 12a KWG § 24 Abs. 3a KWG §§ 44, 44a KWG § 45a KWG § 64e KWG
Unternehmen mit bankbezogenen Hilfsdiensten	Unternehmen, die keine Institute oder Finanz-unternehmen sind und deren Haupttätigkeit darin besteht, Immobilien zu verwalten, Rechenzentren zu betreiben oder andere Tätig-keiten auszuführen, die Hilfstätigkeiten im Verhältnis zur Haupttätigkeit eines oder meh-rerer Institute sind. (§ 1 Abs. 3c KWG)	§§ 10a, 13b KWG § 24 Abs. 3a KWG § 44 KWG § 44a Abs. 1 KWG

Abb. 6: Auf konsolidierter Basis beaufsichtigte Institutionen

3. Sonstige aufsichtsrechtliche Erfassung

Unternehmen, die keine Finanzholding-Gesellschaften oder Institute sind, bei denen aber mindestens ein Tochterunternehmen ein Einlagenkreditinstitut oder ein Wertpapier-handelsunternehmen ist, werden in § 1 Abs. 3b KWG als gemischte Unternehmen bezeichnet. Der Begriff 'gemischt' bezieht sich hierbei auf die unterschiedlichen Unternehmensbeteiligungen des an der Spitze stehenden Unternehmens. Die Definition hat insofern eine Einschränkung erfahren, als künftig nicht mehr alle Kreditinstitute, die Tochterunternehmen sind, berücksichtigt werden müssen, sondern entsprechend den EG-rechtlichen Vorgaben nur noch Einlagenkreditinstitute und Wertpapierhandels-unternehmen.

Die Definition "gemischte Unternehmen" wird beispielsweise in den folgenden KWG-Bestimmungen verwendet:

- § 25 Abs. 3 (Monatsausweise und weitere Angaben),
- § 44 Abs. 2 (Auskünfte und Prüfungen),
- § 44a Abs. 1 (Grenzüberschreitende Auskünfte und Prüfungen).

IV. Sonstige Begriffe

Neben den Definitionen des Handelsbuches und der einzelnen Institutionen enthält § 1 KWG auch eine Vielzahl sonstiger Begriffe. Die Erfüllung der tatbestandlichen Voraussetzungen dieser Begriffe ist z.B. von Bedeutung für die Ausnahmeregelung des § 20 KWG, für die Adressengewichtung nach den §§ 16 und 18 GroMiKV sowie für die Bonitätsgewichtung im Zuge der Anrechnung von Risikoaktiva gemäß § 13 Grd I oder für die Regelungen über den "Europäischen Paß". Die folgende Übersicht enthält die Definitionen und die wesentlichen anzuwendenden Vorschriften:

Begriff	Definition	Anwendung
Wertpapierbörse Terminbörse	Wertpapier- oder Terminmärkte, die von staatlich anerkannten Stellen geregelt und überwacht werden, regelmäßig stattfinden und für das Publikum unmittelbar oder mittelbar zugänglich sind, einschließlich ihrer Systeme zur Sicherung der Erfüllung der Geschäfte an diesen Märkten (Clearingstellen), die von staatlich anerkannten Stellen geregelt und überwacht werden. (§ 1 Abs. 3e KWG)	§§ 16 - 18 GroMiKV § 13 Grd I §§ 23 und 25 Grd I
Herkunftsstaat	Der Staat, in dem die Hauptniederlassung eines Instituts zugelassen ist. (§ 1 Abs. 4 KWG)	§ 33b KWG §§ 53a und 53b KWG

Begriff	Definition	Anwendung
Aufnahmestaat	Der Staat, in dem ein Institut außerhalb seines Herkunftsstaats eine Zweigniederlassung unterhält oder im Wege des grenzüberschreitenden Dienstleistungsverkehrs tätig wird. (§ 1 Abs. 5a KWG)	§ 8 Abs. 4 KWG
Europäischer Wirtschaftsraum	Die Staaten der Europäischen Gemeinschaften sowie die Staaten des Abkommens über den Europäischen Wirtschaftsraum. (§ 1 Abs. 5a S. 1 KWG)	§ 53b Abs. 1 KWG
Drittstaaten	Alle Staaten, die nicht dem Europäischen Wirtschaftsraum zuzurechnen sind. (§ 1 Abs. 5a S. 2 KWG)	§ 53c Nr. 1 KWG
Zone A	Die Staaten des Europäischen Wirtschaftsraums, die Vollmitgliedstaaten der Organisation für wirtschaftliche Zusammenarbeit und Entwicklung (OECD), sofern sie nicht innerhalb der letzten fünf Jahre ihre Auslandschulden umgeschuldet oder vor vergleichbaren Zahlungsschwierigkeiten gestanden haben, sowie die Staaten, die mit dem Internationalen Währungsfonds (IWF) besondere Kreditabkommen im Zusammenhang mit dessen Allgemeinen Kreditvereinbarungen (AKV) getroffen haben. (§ 1 Abs. 5b S. 1 KWG)	§ 20 KWG § 17 Nr. 2 und 3, § 18 Nr. 1 GroMiKV § 20 Abs. 3 Nr. 1 GroMiKV § 13 Grd I § 23 Grd I.
Zone B	Alle Staaten, die nicht zur Zone A gehören . (§ 1 Abs. 5b Satz 2 KWG)	§ 20 Abs. 3 Nr. 1 KWG § 16 GroMiKV § 13 Grd I
Bedeutende Beteiligung	Eine bedeutende Beteiligung besteht, wenn unmittelbar oder mittelbar über ein oder mehrere Tochterunternehmen mindestens zehn vom Hundert des Kapitals oder der Stimmrechte eines Unternehmens gehalten werden oder wenn auf die Geschäftsführung des Unternehmens, an dem eine Beteiligung besteht, ein maßgeblicher Einfluß ausgeübt werden kann. (§ 1 Abs. 9 KWG)	§ 2b KWG § 12 KWG § 24 Abs. 1 S. 1 Nr. 11 KWG § 32 Abs. 1 S. 1 Nr. 6 KWG § 33 Abs. 1 S. 1 Nr. 3 KWG § 44b KWG

Begriff	Definition	Anwendung
Enge Verbindung	Verbindung eines Instituts und einer anderen natürlichen Person oder eines anderen Unternehmens durch das unmittelbare oder mittelbare Halten von mindestens 20 vom Hundert des Kapitals oder der Stimmrechte oder als Mutter- und Tochterunternehmen mittels eines gleichartigen Verhältnisses oder als Schwesterunternehmen. (§ 1 Abs. 10 KWG)	§ 24 Abs. 1 Nr. 13 KWG

Abb. 7:   Sonstige Begriffe des § 1 KWG

G Eigenmittelvorschriften

I. Angemessenheit der Eigenmittel

Mit der Umsetzung der 6. KWG-Novelle müssen nunmehr gemäß § 10 Abs. 1 S. 1 KWG nicht nur Kreditinstitute, sondern auch Finanzdienstleistungsinstitute über angemessene Eigenmittel verfügen. Gemäß § 2 Abs. 7 KWG ist die Vorschrift des § 10 KWG jedoch nicht auf Finanzdienstleistungsinstitute anzuwenden, die außer der Drittstaateneinlagenvermittlung, dem Finanztransfergeschäft und dem Sortengeschäft keine weitere Finanzdienstleistung erbringen. Anlagevermittler und Abschlußvermittler, die nicht befugt sind, sich bei der Erbringung von Finanzdienstleistungen Eigentum oder Besitz an Geldern oder Wertpapieren von Kunden zu verschaffen, und die nicht auf eigene Rechnung mit Finanzinstrumenten handeln, sind ebenfalls von der Vorschrift des § 10 KWG ausgenommen (§ 2 Abs. 8 KWG).

Nach § 10 Abs. 1 S. 2 KWG hat das BAK im Einvernehmen mit der DBBk Grundsätze aufzustellen, anhand derer es für den Regelfall beurteilt, ob die Finanzdienstleistungsinstitute über angemessene Eigenmittel verfügen. Bei Finanzdienstleistungsinstituten, die nicht nur geringfügig oder wiederholt die Eigenmittelanforderungen des Grundsatzes I nicht einhalten, wird in der Regel vermutet, daß die Institute nicht über die erforderlichen Eigenmittel verfügen.

II. Grundprinzipien

1. Building Block Approach (Bausteinprinzip)

Im Rahmen der Novellierung des Kreditwesengesetzes wird das Bausteinprinzip (building block approach) als Grundprinzip bei der Eigenmittelunterlegung eingeführt. Nach diesem Prinzip ist eine Doppelbelegung oder Mehrfachbelegung von Eigenmitteln nicht (mehr) möglich.

Bei dem Bausteinprinzip kann zwischen einem weiteren und einem engeren Ansatz unterschieden werden. Der building block approach im weiteren Sinne besagt, daß in dem Umfang, in dem nach den Vorschriften des KWG eine Position mit haftendem Eigenkapital oder Drittrangmitteln zu unterlegen ist, dem Institut diese Eigenmittel für die Unterlegung anderer Positionen, insbesondere bei den Grundsätzen nach § 10 Abs. 1 S. 2 KWG und § 10a Abs. 1 S. 2 KWG, nicht mehr zur Verfügung stehen.

Während der building block approach im weiteren Sinne keine Doppel- bzw. Mehrfachbelegung von Eigenmitteln nach den Vorschriften des KWG und des Grundsatzes I vorsieht, bezieht sich der building block approach im engeren Sinne auf die Eigenmittelunterlegung von Risiken des Grundsatzes I.

Nach dem building block approach im engeren Sinne kann ein gegebener Eigenmittelbetrag nur zur Abdeckung eines Risikos des Grundsatzes I verwendet werden. Die Doppel- oder Mehrfachbelegung von Eigenmitteln zur Unterlegung verschiedener Risiken ist generell ausgeschlossen.

2. Prinzip der effektiven Kapitalaufbringung

Mit der Umsetzung der 6. KWG-Novelle wird das bisherige statische Eigenkapitalkonzept zugunsten eines dynamischen Konzepts weitgehend aufgegeben. Nach dem statischen Konzept war bislang die Bemessungsgrundlage für das haftende Eigenkapital grundsätzlich die letzte für den Schluß eines Geschäftsjahres festgestellte Bilanz. Zwischenzeitliche Änderungen des haftenden Eigenkapitals konnten grundsätzlich nur mittels eines förmlichen Herauf- oder Herabsetzungsverfahrens des Bundesaufsichtsamtes berücksichtigt werden.

Durch die 6. KWG-Novelle erfolgt nun eine weitgehende Dynamisierung der Eigenmittel- und Abzugskomponenten. Bedingt durch die Dynamisierung wird das Prinzip der effektiven Kapitalaufbringung ausdrücklich in § 10 Abs. 1 S. 7 KWG verankert. Eigenmittelkomponenten können danach nur berücksichtigt werden, wenn sie dem Finanzdienstleistungsinstitut tatsächlich zugeflossen und nicht wieder abgeflossen sind. Dementsprechend wird der Erwerb von Eigenmitteln des Finanzdienstleistungsinstituts durch ein Tochterunternehmen oder durch Dritte für Rechnung des Finanzdienstleistungsinstituts oder eines Tochterunternehmens dem Erwerb durch das Finanzdienstleistungsinstitut gleichgestellt. Die materielle Beweislast, daß die Eigenmittel dem Finanzdienstleistungsinstitut tatsächlich zugeflossen sind, wird auf das Finanzdienstleistungsinstitut verlagert.

(Hinsichtlich des statischen bzw. dynamischen Charakters der einzelnen Eigenmittelkomponenten vgl. C&L Deutsche Revision (Hrsg.), 6. KWG-Novelle und neuer Grundsatz I, Frankfurt am Main 1998, S. 98).

III. Die Bestandteile der Eigenmittel

1. Überblick

Gemäß § 10 Abs. 2 S. 1 KWG setzen sich die Eigenmittel aus dem haftenden Eigenkapital und den Drittrangmitteln zusammen. Das haftende Eigenkapital ist seinerseits definiert als die Summe aus Kernkapital und Ergänzungskapital 1. und 2. Klasse abzüglich der Posten des § 10 Abs. 6 KWG.

Während das Kernkapital den Instituten zur uneingeschränkten Verlustdeckungsfähigkeit zur Verfügung steht, sind die Ergänzungskapitalbestandteile nur beschränkt verlustdeckungsfähig. Aufgrund ihrer Qualität werden die Ergänzungskapitalbestandteile deshalb unterschiedlichen Klassen zugeordnet. Die Drittrangmittel stellen dabei Ergänzungskapital 3. Klasse (kurzfristige nachrangige Verbindlichkeiten) und Ergänzungskapital 4. Klasse (Nettogewinne) dar.

Die Berechnung des Kernkapitals wird unter § 10 Abs. 2a KWG abschließend geregelt. Es handelt sich im wesentlichen um das eingezahlte Geschäftskapital in seinen verschiedenen rechtsformabhängigen Formen und die Rücklagen. Das Kernkapital setzt sich also aus solchen Eigenkapitalbestandteilen zusammen, die dem Institut gegebenenfalls uneingeschränkt und sogleich für die Verlustabdeckung zur Verfügung stehen.

Die Regelung des Ergänzungskapitals wird in § 10 Abs. 2b KWG zusammengefaßt. Zum Ergänzungskapital werden solche Eigenkapitalbestandteile gezählt, die zum Verlustausgleich weniger geeignet sind als die Komponenten des Kernkapitals. Hierzu zählen solche Elemente, die in der Bilanz nicht ausgewiesen werden, wie z.b. im Anhang des letzten Jahresabschlusses ausgewiesene, nicht realisierte Reserven bei Grundstücken.

Zu den Drittrangmitteln zählen nach § 10 Abs. 2c KWG die kurzfristigen nachrangigen Verbindlichkeiten (Ergänzungskapital der 3. Klasse) und die Nettogewinne (Ergänzungskapital der 4. Klasse). Die Berücksichtigung von Drittrangmitteln ist betraglich insoweit beschränkt, als sie maximal bis zu einem Betrag von 250% des freien, d.h. nicht für die Unterlegung von Risiken bzw. Überschreitungen benötigten Kernkapitals eingesetzt werden können (siehe hierzu auch G IV II).

Die Komponenten der Eigenmittel zeigt folgende Grafik:

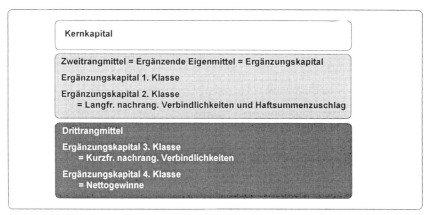

Abb. 8: Der Eigenmittelbegriff nach § 10 KWG

Die Begrenzung der verschiedenen Eigenmittelbestandteile stellt sich wie folgt dar:

Abb. 9: Anrechnungsgrenzen einzelner Eigenmittelbestandteile

2. Kernkapital

a. Zusammensetzung

Gemäß § 10 Abs. 2a S. 1 KWG setzt sich das (Brutto-)Kernkapital aus folgenden Komponenten zusammen:

Kernkapitalbestandteile	§ 10...KWG
Eingezahltes Kapital in seinen rechtsformabhängigen Formen	Abs. 2a S.1 Nr. 1-6
+ Rücklagen iSv § 10 Abs. 3a	Abs. 2a S. 1 Nr. 1-6
+ Sonderposten für allgemeine Bankrisiken gemäß § 340g HGB (siehe auch S. 36)	Abs. 2a S. 1 Nr. 7
+ Vermögenseinlagen stiller Gesellschafter iSv § 10 Abs. 4	Abs. 2a S. 1 Nr. 8
./. Entnahmen des Inhabers oder der persönlich haftenden Gesellschafter und der diesen gewährten Kredite	Abs. 2a S. 1 Nr. 1-2
./. Vorzugsaktien mit nachzuzahlendem Vorzug	Abs. 2a S. 1 Nr. 2
+ Zwischengewinne	Abs. 3 S. 1
./. Zwischenverluste	Abs. 3 S. 2

Abb. 10: Kernkapitalbestandteile gemäß § 10 KWG

b. Eingezahltes Kapital

Als Kernkapital gilt bei Einzelkaufleuten, offenen Handelsgesellschaften und Kommanditgesellschaften das eingezahlte Geschäftskapital, bei Aktiengesellschaften, Kommanditgesellschaften auf Aktien und Gesellschaften mit beschränkter Haftung das eingezahlte Grund- oder Stammkapital. Bei Kommanditgesellschaften auf Aktien sind auch Vermögenseinlagen der persönlich haftenden Gesellschafter, die nicht auf das Grundkapital geleistet worden sind, Bestandteil des Kernkapitals. Aktien, die mit einem nachzuzahlenden Vorzug bei der Verteilung des Gewinns ausgestattet sind (Vorzugsaktien), stellen kein Kernkapital, sondern Ergänzungskapital dar. Bei Finanzdienstleistungsinstituten in einer anderen Rechtsform ist grundsätzlich das eingezahlte Kapital heranzuziehen.

Von dem eingezahlten Kapital sind jeweils die Entnahmen des Inhabers oder der persönlich haftenden Gesellschafter und der diesen gewährten Kredite abzuziehen.

Der Abzug von eigenen Aktien und Geschäftsanteilen ist nicht explizit im Kreditwesengesetz geregelt. Die Positionen sind jedoch vom (Brutto)-Kernkapital abzuziehen. Dies ergibt sich aus dem Prinzip der effektiven Kapitalaufbringung.

c. Rücklagen

In § 10 Abs. 3a KWG sind die Rücklagen iSd § 10 Abs. 2 S. 1 KWG definiert. Als Rücklagen gelten danach nur die in der letzten für den Schluß eines Geschäftsjahres festgestellten Bilanz als Rücklagen ausgewiesenen Beträge mit Ausnahme solcher Rücklagen, die erst bei ihrer Auflösung zu versteuern sind (Satz 1). Damit werden z.b. alle Sonderposten mit Rücklageanteil von der Einbeziehung in das Kernkapital ausgeschlossen. Das Eigenkapital muß insbesondere im Falle einer Liquidation frei von steuerlichen Belastungen sein. Die Regelung nach Satz 1 betrifft vor allem die 6b-Rücklagen und dient der Klarstellung, da nach § 10 Abs. 2b S. 1 Nr. 6 KWG bestimmte 6b-Rücklagen bereits in Höhe von 45 vom Hundert als Ergänzungskapital anerkannt werden und somit eine Zurechnung als Kernkapital nicht mehr in Frage kommt. Voraussetzung für die Anerkennung als Ergänzungskapital ist, daß die Rücklagen aus der Veräußerung von Grundstücken, grundstücksgleichen Rechten und Gebäuden entstanden sind. Damit werden allerdings nicht alle in § 6b EStG aufgeführten Veräußerungstatbestände erfaßt. Die nicht durch § 10 Abs. 2b S. 1 Nr. 6 KWG erfaßten 6b-Rücklagen werden somit weder beim Ergänzungskapital noch beim Kernkapital berücksichtigt.

Nach Satz 2 können Rücklagen, die aus Erträgen gebildet worden sind und auf die erst bei Eintritt eines zukünftigen Ereignisses Steuern zu entrichten sind, nur in Höhe von 45 vom Hundert berücksichtigt werden. Der Ausnahmetatbestand berücksichtigt nach der Begründung zur Gesetzesänderung, "daß ein Ertrag handelsrechtlich zu einem höheren Gewinnausweis führt, der steuerrechtlich vorerst nicht relevant wird, bei Eintritt eines bestimmten zukünftigen Ereignisses aber steuerlich relevant werden kann." Der Abschlag in Höhe von 55% trägt einer eventuell anfallenden Steuer Rechnung.

d. Sonderposten für allgemeine Bankrisiken

Mit der Unterstellung der Finanzdienstleistungsinstitute unter die Aufsicht des BAK durch die 6. KWG-Novelle sind auch entsprechende Folgeänderungen der handelsrechtlichen Bestimmungen über die Rechnungslegung, Offenlegung und Prüfung verbunden.

Finanzdienstleistungsinstitute unterliegen nunmehr den für Kreditinstitute geltenden Bilanzierungs- und Bewertungsvorschriften. Die Vorschrift des § 340g HGB, wonach auf der Passivseite der Bilanz zur Sicherung gegen allgemeine Bankrisiken ein Sonderposten "Fonds für allgemeine Bankrisiken" gebildet werden darf, bezieht sich bislang nur auf die besonderen Risiken des Geschäftszweigs der Kreditinstitute (siehe auch S. 36). Gemäß § 10 Abs. 2a S. 1 Nr. 7 KWG ist der Sonderposten Bestandteil des Kernkapitals. Inwieweit auch Finanzdienstleistungsinstitute einen entsprechenden Sonderposten als Kernkapitalbestandteil berücksichtigen können, ist derzeit noch nicht abschließend geregelt. Eine entsprechende Anpassung der handelsrechtlichen Vorschriften steht noch aus.

e. Vermögenseinlagen stiller Gesellschafter

Gemäß § 10 Abs. 2a S. 1 Nr. 8 KWG können Vermögenseinlagen stiller Gesellschafter unter folgenden, in § 10 Abs. 4 KWG geregelten Bedingungen als Kernkapital anerkennt werden:

- Teilnahme am Verlust bis zur vollen Höhe sowie Berechtigung des Instituts, im Fall eines Verlustes Zinszahlungen aufzuschieben (Nr. 1)
- Rückzahlung bei Konkurs oder Liquidation des Instituts erst nach Befriedigung aller Gläubiger (Nr. 2)
- Ursprungslaufzeit mindestens fünf Jahre (Nr. 3)
- Restlaufzeit mindestens zwei Jahre (Nr. 4)
- Verbot der Besserungsabrede (Nr. 5)
- Hinweis auf die oben genannten Rechtsfolgen (Nr. 6).

Ferner ist ausdrücklich in den Vertragsbedingungen festzulegen, daß der Nachrang nicht nachträglich beschränkt, die Kündigungsfrist oder Laufzeit nicht verkürzt werden kann und die Rückerstattung vorzeitiger Tilgungs- oder Zinszahlungen unbeschadet entgegenstehender Vereinbarungen zu erfolgen hat, sofern nicht das Kapital durch anderes, gleichwertiges haftendes Eigenkapital ersetzt worden ist oder das BAK der vorzeitigen Rückzahlung zugestimmt hat.

f. Zwischengewinne/Zwischenverluste

§ 10 Abs. 3 KWG regelt die Zurechnung von Zwischengewinnen zum Kernkapital. Voraussetzung für die Zurechnung ist, daß das Finanzdienstleistungsinstitut Zwischenabschlüsse erstellt, die den den für den Jahresabschluß geltenden Anforderungen entsprechen. Ferner können Zwischengewinne dem Kernkapital nur zugerechnet werden, soweit sie nicht für voraussichtliche Gewinnausschüttungen oder Steueraufwendungen gebunden sind. Zwischenverluste sind vom Kernkapital abzuziehen. Werden Zwischengewinne dem Kernkapital zugerechnet, hat das Finanzdienstleistungsinstitut Zwischenabschlüsse mindestens für die nächsten fünf Jahre zu erstellen. Erstellt das Institut keine Zwischenabschlüsse mehr, dürfen die Zwischengewinne erst wieder nach Ablauf von fünf Jahren dem Kernkapital zugerechnet werden. Der Zwischenabschluß und der Zwischenprüfungsbericht sind unverzüglich dem BAK und der DBBk einzureichen. Ein im Zuge einer Verschmelzung erstellter unterjähriger Jahresabschluß gilt nicht als Zwischenabschluß.

g. Reingewinn

Die bisherige Regelung gemäß § 10 Abs. 3 KWG a.F., wonach der Reingewinn dem Kernkapital zuzurechnen war, soweit seine Zuweisung zum Geschäftskapital, zu den Rücklagen oder den Geschäftsguthaben beschlossen war, ist nicht übernommen worden. Nach den Erläuterungen zum Regierungsentwurf bleibt es uE jedoch bei der bisherigen Verfahrensweise: Der Jahresüberschuß des Finanzdienstleistungsinstituts wird Bestandteil des Kernkapitals, wenn der Jahresabschluß festgestellt und seine Zuweisung (des Gewinns) zum Geschäftskapital, zu den Rücklagen oder den Geschäftsguthaben beschlossen ist.

h. Freies Vermögen

Während bei Kreditinstituten, die am 1. Januar 1998 über eine Erlaubnis nach § 32 KWG verfügen, weiterhin nachgewiesenes freies Vermögen des Inhabers oder der persönlich haftenden Gesellschafter auf Antrag in einem vom BAK zu bestimmenden Umfang als Kernkapital berücksichtigt werden darf (Bestandsschutzregelung nach § 64e Abs. 5 KWG), ist die Zurechnung von freiem Vermögen für Finanzdienstleistungsinstitute nicht möglich.

Ferner ist ausdrücklich in § 2a Abs. 2 KWG geregelt, daß freies Vermögen bei Wertpapierhandelsunternehmen in der Rechtsform des Einzelkaufmanns oder der Personengesellschaft nicht berücksichtigt werden darf.

i. Abzugsposten vom Kernkapital

Gemäß § 10 Abs. 2a S. 2 KWG sind vom Kernkapital folgende Positionen abzuziehen:

- der Bilanzverlust

- die immateriellen Vermögensgegenstände

- der Korrekturposten gemäß § 10 Abs. 3b KWG

- Kredite an (stille) Gesellschafter, sofern sie nicht zu marktmäßigen Bedingungen gewährt werden

j. Immaterielle Vermögensgegenstände

Gemäß BAK-Schreiben v. 28. Dezember 1993 umfaßt der Abzugsposten alle Posten, die auf der Aktivseite der Bilanz unter dem Posten "immaterielle Anlagewerte" auszuweisen sind sowie die aktivierten "Aufwendungen für die Ingangsetzung und Erweiterung des Geschäftsbetriebs" gemäß § 269 Satz 1 HGB. Maßgeblich für den Abzug ist der Bilanzausweis.

k. Korrekturposten

Der Korrekturposten gemäß § 10 Abs. 3b KWG ermöglicht es dem BAK, unterjährig eingetretene materielle Verluste, die weder über eine festgestellte Bilanz noch über einen Zwischenabschluß eigenkapitalmindernd wirksam geworden sind, zu berücksichtigen. Nach der Begründung kann die Festsetzung eines Korrekturpostens vermieden werden, in dem das Finanzdienstleistungsinstitut die erforderliche Korrektur bei der Ermittlung seiner Eigenmittel selbst vornimmt.

Gemäß § 10 Abs. 3b S. 2 und 3 KWG ist die Festsetzung des Korrekturpostens auf Antrag des Finanzdienstleistungsinstituts aufzuheben, soweit die Voraussetzung hierfür entfallen ist, spätestens jedoch mit Feststellung der nächsten für den Schluß eines Geschäftsjahres aufgestellten Bilanz, da die Verluste nunmehr bilanzwirksam geworden sind.

Anzumerken ist, daß die Festsetzung des Korrekturpostens derzeit nicht genauer geregelt ist und im Ermessen des BAK liegt. Fraglich ist in diesem Zusammenhang, welche Ereignisse eingetreten sein müssen, damit ein Korrekturposten festgesetzt wird, und wie dieser ermittelt wird.

Der Korrekturposten ist ggf. sowohl beim Kernkapital nach § 10 Abs. 2a KWG als auch beim Ergänzungskapital gemäß § 10 Abs. 2b S. 1 KWG zu berücksichtigen. Unseres Erachtens kann daraus kein Wahlrecht (entweder vom Kernkapital oder vom Ergänzungskapital) abgeleitet werden. Die Regelung berücksichtigt vielmehr unterschiedliche Arten von Korrekturposten. In Abhängigkeit davon, ob eine Komponente des Kernkapitals oder des Ergänzungskapitals durch den Korrekturposten "korrigiert" wird, ergibt sich ein Abzug vom Kernkapital oder vom Ergänzungskapital. Korrekturposten, die wie bereits erwähnt, einem unterjährig eingetretenen Verlust, der noch nicht als Zwischenverlust oder Bilanzverlust eigenkapitalmindernd wirksam wurde, Rechnung tragen, sind entsprechend den Regelungen für Bilanzverluste und Zwischenverluste als Abzugsposten beim Kernkapital zu berücksichtigten. Korrekturposten, die dagegen Verringerungen bei den Ergänzungskapitalbestandteilen betreffen, sind vom Ergänzungskapital abzuziehen (vgl. Ausführungen zu den nicht realisierten Reserven).

l. Kredite an (stille) Gesellschafter

Es sind nur die Kredite an Gesellschafter abzuziehen, bei denen dem Gesellschafter mehr als 25% des Kapitals des Finanzdienstleistungsinstituts gehören oder denen mehr als 25% der Stimmrechte zustehen. Voraussetzung für die Regelungen gegenüber den stillen Gesellschaftern ist, daß ihre Vermögenseinlage mehr als 25% des Kernkapitals ohne Berücksichtigung der stillen Einlage beträgt.

Gemäß § 10 Abs. 2a S. 2 Nr. 4 und 5 KWG sind nur die nicht zu marktmäßigen Bedingungen gewährten oder die nicht banküblich besicherten Kredite abzuziehen. In diesem Zusammenhang ist auf das in § 10 Abs. 1 KWG verankerte Prinzip der effektiven Kapitalaufbringung hinzuweisen. Erfolgt die Kreditgewährung in Zusammenhang mit der Aufbringung der Eigenmittel, dann sind die Kredite an den o.g. Gesellschafterkreis in jedem Fall vom haftenden Eigenkapital abzuziehen. Ein tatsächlicher Mittelzufluß hat nicht stattgefunden.

3. Ergänzungskapital

a. Zusammensetzung

Gemäß § 10 Abs. 2b S. 1 KWG setzt sich das Ergänzungskapital aus folgenden Komponenten zusammen:

Ergänzungskapital	§ 10...KWG
Vorsorgereserven nach § 340f HGB	Abs. 2b S. 1 Nr. 1
+ Vorzugsaktien	Abs. 2b S. 1 Nr. 2
+ Rücklagen nach § 6b EStG	Abs. 2b S. 1 Nr. 3
+ Genußrechtsverbindlichkeiten isv § 10 Abs. 5	Abs. 2b S. 1 Nr. 4
+ Längerfristige nachrangige Verbindlichkeiten isv § 10 Abs. 5a	Abs. 2b S. 1 Nr. 5
+ Nicht realisierte Reserven	Abs. 2b S. 1 Nr. 6 + 7
+ Haftsummenzuschlag	Abs. 2b S. 1 Nr. 8

Abb. 11: Ergänzungskapitalbestandteile gemäß § 10 KWG

b. Vorsorgereserven

Gemäß § 340f HGB dürfen Kreditinstitute Forderungen an Kreditinstitute und Kunden, Schuldverschreibungen und andere festverzinsliche Wertpapiere sowie Aktien und andere nicht festverzinsliche Wertpapiere der Liquiditätsreserve mit einem niedrigeren Betrag als dem nach § 253 HGB vorgeschriebenen oder zugelassenen Wert ansetzen, soweit dies nach vernünftiger kaufmännischer Beurteilung zur Sicherung der besonderen Risiken des Geschäftszweigs der Kreditinstitute erforderlich ist. Die versteuerten stillen Reserven (Vorsorgereserven) sind gemäß § 10 Abs. 2b S. 1 Nr. 1 KWG Bestandteil des Ergänzungskapitals. Die Vorsorgereserven werden von den genannten Vermögensgegenständen aktivisch abgesetzt. Ihr Ansatz ist auf 4% des Gesamtnennbetrags, der sich bei einer Bewertung der Vermögensgegenstände nach § 253 HGB ergibt, begrenzt.

Inwieweit auch Finanzdienstleistungsinstitute entsprechende Vorsorgereserven zur Sicherung der besonderen Risiken des Geschäftszweigs der Finanzdienstleistungsinstitute nach § 340f HGB berücksichtigen können, ist derzeit noch nicht abschließend geregelt. Eine entsprechende Anpassung der handelsrechtlichen Vorschriften steht noch aus (siehe auch S. 36).

c. Genußrechtsverbindlichkeiten

Gemäß § 10 Abs. 2b S. 1 Nr. 4 KWG können Genußrechtsverbindlichkeiten unter folgenden, in § 10 Abs. 5 KWG geregelten Bedingungen als Ergänzungskapital anerkannt werden:

- Teilnahme am laufenden Verlust sowie Berechtigung des Instituts, im Fall eines Verlustes Zinszahlungen aufzuschieben

- Rückzahlung bei Konkurs oder Liquidation des Instituts erst nach Befriedigung aller nicht nachrangigen Gläubiger

- Ursprungslaufzeit mindestens fünf Jahre

- Restlaufzeit mindestens zwei Jahre

- Verbot der Besserungsabrede

- Hinweis auf die genannten Rechtsfolgen

Darüber hinaus darf sich das Finanzdienstleistungsinstitut die Möglichkeit der fristlosen Kündigung vorbehalten, wenn eine Änderung der Besteuerung zu Zuzahlungen an den Erwerber der Genußrechte führt.

Ferner ist ausdrücklich in den Vertragsbedingungen festzulegen, daß der Nachrang nicht nachträglich beschränkt, die Kündigungsfrist oder Laufzeit nicht verkürzt werden kann und die Rückerstattung bei vorzeitigem Rückerwerb oder anderweitiger Rückzahlung unbeschadet entgegenstehender Vereinbarungen zu erfolgen hat, sofern nicht das Kapital durch anderes, gleichwertiges haftendes Eigenkapital ersetzt worden ist oder das BAK der vorzeitigen Rückzahlung zugestimmt hat.

Eine vorzeitige Rückzahlung bzw. ein vorzeitiger Rückerwerb ist im Rahmen der Marktpflege und der Einkaufskommission möglich. Im Rahmen der Marktpflege darf ein Finanzdienstleistungsinstitut in Wertpapieren verbriefte eigene Genußrechte bis zu drei vom Hundert ihres Gesamtnennbetrags erwerben. Nach dem Prinzip der effektiven Kapitalaufbringung in § 10 Abs. 1 S. 7 KWG sind solche Marktpflegepositionen aber direkt bei den Genußrechtsverbindlichkeiten abzuziehen. Maßgeblich für den Abzug ist die tatsächliche Höhe der Marktpflegepositionen.

d. Längerfristige nachrangige Verbindlichkeiten

Gemäß § 10 Abs. 2b S. 1 Nr. 5 KWG stellen längerfristige nachrangige Verbindlichkeiten Ergänzungskapital dar.

Der Zusatz "längerfristig" dient der Abgrenzung zu den "kurzfristigen" nachrangigen Verbindlichkeiten, die gemäß § 10 Abs. 7 KWG den Drittrangmitteln zuzurechnen sind.

Voraussetzungen für die Anerkennung von längerfristigen nachrangigen Verbindlichkeiten als Ergänzungskapital sind gemäß § 10 Abs. 5a KWG:

- Rückzahlung bei Konkurs oder Liquidation des Instituts erst nach Befriedigung aller nicht nachrangigen Gläubiger

- Ursprungslaufzeit mindestens fünf Jahre

- Aufrechnungsverbot und Verbot der Stellung von Sicherheiten durch das Institut oder durch Dritte

Darüber hinaus darf sich das Institut die Möglichkeit der fristlosen Kündigung vorbehalten, wenn eine Änderung der Besteuerung zu Zuzahlungen an den Erwerber der nachrangigen Forderungen führt.

Ferner ist ausdrücklich in den Vertragsbedingungen festzulegen, daß der Nachrang nicht nachträglich beschränkt, die Kündigungsfrist oder Laufzeit nicht verkürzt werden kann und die Rückerstattung bei vorzeitigem Rückerwerb oder anderweitiger Rückzahlung unbeschadet entgegenstehender Vereinbarungen zu erfolgen hat, sofern nicht das Kapital durch anderes, gleichwertiges haftendes Eigenkapital ersetzt worden ist oder das BAK der vorzeitigen Rückzahlung zugestimmt hat.

Eine vorzeitige Rückerstattung bzw. ein vorzeitiger Rückerwerb ist im Rahmen der Marktpflege möglich. Die Regelungen bezüglich der Marktpflege und des Abzugs der Marktpflegeposition entsprechen denen für Genußrechtsverbindlichkeiten.

e. Nicht realisierte Reserven

Nicht realisierte Reserven bei Grundstücken, grundstücksgleichen Rechten und Gebäuden (§ 10 Abs. 2b S. 1 Nr. 6 KWG) und bei bestimmten Anlagebuchpositionen (§ 10 Abs. 2b S. 1 Nr. 7 KWG) stellen Ergänzungskapital dar.

Gemäß § 10 Abs. 2b Satz 1 Nr. 6 KWG dürfen nicht realisierte Reserven in Grundstücken, grundstücksgleichen Rechten und Gebäuden nur in Höhe von 45% des Unterschiedsbetrages zwischen dem Buchwert und dem Beleihungswert berücksichtigt werden. Bei den sonstigen in Nr. 7 genannten Anlagebuchpositionen (Wertpapiere, Investmentzertifikate etc.) ist ein Abschlag von 65% auf den Unterschiedsbetrag zwischen dem Buchwert und dem Kurswert bzw. Rücknahmepreis vorzunehmen. Maßgeblich für die Zurechnung sind die im Anhang des letzten festgestellten Jahresabschlusses ausgewiesenen Reserven.

Die Berechnung der nicht realisierten Reserven mit Angabe der maßgeblichen Wertansätze ist dem BAK und der DBBk unverzüglich offenzulegen.

Gemäß § 10 Abs. 4a S. 1 KWG können nicht realisierte Reserven dem haftenden Eigenkapital nur zugerechnet werden, wenn das Kernkapital mindestens 4,4 vom Hundert der Risikoaktiva nach Grundsatz I beträgt, wobei die nicht realisierten Reserven maximal bis zu 1,4% der Risikoaktiva angerechnet werden können.

f. Abzugsposten vom Ergänzungskapital

Wie bereits ausgeführt, ist in Abhängigkeit davon, ob eine Komponente des Kernkapitals oder des Ergänzungskapitals "korrigiert" wird, der Korrekturposten gemäß § 10 Abs. 3b KWG vom Kernkapital oder vom Ergänzungskapital abzuziehen.

Werden Verringerungen von Ergänzungskapitalbestandteilen durch den Korrekturposten berücksichtigt, ist dieser vom Ergänzungskapital abzuziehen. Ein Korrekturposten ist jedoch nur bei solchen Ergänzungskapitalkomponenten denkbar, die statischen Charakter besitzen, da Veränderungen der dynamischen Komponenten gemäß dem Prinzip der effektiven Kapitalaufbringung bereits zum Zeitpunkt des Zuflusses bzw. Abflusses oder bei Erfüllung bestimmter Ausschlußtatbestände bzw. Abzugstatbestände berücksichtigt werden.

4. Abzugsposten vom haftenden Eigenkapital

Gemäß § 10 Abs. 6 KWG sind folgende Posten vom haftenden Eigenkapital abzuziehen:

1. Beteiligungen an Instituten - ausgenommen Kapitalanlagegesellschaften - und Finanzunternehmen von mehr als zehn vom Hundert des Kapitals dieser Unternehmen; das BAK kann auf Antrag Ausnahmen zulassen, wenn das Institut die Beteiligungen vorübergehend besitzt, um diese Unternehmen finanziell zu stützen

2. Forderungen aus nachrangigen Verbindlichkeiten iSd § 10 Abs. 5a KWG an Instituten - ausgenommen Kapitalanlagegesellschaften - und Finanzunternehmen, an denen das Institut zu mehr als zehn vom Hundert beteiligt ist

3. Forderungen aus Genußrechten an Unternehmen nach Nummer 2

4. Vermögenseinlagen als stiller Gesellschafter bei Unternehmen nach Nummer 2

5. Der Gesamtbetrag der folgenden Beteiligungen und Forderungen, soweit er zehn vom Hundert des haftenden Eigenkapitals des Instituts vor Abzug der Beträge nach Nummer 1 bis 4 und nach dieser Nummer übersteigt:

   a) Beteiligungen an Instituten - ausgenommen Kapitalanlagegesellschaften - und Finanzunternehmen bis zu höchstens zehn vom Hundert des Kapitals dieser Unternehmen

   b) Forderungen aus nachrangigen Verbindlichkeiten an Instituten - ausgenommen Kapitalanlagegesellschaften - und Finanzunternehmen, an denen das Institut nicht oder bis zu höchstens zehn vom Hundert des Kapitals dieser Unternehmen beteiligt ist

   c) Forderungen aus Genußrechten an Unternehmen nach Buchstabe b

   d) Vermögenseinlagen als stiller Gesellschafter bei Unternehmen nach Buchstabe b

Im Gegensatz zu den Konsolidierungsvorschriften gemäß §§ 10a, 12 Abs. 2 und 13b KWG sind hier nur die unmittelbaren Beteiligungen betroffen.

Die Beteiligungen, die das Finanzdienstleistungsinstitut (pflichtweise oder freiwillig) oder das ihm übergeordnete Unternehmen (pflichtweise oder freiwillig) in die Zusammenfassung nach § 10a, nach § 13b Abs. 3 S. 1 und nach § 12 Abs. 2 S. 1 und 2 KWG einbezieht, brauchen nicht vom haftenden Eigenkapital abgezogen werden. Erfolgt eine pflichtweise oder freiwillige Konsolidierung der Beteiligungen, sind jedoch nach Auffassung des BAK - soweit vorhanden - Posten der Nummern 2 bis 4 und ggf. auch 5b) bis d) gegenüber diesen konsolidierten Beteiligungen weiterhin vom haftenden Eigenkapital des Einzelinstituts abzuziehen.

Durch die Dynamisierung der Abzugsposten erfolgt der Abzug unverzüglich mit der Übernahme in den eigenen Bestand.

Im Hinblick auf die Zusammensetzung des haftenden Eigenkapitals, stellt sich die Frage, ob die oben genannten Posten vom Kernkapital, vom Ergänzungskapital oder anteilig von diesen beiden Größen abzuziehen sind. Diese Frage ist insbesondere aufgrund der Begrenzung der Drittrangmittel auf 250% des freien Kernkapitals von Bedeutung. Je nachdem, von welcher Bezugsgröße und in welcher Höhe der Abzug erfolgt, ergibt sich folglich eine unterschiedliche Bemessungsgrundlage. Nach dem BAK-Schreiben vom 3. Juni 1993 (CoMö 4.247) sind die betroffenen Abzugspositionen "zu mindestens gleichen Teilen mit Kernkapital wie mit Ergänzungskapital zu unterlegen." Die im Entwurf vorliegenden neuen Meldebögen für den Grundsatz I sehen einen solchen hälftigen Abzug jedoch nicht vor.

5. Drittrangmittel

a. Zusammensetzung

Gemäß § 10 Abs. 2c Satz 2 KWG setzen sich die Drittrangmittel aus den beiden konstitutiven Komponenten Nettogewinn (§ 10 Abs. 2c S. 1 Nr. 1 KWG) und kurzfristige nachrangige Verbindlichkeiten (§ 10 Abs. 7 KWG) zusammen.

b. Nettogewinne

Der Nettogewinn gemäß § 10 Abs. 2c S. 1 Nr. 1 KWG setzt sich aus mehreren Teilbeträgen zusammen. Zunächst wird der anteilige Gewinn, der bei einer Glattstellung aller Handelsbuchpositionen entstünde, vermindert um die vorhersehbaren Aufwendungen und Ausschüttungen, ermittelt. Dann sind die bei einer Liquidation des Unternehmens voraussichtlich entstehenden Verluste aus dem Anlagebuch, soweit diese nicht bereits in den Korrekturposten gemäß § 10 Abs. 3b KWG berücksichtigt sind, abzuziehen.

Der Berücksichtigung der Nettogewinne als Drittrangmittel steht in der Praxis ihre aufwendige Berechnung entgegen.

Im ersten Schritt ist von der Fiktion der Glattstellung aller Handelsbuchpositionen auszugehen. Bei der Bewertung der Handelsbuchpositionen im Hinblick auf die Ermittlung eines zukünftigen, fiktiven Mittelzuflusses ist, obwohl ein ausdrücklicher Verweis im Gesetz fehlt, § 36 GroMiKV zu beachten. Diese Vorschrift gibt Bewertungsrichtlinien bei der täglichen Bewertung der Handelsbuchpositionen vor. Da auf einen zukünftigen fiktiven Mittelzufluß bei der Anerkennung von Nettogewinnen als Drittrangmittel abgestellt wird, sind auch Liquiditätsaspekte bei der Bewertung der Handelsbuchpositionen zu berücksichtigen. Da dies bislang jedoch nicht geregelt ist, ergeben sich weiterhin Ermessensspielräume für die Institute im Hinblick auf die Bewertung der Handelsbuchpositionen.

Im zweiten Schritt ist der anteilige Gewinn aus der Glattstellung um alle vorhersehbaren Aufwendungen und Ausschüttungen zu kürzen. Neben der Frage, was unter dem "anteiligen" Gewinn zu verstehen ist, ist unklar, wie die vorhersehbaren Aufwendungen und Ausschüttungen abzugrenzen sind. Da in der Gesetzesbegründung und im Anhang V der KAR nicht der Begriff "Aufwendungen", sondern "Abgaben" verwendet wird, könnte daraus geschlossen werden, daß nicht sämtliche vorhersehbaren Aufwendungen, sondern nur Abgaben in Form von Steuern gemeint sind. Ob die Institute jedoch in der Lage sein werden, die steuerliche Belastung der Handelsbuchgewinne zu bestimmen, erscheint zweifelhaft. Ähnlich problematisch erscheint die Bestimmung der Ausschüttungen als weiterer Abzugsposten von den Handelsbuchgewinnen. In diesem Zusammenhang wäre denkbar, daß die Finanzdienstleistungsinstitute einen pauschalen Prozentsatz von den Handelsbuchgewinnen abziehen, der die Ausschüttungen und Steuern berücksichtigt. Ein solcher pauschaler Satz könnte z.B. aus Erfahrungswerten der Vergangenheit abgeleitet werden. Diese Vorgehensweise dürfte jedoch zustimmungspflichtig durch das BAK sein.

Im letzten Schritt sind die bei einer Liquidation des Unternehmens voraussichtlich entstehenden Verluste aus dem Anlagebuch von den Handelsbuchgewinnen abzuziehen. Für die Ermittlung dieses Abzugspostens sind die Anlagebuchpositionen nicht mehr unter der Annahme der Fortführung des Unternehmens, sondern unter Zerschlagungsbzw. Liquidationsgesichtspunkten zu bewerten.

Der Abzug der vorhersehbaren Aufwendungen und Ausschüttungen sowie der Liquidationsverluste aus dem Anlagebuch kann im Einzelfall dazu führen, daß die Buchgewinne der Handelsbuchpositionen ganz oder teilweise aufgezehrt werden oder sogar ein Nettoverlust ermittelt wird. Im Gegensatz zu der Regelung bei der Erstellung von Zwischenabschlüssen, wonach auch sich ergebende Zwischenverluste vom Kernkapital abzuziehen sind, ist jedoch der Abzug eines solchen Nettoverlustes von den Eigenmitteln eines Instituts nicht explizit vorgesehen.

c. Kurzfristige nachrangige Verbindlichkeiten

Gemäß § 10 Abs. 7 KWG ist Kapital, das aufgrund der Eingehung nachrangiger Verbindlichkeiten eingezahlt ist, den Drittrangmitteln als kurzfristige nachrangige Verbindlichkeit gemäß § 10 Abs. 2c S. 1 Nr. 2 KWG zuzurechnen, wenn vereinbart ist, daß

1. es im Falle des Konkurses oder der Liquidation des Instituts erst nach Befriedigung aller nicht nachrangigen Gläubiger zurückerstattet wird,

2. es dem Institut für mindestens zwei Jahre zur Verfügung gestellt worden ist,

3. die Aufrechnung des Rückzahlungsanspruchs gegen Forderungen des Instituts ausdrücklich ausgeschlossen ist und für die Verbindlichkeiten in den Vertragsbedingungen ausdrücklich keine Sicherheiten durch das Institut oder durch Dritte gestellt werden und

4. in den Vertragsbedingungen ausdrücklich festgelegt ist, daß

a) auf die Verbindlichkeit weder Tilgungs- noch Zinszahlungen geleistet werden müssen, wenn dies zur Folge hätte, daß die Eigenmittel des Instituts die gesetzlichen Anforderungen nicht mehr erfüllen (sog. "Lock-in Klausel"), und

b) vorzeitige Tilgungs- oder Zinszahlungen dem Institut unbeschadet entgegenstehender Vereinbarungen zurückzuerstatten sind.

Ferner ist ausdrücklich in den Vertragsbedingungen festzulegen, daß der Nachrang nicht nachträglich beschränkt, die Kündigungsfrist oder Laufzeit nicht nachträglich verkürzt werden kann und die Rückerstattung bei vorzeitigem Rückerwerb oder anderweitiger Rückzahlung unbeschadet entgegenstehender Vereinbarungen zu erfolgen hat, sofern nicht das Kapital durch andere, gleichwertige Eigenmittel ersetzt worden ist oder das BAK der vorzeitigen Rückzahlung zugestimmt hat.

Eine vorzeitige Rückzahlung bzw. ein vorzeitiger Rückerwerb ist im Rahmen der Marktpflege und der Einkaufskommission möglich.

Im Rahmen der Marktpflege dürfen in Wertpapieren verbriefte eigene, kurzfristige nachrangige Verbindlichkeiten bis zu drei vom Hundert ihres Gesamtnennbetrags erworben werden. Der Abzug der Marktpflegepositionen in kurzfristigen nachrangigen Verbindlichkeiten ergibt sich aus dem Prinzip der effektiven Kapitalaufbringung und erfolgt analog den Regelungen bei den längerfristigen nachrangigen Verbindlichkeiten.

Das BAK ist unverzüglich zu unterrichten, wenn die Eigenmittel eines Instituts durch Tilgungs- und Zinszahlungen auf kurzfristige nachrangige Verbindlichkeiten unter 120% der angemessenen Eigenmittel (§ 10 Abs. 1 S. 1 KWG) sinken. Die in Satz 7 verlangte Anzeigepflicht hat eine Frühwarnfunktion.

Da für längerfristige und kurzfristige nachrangige Verbindlichkeiten im wesentlichen die gleichen Voraussetzungen erfüllt sein müssen, stellt sich die Frage, ob eine Umwidmung längerfristiger nachrangiger Verbindlichkeiten in kurzfristige sinnvoll und möglich ist. Sinnvoll könnte dies vor allem in den Fällen sein, in denen der Rückerstattungsanspruch von längerfristigen nachrangigen Verbindlichkeiten in weniger als zwei Jahren fällig wird. Gemäß § 10 Abs. 5a S. 2 KWG dürfen die längerfristigen nachrangigen Verbindlichkeiten mit einer Restlaufzeit von weniger als zwei Jahren dann nur noch zu zwei Fünfteln dem haftenden Eigenkapital zugerechnet werden. Statt einer Anrechnung in Höhe von vierzig vom Hundert als Ergänzungskapital unter Berücksichtigung der Kappungsgrenze nach § 10 Abs. 2b S. 3 KWG, könnten nach der Umwidmung die nachrangigen Verbindlichkeiten dann teilweise oder in voller Höhe als Drittrangmittel berücksichtigt werden (sofern diese das Kriterium der Lock-in-Klausel erfüllen). Sofern die Restriktion nach § 10 Abs. 2c S. 2 KWG (Begrenzung der Drittrangmittel auf 250% des freien Kernkapitals) eingehalten wird, könnte die gänzliche oder teilweise Umwidmung im Einzelfall für das Institut sinnvoll sein.

6. Begrenzung der Eigenmittelbestandteile

Gemäß § 10 Abs. 2b S. 2 KWG kann bei der Berechnung des haftenden Eigenkapitals das gesamte Ergänzungskapital nur bis zur Höhe des Kernkapitals berücksichtigt werden. Das sogenannte Ergänzungskapital 2. Klasse, das sich aus den längerfristigen nachrangigen Verbindlichkeiten sowie dem Haftsummenzuschlag zusammensetzt, darf dabei nur bis zu 50% des Kernkapitals betragen (§ 10 Abs. 2b S. 3 KWG).

Nach § 10 Abs. 2c S. 2 KWG können der Nettogewinn und die kurzfristigen nachrangigen Verbindlichkeiten nur bis zu einem Betrag als Drittrangmittel berücksichtigt werden, der zusammen mit dem Ergänzungskapital, das nicht zur Unterlegung der Risiken aus dem Anlagebuch benötigt wird (freies Ergänzungskapital), 250% des freien Kernkapitals (Kernkapital, das nicht zur Unterlegung der Risiken aus dem Anlagebuch benötigt wird) nicht übersteigt. Sofern die Grenze von 250% des Kernkapitals nicht durch kurzfristige nachrangige Verbindlichkeiten ausgeschöpft ist, kann das Institut gemäß § 10 Abs. 2c S. 3 KWG diese durch Genußrechtsverbindlichkeiten und längerfristige nachrangige Verbindlichkeiten, die aufgrund der Kappungsgrenzen nach § 10 Abs. 2 S. 2 und 3 KWG nicht als Ergänzungskapital berücksichtigt werden, ersetzen (siehe hierzu auch G IV II).

Diese Bestimmung ist jedoch mißverständlich, da nur auf die kurzfristigen nachrangigen Verbindlichkeiten bei der Ausschöpfung der Grenze Bezug genommen wird. Aus der Gesetzesbegründung kann jedoch geschlossen werden, daß eine solche wörtliche Auslegung nicht gemeint ist: "Soweit das Institut das Kontingent von ... 250 vom Hundert des freien Kernkapitals nicht durch kurzfristige nachrangige Verbindlichkeiten und Nettogewinne ausschöpft,....". Vom Sinn und Zweck der Vorschrift können Genußrechtsverbindlichkeiten und längerfristige nachrangige Verbindlichkeiten oberhalb der Kappungsgrenzen folglich nur dann als Drittrangmittel berücksichtigt werden, wenn die Grenze nicht bereits schon durch die beiden konstitutiven Komponenten Nettogewinn und kurzfristige nachrangige Verbindlichkeiten sowie durch freies Ergänzungskapital ausgeschöpft ist.

IV. Besonderheiten bei Wertpapierhandelsunternehmen

1. Mindesteigenmittelunterlegung

Gemäß § 10 Abs. 9 S. 1 KWG muß ein Wertpapierhandelsunternehmen Eigenmittel aufweisen, die mindestens einem Viertel seiner Kosten entsprechen. Kosten im Sinne dieser Vorschrift sind solche, die in der Gewinn- und Verlustrechnung des letzten Jahresabschlusses unter den allgemeinen Verwaltungsaufwendungen, den Abschreibungen und Wertberichtigungen auf immaterielle Anlagewerte und Sachanlagen ausgewiesen sind. Liegt ein Jahresabschluß für das erste volle Geschäftsjahr nicht vor, sind die im Geschäftsplan für das laufende Jahr entsprechend ausgewiesenen Aufwendungen heranzuziehen (§ 10 Abs. 9 S. 2 KWG).

Während nach der KAR Bezugsgröße für die Mindesteigenmittelunterlegung die fixen Gemeinkosten sind, knüpft die Vorschrift in § 10 Abs. 9 KWG an Positionen der Gewinn- und Verlustrechnung gemäß den Formblättern der Verordnung über die Rechnungslegung der Kreditinstitute an. Die Anknüpfung der Vorschrift an GuV-Positionen dient dazu, eine transparente Regelung zu schaffen und den Verwaltungsaufwand bei der Ermittlung möglichst gering zu halten.

2. Begrenzung Drittrangmittel

Gemäß § 10 Abs. 2c S. 4 KWG werden bei Wertpapierhandelsunternehmen die Drittrangmittel grundsätzlich auf 200% des freien Kernkapitals begrenzt. Die ermäßigte Grenze für Wertpapierhandelsunternehmen ergibt sich aus der KAR. Sie berücksichtigt, daß die Geschäfte von Wertpapierhandelsunternehmen in der Regel kurzfristiger sind und größeren Schwankungen unterliegen.

Wertpapierhandelsunternehmen können die höhere Kappungsgrenze von 250% des freien Kernkapitals in Anspruch nehmen, sofern sie schwer realisierbare Vermögenswerte und Verluste ihrer Tochterunternehmen von den Drittrangmitteln abziehen. Ein Abzug der schwer realisierbaren Vermögenswerte ist nicht erforderlich, soweit diese bereits nach § 10 Abs. 6 S. 1 Nr. 1 KWG vom haftenden Eigenkapital abgezogen werden.

Schwer realisierbare Aktiva sind nach § 10 Abs. 2c S. 5 KWG:

- Sachanlagen

- Anteile sowie Forderungen aus Vermögenseinlagen als stiller Gesellschafter, Genußrechten oder nachrangigen Verbindlichkeiten, soweit sie nicht in Wertpapieren, die zum Handel an einer Wertpapierbörse zugelassen sind, verbrieft und nicht Teil des Handelsbuches sind,

- Darlehen und nicht marktgängige Schuldtitel mit einer Restlaufzeit von mehr als 90 Tagen und

- Bestände in Rohwaren, soweit diese nicht gemäß den Grundsätzen nach § 10 Abs. 1 S. 2 KWG und § 10a Abs. 1 S. 2 KWG mit Eigenmitteln zu unterlegen sind.

Einschüsse auf Termingeschäfte, die an einer Wertpapier- oder Terminbörse abgeschlossen werden, gelten nicht als schwer realisierbare Aktiva.

V. Übergangsvorschriften

Finanzdienstleistungsinstitute, die am 1. Januar 1998 zulässigerweise tätig waren und die bis zum 1. April 1998 dem BAK und der DBBk die nach dem Kreditwesengesetz erlaubnispflichtigen Tätigkeiten und die Absicht diese fortzuführen angezeigt haben, müssen die Vorschriften des § 10 Abs. 1 bis 8 KWG erst ab dem 1. Januar 1999 anwenden. Die freiwillige sofortige Anwendung ist dem BAK und der DBBk anzuzeigen. Falls ein Finanzdienstleistungsinstitut jedoch den "Europäischen Paß" nach § 24a KWG in Anspruch nehmen möchte, d.h. Zweigniederlassungen in anderen EWR-Staaten errichten oder grenzüberschreitende Dienstleistungen erbringen will oder bereits erbringt, sind die Vorschriften ohne weitere Übergangsfrist mit Inkrafttreten des KWG anzuwenden.

Finanzdienstleistungsinstitute, die nach Inkrafttreten des KWG ihre Tätigkeit aufnehmen, haben die Vorschriften über eine angemessene Eigenmittelausstattung unverzüglich anzuwenden.

Die Regelung in § 10 Abs. 9 KWG, die eine Mindesteigenmittelausstattung für Wertpapierhandelsunternehmen vorsieht, ist bereits mit Inkrafttreten der 6. KWG-Novelle anzuwenden.

H Eigenmittelausstattung von Gruppen

I. Konsolidierung von Institutsgruppen

1. Grundsätze

Die Eigenmittelausstattung von Gruppen ist in § 10a KWG geregelt. Eine Gruppe ist nach § 10a Abs. 1 S. 1 KWG eine Institutsgruppe oder eine Finanzholding-Gruppe. Eine Gruppe muß insgesamt angemessene Eigenmittel haben; insoweit verweist § 10a KWG zur Berechnung der Eigenmittel auf § 10 KWG.

Der Begriff der Institutsgruppe umfaßt Kreditinstitutsgruppen sowie Finanzdienstleistungsinstitutsgruppen. Die Einbeziehung der Finanzdienstleistungsinstitute beruht auf der Umsetzung von Art. 7 der KAR. Finanzdienstleistungsinstitute werden neben den Kreditinstituten als nach- oder übergeordnete Unternehmen in die bankaufsichtsrechtliche Konsolidierung einbezogen. In der Sache werden Finanzdienstleistungsinstitute wie Kreditinstitute behandelt.

Des weiteren wird der Begriff der Finanzholding-Gruppe durch die Einbeziehung der Wertpapierhandelsunternehmen erweitert.

2. Konsolidierungstatbestand und Konsolidierungskreis

Der Konsolidierungskreis für die Institutsgruppe besteht nach § 10a Abs. 2 KWG aus den gruppenangehörigen Unternehmen, d.h. dem übergeordneten Unternehmen mit Sitz im Inland und den nachgeordneten Unternehmen.

Übergeordnet ist nach § 10a Abs. 2 S. 3 KWG dasjenige Institut, welches keinem anderen Institut der Gruppe mit Sitz im Inland nachgeordnet ist. Erfüllt bei wechselseitigen Beteiligungen kein Institut diese Voraussetzung, kann gemäß § 10a Abs. 2 Satz 4 KWG das BAK ein Institut als übergeordnetes Unternehmen bestimmen.

Nachgeordnete Unternehmen sind Tochterunternehmen (§ 1 Abs. 7 KWG), die entweder Institute, Finanzunternehmen oder Unternehmen mit bankbezogenen Hilfsdiensten sind (erster Konsolidierungstatbestand).

Als nachgeordnete Unternehmen gelten nach § 10a Abs. 4 KWG auch die Institute, Finanzunternehmen oder Unternehmen mit bankbezogenen Hilfsdiensten, an denen eine sog. qualifizierte Minderheitsbeteiligung besteht (zweiter Konsolidierungstatbestand). Eine qualifizierte Minderheitsbeteiligung liegt dann vor, wenn ein gruppenangehöriges Unternehmen mindestens 20% der Kapitalanteile oder Stimmrechte unmittelbar oder mittelbar hält und die Institute oder Unternehmen gemeinsam mit anderen Unternehmen leitet. Mittelbar gehaltene Kapitalanteile sind nur dann zu berücksichtigen, wenn sie durch ein Tochterunternehmen des übergeordneten Instituts oder der Finanzholding-Gesellschaft vermittelt werden.

Kapitalanlagegesellschaften gelten nicht als nachgeordnete Unternehmen (§ 10a Abs. 5 KWG).

Wie bisher besteht keine Gruppe iSv § 10a Abs. 1 KWG, wenn einem Institut lediglich Unternehmen mit bankbezogenen Hilfsdiensten nachgeordnet sind.

§ 10 Abs. 6 S. 3 KWG stellt es den übergeordneten Instituten frei, den Konsolidierungskreis über die oben beschriebenen Tatbestände hinaus auszudehnen und damit den Abzug der Anteile an den freiwillig konsolidierten Unternehmen vom haftenden Eigenkapital nach § 10 Abs. 6 KWG zu vermeiden.

An dieser Stelle sei darauf hingewiesen, daß die Definition der Institutsgruppe in § 10a KWG mit der für den Bereich Großkredite in § 13b KWG übereinstimmt.

3. Vollkonsolidierung

Die Vorschriften zur Vollkonsolidierung iSv § 10a Abs. 6 KWG sind nur auf gruppenangehörige Tochterunternehmen anzuwenden, da alle nachgeordneten Unternehmen, die nicht Tochterunternehmen sind, gemäß § 10a Abs. 7 KWG nur quotal zu berücksichtigen sind.

Für die Beurteilung der Angemessenheit der Eigenmittel einer Gruppe sind gemäß § 10a Abs. 6 KWG die Eigenmittel der gruppenangehörigen Unternehmen (einschließlich der Anteile anderer Gesellschafter) zusammenzufassen. Dabei gelten für die Einzelunternehmen die Grundsätze der Ermittlung der Eigenmittelbestandteile nach § 10 KWG. Von den zusammengefaßten Eigenmitteln werden

1. die bei einem gruppenangehörigen Unternehmen ausgewiesenen, auf ein anderes gruppenangehöriges Unternehmen entfallenden Buchwerte iSv § 10a Abs. 6 S. 3 Nr. 1 KWG und

2. die bei einem gruppenangehörigen Unternehmen berücksichtigten nicht realisierten Reserven nach § 10 Abs. 2b S. 1 Nr. 6 und 7 KWG, soweit sie auf gruppenangehörige Unternehmen entfallen,

abgezogen.

In § 10a Abs. 6 S. 4 KWG ist festgelegt, wie diese Abzüge im einzelnen vorgenommen werden müssen:

Vom Kernkapital sind abzuziehen:

* Kapitalanteile

* Vermögenseinlagen stiller Gesellschafter

Vom Ergänzungskapital zweiter Klasse sind abzuziehen:

* Längerfristige nachrangige Verbindlichkeiten

Vom Ergänzungskapital insgesamt sind abzuziehen:

* Genußrechtsverbindlichkeiten

* Nicht realisierte Reserven

Von den Drittrangmitteln sind abzuziehen:

* Kurzfristige nachrangige Verbindlichkeiten

Diese Abzüge werden vor Berücksichtigung der entsprechenden in § 10 KWG vorgesehenen Kappung der Eigenmittelbestandteile vorgenommen.

Bei Beteiligungen, die über nicht gruppenangehörige Unternehmen vermittelt werden, sind die Buchwerte und nicht realisierten Reserven jeweils quotal in Höhe desjenigen Anteils abzuziehen, welcher der durchgerechneten Kapitalbeteiligung entspricht (§ 10a Abs. 6 S. 5 KWG).

4. Quotenkonsolidierung

Die Quotenkonsolidierung ist nach § 10a Abs. 7 KWG bei allen in den aufsichtsrechtlichen Konsolidierungskreis einbezogenen Unternehmen, die nicht Tochterunternehmen sind, anzuwenden. Demnach ist die Quotenkonsolidierung relevant für die qualifizierten Minderheitsbeteiligungen und bestimmte unmittelbare Beteiligungen gemäß § 10 Abs. 6 KWG, die freiwillig konsolidiert werden.

Übergeordnete Unternehmen müssen die relevanten Positionen - Eigenmittel und gewichtete Risikoaktiva - der nachgeordneten Unternehmen, die nicht Tochterunternehmen sind, quotal (d.h. äquivalent zur durchgerechneten prozentualen Kapitalbeteiligung) berücksichtigen.

Im übrigen gelten für die Quotenkonsolidierung die Vorschriften zur Vollkonsolidierung.

5. Beispiel zu Voll- und Quotenkonsolidierung (ohne aktivische Unterschiedsbeträge):

Annahmen im Beispiel:

- FDLI 1 ist an FDLI 2 mit 60% beteiligt.
- FDLI 1 ist an FU mit 30% beteiligt und leitet dieses gemeinsam mit anderen.
- FU ist an KI mit 100% beteiligt.

FDLI 1			
Beteiligung FDLI 2 (60%)	60	Kapital	800
Beteiligung FU (30%)	18	nachrangige Verbindlichkeiten	
		längerfristig	200
		kurzfristig	100
		nicht real. Reserven	100

FDLI 2

		Kapital	100
		offene Reserven	30
		nicht real. Reserven	25

FU

Beteiligung KI (100%)	50	Kapital	60
		offene Reserven	30

KI

		Kapital	50
		langfristige nachrangige Verbindlichkeiten	150

Konsolidierung:

Aus den Beteiligungsverhältnissen folgt:

1. FDLI 2 wird als Tochterunternehmen (mehrheitliche Beteiligung) vollkonsolidiert.

2. Die bei FDLI 1 ausgewiesenen nicht real. Reserven betreffen mit 30 das FDLI 2.

3. FU wird als qualifizierte Minderheitsbeteiligung quotal konsolidiert.

4. KI ist nicht zu konsolidieren, da die Beteiligung mittelbar über FU gehalten wird und FU kein Tochterunternehmen von FDLI 1 ist (§ 10a Abs. 4 S. 3 KWG).

5. Die Nicht-Konsolidierung führt bei der Ermittlung der Eigenmittelbestandteile des FU gemäß § 10a Abs. 1 KWG iVm § 10 Abs. 6 S. 1 KWG zum Abzug der ausgewiesenen Beteiligung bei dem FU (Kapital bei FU 60 - Buchwert der Beteiligung an KI 2 50 = 10; davon 30% = 3).

6. Alternativ könnte KI uE freiwillig konsolidiert werden. In diesem Fall erfolgt bei dem FU kein Abzug nach § 10 Abs. 6 S. 1 KWG.

1)	Ermittlung des Kernkapitals	
	Kapital FDLI 1	800
+	Kapital FDLI 2	100
+	offene Reserven FDLI 2	30
+	Kapital FU, 30% von (60 - 50)	3
+	offene Reserven FU	9
=	Zwischensumme	942
-	Buchwert Beteiligung an FDLI 2	-60
-	Buchwert Beteiligung an FU	-18
=	**Kernkapital**	**864**
2)	**Ermittlung des Ergänzungskapitals erster Klasse**	
	nicht realisierte Reserven FDLI 1	100
+	nicht realisierte Reserven FDLI 2	25
=	Zwischensumme	125
-	nicht realisierte Reserven FDLI 1, soweit sie auf das FDLI 2 entfallen	-30
=	**Ergänzungskapital**	**95**

3)	Ermittlung des Ergänzungskapitals zweiter Klasse	
	längerfristige nachrangige Verbindlichkeiten FDLI 1	200
=	Zwischensumme	200
=	Ergänzungskapital zweiter Klasse	**200**
Summe haftendes Eigenkapital		**1.159**
4)	**Ermittlung der Drittrangmittel**	
	kurzfristige nachrangige Verbindlichkeiten KI 1	100
=	Zwischensumme	100
=	**Drittrangmittel**	**100**
Summe Eigenmittel		**1.259**

6. Vereinfachte Konsolidierung der Eigenmittel

Sofern ein übergeordnetes Unternehmen die für die ordnungsmäßige Konsolidierung nötigen Angaben von einzelnen nachgeordneten Unternehmen nicht beschaffen kann, ist es nicht in der Lage, eine evtl. Doppelbelegung von Eigenmitteln zu vermeiden und die angemessene Ausstattung der Gruppe mit Eigenmitteln festzustellen.

In diesen Fällen sind deshalb gemäß § 10a Abs. 9 S. 3 KWG in einem vereinfachten Verfahren die Eigenmittel des übergeordneten Unternehmens um die von ihm bilanzierten Buchwerte (hier wird abschließend auf § 10a Abs. 6 S. 3 KWG verwiesen) der betreffenden nachgeordneten Unternehmen zu kürzen.

112

II. Konsolidierung von Finanzholding-Gruppen

Eine Finanzholding-Gruppe besteht gemäß § 10a Abs. 3 S. 1 KWG zum einen, wenn einer Finanzholding-Gesellschaft mit Sitz im Inland Unternehmen iSv § 10a Abs. 2 S. 2 KWG (also Institute, Finanzunternehmen oder Unternehmen mit bankbezogenen Hilfsdiensten) nachgeordnet sind, von denen mindestens eines ein Einlagenkreditinstitut oder ein Wertpapierhandelsunternehmen ist. Zum anderen kann eine Finanzholding-Gruppe auch bestehen, wenn die Finanzholding-Gesellschaft ihren Sitz in einem anderen Staat des Europäischen Wirtschaftsraums hat und im Inland ein Einlagenkreditinstitut oder ein Wertpapierhandelsunternehmen nach geordnet ist (§ 10a Abs. 3 S. 2 KWG).

Die Einschränkung der nachgeordneten Unternehmen auf Einlagenkreditinstitute und Wertpapierhandelsunternehmen als Voraussetzung für das Vorliegen einer Finanz-holding-Gruppe entspringt aus der Absicht des Gesetzgebers, deren Definition so eng wie möglich an den EG-rechtlichen Mindestvorgaben auszurichten.

III. Befreiung von der Konsolidierung

§ 31 Abs. 2 S. 2 ff KWG ermöglicht unter bestimmten Voraussetzungen die Befreiung eines übergeordneten Unternehmens von der Verpflichtung zur Konsolidierung einzelner nachgeordneter Unternehmen (§ 10a Abs. 6 bis 8 KWG) durch das BAK. Gemäß dem BAK-Schreiben vom 28. Dezember 1993 (CoMö 4.247) sind die Buchwerte der Beteiligungen, die von der Pflichtkonsolidierung freigestellt worden sind, vom haftenden Eigenkapital abzuziehen, es sei denn, sie werden freiwillig konsolidiert.

I Kreditvorschriften

I. Kreditbegriff und Handelsbuch-Gesamtposition

1. Zweiteilung des Kreditbegriffes

Bis zur Umsetzung der 5. KWG-Novelle existierte ein einheitlicher Kreditbegriff für die §§ 13 bis 18 KWG. Seit Umsetzung der 5. KWG-Novelle unterscheidet man im KWG zwischen dem Kreditbegriff für Groß- und Millionenkredite einerseits und dem Kreditbegriff für Organkredite sowie die Offenlegungspflichten nach § 18 KWG andererseits. Die Offenlegungspflichten des § 18 KWG sind jedoch nur von Kreditinstituten zu beachten.

Die mit der 6. KWG-Novelle eingeführte differenzierte Behandlung der Adressenausfallrisiken im Handelsbuch und im Anlagebuch bedingt eine weitere Unterteilung des Kreditbegriffes für die Großkreditvorschriften. Die Ermittlung der Anlagebuchposition erfolgt nach der bisherigen Definition des Kreditbegriffs für Großkredite. Für die Ermittlung der Handelsbuch-Gesamtposition wurde in § 37 GroMiKV ein neuer Kreditbegriff eingefügt. Betrachtet man die unterschiedlichen Kreditbegriffe im KWG und in der GroMiKV, kann man, anstelle von einer Zweiteilung des Kreditbegriffes auch von einer Dreiteilung sprechen.

Der Kreditbegriff für die Anlagebuch-Gesamtposition in den §§ 13, 13a, 13b und für den § 14 KWG wird in § 19 Abs. 1 KWG definiert. Die entsprechenden Ausnahmen zum Kreditbegriff sind in § 20 KWG geregelt. Die Handelsbuch-Gesamtposition ist in § 37 GroMiKV definiert. Der Kreditbegriff für Kredite iSd §§ 15 bis 18 KWG wird in § 21 Abs. 1 KWG bestimmt, die entsprechenden Ausnahmen in § 21 Abs. 2 bis 4 KWG.

Im folgenden haben wir den Kreditbegriff nach § 19 Abs. 1 KWG sowie die Handelsbuch-Gesamtposition nach § 37 GroMiKV dargestellt. Aufgrund der untergeordneten Bedeutung des Kreditbegriffs nach § 21 Abs. 1 KWG für Finanzdienstleistungsinstitute haben wir auf diesbezügliche Erläuterungen verzichtet; vgl. zu Einzelheiten C&L Deutsche Revision (Hrsg.), 6. KWG-Novelle und neuer Grundsatz I, Frankfurt am Main 1998.

2. Kreditbegriff gemäß § 19 Abs. 1 KWG

a. Anwendungsbereich

Der Kreditbegriff gemäß § 19 Abs. 1 KWG liegt den Großkreditvorschriften gemäß den §§ 13, 13a und 13b KWG (bezüglich der Anlagebuch-Gesamtposition) sowie den Vorschriften zur Ermittlung und Anzeige von Millionenkrediten gemäß § 14 KWG zugrunde.

Bei den Großkreditvorschriften für Handelsbuchinstitute ist gemäß § 13a KWG zu differenzieren zwischen der kreditnehmerbezogenen Anlagebuch- sowie Handelsbuch-Gesamtposition und der kreditnehmerbezogenen Gesamtposition gemäß § 13a Abs. 1

KWG. Grundsätzlich liegt der Kreditbegriff gemäß § 19 Abs. 1 KWG den Großkreditvorschriften zugrunde. § 13a Abs. 1 S. 3 KWG definiert die kreditnehmerbezogene Anlagebuch-Gesamtposition als Gesamtheit der Kredite an einen Kreditnehmer ohne Berücksichtigung der kreditnehmerbezogenen Handelsbuch-Gesamtposition. Die Ermittlung der kreditnehmerbezogenen Handelsbuch-Gesamtposition ist in der GroMiKV geregelt. De facto ist also der Kreditbegriff gemäß § 19 Abs. 1 KWG nur für die kreditnehmerbezogene Anlagebuch-Gesamtposition heranzuziehen.

Ein derartige Differenzierung besteht im Hinblick auf die Vorschriften zu den Millionenkrediten nach § 14 KWG nicht. Hier liegt ausnahmslos der Kreditbegriff gemäß § 19 Abs. 1 KWG zugrunde.

b. Zusammensetzung

Der Kreditbegriff für die Groß- und Millionenkredite ist weitestgehend ein Abbild der Risikoaktiva im Grundsatz I. Er berücksichtigt alle Geschäfte, die mit einem Adressenausfallrisiko behaftet sind. Analog Grundsatz I könnte man anstatt von Kredit auch von Risikoaktiva sprechen und somit die Frage stellen, welche Risikoaktiva bestehen gegenüber einem Risikoträger bzw. einer Risikoträgereinheit.

Kredite iSd § 19 Abs. 1 KWG sind:

* Bilanzaktiva,

* Derivate mit Ausnahme der Stillhalterpositionen von Optionsgeschäften sowie die dafür übernommenen Gewährleistungen,

* andere traditionelle außerbilanzielle Geschäfte.

3. Erläuterung der Bilanzaktiva

a. Allgemein

Die Aufzählung der bilanziellen Kredite baut im wesentlichen auf den Bilanzposten des Formblattes 1 gemäß der RechKredV auf. Da eine entsprechende Verordnung für die Rechnungslegung der Finanzdienstleistungsinstitute noch nicht vorliegt, basieren unsere Ausführungen auf den entsprechenden Vorschriften für die Kreditinstitute.

Die Bilanzaktiva setzen sich gemäß § 19 Abs. 1 KWG aus folgenden Positionen zusammen:

1. Guthaben bei Zentralnotenbanken und Postgiroämtern,

2. Schuldtitel öffentlicher Stellen und Wechsel, die zur Refinanzierung bei Zentralnotenbanken zugelassen sind,

3. im Einzug befindliche Werte, für die entsprechende Zahlungen bereits bevorschußt wurden,

4. Forderungen an Kreditinstitute und Kunden (einschließlich der Warenforderungen von Kreditinstituten mit Warengeschäft),

5. Schuldverschreibungen und andere festverzinsliche Wertpapiere, soweit sie kein Recht verbriefen, das unter die in Satz 1 genannten Derivate fällt,

6. Aktien und andere nicht festverzinsliche Wertpapiere, soweit sie kein Recht verbriefen, das unter die in Satz 1 genannten Derivate fällt,

7. Beteiligungen,

8. Anteile an verbundenen Unternehmen,

9. Gegenstände, über die als Leasinggeber Leasingverträge abgeschlossen worden sind, unabhängig von ihrem Bilanzausweis,

10. sonstige Vermögensgegenstände, sofern sie einem Adressenausfallrisiko unterliegen.

Im folgenden werden die für Finanzdienstleistungsinstitute wichtigen Bilanzaktiva näher erläutert.

b. Guthaben bei Zentralnotenbanken und Postgiroämtern

Nach § 12 Abs. 2 S. 1 RechKredV dürfen unter diesem Posten nur täglich fällige Guthaben einschließlich der täglich fälligen Fremdwährungsguthaben bei Zentralnotenbanken bzw. Postgiroämtern der Länder ausgewiesen werden, in denen das Institut eine Niederlassung unterhält. Alle anderen Guthaben, die diese Voraussetzungen nicht erfüllen, sind unter den Forderungen an Kreditinstitute oder Kunden auszuweisen. Dazu gehören auch die Forderungen gegenüber der deutschen Postbank, die bilanziell als Forderungen gegenüber Kreditinstituten behandelt werden.

Der Kreditbegriff umfaßt hier nur einen Teil des Bilanzpostens "Barreserve"; der Kassenbestand ist mit keinerlei Adressenausfallrisiko behaftet und somit kein Kredit iSv § 19 Abs. 1 KWG.

c. Schuldtitel öffentlicher Stellen und bei einer Notenbank refinanzierbare Wechsel

Hierunter sind

• Schatzwechsel und

• unverzinsliche Schatzanweisungen sowie

• ähnliche Schuldtitel öffentlicher Stellen

aufzunehmen, sofern sie die folgenden Kriterien erfüllen:

• die Papiere sind unter Diskontabzug hereingenommen und

• die Papiere sind zur Refinanzierung bei einer der Zentralnotenbanken der Länder zugelassen, in denen das Institut Zweigniederlassungen unterhält.

Zum Einzug versandte Wechsel sind unter dem Kreditposten "Bevorschußte Einzugswerte" zu erfassen. Zum Nominalwert angekaufte Wechsel öffentlicher Stellen (Aufzinsung bis zur Fälligkeit) sind unter den "Forderungen an Kunden" auszuweisen.

d. Forderungen an Kreditinstitute und Kunden

In dieser Position sind alle aus dem normalen Geschäftsbetrieb resultierenden Forderungen an in- und ausländische Kreditinstitute oder Kunden einschließlich der von diesen eingereichten Wechsel zu berücksichtigen, soweit es sich nicht um Wechsel, die zur Refinanzierung bei einer Zentralnotenbank zugelassen sind, oder um börsenfähige Schuldverschreibungen handelt.

Der Umfang der bilanziellen Kredite nach § 19 Abs. 1 Nr. 4 KWG richtet sich bei Kreditinstituten nach der Definition in den §§ 14 und 15 RechKredV.

e. Schuldverschreibungen und andere festverzinsliche Wertpapiere

Wertpapiere werden seit der Umsetzung der 5. KWG-Novelle in den Kreditbegriff des § 19 Abs. 1 KWG einbezogen. Im Rahmen der 6. KWG-Novelle können Wertpapiere als Finanzinstrumente entweder dem Anlagebuch oder dem Handelsbuch zugeordnet werden.

Als Schuldverschreibungen und andere festverzinsliche Wertpapiere (§ 19 Abs. 1 S. 2 Nr. 5 KWG) sind in Anlehnung an § 16 RechKredV folgende Rechte auszuweisen, wenn sie börsenfähig sind und nicht unter dem Bilanzunterposten "Schatzwechsel und unverzinsliche Schatzanweisungen sowie ähnliche Schuldtitel öffentlicher Stellen" ausgewiesen werden:

- festverzinsliche Inhaberschuldverschreibungen,

- Orderschuldverschreibungen, die Teile einer Gesamtemission sind,

- Schatzwechsel nichtöffentlicher Stellen,

- Schatzanweisungen nichtöffentlicher Stellen,

- andere Geldmarktpapiere wie commercial papers, euro-notes, certificates of deposit, bons de caisse und ähnliche verbriefte Rechte,

- Kassenobligationen,

- Schuldbuchforderungen,

- Wertpapiere, die mit einem veränderlichen Zinssatz ausgestattet sind, sofern dieser an einen Interbankzinssatz (z.B. LIBOR) oder an einen Euro-Geldmarktsatz gebunden ist,

- Null-Kupon-Anleihen,

- Pfandbriefe,

- Kommunalobligationen.

Die Wertpapiere zählen jedoch nur insoweit zu den Bilanzaktiva, als sie kein Recht verbriefen, das unter die Finanztermingeschäfte oder Optionsrechte fällt, da diese separat unter den derivativen Finanzinstrumenten einzubeziehen sind. Um eine Doppelanrechnung zu vermeiden, ist der Bilanzposten um die Wertpapiere zu kürzen, die ein Optionsrecht verbriefen (d.h. Optionsscheine, die noch nicht von der Anleihe getrennt wurden).

Entsprechend der Behandlung im bisherigen Grundsatz I (Schreiben des BAK vom 29. Dezember 1992, I 7 - 4216 - 1/91) sind Optionsanleihen mit noch nicht abgetrennten und selbständig gehandelten Optionsscheinen in die Bestandteile Anleihe und Optionsschein aufzuteilen und getrennt zu erfassen. Der Optionsschein ist unter den Optionsrechten der derivativen Finanzinstrumente mit dem kreditäquivalenten Betrag zu erfassen. Falls für die Anleihe ohne den Optionsschein kein Börsenkurs feststellbar ist, läßt sich aufgrund der Daten Kupon, Laufzeit, Marktverzinsung und weiterer Ausstattungsmerkmale ein Wertansatz ermitteln (Renditekurs).

Bei Wandelanleihen wird keine Trennung von Wandlungsrecht und Anleihe vorgenommen, da das Wandlungsrecht nicht von der Anleihe trennbar und somit nicht selbständig verkehrsfähig ist.

Die im Bestand befindlichen, börsennotierten, eigenen Schuldverschreibungen des Kreditinstituts werden im Grundsatz I nicht erfaßt. Von einer analogen Regelung bezogen auf den Kreditbegriff iSd §§ 13 bis 14 KWG kann ausgegangen werden, da hier kein Adressenausfallrisiko besteht.

f. Aktien und andere nicht festverzinsliche Wertpapiere

Nach § 19 Abs. 1 Nr. 6 KWG zählen Aktien und andere nicht festverzinsliche Wertpapiere zu den bilanziellen Krediten, soweit sie keine Rechte verbriefen, die als Finanztermingeschäfte oder Optionsrechte zu erfassen sind. Finanztermingeschäfte und Optionsrechte werden separat unter den derivativen Finanzinstrumenten erfaßt. Als Aktien und nicht festverzinsliche Wertpapiere sind entsprechend § 17 RechKredV auszuweisen:

- Aktien (soweit sie nicht Beteiligungen und Anteile an verbundenen Unternehmen sind),
- Kuxe,
- Zwischenscheine,
- Investmentanteile (sowohl Rechte an einem Wertpapiersondervermögen als auch Rechte an einem Grundstückssondervermögen),
- Gewinnanteilscheine,
- als Inhaber- oder Orderpapiere ausgestaltete börsenfähige Genußscheine,
- andere börsennotierte nicht festverzinsliche Wertpapiere.

Bei Anlagen in Investmentanteilen ist grundsätzlich das einzelne betroffene Sondervermögen als eigene Kreditnehmeradresse anzusehen (Basisansatz). Eine Zusammenfassung des betroffenen Sondervermögens mit anderen, von derselben Kapitalanlagegesellschaft aufgelegten Sondervermögen ist ebenso wenig vorgesehen wie die Zusammenfassung mit der Kapitalanlagegesellschaft. Die in dem Fonds enthaltenen Adressen werden nicht aufgebrochen. Dieses Standardverfahren gilt für Grundstücks-, Geldmarkt- und Wertpapier-Sondervermögen.

Für Anlagen in Sondervermögen gibt es gemäß § 13 GroMiKV ein Alternativverfahren bezüglich der Einbeziehung der Fondsanteile in die Großkredit- und Millionenkredit-Betrachtung. Bei dem Alternativverfahren dürfen die Anlagen in Sondervermögen einer inländischen Kapitalanlagegesellschaft bei Vorliegen der Voraussetzungen nach § 13 GroMiKV nach den in dem Fonds enthaltenen Adressen zerlegt werden.

g. Beteiligungen

Beteiligungen (§ 271 Abs. 1 HGB) sind Kredite nach § 19 Abs. 1 Nr. 7 KWG. Als Beteiligungen gemäß § 18 RechKredV auszuweisende Geschäftsguthaben bei Genossenschaften sind ebenfalls Beteiligungen iSd § 19 Abs. 1 Nr. 7 KWG.

h. Anteile an verbundenen Unternehmen

Anteile an verbundenen Unternehmen (§ 271 Abs. 2 HGB) sind Kredite nach § 19 Abs. 1 Nr. 8 KWG. Anteile an verbundenen Unternehmen, die vom haftenden Eigenkapital abgezogen werden (§ 10 Abs. 6a Nr. 4, § 10a Abs. 9 S. 3, § 13b Abs. 5 KWG), gelten gemäß § 20 Abs. 1 Nr. 3 KWG nicht als Kredite iSd §§ 13, 13a und 13b KWG.

i. Sonstige Vermögensgegenstände mit Adressenausfallrisiko

Nach § 19 Abs. 1 Nr. 10 KWG sind sonstige Vermögensgegenstände, sofern sie einem Adressenausfallrisiko unterliegen, als Kredite anzusehen. Gleichzeitig sind hierunter nur die sonstigen Vermögensgegenstände mit Adressenausfallrisiko zu subsumieren, soweit sie unter keinen anderen Posten der Bilanzaktiva nach § 19 Abs. 1 Nr. 1 bis 9 KWG auszuweisen sind. Somit dürften nur wenige Vermögensgegenstände mit Adressenausfallrisiko unter diesem Posten verbleiben, wie zum Beispiel Forderungen aus Steuererstattungen.

4. Erläuterung der traditionellen außerbilanziellen Kreditsubstitute

a. Allgemein

Bei den in § 19 Abs. 1 S. 3 KWG aufgezählten "anderen außerbilanziellen Geschäften" handelt es sich im wesentlichen um Geschäfte, die in der Bilanz auf der Passivseite unter dem Bilanzstrich als Bilanzvermerke (Eventualverbindlichkeiten, andere Verpflichtungen) auszuweisen sind. Der Katalog des § 19 Abs. 1 S. 3 KWG geht allerdings - analog Grundsatz I - über die Aufgliederung gemäß dem Formblatt 1 der RechKredV hinaus (§ 19 Abs. 1 S. 3 Nr. 11 und 14 KWG). Der Kreditbegriff umfaßt:

- Den Kreditnehmern abgerechnete eigene Ziehungen im Umlauf,
- Indossamentsverbindlichkeiten aus weitergegebenen Wechseln,
- Bürgschaften und Garantien für Bilanzaktiva,

- Erfüllungsgarantien und andere Garantien und Gewährleistungen, soweit sie sich nicht auf die in § 19 Abs. 1 S. 1 KWG genannten Derivate beziehen,

- Eröffnung und Bestätigung von Akkreditiven,

- Unbedingte Ablösungsverpflichtungen von Bausparkassen,

- Bestellung von Sicherheiten für fremde Verbindlichkeiten,

- Unechte Pensionsgeschäfte,

- Verkäufe von Bilanzaktiva mit Rückgriff,

- Terminkäufe auf Bilanzaktiva,

- Plazierung von Termineinlagen auf Termin,

- Ankaufs- und Refinanzierungszusagen,

- Kreditzusagen mit Laufzeiten > 1 Jahr, die vom KI nicht jederzeit fristlos und vorbehaltlos kündbar sind,

- Kreditzusagen mit Laufzeiten bis zu 1 Jahr oder jederzeit fristlos und vorbehaltlos kündbar.

Im Gegensatz zum Grundsatz I sind auch noch nicht in Anspruch genommene Kreditzusagen mit Laufzeiten bis zu einem Jahr, oder diejenigen, die jederzeit fristlos und vorbehaltlos gekündigt werden können, als Kredite einzubeziehen.

Im folgenden werden wir nur die außerbilanziellen Kreditsubstitute weitergehend erläutern, die wir für Finanzdienstleistungsinstitute für relevant erachten. Für weitergehende Erläuterungen vgl. C&L Deutsche Revision (Hrsg.), 6. KWG-Novelle und neuer Grundsatz I, Frankfurt am Main 1998..

b. Unechte Pensionsgeschäfte

Pensionsgeschäfte sind gemäß § 340b HGB Verträge, durch die ein Institut (Pensionsgeber) ihm gehörende Vermögensgegenstände einem anderen Institut oder einem seiner Kunden (Pensionsnehmer) gegen Zahlung eines bestimmten Betrages überträgt. Ist der Pensionsnehmer verpflichtet, die Vermögensgegenstände später zu einem bestimmten oder vom Pensionsgeber noch zu bestimmenden Zeitpunkt gegen Zahlung des gleichen oder eines im voraus vereinbarten anderen Betrages an den Pensionsgeber zurückzuübertragen, handelt es sich um ein echtes Pensionsgeschäft. Ist der Pensionsnehmer berechtigt, die Vermögensgegenstände zu einem vorher bestimmten oder von ihm noch zu bestimmenden Zeitpunkt zurückzuübertragen, handelt es sich um ein unechtes Pensionsgeschäft.

Anders ausgedrückt handelt es sich hierbei um Geschäfte, bei denen zwischen Pensionsgeber und Pensionsnehmer gleichzeitig der Verkauf bestimmter Vermögensgegenstände per Kasse und der (bedingte) Rückkauf der gleichen oder gleichartiger Gegenstände per Termin zu einem im voraus festgelegten Preis vereinbart wird. Als Pensionsgegenstand werden Wechsel, Forderungen und Wertpapiere verwendet.

Entscheidendes Merkmal aller Pensionsgeschäfte ist die Verpflichtung des Pensionsgebers zur Rücknahme der in Pension gegebenen Vermögensgegenstände. Bei echten Pensionsgeschäften ergibt sich die Rücknahmeverpflichtung des Pensionsgebers aus der korrespondierenden Rückgabeverpflichtung des Pensionsnehmers. Bei unechten Pensionsgeschäften hat der Pensionsnehmer ein Wahlrecht zur Rückgabe, der Pensionsgeber muß auf Verlangen zurücknehmen.

Bei unechten Pensionsgeschäften darf der Pensionsgeber den Pensionsgegenstand nicht mehr in seiner Bilanz ausweisen. Der Pensionsgegenstand ist mit Übertragung beim Pensionsnehmer zu aktivieren. Der Pensionsgeber bleibt allerdings in der Rücknahmeverpflichtung und hat den für die Rückübertragung vereinbarten Betrag unter dem Bilanzstrich zu vermerken (§ 340b Abs. 5 HGB). Der Pensionsgeber wird den Pensionsgegenstand dann zurücknehmen müssen, wenn dieser im Wert fällt. Er trägt somit weiterhin das volle Adressenausfallrisiko aus dem Pensionsgegenstand. Kreditnehmer ist der Schuldner des Pensionsgegenstandes (z.B. der Wertpapieremittent).

Der Pensionsnehmer hat den Pensionsgegenstand zu dem für die Rückübertragung vereinbarten Betrag zu aktivieren. Kreditnehmer aus Sicht des Pensionsnehmers ist der Pensionsgeber (siehe Merkblatt der Deutschen Bundesbank für Anzeigen gemäß § 13 und § 13a KWG vom 20. Februar 1996).

c. Verkäufe von Bilanzaktiva mit Rückgriff

Hierbei handelt es sich um Verkäufe von Bilanzaktiva, bei denen das verkaufende Institut gegenüber dem Käufer auch nach dem Verkauf für die Einbringlichkeit bzw. Erfüllung der übertragenen Bilanzaktiva haftet. Das heißt, wird der Schuldner des verkauften Vermögensgegenstandes zahlungsunfähig, so kann der Verkäufer vom Käufer in Regreß genommen werden. Durch die Übernahme der Gewährleistung bleibt das Adressenausfallrisiko des Schuldners des übertragenen Vermögensgegenstandes bei dem Institut; das Adressenausfallrisiko bezieht sich hier auf den verkauften Vermögensgegenstand. Die Gewährleistungsverpflichtung des verkaufenden Instituts ist als Eventualverbindlichkeit unter den Bilanzvermerken auszuweisen (§ 26 Abs. 2 RechKredV).

d. Terminkäufe auf Bilanzaktiva

Ob ein Geschäft als Kassa- oder Termingeschäft anzusehen ist, ist anhand des vereinbarten Abwicklungszeitpunktes des Kaufes abzugrenzen. Liegt der vereinbarte Abwicklungszeitpunkt innerhalb der deutschen Abwicklungsusancen, d.h. bei Wechselkursgeschäften zwei Geschäftstage und bei Wertpapiergeschäften fünf Geschäftstage, so liegt ein Kassageschäft vor. Erst, wenn der vereinbarte Zeitraum außerhalb dieser Abwicklungsusancen liegt, handelt es sich um ein Termingeschäft. Bei der Betrachtung des Kreditbegriffes kommt es dabei zu einer Abweichung in bezug auf den Grundsatz I. Beim Grundsatz I gilt als Abgrenzungskriterium zwischen Kassa- und Termingeschäft die nationale Usance am Erfüllungsort des einzelnen Geschäftes. Dadurch kann es in all den Fällen, bei denen die deutsche Usance weniger Geschäftstage umfaßt als die ausländische Usance, zu einer unterschiedlichen Behandlung des gleichen Geschäftes einerseits beim Kreditbegriff (Termingeschäft) und andererseits im Grundsatz I (Kassageschäft) kommen.

Terminkäufe von Bilanzaktiva sind nur dann unter dieser Position auszuweisen, wenn für den Käufer von Beginn der Geschäftsvereinbarung an eine feste Verpflichtung zur Abnahme des Geschäftsgegenstandes besteht. Termingeschäfte, bei denen eine Lieferung zwar vorgesehen ist, die Erfüllung jedoch auch durch Differenzausgleich erfolgen kann und üblicherweise erfolgt, fallen nicht unter diese Position. Kauft man beispielsweise einen Bund-Future, der den Verkäufer zur Lieferung eines Paketes von Bundesanleihen verpflichtet, liegt kein Terminkauf auf Bilanzaktiva vor, da hier üblicherweise keine Lieferung erfolgt, sondern ein Differenzenausgleich zwischen vereinbartem Preis bzw. Kurs der Anleihen und dem Tageskurs dieser Anleihen vorgenommen wird. Trifft man jedoch eine individuelle Vereinbarung über den Kauf einer Anleihe auf Termin und ist es beabsichtigt, diese auch zum vereinbarten Zeitpunkt zu übernehmen, liegt ein Terminkauf auf Bilanzaktiva vor. Devisentermingeschäfte sind unter den derivativen Finanzinstrumenten aufzunehmen.

Bei Terminkäufen auf Bilanzaktiva, bei denen eine unbedingte Verpflichtung zur Abnahme des Liefergegenstands besteht, liegen für den Käufer und den Verkäufer jeweils zwei Kreditverhältnisse vor. Als Kreditnehmer gilt sowohl der Schuldner des Termingegenstandes (Bilanzaktivum), als auch der Kontraktpartner des Termingeschäftes. In die Berechnung der Großkreditgesamtobergrenze ist jeweils nur der Kredit mit dem höheren Betrag einzubeziehen.

e. Plazierung von Termineinlagen auf Termin

Hierbei verpflichtet sich ein Institut, zu einem zukünftigen Zeitpunkt zu einem jetzt vereinbarten Zins dem Vertragspartner Geld für einen bestimmten Zeitraum zur Verfügung zu stellen. Das heißt, das Kreditinstitut räumt dem Vertragspartner bereits heute für einen in der Zukunft liegenden Zeitraum einen Kredit ein.

Unter der Position "Plazierung von Termineinlagen auf Termin" werden nur solche Kredite erfaßt, bei denen das Institut sich verpflichtet, bei einem Dritten tatsächlich eine Einlage in der Zukunft vorzunehmen. Entscheidend ist hierbei die Kreditgewährung, die auch erfolgen muß (d.h. kein Differenzenausgleich). Hierunter fallen die Verkäufe von Forward Forward Deposits und wirtschaftlich gleichwertige Geschäfte. Hingegen werden FRA-Geschäfte (Forward Rate Agreements) nicht hierunter erfaßt, da hier nur eine fiktive Einlage als Berechnungsgröße zugrunde gelegt wird.

Das Adressenausfallrisiko besteht darin, daß der Vertragspartner zum vereinbarten Zeitpunkt der Kreditvergabe bzw. Plazierung der Einlage zahlungsunfähig sein kann. Dennoch muß das Institut aufgrund seiner Verpflichtung den Kredit auszahlen.

Der Kauf von Forward Forward Deposits birgt für das Institut nicht die Gefahr, daß ein Kredit ausfallen könnte. In diesem Fall nimmt es selbst eine Einlage per Termin herein und ist somit Kreditnehmer. Die Gefahr des Erfüllungsrisikos, d.h. daß der Kontrahent seiner Verpflichtung nicht nachkommen kann und das Institut sich bei dessen Ausfall am Markt teuerer eindecken muß, wird im Rahmen der Finanztermingeschäfte erfaßt.

5. Erläuterung der Derivate

a. Allgemein

Derivate sowie die dafür übernommene Gewährleistungen sind mit Ausnahme der Stillhalterpositionen in Optionsgeschäften Kredite iSv § 19 Abs. 1 S. 1 KWG. Der Begriff Derivate wird im Rahmen der 6. KWG-Novelle in § 1 Abs. 11 S. 4 KWG erstmals definiert. Ergänzend zu der Formulierung in § 19 Abs. 1 KWG wird hier ausgeführt, von welchen zugrundeliegenden Basiswerten ("underlying") Derivate abhängen können.

Derivate sind gemäß § 1 Abs. 11 S. 4 KWG als Festgeschäfte oder Optionsgeschäfte ausgestaltete Termingeschäfte, deren Preis unmittelbar oder mittelbar abhängt von

1. dem Börsen- oder Marktpreis von Wertpapieren,

2. dem Börsen- oder Marktpreis von Geldmarktinstrumenten,

3. dem Kurs von Devisen oder Rechnungseinheiten,

4. Zinssätzen oder anderen Erträgen oder

5. dem Börsen- oder Marktpreis von Waren oder Edelmetallen.

Einzubeziehen sind daher:

- Finanzswaps,

- Finanztermingeschäfte und

- Optionsrechte

sowie für diese Geschäfte übernommene Gewährleistungen.

Durch die Definition der Derivate in Abhängigkeit von den zugrundeliegenden Basiswerten ("underlying") in § 1 Abs. 11 S. 4 KWG werden auch alle den oben genannten Finanzinstrumenten vergleichbaren oder aus ihnen abgeleiteten Produkte von dem Kreditbegriff des § 19 Abs. 1 KWG erfaßt. Der Derivatebegriff wurde bewußt weit gefaßt, um auch Neuentwicklungen oder Weiterentwicklungen auf diesem Gebiet durch den Kreditbegriff zu erfassen.

b. Finanzswaps

Finanzswaps unterscheidet man nach

- Zinsswaps,

- Währungsswaps,

- Zinswährungsswaps,

- Equityswaps und

- Commodityswaps.

Ein Zinsswap ist eine Vereinbarung zwischen zwei Parteien, mit der der Austausch von unterschiedlichen Zinszahlungsströmen, die sich auf Basis eines fiktiven Kapitalbetrages in einer bestimmten Währung unter Anwendung unterschiedlicher Zinsberechnungsbasen ergeben, für einen bestimmten Zeitraum festgelegt wird, d.h. ein fester Zinssatz wird gegen einen variablen Zinssatz getauscht. Beim Basisswap, einer Sonderform des Zinsswaps, werden zwei variable Zinsbasen gegeneinander getauscht, z.b. ein Sechs-Monats-LIBOR gegen einen Drei-Monats-LIBOR.

Beim Währungsswap werden die Kapitalbeträge in unterschiedlichen Währungen einschließlich der darauf entfallenden Zinsen effektiv zwischen den Swappartnern getauscht. Für beide Partner gilt die gleiche Zinsbasis. Der Kurs, zu dem die Währungen am Anfang und am Ende des Swapgeschäftes getauscht werden, ist für beide Tauschvorgänge gleich. Der Währungsswap ist vom Devisenswap zu unterscheiden. Bei letzterem werden ein Devisenkassa- und ein Devisentermingeschäft kombiniert, Zinszahlungen werden nicht getauscht. Ein Devisenswap ist mit seinem Terminanteil als Devisentermingeschäft zu erfassen. Der Kassaanteil wird als Kassageschäft nicht berücksichtigt.

Der Zinswährungsswap ist eine Kombination aus Zins- und Währungsswap. Es werden sowohl die Kapitalbeträge in unterschiedlichen Währungen als auch die Zinsbasen (fest gegen variabel) getauscht. Die Währungsumrechnung erfolgt wie beim Währungsswap bei beiden Tauschvorgängen mit dem gleichen Kurs.

Finanzswaps werden als schwebende Geschäfte nicht bilanziert. Üblicherweise treten keine abzugrenzenden oder zu bilanzierenden Gebührenzahlungen auf.

Das Kreditrisiko eines Finanzswaps besteht in Höhe des Wiedereindeckungsaufwandes. Fällt der Swappartner aus, so entsteht in Höhe des Mehraufwandes für ein identisches Ersatzgeschäft ein Verlust.

c. Finanztermingeschäfte

Bei einem Finanztermingeschäft besteht für Käufer und Verkäufer eine gleichermaßen verbindliche Vereinbarung über den Kauf oder Verkauf eines Gegenstandes (Basiswertes/Underlying) zu einem bei Geschäftsabschluß festgelegten Preis, jedoch an einem (jenseits der Kassavaluta liegenden) Zeitpunkt. Finanztermingeschäfte sind stets unbedingte Termingeschäfte. Als Underlying können vertretbare oder nicht vertretbare Gegenstände verwendet werden:

- Devisen
- Zinsen
- Aktien
- Indices
- Edelmetalle

Finanztermingeschäfte werden üblicherweise nicht durch effektive Lieferung erfüllt, sondern mittels Barausgleich (cash settlement). Wird davon abweichend bei Geschäftsabschluß explizit effektive Lieferung vereinbart, so handelt es sich für den Käufer des Termingeschäftes nicht um ein derivatives Finanzinstrument, sondern um das außerbilanzielle Geschäft "Terminkauf auf Bilanzaktiva". Die Verkaufseite ist unabhängig vom vereinbarten Erfüllungsmodus immer als Derivategeschäft einzubeziehen.

Bei Finanztermingeschäften ist das Verlustrisiko aufgrund der Zahlungsunfähigkeit des Vertragspartners auf das Erfüllungsrisiko begrenzt, d.h. es können lediglich Kursverluste bzw. Preisänderungsrisiken auftreten. Die Abwicklung von Termingeschäften erfolgt zum vereinbarten Zeitpunkt analog den Kassageschäften. Bei der Abwicklung, dem Erfüllungsgeschäft, werden die Leistungen gegenseitig erbracht, quasi Zug um Zug. Erfüllt ein Institut seine Verpflichtung aus einem Finanztermingeschäft, ohne daß der Kontrahent seine Gegenleistung erbracht hat, so liegt ein Vorleistungsrisiko vor. Die Art der aufsichtsrechtlichen Berücksichtigung des Vorleistungsrisikos ist davon abhängig, ob ein Finanztermingeschäft dem Anlage- oder dem Handelsbuch zugeordnet wird.

d. Optionsrechte

Optionsgeschäfte, bei denen ein Institut Optionsberechtigter ist, sind bei den Krediten einzubeziehen. Der Käufer einer Option erwirbt gegen Zahlung des Optionspreises das Recht, von seinem Vertragspartner (Stillhalter) entweder einen Geschäftsgegenstand zu einem vorher vereinbarten Preis zu kaufen (Call) oder aber zu dem vereinbarten Preis an diesen zu verkaufen (Put). Das Optionsrecht kann entweder zu einem vereinbarten Zeitpunkt (europäische Option) oder innerhalb eines vereinbarten Zeitraums (amerikanische Option) ausgeübt werden.

Gegenstand einer Optionsvereinbarung können Wertpapiere, Zinssätze, Währungen, Edelmetalle, Aktien oder Indices jeder Art sein.

Bei Optionsrechten besteht das Ausfallrisiko in Form des Eindeckungsrisikos. Fällt der Stillhalter aus, so muß das Institut als Optionsberechtigter eine identische Option neu erwerben, was nur zu den aktuellen Marktgegebenheiten und Optionspreisen möglich ist.

Bei Stillhaltergeschäften besteht dann kein Adressenausfallrisiko, wenn die Optionsprämie zu Beginn des Geschäftes gezahlt wird. Mit Erhalt der Optionsprämie ist der Anspruch des Optionsverkäufers erloschen. Wird die Optionsprämie erst am Ende der Optionszeit gezahlt (Future-Style-Verfahren), so könnte die Zahlung für den Stillhalter ausfallen. Die ausstehende Optionsprämie ist bilanziell als Forderung auszuweisen. Das Ausfallrisiko ist im Kreditbegriff zu berücksichtigen.

Gezahlte Optionsprämien werden handelsrechtlich unter dem Bilanzposten "Sonstige Vermögensgegenstände" erfaßt. Um eine Doppelanrechnung zu vermeiden, sind für die aufsichtsrechtliche Betrachtung die gezahlten Optionsprämien aus den Bilanzaktiva herauszunehmen. Das Ausfallrisiko wird bei den derivativen Finanzinstrumenten berücksichtigt.

Optionsscheine unterscheiden sich bei wirtschaftlicher Betrachtung hinsichtlich der mit ihnen verbundenen Rechte und Verpflichtungen nicht von den Optionen. Das Optionsrecht ist hier lediglich in einem Wertpapier verbrieft. Optionsscheine werden handelsrechtlich als Bilanzaktiva ("Aktien und andere nicht festverzinsliche Wertpapiere") ausgewiesen. Für die aufsichtsrechtliche Behandlung sind sie zur Vermeidung einer Doppelanrechnung nicht bei den Wertpapieren zu berücksichtigen. Das Ausfallrisiko wird bei den Derivaten erfaßt.

e. Gewährleistungen für Derivate

Abweichend vom Grundsatz I sind Gewährleistungen für derivative Finanzinstrumente nicht als andere außerbilanzielle Geschäfte unter den Kreditpositionen "Bürgschaften" und "Gewährleistungen" einzubeziehen, sondern bei den gewährleisteten Geschäften selbst (Finanzswaps, Finanztermingeschäfte und Optionsrechte) und somit wie diese als Derivate zu erfassen.

Erfaßt werden hier alle Gewährleistungen eines Instituts, die eine Erfüllungsgarantie für derivative Finanzinstrumente darstellen. Entsprechend ergibt sich als Adressenausfallrisiko das Erfüllungsrisiko des gewährleisteten derivativen Finanzinstruments. Bei Gewährleistungen für derivative Finanzinstrumente bestimmt nicht der Kontrahent im Swap-, Termin- oder Optionsgeschäft das Adressenausfallrisiko, sondern der Kreditnehmer, für den sich das Institut verbürgt.

Übernimmt beispielsweise das Institut A die Gewährleistung für die Erfüllung aller von ihrem Kunden B abgeschlossenen Finanzswaps und vereinbart B anschließend mit C den Abschluß eines Zinsswaps, so ist der Kreditnehmer aus Sicht des Instituts A der Kunde B.

Die Erfassung der Gewährleistungen für derivative Finanzinstrumente bei den Finanzswaps, Finanztermingeschäften bzw. Optionsrechten führt zu einer Entlastung des Instituts im Vergleich zu einer Erfassung bei den traditionellen außerbilanziellen Geschäften. Derivate sind nur mit dem Kreditäquivalenzbetrag einzubeziehen, hingegen werden andere (traditionelle) außerbilanzielle Geschäfte in voller Höhe ihres Gewährleistungsbetrages angesetzt.

Gewährleistet das Institut die Werthaltigkeit des dem Geschäft zugrundeliegenden Gegenstandes, handelt es sich nicht mehr um eine Erfüllungsgarantie, sondern um eine Garantie für Bilanzaktiva, die als anderes außerbilanzielles Geschäft einzubeziehen ist.

6. Bemessungsgrundlage

a. Allgemein

Mit welcher Bemessungsgrundlage die einzelnen Kredite für die Ermittlung der Groß- und Millionenkredite einzubeziehen sind, ist in § 2 GroMiKV geregelt. Danach ist als Bemessungsgrundlage anzusehen:

Kredit	Bemessungsgrundlage
Bilanzaktiva (§ 19 Abs. 1 S. 2 KWG)	Buchwert zzgl. Einzelwertberichtigungen Gemäß § 2 GroMiKV sind Posten wegen der Erfüllung oder der Veräußerung von Forderungen aus Leasing-Verträgen abzuziehen.
Swapgeschäfte (auch Gewährleistungen)	Effektiver Kapitalbetrag oder in Ermangelung eines solchen der aktuelle Marktwert.

Termingeschäfte, Optionsgeschäfte (auch Gewährleistungen)	Zum aktuellen Marktkurs umgerechneter Liefer- oder Abnahmeanspruch (Fiktion der tatsächlichen Erfüllung).
Patronatserklärungen	Kredite des patronierten Unternehmens ohne die Kredite an das Institut abzüglich des einge-zahlten Kapitals und der ausgewiesenen Rück-lagen des patronierten Unternehmens
Wertpapierpensions- und Wertpapierdarlehensgeschäfte (Pensions- oder Darlehensgeber)	Buchwert der Wertpapiere
Wertpapierpensions- und Wertpapierdarlehensgeschäfte (Pensions- oder Darlehensnehmer)	Übertragener Geldbetrag oder Buchwert der im Gegenzug bestellten Wertpapiersicherheit
Andere außerbilanzielle Geschäfte (§ 19 Abs. 1 S. 3 KWG)	Kapitalbetrag, für den das Institut einzustehen hat. In Ermangelung eines solchen der Buchwert

Abb. 12: Bemessungsgrundlage für Kredite

Auf fremde Währung lautende Kredite sind gemäß § 3 GroMiKV zum aktuellen Devi-senkurs in Deutsche Mark umzurechnen. Dabei sind für die an der Frankfurter Devisen-börse amtlich notierten Währungen die Kassamittelkurse, für die anderen Währungen die Mittelkurse aus feststellbaren An- und Verkaufskursen des Stichtages zugrunde zu legen. Eine Durchbrechung dieser Vorschrift ist nur für Beteiligungen einschließlich Anteilen an verbundenen Unternehmen zulässig, wenn diese nicht als Bestandteil der Fremd-währungsposition des Instituts behandelt werden; in diesem Fall ist der zum Zeitpunkt der Erstverbuchung maßgebliche Devisenkurs anzuwenden.

b. Bilanzaktiva

Nach § 2 Nr. 1 GroMiKV ist für alle Kredite in Form von Bilanzaktiva als Bemessungs-grundlage für die Errechnung der Kreditpositionen der jeweilige Buchwert heranzu-ziehen. Anders als im Grundsatz I dürfen die zugrundegelegten Buchwerte jedoch nicht um bestehende Risikovorsorgen gekürzt werden. Die betroffenen Risikoaktiva sind so anzusetzen, als ob eine Risikovorsorge nicht gebildet worden wäre, da andernfalls die Aussagekraft der Großkreditmeldung sowie der Millionenkreditmeldung in nicht hinnehmbarer Weise beeinträchtigt würde. Abzuziehen sind die Posten wegen der Erfül-lung oder der Veräußerung von Forderungen aus Leasing-Verträgen (passive Rechnungsabgrenzungsposten) bis zu den Buchwerten der diesen zugehörigen Leasing-Gegenstände.

c. Andere außerbilanzielle Geschäfte

Bemessungsgrundlage für die Anrechnung der anderen außerbilanziellen Geschäfte ist gemäß § 2 Nr. 7 GroMiKV der Kapitalbetrag, für den das Institut im Erfüllungs- oder Gewährleistungsfall einzustehen hat oder in Ermangelung eines solchen der Buchwert vor Abzug von Risikovorsorgen (Rückstellungen). Erfolgt eine Inanspruchnahme des Instituts aus seiner Eventualverpflichtung, so ist eine Rückgriffsforderung an den Kunden in der Bilanz als Forderung zu aktivieren. Der Kredit wird als "Bilanzaktivum" erfaßt; eine Berücksichtigung als außerbilanzielles Geschäft entfällt.

Anders als im Grundsatz I werden für die Großkredit- und Millionenkreditbetrachtung die traditionellen außerbilanziellen Geschäfte nicht nach ihrem Risikogehalt unterschieden. Das heißt, alle traditionellen außerbilanziellen Geschäfte sind mit 100% ihrer Bemessungsgrundlage einzubeziehen. Lediglich für Dokumenten-Akkreditive gilt gemäß § 18 Nr. 2 GroMiKV ein Anrechnungssatz von 50%.

d. Derivate

Als Bemessungsgrundlage ist bei Swaps sowie den für sie übernommenen Gewährleistungen gemäß § 2 Nr. 2 GroMiKV der effektive Kapitalbetrag oder, in Ermangelung eines solchen, der aktuelle Marktwert des Geschäftsgegenstandes anzusehen. Beim Amortisationsswap baut sich der zugrundezulegende Kapitalbetrag entsprechend der vereinbarten Kapitalrückführung über die Laufzeit ab, bei "step-up swaps" hingegen baut sich der Kapitalbetrag entsprechend der vereinbarten Kapitalzuführung über die Laufzeit auf.

Durch den Begriff des effektiven Kapitalbetrages wird zum Ausdruck gebracht, daß auf den für die Ausgleichszahlungen insgesamt maßgeblichen Wert des zugrundeliegenden Geschäftsgegenstandes abzustellen ist. Dies ist besonders bedeutsam bei den Sonderformen des Swaps:

Für sog. "multiplier swaps", bei denen auf einen vergleichsweise geringen Kapitalbetrag Austauschzahlungen in der Höhe eines Mehrfachen der tatsächlichen Marktzinssätze zu leisten sind, berechnet sich die Bemessungsgrundlage als Mehrfaches des vereinbarten (geringeren) Kapitalbetrags.

"Roller-coaster swaps", also Swaps mit im Zeitablauf wechselnden Kapitalbeträgen, auf die die Zahlungen bemessen werden, sind entsprechend ihrer wirtschaftlichen Wirkungsweise als Kombination von valutierenden Kassa-Swaps und einem oder mehreren Terminswaps zu behandeln.

Bei den sonstigen als Festgeschäfte oder Rechte ausgestalteten Termingeschäften gemäß § 2 Nr. 3 GroMiKV (Termingeschäfte und Optionsrechte) sowie den für sie übernommenen Gewährleistungen ist der unter der Annahme tatsächlicher Erfüllung bestehende Anspruch des Kreditinstituts auf Lieferung oder Abnahme des Geschäftsgegenstandes als Bemessungsgrundlage anzusehen. Der tatsächliche Erfüllungsanspruch ist unabhängig vom vereinbarten Erfüllungsmodus, d.h. auch bei vereinbartem "cash settlement", als fiktive Größe zugrunde zu legen. Dieser Erfüllungsanspruch bemißt sich nach dem aktuellen Marktkurs. Sofern bei Bund-Futures sowie in anderen Fällen kein amtlicher Kurs festgestellt wird, sind die Kontrakte mit dem Settlement-Kurs und, wenn dieser nicht vorhanden ist, mit dem Schlußkurs umzurechnen.

Bei unbedingten Termingeschäften ist sowohl die Summe der Lieferansprüche als auch die der Abnahmeansprüche zu berücksichtigen. Werden solche Geschäfte mit Kunden als Kommissionsgeschäfte mit Selbsteintritt abgewickelt und durchgehandelt, stellen diese zwei getrennte Geschäftsbeziehungen dar, die auch als zwei separate Transaktionen einzubeziehen sind. Auch bei Swaps sind beide Seiten zu berücksichtigen, wenn das Institut als Intermediär tätig ist.

Im Gegensatz zu den Bilanzaktiva, bei denen ggf. der gesamte Kapitalbetrag ausfallen kann, besteht das Kreditrisiko bei derivativen Finanzinstrumenten nicht in Höhe des Nominalbetrages, sondern in Höhe der Ersatzkosten ("Replacement Cost"). Diese Ersatzkosten können sich ergeben, wenn infolge eines Ausfalls des Kontrahenten die dadurch entstehende offene Position durch ein vergleichbares Neugeschäft wieder geschlossen werden müßte. Aus diesem Grund werden Derivate nicht mit ihren Buchwerten, sondern gemäß § 4 Abs. 1 GroMiKV mit sog. Kreditäquivalenzbeträgen als Kredite nach § 13 bis 14 KWG berücksichtigt (Zur Berechnung der Kreditäquivalenzbeträge vgl. Kapitel J II).

II. Ausnahmen zum Kreditbegriff gemäß § 19 Abs. 1 KWG

1. Überblick

Nicht alle Geschäfte, die unter dem Kreditbegriff nach § 19 Abs. 1 KWG fallen, sind bei der Ermittlung der Großkredite und Millionenkredite zu berücksichtigen. Ausnahmen von den Anforderungen gemäß den §§ 13, 13a, 13b und 14 KWG enthält in erster Linie § 20 KWG. Weitere Ausnahmen sind in der GroMiKV aufgeführt.

Die Ausnahmen beziehen sich auf verschiedene Betrachtungsebenen:

1. Kein Kredit iSd §§ 13 bis 13b KWG, d.h. vollkommene Befreiung von den Großkreditvorschriften gemäß § 20 Abs. 1 KWG.

2. Befreiung von der Großkreditanzeigepflicht gemäß § 20 Abs. 2 KWG. Damit einher geht die Nichtanrechnung auf die Großkreditobergrenzen.

3. Befreiung von der Anrechnung auf die Großkrediteinzelobergrenzen gemäß § 20 Abs. 3 KWG.

4. Befreiung von der Anrechnung auf die Großkreditgesamtobergrenzen gemäß § 20 Abs. 4 KWG.

5. Befreiung von den Vorschriften zur Großkreditbeschlußfassung gemäß § 20 Abs. 5 KWG.

6. Kein Kredit iSd § 14 KWG, d.h. Befreiung von den Millionenkreditvorschriften gemäß § 20 Abs. 6 KWG.

Die einzelnen Ausnahmetatbestände von den Großkreditvorschriften (§ 20 Abs. 1 bis 5 KWG) bauen stufenweise aufeinander auf. Das heißt, Ausnahmen einer Betrachtungsebene sind automatisch auch von den Großkreditvorschriften der nachfolgenden Betrachtungsebenen befreit. Die Ausnahmen gelten zunächst sowohl für die Anlagebuch- als auch für die Handelsbuch-Gesamtposition.

Neben dem KWG selber enthält auch die GroMiKV eine Reihe von Ausnahmen bezüglich der Anrechnung auf die unterschiedlichen Großkreditobergrenzen.

2. Ausnahmen nach § 20 KWG

a. Freistellung bestimmter Kredite

Gemäß § 20 Abs. 1 KWG sind

- Vorleistungen aus Wechselkursgeschäften,
- Vorleistungen aus Wertpapiergeschäften,
- Bilanzaktiva, die bei der Berechnung des haftenden Eigenkapitals eines Instituts oder einer Institutsgruppe Abzugsposten darstellen und
- abgeschriebene Kredite

vom Kreditbegriff gemäß § 19 Abs. 1 KWG für die Großkreditvorschriften ausgenommen. Das heißt, sie sind keine Kredite im Sinne der Großkreditvorschriften und damit von allen Verpflichtungen befreit. Sie sind weder anzuzeigen noch auf die Großkreditobergrenzen anzurechnen noch in die Großkreditbeschlußfassung einzubeziehen.

Erbringt ein Institut bei Wechselkurs- und Wertpapiergeschäften Vorleistungen, so stellt dies wirtschaftlich gesehen einen Kredit dar, der mit einem Adressenausfallrisiko verbunden ist. Der Gesetzgeber geht jedoch davon aus, daß es sich hierbei lediglich um einen Usancekredit handelt und daß die Deckung im Rahmen des üblichen Abrechnungsverfahrens - bei Wechselkursgeschäften innerhalb von zwei Geschäftstagen und bei Wertpapiergeschäften binnen fünf Geschäftstagen ab Vorleistung - bei der Inkassostelle eingeht. Ist allerdings eine spätere Deckung geplant, d.h. bei Wechselkursgeschäften nach dem zweiten Geschäftstag bzw. bei Wertpapiergeschäften nach dem fünften Geschäftstag, so sind die Vorleistungen von Anfang an in voller Höhe bei den Großkreditvorschriften zu berücksichtigen.

Zur Vermeidung einer Doppelbelastung des haftenden Eigenkapitals sind nach § 20 Abs. 1 Nr. 3 KWG Bilanzaktiva von den Großkreditvorschriften befreit, sofern sie bei der Berechnung des haftenden Eigenkapitals eines Instituts oder einer Instituts- bzw. Finanzholding-Gruppe als Abzugsposten angesetzt werden. Die Abzugsposten ergeben sich aus § 10 Abs. 6 S. 1 Nr. 1 bis 4, § 10a Abs. 9 S. 3 und § 13b Abs. 5 KWG.

Abzugsposten gemäß § 10 Abs. 6 S. 1 Nr. 1 bis 4 KWG sind im einzelnen Beteiligungen, Vermögenseinlagen als stiller Gesellschafter, Forderungen aus nachrangigen Verbindlichkeiten sowie Forderungen aus Genußrechten, die am Verlust des anderen Unternehmens teilnehmen, sofern diese Abzugsposten aus unmittelbaren Beteiligungen an Instituten (Ausnahme: Kapitalanlagegesellschaften) und Finanzunternehmen mit einer Beteiligungsquote von mehr als 10% resultieren. Bilanzaktiva aus Beteiligungen an Instituten und Finanzunternehmen bis zu 10%, die insgesamt die Höhe von 10% des haftenden Eigenkapitals des Instituts überschreiten und entsprechend des Sammelabzugsverfahrens des § 10 Abs. 6 S. 1 Nr. 5 KWG das haftende Eigenkapital mindern, sind in voller Höhe in die Großkreditvorschriften einzubeziehen.

Die oben genannten Bilanzaktiva sind unabhängig von der Beteiligungshöhe gemäß § 10a Abs. 9 S. 3 KWG auch für diejenigen gruppenangehörigen Unternehmen vom haftenden Eigenkapital abzuziehen, bei denen aufgrund fehlender Angaben eine Eigenkapitalkonsolidierung nicht möglich ist. Dies gilt gemäß § 13b Abs. 5 KWG iVm § 10a Abs. 9 KWG auch, wenn notwendige Angaben zur Risikokonsolidierung nach § 13b Abs. 3 KWG von einem gruppenangehörigen Unternehmen nicht zur Verfügung gestellt werden.

b. Befreiung von der Großkreditanzeigepflicht

Von der Großkreditanzeigepflicht und damit gemäß § 20 Abs. 3 S.1 KWG auch von Verpflichtungen zur Anrechnung auf die Großkrediteinzel- oder -aggregatsobergrenze befreit sind gemäß § 20 Abs. 2 KWG

1. alle Kredite, die

   a) vom Bund, der Deutschen Bundesbank, einem rechtlich unselbständigen Sondervermögen des Bundes oder eines Landes, einem Land, einer Gemeinde oder einem Gemeindeverband,

   b) von einer Zentralregierung/Zentralnotenbank mit Sitz in einem Staat der Zone A oder den Europäischen Gemeinschaften,

   c) von einer mit Null zu gewichtenden Regionalregierung bzw. örtlichen Gebietskörperschaft mit Sitz im EWR geschuldet oder gewährleistet werden, oder die durch von einer der genannten Adressen emittierte Wertpapiere gesichert sind,

2. durch Bareinlagen gedeckte Kredite,

3. durch von dem kreditgewährenden Institut ausgegebene Einlagenzertifikate oder ähnliche Papiere gedeckte Kredite, sofern diese bei dem kreditgewährenden Institut hinterlegt sind.

Bei den Regionalregierungen und örtlichen Gebietskörperschaften haben die einzelnen Länder des EWR ein nationales Wahlrecht, mit welchem Bonitätsstatus sie ihre jeweiligen Länder und Kommunen versehen. Diese Bonitätseinstufung ist dann für alle anderen EG-Mitgliedsstaaten verbindlich. Bisher haben neben der Bundesrepublik Deutschland acht weitere EG-Staaten eine privilegierte Bonitätseinstufung ihrer Regionalregierungen bekanntgegeben. Im einzelnen sind dies: Belgien, Dänemark, Finnland, Luxemburg, Niederlande, Österreich, Schweden und Spanien (vgl. das Schreiben des BAK vom 10. April 1995, I7-H111-3/93 sowie die Erläuterungen zu § 13 Grd I).

Eine Anzeigepflicht entfällt auch, wenn die Kredite besichert sind durch Wertpapiere eines der oben genannten öffentlich-rechtlichen Emittenten, durch Bareinlagen oder durch von dem kreditgewährenden Institut ausgegebene Einlagenzertifikate und ähnliche Papiere. Die Anerkennung der Sicherheit setzt voraus, daß diese dem kreditgewährenden Institut nach den Vorschriften des BGB verpfändet worden sind und mindestens für die Dauer der Kreditlaufzeit zur Verfügung stehen. Das heißt, mit dem Sicherheitengeber muß eine gesonderte Verpfändungserklärung abgeschlossen werden. Das in den Allgemeinen Geschäftsbedingungen der Institute verankerte Pfandrecht der Institute ist nicht ausreichend. Die Sicherheiten müssen grundsätzlich bei dem kreditgewährenden Institut hinterlegt werden.

Als Sicherheiten verpfändete Wertpapiere dürfen auch bei einem anderen Institut verwahrt werden. Erfolgt die Verwahrung bei einem im Ausland ansässigen Institut, so können diese Sicherheiten nur dann anerkannt werden, wenn die dort geltenden rechtlichen Regelungen für die Hinterlegung denen im Inland entsprechen und der Sicherungsnehmer vergleichbare Zugriffsrechte hat (vgl. Schreiben des BAK vom 23. Oktober 1995, I7-A211-30/93).

c. Befreiung von der Anrechnung auf die Großkrediteinzelobergrenzen

Von der Anrechnung auf die Großkrediteinzelobergrenzen nach § 13 Abs. 3 und § 13a Abs. 3 und 5 KWG sind die nicht anzuzeigenden Kredite nach § 20 Abs. 2 KWG befreit. Darüber hinaus nennt das KWG eine Reihe weiterer Kredite, die von der Anrechnung auf die Obergrenzen befreit sind, d.h. zwar anzuzeigen, dann aber mit 0% zu gewichten sind (§ 20 Abs. 3 KWG):

1. Kredite an Zentralregierungen und Zentralnotenbanken der Zone B, sofern diese Kredite auf die jeweilige Landeswährung lauten und in dieser finanziert sind (Lokalfinanzierungen)

2. Kredite an inländische Kreditinstitute oder Einlagenkreditinstitute der Zone A mit einer Restlaufzeit bis zu einem Jahr

3. Schuldverschreibungen nach Art. 22 Abs. 4 S. 1 u. 2 der Investmentrichtlinie

4. Durch Grundpfandrechte auf Wohneigentum gesicherte Kredite (bis 50% des Grundstückswertes)

5. Vor dem 1. Januar 2002 gewährte Realkredite (bis 50% des Grundstückswertes)

Im Bereich der Ausnahmen von der Anrechnung auf die Großkreditgrenzen ergeben sich durch die 6. KWG-Novelle keine materiellen Änderungen.

Bei den Krediten an Einlagenkreditinstitute der Zone A mit einer Laufzeit bis zu einem Jahr wurde klargestellt, daß es sich hier um die Restlaufzeit handelt. Auch wenn § 20 Abs. 3 KWG nach der Umsetzung der 5. KWG-Novelle nur von Laufzeiten spricht, waren auch hier schon die Restlaufzeiten gemeint, da dieser Tatbestand aus der Großkreditrichtlinie resultiert. Diese wurde durch die 5. KWG-Novelle umgesetzt. Gemäß den Erläuterungen zu § 15 Abs. 2 KredBestV (E-2. ÄndV), die hier analog angewendet werden können, stellt das BAK es den Instituten, denen eine Rechnung nach Restlaufzeiten zu aufwendig erscheint, frei, weiterhin die Ursprungslaufzeiten zugrunde zu legen. Die Entscheidung für die Beibehaltung der Ursprungslaufzeiten, durch die sich die Institute schlechter stellen, ist sowohl dem BAK als auch der zuständigen Landeszentralbank (LZB) anzuzeigen.

Bei den Schuldverschreibungen nach Art. 22 Abs. 4 S. 1 und 2 der Investmentrichtlinie handelt es sich um Schuldverschreibungen mit besonderer Deckung. Diese sind von der Anrechnung auf die Großkrediteinzelobergrenze ausgenommen. Im bisherigen Recht waren nur Schuldverschreibungen mit einer Deckung nach den Vorschriften des Hypothekenbankgesetzes, des Schiffsbankgesetzes oder des Gesetzes über die Pfandbriefe und verwandten Schuldverschreibungen öffentlich-rechtlicher Kreditinstitute ausgenommen. Durch die Bezugnahme auf die Investmentrichtlinie wird der Katalog um vergleichbare gedeckte Schuldverschreibungen anderer Staaten erweitert. Darüber hinaus ermöglicht die Bezugnahme auf die Investmentrichtlinie eine flexiblere Anpassung an Änderungen der genannten Richtlinie.

d. Befreiung von der Anrechnung auf die Großkreditgesamtobergrenzen

Von der Anrechnung auf die Großkreditgesamtobergrenzen sind gemäß § 20 Abs. 4 KWG die nicht anzuzeigenden Kredite nach § 20 Abs. 2 KWG sowie die nicht auf die Großkrediteinzelobergrenzen anzurechnenden Kredite nach § 20 Abs. 3 S. 2 KWG befreit.

e. Von der Beschlußpflicht freigestellte Kredite

Von den Verpflichtungen im Rahmen der Beschlußfassung über die Vergabe von Großkrediten gemäß § 13 Abs. 2 und 4 sowie § 13a Abs. 2 und 6 KWG (vgl. Kapitel L) sind die nicht anzuzeigenden Kredite nach § 20 Abs. 2 KWG sowie teilweise die nicht auf die Großkrediteinzelobergrenze anzurechnenden Kredite nach § 20 Abs. 3 S. 2 Nr. 2 u. 3 KWG befreit (§ 20 Abs. 5 KWG).

III. Handelsbuch-Gesamtposition

1. Anwendungsbereich

Die Handelsbuch-Gesamtposition bildet bei Handelsbuchinstituten zusammen mit der Anlagebuch-Gesamtposition die kreditnehmerbezogene Gesamtposition, die die Grundlage für die Großkreditvorschriften (Gesamtbuch-Großkredit) darstellt.

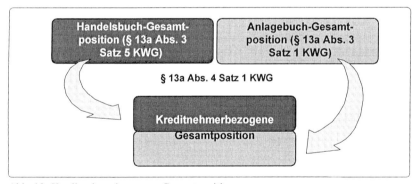

Abb. 13: Kreditnehmerbezogene Gesamtposition

Bezüglich der Großkreditvorschriften der §§ 13 bis 13b KWG ist zukünftig zwischen Handelsbuchinstituten und Nichthandelsbuchinstituten zu differenzieren. Nichthandelsbuchinstitute müssen alle Kredite zu einer kreditnehmerbezogenen Position zusammenfassen. Diese ist im wesentlichen nach den gleichen Vorschriften zu ermitteln wie vor der 6. KWG-Novelle.

Bei Handelsbuchinstituten sind die einzelnen Geschäfte dem Handels- oder dem Anlagebuch zuzuordnen. Der Anlagebuch-Gesamtposition liegt der Kreditbegriff des § 19 Abs. 1 KWG zugrunde. Ihre Ermittlung erfolgt nach den Vorschriften, die auch für die Nichthandelsbuchinstitute gelten. Darüber hinaus haben die Handelsbuchinstitute auch eine kreditnehmerbezogene Handelsbuch-Gesamtposition zu ermitteln.

Die Handelsbuch-Gesamtposition umfaßt alle Kredite, die dem Handelsbuch zugerechnet werden. Die Ermittlung der Handelsbuch-Gesamtposition erfolgt nach den Vorschriften der §§ 37 ff. GroMiKV. Abweichungen zu der Behandlung der Kredite in der Anlagebuch-Gesamtposition beruhen im wesentlich auf anderen Bemessungsgrundlagen.

Die Handelsbuch-Gesamtposition ist eine schematische Einschätzung der Risikokonzentration der Handelsbuchpositionen auf einen Kreditnehmer.

2. Zusammensetzung

Die Zusammensetzung der kreditnehmerbezogenen Handelsbuch-Gesamtposition ist in § 37 ff. GroMiKV geregelt. Sie errechnet sich als Summe der folgenden sechs Teilpositionen:

1. Emittentenbezogene Nettokaufpositionen

2. Kreditäquivalenzbeträge von Derivaten

3. Kreditnehmerbezogenes Abwicklungsrisiko

4. Kreditnehmerbezogenes Vorleistungsrisiko

5. Kreditbetrag der Wertpapierpensionsgeschäfte und Wertpapierdarlehensgeschäfte

6. Sonstige Forderungen im Zusammenhang mit den Positionen 1 bis 5

Im Grundsatz I findet die Handelsbuch-Gesamtposition ihre grobe Entsprechung bei den Adressenausfallrisikopositionen des Handelsbuches in § 27 Grd I (5. Abschnitt). Zu beachten ist, daß zwischen der Handelsbuch-Gesamtposition gemäß § 37 ff. GroMiKV und den Adressenausfallrisikopositionen des Handelsbuches gemäß § 27 Grd I im Detail mehrere Abweichungen bestehen.

IV. Vorschriften zum Kreditbegriff nach der GroMiKV

1. Kreditäquivalenzbeträge

Im Gegensatz zu den Bilanzaktiva, bei denen ggf. der gesamte Kapitalbetrag ausfallen kann, besteht das Kreditrisiko bei Derivaten nicht in Höhe des Nominalbetrages, sondern in Höhe des potentiellen Eindeckungsaufwandes (Ersatzkosten/"Replacement Cost"). Diese Ersatzkosten fallen an, wenn infolge eines Ausfalls des Kontrahenten die entstehende offene Position durch ein vergleichbares Neugeschäft wieder geschlossen werden müßte, d.h. das betrachtete Geschäft durch ein identisches Ersatzgeschäft ausgeglichen werden müßte. Der potentielle Eindeckungsaufwand bemißt sich dementsprechend an dem Wert, den das vorhandene Geschäft im Vergleich zu den aktuellen Marktkonditionen aufweist. Der potentielle Eindeckungsaufwand wird folglich von den Zinssätzen, Aktien- und Wechselkursen bzw. von den Abweichungen der relevanten Marktpreise von den in dem Geschäft festgeschriebenen Konditionen determiniert.

Die Ermittlung des Kreditäquivalenzbetrages ist in § 4 GroMiKV geregelt. Für die Berechnung der Kreditäquivalenzbeträge werden zwei alternative Methoden vorgegeben: die Laufzeitmethode und die Marktbewertungsmethode.

Bei der Laufzeitmethode (Vereinfachungs- oder Schätzmethode) wird das Risiko nur pauschal und nicht unter Berücksichtigung von Wiederbeschaffungskosten ermittelt. Der jeweils aktuelle Marktwert des Geschäftes spielt bei der Berechnung keine Rolle. Der Kreditäquivalenzbetrag wird durch Multiplikation der Bemessungsgrundlage mit einem laufzeitbezogenen Anrechnungssatz ermittelt. Dieser laufzeitbezogene Anrechnungssatz hängt einerseits von der Risikoart des Geschäftes (z.B. zinssatz-, aktienkurs-, währungs- und rohwarenbezogene Kontrakte) und andererseits von seiner Laufzeit ab.

Bei der Marktbewertungsmethode berechnet sich der Kreditäquivalenzbetrag aus der Höhe des derzeit bereits eingetretenen Risikos, d.h. dem potentiellen Eindeckungsaufwand zum aktuellen Marktwert, vermehrt um eine Schätzung der während der Restlaufzeit des Geschäftes möglichen Risikoerhöhung (Zuschlagswert bzw. Add-on). Zur Bestimmung der Ersatzkosten werden die Geschäfte zu den aktuellen Marktpreisen bewertet. Es werden nur Geschäfte mit positivem Marktwert (Bewertungsgewinn) berücksichtigt. Geschäfte, die aktuell "günstiger" abgeschlossen werden könnten, ergeben einen negativen Marktwert. Bei einem Ausfall des Vertragspartners stellt sich das Institut besser; daher ist der Eindeckungsaufwand hier gleich null. Es wird nur der Add-on berücksichtigt.

Da durch die aktuellen Wiederbeschaffungskosten das bis zum Bewertungsstichtag dem Kontrakt inhärente Risiko berücksichtigt ist, wird bei der Berechnung des Zuschlags - unabhängig von der Risikogruppe - folglich nur auf die Restlaufzeit abgestellt. Zur Bestimmung des Add-on wird - analog der Laufzeitmethode - die Bemessungsgrundlage der Geschäfte mit einem Zuschlagssatz multipliziert.

In der Vergangenheit bestand für alle Institute ein Wahlrecht bezüglich der Methoden zur Ermittlung der Kreditäquivalente. Dieses Wahlrecht besteht für Handelsbuchinstitute zukünftig sowohl für die Positionen des Anlagebuches als auch des Handelsbuches nicht mehr. Handelsbuchinstitute haben nach einer Übergangsfrist bis zum 30. September 1999 zwingend die Marktbewertungsmethode anzuwenden.

Für Nichthandelsbuchinstitute besteht noch ein eingeschränktes Wahlrecht für zinssatz-, währungs- oder goldpreisbezogene Kontrakte. Aktien- und rohwarenbezogene Kontrakte (ohne Gold) sind nach der Übergangsfrist bis zum 30. September 1999 zwingend nach der Marktbewertungsmethode zu behandeln. In den Bereichen, in denen ein Wahlrecht besteht, ist dieses für die Zwecke des Grundsatzes I und der GroMiKV einheitlich auszuüben. Das BAK läßt gemäß den Erläuterungen zu § 4 GroMiKV das sogenannte "gelockerte Einheitlichkeitsprinzip" zu. Danach ist eine Differenzierung der gewählten Methode für genau bestimmte und eindeutig abgegrenzte Geschäftsbereiche eines Instituts möglich. Die Abgrenzungskriterien hierfür müssen objektiv nachvollziehbar sein. Die Festlegung ist zu dokumentieren. Über die Inanspruchnahme des gelockerten Einheitlichkeitsprinzips sind das BAK und die zuständige LZB zu informieren.

Gemäß den Erläuterungen zu § 4 GroMiKV ist ein Wechsel von der Laufzeitmethode zur Marktbewertungsmethode jederzeit möglich. Der umgekehrte Wechsel von der Marktbewertungsmethode zurück zur Laufzeitmethode hingegen ist nicht zulässig.

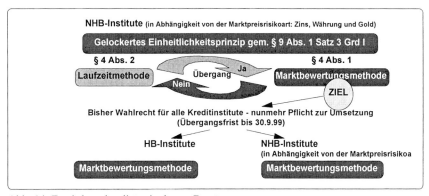

Abb. 14: Ermittlung kreditäquivalenter Beträge

2. Bonitätsgewichte zur Anrechnung auf die Großkreditobergrenzen

Für bestimmte Adressen und bestimmte Geschäftsarten sieht die GroMiKV Privilegien bei der Anrechnung auf die Großkreditobergrenzen vor. § 16 GroMiKV führt die Kredite auf, die mit einer Nullanrechnung bevorzugt werden, § 17 GroMiKV gibt die Kredite an, die mit 20% anzurechnen sind und § 18 GroMiKV gibt die Kredite an, die mit 50% zu anzurechnen sind.

3. Nettingvereinbarungen

Unter Netting versteht man die Aufrechnung von Ansprüchen und Verpflichtungen aus verschiedenen Geschäften mit einem Kontrahenten zu einer Nettoposition.

Die Berücksichtigung von Nettingvereinbarungen führt zu einer Reduzierung des anrechnungspflichtigen Betrags und somit zu einer geringeren Eigenkapital/-mittelunterlegung. Risikomindernd wird berücksichtigt, daß gegenüber einem Kontrahenten nicht nur Ansprüche aus derivativen Geschäften, sondern auch Verpflichtungen bestehen. Durch entsprechende Nettingvereinbarungen wird festgelegt, daß das Institut seine Forderungen und Verbindlichkeiten bei einem Ausfall des Kontrahenten gegeneinander aufrechnen kann.

Die Regelungen der §§ 5 bis 8 GroMiKV zum Netting sind gegenüber der KredBestV von 1996 (Basis 5. KWG-Novelle) materiell weitgehend unverändert geblieben. Es ergaben sich nur redaktionelle Änderungen.

Besonderheiten zum Netting von Wertpapierpensions- oder -darlehensgeschäften sind in § 10 GroMiKV geregelt.

In die Aufrechnung dürfen gemäß § 5 und § 8 Abs. 2 GroMiKV Swapgeschäfte und andere als Festgeschäfte oder Rechte ausgestaltete Termingeschäfte einbezogen werden. Gemäß den Erläuterungen zum Grundsatz I vom 29. Oktober 1997 können auch Stillhalterverpflichtungen aus Optionsgeschäften einbezogen werden.

Damit eine Nettingvereinbarung risikomindernd berücksichtigt werden darf, muß sie bestimmte Anforderungen erfüllen. Grundsätzlich werden zwei Arten des Nettings anerkannt:

1. Novationsnetting (Schuldumwandlungsverträge; "netting by novation")

2. Liquidationsnetting (Schuldaufrechnungsverträge; "close-out-netting")

Unter Novationsnetting sind Schuldumwandlungsverträge zu verstehen, aufgrund derer alle gegenüber einem Vertragspartner bestehenden Ansprüche und Verpflichtungen aus derivativen Finanzgeschäften mit gleicher Währung und gleichem Erfüllungsdatum laufend in schuldersetzender Weise verrechnet werden. Das heißt, es wird nur ein Saldo aus diesen Geschäften geschuldet.

Unter Liquidationsnetting sind zweiseitige Aufrechnungsvereinbarungen zu verstehen, die im Falle des Ausfalls des Kontrahenten eine Verrechnung der positiven und negativen Marktwerte aller unter die Vereinbarungen fallenden Geschäfte auf eine einzige Ausgleichsforderung mit schuldumwandelnder Wirkung vorsehen.

Beim Novationsnetting erfolgt also eine laufende Verrechnung der bestehenden Ansprüche und Verpflichtungen, beim Liquidationsnetting nur im Falle des Ausfalls einer Partei.

Die Nettingvereinbarungen müssen vom BAK genehmigt werden. Damit nicht jedes Institut seine Verträge einzeln vom BAK genehmigen lassen muß, wurden dem BAK gemeinsame Rahmenverträge zur Anerkennung vorgelegt, z.B. der ISDA-Rahmenvertrag von 1992 (Multicurrency-Cross Border).

Die Kriterien für eine Anerkennung zweiseitiger Aufrechnungsvereinbarungen (Liquidationsnetting) sind in § 6 GroMiKV genannt. Auf eine eingehende Erläuterung kann verzichtet werden, da in der Praxis die genannten Finanzrahmenverträge verwendet werden und die Institute davon absehen, eigene Nettingvereinbarungen zu entwickeln und anerkennen zu lassen.

V. Kreditnehmerbegriff

Der Kreditnehmerbegriff ist in § 19 Abs. 2 KWG geregelt. Er gilt für die §§ 10 und 13 bis 18 KWG. Eine Differenzierung analog zu den unterschiedlichen Kreditbegriffen erfolgt nicht. Lediglich in § 19 Abs. 3 bis 6 KWG und in § 11 bis 14 GroMiKV wird für Sonderfälle definiert, wer als Kreditnehmer iSd §§ 13 bis 14 KWG anzusehen ist.

§ 19 Abs. 2 KWG enthält keine Legaldefinition des Kreditnehmerbegriffes; der Gesetzgeber hat unterstellt, daß sich die Kreditnehmereigenschaft zweifelsfrei aus der Natur der im Einzelfall zu bewertenden Geschäfte ergibt (vgl. Schreiben des BAK vom 10. März 1981 - I3-237-10/77). Im allgemeinen ist als Kreditnehmer derjenige anzusehen, in dessen Vermögen die Kreditvaluta übergegangen ist und der zur Rückzahlung verpflichtet ist. Je nach Kreditart kann es mehrere Zahlungsverpflichtete geben. Zweifelsfragen bezüglich der Kreditnehmereigenschaft, z.B. bei Wechseleinreichungen oder Pensionsgeschäften, werden in den Gesetzeserläuterungen, durch Schreiben des Bundesaufsichtsamtes für das Kreditwesen oder durch Merkblätter der Deutschen Bundesbank geregelt.

Kreditnehmer können entweder eine natürliche, eine juristische Person oder eine Personenhandelsgesellschaft sein. Gesellschaften bürgerlichen Rechts oder Erbengemeinschaften können keine Kreditnehmer sein, da sie formaljuristisch über keine verselbständigten Vermögensmassen verfügen können. Die Kreditgewährung erfolgt in diesen Fällen an die Personenmehrheit als Gesamthand. Hier sind alle Gesellschafter Kreditnehmer. Sie haften außer mit dem Gesellschaftsvermögen auch persönlich mit ihrem Privatvermögen.

§ 19 Abs. 2 KWG regelt ausschließlich die Bildung von Kreditnehmereinheiten. Mehrere rechtlich selbständige Kreditnehmer sind unter bestimmten Voraussetzungen als ein Kreditnehmer nach § 19 Abs. 2 KWG zu behandeln. Die Zusammenfassung verschiedener Kredite zu einem einzigen Kredit soll das Risiko darstellen, das in einer engen wirtschaftlichen oder rechtlichen Bindung zwischen verschiedenen rechtlich selbständigen Einzel-Kreditnehmern liegen kann.

Als Hauptanwendungsfälle nennt § 19 Abs. 2 KWG drei Fälle:

1. Konzernunternehmen und Unternehmen, zwischen denen Gewinnabführungsverträge abgeschlossen wurden sowie in Mehrheitsbesitz stehende Unternehmen und die mit ihnen verbundenen Personen oder Unternehmen

2. Personenhandelsgesellschaften und deren persönlich haftende Gesellschafter sowie Partnerschaften und Partner

3. die sog. Strohmannkredite

Darüber hinaus sind Kreditnehmereinheiten zu bilden, wenn dies von der Risikolage geboten erscheint. Nach dem Gesetzeswortlaut ist eine solche Risikoeinheit zu bilden, wenn die zwischen den Unternehmen bestehenden Abhängigkeiten es wahrscheinlich erscheinen lassen, daß, wenn einer dieser Kreditnehmer in finanzielle Schwierigkeiten gerät, dies auch bei den anderen zu Zahlungsschwierigkeiten führt. Die Kriterien für die Zusammenfassung der Kreditnehmer zu Kreditnehmereinheiten müssen sich in der Praxis noch herauskristallisieren. Allerdings, so wird in der Gesetzesbegründung zur 5. KWG-Novelle ausgeführt, würde beispielsweise eine Zusammenfassung von Lieferanten und Zulieferern mit ihren Hauptabnehmern zu weit führen.

In § 11 GroMiKV werden die Kreditnehmer für die Zwecke der §§ 13 bis 14 KWG definiert, so daß bei

1. Forderungen der Forderungsschuldner,

2. Unternehmensanteilen, auch bei Anteilen an Personenhandelsgesellschaften oder Partnerschaften das Unternehmen, an dem die Anteile gehalten werden,

3. Bürgschaften, Garantien oder anderen Gewährleistungen für Forderungen Dritter der Forderungsschuldner,

4. Ankauf von Wechseln oder Schecks der Einreicher,

5. Wertgarantien für Unternehmensanteile, einschließlich Anteilen an Personenhandelsgesellschaften oder Partnerschaften, das Unternehmen, an dem die Anteile gehalten werden,

6. als Festgeschäften ausgestalteten Termingeschäften der Geschäftspartner,

7. Optionsrechten der Stillhalter,

8. Gewährleistungen für als Festgeschäfte ausgestaltete Termingeschäfte der Geschäftspartner, für dessen Verbindlichkeiten das Institut einzustehen verspricht,

9. Gewährleistungen für Optionsrechte der Stillhalter,

10. als Festgeschäften ausgestalteten Termingeschäften sowie Stillhalterverpflichtungen, die kommissionsweise abgeschlossen oder übernommen werden, der Kommittent

als Kreditnehmer anzusehen sind.

Bei Krediten, die unter keine der unter Satz 1 aufgeführten Fallgruppen fallen, ist der Kreditnehmer nach den allgemeinen Grundsätzen unter Berücksichtigung der in Satz 1 getroffenen Wertungen zu bestimmen.

VI. Behandlung der Großrisiken

1. Struktur der Großkreditvorschriften

Die Großkreditvorschriften sind in den §§ 13, 13a und 13b KWG enthalten. Diese tiefere Untergliederung ist durch eine Differenzierung der Vorschriften nach Handelsbuchinstituten und Nichthandelsbuchinstituten notwendig geworden.

Dementsprechend sind anzuwenden:

- § 13 KWG für Nichthandelsbuchinstitute
- § 13a KWG für Handelsbuchinstitute
- § 13b KWG für Institutsgruppen und Finanzholdinggruppen

Grund für die unterschiedliche Berücksichtigung der Nichthandelsbuch- und der Handelsbuchinstitute ist die neu eingeführte Unterscheidung der mit einem Adressenausfallrisiko behafteten Positionen der Handelsbuchinstitute in Positionen des Anlagebuches und des Handelsbuches. Diese Unterteilung findet ihre Entsprechung in den Großkreditvorschriften für Handelsbuchinstitute. Die kreditnehmerbezogene Gesamtposition ergibt sich hier als Summe aus der kreditnehmerbezogenen Anlagebuch-Gesamtposition und der kreditnehmerbezogenen Handelsbuch-Gesamtposition. Für Nichthandelsbuchinstitute entfällt eine derartige Differenzierung.

§ 13b KWG über die konsolidierte Einhaltung der Großkreditvorschriften verweist je nach Zuordnung der Institutsgruppe bzw. der Finanzholdinggruppe auf die Vorschriften des § 13 KWG für Nichthandelsbuchinstitute oder des § 13a KWG für Handelsbuchinstitute.

Inhaltlich ist in den Großkreditvorschriften in Abhängigkeit von der Einordnung des Meldepflichtigen geregelt:

- die Definition des Großkredites (Großkreditgrenze)
- die Beschlußfassung über die Vergabe von Großkrediten
- die Definition von Obergrenzen sowohl bei einem Kreditnehmer (Einzelobergrenze) als auch für die Summe aller Großkredite (Aggregatsobergrenze)
- die Überschreitung der genannten Obergrenzen

Bezüglich der Begriffe des Kreditnehmers und des Kredites wird zurückgegriffen auf:

- § 19 Abs. 1 KWG:
  - Kreditbegriff für Nichthandelsbuchinstitute
  - Kreditbegriff für die Anlagebuch-Gesamtposition von Handelsbuchinstituten
- § 37 ff. GroMiKV:
  Kreditbegriff für die Handelsbuch-Gesamtposition bei Handelsbuchinstituten
- § 19 Abs. 2 KWG:
  Kreditnehmer bzw. Kreditnehmereinheit

Bezüglich der Anforderungen an die ordnungsgemäße Ermittlung und Erfassung aller Großkredite war in der Vergangenheit in § 13 Abs. 3 KWG geregelt, daß die Institute eine ordnungsgemäße Organisation und Buchführung sowie angemessene interne Kontrollverfahren einzurichten hätten. Diese Vorschrift wurde im Rahmen der 6. KWG-Novelle in § 13 KWG gestrichen. An ihre Stelle tritt die aus dem neuen § 25a Abs. 1 KWG resultierende Verpflichtung der Institute, über geeignete Regelungen zur Steuerung, Überwachung und Kontrolle der Risiken ebenso zu verfügen wie über eine angemessene Geschäftsorganisation und ein angemessenes internes Kontrollsystem.

2. Großkreditvorschriften für Nichthandelsbuchinstitute

a. Großkreditdefinition

Als Großkredit gilt gemäß § 13 Abs. 1 KWG ein Kredit an einen Kreditnehmer, der 10% des haftenden Eigenkapitals eines Instituts erreicht oder übersteigt.

Auch Nichthandelsbuchinstitute können neben dem Anlagebuch über ein - wenn auch vom Volumen her geringes - Handelsbuch verfügen. Für die Berechnung des Groß-kreditanrechnungsbetrages ist zu beachten, daß hier nicht zwischen Handelsbuch- und Anlagebuchpositionen unterschieden wird. Die Berücksichtigung der Handelsbuch-positionen erfolgt analog den Anlagebuchpositionen.

Welche Kreditbestandteile in die Ermittlung des Kredites eingehen, regelt § 19 Abs. 1 KWG iVm den Ausnahmeregelungen in § 20 Abs. 1 KWG. Die weiteren Ausnahme-tatbestände in § 20 Abs. 2 bis 5 KWG und in der GroMiKV stellen nur Ausnahmen von einem Teil der Verpflichtungen nach § 13 KWG dar, nicht aber vom Kreditbegriff als solchem.

Im Rahmen der Großkreditvorschriften gilt als ein Kreditnehmer nicht unbedingt ein Einzelkreditnehmer. Bezugsgröße ist vielmehr die Kreditnehmereinheit. Die Zusam-menfassung von Einzelkreditnehmern zu Kreditnehmereinheiten erfolgt nach den Vorschriften des § 19 Abs. 2 KWG.

Ein Erreichen oder eine Überschreitung der Großkreditgrenze von 10% (bzw. 15% gemäß Übergangsregelung) zieht für das Institut zwei Verpflichtungen nach sich:

1. Anzeigepflicht (§ 13 Abs. 1 KWG)

2. Verpflichtung zur einstimmigen Beschlußfassung aller Geschäftsleiter über die Gewährung des Großkredites (§ 13 Abs. 2 KWG)

b. Obergrenzen

Die Institute müssen bei der Vergabe von Großkrediten zwei Obergrenzen gemäß § 13 Abs. 3 KWG einhalten:

- die Großkrediteinzelobergrenze
- die Großkreditgesamtobergrenze

Materiell ergeben sich durch § 13 Abs. 3 KWG keine Änderungen gegenüber der 5. KWG-Novelle. Bei den Nichthandelsbuchinstituten gilt als Bemessungsgrundlage für die Obergrenzen wie bisher ausschließlich das haftende Eigenkapital.

Die Großkrediteinzelobergrenze stellt eine Begrenzung der Kreditvergabe an einen Kreditnehmer dahingehend dar, daß die Kredite an einen Kreditnehmer auf 25% des haftenden Eigenkapitals eines Instituts begrenzt sind. Für Kredite an verbundene Unternehmen, die nicht in die aufsichtsrechtliche Konsolidierung einbezogen werden, gilt eine verminderte Obergrenze von 20% des haftenden Eigenkapitals.

Die Großkreditgesamtobergrenze begrenzt das Volumen aller Großkredite auf das Achtfache des haftenden Eigenkapitals.

c. Eigenmittelunterlegung von Überschreitungen

Eine Überschreitung der genannten Grenzen ist in § 13 Abs. 3 KWG geregelt. Sie darf nur mit Zustimmung des BAK erfolgen. Unabhängig davon, ob die Zustimmung eingeholt oder erteilt wurde, sind die Überschreitungen der Großkreditobergrenzen unverzüglich dem BAK und der Deutschen Bundesbank anzuzeigen.

Die Überschreitungsbeträge sind grundsätzlich zu 100% mit haftendem Eigenkapital zu unterlegen. Dies gilt auch, wenn das BAK der Überschreitung zugestimmt hat. Überschreitet ein Institut sowohl die Großkrediteinzelobergrenze bei einem oder mehreren Kreditnehmern als auch die Großkreditgesamtobergrenze, so ist nur der höhere Überschreitungsbetrag mit haftendem Eigenkapital zu unterlegen (§ 13 Abs. 3 S. 7 KWG). Hierdurch wird vermieden, daß eine Überschreitung zu einer doppelten Unterlegung führt.

Das BAK kann im Einzelfall einer Ausnahme von der Unterlegungspflicht zustimmen. Dies ist gemäß § 13 Abs. 3 S. 9 KWG in den Fällen möglich, in denen die Überschreitung der Grenze durch Verschmelzung von Kreditnehmern oder vergleichbare Ereignisse bedingt war, die für das Institut nicht vorhersehbar waren. Bei der Verschmelzung zweier Einzelkreditnehmer in der Form, daß diese eine neue Kreditnehmereinheit nach § 19 Abs. 2 KWG bilden, sind die vorher einzeln betrachteten Kredite zusammenzufassen. Eine dadurch bedingte Überschreitung kann durch das BAK von der Eigenkapitalunterlegung befreit werden. Das Institut ist in jedem Fall verpflichtet, die Überschreitung so schnell wie möglich zurückzuführen.

Eine Unterlegung der Überschreitungen mit haftendem Eigenkapital führt nicht zu Veränderungen bezüglich der Bemessungsgrundlage für die Ermittlung der Großkredite. Jedoch wird das für die Erfüllung der Anforderungen gemäß § 10 KWG einsetzbare haftende Eigenkapital durch die Unterlegung der Überschreitungsbeträge vermindert. Da keine Doppelbelegung des haftenden Eigenkapitals zulässig ist, muß der Überschreitungsbetrag dort abgezogen werden.

d. Anzeigepflichten

Das Überschreiten der Großkreditgrenze gemäß § 13 Abs. 1 KWG ist der Deutschen Bundesbank unverzüglich anzuzeigen. Zu einer Überschreitung kann es durch Kreditgewährungen aber auch durch vom Institut nicht zu beeinflussende Faktoren (wie z.B. Wechselkursschwankungen oder Änderungen der gesellschaftsrechtlichen Verhältnisse der Kreditnehmer, die zur Bildung neuer Kreditnehmereinheiten führen) kommen. Die Verpflichtung zur Anzeige eines Großkredites setzt dementsprechend eine laufende Überwachung aller Kreditengagements voraus. Gemäß § 30 GroMiKV erfolgt zukünftig eine quartalsweise Anzeige der Großkredite. In Anlehnung an die Anzeigevorschriften für Millionenkredite sind jeweils bis zum 15. der Monate Januar, April, Juli und Oktober die Großkredite des vorangegangenen Quartals anzuzeigen. Die Angleichung der Meldetermine für Großkredite an die für Millionenkredite stellt eine erhebliche Erleichterung für die Institute dar. Des weiteren übersenden die Landeszentralbanken in Zukunft den Instituten vorbereitete Sammelanzeigen, die alle Kreditnehmer enthalten, die von dem Institut zum vorhergehenden Meldetermin angezeigt wurden. Einzelanzeigen sind nur noch für solche Kreditnehmer zu verwenden, die zum letzten Meldetermin nicht angezeigt werden mußten oder deren Stammdaten sich geändert haben.

Überschreitungen der Großkrediteinzelobergrenze oder der Großkreditgesamtobergrenze gemäß § 13 Abs. 3 KWG sind dem BAK und der Deutschen Bundesbank wie in der Vergangenheit auch unverzüglich anzuzeigen.

e. Beschlußfassung

Vor der Gewährung eines Großkredites hat ein einstimmiger Beschluß sämtlicher Geschäftsleiter zu erfolgen. Ist es wegen der Eilbedürftigkeit eines Geschäftes nicht möglich, den Beschluß vor der Kreditgewährung zu fassen, so ist dies unverzüglich nachzuholen. Während in der Vergangenheit die nachgeholte Beschlußfassung in jedem Fall der Deutschen Bundesbank und dem Bundesaufsichtsamt anzuzeigen war, ist zukünftig eine Anzeige der nachträglichen Beschlußfassung nur noch erforderlich, wenn die Beschlußfassung mehr als einen Monat nach der Kreditgewährung erfolgt.

Auch in den Fällen, in denen eine Überschreitung der Großkreditgrenze nicht durch eine erneute Kreditgewährung, sondern aufgrund von durch das Institut nicht zu beeinflussenden Faktoren (wie z.B. Wechselkursschwankungen) erfolgt, ist die einstimmige Beschlußfassung der Geschäftsleiter unverzüglich nachzuholen. Das gleiche gilt für den Fall, daß ein Kredit aufgrund einer Verringerung des haftenden Eigenkapitals die Großkreditgrenze erstmalig überschreitet.

Gemäß § 26 GroMiKV ist eine Beschlußfassung entbehrlich, wenn ein Kredit durch die Änderung von Marktpreisen oder durch die Begründung und Aufgabe von Handelsbuchpositionen vorübergehend unter die Großkreditdefinitionsgrenze fällt und sie anschließend wieder übersteigt. Ein Pendeln um die Großkreditdefinitionsgrenze soll in diesen Fällen nicht ständig zu einer erneuten Beschlußfassungspflicht führen.

Nach § 28 GroMiKV haben die Geschäftsleiter einen einstimmigen Beschluß über einen Großkredit herbeizuführen, bevor die Großkrediteinzelobergrenze überschritten wird. Darüber hinaus haben sie sich bei allen Großkrediten gemäß § 27 GroMiKV sowohl über den aktuellen Stand der Großkreditauslastungen je Kreditnehmer als auch über die Höchststände während des vorangegangenen Quartals zu informieren. Diese Kenntnisnahme ist gemäß den Erläuterungen zur GroMiKV in den Kreditakten zu dokumentieren.

3. Großkreditvorschriften für Handelsbuchinstitute

a. Großkreditdefinition

Handelsbuchinstitute verfügen sowohl über ein Handelsbuch als auch über ein Anlagebuch. Die kreditnehmerbezogene Anlagebuch-Gesamtposition und die kreditnehmerbezogene Handelsbuch-Gesamtposition ergeben zusammen die kreditnehmerbezogene Gesamtposition.

Für Handelsbuchinstitute werden zwei Großkreditdefinitionsgrenzen vorgegeben. Ein Anlagebuch-Großkredit besteht, wenn die kreditnehmerbezogene Anlagebuchposition 10% des haftenden Eigenkapitals erreicht oder überschreitet. Ein Gesamtbuch-Großkredit besteht, wenn die kreditnehmerbezogene Gesamtposition 10% der Eigenmittel erreicht oder überschreitet.

Welche Kreditbestandteile in die Ermittlung des Kredites eingehen, regelt für die Anlagebuchposition § 19 Abs. 1 KWG, für die Handelsbuch-Gesamtposition § 37 GroMiKV.

Im Rahmen der Großkreditvorschriften gilt als ein Kreditnehmer nicht der Einzelkreditnehmer. Bezugsgröße ist vielmehr die Kreditnehmereinheit. Die Zusammenfassung von Einzelkreditnehmern zu Kreditnehmereinheiten erfolgt nach den Vorschriften des § 19 Abs. 2 KWG.

Ein Erreichen oder eine Überschreitung der Großkreditgrenze von 10% (bzw. 15% gemäß Übergangsregelung) zieht für das Institut zwei Verpflichtungen nach sich:

1. Anzeigepflicht (§ 13a Abs. 1 KWG)

2. Verpflichtung zur einstimmigen Beschlußfassung aller Geschäftsleiter über die Gewährung des Großkredites (§ 13a Abs. 2 KWG).

b. Kreditnehmerbezogene Gesamtposition

Bei Handelsbuchinstituten sind die Adressenausfallrisiken je Kreditnehmer im Anlage-buch (Anlagebuch-Gesamtposition) und Handelsbuch (Handelsbuch-Gesamtposition) jeweils getrennt zu ermitteln. Beide Positionen zusammen bilden die kreditnehmer-bezogene Gesamtposition.

Die Berechnung der kreditnehmerbezogenen Handelsbuch-Gesamtposition erfolgt nach den Vorgaben des Anhangs IV der KAR über die Großrisiken. Danach sind derzeit je Kreditnehmer sechs Kreditpositionen zu ermitteln.

Addition der HB-Teilpositionen	Vgl. Grd I
Nr. 1: Emittentenbezogene Nettokaufpositionen (einschl. korrigierter Betrag der Übernahmegarantie)	Besonderes Kursrisiko §§ 23, 25
+ Nr. 2: Kreditäquivalenzbeträge von Derivaten	Ausfallrisiko § 27 Abs. 1 Nr. 4
+ Nr. 3: Abwicklungsverluste (positive Marktwerte)	Abwicklungsris. § 27 Abs. 1 Nr. 1
+ Nr. 4: Wert der Vorleistungen (Marktwert WP oder Geldbetrag)	Vorleistungsris. § 27 Abs. 1 Nr. 2
+ Nr. 5: Positive Marktwerte aus Pensions-/(Ver-)Leihgeschäf ten Negative Marktwerte aus umgekehrten Pensions-/Leihgeschäften	Ausfallrisiko § 27 Abs. 1 Nr. 3
+ Nr. 6: Sonstige Forderungen im Zusammenhang mit dem Handelsbuch	Ausfallrisiko § 27 Abs. 1 Nr. 5
= Kreditnehmerbezogene Handelsbuch-Gesamtposition	

Abb. 15: Kreditnehmerbezogene Handelsbuch-Gesamtposition

Der Begriff der Handelsbuch-Gesamtposition wurde in das deutsche Aufsichtsrecht durch die 6. KWG-Novelle neu eingeführt. Die Ermittlung der Handelsbuch-Gesamt-position erfolgt nach den Vorschriften des § 37 ff. GroMiKV. Im Handelsbuch sind zusätzliche Risiken zu berücksichtigen, die im Anlagebuch nicht in jedem Fall berück-sichtigt werden - das Abwicklungsrisiko nach § 39 GroMiKV und das Vorleistungsrisiko nach § 40 GroMiKV. Gleichzeitig werden den Instituten im Handelsbuch aber eine Reihe von Verrechnungsmöglichkeiten eröffnet, so daß der errechnete Großkreditbetrag im Handelsbuch niedriger ausfallen kann als bei vergleichbaren Positionen im Anlage-buch.

Der Anlagebuch-Gesamtposition gemäß § 13a Abs. 3 S. 1 KWG liegt der Kreditbegriff nach § 19 Abs. 1 KWG zugrunde. Grundsätzlich erfolgt die Ermittlung dieser Position nach denselben Vorschriften wie die Ermittlung des Großkredites bei Nichthandelsbuch-instituten nach § 13 KWG.

c. Übersicht über die Obergrenzen

Während Nichthandelsbuchinstitute bei der Vergabe von Großkrediten nur zwei Obergrenzen einhalten müssen, nämlich eine Einzelobergrenze und eine Aggregatsobergrenze, haben Handelsbuchinstitute insgesamt sechs Obergrenzen einzuhalten:

*   die Anlagebuch-Großkrediteinzelobergrenze
    (§ 13a Abs. 3 S. 1 KWG)
*   die Anlagebuch-Großkreditgesamtobergrenze
    (§ 13a Abs. 3 S. 5 KWG)
*   die Gesamtbuch-Großkrediteinzelobergrenze
    (§ 13a Abs. 4 S. 1 KWG)
*   die Gesamtbuch-Großkreditgesamtobergrenze
    (§ 13a Abs. 4 S. 5 KWG)
*   die Obergrenze für die kreditnehmerbezogene Handelsbuch-Gesamtposition
    (§ 13a Abs. 5 S. 1 KWG)
*   die Obergrenze für die Gesamt-Überschreitungsposition
    (§ 13a Abs. 5 S. 3 KWG)

Aus dem Betreiben der in § 1 Abs. 1a Satz 2 KWG definierten Finanzdienstleistungen ergeben sich unmittelbar keine dem Anlage- oder Handelsbuch zuzuordnenden Positionen, so daß man davon ausgehen kann, daß die Mehrzahl der Finanzdienstleister als Nichthandelsbuchinstitut im Sinne des § 2 Abs. 11 KWG einzuordnen sein wird. Die unterschiedlichen zu beachteten Grenzen verdeutlichen die folgenden Abbildungen:

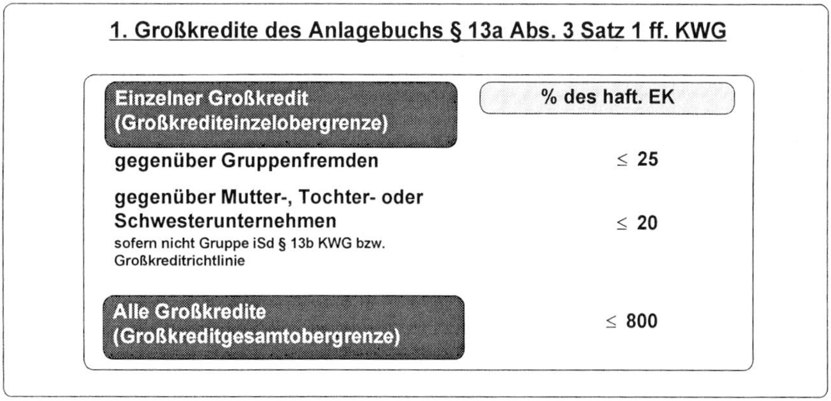

---

1. Großkredite des Anlagebuchs § 13a Abs. 3 Satz 1 ff. KWG

	% des haft. EK
Einzelner Großkredit (Großkrediteinzelobergrenze)	
gegenüber Gruppenfremden	≤ 25
gegenüber Mutter-, Tochter- oder Schwesterunternehmen sofern nicht Gruppe iSd § 13b KWG bzw. Großkreditrichtlinie	≤ 20
Alle Großkredite (Großkreditgesamtobergrenze)	≤ 800

Abb. 16: Anlagebuch-Großkreditgrenzen von Handelsbuchinstituten

2. Gesamtbuch-Großkredite iSv § 13a Abs. 4 Satz 1ff. KWG

Kreditnehmerbezogene Gesamtposition	% der Eigenmittel
Einzelne Gesamtposition (Gesamtbuch-Großkrediteinzelobergrenze)	
gegenüber Gruppenfremden	≤ 25
gegenüber Mutter-, Tochter- oder Schwesterunternehmen	≤ 20
Alle Gesamtpositionen (Gesamtbuch-Großkreditgesamtobergrenze)	≤ 800

Abb. 17: Gesamtbuch-Großkreditgrenzen von Handelsbuchinstituten

3. Gesamtbuch-Großkredite § 13a Abs. 5 Satz 1 und 3 KWG

Kreditnehmerbezogene Gesamtposition	% der freien Eigenmittel
Einzelne kreditnehmerbezogene Handelsbuch-Gesamtposition, im Fall der Überschreitung der Gesamtbuch-Großkrediteinzelobergrenze	≤ 500
Überschreitungsbeträge aus allen kreditnehmerbezogenen Gesamt-positionen, die die Gesamtbuch-Großkrediteinzelobergrenzen überschreiten und länger als zehn Tage andauern (Gesamt-Überschreitungsposition)	≤ 600

Abb. 18: Zusatzgrenzen für Gesamtbuch-Großkredite von Handelsbuchinstituten

Wir verzichten daher an dieser Stelle auf eine tiefergehende Erläuterung der Vorschriften für Handelsbuchinstitute; vgl. zu Einzelheiten C&L Deutsche Revision (Hrsg.), 6. KWG-Novelle und neuer Grundsatz I, Frankfurt am Main 1998.

4. Ermittlungsturnus

Maßgeblich für die Auslösung der Anzeigepflichten nach § 13 Abs. 1 S. 1 KWG und § 13a Abs. 1 S. 1 KWG sowie die Beschlußfassungspflichten ist der tatsächliche Stand der Geschäfte täglich zum Geschäftsschluß (§ 30 Abs. 5 GroMiKV). Geschäftsschluß ist gemäß § 1 Abs. 2 GroMiKV täglich um 24.00 Uhr MEZ bzw. MESZ. International tätige Institute haben die Möglichkeit, durch das BAK einen anderen Zeitpunkt festsetzen zu lassen.

Ein Institut, das während des Tages die Großkreditdefinitionsgrenze bei einem Kreditnehmer erreicht oder überschreitet, braucht diesen Großkredit nicht anzuzeigen, sofern der Kredit zum Geschäftsschluß die Großkreditdefinitionsgrenze wieder unterschreitet.

Etwas anderes gilt, wenn der Kredit die Großkreditobergrenzen überschreitet. Hier ist gemäß den Erläuterungen zu § 31 GroMiKV eine "intra-day-Betrachtung" geboten. Diese "intra-day-Betrachtung" kann auf Basis der Marktpreise des Vortages erfolgen. Wenn jedoch sprunghafte Kursbewegungen - z.B. bei einem Crash-Szenario an den Börsen - zu erwarten sind, ist eine zeitnahe Prüfung der Einhaltung der Grenzen unter Beachtung der aktuellen Marktpreise erforderlich.

Für die Risikopositionen bestand die Verpflichtung zur täglichen Ermittlung schon im Rahmen der 5. KWG-Novelle. Der Eigenkapitalbegriff war in diesem Rahmen noch weitgehend statisch. Hier tritt im Rahmen der 6. KWG-Novelle eine Dynamisierung der Eigenmittelbestandteile ein. Während das BAK zu Beginn der Diskussionen um die Einhaltung des Grundsatzes I eine tägliche Berechnung der Eigenmittel gefordert hat, wurde diese strenge Handhabung in Laufe der Anhörungen geändert in eine Verpflichtung, die tägliche Einhaltung des Grundsatzes I zu gewährleisten. Ein Institut darf dementsprechend auf eine tägliche Neuberechnung der Eigenmittel verzichten, wenn es bei der Auslastung des Grundsatzes I ausreichend Spielraum hat. Eine analoge Handhabung für die Großkreditvorschriften bei den Handelsbuchinstituten ist nicht möglich. Hier können kleinere Veränderungen zur Überschreitung der Grenzen führen. Dies führt zur Notwendigkeit der täglichen Berechnung sowohl der Eigenmittel als auch der Großkredite.

Die tägliche Berechnung bzw. die intra-day-Betrachtung bzgl. der Großkreditobergrenzen stellt im Rahmen der konsolidierten Betrachtung ein großes Problem dar, da sie voraussetzt, daß die Kreditbeträge aller in den Konsolidierungskreis einbezogenen Unternehmen zeitnah beim jeweiligen Mutterunternehmen vorliegen.

Für Nichthandelsbuchinstitute wurde mit § 31 Abs. 2 GroMiKV eine Erleichterung im Hinblick auf die Anforderung zur täglichen Berechnung der Großkredite geschaffen. Wenn ein Nichthandelsbuchinstitut sicherstellt, daß seine Großkredite jeweils nicht 80 vom Hundert der Großkrediteinzelobergrenze überschreiten, kann es bei der Ermittlung des Quartalshöchststandes nur die Monatsultima berücksichtigen (§ 30 Abs. 5 S. 2 GroMiKV). Die Inanspruchnahme dieses Wahlrechts erfordert eine Anzeige bei der zuständigen Landeszentralbank.

VII. Millionenkredite

Neben den in den vorangegangenen Kapiteln erläuterten Großkreditvorschriften, haben die Finanzdienstleistungsinstitute, die den Eigenhandel für andere iSv § 1 Abs. 1a Nr. 4 KWG betreiben, die Vorschriften über die Millionenkredite zu beachten. Anlage- und Abschlußvermittler, Finanzportfolioverwalter sowie Drittstaateneinlagenvermittler, Finanztransferdienstleister und Betreiber von Sortengeschäften sind von dieser Regelung nicht betroffen.

Die Millionenkreditvorschriften und die daraus abgeleiteten Anzeigepflichten sind in § 14 KWG geregelt. Danach sind alle Kredite der Deutschen Bundesbank gegenüber anzeigepflichtig, deren Inanspruchnahme während eines Kalenderquartals drei Millionen Deutsche Mark oder mehr betragen hat.

Dem erhöhten Verwaltungsaufwand bei der Erstellung von Millionenkreditanzeigen steht die Möglichkeit gegenüber, über den Schuldenstand eines Kontrahenten bei anderen Instituten informiert zu werden, sofern die Kredite bei anderen Instituten unter die Millionenkreditvorschriften fallen. Insofern fungiert die Deutsche Bundesbank hier als Evidenzzentrale, die einerseits von allen meldepflichtigen Instituten die Millionenkredit-meldungen entgegennimmt und andererseits allen kreditgewährenden Instituten eine Rückmeldung über die ihr gemeldete Gesamtverschuldung eines Kreditnehmers erstattet. Auf Anfrage eines Instituts, welches beabsichtigt, mit einem Unternehmen Geschäfte zu tätigen, die als Millionenkredit gemäß § 14 KWG unter den Kreditbegriff des § 19 KWG fallen, teilt die Deutsche Bundesbank dem anfragenden Institut den Schuldenstand eines Kunden mit, sofern dieser zuvor eingewilligt hat.

Die Meldungen erfolgen jeweils mit der Inanspruchnahme per Ende des jeweiligen Kalenderquartals. Der Ermittlung der anzuzeigenden Kreditnehmer liegen die Inanspruchnahmen während des vergangenen Quartals zugrunde. D.h. auch ein Kreditnehmer, bei dem per Quartalsultimo eine Inanspruchnahme von unter DM 3 Mio - oder sogar keine Inanspruchnahme - vorliegt, ist zu melden, sofern während des Quartals die Grenze von DM 3 Mio erreicht oder überschritten wurde. In die Meldung geht die jeweilige Inanspruchnahme per Quartalsultimo ein.

Den Vorschriften über die Millionenkredite liegt der gleiche Kreditbegriff und Kredit-nehmerbegriff (§ 19 KWG) zugrunde, der für die Großkreditregelungen der §§ 13 bis 13b KWG anzuwenden ist. Ausnahmeregelungen ergeben sich aus § 20 Abs. 6 KWG.

Neben den Kreditinstituten und den o.a. Finanzdienstleistungsinstituten, sind die Millio-nenkreditvorschriften weiterhin von Factoring- und Leasingunternehmen (Finanzunter-nehmen iSv § 1 Abs. 3 S. 1 Nr. 2 und 3 KWG) zu beachten.

Finanzdienstleistungsinstitute, die die Übergangsregelung nach § 64e Abs. 2 KWG in Anspruch nehmen und den § 10 Abs. 1 bis 8 sowie die §§ 10a , 11 und 13 bis 13b KWG entsprechend § 64e Abs. 3 KWG nicht anwenden, müssen Millionenkreditanzeigen erst ab dem 1. Januar 1999 einreichen.

Die Deutsche Bundesbank hat in diesem Zusammenhang ein Merkblatt für die Abgabe der Millionenkreditanzeigen nach § 14 KWG erstellt, welches z.Z. jedoch nur auf dem Stand der 5. KWG-Novelle verfügbar ist.

VIII. Organkreditvorschriften

Von vergleichsweise geringer aufsichtsrechtlicher Bedeutung sind die Vorschriften in § 15 und 17 KWG über Organkredite, wenngleich in der Vergangenheit schwere Schäden und Insolvenzen von Kreditinstituten nachgewiesen wurden, die durch Kredite an Organmitglieder oder verbundene Unternehmen verursacht wurden.

Organkredite sind Kredite an besonders eng mit dem kreditgebenden Institut verbundene natürliche oder juristische Personen.

Für die Vorschriften über die Organkredite ist anders als bei den Großkredit- und Millionenkreditvorschriften ein anderer Kredit- und Kreditnehmerbegriff anzuwenden. Der Kreditbegriff für die Organkredite ist in § 21 KWG und der Kreditnehmerbegriff ist in § 15 KWG geregelt.

Kredite an in § 15 Abs. 1 KWG genannte Personen, insbesondere sind hier die Geschäftsleiter, Gesellschafter von Personenhandelsgesellschaften und Gesellschaften mit beschränkter Haftung, Mitglieder von Aufsichtsorganen, Prokuristen und deren Ehegatten und minderjährige Kinder sowie verbundene Unternehmen zu nennen, dürfen nur aufgrund eines einstimmigen Beschlusses sämtlicher Geschäftsleiter und mit ausdrücklicher Zustimmung des Aufsichtsorgans gewährt werden. Dieser Beschluß hat - außer bei Eilbedürftigkeit - vor der Vergabe des Kredites zu erfolgen.

Der Gewährung eines Kredites stehen Entnahmen, die über die zustehenden Vergütungen hinausgehen, gleich.

Eine Meldepflicht ergibt sich aus den Vorschriften des § 15 KWG nur, sofern ein Beschluß über die Kreditgewährung des Vorstandes nicht innerhalb von zwei Monaten bzw. innerhalb von vier Monaten von dem Aufsichtsorgan nachgeholt wird.

Die Beschlußfassung kann in bestimmten Fällen (§ 15 Abs. 4 S. 6 KWG) schon im voraus erfolgen, jedoch nicht länger als ein Jahr.

Wird eine entsprechende Beschlußfassung nicht vorgenommen, so haften die Geschäftsleiter und die Mitglieder des Aufsichtsorgans, sofern diese Kenntnis von der Kreditgewährung haben, für den durch die Organkreditvergabe entstehenden Schaden als Gesamtschuldner.

J Neuer Grundsatz I

I. Überblick

1. Allgemeines

Nach § 10 Abs. 1 S. 2 KWG hat das BAK im Einvernehmen mit der Deutschen Bundesbank Grundsätze aufzustellen, anhand derer es für den Regelfall beurteilt, ob die Anforderungen an die Angemessenheit der Eigenmittel eines Instituts bzw. einer Gruppe erfüllt sind. Im Sinne dieser Regelung waren bislang die Eigenkapitalgrundsätze I und Ia in Kraft, von denen ersterer eine Eigenkapitalunterlegung von Adressenausfallrisiken (Risikoaktiva) vorsah, wohingegen der letztgenannte Obergrenzen für Marktpreisrisikopositionen festlegte. Im Zuge der mit der 6. KWG-Novelle einhergehenden Erweiterung der Eigenmittelunterlegungspflicht von Risikopositionen werden die bisherigen Eigenkapitalgrundsätze einer umfassenden Neugestaltung unterzogen, indem ein einheitlicher "neuer" Grundsatz I geschaffen wird. Der bisherige Grundsatz Ia wird vollständig gestrichen. Der neue Grundsatz I ist in folgende Abschnitte gegliedert:

Abschnitt	§§	Inhalt
Präambel		
Erster Abschnitt	1 - 5	Angemessenheit der Eigenmittel
Zweiter Abschnitt	6 - 13	Anrechnung von Risikoaktiva
Dritter Abschnitt	14 + 15	Währungsgesamtposition
Vierter Abschnitt	16 + 17	Rohwarenposition
Fünfter Abschnitt	18 - 27	Handelsbuch-Risikopositionen
Sechster Abschnitt	28 - 31	Optionsposition
Siebter Abschnitt	32 - 37	Eigene Risikomodelle

Abb. 19: Aufbau des Grundsatzes I

Gemäß dem neuen Grundsatz I sind künftig nicht nur die Adressenausfallrisikopositionen, sondern auch die Marktrisikopositionen mit Eigenmitteln zu unterlegen.

2. Anwendungsbereich

Unter den Anwendungsbereich des Grundsatzes I fallen neben den Eigenhändlern nach § 1 Abs. 1a S. 2 Nr. 4 KWG auch die Finanzdienstleistungsinstitute, die

- Anlagevermittlung (§ 1 Abs. 1a S. 2 Nr. 1 KWG),
- Abschlußvermittlung (§ 1 Abs. 1a S. 2 Nr. 2 KWG) oder
- Finanzportfolioverwaltung (§ 1 Abs. 1a S. 2 Nr. 3 KWG)

betreiben und befugt sind, sich Eigentum oder Besitz an Geldern oder Wertpapieren von Kunden zu verschaffen oder die auf eigene Rechnung mit Finanzinstrumenten handeln. Somit werden diejenigen Finanzdienstleistungsunternehmen in die Solvenzaufsicht einbezogen, die Zugriff auf Kundenvermögen haben oder durch deren Ausfall Kundenvermögen gefährdet werden könnte.

Keine Anwendung findet der Grundsatz I auf Finanzdienstleistungsinstitute, die ausschließlich die eingeschränkten Tätigkeiten im Sinne des § 1 Abs. 1a S. 2 Nr. 5 bis 7 KWG (Drittstaateneinlagenvermittlung, Finanztransfergeschäft und Sortengeschäft) betreiben. Letztere weisen bei diesen eingeschränkten Tätigkeiten idR keine entsprechenden Risikopositionen auf.

Bei Wertpapierhandelsunternehmen in der Rechtsform eines Einzelkaufmanns oder einer Personenhandelsgesellschaft sind alle auf eigene Rechnung des Inhabers oder des persönlich haftenden Gesellschafters abgeschlossenen Geschäfte in die Anrechnungsverfahren des Grundsatzes I mit einzubeziehen. Auch bei dieser Regelung steht der Gedanke des Gläubigerschutzes im Vordergrund. Risikopositionen, die ein persönlich haftender Inhaber eines Unternehmens abschließt, gefährden die Vermögensposition des Wertpapierhandelsunternehmens ebenso wie eigene Risikopositionen des Wertpapierhandelsunternehmens selbst und sind folglich auch bei den entsprechenden Verfahren zur Ermittlung der Eigenkapital- und Eigenmittelunterlegung zu berücksichtigen.

Finanzdienstleistungsinstitute, die kein Handelsbuch führen oder die unter die Bagatellregelung gemäß § 2 Abs. 11 S. 1 KWG fallen (Nichthandelsbuchinstitute), müssen die Vorschriften des Fünften Abschnitts des Grundsatzes I zur Ermittlung der Handelsbuch-Risikopositionen nicht anwenden. Des weiteren haben Nichthandelsbuchinstitute die Optionsrisiken nur in Höhe ihres Deltaäquivalents zu ermitteln.

3. Risikoarten

Im Grundsatz I werden bestimmte Arten des Adressenausfallrisikos und die Marktpreisrisiken erfaßt und hinsichtlich der Eigenmittelunterlegung geregelt.

Das Adressenausfallrisiko besteht in dem potentiellen Verlust aufgrund des Ausfalls des Geschäftspartners. Es läßt sich im weiteren in folgende Unterarten untergliedern:

- Kreditrisiko
- Eindeckungs- oder Wiedereindeckungsrisiko

Hinsichtlich des Kredit- bzw. Eindeckungsrisikos werden auch häufig die Begriffe Kontrahenten- und Emittentenrisiko unterschieden.

Als weitere Besonderheiten dieser beiden Unterarten sind das Vorleistungs- und das Abwicklungsrisiko zu nennen.

Die Marktpreisrisiken können als der potentielle Verlust aufgrund von Preisänderungen des Finanzinstruments definiert werden. Anzumerken ist, daß Marktpreisrisiken nur bei offenen Risikopositionen bestehen. Die Marktpreisrisiken können in Abhängigkeit von den das Risiko beeinflussenden Marktfaktoren in das

- Zinsänderungsrisiko

- Aktien-/Indexkursrisiko

- Fremdwährungsrisiko und

- Rohstoffpreis- oder Rohwarenrisiko

aufgegliedert werden.

Hinsichtlich der im Grundsatz I behandelten Marktrisiken aus dem Handelsbuch ist anzumerken, daß diese für den Bereich der Zins- und Aktien-/Indexkursrisiken nochmals in zwei Komponenten zerlegt werden: nämlich das allgemeine Kursrisiko und das besondere Kursrisiko. Unter dem allgemeinen Kursrisiko ist das oben für die verschiedenen Unterarten dargestellte Marktpreisrisiko zu verstehen. Demgegenüber wird unter dem besonderen Kursrisiko die Veränderung der (Kurs-)Werte aufgrund einer Bonitätsverbesserung oder -verschlechterung des Emittenten verstanden; hierbei handelt es sich somit um ein Adressenausfallrisiko, das sich im Marktwert eines Finanzinstruments niederschlägt.

Aus Positionen aufgrund von Optionsgeschäften, die sich ihrerseits auf einen mit Zinsänderungs-, Aktien-/Index-, Fremwährungs- und/oder Rohwarenrisiko behafteten Optionsgegenstand beziehen, resultieren neben den angesprochenen Marktpreisrisiken weitere "spezifische" Optionsrisiken, die im Rahmen des Grundsatzes I in die Risikobetrachtung und Eigenmittelunterlegung einbezogen werden.

4. Angemessenheit der Eigenmittel

In § 2 Grd I wird die Angemessenheit der Eigenmittel der Institute geregelt.

§ 2 Abs. 1 Grd I legt für eine angemessene Absicherung von Adressenausfallrisiken aus dem Anlagebuch ein Verhältnis zwischen dem haftenden Eigenkapital eines Finanzdienstleistungsinstituts und seinen gewichteten Risikoaktiva in Höhe von mindestens 8% täglich zum Geschäftsschluß fest (sog. "Solvabilitätskoeffizient").

§ 2 Abs. 2 Grd I regelt die Anforderung an die Angemessenheit der Eigenmittel (= freies haftendes Eigenkapital zzgl. Drittrangmittel) bei der Unterlegung von Marktrisikopositionen.

Im Unterschied zum Absatz 1, der methodisch die Koeffizientendarstellung heranzieht, bedient man sich im Absatz 2 der Betragsdeckungsdarstellung. Danach sind die (Teil)Anrechnungsbeträge für die Marktrisiken aus der Währungsgesamtposition, der Rohwarenposition und den Handelsbuch-Risikopositionen zusammen mit dem für das Optionsrisiko ermittelten Anrechnungsbetrag mit Eigenmitteln zu unterlegen (Betragsdeckungsverfahren).

Als Konsequenz aus der nicht nur geringfügigen oder wiederholten Nichteinhaltung der festgelegten Eigenmittelunterlegung des Grundsatzes I folgt nach § 1 Abs. 1 S. 2 Grd I, daß in der Regel die Vermutung begründet ist, daß das Finanzdienstleistungsinstitut nicht über die erforderlichen Eigenmittel verfügt.

Nach § 2 Abs. 3 Grd I haben die Finanzdienstleistungsinstitute monatlich zum Ultimo eine Gesamtkennziffer zu ermitteln:

$$\frac{\text{anrechenbare Eigenmittel}}{\text{gew. Risikoaktiva} + 12{,}5 \text{ x (Anrechnungsbeträge Marktrisikopositionen u. Optionsgeschäfte)}}$$

Die anrechenbaren Eigenmittel umfassen dabei das haftende Eigenkapital des Finanzdienstleistungsinstituts und die Drittrangmittel, die zur Eigenmittelunterlegung der Marktrisikopositionen und Optionsrisiken genutzt werden. Die Gesamtkennziffer stellt die Kapitalbelegung eines Instituts durch Adressenausfall- und Marktpreisrisiken in einer Kenngröße dar.

Neben der Gesamkennziffer ist nachrichtlich eine spezielle, auf die Handelsbuchrisiken ausgerichtete Kennziffer zu ermitteln:

$$\frac{\text{ungenutzte, den Eigenmitteln zurechenbare Drittrangmittel}}{\text{gew. Risikoaktiva} + 12{,}5 \text{ x (Anrechnungsbeträge Marktrisikopositionen u. Optionsgeschäfte)}}$$

Die Kennziffer ist eine Maßgröße für den freien Risikospielraum zur Eingehung von Marktpreisrisikopositionen, der sich bei höherem verfügbaren haftenden Eigenkapital ergeben würde, und ist damit ein zusätzlicher Indikator für die Eigenmittelausstattung der Finanzdienstleistungsinstitute.

Nach § 3 Grd I gelten die Anforderungen an die Angemessenheit der Eigenmittel gemäß § 2 Abs. 1 und 2 Grd I neben den Einzelinstituten auch für Institutsgruppen nach § 10a KWG. Insofern sind die in § 2 Grd I angesprochenen Größenverhältnisse zwischen dem gesamten haftenden Eigenkapital der Gruppe und den gesamten Risikoaktiva-Anrechnungsbeträgen einerseits und zwischen den gesamten freien Eigenmitteln und der Summe der Anrechnungsbeträge für die Marktrisikopositionen aller gruppenangehörigen Unternehmen andererseits einzuhalten. Eine Verrechnung von gegenläufigen Marktrisikopositionen innerhalb einer Gruppe ist jedoch unter den Voraussetzungen des § 10a Abs. 6 S.13 KWG und damit insbesondere nach Einbeziehung der gruppenangehörigen Institute in die zentrale Risikosteuerung des übergeordneten Instituts möglich.

5. Berechnungsmethoden zur Eigenmittelunterlegung

a. Einführung

Die im Grundsatz I beschriebenen Berechnungsmethoden zur Eigenmittelunterlegung können grundsätzlich in drei Arten unterteilt werden:

- Standardverfahren
- Verfeinerte Standardverfahren
- Interne Risikomodelle

Das Wahlrecht, einfache bis sehr komplexe Verfahren anzuwenden, soll jedem Finanzdienstleistungsinstitut ermöglichen, daß individuell beste oder sinnvollste Verfahren unter Berücksichtigung des Umfangs der Geschäftstätigkeit und unter Abwägung von Genauigkeit und Implementierungsaufwand einsetzen zu können. Für Handelsbuchinstitute erfolgt eine faktische Einschränkung des Wahlrechts, da das BAK von diesen Instituten aufgrund deren Geschäftsumfang die Anwendung zumindest verfeinerter Methoden erwartet und somit die Standardverfahren nicht zur Wahl stehen.

Der Einsatz von Standardverfahren einerseits und internen Modellen andererseits steht jedoch nicht isoliert nebeneinander. Vielmehr ist über die Zulässigkeit des sogenannten partial use der internen Risikosteuerungsmodelle nach § 32 Abs. 1 S. 2 Grd I (Einsatz in klar abgegrenzten Teilbereichen) auch ein Nebeneinander statthaft.

b. Standardverfahren

Bei den Standardverfahren handelt es sich immer um stark pauschalierte Verfahren zur Ermittlung der Anrechnungsbeträge der einzelnen Risikoarten. Diese detailliert beschriebenen Verfahren basieren im Regelfall auf bestimmten, unveränderlichen Annahmen, die den Instituten ein vereinfachtes Vorgehen bei der Ermittlung der notwendigen Eigenmittel ermöglichen. Aus der Pauschalierung folgt eine gute Vergleichbarkeit zwischen den von den Instituten gemeldeten Kennziffern, es sind jedoch hinsichtlich der Genauigkeit und Aussagekraft dieser Kennzahlen Abstriche in Kauf zu nehmen.

Daß die Eigenmittelunterlegung auf der Basis der Standardverfahren im Vergleich zu den anderen möglichen Verfahren generell höher ist, kann nicht unterstellt werden. Die anderen Verfahren sind eben nur genauer und berücksichtigen somit im Zeitablauf die Marktentwicklungen besser, was u.U. auch zu höheren Anrechnungsbeträgen führen kann.

Die Standardverfahren lassen sich unter Berücksichtigung der jeweiligen Risikokategorie wie folgt zusammenfassen:

- Laufzeitmethode (Adressenausfallrisiko im Anlagebuch; § 11 Grd I)
- Short-Hand-Methode (Währungsrisiko; § 14 Abs. 1 bis 3 Grd I)
- Standardmethode für Rohwarenrisiko (§ 16 Abs. 4 Grd I)
- Jahresbandmethode (Zinsänderungsrisiko im Handelsbuch; § 21 Grd I)
- Laufzeitmethode (Abwicklungsrisiko im Handelsbuch; § 27 Abs. 2 Nr. 1 Grd I)
- Delta-Plus-Methode (Gamma- und Vega-Risiken aus Optionen; § 28 Abs. 2 Grd I).

c. Verfeinerte Standardverfahren

Mit den verfeinerten Standardverfahren wird versucht, die Risikomessung unter Berücksichtigung der Marktentwicklungen genauer zu gestalten, wobei jedoch weiterhin vereinfachende Annahmen in Teilen zugrunde gelegt werden. Es handelt sich insoweit immer noch um Standardverfahren, als daß das BAK auch für diese Verfahren in weiten Bereichen die Ermittlungsmethode, deren Rahmen bzw. wesentliche Parameter detailliert vorgibt. Gemeinsam ist diesen Verfahren, daß sie die aktuellen Marktgegebenheiten im Gegensatz zu den Standardverfahren berücksichtigen.

Die wesentlichen verfeinerten Standardverfahren lassen sich unter Berücksichtigung der jeweiligen Risikokategorie wie folgt darstellen:

- Marktbewertungsmethode
  (Adressenausfallrisiko im Anlagebuch; § 10 Grd I)

- Korrelationsmethode (Währungsrisiko; § 14 Abs. 4 und 5 Grd I)

- Zeitfächermethode (Rohwarenrisiko; § 17 Grd I)

- Durationmethode (Zinsänderungsrisiko im Handelsbuch; § 22 Grd I)

- Marktbewertungsmethode
  (Abwicklungsrisiko im Handelsbuch; § 27 Abs. 2 Nr. 1 Grd I)

- Szenario-Matrix-Methode
  (Delta-, Gamma- und Vega-Risiken aus Optionen; § 31 Grd I)

d. Interne Risikomodelle

Der Schritt zur qualitativen Aufsicht wird mit der Anwendung von internen Risikomodellen beschritten. Institute dürfen nach § 32 Abs. 1 Grd I anstelle der vorgenannten Verfahren geeignete eigene Risikomodelle zur Ermittlung der Eigenmittelunterlegung der Marktpreisrisiken anwenden. Für die Bestimmung der Eigenmittelunterlegung für Adressenausfallrisiken dürfen interne Risikomodelle grundsätzlich (Ausnahme: Besonderes Kursrisiko) nicht angewendet werden.

Die internen Risikomodelle müssen, um zu aufsichtsrechtlichen Zwecken genutzt werden zu können, den qualitativen und quantitativen Anforderungen des § 32 ff. Grd I genügen. Die Einhaltung dieser Anforderungen und die Güte der Risikomodelle werden vorab durch das BAK selbst geprüft. Zudem wird über das in § 37 Grd I enthaltene sogenannte Backtesting-Verfahren sichergestellt, daß die über das Modell simulierten Verluste nicht unter den sich nach einer Marktbewertung ergebenden, tatsächlich eingetretenen Wertänderungen des Handelsbuches liegen.

Die institutsspezifischen Risikomodelle stellen derzeit sicherlich die genaueste Art der Risikomessung dar. Der besseren Risikoabbildung steht jedoch aufgrund der Individualität der Modelle die eingeschränkte Vergleichbarkeit der gemeldeten Kennziffern gegenüber.

II. Vorschriften über das Anlagebuch

1. Risikoaktiva

a. Zusammensetzung

§ 2 Abs. 1 Grd I bestimmt, daß das haftende Eigenkapital eines Finanzdienstleistungsinstituts 8% der Summe seiner gewichteten Risikoaktiva nicht unterschreiten darf (Solvabilitätskoeffizient).

Gemäß § 4 Grd I setzen sich die einzubeziehenden Risikoaktiva aus folgenden Posten zusammen:

1. Bilanzaktiva,

2. außerbilanzielle Geschäfte, soweit sie nicht unter 3 oder 4 fallen,

3. Swapgeschäfte,

4. Termingeschäfte und Optionsrechte,

soweit diese Posten nicht bei der Ermittlung der Anrechnungsbeträge für die Handelsbuch-Risikopositionen zu berücksichtigen sind.

Als Risikoaktiva gelten nicht:

- Bestände an Barrengold sowie
- Bilanzaktiva, die
  - in die Ermittlung der Rohwarenposition einbezogen werden,
  - nach § 10 Abs. 2 und 6 KWG vom haftenden Eigenkapital abgezogen werden sowie
  - in vollem Umfang mit haftendem Eigenkapital unterlegt werden.

Die Abzugsposten vom Eigenkapital müssen tatsächlich abgezogen worden sein. Positionen, für die ein Abzugswahlrecht (Stützungsbeteiligungen) besteht, müssen bei Nichtabzug als Risikoaktiva angerechnet werden.

Überschreitungen der Großkreditgrenzen, die gemäß §§ 13, 13a KWG in vollem Umfang mit haftendem Eigenkapital zu unterlegen sind, gelten nicht als Risikoaktiva, da für diese Beträge eine Vorsorge für das Adressenausfallrisiko bereits erfolgt ist. Ansonsten würde es zu einer zweifachen Eigenkapitalunterlegung bzw. -belastung kommen.

b. Bilanzaktiva

Nach § 7 Grd I gelten folgende Bilanzaktiva als Risikoaktiva iSd Grundsatzes I:

1. Guthaben bei Zentralnotenbanken und Postgiroämtern
2. Schuldtitel öffentlicher Stellen und bei Zentralbanken refinanzierbare Wechsel
3. Bevorschußte Einzugswerte
4. Forderungen an Kreditinstitute und Kunden (einschließlich der Warenforderungen von Kreditinstituten mit Warengeschäft)
5. Schuldverschreibungen und andere festverzinsliche Wertpapiere, soweit sie kein Termingeschäft oder Optionsrecht verbriefen
6. Aktien und andere nicht festverzinsliche Wertpapiere, soweit sie kein Termingeschäft oder Optionsrecht verbriefen
6a. Warenbestand von Kreditgenossenschaften, die das Warengeschäft betreiben (Rohwarenbestände der gemischtwirtschaftlichen Kreditgenossenschaften)
7. Beteiligungen
8. Anteile an verbundenen Unternehmen
9. Sachanlagen
10. Leasing-Gegenstände
11. Sonstige Vermögensgegenstände
12. Rechnungsabgrenzungsposten

Diese Gliederung lehnt sich an die Bilanzgliederung nach Formblatt 1 der RechKredV an. Nicht aufgeführte Positionen des Formblattes 1 der RechKredV sind nicht als Risikoaktiva zu berücksichtigen, da sie entweder kein Kreditrisiko beinhalten oder direkt vom haftenden Eigenkapital abgezogen werden. Darunter fallen die Positionen Kassenbestand, Treuhandvermögen, Ausgleichsforderungen gegen die öffentliche Hand einschließlich Schuldverschreibungen aus deren Umtausch, immaterielle Anlagewerte, ausstehende Einlagen auf das gezeichnete Kapital, eigene Aktien oder Anteile und ein nicht durch Eigenkapital gedeckter Fehlbetrag.

c. Traditionelle außerbilanzielle Geschäfte

Traditionelle außerbilanzielle Geschäfte werden gemäß § 8 Grd I nach dem Grad ihrer Kreditsubstitutseigenschaft bzw. ihres Risikogehalts aufgeteilt. Geschäfte mit einem hohen Adressenausfallrisiko (gleiches Risiko wie der Kreditgeber) werden mit 100% ihrer Bemessungsgrundlage gewichtet. Geschäfte mit einem mittleren bzw. niedrigen Risiko werden mit 50% bzw. 20% ihrer Bemessungsgrundlage gewichtet.

Die Positionen

a) den Kreditnehmern abgerechnete eigene Ziehungen im Umlauf,

b) Indossamentsverbindlichkeiten aus weitergegebenen Wechseln,

c) Bürgschaften und Garantien für Bilanzaktiva,

d) Bestellung von Sicherheiten für fremde Verbindlichkeiten,

e) unbedingte Verpflichtungen der Bausparkassen zur Ablösung fremder Vorfinanzierungs- und Zwischenkredite an Bausparer,

f) Terminkäufe auf Bilanzaktiva, bei denen eine unbedingte Verpflichtung zur Abnahme des Liefergegenstandes besteht,

g) Plazierung von Termineinlagen auf Termin,

h) Verkäufe von Bilanzaktiva mit Rückgriff, bei denen das Kreditrisiko bei dem verkaufenden Institut verbleibt,

i) beim Pensionsgeber vom Bestand abgesetzte Bilanzaktiva, die dieser mit der Vereinbarung auf einen anderen übertragen hat, daß er sie auf Verlangen zurücknehmen muß (unechte Pensionsgeschäfte), und

j) unbezahlter Anteil von teileingezahlten Aktien und Wertpapieren

werden mit 100% vorabgewichtet.

Die Positionen

a) Eröffnung und Bestätigung von Akkreditiven,

b) Erfüllungsgarantien und andere Garantien und Gewährleistungen als Bürgschaften und Garantien für Bilanzaktiva (vgl. 100%-Gewichtung Buchstabe c),

c) Verpflichtungen aus "Note Issuance Facilities" (NIFs) und "Revolving Underwriting Facilities" (RUFs),

d) noch nicht in Anspruch genommene Kreditzusagen, welche eine Ursprungslaufzeit von mehr als einem Jahr haben und nicht fristlos und vorbehaltlos von dem Institut gekündigt werden können,

werden mit 50% vorabgewichtet.

Aufgrund des geringen Risikogehalts ist die Eröffnung und Bestätigung von Dokumentenakkreditiven, die durch Warenpapiere gesichert sind, mit 20% der Bemessungsgrundlage anzurechnen. Bei einem Ausfall des Schuldners ist das entsprechende Geschäft durch die dem Warenpapier zugrundeliegende Fracht gesichert.

d. Derivate

Gemäß § 4 Grd I sind Swapgeschäfte, Termingeschäfte und Optionsrechte als Risikoaktiva zu erfassen. Gleiches gilt für Gewährleistungen für diese Geschäfte.

Nach § 1 Abs. 11 S. 4 KWG sind Derivate als Festgeschäfte oder Optionsgeschäfte ausgestaltete Termingeschäfte, deren Preis unmittelbar oder mittelbar abhängt von

1. dem Börsen- oder Marktpreis von Wertpapieren,

2. dem Börsen- oder Marktpreis von Geldmarktinstrumenten,

3. dem Kurs von Devisen oder Rechnungseinheiten,

4. den Zinssätzen oder anderen Erträgen oder

5. dem Börsen- oder Marktpreis von Waren oder Edelmetallen.

Als Swapgeschäfte sind demnach Zinsswaps, Währungsswaps, Zins-/Währungsswaps, Equityswaps, Commodityswaps sowie aus diesen Instrumenten abgeleitete, kombinierte oder mit ihnen vergleichbare Instrumente zu erfassen.

Als Termingeschäfte und Optionsrechte sind

- Zinstermingeschäfte (einschließlich hereingenommener FFD) und Zins-Futures einschließlich zinsbezogener Index-Futures,

- Devisen- und Edelmetalltermingeschäfte, Währungs- und Edelmetallfutures,

- aktienkursbezogene Termingeschäfte und Futures,

- rohwarenpreisbezogene Termingeschäfte,

- Futures auf nicht zinsbezogene Indizes,

- erworbene Zinsoptionen einschließlich erworbener Optionen auf zinsbezogene Indizes,

- erworbene Währungs- und Edelmetalloptionen,

- erworbene Aktienoptionen,

- erworbene Rohwarenoptionen,

- erworbene Optionen auf nicht zinsbezogene Indizes und

- aus diesen Instrumenten abgeleitete, kombinierte oder mit ihnen vergleichbare Instrumente

zu erfassen.

2. Bemessungsgrundlagen

a. Grundsatz

Nach § 6 Abs. 1 Nr. 1 Grd I ist als Bemessungsgrundlage für Bilanzaktiva sowie für außerbilanzielle Geschäfte grundsätzlich der jeweilige Buchwert heranzuziehen. Wertberichtigungen sind zu berücksichtigen, da diese bereits in entsprechender Höhe ergebniswirksam wurden und somit im Eigenkapital mittelbar berücksichtigt sind. Dementsprechend sind bei traditionellen außerbilanziellen Geschäften gebildete Risikovorsorgen in Form von Rückstellungen vom Buchwert der entsprechenden Position abzuziehen. Rückstellungen für drohende Verluste aus derivativen Geschäften und aus dafür übernommenen Gewährleistungen sind von dem entsprechenden Kreditäquivalenzbetrag abzuziehen.

Die den einzelnen Bilanzaktiva zugeordneten Vorsorgereserven gemäß § 340f HGB sind als Ausgleich für ihre Einbeziehung in das Ergänzungskapital gemäß § 10 Abs. 2b S. 1 Nr. 1 KWG der Bemessungsgrundlage hinzuzufügen.

Passive Rechnungsabgrenzungsposten aus Gebührenabgrenzung und für das Damnum auf Darlehen sowie der Posten wegen der Erfüllung oder der Veräußerung von Forderungen aus Leasing-Verträgen bis zu den Buchwerten der diesen zugehörigen Leasing-Gegenstände werden von der Bemessungsgrundlage abgezogen.

Als Bemessungsgrundlage ist bei Swapgeschäften sowie den für sie übernommenen Gewährleistungen der effektive Kapitalbetrag - oder falls ein solcher nicht vorhanden ist - der aktuelle Marktwert des Geschäftsgegenstandes anzusehen (§ 6 Abs. 1 Nr. 2 Grd I). Der effektive Kapitalbetrag berücksichtigt den wirtschaftlichen Gehalt des Geschäftes.

Für Termingeschäfte und Optionsrechte sowie für diese Geschäfte übernommene Gewährleistungen ist die Bemessungsgrundlage der unter der Annahme tatsächlicher Erfüllung bestehende, zum aktuellen Marktkurs umgerechnete Liefer- oder Abnahmeanspruch des Geschäftsgegenstandes (§ 6 Abs. 1 Nr. 3 Grd I). Bei Geschäften, bei denen die Erfüllung in Form eines Differenzausgleichs geschieht, ist fiktiv auf einen tatsächlichen Erfüllungsanspruch abzustellen. Der Erfüllungsanspruch bemißt sich nach dem aktuellen Marktkurs.

b. Kreditäquivalenzbetrag

Für Derivate ist auf Basis der Bemessungsgrundlage im weiteren der Kreditäquivalenzbetrag zu ermitteln, da im Gegensatz zu den Bilanzaktiva das Ausfallrisiko bei derivativen Instrumenten nicht in Höhe des Nominalbetrages, sondern in Höhe des Eindeckungsaufwandes besteht. Die Ermittlung des Kreditäquivalenzbetrages erfolgt grundsätzlich nach der Laufzeitmethode oder der Marktbewertungsmethode.

c. Laufzeitmethode

Bei der Laufzeitmethode ("Original Exposure Method") werden die Geschäfte entsprechend ihrer Laufzeit (Restlaufzeit oder Ursprungslaufzeit je nach Risikoart) und der Geschäftsgegenstände pauschal mit einem Umrechnungsfaktor bewertet. Zur Ermittlung des Kreditäquivalenzbetrages ist der jeweilige Geschäftsgegenwert (Bemessungsgrundlage) mit dem - der Geschäftsart und der Laufzeit entsprechenden - Faktor aus der Tabelle 2 (§ 11 Grd I) zu multiplizieren:

Laufzeit	Ausschließlich zinsbezogene Geschäfte (Restlaufzeit)	Währungskurs- und goldpreisbezogene Geschäfte (Ursprungslaufzeit)
bis 1 Jahr	0,5 v.H.	2,0 v.H.
über 1 Jahr bis 2 Jahre	1,0 v.H.	5,0 v.H.
zusätzliche Berücksichtigung eines jeden weiteren Jahres	1,0 v.H.	3,0 v.H.

Abb. 20: Umrechnungsfaktoren bei der Laufzeitmethode

Die Einordnung der Geschäfte in die einzelnen Risikoarten richtet sich nach dem wesentlichen Risiko, dem ein Derivat ausgesetzt ist.

Hinsichtlich der maßgeblichen Laufzeiten, d.h. welcher Zeitraum als Rest- oder Ursprungslaufzeit zu interpretieren ist, gelten die Vorschriften des § 9 Abs. 2 Grd I.

d. Marktbewertungsmethode

Bei der Marktbewertungsmethode ("Current Exposure Method") ermittelt sich der Kreditäquivalenzbetrag aus zwei Komponenten, aus dem potentiellen Eindeckungsaufwand (bisher bereits eingetretenes Risiko) und aus einem Zuschlag (Add-on-Schätzwert) für eventuell in der Zukunft auftretende Risikoerhöhungen.

Der Eindeckungsaufwand ist der potentielle Mehraufwand oder Mindererlös, der sich bei Begründung eines gleichwertigen Geschäftes zum Bewertungszeitpunkt ergeben würde. Zur Bestimmung des potentiellen Eindeckungsaufwandes werden die Geschäfte zu den aktuellen Marktpreisen bewertet. Es sind nur Geschäfte anzurechnen, die einen positiven Marktwert haben und somit für das Institut einen Vermögenswert darstellen. Geschäfte mit einem negativen Marktwert würden zum betrachteten Zeitpunkt nicht mehr abgeschlossen werden und gehen daher mit einem potentiellen Eindeckungsaufwand von Null in das Anrechnungsverfahren ein. Ein Zuschlag (Add-on) muß aber auch für diese Geschäfte berechnet werden.

Der potentielle Eindeckungsaufwand ergibt sich bei Swap- und Termingeschäften in Höhe des im Geschäft vorhandenen Bewertungsgewinns (Differenzbetrachtung) und bei Optionsrechten in Höhe der aktuellen Optionsprämie.

Bei der Berechnung des Add-on wird auf die Restlaufzeit des entsprechenden Geschäftes abgestellt. Zur Bestimmung des Zuschlagswertes wird die Bemessungsgrundlage (§ 6 Grd I) der einzelnen Geschäfte mit einem Umrechnungsfaktor (Tabelle 1, § 10 Grd I) multipliziert:

Restlaufzeit	Zinsbezogene Geschäfte	Währungskurs- und goldpreisbezogene Geschäfte	Aktienkurs-bezogene Geschäfte	Edelmetall-preisbezogene Geschäfte (ohne Gold)	Rohwaren-preisbezogene und sonstige Geschäfte
bis 1 Jahr	0,0 v.H.	1,0 v.H.	6,0 v.H.	7,0 v.H.	10,0 v.H.
über 1 Jahr bis 5 Jahre	0,5 v.H.	5,0 v.H.	8,0 v.H.	7,0 v.H.	12,0 v.H.
über 5 Jahre	1,5 v.H.	7,5 v.H.	10,0 v.H.	8,0 v.H.	15,0 v.H.

Abb. 21: Add-on-Sätze der Marktbewertungsmethode

Kontrakte, deren Eindeckungsaufwand unter mehrere Preiskategorien fällt, sind der Kategorie mit dem höchsten Umrechnungsfaktor zuzuordnen.

Hinsichtlich der Bestimmung der maßgeblichen Restlaufzeit gelten die Vorschriften des § 9 Abs. 2 Grd I.

e. Zulässigkeit der Laufzeit-/Marktbewertungsmethode

Die Bestimmung der Kreditäquivalenzbeträge für Derivate hat bei Handelsbuchinstituten nach der Marktbewertungsmethode zu erfolgen. Während einer Übergangsfrist bis zum 30. September 1999 besteht für Handelsbuchinstitute weiterhin die Wahlmöglichkeit zwischen der Laufzeit- und der Marktbewertungsmethode.

Für Nichthandelsbuchinstitute beschränkt sich die Wahl der Anrechnungsmethode auf Finanzkontrakte, deren Eindeckungsaufwand ganz oder teilweise auf Zinssatz-, Devisenkurs- oder Goldpreisänderungen beruht (§ 9 Abs. 1 S. 2 Grd I). Bei Finanzkontrakten, bei denen der Eindeckungsaufwand auf der Änderung von Aktienkursen, Edelmetallen (außer Gold) oder den Preisen anderer Rohwaren beruht, ist die Marktbewertungsmethode anzuwenden.

Gemäß § 9 Abs. 1 S. 3 Grd I kann die Wahl der Methode für genau bestimmte und eindeutig abgegrenzte Teilbereiche unterschiedlich ausfallen (gelockertes Einheitlichkeitsprinzip). Kriterien für die Festlegung der Teilbereiche können verschiedene Finanzinstrumente oder unterschiedliche organisatorische Bereiche des Instituts sein.

Ein Methodenwechsel ist nur von der Laufzeitmethode zur Marktbewertungsmethode zulässig.

3. Nettingvereinbarungen

Unter Netting versteht man die Aufrechnung von Ansprüchen und Verpflichtungen aus derivativen Geschäften gemäß § 9 Grd I mit einem Kontrahenten zu einer Nettoposition. Die Anerkennung von Aufrechnungsvereinbarungen bei der Ermittlung der Bemessungsgrundlage ist unter den Voraussetzungen des § 12 Grd I zulässig.

Die Berücksichtigung von Nettingvereinbarungen führt zu einer Reduzierung des anrechnungspflichtigen Betrags und somit zu einer geringeren Eigenkapitalunterlegung. Risikomindernd wird berücksichtigt, daß gegenüber einem Kontrahenten Ansprüche und Verpflichtungen aus derivativen Geschäften bestehen. Durch eine entsprechende Nettingvereinbarung wird festgelegt, daß das Institut seine Forderungen und Verbindlichkeiten bei einem Ausfall des Kontrahenten gegeneinander aufrechnen kann.

Grundsätzlich werden zwei Arten des Nettings anerkannt:

1. Novationsnetting (Schuldumwandlungsverträge, "netting by novation")

2. Liquidationsnetting (Schuldaufrechnungsverträge, "close-out- netting")

Unter Novationsnetting sind Schuldumwandlungsverträge zu verstehen, aufgrund derer alle gegenüber einem Vertragspartner bestehenden Ansprüche und Verpflichtungen aus derivativen Finanzgeschäften mit gleicher Währung und gleichem Erfüllungsdatum laufend in schuldersetzender Weise verrechnet werden. Hierdurch erlöschen die gegenseitigen Ansprüche aus den Einzelgeschäften und es entsteht ein neuer Ausgleichsanspruch in Höhe des Saldos. Die Ansprüche und Verpflichtungen gehen in schuldersetzender Weise in einem Rechtsgeschäft unter.

Unter Liquidationsnetting sind zweiseitige Aufrechnungsvereinbarungen zu verstehen, die im Falle des Ausfalls des Kontrahenten eine Verrechnung der positiven und negativen Marktwerte aller unter die Vereinbarungen fallenden Geschäfte auf eine einzige Ausgleichsforderung mit schuldumwandelnder Wirkung vorsehen. Im Unterschied zum Novationsnetting, bei dem eine laufende Verrechnung der bestehenden Ansprüche und Verpflichtungen erfolgt, findet beim Liquidationsnetting eine Verrechnung nur im Falle des Ausfalls einer Partei statt.

Damit eine Nettingvereinbarung risikomindernd berücksichtigt werden kann, muß sie zuvor vom BAK genehmigt werden. Die Kriterien für eine Anerkennung sind in § 6 GroMiKV genannt. Damit nicht jedes Institut Verträge einzeln vom BAK genehmigen lassen muß, hat das BAK bestimmte Standardrahmenverträge, wie beispielsweise den ISDA-Rahmenvertrag von 1992 (Multicurrency-Cross Border), anerkannt.

4. Bonitätsgewichte

Die Beurteilung des Risikogehalts eines Kreditverhältnisses hängt im weitesten Sinne von

- der Einschätzung der Bonität des Kontrahenten,
- der Einschätzung des Wertes der gestellten Sicherheiten und dessen Variabilität und
- der Laufzeit des Kreditverhältnisses ab.

164

Grundsätzlich steigt die Gefahr einer Beanspruchung des Eigenkapitals eines Instituts als Risikopuffer, je risikoreicher die Einschätzungssituation bezüglich der Bonität des Kreditnehmers ist, je unsicherer der Wert der gestellten Sicherheiten ist, je stärker dieser im Zeitablauf variiert und je länger der Zeithorizont für die Einschätzung der Bonität ist.

Die ungewichtete Anrechnung von Risikopositionen hätte zur Folge, daß bei gegebenem Haftungskapital nominal gleich hohe Risikovolumina aufgebaut würden, die jedoch in ihrem individuellen Risikogehalt stark variieren würden. Für eine risikoorientierte Aufsicht ist daher eine risikogewichtete Anrechnung der einzelnen mit einem Adressen-ausfallrisiko behafteten Rechtsverhältnisse unerläßlich.

Das Risikogewichtungssystem des Grundsatzes I sieht eine unterschiedliche Risiko-gewichtung der Bilanzaktiva, der traditionellen außerbilanziellen Geschäfte und der Derivate (Swapgeschäfte, Termingeschäfte und Optionsrechte) vor. Grundsätzlich ist die Gewichtung abhängig von dem Risikogehalt der einzelnen Position, von der Bonität des Kontrahenten bzw. Schuldners, einer Sicherheitenstellung und in Sonderfällen von der Laufzeit.

Die Bonitätsgewichtungssätze für die Risikoaktiva sind in § 13 Grd I geregelt. Hin-sichtlich der einzelnen Gewichtungsfaktoren verweisen wir auf die Erläuterungen zum Grundsatz I; vgl. zu Einzelheiten C&L Deutsche Revision (Hrsg.), 6. KWG-Novelle und neuer Grundsatz I, Frankfurt am Main 1998, S. 319 bis 325.

III. Währungsrisiken

1. Zusammensetzung der Währungsgesamtposition

In die Währungsgesamtpositon sind gemäß § 5 Abs. 1 S. 1 Grd I alle auf fremde Wäh-rung oder auf Gold lautenden Positionen einzubeziehen. Die Zuordnung der Risikoposi-tionen zu Anlage- oder Handelsbuch ist hinsichtlich des Fremdwährungsrisikos grund-sätzlich irrelevant, da die Währungsposition über beide Bücher hinweg nach einem ein-heitlichen Verfahren ermittelt werden muß.

Nicht berücksichtigt werden Posten, die bereits im Rahmen der Ermittlung der für die Unterlegung vorhandenen Eigenmittel vom haftenden Eigenkapital in Abzug gebracht bzw. in voller Höhe mit Eigenmittel unterlegt wurden. Darüber hinaus besteht ein Wahl-recht gemäß § 5 Abs. 1 Grd I hinsichtlich der Einbeziehung struktureller Positionen (Beteiligungen, Anteile an verbundenen Unternehmen in fremder Währung), bei denen aufgrund der Langfristigkeit der Anlage das Währungsrisiko nicht als bedeutend angese-hen wird. Bei Ausübung des Wahlrechts muß eine entsprechende Meldung an das BAK erfolgen.

Hinsichtlich der einzelnen in die Währungsgesamtposition einzubeziehenden Positionen vgl. C&L Deutsche Revision (Hrsg.), 6. KWG-Novelle und neuer Grundsatz I, Frankfurt am Main 1998, S. 388 bis 397.

2. Eigenmittelunterlegung nach der Short-Hand-Methode

Die Währungsgesamtposition ist täglich bei Geschäftsschluß zu berechnen und gemäß § 14 Abs. 3 Grd I mit Eigenmitteln in Höhe von mind. 8% zu unterlegen.

Standardverfahren zur Eigenmittelunterlegung von Fremdwährungsrisiken ist die Short-Hand-Methode. Die Ermittlung der Währungsgesamtposition nach der Short-Hand-Methode erfolgt in mehreren Schritten.

Der erste Schritt der Short-Hand-Methode besteht in der Identifikation zu berücksichtigender Positionen gemäß § 15 Grd I und deren Bewertung. Anschließend sind die Einzelwährungspositionen in DM umzurechnen. Für die an der Frankfurter Devisenbörse amtlich notierten Währungen sind dabei die Kassamittelkurse, für andere Währungen die Mittelkurse aus feststellbaren An- und Verkaufskursen zugrunde zu legen. Für Goldpositionen hat die Umrechnung zur Notierung der Frankfurter Goldbörse für Barren mit einem Gewicht von 12,5 kg zu erfolgen.

Im zweiten Schritt sind dann die offenen Einzelwährungspositionen zu ermitteln. Da eine Eigenmittelunterlegung nur für Positionen erforderlich ist, die einem Fremdwährungsrisiko unterliegen, können geschlossene Positionen bei der Währungsgesamtposition unberücksichtigt bleiben. Gegenläufige Positionen in demselben Risiko (d.h. in derselben Fremdwährung) werden insofern miteinander verrechnet. Für jede Währung sowie für Gold werden sämtliche Einzelpositionen getrennt nach aktivischer und passivischer Ausrichtung separat aufgelistet und addiert. Die offene Einzelwährungsposition ergibt sich dann durch Saldierung der gesamten Long- und Short-Position in einer Währung.

In einem dritten Schritt sind sämtliche (in DM umgerechneten) offenen Einzelwährungspositionen getrennt nach aktivischer und passivischer Ausrichtung zu addieren. Als Nettowährungsposition ist ausschließlich die größere der durch getrennte Addition der aktivischen und der passivischen Einzelwährungspositionen ermittelte Seite zu berücksichtigen.

Im letzten Schritt ist zur Bestimmung der Währungsgesamtposition die in DM bewertete offene Goldposition zur Nettowährungsposition hinzuzurechnen. Dabei ist das Vorzeichen der offenen Goldposition unerheblich; gemäß den Erläuterungen zu § 14 Abs. 2 Grd I erfolgt eine Addition der Absolutbeträge. Die damit vorgenommene Differenzierung zwischen Währungs- und Goldposition führt zu einer isolierten Betrachtung der Goldposition, während bei den Fremdwährungspositionen aufgrund gemeinsamer Risiken in gewissem Ausmaß eine Verrechnung der Nettokauf- und -verkaufpositionen erfolgt.

3. Bagatellregelung

Finanzdienstleistungsinstitute mit einem nur unbedeutenden Fremdwährungs- und Goldgeschäft werden im Rahmen einer Bagatellregelung von der Unterlegung der Währungsgesamtposition mit Eigenmitteln befreit.

Die Freigrenzenregelung in § 14 Abs. 3 Grd I sieht vor, daß Institute die Währungsgesamtposition nur dann in Höhe von 8% mit Eigenmitteln zu unterlegen haben, wenn die Position größer ist als 2% der verfügbaren Eigenmittel oder die größere der beiden getrennt zu bestimmenden Summen aller in DM umgerechneten Aktiv- und Passivpositionen in Fremdwährung den Betrag von 100% der verfügbaren Eigenmittel übersteigt.

Neben dieser Freigrenze ist das BAK bis auf weiteres damit einverstanden, daß Gold- und Sortenbestände bei der Ermittlung der Währungsgesamtposition nicht berücksichtigt werden müssen, sofern sie den Gegenwert von DM 250.000,- nicht überschreiten. Bei Überschreiten dieser Freigrenze sind die betreffenden Bestände in vollem Umfang in die Berechnung einzubeziehen.

Um die Einhaltung der Freigrenzen überprüfen zu können, ist die Währungsgesamtposition von allen Instituten täglich zu berechnen. Bewegt sich ein Institut mit seiner Währungsgesamtposition an der Freigrenze, kann sich die Unterlegungspflicht demnach täglich ändern. Da das BAK bewußt eine Freigrenzenregelung gewählt hat, ist im Falle der Überschreitung die Währungsgesamtposition vollständig zu unterlegen. Die Institute haben die Einhaltung beider Freigrenzen zu prüfen, die Überschreitung eines der beiden Kriterien reicht aus, um eine Eigenmittelunterlegungspflicht für das Währungsrisiko auszulösen.

4. Korrelationsmodell

Gemäß § 14 Abs. 4 und 5 Grd I haben die Institute das Wahlrecht, statt der Short-Hand-Methode das Korrelationsmodell anzuwenden. Im Gegensatz zur Short-Hand-Methode ermöglicht die Korrelationsmethode den Instituten, Risikozusammenhänge in eng verbundenen Währungen zu berücksichtigen, indem ausgeglichene Positionen in solchen Währungen bei der Ermittlung offener Einzelwährungspositionen teilweise nicht zu berücksichtigen sind. Liegen gegenläufige Positionen in unterschiedlichen, korrelierenden Währungen vor, können diese einer getrennten Betrachtung unterzogen werden. Somit wird eine Verrechnung von Positionen in eng verbundenen Währungen möglich und der Tatsache Rechnung getragen, daß die unterstellte Korrelation zu einer Reduzierung des Fremdwährungsrisikos führen kann. Die geschlossene Position in eng verbundenen Währungen ist mit Eigenmitteln zu unterlegen, wobei die Bemessungsgrundlage nach § 14 Abs. 4 Grd I auf 50% der ausgeglichenen Position reduziert werden kann.

Die Institute müssen jedoch einen Nachweis erbringen, daß die zu berücksichtigenden Währungen tatsächlich eng verbunden sind, also Risikokorrelationen aufweisen. Für diesen Nachweis werden in § 14 Abs. 5 Grd I konkrete Vorgaben gemacht, die die Institute zu beachten haben. So darf der maximal mögliche Verlust, der sich bei Zugrundelegung der täglichen Wechselkurse für eine ausgeglichene Position ergeben würde, eine Grenze von 4% der ausgeglichenen Währungsposition nicht übersteigen. Hierzu ist ein Betrachtungszeitraum von drei Jahren bei einem einseitigen Konfidenzniveau von 99% und eine

Haltedauer von zehn Tagen zugrunde zu legen. Alternativ hierzu kann die Untersuchung der engen Verbundenheit auch anhand eines Betrachtungszeitraumes von fünf Jahren und eines einseitigen Konfidenzniveaus von 95% vorgenommen werden. Die Berechnung des Nachweise ist täglich durchzuführen (vgl. C&L Deutsche Revision (Hrsg.), 6. KWG-Novelle und neuer Grundsatz I, Frankfurt am Main 1998, S. 401 bis 406).

Bei Anwendung der Korrelationsmethode können die Freigrenzenregelungen des § 14 Abs. 3 Grd I nicht in Anspruch genommen werden.

IV. Rohwarenrisiken

1. Ermittlung der Rohwarenposition

In die Berechnung des Anrechnungsbetrages für die Rohwarenposition sind nach § 5 Abs. 2 Grd I alle Rohwaren einzubeziehen, bei denen es sich um Erzeugnisse der Urproduktion (Bergbau, Landwirtschaft) handelt. Hierzu gehören auch Halbfabrikate (Metalle, Legierungen, Raffinerieprodukte), Fertigerzeugnisse (Zucker) und Edelmetalle (bis auf Gold, das bei der Währungsposition zu berücksichtigen ist). Somit werden alle physischen Güter berücksichtigt, die an einem Sekundärmarkt (üblicherweise an den Warenterminbörsen) gehandelt werden. Die Rohwarenpositionen sind geschäftstäglich nach den Vorschriften des 4. Abschnitts des Grd I zu ermitteln.

Für Rohwaren gilt wie für Währungspositionen, daß sowohl Anlagebuch- als auch Handelsbuchbestände bei der Ermittlung des Anrechnungsbetrages zu berücksichtigen sind.

Im Gegensatz zu Positionen, die einem Währungsrisiko unterliegen, ist für rohwarenbezogene Positionen keine allgemeine Freigrenzenregelung vorgesehen. Jedoch kann nach den Erläuterungen des BAK zu § 5 Grd I eine tägliche Ermittlung und Unterlegung von Rohwarenrisiken entfallen, sofern keine weiteren Rohwarenpositionen als Bestände in Silber- und Platinmünzen gehalten werden, deren Wert eine Obergrenze in Höhe von TDM 50 nicht übersteigt. Führt ein Institut weitere Rohwarenpositionen, können Bestände in Silber- und Platinmünzen aus der Berechnung des Anrechnungsbetrages für Rohwarenrisiken ausgenommen werden, sofern keine weiteren Silber- oder Platinpositionen bestehen und die Münzbestände die Grenze von TDM 50 nicht übersteigen.

Das Prinzip, die risikoreduzierende Wirkung gegenläufiger Geschäfte bei der Unterlegung von Marktpreisrisiken zu berücksichtigen, findet auch bei Rohwaren Anwendung. Demgemäß sind geschlossene Positionen in gleichen Rohwarengattungen bei der Berechnung der unterlegungspflichtigen Rohwarenposition nicht relevant. Ebenso wie bei den Regelungen zum Fremdwährungsrisiko sind für jede Rohwarengattung aktivische und passivische Positionen getrennt zu ermitteln. In den Anrechnungsbetrag gehen nur offene Positionen ein; maßgeblich für die Rohwarenposition sind daher in jeder Rohwarengattung nur die aus dem Unterschiedsbetrag aller Aktiv- und Passivpositionen bestehenden offenen Rohwareneinzelpositionen. Diese sind täglich bei Geschäftsschluß zu ermitteln und in DM umzurechnen. Die tägliche Bewertung erfolgt zum aktuellen Kassamarktpreis; hierfür ist der Kurs einer in der jeweiligen Rohware umsatzstarken Börse maßgeblich .

Korrelationen zwischen den unterschiedlichen Rohwarengattungen werden nicht erfaßt. Vor diesem Hintergrund ist im Gegensatz zur Ermittlung der Währungsposition keine Verrechnungsregel (z.B. Short-Hand-Methode) zulässig, so daß aktivisch und passivisch ausgerichtete offene Rohwareneinzelpositionen vorzeichenunabhängig zur Rohwaren-gesamtposition zu addieren sind. Auch zwischen eng verwandten Rohwarengattungen (z.B. unterschiedliche Rohölqualitäten) werden keine Risikokorrelationen zugelassen.

2. Vereinfachte Methode

Die Standardmethode zur Ermittlung der Eigenmittelunterlegung für Rohwarenrisiken ist gemäß § 16 Abs. 4 Grd I das vereinfachte Verfahren.

Diese Methode zeichnet sich durch ein stark vereinfachtes Rechenverfahren aus, nach welchem zunächst eine separate Berechnung der Unterlegung für das direktionale Risiko erfolgt. In einem zweiten Schritt wird der Unterlegungsbetrag für Terminpreis-, Zins- und Basisrisiken ermittelt. Die Bewertung der einzelnen Positionen erfolgt jeweils zum aktuellen Spot-Preis.

Bei der Unterlegung des allgemeinen Marktpreisrisikos ist die Rohwarengesamtposition als Bemessungsgrundlage heranzuziehen, so daß auch alle offenen Positionen in roh-stoffpreisbezogenen Derivaten und außerbilanziellen Geschäften zu berücksichtigen sind. Für das direktionale Risiko fordert der Grundsatz I eine Unterlegung von 15% der Summe der offenen Rohwareneinzelpositionen (wobei eine Verrechnung zwischen ver-schiedenen Rohwarengattungen nicht gestattet ist).

Bei der Ermittlung des Anrechnungsbetrages für Terminpreis-, Zinsänderungs- und Basisrisiken werden alle Einzelpositionen in den unterschiedlichen Rohwarengattungen unabhängig von ihrer Ausrichtung (long oder short) addiert. Die Unterlegung für Terminpreis-, Zinsänderungs- und Basisrisiken beträgt 3% der Summe aller Bruttoposi-tionen.

3. Zeitfächermethode

Gemäß § 17 Abs. 1 Grd I haben die Institute das Wahlrecht, statt der vereinfachten Methode die Zeitfächermethode als ein weiteres Standardverfahren zur Ermittlung des Anrechnungsbetrages für Rohwarenrisiken anzuwenden. Bei Instituten, die nicht nur unbedeutende Risikopositionen im Rohwarenbereich aufweisen, wird das Wahlrecht jedoch nach den Erläuterungen zu § 17 Abs. 2 Grd I insofern eingeschränkt, als das BAK die Anwendung der Zeitfächermethode erwartet.

Bei Anwendung der Zeitfächermethode sind zunächst die Rohstoffpositionen wie beim vereinfachten Verfahren in Standardmeßeinheiten (Barrel, Kilogramm etc.) umzurechnen und dann mit den entsprechenden Spot-Preisen zu bewerten. Anschließend erfolgt eine Umrechnung in DM.

Wesentliches Merkmal der Zeitfächermethode ist das zeitlich durch sieben Laufzeit-bänder gegliederte Risikoerfassungssystem. Die einzelnen Aktiv- und Passivpositionen sind getrennt nach den einzelnen Rohwarengattungen aufgrund ihrer Fälligkeit in die jeweiligen Laufzeitbänder einzustellen. Für jede Rohware ist also ein separater Fristig-keitenfächer aufzustellen. Physische Bestände sind dem ersten Laufzeitband zuzuordnen.

Die Ermittlung des Anrechnunsbetrages erfolgt dann in drei Schritten:

- Ermittlung der geschlossenen Bereichspositionen (je Laufzeitband) und Gewichtung mit 3% (erster Teilanrechnungsbetrag).

- Vortrag der offenen Bereichspositionen auf das nächste Laufzeitband und Ermittlung ausgeglichener Positionen. Diese werden ebenfalls mit 3% gewichtet (zweiter Teilanrechnungsbetrag). Zusätzlich werden die vorgetragenen offenen Bereichspositionen mit 0,6% als drittem Teilanrechnungsbetrag erfaßt (sog. carry charge).

- Der vierte Teilanrechnungsbetrag ergibt sich aus der offenen Bereichsposition aus dem siebten Laufzeitband (nach Verrechnung mit der aus dem sechsten Laufzeitband vorgetragenen offenen Bereichsposition) gewichtet mit 15%.

Unabhängig von der jeweiligen Rohwarengattung sind jeweils identische Unterlegungssätze anzuwenden. Deutlich unterschiedliche Volatilitäten verschiedener Rohwarengattungen werden folglich nicht berücksichtigt.

V. Vorschriften über das Handelsbuch

1. Adressenausfallrisiken des Handelsbuchs

a. Zusammensetzung

In § 27 Grd I sind die zu erfassenden Adressenausfallrisiken des Handelsbuchs aufgeführt. Die Adressenausfallrisikopositionen setzen sich danach wie folgt zusammen:

- Abwicklungsrisiko bei Wertpapiergeschäften

- Vorleistungsrisiko bei Wertpapiergeschäften

- Kontrahentenrisiko bei Pensions- und Leihgeschäften

- Kontrahentenrisiko bei OTC-Derivaten

- Adressenausfallrisiko bei sonstigen Forderungen aus Handelsgeschäften

Unberücksichtigt bleiben solche Kontrakte, die keinem Risiko des Ausfalls einer Gegenpartei unterliegen. Darunter fallen insbesondere sog. interne Geschäfte, bei denen das Finanzdienstleistungsinstitut selbst als Partei und Gegenpartei auftritt.

b. Abwicklungsrisiko

Grundsätzlich werden alle Wertpapierkassa- und -termingeschäfte auf Aktien, Schuldverschreibungen und andere Wertpapiere gemäß § 27 Abs. 1 Nr. 1 Grd I in die Ermittlung der Eigenmittelunterlegungsbeträge einbezogen, deren vereinbarter Abwicklungszeitpunkt ohne eine Erfüllung des Geschäftes durch den Kontrahenten sowie ohne Erbringung der eigenen Leistung verstrichen ist. Durch die Eigenmittelunterlegung soll das Risiko einer verspäteten oder ausbleibenden Abwicklung des Wertpapiergeschäftes nach dem vereinbarten Abwicklungstermin erfaßt werden.

Das Abwicklungsrisiko (Risiko des Vermögensverlustes) setzt einen positiven Markt-wert voraus, der aus Sicht des Finandienstleistungsinstituts dem zu tragenden Minderer-lös bzw. den zu erbringenden Mehraufwendungen aus einem Neuabschluß bei Nichter-füllung des Geschäftes entspricht. Die Wahrscheinlichkeit einer ggf. zur Erfüllung eige-ner Verpflichtungen erforderlich werdenden Ersatzbeschaffung des Wertpapiers steigt mit der zeitlichen Verspätung der Abwicklung.

Die erforderliche Eigenmittelunterlegung ist gemäß § 27 Abs. 2 Nr. 1 Grd I anhand einer Marktbewertung des Vertrages ("Marktbewertungsmethode") oder vereinfachend anhand des vereinbarten Abrechnungspreises ("Laufzeitmethode") zu ermitteln. In beiden Fällen erfolgt eine Gewichtung der maßgeblichen Beträge in Abhängigkeit von der Anzahl der Geschäftstage, die seit dem vereinbarten Abwicklungszeitpunkt verstrichen sind. Für die ersten fünf Tage nach dem vereinbarten Abwicklungszeitpunkt ist eine Unterlegung des Abwicklungsrisikos nicht erforderlich.

Die Wahlmöglichkeit zwischen Laufzeit- und Marktbewertungsmethode besteht jedoch nur für die ersten 45 Tage nach dem vereinbarten Abwicklungszeitpunkt. Ab dem 46. Tag ist stets der volle Unterschiedsbetrag zwischen dem Abrechnungspreis und dem aktuellen Marktwert des Vertragsgegenstandes nach der Marktbewertungsmethode zu berücksichtigen. Die anzuwendenden Faktoren für die Laufzeit- bzw. Marktbewertungs-methode sind in Tabelle 9 zu § 27 Abs. 2 Nr. 1 Grd I dargestellt:

Anzahl der Geschäftstage nach dem vereinbarten Zahlungstermin	Spalte A in v.H.	Spalte B in v.H.
5 - 15	8,0	0,5
16 - 30	50,0	4,0
31 - 45	75,0	9,0
46 und mehr	100,0	
(Spalte A: Marktbewertungsmethode, Spalte B: Laufzeitmethode)		

Abb. 22: Gewichtungssätze für die Ermittlung des Abwicklungsrisikos

Der Anrechnungsbetrag ist in voller Höhe mit Eigenmitteln zu unterlegen. Eine Bonitäts-gewichtung des Anrechnungsbetrages mit dem für den Kontrahenten vorgesehenen Bonitätsgewicht nach § 13 Grd I erfolgt nicht.

c. Vorleistungsrisiko

Grundsätzlich werden gemäß § 27 Abs. 1 Nr. 2 Grd I alle Wertpapierkassa- und -termingeschäfte auf Aktien, Schuldverschreibungen und andere Wertpapiere, bei denen das Finanzdienstleistungsinstitut seine Leistungsverpflichtungen erfüllt hat und die vereinbarte Gegenleistung noch nicht eingegangen ist, in die Ermittlung der Eigenmittelunterlegungsbeträge einbezogen. Bei Ausfall des Kontrahenten entsteht in Höhe der geleisteten Vorleistung eine Vermögenseinbuße für das Finanzdienstleistungsinstitut.

Der Anrechnungsbetrag für die Unterlegung mit Eigenmitteln ist nach § 27 Abs. 2 Nr. 2 Grd I der mit dem Bonitätsgewicht nach § 13 Grd I gewichtete Wert der geschuldeten Gegenleistung. Bei einem Kauf von Wertpapieren ist der Wert der geschuldeten Gegenleistung der jeweilige Marktwert des noch nicht gelieferten Wertpapiers, bei einem Verkauf von Wertpapieren der geschuldete Kaufpreis der Papiere. Eine Unterlegung mit Eigenmitteln ist grundsätzlich ab dem Zeitpunkt des Erbringens der Vorleistung erforderlich, wobei für Vorleistungen bei grenzüberschreitenden Transaktionen eine Sonderregelung besteht. Sie sind erst mit Eigenmitteln zu unterlegen, wenn die Vorleistung länger als einen Tag besteht. Durch diese Erleichterung wird den aus der grenzüberschreitenden Abwicklung von Wertpapiergeschäften resultierenden längeren Abwicklungszeiten Rechnung getragen.

Der bonitätsgewichtete Anrechnungsbetrag ist mit Eigenmitteln in Höhe von 8% zu unterlegen.

d. Kontrahentenrisiko bei Pensions- und Leihgeschäften

Nach § 27 Abs. 1 Nr. 3 Grd I sind die aus Pensions- und Leihgeschäften resultierenden Adressenausfallrisiken ebenfalls mit Eigenmitteln zu unterlegen.

Aus der Sicht des Pensionsgebers (§ 27 Abs. 1 Nr. 3 Buchstabe a Grd I) entsteht immer dann eine Vermögenseinbuße durch den Ausfall des Kontrahenten, wenn die in Pension gegebenen Wertpapiere zu diesem Zeitpunkt aufgrund der Kursentwicklung einen Wert besitzen, der den zu Beginn der Laufzeit des Geschäftes erhaltenen Geldbetrag übersteigt. Der Ausfall des Kontrahenten hätte einen Verlust für das Institut in Höhe der Differenz zwischen dem Marktwert der Wertpapiere und dem geschuldetem Geldbetrag zur Folge. Bei einem unechten Pensionsgeschäft, bei dem der Pensionsnehmer die Wahl hat, die Papiere am Ende der Laufzeit dem Pensionsgeber zurückzugeben, besteht dieses Adressenausfallrisiko für den Pensionsgeber nicht. Ist der Wert der Papiere höher als der hingegebene Geldbetrag, wird der Pensionsnehmer von seinem Wahlrecht keinen Gebrauch machen und den Differenzbetrag vereinnahmen. Ist der Wert der Papiere niedriger, entsteht durch den Rücktausch ein Verlust in Höhe der Differenz zwischen Marktwert und getauschtem Geldbetrag. Wirtschaftlich entspricht dieses Geschäft aus Sicht des Pensionsgebers dem Verkauf einer Verkaufsoption.

Aus der Sicht des Pensionsnehmers (§ 27 Abs. 1 Nr. 3 Buchstabe b Grd I) besteht dann ein Adressenausfallrisiko, wenn bei Ablauf des Pensionsgeschäftes der Wert der in Pension genommenen Wertpapiere gesunken ist und den hingegebenen Geldbetrag unterschreitet. Fällt bei dieser Konstellation der Pensionsgeber aus, so verbleibt dem Pensionsnehmer ein Verlust in Höhe der Differenz zwischen Marktwert der Papiere und

172

hingegebenem Geldbetrag. Bei einem unechten Pensionsgeschäft würde der Pensionsnehmer bei der beschriebenen Wertentwicklung der Papiere von seinem Rücktauschrecht Gebrauch machen. In diesem Fall würde auch bei einem unechten Pensionsgeschäft ein Adressenausfallrisiko bezüglich des Pensionsgebers resultieren. Somit ist im Gegensatz zu der Risikobehandlung beim Pensionsgeber auch ein unechtes Pensionsgeschäft bei der Eigenmittelunterlegung zu berücksichtigen.

Das Adressenausfallrisiko aus Wertpapierpensionsgeschäften besteht jeweils in Höhe der positiven Differenz zwischen den hingegebenen Wertpapieren und dem erhaltenen Geldbetrag (Pensionsgeber) bzw. in Höhe der positiven Differenz zwischen hingegebenem Geldbetrag und Marktwert der Wertpapiere (Pensionsnehmer). Dieser Unterschiedsbetrag ist gemäß § 27 Abs. 2 Nr. 3 Grd I mit dem für den Kontrahenten geltenden Bonitätsgewicht gemäß § 13 Grd I zu gewichten und in Höhe von 8% mit Eigenmitteln zu unterlegen. Diese Regelung gilt jedoch nur, sofern die Pensionsgeschäfte die in § 27 Abs. 3 Grd I genannten Anforderungen erfüllen. Andernfalls ist der Anrechnungsbetrag für die Pensionsgeschäfte mit den für das Anlagebuch geltenden Vorschriften zu errechnen.

Gemäß § 27 Abs. 2 Nr. 3 Grd I ist eine Anrechnung nach den Vorschriften für die Handelsbuchrisikopositionen nur dann möglich, wenn das Pensionsgeschäft nicht zum Schein abgeschlossen wurde und die vertragliche Ausgestaltung des Pensionsgeschäftes zur Risikoreduzierung beiträgt. Im weiteren muß beim Pensionsnehmer die Risikoposition auf Basis aller in das Pensionsgeschäft einbezogenen Geschäftsgegenstände einer täglichen Marktbewertung unterworfen und die Sicherheitsleistung bei einer risikoerhöhenden Ausweitung des Unterschiedsbetrages angepaßt werden. Daneben muß sichergestellt sein, daß auch im Falle der Insolvenz eines Vertragspartners das Pensionsgeschäft endet und glattgestellt wird.

Die Berücksichtigung der Adressenausfallrisiken aus Leihgeschäften erfolgt analog zu den Pensionsgeschäften.

Für den Verleiher (§ 27 Abs. 1 Nr. 3 Buchstabe a Grd I) resultiert ein Adressenausfallrisiko in Höhe der positiven Differenz zwischen dem Wert der verliehenen Wertpapiere und dem erhaltenen Geldbetrag oder dem aktuellen Marktwert der erhaltenen Sicherheiten einschließlich ggf. aufgelaufener Zinsen. Das Adressenausfallrisiko des Entleihers (§ 27 Abs. 1 Nr. 3 Buchstabe b Grd I) ergibt sich entsprechend aus der positiven Differenz zwischen dem aktuellen Marktwert der hingegebenen Sicherheiten einschließlich ggf. aufgelaufener Zinsen und dem Wert der entliehenen Wertpapiere.

Dieser Unterschiedsbetrag gemäß § 27 Abs. 2 Nr. 3 Grd I ist mit dem für den Kontrahenten geltenden Bonitätsgewicht gemäß § 13 Grd I zu gewichten und in Höhe von 8% mit Eigenmitteln zu unterlegen. Diese Regelung ist jedoch nur anzuwenden, sofern die Leihgeschäfte die in § 27 Abs. 3 Grd I genannten Anforderungen erfüllen. Andernfalls ist der Anrechnungsbetrag für die Leihgeschäfte mit den für das Anlagebuch geltenden Vorschriften zu errechnen (vgl. Ausführungen zu den Pensionsgeschäften).

e. Kontrahentenrisiko bei OTC-Derivaten

In die Adressenausfallrisikopositionen des Handelsbuches sind alle derivativen Geschäfte des Handelsbuches gemäß § 27 Abs. 1 Nr. 4 Grd I einzubeziehen, die keinen täglichen Einschußpflichten unterworfen sind (Margin-System) und deren Erfüllung nicht von einer Börseneinrichtung geschuldet oder gewährleistet wird, sogenannte "over-the-counter" oder OTC-Derivate.

Hat ein Institut derivative Geschäfte mit einem positiven Marktwert im Bestand, so besteht in entsprechender Höhe ein Adressenausfallrisiko. Fällt der Vertragspartner aus, hat das Institut die aus der Nichterfüllung des Vertragsverhältnisses resultierende Position durch Wiedereindeckung am Markt zu schließen bzw. es hat ein Geschäft, für das durch Glattstellung am Markt ein Erlös in Höhe des positiven Marktwertes erzielt werden konnte, verloren.

Die Anrechnungsbeträge für die Adressenausfallrisikopositionen aus derivativen Geschäften des Handelsbuches werden nach den Verfahren für das Anlagebuch ermittelt. Zur Ermittlung der Anrechnungsbeträge ist die Marktbewertungsmethode heranzuziehen, d.h. der positive Marktwert zzgl. des Add-on (§ 27 Abs. 2 Nr. 4 Grd I). Sofern die Instrumente in anerkannte Nettingvereinbarungen einbezogen werden, können die Anrechnungsbeträge nach den Vorschriften des § 12 Grd I reduziert werden.

Die Anrechnungsbeträge sind nach § 13 Abs. 4 Nr. 1 Grd I mit 50% zu gewichten, sofern nicht ein niedrigerer Gewichtungssatz angewendet werden kann. Die bonitätsgewichteten Anrechnungsbeträge sind in Höhe von 8% mit Eigenmitteln zu unterlegen.

f. Adressenausfallrisiko bei sonstigen Forderungen aus Handelsgeschäften

Sonstige Forderungen aus Handelsgeschäften in Form von Gebühren, Provisionen, Zinsen, Dividenden oder Einschüssen, die in unmittelbarem Zusammenhang mit Positionen des Handelsbuches stehen, sind zusätzlich zu den entsprechenden Positionen ebenfalls mit Eigenmitteln zu unterlegen (vgl. § 27 Abs. 1 Nr. 5 Grd I). Eine Unterlegung kann unterbleiben, wenn diese von den Eigenmitteln abgezogen werden oder diese Forderungen bereits unter den Bilanzaktiva gemäß § 7 Grd I erfaßt sind. Die Positionen sind in Höhe des Buchwertes unter Berücksichtigung der Bonitätsgewichtung gemäß § 13 Grd I anzurechnen und mit 8% Eigenmitteln zu unterlegen (vgl. § 27 Abs. 2 Nr. 5 Grd I).

2. Marktpreisrisiken des Handelsbuchs

a. Überblick

Aus dem Einfluß von Zinsänderungen und Bewegungen der Aktienkurse auf die Vermögensposition und die Ertragslage der Finanzdienstleistungsinstitute resultiert die Notwendigkeit, diese Marktpreisrisiken durch Unterlegung mit Eigenmitteln in ihrer Höhe zu begrenzen. Hinsichtlich der Ursachen von Preisänderungen unterscheidet der Grundsatz I das aus allgemeinen Preisbewegungen des Marktes resultierende Risiko (allgemeines Kursrisiko) und das auf eine veränderte Bonitätseinschätzung des Emittenten zurückzuführende Risiko von Marktpreisänderungen eines Finanzinstrumentes (besonderes Kursrisiko). Letzteres kann als besondere Ausprägung des Adressenausfallrisikos betrachtet werden, da Preisänderungen einzelner Finanzinstrumente auch auf eine veränderte Bonitätseinschätzung des Emittenten durch den Markt zurückzuführen sind, ohne daß Finanzinstrumente anderer Emittenten auf diesem Markt von dieser spezifischen Preisentwicklung betroffen wären.

Der Anrechnungsbetrag für die Marktpreisrisiken (Zinsänderungs- und Aktien-/Indexkursrisiken) entspricht der Summe der Teilanrechnungsbeträge für das allgemeine und besondere Kursrisiko jeweils bezogen auf das Zinsänderungsrisiko und das Aktien-/Indexkursrisiko.

Die nach den Vorschriften der §§ 18 bis 26 Grd I ermittelten zins- und aktien-/indexkursbezogenen Risikopositionen sind mit Eigenmitteln zu unterlegen.

b. Nettopositionen

Zur Berücksichtigung der marktrisikoreduzierenden Wirkung gegenläufiger Positionen in gleichartigen Finanzinstrumenten sind die Risikopositionen der Handelsbuchinstitute bezüglich der Zins- und Aktienkursrisiken nur in Höhe des Saldos aus Positionen mit aktivischer (long) und passivischer Ausrichtung (short) einzubeziehen.

Die Nettopositionen aus zinsbezogenen Finanzinstrumenten (Zinsnettopositionen) und aktienkursbezogenen Finanzinstrumenten (Aktiennettopositionen) umfassen alle zins- bzw. aktienkursbezogenen Finanzinstrumente gemäß § 18 Abs. 1 Grd I. Die Definition der Nettopositionen in § 19 Abs. 1 Grd I betrifft nur Wertpapiere und Komponenten aus der Aufspaltung von Derivaten, jedoch sind auch aus den anderen Finanzinstrumenten, die entsprechende Risiken aufweisen, eigenständige Nettopositionen zu bilden. Um sicherzustellen, daß lediglich eine gegebene Veränderung der Marktpreise mit einer Marktveränderung in weitgehend gleicher Höhe reagiert, werden für die Zusammenfassung eindeutige Kriterien aufgestellt (§ 19 Abs. 3 und 4 Grd I).

Bei der Ermittlung des Unterschiedsbetrages bei Wertpapierpositionen wird gemäß § 19 Abs. 1 Nr. 1 Grd I die Summe aus Beständen und Lieferansprüchen (Long-Positionen) gleicher Wertpapiere mit Lieferverpflichtungen (Short-Positionen) des Instituts in diesen Papieren saldiert. Dies gilt sowohl im Rahmen der Ermittlung der Zinsnettoposition als auch für die Ermittlung der Aktiennettoposition. In § 19 Abs. 3 Grd I werden zur Beurteilung der Gleichheit von Wertpapieren allgemeine Bedingungen aufgestellt, nach denen im Einzelfall zu beurteilen ist, ob es sich um gleiche Wertpapiere im Sinne des Grundsatzes I handelt:

Gemäß § 19 Abs. 3 Grd I gilt:

Wertpapiere sind als gleich anzusehen, wenn sie

Wertpapiere sind als gleich anzusehen, wenn sie	
1. von demselben Emittenten ausgegeben wurden	
2. auf dieselbe Währung lauten	
3. auf demselben nationalen Markt gehandelt werden	
4. im Falle der Insolvenz des Emittenten denselben Rang einnehmen	
bei Einbeziehung in die Zinsnettoposition	bei Einbeziehung in die Aktiennettoposition
5. in ihrem Rückzahlungsprofil übereinstimmen	5. dem Inhaber hinsichtlich des Stimmrechtes dieselbe Stellung verleihen

Abb. 23: Gleichheit der Wertpapiere nach § 19 Abs. 3 Grd I

Dies wird immer dann der Fall sein, wenn es sich um Positionen in Papieren mit identischer Wertpapierkennnummer handelt.

Als Derivatenettoposition wird gemäß § 19 Abs. 1 Nr. 2 Grd I der Unterschiedsbetrag bezeichnet, der sich nach Saldierung von aktivisch und passivisch ausgerichteten Positionen in weitgehend einander enstprechenden Derivaten ergibt. Die Unterschiedsbeträge sind gemäß § 19 Abs. 1 Nr. 2 Grd I nur zusammenzufassen, soweit sie die Zinsnettopositionen betreffen. Gemäß § 19 Abs. 2 Grd I sind Derivate vor Bildung der Nettopositionen entsprechend ihrer zinsmäßigen Wirkung unter Beachtung der mit ihnen verbundenen Zahlungsströme in ihre Komponenten aufzuspalten (two-leg-approach).

§ 19 Abs. 4 Grd I fordert für die Bildung von Nettopositionen aus gegenläufig ausgerichteten derivativen Geschäften nicht wie bei den Wertpapieren eine Gleichheit der Instrumente, sondern lediglich eine weitgehende Entsprechung. Damit wird berücksichtigt, daß eine starke Kompensation der Wertentwicklung zweier Finanzinstrumente bereits auch dann erwartet werden kann, wenn beispielsweise zugrundeliegende Zinssätze und Fälligkeitstermine der betrachteten Instrumente nicht exakt, sondern lediglich annähernd übereinstimmen. Marktpreisrisiken sind dann bis auf als gering einzuschätzende Basisrisiken weitgehend ausgeschlossen. Komponenten aus derivativen Geschäften werden danach als weitgehend entsprechend betrachtet, wenn sie

1.	denselben Nominalwert haben
2.	auf dieselbe Währung lauten
3.	im Falle der Einbeziehung in die Zinsnettoposition sich ihre nach ihrem Coupon oder demselben variablen Referenzzinssatz bemessene Nominalverzinsung um nicht mehr als 0,15 Prozentpunkte unterscheidet
4.	sich die Restlaufzeit oder restliche Zinsbindungsfrist um nicht mehr als die nachfolgenden Zeitspannen unterscheidet:

Restliche Zinsbindungsfrist	Zeitspannen
unter einem Monat	gleicher Kalendertag
ein Monat bis ein Jahr	7 Kalendertage
mehr als ein Jahr	30 Kalendertage

Abb. 24: Einander weitgehend entsprechende Derivate

c. Pre-Processing

Bei der Ermittlung der Nettopositionen aus derivativen Geschäften haben die Institute die Wahl, von der Möglichkeit der Vorabverrechnung ("pre-processing") Gebrauch zu machen.

Im Rahmen des "pre-processing" werden Komponenten aus der Aufspaltung von Finanzinstrumenten derselben Instrumentkategorie miteinander verrechnet. Voraussetzung hierfür ist die Einhaltung der in § 19 Abs. 4 Grd I genannten Kriterien. Gemäß den Erläuterungen zum Grundsatz I sind die Komponenten jeweils in Höhe ihrer Gegenwartswerte (Barwerte) miteinander zu verrechnen. Der nach Verrechnung verbliebende Saldo stellt die Grundlage für die weiteren Berechnungen dar.

d. Two-leg-approach

Gemäß § 19 Abs. 2 Grd I sind bei der Ermittlung der Nettopositionen aus Wertpapieren und derivativen Geschäften Termin-, Options- und Swapgeschäfte unter Beachtung ihrer zinsmäßigen Wirkung in ihre Komponenten zu zerlegen. Diesem Verfahren liegt die Erkenntnis zugrunde, daß sich der Barwert eines derivativen Geschäftes aus der Summe der Barwerte seiner Einzelkomponenten errechnen läßt. Wertveränderungen der Barwerte der Komponenten aufgrund von Marktpreisschwankungen spiegeln sich in ihrer Summe immer auch in Wertschwankungen des Finanzinstrumentes wider. Durch die Aufspaltung der derivativen Geschäfte in Komponenten wird das aus ihnen resultierende Marktpreisrisiko auf die Risiken der einzelnen Komponenten zurückgeführt. Die Aufspaltung dient damit der Erleichterung zur Messung der mit den Geschäften verbundenen Marktpreisrisiken und ermöglicht die Zusammenfassung gleichartiger, aus der Aufspaltung verschiedener Instrumente resultierender Risikokomponenten. Bei der Ermittlung der Nettopositionen werden auf diese Weise komplexe Strukturen einzelner Geschäfte auf Kombinationen aus Wertpapierpositionen und/oder fest- und variabel verzinslichen Positionen zurückgeführt (vgl. auführliche Erläuterungen und Beispiele zum two-leg-approach C&L Deutsche Revision (Hrsg.), 6. KWG-Novelle und neuer Grundsatz I, Frankfurt am Main 1998, S. 345 bis 349).

e. Zinsrisiken im Handelsbuch (Allgemeines Kursrisiko)

Im Rahmen der §§ 20 bis 22 Grd I wird die Ermittlung des Teilanrechnungsbetrages für das allgemeine Kursrisiko aus Zinsnettopositionen geregelt. Hierzu sind die nach den Vorschriften der §§ 18 und 19 Grd I ermittelten Zinsnettopositionen entsprechend ihrer restlichen Zinsbindungsfrist/Restlaufzeit in Laufzeitbänder einzustellen. Zur Ermittlung des Teilanrechnungsbetrages werden den Instituten dabei zwei Berechnungsmethoden zur Auswahl gestellt.

Für die als Standardmethode zur Ermittlung des Teilanrechnungsbetrages für das allgemeine Kursrisiko vorgegebene Jahresbandmethode erfolgt die Einstufung der Zinsnettopositionen in die Laufzeitbänder anhand ihrer restlichen Zinsbindungsfrist.

Die den einzelnen Laufzeitbändern zugeordneten Zinsnettopositionen sind mit vorgegebenen Faktoren zu gewichten und ggf. pro Laufzeitband miteinander zu verrechnen (vertikales Hedging). Durch Unterlegung geschlossener Positionen in den Laufzeitbändern wird dem Basisrisiko aus den dem Laufzeitband zugeordneten Nettopositionen Rechnung getragen. Das Basisrisiko ist das Risiko einer unterschiedlichen Entwicklung der Marktpreise oder Gegenwartswerte unterschiedlicher Finanzinstrumente oder zwischen gleichartigen Finanzinstrumenten mit unterschiedlicher Restlaufzeit innerhalb der Laufzeitbänder.

In weiteren Schritten sind die offenen Positionen der Laufzeitbänder mit offenen Positionen der anderen Laufzeitbänder innerhalb einer Laufzeitzone zu verrechnen (horizontales Hedging), um der risikomindernden Wirkung gegenläufiger Positionen in unterschiedlichen Laufzeitbereichen Rechnung zu tragen. Die hieraus resultierende geschlossene Position ist wiederum mit Eigenmitteln zu unterlegen. Der Eigenmittelunterlegungssatz ist jedoch höher als für die Unterlegung der geschlossenen Positionen in den Laufzeitbändern. Im letzten Schritt können die verbleibenden offenen Positionen in den einzelnen Zonen miteinander verrechnet werden. Hierbei ist mit den offenen Positionen der kurz- und mittelfristigen Zone zu beginnen. Die aus dieser Verrechnung resultierende offene Position ist mit der offenen Position der langfristigen Zone zu verrechnen und die hieraus verbleibende offene Position ggf. mit einer verbleibenden offenen Position der kurzfristigen Zone zu verrechnen. Je weiter vom Kriterium der Laufzeitidentität abgewichen wird, desto höher steigt der erforderliche Eigenmittelbetrag zur Unterlegung einer verbleibenden offenen Position aufgrund unterschiedlicher Barwertreaktionen. Daneben wird durch die höheren Anrechnungssätze der Wahrscheinlichkeit unterschiedlicher Zinsänderungen in den einzelnen Laufzeitbereichen und damit nichtparallelen Verschiebungen (Drehungen) der Zinsstrukturkurve Rechnung getragen.

Bei der dem Zinsänderungsrisiko exakter Rechnung tragenden Durationmethode erfolgt die Einstufung in das Laufzeitenraster anhand der Duration der Finanzinstrumente. Die Duration ist als gewichtetes arithmetisches Mittel der Zahlungszeitpunkte eines Finanzinstrumentes die geeignete Maßgröße zur Messung der Sensitivität des Gegenwartswertes auf eine Zinsänderung. Mit steigender Duration steigt die Zinssensitivität des Gegenwartswertes eines Zahlungsstroms und damit auch das mit einem Zahlungsstrom verbundene Marktpreisrisiko (vgl. ausführliche Erläuterungen zu den beiden Methoden C&L Deutsche Revision (Hrsg.), 6. KWG-Novelle und neuer Grundsatz I, Frankfurt am Main 1998, S. 350 bis 359).

f. Aktien-/Indexkursrisiken im Handelsbuch (Allgemeines Kursrisiko)

Grundlage für die Ermittlung des Teilanrechnungsbetrages für das allgemeine Kursrisiko aus aktienkursbezogenen Finanzinstrumenten sind die Aktiennettopositionen in einzelnen Wertpapiergattungen. Gemäß § 24 Grd I sind alle Aktiennettopositionen entsprechend ihrer aktivischen und passivischen Ausrichtung getrennt für jeden nationalen Aktienmarkt vorzeichenunabhängig zusammenzufassen (Nettogesamtposition je nationalem Aktienmarkt). Diese Zusammenfassung beruht auf der risikoreduzierenden Wirkung gegenläufiger Positionen auf einem nationalen Aktienmarkt in bezug auf Einflüsse, die den Aktienmarkt als Ganzes treffen. Aus aktivisch ausgerichteten Positionen resultieren aufgrund eines Rückgangs des Marktpreisniveaus Verluste, denen Gewinne aus passivisch ausgerichteten Positionen gegenüberstehen.

Zur Abgrenzung des nationalen Marktes sind grundsätzlich die politischen Grenzen eines Staates heranzuziehen, da insbesondere volkswirtschaftliche und politische Einflußfaktoren den Aktienmarkt als solches beeinflussen.

Die Nettogesamtpositionen sind in Höhe von 8% mit Eigenmitteln zu unterlegen.

g. Emittentenrisiken aus Zinsnettopositionen (Besonderes Kursrisiko)

In die Ermittlung des Eigenmittelunterlegungsbetrages sind grundsätzlich alle zinsbezogenen Geschäfte einzubeziehen, die ein besonderes Kursrisiko beinhalten.

Kein besonderes Kursrisiko ist mit Positionen verbunden, die in die Ermittlung der Derivate-Zinsnettoposition einbezogen werden, da das Basisinstrument des derivativen Geschäftes ein Referenzzinssatz ohne emittentenbezogenes Ausfallrisiko ist.

Ebenso wird bei allen Positionen in Wertpapieren, die von Emittenten begeben wurden, denen aufgrund ihrer erstklassigen Bonität in § 13 Abs. 1 Grd I ein Bonitätsgewichtungsfaktor von 0% zugewiesen wird, kein besonderes Kursrisiko angenommen (§ 23 Abs. 2 1. Hs. Grd I).

Zur Ermittlung des Teilanrechnungsbetrages sind die Zinsrisikopositionen in Höhe der nach den Vorschriften des § 19 Grd I ermittelten Zinsnettopositionen zusammenzufassen.

Die in die Ermittlung der Zinsnettoposition einbezogenen Finanzinstrumente werden entsprechend den Vorschriften des § 19 Abs. 2 S. 3 Grd I mit ihren maßgeblichen Beträgen angerechnet. Maßgebliche Beträge sind für die Wertpapiere sowie für die die Wertpapierseite betreffenden Komponenten der derivativen Finanzgeschäfte grundsätzlich die aktuellen Marktpreise der Wertpapiere.

Für Aktiva mit hoher Anlagequalität gelten besondere Anrechnungsbeträge. Die Nettopositionen in diesen Wertpapieren sind gemäß § 23 Abs. 3 Grd I mit von der Restlaufzeit abhängigen Sätzen zu gewichten. Dieser reduzierte Betrag ist in die Zusammenfassung der Nettopositionen einzubeziehen. Hierdurch findet die bei Papieren mit hoher Anlagequalität vermutete geringere Wahrscheinlichkeit einer Kursschwankung aufgrund einer veränderten Bonitätseinschätzung Berücksichtigung.

Die Zinsnettopositionen sind gemäß § 23 Abs. 1 Grd I unabhängig von ihrer aktivischen und passivischen Ausrichtung zusammenzufassen (Bruttogesamtposition) und mit 8% Eigenmitteln zu unterlegen.

h. Emittentenrisiken aus Aktiennettopositionen (Besonderes Kursrisiko)

Zur Ermittlung des besonderen Kursrisikos aus aktienkursbezogenen Finanzinstrumenten sind die absoluten Beträge der Nettopositionen gemäß § 25 Abs. 1 Grd I unabhängig von ihrer Ausrichtung zu addieren und in Höhe von 4% mit Eigenmitteln zu unterlegen.

Die Addition der absoluten Beträge der einzelnen Nettopositionen ist zur Erfassung des besonderen Risikos aus aktienkursbezogenen Positionen sachgerecht. Eine risikoreduzierende Wirkung gegenläufiger Positionen in unterschiedlichen Aktien kann im Gegensatz zum allgemeinen Kursrisiko bezüglich des emittentenindividuellen besonderen Kursrisikos nicht sinnvoll berücksichtigt werden. Die kursbeeinflussenden Faktoren (unternehmerische Entscheidungen, gute Entwicklung der Absatzchancen, neue Entwicklungen) wirken sich ausschließlich auf die Bonitätseinschätzung eines Emittenten aus und haben keinen Einfluß auf die Bonitätseinschätzung anderer Emittenten am Markt.

Vergleichbar zu den Regelungen bei der Ermittlung der Zinsnettopositionen sind auch im Rahmen der Ermittlung der Anrechnungsbeträge für das besondere Kursrisiko der Aktiennettopositionen Papiere mit hoher Anlagequalität mit einem Anrechnungsprivileg ausgestattet (vgl. C&L Deutsche Revision (Hrsg.), 6. KWG-Novelle und neuer Grundsatz I, Frankfurt am Main 1998, S. 367 bis 370).

3. Optionsrisiken im Handelsbuch

a. Überblick

Eine Option räumt dem Käufer das Recht ein, ein bestimmtes Finanzinstrument (Basisinstrument) zu einem vorher vereinbarten Basispreis vom Verkäufer (Stillhalter) zu erwerben (Kaufoption) bzw. es an diesen zu veräußern (Verkaufsoption). Das Recht zur Ausübung der Option kann sich dabei auf einen Zeitpunkt (europäischer Typ) oder einen Zeitraum (amerikanischer Typ) beziehen. Aus dieser grundsätzlichen Geschäftskonstruktion hat sich an den Finanzmärkten eine Vielzahl von Optionen entwickelt, die sich im Einzelfall hinsichtlich ihrer Risikostrukturen erheblich unterscheiden können.

Die Preise von Optionen lassen sich anhand mathematischer Modelle unter bestimmten Verteilungsannahmen über die Kursentwicklung des Basisinstrumentes ermitteln. Marktpreisänderungen bei Optionen treten daher nicht eigenständig auf, sondern resultieren aus Änderungen der preisbestimmenden Einflußfaktoren der Bewertungsmodelle.

b. Optionsrisiken

Optionsspezifische Risiken sind grundsätzlich das Delta-, Gamma-, Vega-, Theta- und Rho-Risiko.

Das Delta-Risiko ist das Risiko einer Veränderung des Optionspreises in Abhängigkeit von Marktwertänderungen des Optionsgegenstandes (Basisinstrumentes) unter sonst gleichen Bedingungen. Es gibt an, wie stark der Optionspreis auf eine marginale Veränderung des Marktpreises des Basisinstruments reagiert. Resultiert aus einer Marktpreisänderung des Basisinstrumentes eine Veränderung des Opitonspreises in nominal gleicher Höhe beträgt der Deltafaktor einer Option eins (100%). Der Deltafaktor ergibt sich als Quotient aus der Preisveränderung der Option und der Marktpreisänderung des Basisinstrumentes und läßt sich analytisch als erste Ableitung der Optionspreisformel nach dem Marktpreis des Basisinstrumentes ermitteln. Das Delta wird auch als Ausübungswahrscheinlichkeit der Option interpretiert.

Die anderen optionsspezifischen Risiken stellen nicht-lineare Risiken dar. Das sogenannte Gamma-Risiko besteht in dem Risiko der Sensitivität des Delta-Werts, d.h. es gibt an, um wieviele Einheiten sich das Delta verändert, wenn sich der Preis des Optionsgegenstandes um eine marginale Einheit verändert. Mathematisch handelt es sich hierbei um die zweite Ableitung der Optionspreisformel. Der Gamma-Faktor wird auch als das "Delta des Deltas" bezeichnet.

Das Vega-Risiko resultiert aus der Sensitivität des Optionspreises gegenüber Änderungen der Volatilität.

Im weiteren wird der Preis einer Option von der Restlaufzeit und den Zinssätzen bzw. Zinsdifferenzen (bei Devisenoptionen) beeinflußt. Das Risiko aufgrund der Sensitivität des Optionspreises gegenüber Änderungen der (Rest-)Laufzeit wird als Theta-Risiko, das Risiko aufgrund der Sensitivität des Optionspreises gegenüber Zinssatzänderungen bzw. Änderungen der Zinsdifferenzen wird als Rho-Risiko bezeichnet.

Die wesentlichen Preisbeeinflussungsfaktoren von Optionen sind der Wert des Optionsgegenstandes und die Volatilität. Dementsprechend wird nach Grundsatz I eine Eigenmittelunterlegung für die Delta-, Gamma- und Vega-Risiken gefordert (§§ 28 bis 31 Grd I); eine Eigenmittelunterlegung der Theta- und Rho-Risiken erfolgt nicht.

c. Modelle zur Eigenmittelunterlegung

Zur Erfassung der optionsspezifischen Risiken können die Institute grundsätzlich entweder die Delta-Plus-Methode oder die Szenario-Matrix-Methode anwenden.

Im Rahmen der Delta-Plus-Methode sind neben den Deltaäquivalenten der Optionen zusätzliche Anrechnungsbeträge für Gamma- und Vega-Risiken zu berücksichtigen (zu Einzelheiten der Ermittlung vgl. C&L Deutsche Revision (Hrsg.), 6. KWG-Novelle und neuer Grundsatz I, Frankfurt am Main 1998, S. 376 bis 380).

Bei der Szenario-Matrix-Methode handelt es sich um ein Verfahren zur Ermittlung der optionsspezifischen Risiken, bei dem das Risikopotential anhand einer Neubewertung der Optionen unter der Annahme bestimmter Veränderungen der wichtigsten preisbestimmenden Parameter einer Option - Volatilität und Marktpreis des Basisinstrumentes - abgeschätzt wird. Als risikorelevanter Betrag ergibt sich das bei der Neubewertung der Positionen errechnete maximale Verlustpotential (zu Einzelheiten der Ermittlung vgl. C&L Deutsche Revision (Hrsg.), 6. KWG-Novelle und neuer Grundsatz I, Frankfurt am Main 1998, S. 380 bis 384).

VI. Interne Risikomodelle

§ 32 Abs. 1 S. 1 iVm § 2 Abs. 2 S. 2 Grd I sieht die Verwendung von geeigneten, eigenen mathematisch-statistischen Verfahren der internen Risikosteuerung für die Berechnung der Eigenmittelanforderungen für die Anrechnungsbeträge aus der Währungsgesamtposition, der Rohwarenposition, den Handelsbuch-Risikopositionen sowie den Optionsrisiken vor. Die Nutzung von eigenen Risikomodellen zur Bestimmung des Adressenausfallrisikos (Ausnahme: das besondere Kursrisiko in Handelsbuchrisikopositionen) ist grundsätzlich nicht vorgesehen.

Bei den internen Modellen muß es sich um die Verfahren des internen Risikomanagements handeln, die bei geschäftspolitischen Entscheidungen zugrunde gelegt werden.

"Geeignet" sind interne Risikomodelle, wenn diese auf Antrag des Instituts vom BAK geprüft und für zulässig erklärt wurden (§ 32 Abs. 1 S. 1 Grd I). Nach § 32 Abs. 3 Grd I ist für die Eignung von Risikomodellen erforderlich, daß

- die quantitativen Größen nach § 34 Grd I in das Risikomodell eingehen,
- die Risikofaktoren gemäß § 35 Grd I erfaßt werden,
- die qualitativen Anforderungen nach § 36 Grd I eingehalten werden und
- das interne Modell auf Basis des Backtesting eine befriedigende Prognosegüte (§ 37 Grd I) aufweist.

Hinsichtlich der einzelnen Anforderungen und des Prüfungsverfahrens seitens des BAK verweisen wir auf unsere Kommentierung S. 430 bis 446. Nach erfolgter Überprüfung wird seitens des BAK eine Eignungsbestätigung erteilt, welche auch nach zeitlichen, örtlichen oder sachlichen Kriterien eingeschränkt oder an bestimmte Auflagen gebunden sein kann.

Nach § 32 Abs. 1 S. 2 Grd I können eigene Risikomodelle von den Finanzdienstleistungsinstituten für einzelne Risikobereiche (Zinsänderungs-, Aktienkurs-, Rohwaren- oder Fremdwährungsrisiko) selbständig eingesetzt werden und die Standardverfahren substituieren (sogenannter partial use). Der partial use ist grundsätzlich nur für die Gesamtheit aller Geschäfte eines Risikofaktors (§ 35 Grd I) zulässig. Von einer gesamten Abdeckung kann ausgegangen werden, wenn nahezu alle Geschäfte des betreffenden Risikobereiches erfaßt werden. Bis auf weiteres sind als Übergangsregelung im Rahmen des partial use drei Ausnahmeregelungen zugelassen:

1. Partial use innerhalb der Institutsgruppe, d.h. einzelne gruppenangehörige Institute können eigene Risikomodelle verwenden, andere gruppenangehörige Institute können auf Standardverfahren zurückgreifen,

2. Partial use innerhalb eines Instituts, d.h. verschiedende geographisch bestimmte Einheiten (z.B. Hauptstelle, Zweigstellen) können unterschiedliche Risikomeßmodelle nutzen,

3. Partial use innerhalb einer geographisch bestimmten organisatorischen Einheit.

In § 33 Grd I ist die Bestimmung der Höhe der Anrechnungsbeträge beim Einsatz eigener Risikomodelle geregelt. Bei der Bestimmung dieses Betrages ist der größere der beiden folgenden Beträge zu wählen:

1. der potentielle Risikobetrag für die zum Geschäftsschluß des Vortages im Bestand des Instituts befindlichen Finanzinstrumente oder Finanzinstrumentsgruppen (Portfolio),

2. der Durchschnitt der potentiellen Risikobeträge für die zum jeweiligen Geschäftsschluß der vorangegangenen 60 Arbeitstage im Bestand des Instituts befindlichen Finanzinstrumente oder Finanzinstrumentsgruppen, gewichtet mit einem vom Bundesaufsichtsamt festzulegenden Faktor.

Der Gewichtungsfaktor iSv § 33 Abs. 1 Nr. 2 Grd I beträgt drei (§ 33 Abs. 2 S. 1 Grd I). Wird das interne Risikomodell zur Berechnug des besonderen Kursrisikos von Zins- oder Aktienpositionen des Handelsbuches verwendet, beträgt der Faktor vier. Dieser Multiplikator wird vom BAK festgelegt, dabei werden die qualitativen Anforderungen des § 36 Grd I und die Ergebnisse des Backtestings nach § 37 Grd I für die Bestimmung berücksichtigt.

Ob sich eine Eigenmittelunterlegung nach eigenen Modellen als für die einzelnen Institute günstig herausstellt, muß die Zukunft zeigen. Der mit einem eigenen Risikomodell berechnete durchschnittliche potentielle Risikobetrag darf, um eine mit den Standardverfahren vergleichbare Eigenmittelunterlegung aufzuweisen, nur ein Drittel bzw. ein Viertel (besonderes Kursrisiko) des nach Standardverfahren berechneten Wertes betragen. Ob dadurch ein Anreiz zur Nutzung eigener Risikomodelle geschaffen wurde, ist fraglich, zumal ein Institut nicht ohne weiteres von der Nutzung eigener Risikomodelle zu den Standardverfahren übergehen kann.

K Sonstige Vorschriften des KWG zur laufenden Beaufsichtigung

I. Überblick

Für Finanzdienstleistungsinstitute ergeben sich nach der Erteilung der Zulassung zum Geschäftsbetrieb eine Vielzahl von organisatorischen Pflichten sowie Anzeige- bzw. Meldepflichten aus den Vorschriften des KWG. Gemäß der Ausnahmeregelung des § 2 Abs. 8 KWG finden jedoch für Anlagevermittler und Abschlußvermittler, die nicht über Gelder oder Wertpapiere ihrer Kunden verfügen und die nicht auf eigene Rechnung mit Finanzinstrumenten handeln, bestimmte Vorschriften des KWG keine Anwendung. Ebenso sind Finanzdienstleistungsinstitute, die außer der Drittstaateneinlagenvermittlung, dem Finanztransfergeschäft und dem Sortengeschäft keine weiteren Finanzdienstleistungen erbringen, von zahlreichen Regelungen befreit.

Im folgenden werden die wesentlichen sonstigen Vorschriften (zur Solvenzaufsicht und zum Kreditgeschäft vgl. Abschnitt G und I), die die laufende Aufsicht über Finanzdienstleistungsinstitute regeln, dargestellt und kurz erläutert. Die Vorschriften zum Anzeige- bzw. Meldewesen werden gesondert im Abschnitt M besprochen.

II. Werbung

Um Mißständen bei der Werbung der Institute zu begegnen, kann das BAK nach § 23 Abs. 1 KWG bestimmte Arten von Werbung untersagen. Beschränkungen der Werbung dürften danach erforderlich sein, wenn z.B. bestimmte Methoden der Werbung die Funktionsfähigkeit des Finanzdienstleistungsgewerbes gefährden oder zu einer Irreführung des Publikums führen könnten. Ein solcher Tatbestand könnte in einer falsche Gewinnerwartungen der Kunden weckenden Werbung vorliegen.

Unter Werbung fallen Maßnahmen wie z.B. Annoncen, Prospekte, persönliche Besuche, öffentliche Veranstaltungen und ähnliches.

III. Anlegerentschädigungseinrichtungen

Finanzdienstleistungsinstitute, die Anlagevermittlung, Abschlußvermittlung, Finanzportfolioverwaltung oder den Eigenhandel betreiben (§ 1 Abs. 1a Nr. 1 - 4 KWG), haben gegenüber ihren Kunden eine besondere Informationspflicht nach § 23a Abs. 2 KWG:

Finanzdienstleistungsinstitute müssen ihre Kunden, bevor sie in eine Geschäftsbeziehung mit ihnen treten, schriftlich darauf hinweisen, welcher geeigneten Einrichtung zur Entschädigung der Kunden (Anlegerentschädigungseinrichtung) sie angehören und welche Absicherung durch die Einrichtung besteht oder welcher gleichwertige Schutz für das geplante Geschäft oder die geplante Dienstleistung zur Verfügung steht. Die Kenntnisnahme ist vom Kunden gesondert und schriftlich zu bestätigen. Auch ein Ausscheiden aus dem bestehenden Sicherungssystem ist den Kunden sowie dem BAK und der Deutschen Bundesbank unverzüglich schriftlich anzuzeigen. Die Informationspflicht entfällt, wenn der Kunde Kreditinstitut ist; Finanzdienstleistungsinstituten gegenüber besteht die Informationspflicht, weil diese in der Regel nicht über die entsprechenden Ressourcen verfügen, sich diese Information selbst zu beschaffen.

IV. Besondere organisatorische Pflichten von Instituten

1. Überblick

Durch den neuen § 25a KWG werden Artikel 10 der Wertpapierdienstleistungsrichtlinie und Artikel 4 Abs. 4 der KAR umgesetzt.

In § 25a KWG sind die organisatorischen Pflichten von Instituten erstmalig unmittelbar im Gesetz geregelt. Eine gesetzliche Regelung war in der Vergangenheit nicht möglich, da das BAK über keine diesbezügliche Anordnungskompetenz verfügte. Es konnte sich lediglich auf § 6 Abs. 2 KWG stützen, wonach das BAK Mißständen im Kredit- und Finanzdienstleistungswesen entgegenzuwirken hat, welche die Sicherheit der dem Institut anvertrauten Vermögenswerte oder die ordnungsmäßige Durchführung der Geschäfte beeinträchtigen. Durch die Einführung des § 6 Abs. 3 KWG ist das BAK nun ermächtigt, gegenüber den Instituten und ihren Geschäftsleitern auch Anordnungen zu treffen, die erforderlich sind, Mißstände in den Instituten zu verhindern bzw. zu beseitigen und hat damit die Voraussetzungen für die rechtliche Durchsetzung der Vorschriften des § 25a KWG.

Durch den § 25a KWG wird damit erstmalig gesetzlich in die innere Organisation der Institute eingegriffen. Die Institute sind hiernach verpflichtet,

- über Regelungen zur Risikosteuerung, -überwachung und -kontrolle zu verfügen,
- über eine ordnungsgemäße Geschäftsorganisation, ein angemessenes internes Kontrollsystem sowie angemessene Sicherheitsvorkehrungen für den EDV-Einsatz zu verfügen,
- bestimmte Aufzeichnungs- und Aufbewahrungspflichten einzuhalten.

Derartige Vorschriften zur internen Organisation sind nicht grundsätzlich neu. Sie wurden in der Vergangenheit in diversen Verlautbarungen und Schreiben des BAK auch wiederholt gefordert. Durch den § 25a KWG kommt ihnen nun aber Gesetzescharakter zu. Die Nichtbeachtung der Vorschriften kann eine Verwarnung nach § 36 Abs. 2 KWG zur Folge haben.

Die Regelungen des § 25a KWG knüpfen aber nicht nur an die Ordnungsmäßigkeit der Geschäfte bei dem beaufsichtigten Institut an. Das Institut ist darüber hinaus verpflichtet, die ordnungsmäßige Abwicklung der Geschäfte auch dann sicherzustellen, wenn es für die Durchführung der Geschäfte wesentliche Aufgaben auf Dritte übertragen oder ausgelagert hat (Outsourcing).

2. Steuerung, Überwachung und Kontrolle der Risiken

Gemäß § 25a bs. 1 Nr. 1 KWG muß ein Institut über geeignete Regelungen zur Steuerung, Überwachung und Kontrolle von Risiken verfügen. Darüber hinaus müssen Regelungen bestehen, die eine detaillierte Beurteilung der finanziellen Lage zu jedem Zeitpunkt ermöglichen.

Ähnliche Anforderungen bestehen heute schon für die Kreditinstitute im Rahmen der "Mindestanforderungen an das Betreiben der Handelsgeschäfte von Kreditinstituten" (Verlautbarung des BAK vom 23. Oktober 1995). Während sich diese Verlautbarung aber nur auf das Handelsgeschäft bezieht, umfaßt die Vorschrift des § 25a Abs. 1 KWG alle Bereiche der Institute, insbesondere das Kredit- und Handelsgeschäft.

Grundsätzlich sind alle Geschäftsleiter, unabhängig von ihrer fachlichen Zuständigkeit, gegenüber der Bankenaufsicht für die Ordnungsmäßigkeit der Geschäftsführung verantwortlich. Grundlage hierfür ist die Beurteilung des den Geschäften immanenten Risikogehalts. Hierzu gehört auch die Limitierung und Überwachung der sich aus den Geschäften und Beständen ergebenden Kredit- und Marktpreisrisiken im Rahmen eines Risiko-Controlling- oder Risiko-Management-Systems. Beispiele für die zu überwachenden Risiken sind u.a. Marktrisiken, Adressenausfallrisiken, rechtliche Risiken, betriebliche Risiken sowie Liquiditätsrisiken. Beispiele der Risikolimitierung im Handelsbereich sind Stop-Loss-Limite, Kontrahentenlimite oder "Value at risk"-Limite.

3. Geschäftsorganisation

Gemäß § 25a Abs. 1 Nr. 2 KWG muß ein Institut über eine ordnungsgemäße Geschäftsorganisation, über ein angemessenes internes Kontrollsystem sowie über angemessene Sicherheitsvorkehrungen für den Einsatz der elektronischen Datenverarbeitung verfügen.

Welche Anforderungen sich hieraus konkret ergeben, wird nicht weiter dargestellt. Aus unserer Sicht kann es sich bei einer ordnungsgemäßen Geschäftsorganisation aber nur um eine schriftlich fixierte Ordnung handeln, die sowohl aufbau- als auch ablauforganisatorische Regelungen beinhaltet. Die Anforderungen an den Umfang und die Ausgestaltung dieses Regelungswerkes werden grundsätzlich von der Größe und der Geschäftstätigkeit des jeweiligen Instituts abhängig sein. Jedes Institut sollte zumindest über ein Aufbauorganigramm, Organisations- oder Arbeitsanweisungen, Kompetenzregelungen sowie Stellenbeschreibungen verfügen.

Teil des internen Kontrollsystems eines Instituts ist auf der Ebene der Aufbauorganisation der Aspekt der Funktionstrennung. Darüber hinaus sind in den Organisations- und Arbeitsanweisungen Kontrollen zu verankern (Vier-Augen-Prinzip). Auch die Innenrevision ist Teil des internen Kontrollsystems. Gemäß Schreiben des BAK vom 28. Mai 1976 (I 4-3) müssen die Betriebsabläufe jedes Kreditinstituts durch eine funktionsfähige Innenrevision überprüft werden. Auch im Rahmen dieses Schreibens wird den Kreditinstituten eine schriftlich fixierte Ordnung vorgeschrieben, da diese die Grundlage der Innenrevisionsprüfungen bildet.

In verschiedenen Verlautbarungen hat das BAK schon sehr detaillierte Anforderungen an den Inhalt einzelner interner Anweisungen sowie bezüglich der erforderlichen Funktionstrennung und der internen Kontrollverfahren geäußert. Dies gilt beispielsweise für den Bereich der Geldwäsche (Verlautbarung des BAK vom 26. Oktober 1994 [I 5-E 100)] zuletzt geändert durch Rundschreiben Nr. 15/96 vom 13. Dezember 1996) sowie für die Mindestanforderungen an das Betreiben von Handelsgeschäften der Kreditinstitute Verlautbarung des BAK vom 23. Oktober 1995 [I 4 - 32 - 3/86]).

Im EDV-Bereich muß zum einen sichergestellt sein, daß eingesetzte Programme nachvollziehbar und fehlerfrei arbeiten. Dazu muß ein Institut Dokumentationen zu den einzelnen Programmen vorhalten. Ebenso sollte die eingesetzte Software geprüft sein. Es muß gewährleistet sein, daß ein Institut auch beim Eintritt unvorhergesehener Ereignisse, z.B. Ausfall der eigenen EDV-Anlage oder Unmöglichkeit, die eigenen Geschäftsräume zu betreten, in der Lage ist, seine Geschäftstätigkeit weiter fortzusetzen. Hierfür sind Notfall- oder Katastrophenpläne zu erstellen.

4. Aufzeichnungs- und Aufbewahrungspflichten

Gemäß § 25a Nr. 3 KWG muß ein Institut dafür Sorge tragen, daß die Aufzeichnungen seiner ausgeführten Geschäfte eine lückenlose Überwachung durch das BAK im Rahmen seiner Zuständigkeiten ermöglichen. Bei den vorzuhaltenden Unterlagen kann es sich beispielsweise um Belege, Handelsbücher, aber auch um die zu ihrem Verständnis erforderlichen Arbeitsanweisungen und sonstigen Organisationsunterlagen handeln.

Die Aufzeichnungen müssen mindestens sechs Jahre lang aufbewahrt werden. Dies muß nicht unbedingt in gegenständlicher Form erfolgen. Gemäß § 257 Abs. 3 HGB ist auch eine Aufbewahrung auf einem Bildträger oder auf einem anderen Datenträger zulässig. Die Aufbewahrungsfrist beginnt § 257 Abs. 5 HGB entsprechend mit dem Schluß des Kalenderjahrs, in dem der Geschäftsvorfall abgeschlossen wurde.

5. Outsourcing

In der Vergangenheit war - u.a. auch im Zusammenhang mit Konzepten zur "Verschlankung" der internen Organisation - eine zunehmende Tendenz zu beobachten, bestimmte Aufgaben, die sich im Zusammenhang mit der Durchführung von Bankgeschäften oder Finanzdienstleistungen ergeben, auf Dritte zu übertragen. Bei diesen Dritten kann es sich einerseits sowohl um bereits bestehende Unternehmen als auch um Neugründungen und andererseits um mit dem übertragenden Institut verbundene Unternehmen oder "fremde" Unternehmen handeln. Beispielhaft sei hier nur die Auslagerung der EDV auf selbständige Rechenzentren, die Auslagerung der Abwicklung des Wertpapierhandelsgeschäftes, die Übertragung von Innenrevisionsaufgaben oder Controllingfunktionen genannt. Dieser Tendenz trägt nun auch das Aufsichtsrecht Rechnung, da bei einer Übertragung der Aufgaben auf Dritte in der Vergangenheit für das BAK auf der Grundlage des Kreditwesengesetzes keine explizit vorgegebene Möglichkeit der Beaufsichtigung bestand.

§ 25a Abs. 2 KWG verpflichtet die Geschäftsleitung des übertragenden Unternehmens nun zu gewährleisten, daß

- weder die Ordnungsmäßigkeit der Durchführung dieser Geschäfte
- noch die Steuerungs- und Kontrollmöglichkeiten
- noch die Prüfungs- und Kontrollrechte des BAK

durch das Outsourcing beeinträchtigt werden. Hierzu muß sich das übertragende Institut vertraglich Weisungsrechte und Kontrollrechte gegenüber dem übernehmenden Unternehmen sichern. Der ausgelagerte Bereich ist in die internen Kontrollverfahren einzubeziehen. Daraus folgt, daß auch die Innenrevision des übertragenden Instituts in der Lage sein muß, Prüfungen vornehmen zu können. Die Durchführung der Prüfungen kann auch auf Dritte, z.B. Wirtschaftsprüfer oder Wirtschaftsprüfungsgesellschaften übertragen werden.

Die Vereinbarung von Weisungs- und Kontrollrechten ist vergleichsweise unproblematisch, solange es sich um Tochterunternehmen des Instituts handelt. Im Rahmen der Übertragung von Aufgaben auf "fremde" Unternehmen, die unter Umständen selber unter den Institutsbegriff des § 1 Abs. 1b KWG fallen, können sich hingegen größere Schwierigkeiten ergeben. Dies ist beispielsweise der Fall, wenn ein Institut für ein anderes Institut die Abwicklung der Wertpapiergeschäfte übernimmt. Die Geschäftsleitung des übertragenden Instituts muß in diesem Fall über Weisungsrechte hinsichtlich der Bearbeitung bei dem anderen Institut verfügen.

Um die Durchsetzbarkeit der Weisungs- und Kontrollrechte zu gewährleisten, sollte die ausgelagerte Tätigkeit bei dem übernehmenden Unternehmen nach der Begründung zum Regierungsentwurf organisatorisch von den übrigen Bereichen getrennt sein. Wenn das Auslagerungsunternehmen Tätigkeiten im Wege des Outsourcing für mehr als ein Institut ausübt, muß es sicherstellen, daß jede einzelne Tätigkeit getrennt voneinander durchführbar ist und daß die Weisungen der verschiedenen Institute unabhängig voneinander eingehalten werden.

Die Vorschriften des § 25a Abs. 2 KWG erstrecken sich nicht nur auf zukünftig abzuschließende Vereinbarungen. Auch bei bereits bestehenden Verträgen hat sich das Institut nachträglich die Weisungsbefugnisse und Kontrollrechte einräumen zu lassen.

Nicht unter die Bestimmungen des § 25a Abs. 2 KWG fällt die Übertragung von Aufgaben, die für die Durchführung der Bankgeschäfte oder Finanzdienstleistungen von untergeordneter Bedeutung sind, wie z.B. das Gebäudemanagement.

Die Absicht einer Auslagerung sowie ihre Durchführung ist dem BAK und der Deutschen Bundesbank unverzüglich anzuzeigen. Das BAK informiert das BAWe. Die Anzeige ermöglicht dem BAK, sich einen Überblick über die Ordnungsmäßigkeit der Geschäfte und Dienstleistungen zu verschaffen und ggf. Prüfungen bei dem übernehmenden Unternehmen durchzuführen.

V. Vorschriften zum Jahresabschluß und zur Abschlußprüfung

1. Vorlage von Rechnungslegungsunterlagen

Der Jahresabschluß eines Finanzdienstleistungsinstituts ist die wesentliche Unterlage für den Einblick in die wirtschaftlichen Verhältnisse des Instituts. Um das BAK möglichst frühzeitig über Entwicklungen der Geschäftsstruktur, der Solvenz und der Kreditrisiken zu informieren, muß der Jahresabschluß der Institute innerhalb der ersten drei Monate des folgenden Geschäftsjahres aufgestellt werden und zunächst der aufgestellte und später der festgestellte Jahresabschluß und der Lagebericht dem BAK und der DBBk unverzüglich eingereicht werden (§ 26 Abs. 1 KWG). Die Einbeziehung der Finanzdienstleistungsinstitute in die Vorlagepflichten des § 26 KWG ist eine notwendige Konsequenz aus ihrer Unterstellung unter die Aufsicht des BAK. Stellt das Institut einen Konzernjahresabschluß und Konzernlagebericht auf, sind auch diese Unterlagen dem BAK und der DBBk unverzüglich einzureichen (§ 26 Abs. 3 Satz 1 KWG).

Der Jahresabschluß der Institute muß geprüft werden und mit dem Bestätigungsvermerk oder einem Vermerk über die Versagung der Bestätigung versehen werden. Der über die Prüfung des Jahresabschlusses vom Abschlußprüfer verfaßte Prüfungsbericht ist unverzüglich nach Beendigung der Prüfung dem BAK und der DBBk einzureichen. Ebenfalls einzureichen sind die Berichte über Prüfungen von Konzernjahresabschlüssen (§ 26 Abs. 3 KWG) und über die im Auftrag einer Anlegerentschädigungseinrichtung vorgenommenen Prüfungen (§ 26 Abs. 2 KWG).

2. Prüfer und Prüferbestellung

Nach § 28 Abs. 1 S. 1 KWG ist der bestellte Abschlußprüfer dem BAK unverzüglich nach dessen Bestellung anzuzeigen. In besonderen Fällen kann das BAK dieser Bestellung widersprechen und die Bestellung eines anderen Prüfers verlangen, wenn dies zur Erreichung des Prüfungszwecks geboten ist (vgl. § 28 Abs. 1 KWG). Das BAK kann das Registergericht, bei welchem das Institut seinen Sitz hat, in den Fällen des § 28 Abs. 2 KWG beauftragen, einen Prüfer zu bestellen.

Die besonderen Pflichten des Jahresabschlußprüfers werden in § 29 KWG aufgeführt. Danach hat der Abschlußprüfer gemäß § 29 Abs. 1 KWG die wirtschaftlichen Verhältnisse des Instituts zu prüfen und festzustellen, ob ein Institut den in § 29 Abs. 1 S. 2 KWG genannten Anzeigepflichten nachgekommen ist. Werden dem haftendem Eigenkapital eines Instituts nicht realisierte Reserven zugerechnet, so hat der Jahresabschlußprüfer zu prüfen, ob diese Reserven nach § 10 Abs. 4a KWG zurechnungsfähig sind, ob die Regelungen des § 10 Abs. 4b KWG über die Ermittlung des Beleihungswertes von Grundstücken beachtet wurden und ob die Regelungen des § 10 Abs. 4c KWG über die Bestimmung der nicht realisierten Reserven von Wertpapieren eingehalten wurden.

Nach § 29 Abs. 2 KWG hat der Abschlußprüfer auch zu prüfen, ob ein Institut seinen Verpflichtungen nach dem Geldwäschegesetz nachgekommen ist, und bei Instituten, die das Depotgeschäft betreiben, dieses Geschäft unter Beachtung der Richtlinien für die Depotprüfung (CoMö Nr. 20) besonders zu prüfen und darüber zu berichten.

Über die Ergebnisse der Prüfung hat der Prüfer einen Prüfungsbericht zu erstellen und diesen unverzüglich nach Beendigung der Prüfung dem BAK und der Bundesbank einzureichen (§ 26 Abs. 1 S. 3 KWG). Gleiches gilt gemäß § 26 Abs. 3 KWG für den Konzernabschluß. Über den Inhalt der Prüfungsberichte zu den Jahresabschlüssen von Kreditinstituten hat das BAK eine Prüfungsberichtsverordnung (siehe Prüfungsberichtsverordnung, CoMö Nr. 13.01) erlassen. Aufgrund der Einbeziehung der Finanzdienstleistungsinstitute in die Beaufsichtigung durch das BAK müßte diese Verordnung überarbeitet und an die entsprechenden Besonderheiten angepaßt werden; derzeit ist die Anwendung der Prüfungsberichtsverordnung für Finanzdienstleistungsinstitute nicht erforderlich.

Der Prüfer hat dem BAK und der DBBk bestandsgefährdende Tatsachen iSv § 29 Abs. 3 KWG, die ihm während der Prüfung bekannt werden, unverzüglich anzuzeigen und auf deren Verlangen den Prüfungsbericht zu erläutern.

Nach dem neu gefaßten § 29 Abs. 4 KWG kann das BMF neben der bisher schon gültigen Verordnung über den Inhalt der Prüfungsberichte (vgl. oben) auch durch Rechtsverordnung nähere Bestimmungen über den Gegenstand der Prüfung und den Zeitpunkt ihrer Durchführung erlassen, soweit dies zur Erfüllung der Aufgaben des BAK erforderlich ist.

VI. Auskunfts- und Prüfungsrechte des BAK

Um seine Aufgaben zu erfüllen, muß das BAK über den Jahresabschluß hinaus Einblick in die Struktur und die laufende Geschäftstätigkeit der Institute haben. § 44 KWG regelt in diesem Zusammenhang die Auskunfts- und Prüfungsrechte des BAK. Das BAK ist nach § 44 KWG befugt

- Auskünfte über alle Geschäftsangelegenheiten der Institute sowie die Vorlage von Unterlagen zu verlangen (§ 44 Abs. 1 Satz 1 KWG),

- ohne besonderen Anlaß Prüfungen bei den Instituten vorzunehmen (§ 44 Abs. 1 Satz 2 KWG),

- Vertreter zu den Hauptversammlungen, Generalversammlungen oder Gesellschafterversammlungen sowie zu den Sitzungen der Aufsichtsorgane bei den Instituten zu entsenden (§ 44 Abs. 4 KWG),

- Organversammlungen bei den Instituten zu verlangen (§ 44 Abs. 5 KWG).

Eine Erweiterung stellt § 44 Abs. 3 KWG dar, der dem BAK die Möglichkeit einräumt, auch im Ausland tätig zu werden, sofern dies nach dem Recht des anderen Staates zulässig ist. Dies gilt, soweit ein inländisches Institut ein ausländisches Unternehmen in die aufsichtsrechtliche Konsolidierung einbezieht bzw. einbeziehen müßte.

Die grenzüberschreitenden Auskunfts- und Prüfungspflichten sind in § 44a KWG geregelt. Wie bisher können nationale Rechtsvorschriften einem Transfer von Daten eines inländischen Instituts, eines Finanzunternehmens oder eines Unternehmens mit bankbezogenen Hilfsdiensten ins Ausland zu aufsichtlichen Zwecken nicht entgegenstehen, sofern das ausländische Unternehmen Mutterunternehmen ist oder zumindest mehr als 20% der Anteile hält (§ 44a Abs. 1 KWG). In diese Vorschrift sind die Finanzdienstleistungsinstitute mit einbezogen. Nach § 44a Abs. 1 S. 2 KWG kann das BAK jedoch einen Datentransfer eines Instituts in einen Staat außerhalb des Europäischen Wirtschaftsraums (= Drittstaat) untersagen.

§ 44a Abs. 3 KWG berechtigt das BAK, Auskünfte von ausländischen, im EWR ansässigen Mutterunternehmen inländischer Tochterinstitute zu verlangen, sofern die inländischen Institute in dem anderen Staat nicht in die konsolidierte Aufsicht einbezogen werden und somit das BAK die Aufsicht übernimmt. Bisher war das BAK zu einem derartigen Auskunftsersuchen nur berechtigt, wenn es sich bei dem Mutterunternehmen um ein Kreditinstitut oder eine Finanzholding-Gesellschaft handelte. Zukünftig wird diese Regelung auch Wertpapierhandelsunternehmen umfassen.

Die in § 44a Abs. 4 bis 6 KWG neu aufgenommenen Vorschriften korrespondieren mit den auch bereits bisher dem BAK in § 44 KWG eingeräumten Rechten z.B. die Entsendung von Vertretern zu Hauptversammlungen u.ä. Nach der Begründung zum Regierungsentwurf zu § 44 KWG entspricht die ausdrückliche Statuierung der Duldungspflichten den Erfordernissen für die Anknüpfung einer Bußgeldbewehrung.

§ 44c KWG regelt die Auskunfts- und Prüfungsrechte des BAK für die Fälle, in denen der Verdacht besteht, daß ein Institut nach § 3 KWG verbotene Geschäfte betreibt oder ein Institut unerlaubt, d.h. ohne Erlaubnis, Bankgeschäfte oder Finanzdienstleistungen durchführt. Das BAK ist berechtigt, Auskünfte über die Geschäftsangelegenheiten des Instituts zu verlangen und Bücher, Schriften sowie weitere Unterlagen einzusehen. Im Vergleich zum § 44 KWG ist der Geltungsbereich des § 44c KWG deutlich weiter gefaßt:

1. Nach § 44c KWG kann das BAK bei allen Unternehmen, bei denen ein Verdacht besteht, daß sie Finanzdienstleistungen ohne die dafür erforderliche Erlaubnis erbringen, Auskünfte verlangen oder Prüfungen vornehmen. Hierbei handelt es sich also um Unternehmen, die zunächst von der Aufsicht des BAK nicht erfaßt werden. Es müssen lediglich begründete Anhaltspunkte dafür vorliegen, daß die Unternehmen Finanzdienstleistungen erbringen und somit uU einer Erlaubnis des BAK bedürften.

2. Die Auskunftspflicht erfaßt nicht nur die zum Zeitpunkt der Prüfung bei dem Unternehmen angestellten Mitarbeiter und Organmitglieder, sondern auch bereits ausgeschiedene Mitarbeiter und Organmitglieder.

3. Das BAK ist berechtigt, in Verdachtsfällen die Geschäftsräume des Unternehmens jederzeit während der Geschäftszeit zu betreten und Prüfungen vorzunehmen. Ein Betreten der Geschäftsräume außerhalb der Geschäftszeiten ist zulässig, wenn dies zur Verhütung dringender Gefahren für die öffentliche Ordnung und Sicherheit erforderlich ist.

4. Unter bestimmten Umständen ist das BAK berechtigt, Durchsuchungen in den Geschäftsräumen vorzunehmen und Unterlagen sicherzustellen. Grundsätzlich ist hierfür eine richterliche Anordnung erforderlich. Diese kann unterbleiben, wenn die dadurch entstehende Verzögerung den Erfolg der Durchsuchung gefährden würde (Gefahr in Verzug). Auch eine Durchsuchung von Privatwohnungen ist möglich, wobei hier allerdings nicht auf eine richterliche Anordnung verzichtet werden kann.

VII. Vorschriften im Zusammenhang mit dem Europäischen Paß

1. Sinn und Zweck der Vorschriften

Mit der 2. Bankrechtskoordinierungsrichtlinie wurde für Kreditinstitute (Eurokredit-institute als Einlagenkreditinstitute im Sinne der europäischen Terminologie) die recht-liche Grundlage geschaffen, auf der Basis der in ihrem Herkunftsstaat erteilten Bank-lizenz Dienstleistungen auch in anderen Mitgliedstaaten der Europäischen Gemein-schaften anzubieten, ohne einer neuerlichen Zulassung zu bedürfen. Diese Regelung wird allgemein mit dem Begriff "Europapaß für Kreditinstitute" bezeichnet. Durch die Umsetzung der WPR im Zuge der 6. KWG-Novelle wird den Wertpapierfirmen als Anbietern von Wertpapierdienstleistungen dieselbe Stellung durch die Schaffung des "Europapasses für Wertpapierfirmen " eingeräumt.

Konsequenz des Europäischen Passes ist die Notwendigkeit, ein "level playing field" für alle Institute zu schaffen, die auf einem einheitlichen europäischen Markt konkurrierend aufeinander treffen. Darin liegen die Regelungsinhalte der KAR und des Basler Markt-risikopapiers begründet, die für Kreditinstitute und Wertpapierfirmen, soweit diese dieselben Risiken ("same risks") eingehen, dieselben aufsichtsrechtlichen Standards ("same rules") schaffen.

Im deutschen Recht finden sich die Vorschriften über den Europapaß der Kreditinstitute und Wertpapierhandelsunternehmen in den §§ 24a und 53b KWG. Hierbei behandelt § 24a KWG die Errichtung einer Zweigniederlassung und die Erbringung grenzüber-schreitender Dienstleistungen von deutschen Instituten in anderen Staaten des Euro-päischen Wirtschaftsraums und § 53b KWG korrespondierend die Errichtung einer Zweigniederlassung und die Erbringung grenzüberschreitender Dienstleistungen von Instituten mit Sitz in einem anderen Staat des Europäischen Wirtschaftsraums in Deutschland.

Demgegenüber regeln die §§ 53, 53a und 53c KWG die Beaufsichtigung von Unter-nehmen mit Sitz in einem Staat außerhalb des Europäischen Wirtschaftsraums bzw. deren Zweigstellen und Repräsentanzen. Insoweit handelt es sich jedoch nicht um Vorschriften über den Europapaß, sondern um allgemeine Aufsichtsregeln für solche Unternehmen, die nicht den Anforderungen über den Europapaß genügen.

2. Errichtung von Zweigniederlassungen in anderen Staaten des Europäischen Wirtschaftsraums

§ 24a KWG regelt die Errichtung von Zweigniederlassungen deutscher Einlagenkredit-institute und Wertpapierhandelsunternehmen in anderen Staaten des Europäischen Wirtschaftsraums. Neu verwendet wird insoweit der Begriff "Zweigniederlassung", der den bisherigen Begriff "Zweigstelle" ersetzt. Der Begriff "Zweigstelle" wird in § 53 KWG weiterhin für unselbständige Betriebsstätten von Unternehmen mit Sitz im Aus-land in Deutschland angewendet. Für ausländische Unternehmen aus den Staaten des Europäischen Wirtschaftsraums gelten gesonderte, in § 53b KWG angeführte Vor-schriften.

Auch künftig muß die Absicht der Errichtung einer Zweigniederlassung beim BAK und der Deutschen Bundesbank unverzüglich angezeigt werden. In der Anzeige müssen Angaben über den Staat, in dem die Zweigniederlassung errichtet werden soll, die Anschrift, unter der Unterlagen des Instituts im Aufnahmestaat angefordert und Schriftstücke zugestellt werden können, sowie den Namen des Leiters der Zweigniederlassung gemacht werden. Darüber hinaus ist ein Geschäftsplan, aus dem die Art der geplanten Geschäfte und der organisatorische Aufbau der Zweigniederlassung entnommen werden können, vorzulegen.

Sollte kein Zweifel über die Angemessenheit der Organisationsstruktur sowie der Finanzlage des Instituts bestehen, leitet das BAK die Angaben innerhalb von zwei Monaten nach Eingang der vollständigen Unterlagen an die zuständigen Behörden des Aufnahmestaates weiter und informiert das anzeigende Institut. Weiterhin unterrichtet das BAK die zuständigen Behörden des Aufnahmestaates über die Höhe der Eigenmittel, die Angemessenheit der Eigenmittelausstattung sowie über die Einlagensicherungseinrichtung oder Anlegerentschädigungseinrichtung, der das Institut angehört. Werden die Angaben vom BAK nicht an die zuständigen Behörden des Aufnahmestaates weitergeleitet, teilt das BAK dies dem Institut ebenfalls innerhalb von zwei Monaten mit und informiert das BAWe.

Weiterhin muß eine Anzeige gemacht werden, falls die Absicht besteht, im grenzüberschreitenden Dienstleistungsverkehr tätig zu werden. Dazu zählen:

- Bankgeschäfte mit Ausnahme des Investmentgeschäftes,
- Finanzdienstleistungen iSv § 1 Abs. 1a S. 2 Nr. 1 bis 4 KWG (Anlagevermittlung, Abschlußvermittlung, Finanzportfolioverwaltung, Eigenhandel),
- Tätigkeiten iSv § 1 Abs. 3 S. 1 Nr. 2 bis 8 KWG (Erwerb von Geldforderungen, Abschluß von Leasing-Verträgen, Ausgabe und Verwaltung von Kreditkarten oder Reiseschecks, Handel mit Finanzinstrumenten für eigene Rechnung, Anlageberatung, Unternehmensberatung in spezifischen Bereichen, Geldmaklergeschäfte),
- Handelsauskünfte,
- Schließfachvermietungen.

Anzuzeigen ist, in welchem Mitgliedstaat die Dienstleistungen angeboten werden; ein Geschäftsplan mit Angabe der beabsichtigten Tätigkeit muß beigefügt werden. Das BAK informiert die zuständigen Behörden des Aufnahmestaats innerhalb eines Monats nach Eingang der Anzeige.

Falls Änderungen hinsichtlich des Betriebs von Zweigniederlassungen oder des Angebots von grenzüberschreitenden Dienstleistungen geplant sind, muß das Institut die geplanten Änderungen dem BAK, der Deutschen Bundesbank sowie den zuständigen Behörden des Aufnahmestaats mindestens einen Monat vor dem Wirksamwerden schriftlich anzeigen.

Unter die Vorschriften des Europäischen Passes fallen nicht Wertpapierhandelsbanken und Finanzdienstleistungsinstitute, die sich auf Geschäfte beschränken, die nicht unter die WPR fallen. Hierzu zählen Wechselstuben, Drittstaateneinlagenvermittler sowie Vermittler, Kommissions- und Eigenhändler von Warentermingeschäften.

3. Zweigstellen von Unternehmen mit Sitz im Ausland

Gemäß § 53 KWG gilt die in Deutschland unterhaltene Zweigstelle eines Unternehmens mit Sitz im Ausland, die Bankgeschäfte betreibt oder Finanzdienstleistungen erbringt, ihrerseits als Kreditinstitut oder Finanzdienstleistungsinstitut. Danach ist die Zweigstelle aufsichtsrechtlich wie eine 100%ige Tochtergesellschaft des ausländischen Instituts zu behandeln. Hat ein Unternehmen mehrere Zweigstellen im Inland, gelten diese als ein Institut.

§ 53 KWG enthält die aufsichtsrechtlichen Anforderungen an das ordnungsgemäße Betreiben einer Zweigstelle.

So muß die Zweigstelle durch zwei in Deutschland ansässige Geschäftsführer geleitet werden, eine gesonderte Buchführung gemäß den Vorschriften des HGB nachweisen sowie Rechenschaft gegenüber dem BAK und der Deutschen Bundesbank ablegen.

Am Schluß eines jeden Geschäftsjahres ist eine Vermögensübersicht mit einer Aufwands- und Ertragsrechnung und einem Anhang zu erstellen, die als Jahresabschluß iSv § 26 KWG gilt. Das dem Institut von dem Unternehmen zur Verfügung gestellte Betriebskapital sowie der Betrag der dem Institut belassenen Betriebsüberschüsse sind gesondert auszuweisen. Weiterhin ist der Überschuß der Passivposten über die Aktivposten bzw. der Aktivposten über die Passivposten gesondert auszuweisen.

Die Eigenmittel des Instituts bestehen aus dem Betriebskapital und dem Betrag der Betriebsüberschüsse abzüglich des aktiven Verrechnungssaldos. Diesen werden noch Genußrechtsverbindlichkeiten, kurzfristige und längerfristige nachrangige Verbindlichkeiten sowie Nettogewinne als haftendes Eigenkapital oder Drittrangmittel zugerechnet, solange sie sich jeweils auf das gesamte Unternehmen beziehen.

Die Aufnahme der Geschäftstätigkeit bedarf der Erlaubnis des BAK. Die Erlaubnis wird widerrufen, wenn die zuständigen ausländischen Behörden die Erlaubnis des Unternehmens zum Betreiben von Bankgeschäften bzw. zur Erbringung von Finanzdienstleistungen entziehen.

4. Repräsentanzen von Instituten mit Sitz im Ausland

In § 53a KWG werden die Regelungen für Repräsentanzen von Instituten mit Sitz im Ausland erweitert. Darüber hinaus gibt es eine Konkretisierung der Regelungen zur Verlegung und Schließung einer Repräsentanz. Im übrigen hat die Neufassung rechtsförmlichen Charakter.

Ein Institut mit Sitz im Ausland darf eine Repräsentanz im Inland errichten oder fortführen, wenn es befugt ist, in seinem Herkunftsstaat Bankgeschäfte zu betreiben oder Finanzdienstleistungen zu erbringen, und dort seine Hauptverwaltung hat (§ 53a S. 1 KWG). Die Absicht, eine Repräsentanz zu errichten und die tatsächliche Errichtung sind dem BAK und der Deutschen Bundesbank unverzüglich anzuzeigen (§ 53a S. 2 KWG). Die Anzeige wird vom BAK bestätigt (§ 53a S. 3 KWG). Die Aufnahme der Tätigkeit der Repräsentanz darf erst erfolgen, wenn dem Institut die Bestätigung des BAK vorliegt (§ 53a S. 4 KWG). Die Verlegung oder die Schließung der Repräsentanz sind dem BAK und der Deutschen Bundesbank unverzüglich anzuzeigen (§ 53a S. 5 KWG).

5. Unternehmen mit Sitz in einem anderen Staat des Europäischen Wirtschaftsraums

Im Unterschied zu § 24a KWG, der die Errichtung von Zweigniederlassungen und das Erbringen grenzüberschreitender Dienstleistungen von deutschen Einlagenkreditinstituten und Wertpapierhandelsunternehmen in anderen Staaten des Europäischen Wirtschaftsraums regelt, ist § 53b KWG relevant für Unternehmen mit Sitz in einem anderen Staat des Europäischen Wirtschaftsraums, die in Deutschland eine Zweigniederlassung errichten oder im Wege des grenzüberschreitenden Dienstleistungsverkehrs im Inland Bankgeschäfte und/oder Finanzdienstleistungen betreiben wollen.

Gemäß § 53b KWG kann ein Einlagenkreditinstitut oder ein Wertpapierhandelsunternehmen mit Sitz in einem anderen Staat des Europäischen Wirtschaftsraums ohne Erlaubnis durch das BAK über eine Zweigniederlassung oder im Wege des grenzüberschreitenden Dienstleistungsverkehrs im Inland Bankgeschäfte mit Ausnahme des Investmentgeschäftes betreiben oder Finanzdienstleistungen erbringen, wenn das Unternehmen von den zuständigen Stellen des Herkunftsstaats zugelassen worden ist, die Geschäfte durch die Zulassung abgedeckt sind und das Unternehmen von den zuständigen Stellen des Herkunftsstaats beaufsichtigt wird. In diesem Fall ist § 53 KWG nicht anzuwenden.

Innerhalb von zwei Monaten nach Eingang der Unterlagen über die beabsichtigte Errichtung einer Zweigniederlassung, die von den zuständigen Stellen im Herkunftsstaat weiterzuleiten sind, muß das BAK die Zweigniederlassung über die erforderlichen Meldungen an das BAK und die Deutschen Bundesbank informieren sowie die Inhalte der Regelungen des KWG bekanntgeben, die für die Ausübung ihrer Tätigkeiten aus Gründen des Allgemeininteresses gelten. Die Zweigniederlassung kann nach Eingang der Mitteilung des BAK und der Mitteilung des BAWe nach § 36a Abs. 1 WpHG, spätestens jedoch nach Ablauf von zwei Monaten, errichtet werden und ihre Tätigkeit aufnehmen.

Das BAK hat Unternehmen, die beabsichtigen, grenzüberschreitende Dienstleistungen anzubieten, ebenfalls innerhalb von zwei Monaten nach Eingang der von den zuständigen Stellen des Herkunftsstaats über die beabsichtigte Aufnahme des grenzüberschreitenden Dienstleistungsverkehrs übermittelten Unterlagen zu informieren, welche Bedingungen für die Ausübung der beabsichtigten Tätigkeiten aus Gründen des Allgemeininteresses gelten.

Auf Zweigniederlassungen sind die §§ 3, 6 Abs. 2, 11, 14, 22, 23, 23a, 24 Abs. 1 Nr. 6 bis 9, 25, 25a Abs. 1 Nr. 3, 29 Abs. 2 S. 2, 37, 39 bis 42, 43 Abs. 2 und 3, 44 Abs. 1 und 6, 44a Abs. 1 und 2 sowie 44c und 46 bis 50 KWG anzuwenden. Im Rahmen der Anwendung dieser Vorschriften zählen eine oder mehrere Zweigniederlassungen desselben Unternehmens als ein Kreditinstitut oder Finanzdienstleistungsinstitut. Für Unternehmen, die grenzüberschreitende Dienstleistungen anbieten, gelten §§ 3, 23a, 37, 44 Abs. 1, 44c sowie 49 und 50 KWG.

Mit diesen Rechtsvorschriften werden die Kompetenzen des BAK als Aufnahmestaatsbehörde festgelegt. Der Verweis auf § 25a Abs. 1 Nr. 3 KWG ist neu. Danach muß das Institut sicherstellen, daß die Aufzeichnungen über die abgeschlossenen Geschäfte eine lückenlose Überwachung durch das BAK für seinen Zuständigkeitsbereich ermöglichen und die Aufzeichnungen sechs Jahre aufbewahrt werden. In Zweifelsfällen können alle

Geschäfte nachvollzogen und die Einhaltung der Vorschriften überprüft werden. Die Liquiditätsvorschriften bleiben verbindlich, solange es keine EG-weite Regelung gibt.

Sollte ein Unternehmen den oben genannten Verpflichtungen, insbesondere den Liquiditätsvorschriften, nicht nachkommen, kann das BAK das Unternehmen zwingen, den Mangel innerhalb einer bestimmten Frist zu beheben. Kommt das Unternehmen seinen Verpflichtungen auch dann nicht nach, teilt das BAK dies den zuständigen Behörden des Herkunftsstaats mit. Wenn keine oder unzureichende Maßnahmen seitens des Herkunftsstaats unternommen werden, hat das BAK nach Benachrichtigung der zuständigen Behörden des Herkunftsstaats das Recht, eigene Maßnahmen zu treffen. Gegebenenfalls können alle weiteren Geschäfte im Inland vom BAK untersagt werden.

Die bisherigen Vorschriften hatten lediglich Maßnahmen für den Fall vorgesehen, daß eine Zweigniederlassung die Liquiditätsvorschriften nicht erfüllte. Nunmehr werden die Maßnahmen erweitert, um alle möglichen Mißbräuche des Europäischen Passes abzudecken.

In dringenden Fällen kann das BAK abweichend vom oben beschriebenen Verfahren sofortige Maßnahmen treffen; es muß die EU-Kommission und die zuständigen Behörden des Herkunftsstaats unverzüglich darüber informieren. Die Maßnahmen können - nach Anhörung des BAK und der zuständigen Behörden des Herkunftsstaats - durch die Kommission geändert oder aufgehoben werden.

Gemäß § 53b Abs. 7 KWG kann ein Unternehmen mit Sitz in einem anderen Staat des Europäischen Wirtschaftsraums, das Bankgeschäfte iSv § 1 Abs. 1 S. 2 Nr. 1 bis 3, 5, 7 bis 9 oder 11 KWG betreibt, Finanzdienstleistungen iSv § 1 Abs. 1a S. 2 Nr. 7 KWG erbringt oder sich als Finanzunternehmen iSv § 1 Abs. 3 KWG betätigt, diese Tätigkeiten ohne Erlaubnis des BAK ausüben, wenn

1. das Unternehmen ein Tochterunternehmen eines Einlagenkreditinstituts oder ein gemeinsames Tochterunternehmen mehrerer Einlagenkreditinstitute ist,

2. seine Satzung diese Tätigkeiten erlaubt,

3. das oder die Mutterunternehmen in dem Staat, in dem das Unternehmen seinen Sitz hat, als Einlagenkreditinstitut zugelassen sind,

4. die Tätigkeiten, die das Unternehmen ausübt, auch im Herkunftsstaat betrieben werden,

5. das oder die Mutterunternehmen mindestens 90% der Stimmrechte des Tochterunternehmens halten,

6. das oder die Mutterunternehmen gegenüber den zuständigen Stellen des Herkunftsstaats des Unternehmens die sorgfältige Geschäftsführung des Unternehmens glaubhaft gemacht und sich mit Zustimmung der zuständigen Stellen des Herkunftsstaats ggf. gesamtschuldnerisch für die durch das Tochterunternehmen eingegangenen Verpflichtungen verbürgt haben und

7. das Unternehmen in die Beaufsichtigung der Mutter auf konsolidierter Basis einbezogen ist.

§ 53b Abs. 7 KWG beschreibt die dritte Gruppe von hereinkommenden Unternehmen, die im Besitz des Europäischen Passes sind. Es sind Bankfinanztöchter, die - ohne selbst als Einlagenkreditinstitute eingestuft zu sein - als Töchter von europäischen Einlagenkreditinstituten in anderen Staaten des EWR über Zweigniederlassungen oder im Wege des grenzüberschreitenden Dienstleistungsverkehrs tätig sein können. Auf diese Unternehmen werden die Vorschriften des § 53b Abs. 3 KWG angewandt, auch wenn sie nicht als Kredit- oder Finanzdienstleistungsinstitute einzustufen sind.

6. Unternehmen mit Sitz in einem Drittstaat

Gemäß § 53c KWG wird das Bundesministerium der Finanzen ermächtigt, durch Rechtsverordnung zu bestimmen, daß die Vorschriften für Unternehmen mit Sitz in einem anderen Staat des Europäischen Wirtschaftsraums ebenfalls für Unternehmen mit Sitz in einem Drittstaat gültig sind, sofern dies aufgrund von Abkommen der Europäischen Gemeinschaften mit Drittstaaten vorgesehen ist.

Eine vollständige oder teilweise Anwendung der Vorschriften des § 53b KWG unter vollständiger oder teilweiser Freistellung von den Vorschriften des § 53 KWG ist möglich, wenn die Gegenseitigkeit gewährleistet ist und

- die Unternehmen von den zuständigen Stellen in ihrem Herkunftsstaat in den freigestellten Bereichen nach international anerkannten Grundsätzen beaufsichtigt werden,
- den Zweigniederlassungen der Unternehmen mit Sitz im Inland in dem Drittstaat ähnliche Erleichterungen eingeräumt werden,
- die zuständigen Behörden des Drittstaats bereit sind, mit dem BAK zufriedenstellend zusammenzuarbeiten und diese Zusammenarbeit in einer zwischenstaatlichen Vereinbarung dokumentiert ist.

Derzeit liegen zwei Rechtsverordnungen gemäß § 53c Nr. 2 vor. Danach werden den Zweigstellen von Kreditinstituten mit Sitz in den Vereinigten Staaten von Amerika bzw. mit Sitz in Japan einige wichtige Freistellungen gewährt.

7. Meldepflichten

In § 53d KWG wird der Umsetzung des Art. 7 WPR Rechnung getragen. Es handelt sich jedoch lediglich um redaktionelle Änderungen bzw. Folgeänderungen im Zuge der europäischen Harmonisierung und der Einführung der Herkunftslandkontrolle für Wertpapierhandelsunternehmen; im übrigen ist die Vorschrift vor allem für Einlagenkreditinstitute von Bedeutung.

Das BAK meldet der EU-Kommission folgende Angaben:

1. die Erteilung einer Erlaubnis an ein Einlagenkreditinstitut oder ein Wertpapierhandelsunternehmen,

2. die Erteilung einer Erlaubnis nach § 32 Abs. 1 KWG an das Tochterunternehmen eines Unternehmens mit Sitz in einem Drittstaat; die Struktur des Konzerns ist in der Mitteilung anzugeben,

3. den Erwerb einer Beteiligung an einem Einlagenkreditinstitut oder Wertpapierhandelsunternehmen, durch den das Einlagenkreditinstitut oder Wertpapierhandelsunternehmen zu einem Tochterunternehmen eines Unternehmens mit Sitz in einem Drittstaat wird,

4. die Anzahl und Art der Fälle, in denen die Errichtung einer Zweigniederlassung in einem anderen Staat des EWR nicht zustande gekommen ist, weil das BAK die Angaben nicht an die zuständigen Stellen des Aufnahmestaats weitergeleitet hat,

5. die Anzahl und Art der Fälle, in denen vom BAK Maßnahmen nach § 53b Abs. 4 S. 3 und Abs. 5 S. 1 KWG (wo ein Unternehmen mit Sitz in einem anderen Staat des EWR seinen Verpflichtungen nach den Vorschriften des KWG nicht nachgekommen ist und diese Mängel nicht durch das Institut oder durch den Herkunftsstaat beseitigt wurden) ergriffen wurden,

6. allgemeine Schwierigkeiten, die Einlagenkreditinstitute oder Wertpapierhandelsunternehmen bei der Errichtung von Zweigniederlassungen, der Gründung von Tochterunternehmen, beim Betreiben von Bankgeschäften, beim Erbringen von Finanzdienstleistungen oder bei Tätigkeiten nach § 1 Abs. 3 S. 1 Nr. 2 bis 8 KWG in einem Drittstaat haben,

7. den Erlaubnisantrag des Tochterunternehmens eines Unternehmens mit Sitz in einem Drittstaat,

8. die nach § 2b KWG gemeldeten Absicht des Erwerbs einer Beteiligung im Sinne der Nr. 3.

Die Meldungen nach Nr. 7 und 8 sind nur auf Anfrage der EU-Kommission erforderlich.

VIII. Befreiungen

§ 31 KWG eröffnet dem BAK die Möglichkeit, Institute von bestimmten Vorschriften des KWG freizustellen. Danach können z.B. alle Institute oder Arten von Gruppen von Instituten von der Pflicht zur Anzeige bestimmter Kredite und Tatbestände, von der Pflicht zur Einreichung von Monatsausweisen nach § 25 KWG oder Geschäftsleiter eines Instituts von der Pflicht zur Anzeige von Beteiligungen nach § 24 Abs. 3 Nr. 2 KWG freigestellt werden , wenn die Angaben für die Beaufsichtigung ohne Bedeutung sind (§ 31 Abs. 1 Nr. 1 KWG). Wenn die Eigenart des Geschäftsbetriebes dies rechtfertigt, können nach § 31 Abs. 1 Satz 1 Nr. 2 KWG auch Arten oder Gruppen von Instituten von der Einhaltung der Vorschriften zu den Großkreditobergrenzen (§ 13 Abs. 3 KWG) sowie von der Vorlage von Rechnungslegungsunterlagen (§ 26 KWG) befreit werden. Die Befreiungen nach § 31 Abs. 1 KWG müssen durch eine Rechtsverordnung ausgesprochen werden.

Nach § 31 Abs. 2 KWG hat das BAK die Möglichkeit weitere Befreiungen durch Verwaltungsakt auszusprechen. Danach können einzelne Institute von bestimmten Vorschriften zur Einhaltung der Großkredit-Verpflichtungen, der Organkreditverpflichtungen, der Anzeigeverpflichtungen nach § 24 KWG sowie von Regelungen zu den Monatsausweisen, zur Vorlage von Rechnungslegungsunterlagen und zur Prüfung freigestellt werden. Die Freistellung setzt voraus, daß dies aus besonderen Gründen, insbesondere wegen der Art oder des Umfangs der betriebenen Geschäfte, angezeigt ist.

§ 31 Abs. 2 Satz 2 KWG enthält eine Bagatellregelung hinsichtlich der aufsichtsrechtlichen Zusammenfassung gemäß §§ 10a und 13b KWG. Das BAK kann einzelne übergeordnete Institute hinsichtlich einzelner nachgeordneter Unternehmen von bestimmten Pflichten befreien.

L Zulassung zum Geschäftsbetrieb

I. Erlaubnis zum Geschäftsbetrieb

1. Umfang der Erlaubnispflicht

Finanzdienstleistungsinstitute, die im Geltungsbereich des KWG Finanzdienstleistungen iSv § 1 Abs. 1a S. 2 Nr. 1 bis 7 KWG erbringen, benötigen dazu die schriftliche Erlaubnis des BAK nach § 32 Abs. 1 KWG. Voraussetzung ist das gewerbsmäßige Erbringen von Finanzdienstleistungen oder die Erfordernis eines in kaufmännischer Weise eingerichteten Geschäftsbetriebes. Der Begriff 'Erlaubnis' macht deutlich, daß diese Verwaltungsentscheidung vor dem erstmaligen Tätigwerden vorliegen muß, ansonsten betreibt das Unternehmen unerlaubt Finanzdienstleistungen und erfüllt damit den Tatbestand für die Straf- und Bußgeldvorschrift des § 54 KWG.

Mitarbeiter des BAK und der Deutschen Bundesbank können in solchen Fällen bestimmen, daß der Geschäftsbetrieb sofort eingestellt wird und die betriebenen Geschäfte unverzüglich abzuwickeln sind (§ 37 KWG). Dazu sind sie berechtigt, Auskünfte bei dem betreffenden Unternehmen einzuholen, die Geschäftsräume des Unternehmens zu den üblichen Geschäftszeiten zu betreten, Unterlagen einzusehen und Prüfungen in den Geschäftsräumen vorzunehmen.

Zur Verhütung dringender Gefahren ist dieses auch außerhalb der üblichen Geschäftszeiten möglich; in solchen Fällen dürfen auch private Räume betreten und besichtigt werden. Mit richterlicher Verfügung dürfen die Geschäftsräume von den Mitarbeitern des BAK oder der DBBk durchsucht werden, sofern Gefahr in Verzug ist, kann auf eine richterliche Anordnung verzichtet werden. Privaträume sind nur mit einer richterlichen Anordnung zu durchsuchen (§ 44c KWG).

Der Erlaubnisantrag ist formlos schriftlich zu stellen und in dreifacher Ausfertigung beim BAK einzureichen. Bei Kapitalgesellschaften hat dies durch den Vorstand oder die Geschäftsführung im Namen der Gesellschaft, bei Personenhandelsgesellschaften durch jeden persönlich haftenden Gesellschafter und bei Finanzdienstleistungsinstituten in der Rechtsform des Einzelkaufmanns durch den Inhaber zu geschehen. Das BAK macht eine erteilte Erlaubnis im Bundesanzeiger publik und unterrichtet das BAWe darüber. Bei der Erteilung der Erlaubnis kann das BAK bestimmte Auflagen machen oder die Erlaubnis auf einzelne Finanzdienstleistungen beschränken.

Für Finanzdienstleistungsinstitute, die schon am 1. Januar 1998 zulässigerweise tätig waren, sieht das KWG in § 64e Abs. 2 KWG eine besondere Übergangsregelung vor, die es den Finanzdienstleistungsinstituten ermöglicht, ihre Geschäfte weiterzubetreiben. (s. Abschnitt L II).

Die Vorschriften zum Erlaubnisverfahren, finden sich insbesondere in den §§ 32, 33 und 35 KWG sowie in der Ergänzungsanzeigenverordnung und dem Merkblatt über die Erteilung einer Erlaubnis zum Erbringen von Finanzdienstleistungen gemäß § 32 Abs. 1 KWG der Deutschen Bundesbank.

Das Erlaubnisverfahren ist gemäß § 51 Abs. 2 KWG gebührenpflichtig. Dabei können je nach Arbeitsaufwand des BAK und dem Geschäftsumfang des betroffenen Unternehmens Gebühren in Höhe von DM 500,- bis zu DM 100.000,- festgesetzt werden.

2. Inhalt des Erlaubnisantrages

a. Allgemeine Angaben

Neben den in § 32 KWG spezifizierten und im folgenden näher erläuterten Unterlagen, müssen nach § 1 ErgAnzV die folgenden allgemeinen Angaben gemacht werden:

- Firma, Rechtsform, Sitz unter Angabe der Postadresse, gegebenenfalls Verband, dem das Institut angehört,
- Geschäftszweck,
- Beschreibung der Geschäfte,
- Angabe der Organe des Instituts,
- die an dem Institut gehaltenen bedeutenden Beteiligungen (§ 1 Abs. 9 KWG) unter Angabe der Inhaber, der Höhe und der Struktur dieser Beteiligungen,
- die von dem Institut gehaltenen unmittelbaren Beteiligungen iSv § 24 Abs. 1 Nr. 3 KWG, hierzu ist der Vordruck der Anlage 4 der Anzeigenverordnung zu verwenden,
- Angabe der engen Verbindungen iSv § 1 Abs. 10 KWG, hierzu ist der Vordruck der Anlage 6 der Anzeigenverordnung zu verwenden,
- die inländischen Zweigstellen,
- die Zweigniederlassungen im Ausland mit einer Kopie der von der ausländischen Aufsichtsbehörde erteilten Zulassung,
- Umfang des grenzüberschreitenden Dienstleistungsverkehrs.

b. Allgemeine Unterlagen

Weiterhin sind folgende allgemeine Unterlagen beizufügen:

- Beglaubigte Ablichtungen des Gesellschaftsvertrages oder der Satzung,
- Beschluß über die Bestellung der Geschäftsleitung und die Geschäftsordnung für die Geschäftsleitung,
- bei bereits bilanzierenden Unternehmen die Jahresabschlüsse der drei letzten Geschäftsjahre, wobei der letzte Jahresabschluß mit einem Bestätigungsvermerk durch einen Wirtschaftsprüfer, eine Wirtschaftsprüfungsgesellschaft, einen vereidigten Buchprüfer oder eine Buchprüfungsgesellschaft versehen sein muß,
- ist das Unternehmen weniger als drei Jahre tätig, so sind zusätzlich Planbilanzen und Plangewinn- und Verlustrechnungen einzureichen,
- die Allgemeinen Geschäftsbedingungen und Muster der verwendeten Kundenverträge und des Werbematerials,
- wesentliche Verträge mit Vertriebs- oder sonstigen Kooperationspartnern.

c. Nachweis der zum Geschäftsbetrieb erforderlichen Mittel

Nachweis für ein ausreichendes Anfangskapital iSv § 33 Abs. 1 S. 1 Nr. 1 KWG ist die Bestätigung eines Einlagenkreditinstitutes mit Sitz in einem Staat des Europäischen Wirtschaftsraumes, daß das Anfangskapital eingezahlt ist, frei von Rechten Dritter ist und der Geschäftsleitung zur freien Verfügung steht.

Bei bisher schon bilanzierenden Unternehmen dürfte ein testierter Jahresabschluß, der ein entsprechendes Kapital ausweist als Nachweis ausreichen. Gegebenenfalls sollte die Werthaltigkeit der Aktiva durch einen Wirtschaftsprüfer gesondert bestätigt werden.

Das KWG verlangt in § 33 Abs. 1 S. 1 Nr. 1 je nach Art der Tätigkeit und des damit verbundenen Risikogehaltes verschiedene Anfangskapitalien. Das Anfangskapital setzt sich aus den in § 10 Abs. 2a S. 1 Nr. 1 bis 7 KWG aufgeführten Komponenten (Kernkapital) zusammen, das sind im wesentlichen das eingezahlte Kapital, jedoch nicht die Vermögenseinlagen stiller Gesellschafter.

Anlage- und Abschlußvermittler sowie Finanzportfolioverwalter, die nicht befugt sind, sich bei der Erbringung der Finanzdienstleistung Eigentum oder Besitz an Geldern oder Wertpapieren von Kunden zu verschaffen, und die nicht auf eigene Rechnung mit Finanzinstrumenten handeln, müssen ein Anfangskapital in Höhe von mindestens 50.000 ECU nachweisen (§ 33 Abs. 1 S. 1 Nr. 1a KWG).

Die anderen Finanzdienstleistungsinstitute, die nicht auf eigene Rechnung mit Finanzinstrumenten handeln, müssen ein Anfangskapital in Höhe von mindestens 125.000 ECU nachweisen (§ 33 Abs. 1 S. 1 Nr. 1b KWG). In diese Kategorie fallen Anlage- und Abschlußvermittler und Finanzportfolioverwalter, die bei der Erbringung der Finanzdienstleistung befugt sind, sich Eigentum oder Besitz an Geldern oder Wertpapieren von Kunden zu verschaffen, jedoch nicht auf eigene Rechnung mit Finanzinstrumenten handeln.

Finanzdienstleistungsinstituten, die auf eigene Rechnung mit Finanzinstrumenten handeln, muß ein Anfangskapital in Höhe von mindestens 730.000 ECU zur Verfügung stehen (§ 33 Abs. 1 S. 1 Nr. 1c KWG).

Anlage- und Abschlußvermittler, die bei der Erbringung von Finanzdienstleistungen nicht befugt sind, sich Eigentum oder Besitz an Kundengeldern oder -wertpapieren zu verschaffen, und die nicht auf eigene Rechnung mit Finanzinstrumenten handeln, können gemäß § 33 Abs. 1 S. 2 KWG anstatt des Anfangskapitals eine geeignete Versicherung zum Schutz der Kunden nachweisen. Diese Berufshaftpflichtversicherung muß insbesondere Schäden abdecken, die durch Falschberatung entstehen. Der Mindestversicherungsschutz darf nicht geringer sein als das erforderliche Anfangskapital von 50.000 ECU. Macht ein Finanzdienstleister von dieser Regelung Gebrauch, so kann er die Regelungen über den "Europäischen Paß" (§ 24a KWG) nicht in Anspruch nehmen (§ 2 Abs. 9 KWG).

Ist die notwendige Anfangskapitalausstattung nicht vorhanden, so ist die Erlaubnis durch das BAK gemäß § 33 Abs. 1 S. 1 Nr. 1 KWG zu versagen. Für Finanzdienstleistungsinstitute, die von der Übergangsregelung nach § 64e Abs. 2 KWG Gebrauch machen, sind die Vorschriften über das Anfangskapital erst ab dem 1. Januar 2003 anzuwenden (vgl. Abschnitt L II.).

Die Vorschriften über das Anfangskapital finden für Drittstaateneinlagenvermittler, Finanztransferdienstleister und Betreiber von Sortengeschäften keine Anwendung (§ 2 Abs. 7 KWG).

d. Geschäftsleiter

Der Erlaubnisantrag muß die Angabe der Geschäftsleiter mit deren Wohnadresse enthalten (§ 32 Abs. 1 S. 2 Nr. 2 KWG). Geschäftsleiter iSv § 1 Abs. 2 KWG sind die Personen, die zur Führung der Geschäfte und zur Vertretung eines Instituts berufen sind. Die Erlaubnis ist zu versagen, wenn ein Finanzdienstleistungsinstitut, das befugt ist, sich bei der Erbringung von Finanzdienstleistungen Eigentum oder Besitz an Geldern oder Wertpapieren von Kunden zu verschaffen, nicht mindestens zwei Geschäftsleiter hat, die nicht nur ehrenamtlich für das Institut tätig sind (§ 33 Abs. 1 Nr. 5 KWG).

e. Zuverlässigkeit des Antragstellers und der Geschäftsleiter

Die Angaben, die zur Beurteilung der Zuverlässigkeit der Antragsteller und der Geschäftsleiter nach § 32 Abs. 1 S. 2 Nr. 3 KWG erforderlich sind, entsprechen den Angaben, die in § 8 S. 2 Nr. 2 AnzV gefordert werden. Danach sind Erklärungen abzugeben, ob gegen die Antragsteller oder Geschäftsleiter ein Strafverfahren schwebt, ob ein Strafverfahren wegen eines Verbrechens oder Vergehens gegen sie anhängig gewesen ist oder ob sie oder ein von ihnen geleitetes Unternehmen als Schuldnerin in ein Insolvenzverfahren oder ein Verfahren zur Abgabe einer eidesstattlichen Versicherung oder ein vergleichbares Verfahren verwickelt waren oder sind.

Weiterhin sollten Referenzen angeführt werden, bei denen das BAK Auskünfte einholen kann.

f. Fachliche Eignung der Inhaber und Geschäftsleiter

Die Angaben, die zur Beurteilung der fachlichen Eignung der Inhaber und der Geschäftsleiter erforderlich sind (§ 32 Abs. 1 S. 2 Nr. 4 KWG), entsprechen den Angaben, die in § 8 S. 2 Nr. 1 AnzV gefordert werden. Danach sind ein lückenloser, unterzeichneter Lebenslauf, der sämtliche Vornamen, den Geburtsnamen, den Geburtstag, den Geburtsort, die Geburtsnamen der Eltern, die Privatanschrift und die Staatsangehörigkeit, eine eingehende Darlegung der fachlichen Vorbildung, die Namen aller Unternehmen, für die diese Personen tätig waren, und Angaben zur Art der jeweiligen Tätigkeit, einschließlich der Nebentätigkeiten, mit Ausnahme ehrenamtlicher Tätigkeiten, einzureichen. Bei der Art der jeweiligen Tätigkeit sind insbesondere die Vertretungsmacht, die internen Entscheidungskompetenzen und die unterstellten Geschäftsbereiche darzulegen.

Die fachliche Eignung setzt ausreichende theoretische und praktische Kenntnisse in den betreffenden Geschäften sowie Leitungserfahrung voraus. IdR ist die fachliche Eignung bei einer dreijährigen leitenden Tätigkeit bei einem Institut mit vergleichbarer Größe und Geschäftsart anzunehmen (§ 33 Abs. 2 S. 2 KWG).

g. Geschäftsplan

Der Geschäftsplan hat folgende Angaben zu enthalten (§ 32 Abs. 1 S. 2 Nr. 5 KWG iVm § 23 Abs. 7 AnzV):

- die Art der geplanten Geschäfte unter begründeter Angabe ihrer künftigen Entwicklung; hierzu sind Planbilanzen und Plangewinn- und -verlustrechnungen für die ersten drei Geschäftsjahre nach Aufnahme der Geschäftstätigkeit einzureichen;

- die Darstellung des organisatorischen Aufbaus des Instituts unter Beifügung eines Organigramms, das insbesondere die Zuständigkeiten der Geschäftsleiter erkennen läßt; es ist anzugeben, ob und wo Zweigstellen errichtet werden sollen;

- eine Darstellung der geplanten internen Kontrollverfahren.

h. Bedeutende Beteiligungen

Werden an dem Finanzdienstleistungsinstitut bedeutende Beteiligungen iSv § 1 Abs. 9 KWG gehalten, so sind gemäß § 32 Abs. 1 S. 2 Nr. 6 KWG folgende Angaben zu machen:

- Inhaber der bedeutenden Beteiligungen,

- Höhe der Beteiligungen,

- die für die Beurteilung der Zuverlässigkeit der Inhaber oder gesetzlichen Vertreter oder persönlich haftenden Gesellschafter erforderlichen Angaben.

Die Angaben nach Nr. 6d) und e) entfallen für Finanzdienstleistungsinstitute gemäß § 32 Abs. 1 S. 3 KWG iVm dem Merkblatt der DBBk (Merkblatt über die Erteilung einer Erlaubnis zum Erbringen von Finanzdienstleistungen gemäß § 32 Abs. 1 KWG, Februar 1998).

i. Enge Verbindungen

Anzugeben sind Tatsachen, die auf enge Verbindung iSv § 1 Abs. 10 KWG zwischen dem Finanzdienstleistungsinstitut und anderen natürlichen Personen oder anderen Unternehmen hinweisen (§ 32 Abs. 1 S. 2 Nr. 7 KWG).

3. Versagung der Erlaubnis

Das BAK hat die Erlaubnis unter den Voraussetzungen des § 33 Abs. 1 KWG zu versagen. Darunter fallen folgende Tatbestände:

- Die zum Geschäftsbetrieb erforderlichen Mittel, insbesondere ein ausreichendes Anfangskapital, stehen nicht zur Verfügung (§ 33 Abs. 1 S. 1 Nr. 1 KWG).

- Es liegen Tatsachen vor, die erkennen lassen, daß ein Antragsteller oder ein Geschäftsleiter nicht zuverlässig ist (§ 33 Abs. 1 S. 1 Nr. 2 KWG). Entscheidend ist in diesem Fall, daß Tatsachen vorliegen müssen, bloße Vermutungen oder subjektive Meinungen und Vorurteile des BAK reichen nicht aus.

- Es liegen Tatsachen vor, die erkennen lassen, daß der Inhaber einer bedeutenden Beteiligung an dem Institut oder ein Gesellschafter oder ein gesetzlicher Vertreter eines an dem Institut beteiligten Unternehmens nicht den im Interesse einer soliden und umsichtigen Führung des Instituts zu stellenden Ansprüchen genügt; das ist insbesondere der Fall, wenn er nicht zuverlässig ist (§ 33 Abs. 1 S. 1 Nr. 3 KWG).

- Es liegen Tatsachen vor, die erkennen lassen, daß der Inhaber oder die Geschäftsleiter nicht die erforderliche fachliche Eignung haben und keine andere Person als Geschäftsleiter bezeichnet wird (§ 33 Abs. 1 S. 1 Nr. 4 KWG);

- Es sind nicht mindestens zwei Geschäftsleiter vorhanden, die nicht nur ehrenamtlich tätig sind; für Finanzdienstleistungsinstitute, die nicht befugt sind, sich bei der Erbringung von Finanzdienstleistungen Eigentum oder Besitz an Geldern oder Wertpapieren von Kunden zu verschaffen, ist ein Geschäftsführer ausreichend (§ 33 Abs. 1 S. 1 Nr. 5 KWG);

- Die Hauptverwaltung liegt nicht im Inland (§ 33 Abs. 1 S. 1 Nr. 6 KWG).

- Die erforderlichen organisatorischen Vorkehrungen zum Betreiben der beantragten Geschäfte (insb. § 25a KWG) sind nicht vorhanden (§ 33 Abs. 1 S. 1 Nr. 7 KWG).

Weiterhin kann das BAK die Erlaubnis bei Vorliegen folgender Gründe versagen:

- Das Institut ist mit dem Inhaber einer bedeutenden Beteiligung verbunden und durch diese Verbindung kann eine wirksame Aufsicht verhindert werden (§ 33 Abs. 3 S. 1 Nr. 1 KWG).

- Es besteht eine enge Verbindung zu einer natürlichen oder juristischen Person und diese Verbindung kann eine wirksame Aufsicht verhindern (§ 33 Abs. 3 S. 1 Nr. 2 KWG).

- Das Institut ist Tochterunternehmen eines anderen Unternehmens mit Sitz im Ausland und wird dort nicht wirksam beaufsichtigt oder die dort zuständige Aufsichtsstelle ist nicht zu einer befriedigenden Zusammenarbeit mit dem BAK bereit (§ 33 Abs. 3 S. 1 Nr. 3 KWG).

- Der Antrag auf Erteilung einer Erlaubnis gemäß § 32 KWG enthält nicht die erforderlichen Angaben bzw. die Unterlagen sind nicht vollständig (§ 33 Abs. 3 S. 1 Nr. 4 KWG).

4. Erlöschen und Aufhebung der Erlaubnis

Die beantragte Erlaubnis zum Betreiben von Finanzdienstleistungen erlischt, wenn innerhalb eines Jahres nach deren Erteilung kein Gebrauch von ihr gemacht wurde (§ 35 Abs. 1 KWG).

Des weiteren kann das BAK die Erlaubnis bei dem Vorliegen folgender Gründe aufheben:

- Der Geschäftsbetrieb, für den die Erlaubnis erteilt wurde, wurde seit mehr als sechs Monaten nicht mehr ausgeübt (§ 35 Abs. 2 S. 1 Nr. 1 KWG).

- Es liegen verschiedene Tatsachen vor, nach denen eine Erlaubnis gemäß § 33 KWG seitens des BAK versagt würde (§ 35 Abs. 2 S. 1 Nr. 3 KWG).

- Es besteht Gefahr für die Erfüllung der Verpflichtungen des Instituts gegenüber seinen Gläubigern. Dieses ist insbesondere der Fall, wenn ein Verlust in Höhe der Hälfte haftenden Eigenkapitals erwirtschaftet wurde (§ 35 Abs. 2 S. 1 Nr. 4 a KWG) oder wenn der Verlust innerhalb von drei aufeinanderfolgenden Kalenderjahren jeweils mehr als zehn Prozent des haftenden Eigenkapitals beträgt (§ 35 Abs. 2 S. 1 Nr. 4 b KWG).

- Die Eigenmittel eines Finanzdienstleistungsinstituts, welches Wertpapierhandelsunternehmen iSv § 1 Abs. 3d S. 2 KWG ist, entsprechen nicht einem Viertel seiner Aufwendungen iSv § 10 Abs. 9 (§ 35 Abs. 2 S. 1 Nr. 5 KWG).

- Es wurde nachhaltig gegen die Bestimmungen des KWG, des WpHG oder die zur Durchführung dieser Gesetze erlassenen Verordnungen und Anordnungen verstoßen (§ 35 Abs. 2 S. 1 Nr. 6 KWG).

Nach einem ersten Diskussionsentwurf eines Gesetzes zur Umsetzung der EG-Einlagensicherungs- und Anlegerentschädigungsrichtlinie wird der § 35 KWG erweitert. Danach erlischt die Erlaubnis, wenn das Institut von der Sicherung in einer Entschädigungseinrichtung ausgeschlossen worden ist.

5. Besondere Zulassungsbestimmungen für Unternehmen mit Sitz im Ausland

a. Unternehmen mit Sitz in einem anderen Staat außerhalb des Europäischen Wirtschaftraumes

Für die Zulassung von Zweigstellen von Unternehmen mit Sitz in einem anderen Staat außerhalb des Europäischen Wirtschaftsraumes, die im Geltungsbereich des KWG Finanzdienstleistungen erbringen möchten, gelten die o. a. Bestimmungen zur Erlangung einer Erlaubnis nach § 32 KWG entsprechend. Diese Zweigstelle gilt dann als Finanzdienstleistungsinstitut iSv § 53 Abs. 1 KWG.

Weiterhin ist in diesem Zusammenhang auf einige Besonderheiten hinzuweisen. Zu beachten ist, daß das Anfangskapital (§ 33 Abs. 1 S. 1 Nr. 1 KWG) der Zweigstelle dauerhaft als Betriebskapital zur Verfügung stehen muß.

Die Geschäftsleiter müssen ihren Wohnsitz im Inland haben. Als Nachweis der fachlichen Eignung ist es ausreichend, eine entsprechende dreijährige Tätigkeit bei einem

Institut im Ausland nachzuweisen. Die Geschäftsleiter müssen die deutsche Sprache oder eine international gebräuchliche Sprache (z.B. Englisch) beherrschen sowie mindestens eine einjährige leitende Tätigkeit bei Instituten im Inland ausgeübt haben, mindestens ein Geschäftsleiter muß jedoch eine dreijährige leitende Tätigkeit bei einem Institut im Inland ausgeübt haben. Hat das Institut zwei Geschäftsleiter, muß mindestens einer die deutsche Sprache beherrschen.

Des weiteren sind folgende Angaben zu machen bzw. Unterlagen einzureichen:

- Name, Rechtsform, Sitz bzw. Anschrift des Unternehmens und der geplanten Zweigstelle sowie Organe und satzungsmäßiger Geschäftsgegenstand,
- Art der tatsächlichen Geschäftstätigkeit des Unternehmens,
- Name und Anschrift der Aufsichtsbehörde im Sitzstaat bzw. im Staat der Hauptverwaltung,
- der voraussichtliche Zeitpunkt der Geschäftsaufnahme,
- ein Zustellungsbevollmächtigter in Deutschland während des Erlaubnisverfahrens,
- Satzung, Gesellschaftsvertrag, eine Bestätigung der Registereintragung und der letzte Jahresabschluß des Unternehmens,
- Nachweis einer Erlaubnis zum Betreiben von Finanzdienstleistungen der Aufsichtsbehörde des Sitzlandes des Unternehmens (§ 53 Abs. 2 Nr. 5 KWG),
- eine rechtsverbindlich unterzeichnete Erklärung des Unternehmens über den Beschluß zur Errichtung einer Zweistelle und zur Bestellung der Geschäftsleiter,
- einen Nachweis der Vertretungsbefugnis des Antragstellers.

Die Unterlagen sind in deutscher Sprache bzw. mit beigefügter deutscher Übersetzung beim BAK einzureichen.

b. Wertpapierhandelsunternehmen mit Sitz in einem anderen Staat des Europäischen Währungsraumes (Europäischer Paß)

Wertpapierhandelsunternehmen können ohne Erlaubnis des BAK im Inland eine Zweigniederlassung errichten oder grenzüberschreitende Dienstleistungen erbringen, sofern die Voraussetzungen des § 53b Abs. 1 KWG erfüllt sind. Danach muß das Unternehmen zum einen von der zuständigen Stelle des Herkunftsstaats zugelassen und die Geschäfte durch die Zulassung abgedeckt sein und zum anderen von den zuständigen Stellen entsprechend den Vorgaben der Richtlinien der Europäischen Gemeinschaft beaufsichtigt werden.

II. Übergangsregelung

Finanzdienstleistungsinstitute, die schon am 1. Januar 1998 zulässigerweise tätig waren, fallen unter die Übergangsregelung nach § 64e Abs. 2 KWG. Diese Institute können die bisher betriebenen Finanzdienstleistungen weiterbetreiben, ohne erst einen Antrag auf Erteilung einer Erlaubnis iSv § 32 KWG zu stellen und auf die Erteilung dieser Erlaubnis warten zu müssen. Die Übergangsregelung des § 64e Abs. 2 KWG sieht vor, daß diese Unternehmen bis zum 1. April 1998 eine Anzeige über Ihre Tätigkeit bei dem BAK erstatten, die sog. Erstanzeige entsprechend der Erstanzeigenverordnung. Nach Eingang der Erstanzeige wird das BAK diese bestätigen und das Institut zur Abgabe einer Ergänzungsanzeige auffordern. Diese Ergänzungsanzeige hat inhaltlich den Charakter eines Antrags auf Erteilung einer Erlaubnis nach § 32 KWG. Die Ergänzungsanzeige muß den Anforderungen der Ergänzungsanzeigenverordnung genügen.

Ein Kriterium für die zulässige Tätigkeit am 1. Januar 1998 kann beispielsweise eine Erlaubnis einer zuständigen Behörde sein (Gewerbeschein) oder die Zulassung als Makler an einer Wertpapierbörse.

Die Vorschriften über das Anfangskapital (§ 33 Abs. 1 S. 1 Nr. 1 KWG) sind für Finanzdienstleistungsinstitute, die die Übergangsregelung nach § 64e Abs. 2 KWG in Anspruch nehmen, erst ab dem 1. Januar 2003 anzuwenden. Ist das Anfangskapital bis zu diesem Zeitpunkt geringer als die Anforderungen des KWG, so darf das Kapital den Durchschnittswert der sechs vorangehenden Monate nicht unterschreiten (§ 64e Abs. 3 S. 2 KWG). Dieser Durchschnittswert ist alle sechs Monate zu berechnen und dem BAK mitzuteilen. Bei Unterschreitungen kann das BAK die Erlaubnis aufheben.

Weitere Übergangsregelungen finden sich im § 64e Abs. 3 KWG. Danach sind diverse Vorschriften über die Versagung der Erlaubnis nach § 35 Abs. 2 Nr. 3 iVm § 33 Abs. 1 S. 1 Nr. 1 Buchstabe a bis c KWG und der § 24 Abs. 1 Nr. 10 KWG, wonach das Absinken des Anfangskapitals unter die Mindestanforderung dem BAK gemeldet werden muß, ebenfalls erst ab dem 1. Januar 2003 anzuwenden.

Finanzdienstleistungsinstitute, die die Übergangsregelung nach § 64e Abs. 2 KWG in Anspruch nehmen, müssen die Vorschriften des § 10 Abs. 1 bis 8 KWG (Eigenmittelausstattung), der §§ 10a (Eigenmittelausstattung von Gruppen), 11 (Liquidität) und 13 bis 13b (Großkreditvorschriften) KWG erst ab dem 1. Januar 1999 anwenden. Für die Errichtung von Zweigniederlassungen oder das Erbringen von grenzüberschreitenden Dienstleistungen in anderen Staaten des europäischen Wirtschaftsraumes nach § 24a KWG ("Europäischer Paß") sind diese Vorschriften schon vor dem 1. Januar 1999 anzuwenden, da in diesen Fällen die Vorschriften der Kapitaladäquanzrichtlinie zwingend einzuhalten sind.

Der § 10 Abs. 9 KWG, wonach die Eigenmittel von Wertpapierhandelsunternehmen mindestens einem Viertel der in diesem Absatz spezifizierten Aufwendungen betragen muß, fällt nicht unter die Übergangsregelung und ist ab sofort anzuwenden.

M Anzeige- und Meldevorschriften zum KWG

I. Übersicht

Das KWG enthält eine Vielzahl von Anzeige- bzw. Meldevorschriften. Einzelheiten sind in den hierzu erlassenen Rechtsverordnungen enthalten. Die auf der Grundlage von § 22 KWG erlassene GroMiKV regelt die Anzeigen für Großkredite- und Millionenkredite. Nähere Bestimmungen zu den sonstigen Anzeigepflichten des KWG enthält die Anzeigenverordnung. Daneben haben die Institute im Rahmen der Solvenzüberwachung gemäß § 10 KWG iVm Grundsatz I zahlreiche Meldungen zu erstatten.

Gemäß § 25 KWG haben neben den Kreditinstituten auch Finanzdienstleistungsinstitute grundsätzlich die Pflicht, Monatsausweise bei der Deutschen Bundesbank unverzüglich einzureichen. Art und Umfang der Monatsausweise können durch eine Rechtsverordnung bestimmt werden. Die Rechtsverordnungsermächtigung wurde so erweitert, daß sie nun auch den Geschäftsbereich der Finanzdienstleistungsinstitute erfaßt. So kann z.B. bestimmt werden, daß der Monatsausweis Angaben über Vermögensstatus und Erfolgsrechnung beinhalten muß, wie sie von den Maklern an die Börsenaufsicht zu melden sind. Falls die Ermächtigung zum Erlaß der Monatsausweisverordnung auf das BAK übertragen wird, muß sie im Einvernehmen mit der Deutschen Bundesbank ergehen.

II. Anzeigenverordnung

Zur Anpassung der Meldeerfordernisse an die Gesetzesänderungen im Rahmen der 6. KWG-Novelle und der Novellierung des Grundsatzes I wurde die Anzeigenverordnung an die geänderte Rechtslage angeglichen. Die einzelnen Anzeigetatbestände des KWG und eventuelle Befreiungstatbestände hierzu werden jeweils in einem Paragraphen geregelt. Folgende Zusammenstellung gibt eine Übersicht über die Anzeigetatbestände nach den Vorschriften des KWG und die entsprechende Regelung in der AnzV:

AnzV	KWG	Inhalt
§ 1	§ 2b Abs. 1 u. 4	Inhaber bedeutender Beteiligungen
§ 2	§ 10 Abs. 3 S. 5 und 6	Zwischenabschlüsse
§ 3	§ 10 Abs. 4a S. 4, Abs. 4b S. 4 iVm § 32 Abs. 3 KAGG	Nicht realisierte Reserven, Sachverständigenausschuß
§ 4	§ 10 Abs. 5 S. 7, Abs. 5a S. 7, Abs. 7 S. 6	Marktpflege
§ 5	§ 10 Abs. 8 S. 1 u. 3	Abzugskredite
§ 6	§ 12a Abs. 1 S. 3	Begründung, Veränderung oder Aufgabe bestimmter Beteiligungen oder Unternehmensbeziehungen

AnzV	KWG	Inhalt
§ 7	§ 15 Abs. 4 S. 5	Nachholung der Organkredit-Beschlußfassung
§ 8	§ 24 Abs. 1 Nr. 1 u. 2	Personelle Veränderungen
§ 9	§ 24 Abs. 1 Nr. 3	Unmittelbare Beteiligungen
§ 10	§ 24 Abs. 1 Nr. 4 - 8, 10 u. 12	Diverse Mitteilungspflichten
§ 11	§ 24 Abs. 1 Nr. 9	Aufnahme oder Einstellung von Geschäften, die nicht Bankgeschäfte oder Finanzdienstleistungen sind
§ 12	§ 24 Abs. 1 Nr. 11, Sammelanzeige nach § 24 Abs. 1a S. 1 Nr. 2	Passivbeteiligungen
§ 13	§ 24 Abs. 1 Nr. 13	Enge Verbindungen
§ 14	Sammelanzeige nach § 24 Abs. 1a S. 1 Nr. 1	Mittelbare Beteiligungen
§ 15	Sammelanzeige nach § 24 Abs. 1a S. 1 Nr. 3	Errichtung, Verlegung oder Schließung von inländischen Zweigstellen
§ 16	§ 24 Abs. 2	Vereinigung von Instituten
§ 17	§ 24 Abs. 3 S. 1	Geschäftsleiter
§ 18	§ 24a Abs. 1 u. 4	Errichtung einer Zweigniederlassung in einem anderen Staat des Europäischen Wirtschaftsraumes
§ 19	§ 24a Abs. 3 u. 4	Grenzüberschreitender Dienstleistungsverkehr
§ 20	§ 25a Abs. 2 S. 3	Auslagerung von Bereichen
§ 21	§ 28 Abs. 1 S. 1	Prüfer
§ 22	§ 29 Abs. 3 S. 1	Dem Prüfer bekanntgewordene schwerwiegende Tatsachen
§ 23	§ 32 Abs. 1	Anträge auf Erlaubnis
§ 24	§ 53a S. 2 u. 5	Repräsentanzen von Instituten mit Sitz im Ausland
§ 25	§ 26	Jahresabschlüsse, Lage- und Prüfungsberichte
§ 26		Besondere Einreichungswege
§ 27		Anzeigepflicht für Finanzholdinggesellschaften

Abb. 25: Anzeigepflichten nach KWG

III. Grundsatz I

Die Neukonzeption des Meldewesens, d.h. der Meldeformulare, zum neuen Grundsatz I unterscheidet in monatlich und vierteljährlich einzureichende Meldungen. Monatlich sollen aggregierte "Übersichtsbögen" mit Darstellungen der Risikoaktiva, der Marktrisikopositionen und der Kapitalquoten sowie der Eigenkapitalbogen eingereicht werden. Detailliertere Meldungen zu den Risikoaktiva, den einzelnen Marktrisikopositionen und den Optionsgeschäften sollen vierteljährlich erfolgen. Einzelne Rechenschritte, beispielsweise die Ermittlung der Kreditäquivalenzbeträge bei Anwendung der Laufzeit- oder Marktbewertungsmethode, die Berechnung der Rohwarenposition nach der Zeitfächermethode oder die Berechnung des Teilanrechnungsbetrages für das allgemeine Kursrisiko aus Zinsnettopositionen nach der Jahresband- oder Durationmethode sollen anhand neuer Meldebögen ("Rechenbögen") hergeleitet werden. Die Meldebögen sind auf Einzelinstitutsbasis und für übergeordnete Institute auf Gruppenbasis zu erstellen.

Übersicht der Meldeformulare:

Melde-vordruck	Inhalt	Bemerkungen
GB 1/QG 1	Übersichtsbogen Risikoaktiva, Marktrisikopositionen und Eigenmittelausstattung	Monatlich einzureichen
GB 1.1/G 1.1	Berechnungsbogen Risikoaktiva	Vierteljährlich einzureichen
SA 1.1/QS 1.1	Sonderangaben zu den Risikoaktiva gemäß §§ 7 und 8 des Grundsatzes I	Vierteljährlich einzureichen
SA 1.2/QS 1.2	Sonderangaben zu den Risikoaktiva gemäß § 9 iVm § 11 des Grundsatzes I	Vierteljährlich einzureichen/ Herleitung der Rechenschritte auf besonderem Rechenbogen
SA 1.3/QS 1.3	Sonderangaben zu den Risikoaktiva gemäß § 9 iVm § 10 des Grundsatzes I	Vierteljährlich einzureichen/ Herleitung der Rechenschritte auf besonderem Rechenbogen
SA 3/QS 2	Sonderangaben zu den Eigenmitteln gemäß §§ 10 bzw. 53 KWG	Monatlich einzureichen
FW 1/QFW	Währungsgesamtposition gemäß §§ 14 und 15 des Grundsatzes I	Vierteljährlich einzureichen
RW/QRW	Rohwarenposition gemäß §§ 16 und 17 des Grundsatzes I	Vierteljährlich einzureichen/ Herleitung der Rechenschritte bei Anwendung der Zeit-fächermethode auf besonderem Rechenbogen
ZK/QZK	Allgemeines und besonderes Kurs-risiko Zinsnettoposition gemäß §§ 20 bis 23 des Grundsatzes I	Vierteljährlich einzureichen/ Herleitung der Rechenschritte auf besonderem Rechenbogen
AK/QAK	Aktiennettoposition gemäß §§ 24 bis 26 des Grundsatzes I	Vierteljährlich einzureichen
HB/QHB	Adressenausfallrisikopositionen des Handelsbuches gemäß § 27 des Grundsatzes I	Vierteljährlich einzureichen
OP/QOP	Optionspositionen gemäß §§ 28 bis 31 des Grundsatzes I	Vierteljährlich einzureichen
RI/QRI	Eigene Risikomodelle gemäß §§ 32 bis 37 des Grundsatzes I	Vierteljährlich einzureichen

Abb. 26: Meldungen nach Grundsatz I

IV. GroMiKV

Die GroMiKV enthält Regelungen zu den einzelnen Anzeigenpflichten der Institute nach den Großkredit- (§§ 13 - 13b KWG) und den Millionenkreditvorschriften (§ 14 KWG). Die folgende Übersicht enthält die Anzeigepflichten des KWG und die entsprechende Regelung in der GroMiKV:

GroMiKV	KWG	Inhalt
§ 23	§ 2 Abs. 11 S. 4	Anwendung der Bagatellregelung, Überschreitung der Bagatellgrenzen, freiwillige Anwendung der Handelsbuchvorschriften
§ 30	§ 13 Abs. 1 S. 1	Großkredite von Nichthandelsbuchinstituten
§ 32	§ 13 Abs. 2 S. 5 und 8	Fehlender Großkreditbeschluß
§ 33	§ 13 Abs. 3 S. 2 und 6	Überschreitung der Großkrediteinzelobergrenze oder der Großkreditgesamtobergrenze bei Nichthandelsbuchinstituten
§ 34	§ 13 Abs. 4	Kreditrahmenkontingente
§ 45	§ 13a Abs. 1	Großkredite von Handelsbuchinstituten
§ 46	§ 13a Abs. 2 iVm § 13 Abs. 2 S. 5 u. 8	Fehlender Großkreditbeschluß
§ 47	§ 13a Abs. 3 S. 2 und 6, Abs. 4 S. 2 und 6, Abs. 5 S. 2 und 4	Unerlaubte Überschreitung einer Großkreditobergrenze bei Handelsbuchinstituten
§ 48	§ 13a Abs. 6	Kreditrahmenkontingente
§ 50	§ 14	Millionenkredite
§ 15		Verfahren zur Einreichung der Anzeigen
§ 25		Quartalsmäßige Meldungen der Positionen des Handelsbuches

Abb. 27: Anzeigen nach GroMiKV

N Vorschriften des Wertpapierhandelsgesetzes (WpHG)

I. Allgemeines

1. Überblick

Das Wertpapierhandelsgesetz (WpHG) wurde durch das zweite Finanzmarktförderungsgesetz vom 26. Juli 1994 neu geschaffen und setzte u.a. die EG-Insiderrichtlinie, in Teilen die Wertpapierdienstleistungsrichtlinie sowie die EG-Transparenzrichtlinie in deutsches Recht um. Am 1. August 1994 bzw. 1. Januar 1995 trat das WpHG in Kraft. Die Insiderbestimmungen des WpHG ersetzten die davor geltenden freiwilligen Insiderhandels-Richtlinien, die im WpHG formulierten Verhaltensregeln ersetzten die Händler- und Beraterregeln.

Mit Inkrafttreten des Gesetzes zur Umsetzung von EG-Richtlinien zur Harmonisierung bank- und wertpapieraufsichtsrechtlicher Vorschriften zum 1. Januar 1998 wurde das WpHG erweitert.

Das novellierte WpHG regelt neben den Dienstleistungen in Wertpapieren und (deutlich erweiterten) Derivaten künftig auch Dienstleistungen in Geldmarktinstrumenten sowie die Erbringung von sogenannten Wertpapiernebendienstleistungen. Dadurch werden u.a. auch die Vermögensverwaltung und die Anlageberatung durch das WpHG erfaßt.

Die Begriffsbestimmungen des WpHG orientieren sich sehr stark an denjenigen des KWG. So entsprechen der Wertpapierbegriff (§ 2 Abs. 1 WpHG) und der Begriff der "Geldmarktinstrumente" des WpHG (§ 2 Abs. 1a WpHG) vollständig, der Derivatebegriff (§ 2 Abs. 2 WpHG) weitgehend denjenigen des KWG. Der anwendungsbegründende Begriff "Wertpapierdienstleistungsunternehmen" (§ 2 Abs. 4 WpHG) beruht ebenfalls vollständig auf Begriffsbestimmungen des KWG.

Auch die Ausnahmeregelungen gemäß § 2a WpHG finden sich auch sinngemäß sämtlich in § 2 Abs. 6 KWG (Ausnahmen für Finanzdienstleistungsinstitute) und zum Teil auch in § 2 Abs. 1 KWG (Ausnahmen für Kreditinstitute).

2. Anwendungsbereich

Der Anwendungsbereich gemäß § 1 WpHG wurde im Zuge der vollständigen Umsetzung der Wertpapierdienstleistungsrichtlinie erweitert. Danach ist das Gesetz auf die Erbringung von Wertpapierdienstleistungen und -nebendienstleistungen, den börslichen und außerbörslichen Handel mit Wertpapieren, Geldmarktinstrumenten und Derivaten sowie auf Veränderungen der Stimmrechtsanteile von Aktionären an börsennotierten Gesellschaften anzuwenden.

Die Erbringung von Wertpapierdienstleistungen und -nebendienstleistungen bezieht sich auf die Verhaltensregeln des 5. Abschnittes des WpHG. Die Erweiterung des Anwendungsbereiches auf den börslichen und außerbörslichen Handel mit Geldmarktinstrumenten folgt aus dem Anhang Abschnitt B Nr. 2 der WPR.

3. Begriffsbestimmung

a. Wertpapierbegriff

Nach § 2 Abs. 1 S. 2 WpHG sind neben Aktien, Schuldverschreibungen, Genußscheinen, Optionsscheinen und vergleichbaren Wertpapieren auch Anteilscheine, die von einer Kapitalanlagegesellschaft oder von einer ausländischen Investmentgesellschaft ausgegeben werden, als Wertpapiere zu qualifizieren. Bei den Anteilscheinen handelt es sich um Wertpapiere sui generis, die sowohl mit Aktien als auch mit Schuldverschreibungen vergleichbar sind, da sie gemäß § 18 Abs. 1 S. 1 des Gesetzes für Kapitalanlagegesellschaften (KAGG) die Ansprüche des Anteilscheininhabers gegenüber der Kapitalanlagegesellschaft verbriefen und diese Ansprüche nicht nur schuldrechtlicher, sondern hinsichtlich des Rechts auf Miteigentum nach Bruchteilen am Sondervermögen bzw. aufgrund des wirtschaftlichen Eigentums bei der Treuhandlösung auch dinglicher Art sind. Diese Erweiterung des Wertpapierbegriffs dient der Umsetzung des Abschnitts B Nr. 1b des Anhangs der WPR.

Der Begriff der Wertpapiere, Geldmarktinstrumente und der Derivate stimmt mit dem des § 1 Abs. 11 KWG weitgehend überein. Devisen und Rechnungseinheiten, d.h. auf fremde Währung lautende und im Ausland zahlbare Forderungen, die aus Sichtguthaben, Schecks und Wechseln bestehen, sind zwar Finanzinstrumente nach § 1 Abs. 11 KWG, jedoch keine Wertpapiere iSd WpHG.

b. Außerbörsliche Märkte

Durch die Neufassung von § 2 Abs. 2 WpHG wird der Derivatebegriff des WpHG erheblich ausgeweitet. Durch die Streichung der im bisherigen Wortlaut enthaltenen Voraussetzung, daß die Instrumente an einem in- oder ausländischen börslichen Markt gehandelt werden müssen, werden in § 2 Abs. 2 Nr. 1 WpHG nunmehr auch "over-the-counter" gehandelte Derivate (OTC-Derivate) erfaßt.

c. Wertpapierdienstleistungen und Wertpapiernebendienstleistungen

In § 2 Abs. 3 WpHG wurde der Begriff der Wertpapierdienstleistungen im Zuge der Umsetzung der WPR erweitert. Als Wertpapierdienstleistungen iSd WpHG gelten:

1. das Finanzkommissionsgeschäft (eigener Name, fremde Rechnung),
2. die Anschaffung und Veräußerung im Wege des Eigenhandels für andere,
3. die Abschlußvermittlung (fremder Name, fremde Rechnung),
4. die Anlagevermittlung,
5. das Emissionsgeschäft,
6. die Finanzportfolioverwaltung.

Dabei sind die Nummern 1 und 5 Bankgeschäfte und die Nummern 2, 3, 4 und 6 Finanzdienstleistungen iSd KWG.

Der bei der Finanzportfolioverwaltung in § 2 Abs. 3 Nr. 6 WpHG geforderte Entscheidungsspielraum des Verwalters ist dann gegeben, wenn die konkreten Anlageentscheidungen letztlich auf dem eigenen Ermessen des Verwalters beruhen. Erteilt dagegen der Anleger aufgrund einer Anlageberatung eine dem Beratungsergebnis entsprechende, bestimmte Weisung, ohne daß der Verwalter dabei ein eigenes Ermessen hat, liegt eine Anlageberatung vor. Im Detail wird hierauf in Abschnitt C.II.3 verwiesen.

Bei den in § 2 Abs. 3a Nr. 1 bis 4 WpHG im einzelnen aufgeführten Wertpapiernebendienstleistungen handelt es sich um solche Nebenleistungen, die typischerweise zusammen mit einer Wertpapierdienstleistung erbracht werden. Danach sind als Wertpapiernebendienstleistungen zu sehen:

1. Das Depotgeschäft (soweit nicht das Depotgesetz Anwendung findet),

2. die Kreditgewährung zum Zwecke der Durchführung von Wertpapierdienstleistungen, sofern diese ebenfalls von dem kreditgewährenden Unternehmen durchgeführt werden,

3. die Beratung bei Wertpapieren, Geldmarktinstrumenten oder Derivaten,

4. Devisengeschäfte oder Devisentermingeschäfte, sofern sie im Zusammenhang mit der Erbringung von Wertpapierdienstleistungen stehen und Tätigkeiten iSv § 2 Abs. 3 Nr. 1 bis 4 WpHG zum Gegenstand haben.

d. Wertpapierdienstleistungsunternehmen

Nach der in § 2 Abs. 4 WpHG gebrauchten Definition sind nunmehr auch Finanzdienstleistungsinstitute grundsätzlich als Wertpapierdienstleistungsunternehmen zu sehen, wenn sie Wertpapierdienstleistungen allein oder zusammen mit Wertpapiernebendienstleistungen erbringen. Die Formulierung "allein oder zusammen mit Wertpapiernebendienstleistungen" stellt in diesem Zusammenhang klar, daß Unternehmen, die ausschließlich Wertpapiernebendienstleistungen erbringen, keine Wertpapierdienstleistungsunternehmen sind.

Für das Vorliegen einer Wertpapierdienstleistung im Sinne des WpHG wird entsprechend § 1 Abs. 1 S. 1 und Abs. 1a S. 1 KWG nicht mehr allein darauf abgestellt, ob der Umfang der Dienstleistungen einen in kaufmännischer Weise eingerichteten Geschäftsbetrieb erfordert, sondern es reicht aus, wenn die Dienstleistung gewerbsmäßig erbracht wird. Im Detail wird hier auf Abschnitt C IV verwiesen.

e. Ausnahmen zu Wertpapierdienstleistungsunternehmen

Durch den neu hinzugefügten § 2a WpHG werden Ausnahmen analog zu § 2 Abs. 6 und 10 KWG formuliert, nach denen einige Unternehmen nicht als Wertpapierdienstleistungsunternehmen gelten, wenn etwa Wertpapierdienstleistungen innerhalb eines Konzerns oder ausschließlich für die Verwaltung von Beteiligungen an dem eigenen oder an mit ihm verbundenen Unternehmen für die jeweiligen Arbeitnehmer erbracht werden. Nicht als Wertpapierdienstleistungsunternehmen gelten weiterhin bestimmte Angehörige freier Berufe, die Wertpapierdienstleistungen nur gelegentlich im Rahmen ihrer

Berufstätigkeit erbringen, sowie Anlagevermitttler, die ausschließlich Anteilscheine an Kapitalanlagegesellschaften vermitteln und die sich beim Erbringen ihrer Dienstleistung kein Eigentum oder Besitz an Geldern, Anteilscheinen oder Anteilen von Kunden verschaffen. Weiterhin gelten solche Unternehmen, die ihre Tätigkeit für Rechnung und unter der Haftung eines Kreditinstitutes oder eines Finanzdienstleistungsinstitutes betreiben, nicht als Wertpapierdienstleistungsunternehmen. Im Detail wird hier auf den Abschnitt E verwiesen.

II. Verhaltensregeln der §§ 31 und 32 WpHG

Der fünfte Abschnitt des WpHG enthält allgemein gehaltene Regeln (**Mindest**standards) für die Erbringung von Wertpapierdienstleistungen und -nebendienstleistungen und zur Vermeidung von Interessenkonflikten, soweit dies zur Wahrung der Interessen des Kunden und im Hinblick auf Art und Umfang der Geschäfte erforderlich ist.

Um zu gewährleisten, daß die Interessen der Kunden bei der Erbringung von Wertpapierdienstleistungen und -nebendienstleistungen geschützt werden, sind in den §§ 31 und 32 WpHG bestimmte Verhaltensregeln normiert. Dabei benennt § 31 WpHG allgemeine Verhaltensregeln während § 32 WpHG auf besondere Verhaltensregeln eingeht.

Das Bundesamt für den Wertpapierhandel, das nach § 4 WpHG für die Marktaufsicht der Wertpapierdienstleistungsunternehmen zuständig ist, hat im Mai 1997 gemäß § 35 Abs. 2 WpHG eine Richtlinie zur Konkretisierung der §§ 31 und 32 WpHG erlassen (Verhaltensrichtlinie). Diese Richtlinie gilt zwar explizit nur für das Kommissions-, Festpreis- und Vermittlungsgeschäft der Kreditinstitute, ist aber durch die Änderung des WpHG wohl auch auf die neu erfaßten Wertpapierdienstleistungen (z.B. Finanzprtfolioverwaltung) und Wertpapierdienstleistungsunternehmen sinngemäß anzuwenden.

Die allgemeinen Verhaltensregeln umfassen somit die Teilaspekte

- **Qualität** der Wertpapierdienstleistung,

- Vermeidung von **Interessenkonflikten,**

- Einholen von **Kundenangaben** und

- Pflicht zur **Aufklärung** des Kunden.

Die besonderen Verhaltensregeln nennen

- **Empfehlungsverbote** und

- bestimmte **verbotene Geschäfte**.

1. Qualitätsanforderungen

Nach § 31 Abs. 1 Nr. 1 WpHG ist ein Wertpapierdienstleistungsunternehmen dazu verpflichtet, Wertpapierdienstleistungen und -nebendienstleistungen mit der erforderlichen Sachkenntnis, Sorgfalt und Gewissenhaftigkeit im Interesse seiner Kunden zu erbringen. Entscheidend für die Qualität der Wertpapierdienstleistung ist primär der Mitarbeiter. Neben einer erforderlichen Grundqualifikation der Mitarbeiter, die beim Erbringen von Wertpapierdienstleistungen oder -nebendienstleistungen eingesetzt werden, ist hierzu eine ausreichende Fortbildung und umfassende Informationsmöglichkeiten über aktuelle Entwicklungen am Markt, insbesondere in den angebotenen Produkten, erforderlich.

Die Grundqualifikation von Mitarbeitern kann durch Vorbildung oder Berufserfahrung bereits vorhanden sein oder in einführenden Lehrgängen vermittelt werden.

Eine effiziente Fortbildung kann durch entsprechende Fachkurse und stetige Kontrollen gewährleistet werden.

Über Entwicklungen am Markt kann in aktuellen Kurzseminaren, in Rundschreiben oder durch Lektüre geeigneter anderer Medien (Fachzeitschriften, Internetveröffentlichungen o.ä.) informiert werden.

Bei fehlender Kenntnis in bestimmten Bereichen sollte der Kunde darauf hingewiesen werden, daß zu bestimmten Aspekten keine Stellung genommen werden kann.

2. Vermeidung von Interessenkonflikten

Das Wertpapierdienstleistungsunternehmen ist nach § 31 Abs. 1 Nr. 2 WpHG verpflichtet, sich im Hinblick auf den Grundsatz des Vorranges von Kundenaufträgen um die Vermeidung von möglichen Interssenkonflikten zu bemühen. Bei unvermeidbaren, konkurrierenden Intersessen ist der Kundenauftrag mit der gebotenen Wahrung des Kundeninteresses auszuführen.

Denkbare Interessenkonflikte sind Kollisionen zwischen Interessen von

- Kunden und Kunden
  - Vermeidung z.B. durch Einhaltung des zeitlichen Prioritätsprinzips
- Kunden und Mitarbeitern
  - Kontrolle nach den Vorgaben der Leitsätze des BAK an Mitarbeitergeschäfte
- Kunden und Wertpapierdienstleistungsunternehmen
  - Trennung von Kunden- und Eigengeschäften und entsprechende Kontrollen

3. Angabe- und Aufklärungspflicht

a. Einholung von Kundenangaben

Nach § 31 Abs. 2 Nr. 1 ist das Wertpapierdienstleistungsunternehmen verpflichtet, von seinen Kunden Angaben über ihre Erfahrungen oder Kenntnisse in Geschäften, die Gegenstand von Wertpapierdienstleistungen oder -nebendienstleistungen sein sollen, über ihre mit den Geschäften verfolgten Ziele und über ihre finanziellen Verhältnisse zu verlangen, sofern dies im Hinblick auf die beabsichtigten Geschäfte erforderlich ist. Die erfragten Kundenangaben sollen eine anlegergerechte Aufklärung und Beratung sicherstellen.

Verfügt das Unternehmen bereits über hinreichende Kenntnisse über die Verhältnisse des Kunden, ist das Einholen der Angaben entbehrlich.

§ 31 Abs. 2 S. 2 WpHG weist nun ausdrücklich darauf hin, daß die Kunden nicht verpflichtet sind, Angaben im o.g. Sinne zu machen. Das Wertpapierdienstleistungsunternehmen hat den Kunden aber darauf hinzuweisen, daß das Einholen der Angaben im Interesse des Kunden liegt, da eine umfassende Aufklärung detaillierte Kenntnisse der Ziele und Verhältnisse des Kunden voraussetzt und daß er aus diesem Grund das Wertpapierdienstleistungsunternehmen darüber informieren soll, wenn sich seine Verhältnisse grundlegend verändern. Läßt sich daraus eine wesentliche Änderung der Verhältnisse des Kunden erkennen, so ist eine erneute Kundenbefragung durchzuführen. Bei Geschäften mit Derivaten oder Optionsscheinen sind die Kundenangaben spätestens nach Ablauf von drei Jahren erneut einzuholen.

Das Unternehmen muß sicherstellen, daß es die erhaltenen Angaben ausschließlich für Zwecke der Aufklärung des Kunden verwendet, es sei denn, der Kunde hat einer anderweitigen Verwendung ausdrücklich zugestimmt. Werden Angaben vom Kunden eingeholt, obwohl sie im Hinblick auf die beabsichtigten Geschäftsarten nicht erforderlich sind, so ist der Kunde vorher darauf hinzuweisen.

Das Wertpapierdienstleistungsunternehmen hat im einzelnen Angaben zu folgenden Punkten vom Kunden einzuholen:

Anlageziele

Die Verhaltensrichtlinie fordert hier explizit eine Befragung über das Interesse des Kunden bzgl. der Fristigkeit der Anlagen, an einmaligen oder wiederkehrenden Ausschüttungen und bzgl. des Umfanges seiner Risikobereitschaft. Denkbar ist auch eine Befragung nach der gewünschten Verfügbarkeit der Anlage.

Kenntnisse oder Erfahrungen

Hier hat das Wertpapierdienstleistungsunternehmen den Kunden darüber zu befragen, in welchen Anlageformen (z.B. Schuldverschreibungen, Aktien, Fondsanteile) er über Wissen verfügt oder welche Anlageformen er in der Vergangenheit bereits selbst genutzt hat (z.B. Angabe von Umfang und Häufigkeit der Geschäfte, Zeitraum).

Finanzielle Verhältnisse

Der Umfang der Befragung soll sich hier an den Anlagezielen, den Kenntnissen und Erfahrungen des Kunden sowie an den beabsichtigten Geschäften orientieren. Hierfür ist wichtig, ob die beabsichtigten Geschäfte aus eigenen Mitteln bezahlt oder durch Kredite finanziert werden und ob Verlust-, Nachschuß- oder andere Risiken bestehen. Bei Anlagen aus Guthaben in Wertpapieren mit besonderer Bonität des Emittenten (Bund, Sondervermögen, Bundesländer, Staaten des EWR) kann auf die Einholung von Angaben zu den finanziellen Verhältnissen grundsätzlich verzichtet werden.

b. Aufklärungspflichten

Zur Wahrung des Kundeninteresses sind die Wertpapierdienstleistungsunternehmen nach § 31 Abs. 2 Nr. 2 WpHG verpflichtet, ihre Kunden über die angestrebten Wertpapierdienstleistungen oder -nebendienstleistungen umfassend aufzuklären, und damit die Kunden in die Lage zu versetzen, die Tragweite und Risiken ihrer Anlageentscheidungen besser einschätzen zu können. Um dies zu gewährleisten, muß der Kunde alle erforderlichen Informationen erhalten und über die allgemeinen und besonderen Risiken, die für eine Anlageentscheidung von Bedeutung sind, aufgeklärt werden. Der Umfang und die Intensität der Aufklärung hängt dabei von dem Risiko der Transaktion und den Kenntnissen des Kunden ab.

Die Verhaltensrichtlinie unterscheidet hierbei allgemeine Informationen und produktspezifische Informationen. Die Informationen müssen dem Kunden grundsätzlich vor Erbringung der Wertpapierdienstleistung oder -nebendienstleistung mitgeteilt werden.

Allgemeine Informationen

Das Wertpapierdienstleistungsunternehmen muß dem Kunden auf Nachfrage Angaben zu Art und Umfang seiner angebotenen Wertpapierdienstleistungen bzw. -nebendienstleistungen (Produktangebot) machen.

Es muß dem Kunden weiterhin Informationen über Berechnung, Höhe und Art von Kosten, ggf. zu erbringende Sicherheitsleistungen und etwaige andere Zahlungsverpflichtungen (z.B. Kosten für Konto- bzw. Depotauszüge) geben. Insbesondere ist von Seiten des Unternehmens auf Mindestgebühren und Änderungen in der Preisgestaltung besonders hinzuweisen. Über die Existenz von Kick-back-Vereinbarungen ist der Kunde ebenfalls aufzuklären. Hierbei bekommt z.B. ein Vermögensverwalter einen Teil der Kosten, die dem Kunden durch ein Institut für eine Transaktion in Rechnung gestellt wurden, vergütet.

220

Produktspezifische Aufklärung

Die produktspezifische Aufklärung soll dem Kunden eine sachgerechte Entscheidung ermöglichen. Damit sind spezifische Risiken, aber auch die Ertragsmomente oder andere Eigenschaften einer Anlageform gemeint. Weiterhin fordert die Verhaltensrichtlinie besondere Hinweise

- auf die Möglichkeit der Limitierung von Aufträgen,
- auf Mindestordergrößen,
- auf das Recht des Kunden Weisungen bei der Ausführung des Auftrages zu erteilen (z.B. bzgl. des Börsenplatzes),
- auf Besonderheiten an bestimmten Märkten (z.B. Ausfall- oder Abwicklungsrisiken).

Die Informationen müssen dabei sowohl vollständig als auch in einer für den Anleger verständlichen Art und Weise erbracht werden. Eine Aufklärung der Kunden über standardisierte Informationsbroschüren wird in der Verhaltensrichtlinie ausdrücklich als Möglichkeit genannt. Fraglich ist, ob die alleinige Übergabe der Broschüre ausreicht. In Zweifelsfällen sind zusätzliche mündliche Aufklärungen notwendig.

Erforderlichenfalls ist die Aufklärung zu wiederholen, bzw. bei nicht erreichbaren Kunden unverzüglich nachzuholen.

Aktuelle produktspezifische Risiken oder andere erhebliche Umstände sind dem Kunden darüber hinaus mitzuteilen. Liegen dem Wertpapierdienstleistungsunternehmen nicht alle Angaben über ein Produkt vor, so sollte der Kunde darauf hingewiesen werden.

Die Verhaltensrichtlinie nennt die folgenden produktspezifischen Aufklärungsinhalte. Hierbei handelt es sich nicht um eine abschließende Aufzählung.

- Schuldverschreibungen:
  Ertrag, Bonitäts-, ggf. Länderrisiko, Kurs- und Zinsrisiko, Liquiditäts- und Währungsrisiko, Kündigungs- und Auslosungsrisiko
- Aktien:
  Ertrag, Kurs-, Bonitäts- und Liquiditätsrisiko, Konjunktur- und Währungsrisiko
- Investmentanteile:
  Fondsvermögen, Anlagestrategie, Verwendung der Erträge, Ausgabekosten, Preisrisiko, Bewertungsverfahren
- Derivate:
  Ertrag, Kursrisiko und rechtliche Risiken, Funktionsweise, Sicherheitsleistungen, Währungs- und Bonitätsrisiko, Liquidierung

c. Nachprüfbarkeit

Die eingeholten Kundenangaben sowie die durchgeführte Aufklärung sind so durchzuführen, daß sie im Rahmen einer Prüfung nach § 35 Abs. 1 oder § 36 Abs. 1 WpHG nachvollziehbar sind. Standardisierte Fragebögen sind für die Aufzeichnung zulässig.

Werden die Kunden aufgrund der Kundenangaben bzw. der getätigten Geschäfte in Risikokategorien eingestuft und wird diese Einstufung den Kunden mitgeteilt, so ist die Einstufung bei der Ausführung eines Kundenauftrages zu beachten. Soll ein Kundenauftrag ausgeführt werden, der nicht durch die Risikokategorie abgedeckt ist, so kann der Auftrag ausgeführt werden, wenn der Kunde eine erforderliche Aufklärung vor Ausführung des Auftrages erhalten hat. Ist der Kunde nicht erreichbar und liegt die Ausführung erkennbar in seinem Interesse, so ist die Aufklärung unverzüglich nachzuholen.

4. Empfehlungsverbot und verbotene Eigengeschäfte

In § 32 Abs. 1 WpHG sind den Wertpapierdienstleistungsunternehmen Anlageempfehlungen und Eigengeschäfte unter bestimmten Voraussetzungen verboten.

Umfassend ist geregelt, daß das Wertpapierdienstleistungsunternehmen keine Anlageempfehlungen geben darf, die nicht im Einklang mit den Interessen des Kunden stehen. Hier wird nochmals die Notwendigkeit deutlich, im Rahmen der einzuholenden Kundenangaben das Interesse des Kunden zu ergründen. Als Beispiel führt die Verhaltensrichtlinie hier das sog. Churning auf. Dabei wird durch Empfehlung des Wertpapierdienstleistungsunternehmen der Kunde zum Abschluß einer unverhältnismäßig hohen Anzahl von Geschäften veranlaßt, wobei die dadurch entstehenden Kosten im Verhältnis zum eingesetzten Kapital und dem erzielbaren Gewinn unangemessen sind.

Des weiteren ist es den Wertpapierdienstleistungsunternehmen verboten, dem Kunden gegenüber Empfehlungen auszusprechen, um die Preise der Wertpapiere, Geldmarktinstrumente oder Derivate in eine bestimmte Richtung zu lenken und diese Bewegung für Eigengeschäfte oder Geschäfte von verbundenen Unternehmen auszunutzen (scalping).

Das dritte Verbot betrifft Eigengeschäfte, die aufgrund der Kenntnis von Kundenaufträgen getätigt werden, und die nachteilige Folgen für den Kunden haben können. Hierbei würden also kursbeeinflussende Tatsachen aufgrund vorliegender Kundenorders in der Weise ausgenutzt, daß vor deren Ausführung (Frontrunning) oder parallel dazu (Parallelrunning) Eigengeschäfte in den betreffenden Produkten abgeschlossen werden. Entscheidend für das Verbot ist nicht der tatsächliche Nachteil für den Kunden, sondern die Möglichkeit, daß ein Nachteil für den Kunden entstehen kann. Die Verhaltensrichtlinie verbietet grundsätzlich des weiteren Eigengeschäfte in Produkten, die Gegenstand einer zukünftigen Empfehlung sein werden, um diese nach Veröffentlichung der Empfehlung gewinnbringend wieder zu veräußern.

Die o.g. Verbote gelten auch für Geschäftsinhaber, Geschäftsführer oder Mitarbeiter von Wertpapierdienstleistungsunternehmen, die mit der Durchführung von solchen Geschäften in Wertpapieren, Geldmarktinstrumenten oder Derivaten, der Wertpapieranalyse oder der Anlageberatung betraut sind.

5. Ausnahmen

Nach § 37 WpHG sind die §§ 31 und 32 WpHG nicht auf Geschäfte anzuwenden, die an einer Börse zwischen zwei Wertpapierdienstleistungsunternehmen abgeschlossen werden und die zu Börsenpreisen führen.

Geschäfte, die lediglich in das System zur Börsengeschäftsabwicklung eingegeben werden, nicht aber über das Skontro des zuständigen Maklers laufen, sind von der Ausnahmeregelung des § 37 Abs. 1 nicht erfaßt.

III. Organisationspflichten

Die Wertpapierdienstleistungsunternehmen haben ihren Geschäftsbetrieb so zu organisieren, daß die Erfüllung der WpHG-Pflichten gewährleistet ist. Hierzu müssen Mittel und Verfahren zur Verfügung stehen, die eine ordnungsgemäße Durchführung der Wertpapierdienstleistung und -nebendienstleistung ermöglichen. d.h. das Unternehmen muß sachlich und personell in der Lage sein, Wertpapierdienstleistungen und -nebendienstleistungen zu erbringen. Die Organisation ist so vorzunehmen, daß mögliche Interessenkonflikte zwischen Kunden und zwischen Kunden und dem Wertpapierdienstleistungsunternehmen möglichst ausgeschlossen werden. Interne Kontrollverfahren sind so zu inplementieren, daß sie Verstößen gegen die Verpflichtungen nach dem WpHG entgegenwirken. Die Einrichtung eines Compliance-Office stellt hierzu einen zentralen Ansatz dar.

Wesentliche Geschäftsbereiche bezogen auf die Durchführung von Wertpapierdienstleistungen oder -nebendienstleistungen dürfen nur dann auf andere Unternehmen ausgelagert werden, wenn dadurch die Ordnungsmäßigkeit der Dienstleistungen und die o.g. Organisationspflichten nicht beeinträchtigt werden. Weiterhin darf es nicht zu einer Beeinträchtigung der Prüfungsrechte und Kontrollmöglichkeiten des BAWe kommen. Voraussetzung für eine Auslagerung ist, daß sich das Wertpapierdienstleistungsunternehmen die erforderlichen Weisungsbefugnisse vertraglich zusichert und die ausgelagerten Bereiche in das interne Kontrollverfahren einbezogen werden. Entsprechende Auslagerungen sind nach § 25a Abs 2 Satz 3 KWG dem BAK anzuzeigen, welches diese Anzeige an das BAWe weiterleitet.

In seinem Jahresbericht 1995 nennt das BAWe folgende Grundvoraussetzungen für die Einhaltung der Verhaltensregeln:

1. Prinzip der Funktionstrennung, wobei Bezug auf die Verlautbarung des BAK über die Anforderungen an das Betreiben von Handelsgeschäften der Kreditinstitute vom Oktober 1995 genommen wird,

2. Einrichtung von Vertraulichkeitsbereichen, etwa die Trennung des Eigenhandels vom Kundengeschäft und,

3. Überwachung der unternehmensinternen Informationsflüsse und der Mitarbeitergeschäfte.

Eine Richtlinie des BAWe zu den Organisationsverpflichtungen wird derzeit vorbereitet.

IV. Getrennte Vermögensverwaltung

Die Vorschrift des § 34a WpHG bezweckt insbesondere den Schutz des Kunden vor der Insolvenz des Wertpapierdienstleistungsunternehmens.

Sie gilt für Wertpapierdienstleistungsunternehmen, die keine Erlaubnis zum Betreiben des Einlagengeschäftes im Sinne des § 1 Abs. 1 Satz 2 Nr. 1 KWG oder des Depotgeschäftes im Sinne des § 1 Abs. 1 Satz 2 Nr. 5 KWG haben. Da es sich bei diesen Geschäften um Bankgeschäfte im Sinne des KWG handelt, haben Finanzdienstleistungsinstitute, die unter die Regelung des WpHG fallen, die Vorschrift des § 34a WpHG immer zu beachten.

Ein Wertpapierdienstleistungsunternehmen ohne Erlaubnis zum Betreiben des Einlagengeschäftes muß entgegengenommene Kundengelder unverzüglich an ein geeignetes Kreditinstitut im Inland oder Ausland weiterleiten.

Ohne weiteres geeignet sind alle Kreditinstitute, die im Inland zum Betreiben des Einlagengeschäftes befugt sind. Bei Kreditinstituten mit Sitz im Ausland, die eine Erlaubnis zum Betreiben des Einlagengeschäftes haben, kommt es darauf an, ob diese einen gleichwertigen Kundenschutz bieten. Entscheidend ist, daß die Kundengelder im Konkursfall des Wertpapierdienstleistungsunternehmens hinreichend geschützt sind. Das Wertpapierdienstleistungsunternehmen hat entsprechende Informationen zur Frage der Eignung des Kreditinstituts mit Sitz im Ausland zu besorgen, auszuwerten und in Zweifelsfällen das Ergebnis dem Kunden vor Weiterleitung der Beträge offenzulegen.

Es wird nur die Entgegennahme und Verwendung von Kundengeldern im eigenen Namen für Rechnung des Kunden geregelt (Form der Ermächtigungstreuhand in der Ausgestaltung der Verwaltungstreuhand). Nicht erfaßt werden die offene Stellvertretung sowie die reine Botentätigkeit, da in diesen Fällen die Entgegennahme und Weiterleitung im Namen und auf Rechnung des Kunden erfolgt, so daß hier die Gefahr der Verwendung der Gelder für eigene Rechnung des Wertpapierdienstleistungsunternehmens nicht besteht.

Das Wertpapierdienstleistungsunternehmen ist verpflichtet, dem verwahrenden Kreditinstitut das Treuhandverhältnis unter Nennung des Vor- und Zunamens des Kunden anzuzeigen.

Das Wertpapierdienstleistungsunternehmen muß den Kunden unverzüglich darüber unterrichten, auf welchem Treuhandkonto die Kundengelder verwahrt werden. Die Auskunftpflicht umfaßt auch, ob das Kreditinstitut Mitglied einer Einlagensicherungseinrichtung ist.

Nach Absatz 2 müssen Wertpapierdienstleistungsunternehmen ohne die Erlaubnis zum Betreiben des Depotgeschäftes erhaltene Wertpapiere unverzüglich an ein Kreditinstitut mit Sitz im Inland oder Ausland, das im Inland zum Betreiben des Depotgeschäftes befugt ist, oder ein ebenso geeignetes Kreditinstitut mit Sitz im Ausland weiterleiten. Durch diese Vorschrift soll eine sorgfältige Auswahl des Verwahrers auch für diejenigen Werte des Kunden, für die das Depotgesetz bei der Weiterleitung keine Anwendung findet, gewährleistet werden.

V. Aufzeichnungs- und Aufbewahrungspflichten

Die - im übrigen bußgeldbewehrten - Aufzeichnungspflichten sollen die Nachvollziehbarkeit sowohl der Auftragserteilung als auch der Auftragsdurchführung - beides mit Zeitangabe - bei Wertpapierdienstleistungen ermöglichen.

Bei der Erbringung von Wertpapierdienstleistungen muß ein Wertpapierdienstleistungsunternehmen nach § 34 Abs. 1 WpHG folgende Aufzeichnungen vornehmen:

- Auftrag, Kundenanweisungen sowie Ausführung des Auftrages,
- Name des Angestellten, der den Auftrag des Kunden annimmt sowie die Uhrzeit der Erteilung und der Ausführung des Auftrages,
- dem Kunden in Rechnung gestellte Provisionen und Spesen,
- bei der Vermögensverwaltung: die Anweisung des Kunden sowie die Auftragserteilung an ein anderes Wertpapierdienstleistungsunternehmen,
- die Auftragserteilung für eigene Rechnung an ein anderes Wertpapierdienstleistungsunternehmen, sofern das Geschäft nicht meldepflichtig nach § 9 WpHG ist; Aufträge für eigene Rechnung sind besonders zu kennzeichnen.

Entsprechende Aufzeichnungen sind mindestens sechs Jahre aufzubewahren.

Nach § 37 Abs. 1 WpHG ist der § 34 WpHG nicht auf Geschäfte anzuwenden, die an einer Börse zwischen zwei Wertpapierdienstleistungsunternehmen abgeschlossen werden und die zu Börsenpreisen führen.

Geschäfte, die lediglich in das System zur Börsengeschäftsabwicklung eingegeben werden, nicht aber über das Skontro des zuständigen Maklers laufen, sind von der Ausnahmeregelung des § 37 Abs. 1 WpHG nicht erfaßt.

VI. Meldepflichten nach § 9 WpHG

Den Meldepflichten nach § 9 WpHG unterliegen neben den Kreditinstituten nur Finanzdienstleistungsinstitute mit der Erlaubnis zum Betreiben des Eigenhandels oder die eine Zulassung zur Teilnahme am Handel an einer inländischen Börse haben. Letzteres war aber auch schon in der Vergangenheit der Fall.

Die Erlaubnis zum Betreiben des Eigenhandels ist nach Auffassung des BAWe durch § 1 Abs. 1a Satz 2 Nr. 4 KWG näher bestimmt. Hierbei handelt es sich um die Anschaffung und Veräußerung von Finanzinstrumenten im Wege des Eigenhandels für andere. Es sind somit nicht die "Eigengeschäfte" des Finanzdienstleistungsinstituts gemeint.

Ist ein Finanzdienstleistungsinstitut jedoch verpflichtet die Meldung nach § 9 WpHG abzugeben, weil es die Erlaubnis zum Betreiben des Eigenhandels für andere hat, so muß es sämtliche meldepflichtigen Geschäfte, die getätigt werden (also auch die Eigengeschäfte) melden.

Zu melden sind alle börslichen und außerbörslichen Geschäfte in Wertpapieren oder Derivaten, die an einer deutschen Börse bzw. einem ähnlichen Markt (Freiverkehr, geregelter Markt, DTB), in einem Mitgliedstaat der Europäischen Gemeinschaft oder einem anderen Vertragsstaat des Abkommens über den Europäischen Wirtschaftsraumes (EWR) gehandelt werden, wenn das Geschäft im Zusammenhang mit einer Wertpapierdienstleistung oder als Eigengeschäft abgeschlossen wird.

Die Meldepflicht entsteht ab Zulassungsbeschluß von Wertpapieren oder Derivaten zum Handel in diesen Märkten. Für deutsche Werte wird der Zulassungsbeschluß im Prospekt veröffentlicht.

Ebenfalls meldepflichtig sind Geschäfte mit Rechten auf Zeichnung von Wertpapieren, sofern diese Wertpapiere an einem organisierten Markt gehandelt werden sollen, sowie Geschäfte in Aktien und Optionsscheinen, bei denen ein Antrag auf Zulassung zum Handel an einem organisierten Markt oder auf Einbeziehung in den Freiverkehr gestellt oder öffentlich angekündigt ist.

Nach § 9 Abs. 2 WpHG haben die Mitteilungen auf Datenträger oder im Wege der elektronischen Datenfernübertragung zu erfolgen. Folgende Angaben müssen enthalten sein:

- Bezeichnung des Wertpapiers oder Derivat sowie Wertpapierkennnummer,
- Datum und Uhrzeit des Abschlusses oder der maßgeblichen Kursfeststellung,
- Kurs, Stückzahl, Nennbetrag der Wertpapiere oder Derivate,
- die an dem Geschäft beteiligten Institute und Unternehmen,
- die Börse oder das elektronische Handelssystem der Börse, sofern es sich um ein Börsengeschäft handelt,
- Kennzeichen zur Identifikation des Geschäfts.

Geschäfte für eigene Rechnung sind gesondert zu kennzeichnen.

Die Geschäfte sind dem BAWe spätestens an dem auf den Tag des Geschäftsbeschlusses folgenden Werktag, der kein Samstag ist, zu melden.

Zu dem Meldeverfahren wurde eine Rechtsverordnung erlassen, in welcher das BAWe die Meldepflichten konkretisiert. Die Meldeverordnung enthält Vorschriften zum Anwendungsbereich, zu Form und Inhalt der Mitteilungen, zur Übermittlung und zur Zusammenfassung von Mitteilungen.

Beginn der Meldepflicht für am 1. Januar 1998 bereits tätige Finanzdienstleistungsunternehmen ist nach § 41 Abs. 1 WpHG der 1. Februar 1998 und für ab dem 1. Februar 1998 zugelassene Finanzdienstleistungsinstitute der Tag der Erlaubnis.

VII. Überwachung und Prüfung der Verhaltensregeln und Meldepflichten

Dem BAWe obliegt die Überwachung der Einhaltung der Verhaltensregeln (§ 35 WpHG). Deshalb sind die Wertpapierdienstleistungsunternehmen und die mit diesen verbundenen Unternehmen sowie die in § 32 Abs. 2 WpHG genannten Personen (Geschäftsinhaber, Geschäftsführer etc.) verpflichtet, dem BAWe aller erforderlichen Auskünfte zu erteilen und Unterlagen auszuhändigen. Die Auskunftspflicht kann mit den Mitteln der Verwaltungsvollstreckung durchgesetzt werden.

Das BAWe überprüft Wertpapierdienstleistungsunternehmen in Form von Sonderprüfungen auf die Einhaltung der Vorschriften des WpHG.

Darüber hinaus erfolgt in der Regel jährlich eine Prüfung der Meldepflichten nach § 9 WpHG und der Verhaltensregeln (§ 36 WpHG). Hierzu hat das Wertpapierdienstleistungsunternehmen den Prüfer spätestens zum Ablauf des Geschäftsjahres zu bestellen, auf das sich die Prüfung erstreckt. Das Wertpapierhandelsunternehmen hat vor Erteilung des Prüfungsauftrages dem BAWe den Prüfer anzuzeigen. Das BAWe kann gegenüber dem Wertpapierdienstleistungsunternehmen Bestimmungen über den Inhalt der Prüfung treffen, die vom Prüfer zu berücksichtigen sind.

Anhang 1

Gesetz über das Kreditwesen
- KWG -

Die vorliegende Fassung wurde auf der Grundlage des Gesetzes über das Kreditwesen laut Bekanntmachung vom 22. Januar 1996 (BGBI. I S. 64), geändert durch Artikel 25 des Gesetzes vom 18. Juni 1997 (BGBI. I S. 1430), erstellt. Eingearbeitet wurde das Sechste Gesetz zur Änderung des Gesetzes über das Kreditwesen (6. KWG-Novelle) gemäß Bekanntmachung vom 28. Oktober 1997 (BGBI. I S. 2518) sowie die Änderung durch Art. 16 des 3. Finanzmarktförderungsgesetzes laut Bekanntmachung vom 24. März 1998 (BGBI. I S. 529).

(Stand 1. April 1998)

Inhaltsübersicht

Erster Abschnitt: Allgemeine Vorschriften

1. Kreditinstitute, Finanzdienstleistungsinstitute, Finanzholding-Gesellschaften und Finanzunternehmen

§ 1 Begriffsbestimmungen

(1) [1]Kreditinstitute sind Unternehmen, die Bankgeschäfte gewerbsmäßig oder in einem Umfang betreiben, der einen in kaufmännischer Weise eingerichteten Geschäftsbetrieb erfordert. [2]Bankgeschäfte sind

1. die Annahme fremder Gelder als Einlagen oder anderer rückzahlbarer Gelder des Publikums, sofern der Rückzahlungsanspruch nicht in Inhaber- oder Orderschuldverschreibungen verbrieft wird, ohne Rücksicht darauf, ob Zinsen vergütet werden (Einlagengeschäft),

2. die Gewährung von Gelddarlehen und Akzeptkrediten (Kreditgeschäft),

3. der Ankauf von Wechseln und Schecks (Diskontgeschäft),

4. die Anschaffung und die Veräußerung von Finanzinstrumenten im eigenen Namen für fremde Rechnung (Finanzkommissionsgeschäft),

5. die Verwahrung und die Verwaltung von Wertpapieren für andere (Depotgeschäft),

6. die in § 1 des Gesetzes über Kapitalanlagegesellschaften bezeichneten Geschäfte (Investmentgeschäft),

7. die Eingehung der Verpflichtung, Darlehensforderungen vor Fälligkeit zu erwerben,

8. die Übernahme von Bürgschaften, Garantien und sonstigen Gewährleistungen für andere (Garantiegeschäft),

9. die Durchführung des bargeldlosen Zahlungsverkehrs und des Abrechnungsverkehrs (Girogeschäft),

10. die Übernahme von Finanzinstrumenten für eigenes Risiko zur Plazierung oder die Übernahme gleichwertiger Garantien (Emissionsgeschäft),

11. die Ausgabe vorausbezahlter Karten zu Zahlungszwecken, es sei denn, der Kartenemittent ist auch der Leistungserbringer, der die Zahlung aus der Karte erhält (Geldkartengeschäft), und,

12. die Schaffung und die Verwaltung von Zahlungseinheiten in Rechnernetzen (Netzgeldgeschäft).

(1a) [1]Finanzdienstleistungsinstitute sind Unternehmen, die Finanzdienstleistungen für andere gewerbsmäßig oder in einem Umfang erbringen, der einen in kaufmännischer Weise eingerichteten Geschäftsbetrieb erfordert, und die keine Kreditinstitute sind. [2]Finanzdienstleistungen sind

1. die Vermittlung von Geschäften über die Anschaffung und die Veräußerung von Finanzinstrumenten oder deren Nachweis (Anlagevermittlung),

2. die Anschaffung und die Veräußerung von Finanzinstrumenten im fremden Namen für fremde Rechnung (Abschlußvermittlung),

3. die Verwaltung einzelner in Finanzinstrumenten angelegter Vermögen für andere mit Entscheidungsspielraum (Finanzportfolioverwaltung),

4. die Anschaffung und die Veräußerung von Finanzinstrumenten im Wege des Eigenhandels für andere (Eigenhandel),

5. die Vermittlung von Einlagengeschäften mit Unternehmen mit Sitz außerhalb des Europäischen Wirtschaftsraums (Drittstaateneinlagenvermittlung),

6. die Besorgung von Zahlungsaufträgen (Finanztransfergeschäft) und

7. der Handel mit Sorten (Sortengeschäft).

(1b) Institute im Sinne dieses Gesetzes sind Kreditinstitute und Finanzdienstleistungsinstitute.

(2) [1]Geschäftsleiter im Sinne dieses Gesetzes sind diejenigen natürlichen Personen, die nach Gesetz, Satzung oder Gesellschaftsvertrag zur Führung der Geschäfte und zur Vertretung eines Instituts in der Rechtsform einer juristischen Person oder einer Personenhandelsgesellschaft berufen sind. [2]In Ausnahmefällen kann das Bundesaufsichtsamt für das Kreditwesen (Bundesaufsichtsamt) auch eine andere mit der Führung der Geschäfte betraute und zur Vertretung ermächtigte Person widerruflich als Geschäftsleiter bezeichnen, wenn sie zuverlässig ist und die erforderliche fachliche Eignung hat; § 33 Abs. 2 ist anzuwenden. [3]Wird das Institut von einem Einzelkaufmann betrieben, so kann in Ausnahmefällen unter den Voraussetzungen des Satzes 2 eine von dem Inhaber mit der Führung der Geschäfte betraute und zur Vertretung ermächtigte Person widerruflich als Geschäftsleiter bezeichnet werden. [4]Beruht die Bezeichnung einer Person als Geschäftsleiter auf einem Antrag des Instituts, so ist sie auf Antrag des Instituts oder des Geschäftsleiters zu widerrufen.

(3) [1]Finanzunternehmen sind Unternehmen, die keine Institute sind und deren Haupttätigkeit darin besteht,

1. Beteiligungen zu erwerben,

2. Geldforderungen entgeltlich zu erwerben,

3. Leasingverträge abzuschließen,

4. Kreditkarten oder Reiseschecks auszugeben oder zu verwalten,

5. mit Finanzinstrumenten für eigene Rechnung zu handeln,

6. andere bei der Anlage in Finanzinstrumenten zu beraten (Anlageberatung),

7. Unternehmen über die Kapitalstruktur, die industrielle Strategie und die damit verbundenen Fragen zu beraten sowie bei Zusammenschlüssen und Übernahmen von Unternehmen diese zu beraten und ihnen Dienstleistungen anzubieten oder

8. Darlehen zwischen Kreditinstituten zu vermitteln (Geldmaklergeschäfte).

[2]Das Bundesministerium der Finanzen kann nach Anhörung der Deutschen Bundesbank durch Rechtsverordnung weitere Unternehmen als Finanzunternehmen bezeichnen, um welche die Liste im Anhang der Richtlinie 89/646/EWG vom 15. Dezember 1989 zur Koordinierung der Rechts- und Verwaltungsvorschriften über die Aufnahme und Ausübung der Tätigkeit der Kreditinstitute und zur Änderung der Richtlinie 77/780/EWG - ABl. EG Nr. L 386 S. 1 (Zweite Bankrechtskoordinierungs-Richtlinie) erweitert wird.

(3a) Finanzholding-Gesellschaften sind Finanzunternehmen, deren Tochterunternehmen ausschließlich oder hauptsächlich Institute oder Finanzunternehmen sind und die mindestens ein Einlagenkreditinstitut oder ein Wertpapierhandelsunternehmen zum Tochterunternehmen haben.

(3b) Gemischte Unternehmen sind Unternehmen, die keine Finanzholding-Gesellschaften oder Institute sind und die mindestens ein Einlagenkreditinstitut oder ein Wertpapierhandelsunternehmen zum Tochterunternehmen haben.

(3c) Unternehmen mit bankbezogenen Hilfsdiensten sind Unternehmen, die keine Institute oder Finanzunternehmen sind und deren Haupttätigkeit darin besteht, Immobilien zu verwalten, Rechenzentren zu betreiben oder andere Tätigkeiten auszuführen, die Hilfstätigkeiten im Verhältnis zur Haupttätigkeit eines oder mehrerer Institute sind.

(3d) [1]Einlagenkreditinstitute sind Kreditinstitute, die Einlagen oder andere rückzahlbare Gelder des Publikums entgegennehmen und das Kreditgeschäft betreiben. [2]Wertpapierhandelsunternehmen sind Institute, die keine Einlagenkreditinstitute sind und die Bankgeschäfte im Sinne des Absatzes 1 Satz 2 Nr. 4 oder 10 betreiben oder Finanzdienstleistungen im Sinne des Absatzes 1a Satz 2 Nr. 1 bis 4 erbringen, es sei denn, die Bankgeschäfte oder Finanzdienstleistungen beschränken sich auf Devisen, Rechnungseinheiten oder Derivate im Sinne des Absatzes 11 Satz 4 Nr. 5. [3]Wertpapierhandelsbanken sind Kreditinstitute, die keine Einlagenkreditinstitute sind und die Bankgeschäfte im Sinne des Absatzes 1 Satz 2 Nr. 4 oder 10 betreiben oder Finanzdienstleistungen im Sinne des Absatzes 1a Satz 2 Nr. 1 bis 4 erbringen.

(3e) Wertpapier- oder Terminbörsen im Sinne dieses Gesetzes sind Wertpapier- oder Terminmärkte, die von staatlich anerkannten Stellen geregelt und überwacht werden, regelmäßig stattfinden und für das Publikum unmittelbar oder mittelbar zugänglich sind, einschließlich ihrer Systeme zur Sicherung der Erfüllung der Geschäfte an diesen Märkten (Clearingstellen), die von staatlich anerkannten Stellen geregelt und überwacht werden.

(4) Herkunftsstaat ist der Staat, in dem die Hauptniederlassung eines Instituts zugelassen ist.

(5) Aufnahmestaat ist der Staat, in dem ein Institut außerhalb seines Herkunftsstaats eine Zweigniederlassung unterhält oder im Wege des grenzüberschreitenden Dienstleistungsverkehrs tätig wird.

(5a) [1]Der Europäische Wirtschaftsraum im Sinne dieses Gesetzes umfaßt die Staaten der Europäischen Gemeinschaften sowie die Staaten des Abkommens über den Europäischen Wirtschaftsraum. [2]Drittstaaten im Sinne dieses Gesetzes sind alle anderen Staaten.

(5b) [1]Zone A umfaßt die Staaten des Europäischen Wirtschaftsraums, die Vollmitgliedstaaten der Organisation für wirtschaftliche Zusammenarbeit und Entwicklung, sofern sie nicht innerhalb der letzten fünf Jahre ihre Auslandsschulden umgeschuldet oder vor vergleichbaren Zahlungsschwierigkeiten gestanden haben, sowie die Staaten, die mit dem Internationalen Währungsfonds besondere Kreditabkommen im Zusammenhang mit dessen Allgemeinen Kreditvereinbarungen getroffen haben. [2]Zone B umfaßt alle anderen Staaten.

(6) Mutterunternehmen sind Unternehmen, die als Mutterunternehmen im Sinne des § 290 des Handelsgesetzbuchs gelten oder die einen beherrschenden Einfluß ausüben können, ohne daß es auf die Rechtsform und den Sitz ankommt.

(7) [1]Tochterunternehmen sind Unternehmen, die als Tochterunternehmen im Sinne des § 290 des Handelsgesetzbuchs gelten oder auf die ein beherrschender Einfluß ausgeübt werden kann, ohne daß es auf die Rechtsform und den Sitz ankommt. [2]Schwesterunternehmen sind Unternehmen, die ein gemeinsames Mutterunternehmen haben.

(8) Eine Kontrolle besteht, wenn ein Unternehmen im Verhältnis zu einem anderen Unternehmen als Mutterunternehmen gilt oder wenn zwischen einer natürlichen oder einer juristischen Person und einem Unternehmen ein gleichartiges Verhältnis besteht.

(9) [1]Eine bedeutende Beteiligung besteht, wenn unmittelbar oder mittelbar über ein oder mehrere Tochterunternehmen oder ein gleichartiges Verhältnis oder durch Zusammenwirken mit anderen Personen oder Unternehmen mindestens 10 vom Hundert des Kapitals oder der Stimmrechte eines Unternehmens gehalten werden oder wenn auf die Geschäftsführung des Unternehmens, an dem eine Beteiligung besteht, ein maßgeblicher Einfluß ausgeübt werden kann. [2]Für die Berechnung des Anteils der Stimmrechte gilt § 22 Abs. 1 und 3 des Wertpapierhandelsgesetzes. [3]Die unmittelbar gehaltenen Beteiligungen sind den mittelbar beteiligten Personen und Unternehmen in vollem Umfang zuzurechnen .

(10) Eine enge Verbindung besteht, wenn ein Institut und eine andere natürliche Person oder ein anderes Unternehmen verbunden sind

1. durch das unmittelbare oder mittelbare Halten von mindestens 20 vom Hundert des Kapitals oder der Stimmrechte oder

2. als Mutter- und Tochterunternehmen, mittels eines gleichartigen Verhältnisses oder als Schwesterunternehmen.

(11) [1]Finanzinstrumente im Sinne dieses Gesetzes sind Wertpapiere, Geldmarktinstrumente, Devisen oder Rechnungseinheiten sowie Derivate. [2]Wertpapiere sind, auch wenn keine Urkunden über sie ausgestellt sind,

1. Aktien, Zertifikate, die Aktien vertreten, Schuldverschreibungen, Genußscheine, Optionsscheine und

2. andere Wertpapiere, die mit Aktien oder Schuldverschreibungen vergleichbar sind, wenn sie an einem Markt gehandelt werden können; Wertpapiere sind auch Anteilscheine, die von einer Kapitalanlagegesellschaft oder einer ausländischen Investmentgesellschaft ausgegeben werden. [3]Geldmarktinstrumente sind Forderungen, die nicht unter Satz 2 fallen und üblicherweise auf dem Geldmarkt gehandelt werden. [4]Derivate sind als Festgeschäfte oder Optionsgeschäfte ausgestaltete Termingeschäfte, deren Preis unmittelbar oder mittelbar abhängt von

1. dem Börsen- oder Marktpreis von Wertpapieren,

2. dem Börsen- oder Marktpreis von Geldmarktinstrumenten,

3. dem Kurs von Devisen oder Rechnungseinheiten,

4. Zinssätzen oder anderen Erträgen oder

5. dem Börsen- oder Marktpreis von Waren oder Edelmetallen.

(12) [1]Dem Handelsbuch im Sinne dieses Gesetzes sind zum Zweck der Ermittlung und der Anrechnung von Handelsbuch-Risikopositionen zuzurechnen

1. Finanzinstrumente, handelbare Forderungen und Anteile, die das Institut zum Zweck des Wiederverkaufs im Eigenbestand hält oder von dem Institut übernommen werden, um bestehende oder erwartete Unterschiede zwischen den

Kauf- und Verkaufspreisen oder Preis- und Zinsschwankungen kurzfristig zu nutzen, damit ein Eigenhandelserfolg erzielt wird.

2. Bestände und Geschäfte zur Absicherung von Marktrisiken des Handelsbuchs und damit im Zusammenhang stehende Refinanzierungsgeschäfte.

3. Aufgabegeschäfte sowie

4. Forderungen in Form von Gebühren, Provisionen, Zinsen, Dividenden und Einschüssen, die mit den Posten des Handelsbuchs unmittelbar verknüpft sind.

[2]Dem Handelsbuch sind auch Pensions-, Darlehens- sowie vergleichbare Geschäfte auf Positionen des Handelsbuchs zuzurechnen. [3]Ihm sind nicht Devisen. Rechnungseinheiten und Derivate im Sinne des Absatzes 11 Satz 4 Nr. 5 zuzurechnen. [4]Das Anlagebuch bilden alle Geschäfte eines Instituts, die nicht dem Handelsbuch zuzurechnen sind. [5]Die Einbeziehung in das Handelsbuch hat nach institutsintern festgelegten nachprüfbaren Kriterien zu erfolgen, die dem Bundesaufsichtsamt und der Deutschen Bundesbank mitzuteilen sind; Änderungen der Kriterien sind dem Bundesaufsichtsamt und der Deutschen Bundesbank unverzüglich unter Darlegung der Gründe anzuzeigen. [6]Die Umwidmung von Positionen in das Handelsbuch oder Anlagebuch ist in den Unterlagen des Instituts nachvollziehbar zu dokumentieren und zu begründen. [7]Die Einhaltung der institutsintern festgelegten Kriterien hat der Abschlußprüfer im Rahmen der Jahresabschlußprüfung zu überprüfen und zu bestätigen.

§ 2 Ausnahmen

(1) Als Kreditinstitut gelten vorbehaltlich der Absätze 2 und 3 nicht

1. die Deutsche Bundesbank;

2. die Kreditanstalt für Wiederaufbau;

3. die Sozialversicherungsträger und die Bundesanstalt für Arbeit;

4. private und öffentlich-rechtliche Versicherungsunternehmen;

5. Unternehmen des Pfandleihgewerbes, soweit sie dieses durch Gewährung von Darlehen gegen Faustpfand betreiben;

6. Unternehmen, die auf Grund des Gesetzes über Unternehmensbeteiligungsgesellschaften als Unternehmensbeteiligungsgesellschaften anerkannt sind;

7. Unternehmen, die Bankgeschäfte ausschließlich mit ihrem Mutterunternehmen oder ihren Tochter- oder Schwesterunternehmen betreiben.

8. Unternehmen, die das Finanzkommissionsgeschäft ausschließlich an einer Börse, an der ausschließlich Derivate gehandelt werden, für andere Mitglieder dieser Börse betreiben und deren Verbindlichkeiten durch ein System zur Sicherung der Erfüllung der Geschäfte an dieser Börse abgedeckt sind.

(2) Für die Kreditanstalt für Wiederaufbau gelten § 14 und die auf Grund von § 47 Abs. 1 Nr. 2 und § 48 getroffenen Regelungen; für die Sozialversicherungträger, für die Bundesanstalt für Arbeit, für Versicherungsunternehmen sowie für Unternehmensbeteiligungsgesellschaften gilt § 14.

(3) Für Unternehmen der in Abs. 1 Nr. 4 bis 6 bezeichneten Art gelten die Vorschriften dieses Gesetzes insoweit, als sie Bankgeschäfte betreiben, die nicht zu den ihnen eigentümlichen Geschäften gehören.

(4) ¹Das Bundesaufsichtsamt kann im Einzelfall bestimmen, daß auf ein Institut die §§ 10 bis 18, 24 bis 38, 45, 46 bis 46c und 51 Abs. 1 dieses Gesetzes sowie § 112 Abs. 2 der Vergleichsordnung insgesamt nicht anzuwenden sind, solange das Unternehmen wegen der Art der von ihm betriebenen Geschäfte insoweit nicht der Aufsicht bedarf. ²Die Entscheidung ist im Bundesanzeiger bekanntzumachen.

(5) ¹Das Bundesaufsichtsamt kann im Einzelfall im Benehmen mit der Deutschen Bundesbank bestimmen, daß auf ein Unternehmen, das nur das Geldkartengeschäft betreibt, die §§ 10 bis 18, 24, 32 bis 38, 45, 46 bis 46c und 51 Abs. 1 dieses Gesetzes sowie § 112 Abs. 2 der Vergleichsordnung insgesamt nicht anzuwenden sind, sofern im Hinblick auf die begrenzte Nutzung und Verbreitung der vorausbezahlten Karten eine Gefährdung des Zahlungsverkehrs nicht zu erwarten ist. ²Die Entscheidung ist im Bundesanzeiger bekanntzumachen. ³Das Bundesministerium der Finanzen kann durch eine im Benehmen mit der Deutschen Bundesbank zu erlassende Rechtsverordnung nähere Bestimmungen für die Freistellung nach Satz 1 erlassen. ⁴Das Bundesministerium der Finanzen kann diese Ermächtigung durch Rechtsverordnung auf das Bundesaufsichtsamt mit der Maßgabe übertragen, daß die Rechtsverordnung im Einvernehmen mit der Deutschen Bundesbank ergeht.

(6) ¹Als Finanzdienstleistungsinstitute gelten nicht

1.   die Deutsche Bundesbank;

2.   die Kreditanstalt für Wiederaufbau;

3.   die öffentliche Schuldenverwaltung des Bundes, eines seiner Sondervermögen, eines Landes oder eines anderen Staates des Europäischen Wirtschaftsraums und deren Zentralbanken;

4.   private und öffentlich-rechtliche Versicherungsunternehmen;

5.   Unternehmen, die Finanzdienstleistungen ausschließlich für ihr Mutterunternehmen oder ihre Tochter- oder Schwesterunternehmen erbringen;

6.   Unternehmen, deren Finanzdienstleistungen ausschließlich in der Verwaltung eines Systems von Arbeitnehmerbeteiligungen an den eigenen oder an mit ihnen verbundenen Unternehmen besteht;

7.   Unternehmen, die ausschließlich Finanzdienstleistungen im Sinne sowohl der Nummer 5 als auch der Nummer 6 erbringen;

8. Unternehmen, die als Finanzdienstleistungen im Sinne des § 1 Abs. 1a Satz 2 Nr. 1 bis 4 ausschließlich die Anlage- und Abschlußvermittlung zwischen Kunden und

    a) einem Institut,

    b) einem nach § 53b Abs. 1 Satz 1 oder Abs. 7 tätigen Unternehmen ,

    c) einem Unternehmen, das auf Grund einer Rechtsverordnung nach § 53c gleichgestellt oder freigestellt ist, oder

    d) einer ausländischen Investmentgesellschaft

betreiben, sofern sich diese Finanzdienstleistungen auf Anteilscheine von Kapitalanlagegesellschaften oder auf ausländische Investmentanteile, die nach dem Auslandinvestment-Gesetz vertrieben werden dürfen, beschränken und die Unternehmen nicht befugt sind, sich bei der Erbringung dieser Finanzdienstleistungen Eigentum oder Besitz an Geldern, Anteilscheinen oder Anteilen von Kunden zu verschaffen;

9. Unternehmen, die Finanzdienstleistungen ausschließlich an einer Börse, an der ausschließlich Derivate gehandelt werden, für andere Mitglieder dieser Börse erbringen und deren Verbindlichkeiten durch ein System zur Sicherung der Erfüllung der Geschäfte an dieser Börse abgedeckt sind;

10. Angehörige freier Berufe, die Finanzdienstleistungen nur gelegentlich im Rahmen ihrer Berufstätigkeit erbringen und einer Berufskammer in der Form der Körperschaft des öffentlichen Rechts angehören, deren Berufsrecht die Erbringung von Finanzdienstleistungen nicht ausschließt;

11. Unternehmen, deren Haupttätigkeit darin besteht, Geschäfte über Rohwaren mit gleichartigen Unternehmen, mit den Erzeugern oder den gewerblichen Verwendern der Rohwaren zu tätigen, und die Finanzdienstleistungen nur für diese Personen und nur insoweit erbringen, als es für ihre Haupttätigkeit erforderlich ist.

12. Unternehmen, deren einzige Finanzdienstleistung der Handel mit Sorten ist, sofern ihre Haupttätigkeit nicht im Sortengeschäft besteht.

[2]Für Einrichtungen und Unternehmen im Sinne des Satzes 1 Nr. 3 und 4 gelten die Vorschriften dieses Gesetzes insoweit, als sie Finanzdienstleistungen erbringen, die nicht zu den ihnen eigentümlichen Geschäften gehören.

(7) Die Vorschriften des § 2a Abs. 2, der §§ 10 bis 18, 24 Abs. 1 Nr. 10, der §§ 24a, 33 Abs. 1 Satz 1 Nr. 1, des § 35 Abs. 2 Nr. 5 und der §§ 45 und 46 bis 46c sind nicht anzuwenden auf Finanzdienstleistungsinstitute, die außer der Drittstaateneinlagenvermittlung, dem Finanztransfergeschäft und dem Sortengeschäft keine weitere Finanzdienstleistung erbringen.

(8) Die Vorschriften des § 2a Abs. 2, der §§ 10, 11, 12 Abs. 1, der §§ 13, 13a, 14 bis 18 und 24 Abs. 1 Nr. 10 und der §§ 45 und 46 bis 46c sind nicht anzuwenden auf Anlagevermittler und Abschlußvermittler, die nicht befugt sind, sich bei der Erbringung von Finanzdienstleistungen Eigentum oder Besitz an Geldern oder

Wertpapieren von Kunden zu verschaffen, und die nicht auf eigene Rechnung mit Finanzinstrumenten handeln.

(9)   [1]Auf Anlagevermittler und Abschlußvermittler, die anstelle des Anfangkapitals den Abschluß einer geeigneten Versicherung gemäß § 33 Abs. 1 Satz 2 nachweisen, finden die Vorschriften des § 24a über die Errichtung einer Zweigniederlassung und den grenzüberschreitenden Dienstleistungsverkehr keine Anwendung.

(10) Ein Unternehmen gilt nicht als Finanzdienstleistungsinstitut, wenn es die Anlage- oder Abschlußvermittlung ausschließlich für Rechnung und unter der Haftung eines Einlagenkreditinstituts oder Wertpapierhandelsunternehmens mit Sitz im Inland oder eines nach § 53b Abs. 1 Satz 1 oder Abs. 7 tätigen Unternehmens oder unter der gesamtschuldnerischen Haftung solcher Institute oder Unternehmen aus-übt, ohne andere Finanzdienstleistungen zu erbringen, und wenn dies dem Bundes-aufsichtsamt von einem dieser haftenden Institute oder Unternehmen angezeigt wird. [2]Seine Tätigkeit wird den Instituten oder Unternehmen zugerechnet, für deren Rechnung und unter deren Haftung es tätig wird. [3]Ändern sich die von den haften-den Instituten oder Unternehmen angezeigten Verhältnisse, sind die neuen Verhält-nisse unverzüglich dem Bundesaufsichtsamt anzuzeigen. [4]Das Bundesaufsichtsamt übermittelt die Anzeigen nach den Sätzen 1 und 3 der Deutschen Bundesbank und dem Bundesaufsichtsamt für den Wertpapierhandel.

(11) [1]Ein Institut braucht die Vorschriften dieses Gesetzes über das Handelsbuch nicht anzuwenden, sofern

   1.   der Anteil des Handelsbuches des Instituts in der Regel 5 vom Hundert der Gesamtsumme der bilanz- und außerbilanzmäßigen Geschäfte nicht über-schreitet,

   2.   die Gesamtsumme der einzelnen Positionen des Handelsbuches in der Regel den Gegenwert von 15 Millionen ECU nicht überschreitet und

   3.   der Anteil des Handelsbuches zu keiner Zeit 6 vom Hundert der Gesamt-summe der bilanz- und außerbilanzmäßigen Geschäfte und die Gesamtsumme der Positionen des Handelsbuches zu keiner Zeit den Gegenwert von 20 Millionen ECU überschreiten.

[2]Zur Bestimmung des Anteils des Handelsbuchs werden Derivate entsprechend dem Nominalwert oder dem Marktpreis der ihnen zugrunde liegenden Instrumente, die anderen Finanzinstrumente mit ihrem Nennwert oder Marktpreis angesetzt; Kauf- und Verkaufspositionen werden ungeachtet ihres Vorzeichens addiert. [3]Näheres wird durch Rechtsverordnung nach § 22 geregelt. [4]Das Institut hat dem Bundesaufsichtsamt und der Deutschen Bundesbank unverzüglich anzuzeigen, wenn es von der Möglichkeit nach Satz 1 Gebrauch macht, eine Grenze nach Satz 1 Nr. 3 überschritten hat oder die Vorschriften über das Handelsbuch anwen-det, obwohl die Voraussetzungen des Satzes 1 vorliegen.

§ 2a Rechtsform

(1) Kreditinstitute, die eine Erlaubnis nach § 32 Abs. 1 benötigen, dürfen nicht in der Rechtsform des Einzelkaufmanns betrieben werden.

(2) [1]Bei Wertpapierhandelsunternehmen in der Rechtsform des Einzelkaufmanns oder der Personenhandelsgesellschaft sind die Risikoaktiva des Inhabers oder der persönlich haftenden Gesellschafter in die Beurteilung der Solvenz des Instituts gemäß § 10 Abs. 1 einzubeziehen; das freie Vermögen des Inhabers oder der Gesellschafter bleibt jedoch bei der Berechnung der Eigenmittel des Instituts unberücksichtigt. [2]Wird ein solches Institut in der Rechtsform eines Einzelkaufmanns betrieben, hat der Inhaber angemessene Vorkehrungen für den Schutz seiner Kunden für den Fall zu treffen, daß auf Grund seines Todes, seiner Geschäftsunfähigkeit oder aus anderen Gründen das Institut seine Geschäftstätigkeit einstellt.

§ 2b Inhaber bedeutender Beteiligungen

(1) [1]Wer beabsichtigt, eine bedeutende Beteiligung an einem Institut zu erwerben, hat dem Bundesaufsichtsamt und der Deutschen Bundesbank die Höhe der beabsichtigten Beteiligung nach Maßgabe der Sätze 2 und 4 unverzüglich anzuzeigen.[2]In der Anzeige nach Satz 1 hat er die für die Beurteilung seiner Zuverlässigkeit wesentlichen Tatsachen, die durch Rechtsverordnung nach § 24 Abs. 4 Satz 1 näher zu bestimmen sind, sowie die Personen oder Unternehmen anzugeben, von denen er die entsprechenden Anteile erwerben will. [3]Auf Verlangen des Bundesaufsichtsamtes hat er die in § 32 Abs. 1 Satz 3 Nr. 6 Buchstabe d und e genannten Unterlagen einzureichen. [4]Ist der Erwerber eine juristische Person oder Personenhandelsgesellschaft, hat er in der Anzeige nach Satz 1 die für die Beurteilung der Zuverlässigkeit der gesetzlichen Vertreter oder persönlich haftenden Gesellschafter wesentlichen Tatsachen anzugeben. [5]Solange die bedeutende Beteiligung besteht, hat er jeden neu bestellten gesetzlichen Vertreter oder neuen persönlich haftenden Gesellschafter mit den für die Beurteilung von dessen Zuverlässigkeit wesentlichen Tatsachen dem Bundesaufsichtsamt und der Deutschen Bundesbank unverzüglich anzuzeigen.[6]Der Inhaber einer bedeutenden Beteiligung hat dem Bundesaufsichtsamt und der Deutschen Bundesbank ferner unverzüglich anzuzeigen, wenn er beabsichtigt, den Betrag der bedeutenden Beteiligung so zu erhöhen, daß die Schwellen von 20 vom Hundert, 33 vom Hundert oder 50 vom Hundert der Stimmrechte oder des Kapitals erreicht oder überschritten werden oder daß das Institut unter seine Kontrolle kommt. [7]Das Bundesaufsichtsamt übermittelt jeweils eine Ausfertigung der Anzeigen nach den Sätzen 1 und 6 an das Bundesaufsichtsamt für den Wertpapierhandel.

(1a) [1]Das Bundesaufsichtsamt kann innerhalb von drei Monaten nach Eingang der vollständigen Anzeige nach Absatz 1 Satz 1 oder 6 den beabsichtigten Erwerb der bedeutenden Beteiligung oder ihre Erhöhung untersagen, wenn Tatsachen die Annahme rechtfertigen, daß

1. der Anzeigende oder, wenn er eine juristische Person ist, ein gesetzlicher Vertreter, wenn er eine Personenhandelsgesellschaft ist, ein Gesellschafter, nicht zuverlässig ist oder aus anderen Gründen nicht den im Interesse einer soliden und umsichtigen Führung des Instituts zu stellenden Ansprüchen genügt,

2. das Institut durch die Begründung oder Erhöhung der bedeutenden Beteiligung mit dem Inhaber der bedeutenden Beteiligung in einen Unternehmensverbund eingebunden würde, der eine wirksame Aufsicht über das Institut beeinträchtigt, oder

3. das Institut durch die Begründung oder Erhöhung der bedeutenden Beteiligung Tochterunternehmen eines Instituts mit Sitz im Ausland würde, das im Staat seines Sitzes oder seiner Hauptverwaltung nicht wirksam beaufsichtigt wird oder dessen zuständige Aufsichtsstelle zu einer befriedigenden Zusammenarbeit mit dem Bundesaufsichtsamt nicht bereit ist.

[2]Wird der Erwerb nicht untersagt, kann das Bundesaufsichtsamt eine Frist festsetzen, nach deren Ablauf die Person oder Personenhandelsgesellschaft, welche die Anzeige nach Absatz 1 Satz 1 oder 6 erstattet hat, den Vollzug oder den Nichtvollzug des beabsichtigten Erwerbs dem Bundesaufsichtsamt anzuzeigen hat. [3]Nach Ablauf der Frist hat diese Person oder Personenhandelsgesellschaft die Anzeige unverzüglich beim Bundesaufsichtsamt einzureichen.

(2) [1]Das Bundesaufsichtsamt kann dem Inhaber einer bedeutenden Beteiligung sowie den von ihm kontrollierten Unternehmen die Ausübung der Stimmrechte untersagen und anordnen, daß über die Anteile nur mit seiner Zustimmung verfügt werden darf, wenn

1. die Voraussetzungen für eine Untersagungsverfügung nach Absatz 1a Satz 1 vorliegen;

2. der Inhaber der bedeutenden Beteiligung seiner Pflicht nach Absatz 1 zur vorherigen Unterrichtung des Bundesaufsichtsamtes und der Deutschen Bundesbank nicht nachgekommen ist und diese Unterrichtung innerhalb einer vom Bundesaufsichtsamt gesetzten Frist nicht nachgeholt hat oder

3. die Beteiligung entgegen einer vollziehbaren Untersagung nach Absatz 1a Satz 1 erworben oder erhöht worden ist.

[2]In den Fällen des Satzes 1 kann die Ausübung der Stimmrechte auf einen Treuhänder übertragen werden; er hat bei der Ausübung der Stimmrechte den Interessen einer soliden und umsichtigen Führung des Instituts Rechnung zu tragen.[3]In den Fällen des Satzes 1 Nr. 1 und 3 kann das Bundesaufsichtsamt über die Maßnahmen nach Satz 1 hinaus einen Treuhänder mit der Veräußerung der Anteile, soweit sie eine bedeutende Beteiligung begründen, beauftragen, wenn der Inhaber der bedeutenden Beteiligung dem Bundesaufsichtsamt nicht innerhalb einer von diesem

bestimmten angemessenen Frist einen zuverlässigen Erwerber nachweist; die Inhaber der Anteile haben bei der Veräußerung in dem erforderlichen Umfang mitzuwirken.[4]Der Treuhänder wird auf Antrag des Instituts, eines an ihm Beteiligten oder des Bundesaufsichtsamtes vom Gericht des Sitzes des Instituts bestellt. [5]Sind die Voraussetzungen des Satzes 1 entfallen, hat das Bundesaufsichtsamt den Widerruf der Bestellung des Treuhänders zu beantragen. [6]Der Treuhänder hat Anspruch auf Ersatz angemessener Auslagen und auf Vergütung für seine Tätigkeit. [7]Das Gericht setzt auf Antrag des Treuhänders die Auslagen und die Vergütung fest; die weitere Beschwerde ist ausgeschlossen. [8]Der Bund schießt die Auslagen und die Vergütung vor; für seine Aufwendungen haften dem Bund der betroffene Inhaber der bedeutenden Beteiligung und das Institut gesamtschuldnerisch.

(3) [1]Vor Maßnahmen nach Absatz 1a Satz 1 hat das Bundesaufsichtsamt die zuständigen Stellen des anderen Staates des Europäischen Wirtschaftsraums anzuhören, wenn es sich bei dem Erwerber der bedeutenden Beteiligung um ein in dem anderen Staat zugelassenes Einlagenkreditinstitut oder Wertpapierhandelsunternehmen, um ein Mutterunternehmen eines in dem anderen Staat zugelassenen Einlagenkreditinstituts oder Wertpapierhandelsunternehmens oder um eine Person handelt, die ein in dem anderen Staat zugelassenes Einlagenkreditinstitut oder Wertpapierhandelsunternehmen kontrolliert, und wenn das Institut, an dem der Erwerber eine Beteiligung zu halten beabsichtigt, durch den Erwerb unter dessen Kontrolle käme. [2]Von Maßnahmen nach Absatz 2 Satz 1 gegenüber Erwerbern im Sinne des Satzes 1 hat das Bundesaufsichtsamt die zuständigen Stellen des anderen Staates zu unterrichten; es soll sie vorher anhören, wenn nicht zu befürchten ist, daß durch die Verzögerung die Wirksamkeit der Maßnahme vereitelt oder wesentlich beeinträchtigt wird.

(4) [1]Wer beabsichtigt, eine bedeutende Beteiligung an einem Institut aufzugeben oder den Betrag seiner bedeutenden Beteiligung unter die Schwellen von 20 vom Hundert, 33 vom Hundert oder 50 vom Hundert der Stimmrechte oder des Kapitals abzusenken oder die Beteiligung so zu verändern, daß das Institut nicht mehr kontrolliertes Unternehmen ist, hat dies dem Bundesaufsichtsamt und der Deutschen Bundesbank unverzüglich anzuzeigen. [2]Dabei hat es die beabsichtigte verbleibende Höhe der Beteiligung anzugeben. [3]Das Bundesaufsichtsamt kann eine Frist festsetzen, nach deren Ablauf die Person oder Personenhandelsgesellschaft, welche die Anzeige nach Satz 1 erstattet hat, den Vollzug oder den Nichtvollzug der beabsichtigten Absenkung oder Veränderung an das Bundesaufsichtsamt anzuzeigen hat. [4]Nach Ablauf der Frist hat die Person oder Personenhandelsgesellschaft, welche die Anzeige nach Satz 1 erstattet hat, die Anzeige unverzüglich beim Bundesaufsichtsamt einzureichen.

(5) [1]Das Bundesaufsichtsamt hat den Erwerb einer unmittelbaren oder mittelbaren Beteiligung an einem Institut, durch den das Institut zu einem Tochterunternehmen eines Unternehmens mit Sitz außerhalb der Europäischen Gemeinschaften würde, vorläufig zu untersagen oder zu beschränken, wenn ein entsprechender Beschluß der Kommission oder des Rates der Europäischen Gemeinschaften vorliegt, der

nach Artikel 22 Abs. 2 der Zweiten Bankrechtskoordinierungsrichtlinie oder Artikel 7 Abs. 5 der Richtlinie 93/22/EWG des Rates vom 10. Mai 1993 über Wertpapierdienstleistungen - ABl. EG Nr. L 141 S. 27 - (Wertpapierdienstleistungsrichtlinie) zustande gekommen ist. ²Die vorläufige Untersagung oder Beschränkung darf drei Monate vom Zeitpunkt des Beschlusses an nicht überschreiten. ³Beschließt der Rat die Verlängerung der Frist nach Satz 2, hat das Bundesaufsichtsamt die Fristverlängerung zu beachten und die vorläufige Untersagung oder Beschränkung entsprechend zu verlängern.

§ 3 Verbotene Geschäfte

Verboten sind

1. der Betrieb des Einlagengeschäftes, wenn der Kreis der Einleger überwiegend aus Betriebsangehörigen des Unternehmens besteht (Werksparkassen) und nicht sonstige Bankgeschäfte betrieben werden, die den Umfang dieses Einlagengeschäftes übersteigen;

2. die Annahme von Geldbeträgen, wenn der überwiegende Teil der Geldgeber einen Rechtsanspruch darauf hat, daß ihnen aus diesen Geldbeträgen Darlehen gewährt oder Gegenstände auf Kredit verschafft werden (Zwecksparunternehmen); dies gilt nicht für Bausparkassen;

3. der Betrieb des Kreditgeschäftes oder des Einlagengeschäftes, wenn es durch Vereinbarung oder geschäftliche Gepflogenheit ausgeschlossen oder erheblich erschwert ist, über den Kreditbetrag oder die Einlagen durch Barabhebung zu verfügen.

§ 4 Entscheidung des Bundesaufsichtsamtes für das Kreditwesen

¹Das Bundesaufsichtsamt entscheidet in Zweifelsfällen, ob ein Unternehmen den Vorschriften dieses Gesetzes unterliegt. ²Seine Entscheidungen binden die Verwaltungsbehörden.

2. Bundesaufsichtsamt für das Kreditwesen

§ 5 Organisation

(1) ^{1}Das Bundesaufsichtsamt ist eine selbständige Bundesoberbehörde. ^{2}Es hat seinen Sitz in Bonn.

(2)   Der Präsident des Bundesaufsichtsamtes wird auf Vorschlag der Bundesregierung durch den Bundespräsidenten ernannt; die Bundesregierung hat bei ihrem Vorschlag die Deutsche Bundesbank anzuhören.

§ 6 Aufgaben

(1)   Das Bundesaufsichtsamt übt die Aufsicht über die Institute nach den Vorschriften dieses Gesetzes aus.

(2) ^{1}Das Bundesaufsichtsamt hat Mißständen im Kredit- und Finanzdienstleistungswesen entgegenzuwirken, welche die Sicherheit der den Instituten anvertrauten Vermögenswerte gefährden, die ordnungsmäßige Durchführung der Bankgeschäfte oder Finanzdienstleistungen beeinträchtigen oder erhebliche Nachteile für die Gesamtwirtschaft herbeiführen können, soweit nicht das Bundesaufsichtsamt für den Wertpapierhandel nach dem Wertpapierhandelsgesetz zuständig ist.

(3) ^{1}Das Bundesaufsichtsamt kann im Rahmen der ihm zugewiesenen Aufgaben gegenüber dem Institut und seinen Geschäftsleitern Anordnungen treffen, die geeignet und erforderlich sind, Mißstände in dem Institut zu verhindern oder zu beseitigen, welche die Sicherheit der dem Institut anvertrauten Vermögenswerte gefährden können oder die ordnungsmäßige Durchführung der Bankgeschäfte oder Finanzdienstleistungen beeinträchtigen.

(4)   Das Bundesaufsichtsamt nimmt die ihm nach diesem Gesetz und nach anderen Gesetzen zugewiesenen Aufgaben nur im öffentlichen Interesse wahr.

§ 7 Zusammenarbeit mit der Deutschen Bundesbank

(1) ^{1}Das Bundesaufsichtsamt und die Deutsche Bundesbank arbeiten nach Maßgabe dieses Gesetzes zusammen. ^{2}Die Deutsche Bundesbank und das Bundesaufsichtsamt haben einander Beobachtungen und Feststellungen mitzuteilen, die für die Erfüllung ihrer Aufgaben erforderlich sind. ^{3}Die Deutsche Bundesbank hat insoweit dem Bundesaufsichtsamt auch die Angaben zur Verfügung zu stellen, die sie auf Grund statistischer Erhebungen nach § 18 des Gesetzes über die Deutsche

Bundesbank erlangt. [4]Sie hat vor Anordnung einer solchen Erhebung das Bundesaufsichtsamt zu hören; § 18 Satz 5 des Gesetzes über die Deutsche Bundesbank gilt entsprechend.

(2) [1]Die Zusammenarbeit und die Mitteilungen nach Absatz 1 schließen die Übermittlung personenbezogener Daten ein. [2]Das Bundesaufsichtsamt und die Deutsche Bundesbank dürfen gegenseitig die bei der anderen Stelle zur Erfüllung ihrer Aufgaben nach diesem Gesetz jeweils gespeicherten Daten im automatisierten Verfahren abrufen. [3]Werden bei der Deutschen Bundesbank vom Bundesaufsichtsamt Daten abgerufen, hat sie bei jedem zehnten Abruf für Zwecke der Datenschutzkontrolle den Zeitpunkt, die Angaben, welche die Feststellung der aufgerufenen Datensätze ermöglichen, sowie die für den Abruf verantwortliche Person zu protokollieren. [4]Die protokollierten Daten dürfen nur für Zwecke der Datenschutzkontrolle, der Datensicherung oder zur Sicherstellung eines ordnungsmäßigen Betriebs der Datenverarbeitungsanlage verwendet werden. [5]Die Protokolldaten sind am Ende des auf die Speicherung folgenden Kalenderjahres zu löschen. [6]Die Sätze 3 bis 5 gelten entsprechend für den Datenabruf der Deutschen Bundesbank beim Bundesaufsichtsamt.

(3) [1]Der Präsident des Bundesaufsichtsamtes, im Falle der Verhinderung sein Stellvertreter, hat das Recht, an den Beratungen des Zentralbankrates der Deutschen Bundesbank teilzunehmen, soweit bei diesen Gegenstände seines Aufgabenbereichs behandelt werden. [2]Er hat kein Stimmrecht, kann aber Anträge stellen.

§ 8 Zusammenarbeit mit anderen Stellen

(1) Das Bundesaufsichtsamt kann sich bei der Durchführung seiner Aufgaben anderer Personen und Einrichtungen bedienen.

(2) Werden gegen Inhaber oder Geschäftsleiter von Instituten Steuerstrafverfahren eingeleitet, so steht § 30 der Abgabeordnung Mitteilungen an das Bundesaufsichtsamt über das Verfahren und über den zugrunde liegenden Sachverhalt nicht entgegen; das gleiche gilt, wenn sich das Verfahren gegen Personen richtet, die das Vergehen als Bedienstete eines Instituts begangen haben.

(3) [1]Bei der Aufsicht über Institute, die in einem anderen Staat des Europäischen Wirtschaftsraums Bankgeschäfte betreiben oder Finanzdienstleistungen erbringen, sowie bei der Aufsicht nach Maßgabe der Richtlinie 92/30/EWG des Rates vom 6. April 1992 über die Beaufsichtigung von Kreditinstituten auf konsolidierter Basis - ABl. EG Nr. L 110 S. 52 - (Konsolidierungsrichtlinie) arbeiten das Bundesaufsichtsamt und, soweit sie im Rahmen dieses Gesetzes tätig wird, die Deutsche Bundesbank mit den zuständigen Stellen des betreffenden Staates zusammen. [2]Mitteilungen der zuständigen Stellen des anderen Staates dürfen nur für folgende Zwecke verwendet werden:

1. zur Prüfung der Zulassung zum Geschäftsbetrieb eines Instituts,

2. zur Überwachung der Tätigkeit der Institute auf Einzelbasis oder auf zusammengefaßter Basis

3. für Anordnungen des Bundesaufsichtsamtes sowie zur Verfolgung und Ahndung von Ordnungswidrigkeiten durch das Bundesaufsichtsamt,

4. im Rahmen eines Verwaltungsverfahrens über Rechtsbehelfe gegen eine Entscheidung des Bundesaufsichtsamtes oder

5. im Rahmen von Verfahren von Verwaltungsgerichten, Insolvenzgerichten, Staatsanwaltschaften oder für Straf- und Bußgeldsachen zuständigen Gerichten.

³Wird die Erlaubnis eines Instituts zum Betreiben von Bankgeschäften oder Erbringung von Finanzdienstleistungen aufgehoben, unterrichtet das Bundesaufsichtsamt die zuständigen Stellen der anderen Staaten des Europäischen Wirtschaftsraums, in denen das Institut Zweigniederlassungen errichtet hat oder im Wege des grenzüberschreitenden Dienstleistungsverkehrs tätig gewesen ist.

(4) Das Bundesaufsichtsamt teilt den zuständigen Stellen des Aufnahmestaats Maßnahmen mit, die es ergreifen wird, um Verstöße eines Instituts gegen Rechtsvorschriften des Aufnahmestaats zu beenden, über die das Bundesaufsichtsamt durch die zuständigen Stellen des Aufnahmestaats unterrichtet worden ist.

§ 8a Zuständigkeit für die Beaufsichtigung auf zusammengefaßter Basis

(1) ¹Das Bundesaufsichtsamt kann von der Beaufsichtigung einer Institutsgruppe oder Finanzholding-Gruppe im Sinne des § 10a Abs. 2 bis 5 absehen und das übergeordnete Unternehmen von den Vorschriften diese Gesetzes über die Beaufsichtigung auf zusammengefaßter Basis widerruflich freistellen, wenn

1. bei Institutsgruppen das übergeordnete Unternehmen Tochterunternehmen eines Einlagenkreditinstituts oder eines Wertpapierhandelsunternehmens mit Sitz in einem anderen Staat des Europäischen Wirtschaftsraums ist und dort in die Beaufsichtigung auf zusammengefaßter Basis gemäß der Konsolidierungsrichtlinie einbezogen ist, oder

2. bei Finanzholding-Gruppen diese von den zuständigen Stellen eines anderen Staates des Europäischen Wirtschaftsraums auf zusammengefaßter Basis gemäß der Konsolidierungsrichtlinie beaufsichtigt werden.

²Die Freistellung setzt eine Übereinkunft des Bundesaufsichtsamtes mit den zuständigen Stellen des anderen Staates voraus. ³Die Kommission der Europäischen Gemeinschaften ist über das Bestehen und den Inhalt derartiger Übereinkünfte zu unterrichten.

(2) Das Bundesaufsichtsamt kann über die Fälle des § 10a Abs. 3 hinaus nach Maßgabe des Artikels 4 Abs. 2 bis 4 der Konsolidierungsrichtlinie eine Gruppe von
Unternehmen als Finanzholding-Gruppe und ein Institut der Gruppe als übergeordnetes Unternehmen bestimmen; die Vorschriften dieses Gesetzes über die Beaufsichtigung auf zusammengefaßter Basis sind in diesem Fall entsprechend anzuwenden.

§ 9 Verschwiegenheitspflicht

(1) ¹Die beim Bundesaufsichtsamt beschäftigten und die nach § 8 Abs. 1 beauftragten
Personen, die nach § 46 Abs. 1 Satz 2 Nr. 4 bestellten Aufsichtspersonen, die nach
§ 37 Satz 2 und § 38 Abs. 2 Satz 2 und 4 bestellten Abwickler sowie die im Dienst
der Deutschen Bundesbank stehenden Personen, soweit sie zur Durchführung
dieses Gesetzes tätig werden, dürfen die ihnen bei ihrer Tätigkeit bekanntgewordenen Tatsachen, deren Geheimhaltung im Interesse des Instituts oder eines Dritten
liegt, insbesondere Geschäfts- und Betriebsgeheimnisse, nicht unbefugt offenbaren
oder verwerten, auch wenn sie nicht mehr im Dienst sind oder ihre Tätigkeit beendet ist.² Dies gilt auch für andere Personen, die durch dienstliche Berichterstattung
Kenntnis von den in Satz 1 bezeichneten Tatsachen erhalten.³ Ein unbefugtes
Offenbaren oder Verwerten im Sinne des Satzes 1 liegt insbesondere nicht vor,
wenn Tatsachen weitergegeben werden an

1. Strafverfolgungsbehörden oder für Straf- und Bußgeldsachen zuständige
    Gerichte,

2. kraft Gesetzes oder im öffentlichen Auftrag mit der Überwachung von
    Instituten, Investmentgesellschaften, Finanzunternehmen, Versicherungs-
    unternehmen, der Finanzmärkte oder des Zahlungsverkehrs betraute Stellen
    sowie von diesen beauftragte Personen,

3. mit der Liquidation, dem Vergleich oder dem Konkurs eines Instituts befaßte
    Stellen,

4. mit der gesetzlichen Prüfung der Rechnungslegung von Instituten oder
    Finanzunternehmen betraute Personen sowie Stellen, welche die vorgenann-
    ten Personen beaufsichtigen,

5. eine Einlagensicherungseinrichtung oder Anlegerentschädigungseinrichtung
    oder

6. Wertpapier- oder Terminbörsen,

soweit diese Stellen die Informationen zur Erfüllung ihrer Aufgaben benötigen.
⁴Für die bei diesen Stellen beschäftigten Personen gilt die Verschwiegenheitspflicht nach Satz 1 entsprechend. ⁵Befindet sich die Stelle in einem anderen Staat,
so dürfen die Tatsachen nur weitergegeben werden, wenn diese Stellen und die von
ihr beauftragten Personen einer dem Satz 1 entsprechenden Verschwiegenheitspflicht unterliegen. ⁶Die ausländische Stelle ist darauf hinzuweisen, daß sie Informationen nur zu dem Zweck verwenden darf, zu deren Erfüllung sie ihr übermittelt

werden. [7]Die in Satz 3 Nr. 3 bis 6 genannten Stellen, die direkt oder indirekt Informationen von zuständigen Stellen anderer Staaten erhalten, dürfen diese nur mit ausdrücklicher Zustimmung der übermittelnden Stellen weiterübermitteln.

(2) [1]Die §§ 93, 97, 105 Abs. 1, 111 Abs. 5 in Verbindung mit § 105 Abs. 1 sowie § 116 Abs. 1 der Abgabenordnung gelten nicht für die in Absatz 1 bezeichneten Personen, soweit sie zur Durchführung dieses Gesetzes tätig werden. [2]Dies gilt nicht, soweit die Finanzbehörden die Kenntnisse für die Durchführung eines Verfahrens wegen einer Steuerstraftat sowie eines damit zusammenhängenden Besteuerungsverfahrens benötigen, an deren Verfolgung ein zwingendes öffentliches Interesse besteht, oder soweit es sich um vorsätzlich falsche Angaben des Auskunftspflichtigen oder für ihn tätigen Personen handelt. [3]Satz 2 ist nicht anzuwenden, soweit Tatsachen betroffen sind, die den in Absatz 1 Satz 1 oder 2 bezeichneten Personen durch die zuständige Aufsichtsstelle eines anderen Staates oder durch von dieser Stelle beauftragte Personen mitgeteilt worden sind.

Zweiter Abschnitt: Vorschriften für die Institute

1. Eigenmittel und Liquidität

§ 10 Eigenmittelausstattung

(1) [1]Die Institute müssen im Interesse der Erfüllung ihrer Verpflichtungen gegenüber ihren Gläubigern, insbesondere zur Sicherheit der ihnen anvertrauten Vermögenswerte angemessene Eigenmittel haben. [2]Das Bundesaufsichtsamt stellt im Einvernehmen mit der Deutschen Bundesbank Grundsätze auf, nach denen es für den Regelfall beurteilt, ob die Anforderungen des Satzes 1 erfüllt sind; die Spitzenverbände der Institute sind vorher anzuhören. [3]Die Grundsätze sind im Bundesanzeiger zu veröffentlichen. [4]Die Institute haben dem Bundesaufsichtsamt und der Deutschen Bundesbank monatlich die nach den Grundsätzen für die Überprüfung der angemessenen Eigenmittelausstattung erforderlichen Angaben einzureichen. [5]Sie haben zur Sicherstellung der ordnungsgemäßen Aufbereitung und Weiterleitung der gemäß Satz 4 erforderlichen Angaben eine ordnungsgemäße Organisation und angemessene interne Kontrollverfahren einzurichten. [6]Ist nach den Vorschriften dieses Gesetzes eine Position mit haftendem Eigenkapital oder Drittrangmitteln zu unterlegen, stehen die Eigenmittel in diesem Umfang für die Unterlegung anderer Positionen nicht zur Verfügung; insbesondere dürfen die Eigenmittel insoweit nicht bei den Grundsätzen nach § 10 Abs. 1 Satz 2 und § 10a Abs. 1 Satz 2 über die Angemessenheit der Eigenmittel berücksichtigt werden. [7]Die von Dritten zur Verfügung gestellten Eigenmittel können nur berücksichtigt werden, wenn sie dem Institut tatsächlich zugeflossen sind. [8]Der Erwerb von Eigenmitteln des Instituts durch einen für Rechnung des Instituts handelnden Dritten, durch ein Tochterunternehmen des Instituts oder durch einen Dritten, der für Rechnung eines Tochterunternehmens des Instituts handelt, steht für ihre Berücksichtigung einem Erwerb durch das Institut gleich, es sei denn, das Institut weist nach, daß ihm die Eigenmittel tatsächlich zugeflossen sind; diese Regelung gilt für die Inpfandnahme entsprechend.

(1a) Bei der Beurteilung der Angemessenheit der Eigenmittel nach § 10 Abs. 1 und § 10a Abs. 1 kann Krediten, deren Erfüllung von

    1. einer Zentralregierung, Zentralnotenbank, Regionalregierung oder örtlichen Gebietskörperschaft in einem anderen Staat des Europäischen Wirtschaftsraums oder

    2. einer Zentralregierung oder Zentralnotenbank in einem Drittstaat, soweit Unternehmen mit Sitz in einem Drittstaat auf Grund einer Rechtsordnung nach § 53c vollständig oder teilweise von den Vorschriften des § 53 freigestellt werden, geschuldet oder ausdrücklich gewährleistet wird, ein adressenbezogenes Bonitätsgewicht von Null vom Hundert beigemessen werden, sofern das Bundesaufsichtsamt keinen anderen Gewichtungssatz bekanntgegeben hat und die Kredite von der zuständigen Behörde des anderen Staates oder Drittstaates mit Null von Hundert gewichtet werden. Von der

Bekanntgabe eines anderen Gewichtungssatzes gewährte Kredite können bis zum Ende der Kreditlaufzeit weiterhin mit Null von Hundert gewichtet werden.

(2) ¹Die Eigenmittel bestehen aus dem haftenden Eigenkapital und den Drittrangmitteln. ²Das haftende Eigenkapital ist die Summe aus Kernkapital und Ergänzungskapital abzüglich der Positionen des Absatzes 6 Satz 1.

(2a) ¹Als Kernkapital gelten abzüglich der Positionen des Satzes 2

1. bei Einzelkaufleuten, offenen Handelsgesellschaften und Kommanditgesellschaften das eingezahlte Geschäftskapital und die Rücklagen nach Abzug der Entnahmen des Inhabers oder der persönlich haftenden Gesellschafter und der diesen gewährten Kredite sowie eines Schuldenüberhanges beim freien Vermögen des Inhabers;

2. bei Aktiengesellschaften, Kommanditgesellschaften auf Aktien und Gesellschaften mit beschränkter Haftung das eingezahlte Grund- oder Stammkapital ohne die Aktien, die mit einem nachzuzahlenden Vorzug bei der Verteilung des Gewinns ausgestattet sind (Vorzugsaktien), und die Rücklagen; bei Kommanditgesellschaften auf Aktien ferner Vermögenseinlagen der persönlich haftenden Gesellschafter, die nicht auf das Grundkapital geleistet worden sind, unter Abzug der Entnahmen der persönlich haftenden Gesellschafter und der diesen gewährten Kredite;

3. bei eingetragenen Genossenschaften die Geschäftsguthaben und die Rücklagen; Geschäftsguthaben von Genossen, die zum Schluß des Geschäftsjahres ausscheiden, und ihre Ansprüche auf Auszahlung eines Anteils an der in der Bilanz nach § 73 Abs. 3 des Gesetzes betreffend die Erwerbs- und Wirtschaftsgenossenschaften von eingetragenen Genossenschaften gesondert ausgewiesenen Ergebnisrücklage der Genossenschaft sind abzusetzen;

4. bei öffentlich-rechtlichen Sparkassen sowie bei Sparkassen des privaten Rechts, die als öffentliche Sparkassen anerkannt sind, die Rücklagen;

5. bei Kreditinstituten des öffentlichen Rechts, die nicht unter Nummer 4 fallen, das eingezahlte Dotationskapital und die Rücklagen;

6. bei Kreditinstituten in einer anderen Rechtsform das eingezahlte Kapital und die Rücklagen;

7. die Sonderposten für allgemeine Bankrisiken nach § 340g des Handelsgesetzbuchs;

8. die Vermögenseinlagen stiller Gesellschafter im Sinne des Absatzes 4.

²Abzugspositionen im Sinne des Satzes 1 sind

1. der Bilanzverlust,

2. die immateriellen Vermögensgegenstände,

3. der Korrekturposten gemäß Absatz 3b,

4. Kredite an den Kommanditisten, den Gesellschafter einer Gesellschaft mit beschränkter Haftung, den Aktionär, den Kommanditaktionär oder den Anteilseigner an einem Institut des öffentlichen Rechts, dem mehr als 25 vom Hundert des Kapitals (Nennkapital, Summe der Kapitalanteile) des Instituts gehören oder dem mehr als 25 vom Hundert der Stimmrechte zustehen, wenn sie zu nicht marktmäßigen Bedingungen gewährt werden oder soweit sie nicht banküblich gesichert sind, und

5. Kredite an stille Gesellschafter im Sinne des Abs. 4, deren Vermögenseinlage mehr als 25 vom Hundert des Kernkapitals ohne Berücksichtigung der Vermögenseinlagen stiller Gesellschafter beträgt, wenn sie zu nicht marktmäßigen Bedingungen gewährt werden oder soweit sie nicht banküblich gesichert sind.

[3]Für die Berechnung der Vomhundertsätze nach Satz 2 Nr. 4 und 5 gilt § 16 Abs. 2 bis 4 des Aktiengesetzes entsprechend.

(2b) [1]Das Ergänzungskapital besteht abzüglich der Korrekturposten gemäß Absatz 3b aus

1. Vorsorgereserven nach § 340f des Handelsgesetzbuches,

2. Vorzugsaktien,

3. Rücklagen nach § 6b des Einkommensteuergesetzes in Höhe von 45 vom Hundert, soweit diese Rücklagen durch die Einstellung von Gewinnen aus der Veräußerung von Grundstücken, grundstücksgleichen Rechten und Gebäuden entstanden sind,

4. Genußrechtsverbindlichkeiten im Sinne des Absatzes 5,

5. längerfristigen nachrangigen Verbindlichkeiten im Sinne des Absatzes 5a,

6. den im Anhang des letzten festgestellten Jahresabschlusses ausgewiesenen nicht realisierten Reserven nach Maßgabe der Absätze 4a und 4b bei Grundstücken, grundstücksgleichen Rechten und Gebäuden in Höhe von 45 vom Hundert des Unterschiedsbetrags zwischen dem Buchwert und dem Beleihungswert,

7. den im Anhang des letzten festgestellten Jahresabschlusses ausgewiesenen nicht realisierten Reserven nach Maßgabe der Absätze 4a und 4c bei Anlagebuchpositionen in Höhe von 35 vom Hundert des Unterschiedsbetrages zwischen dem Buchwert zuzüglich Vorsorgereserven und

   a) dem Kurswert bei Wertpapieren, die an einer Wertpapierbörse zum Handel zugelassen sind,

   b) dem nach § 11 Abs. 2 Satz 2 bis 5 des Bewertungsgesetzes festzustellenden Wert bei nicht notierten Wertpapieren, die Anteile an zum Verbund der Kreditgenossenschaften oder der Sparkassen gehörenden Kapitalgesellschaften mit einer Bilanzsumme von mindestens 20 Millionen Deutsche Mark verbriefen oder

c) dem veröffentlichten Rücknahmepreis von Anteilen an einem Sondervermögen im Sinne des Gesetzes über Kapitalanlagegesellschaften oder von Anteilen an einem Wertpapier- Sondervermögen, die von einer Investmentgesellschaft mit Sitz in einem anderen Staat des Europäischen Wirtschaftsraums nach den Bestimmungen der Richtlinie 85/611/EWG vom 20. Dezember 1985 zur Koordinierung der Rechts- und Verwaltungsvorschriften betreffend bestimmte Organismen für gemeinsame Anlagen in Wertpapieren - Abl. EG Nr. L 375 S. 3 - (Investmentrichtlinie) ausgegeben werden, und

8. dem bei eingetragenen Genossenschaften vom Bundesministerium der Finanzen nach Anhörung der Deutschen Bundesbank durch Rechtsverordnung festzusetzenden Zuschlag, welcher der Haftsummenverpflichtung der Genossen Rechnung trägt (Haftsummenzuschlag).

²Bei der Berechnung des haftenden Eigenkapitals kann Ergänzungskapital nur bis zur Höhe des Kernkapitals berücksichtigt werden. ³Dabei darf das berücksichtigte Ergänzungskapital nur bis zu 50 vom Hundert des Kernkapitals aus längerfristigen nachrangigen Verbindlichkeiten und dem Haftsummenzuschlag bestehen. ⁴Das Bundesministerium der Finanzen kann die Ermächtigung nach Satz 1 Nr. 8 durch Rechtsverordnung auf das Bundesaufsichtsamt übertragen.

(2c) ¹Drittrangmittel sind

1. der anteilige Gewinn, der bei einer Glattstellung aller Handelsbuchpositionen entstünde, abzüglich aller vorhersehbaren Aufwendungen und Ausschüttungen sowie der bei einer Liquidation des Unternehmens voraussichtlich entstehenden Verluste aus dem Anlagebuch, soweit diese nicht bereits in den Korrekturposten gemäß Absatz 3b berücksichtigt sind (Nettogewinn), und

2. die kurzfristigen nachrangigen Verbindlichkeiten im Sinne des Absatzes 7.

²Der Nettogewinn und die kurzfristigen nachrangigen Verbindlichkeiten können nur bis zu einem Betrag als Drittrangmittel berücksichtigt werden, der zusammen mit dem Ergänzungskapital, das nicht zur Unterlegung der Risiken aus dem Anlagebuch nach den Vorgaben dieses Gesetzes benötigt wird (freies Ergänzungskapital), 250 vom Hundert des Kernkapitals, das nicht zur Unterlegung der Risiken aus dem Anlagebuch nach den Vorgaben dieses Gesetzes benötigt wird (freies Kernkapital), nicht übersteigt. ³Soweit das Institut die Grenze von 250 vom Hundert nicht durch kurzfristige nachrangige Verbindlichkeiten ausschöpft, kann es diese durch Positionen, die allein wegen einer Kappung nach Absatz 2b Satz 2 und 3 nicht als Ergänzungskapital berücksichtigt werden können, ersetzen.

⁴Bei Wertpapierhandelsunternehmen beträgt die in Satz 2 bezeichnete Grenze 200 vom Hundert des freien Kernkapitals, es sei denn, von den Drittrangmitteln werden die schwer realisierbaren Aktiva im Sinne des Satzes 5, soweit diese nicht nach Absatz 6 Satz 1 Nr. 1 vom haftenden Eigenkapital abgezogen werden, sowie die Verluste ihrer Tochterunternehmen abgezogen.

⁵Schwer realisierbare Aktiva sind

1. Sachanlagen,

2. Anteile sowie Forderungen aus Vermögenseinlagen als stiller Gesellschafter, Genußrechten oder nachrangigen Verbindlichkeiten, soweit sie nicht in Wertpapieren, die zum Handel an einer Wertpapierbörse zugelassen sind, verbrieft und nicht Teil des Handelsbuchs sind,

3. Darlehen und nicht marktgängige Schuldtitel mit einer Restlaufzeit von mehr als 90 Tagen und

4. Bestände in Rohwaren, soweit diese nicht gemäß den Grundsätzen nach Absatz 1 Satz 2 und § 10a Abs. 1 Satz 2 mit Eigenmitteln zu unterlegen sind;

Einschüsse auf Termingeschäfte, die an einer Wertpapier- oder Terminbörse abgeschlossen werden, gelten nicht als schwer realisierbare Aktiva.

(3) ¹Erstellt ein Institut Zwischenabschlüsse, die den für den Jahresabschluß geltenden Anforderungen entsprechen, gilt für die Bemessung der Eigenmittel der Zwischenabschluß als Jahresabschluß, wobei Zwischengewinne dem Kernkapital zugerechnet werden, soweit sie nicht für voraussichtliche Gewinnausschüttungen oder Steueraufwendungen gebunden sind. ²Verluste, die sich aus Zwischenabschlüssen ergeben, sind vom Kernkapital abzuziehen. ³Ein Institut, das Zwischengewinne dem Kernkapital zurechnet, muß Zwischenabschlüsse mindestens fünf Jahre hintereinander erstellen. ⁴Gibt ein Institut das Verfahren auf, Zwischenabschlüsse zu erstellen, dürfen Zwischengewinne dem Kernkapital frühestens wieder nach fünf Jahren zugerechnet werden. ⁵Das Institut hat den Zwischenabschluß dem Bundesaufsichtsamt und der Deutschen Bundesbank jeweils unverzüglich einzureichen. ⁶Der Abschlußprüfer hat den Bericht über die Prüfung des Zwischenabschlusses (Zwischenprüfungsbericht) unverzüglich nach Beendigung der Prüfung dem Bundesaufsichtsamt und der Deutschen Bundesbank unverzüglich einzureichen. Ein im Zuge der Verschmelzung erstellter unterjähriger Jahresabschluß gilt nicht als Zwischenabschluß im Sinne dieses Absatzes.

(3a) ¹Als Rücklagen im Sinne des Absatzes 2a Satz 1 gelten nur die in der letzten für den Schluß eines Geschäftsjahres festgestellten Bilanz als Rücklagen ausgewiesenen Beträge mit Ausnahme solcher Passivposten, die erst bei ihrer Auflösung zu versteuern sind. ²Als Rücklagen ausgewiesene Beträge, die aus Erträgen gebildet worden sind, auf die erst bei Eintritt eines zukünftigen Ereignisses Steuern zu entrichten sind, können nur in Höhe von 45 vom Hundert berücksichtigt werden. Rücklagen, die auf Grund eines bei der Emission von Anteilen erzielten Aufgeldes oder anderweitig durch den Zufluß externer Mittel gebildet werden, können vom Zeitpunkt des Zuflusses an berücksichtigt werden.

(3b) ¹Das Bundesaufsichtsamt kann auf das haftende Eigenkapital einen Korrekturposten festsetzen, insbesondere um noch nicht bilanzwirksam gewordene Verluste zu berücksichtigen. ²Die Festsetzung wird mit der Feststellung der nächsten für den Schluß eines Geschäftsjahres aufgestellten Bilanz gegenstandslos. ³Das Bundesaufsichtsamt hat die Festsetzung auf Antrag des Instituts aufzuheben, soweit die Voraussetzung für die Festsetzung wegfällt.

(4) [1]Vermögenseinlagen stiller Gesellschafter sind dem haftenden Eigenkapital zuzurechnen, wenn

1. sie bis zur vollen Höhe am Verlust teilnehmen und das Institut berechtigt ist, im Falle eines Verlustes Zinszahlungen aufzuschieben,

2. vereinbart ist, daß sie im Falle des Konkurses oder der Liquidation des Instituts erst nach Befriedigung aller Gläubiger zurückzuzahlen sind,

3. sie dem Institut für mindestens fünf Jahre zur Verfügung gestellt worden sind,

4. der Rückzahlungsanspruch nicht in weniger als zwei Jahren fällig wird oder auf Grund des Gesellschaftsvertrages fällig werden kann,

5. der Gesellschaftsvertrag keine Besserungsabreden enthält, nach denen der durch Verluste während der Laufzeit der Einlage ermäßigte Rückzahlungsanspruch durch Gewinne, die nach mehr als vier Jahren nach der Fälligkeit des Rückzahlungsanspruchs entstehen, wieder aufgefüllt wird, und

6. das Institut bei der Begründung der stillen Gesellschaft auf die in den Sätzen 2 und 3 genannten Rechtsfolgen ausdrücklich und schriftlich hingewiesen hat.

[2]Nachträglich können die Teilnahme am Verlust nicht zum Nachteil des Instituts geändert, der Nachrang nicht beschränkt sowie die Laufzeit und die Kündigungsfrist nicht verkürzt werden. [3]Eine vorzeitige Rückzahlung ist dem Institut ohne Rücksicht auf entgegenstehende Vereinbarungen zurückzugewähren, sofern nicht das Kapital durch die Einzahlung anderer, zumindest gleichwertigen haftenden Eigenkapitals ersetzt worden ist oder das Bundesaufsichtsamt der vorzeitigen Rückzahlung zustimmt.

(4a) [1]Nicht realisierte Reserven können dem haftenden Eigenkapital nur zugerechnet werden, wenn das Kernkapital mindestens 4,4 vom Hundert der entsprechend den Grundsätzen nach Absatz 1 Satz 2 des Bundesaufsichtsamtes nach ihrem Risiko gewichteten Aktiva des Instituts beträgt; die nicht realisierten Reserven können dem haftenden Eigenkapital nur bis zu 1,4 vom Hundert dieser nach ihrem Risiko gewichteten Aktiva zugerechnet werden. [2]Für diese Berechnungen dürfen Positionen des Handelsbuchs als Positionen des Anlagebuchs berücksichtigt werden. [3]Nicht realisierbare Reserven können nur berücksichtigt werden, wenn in die Berechnung des Unterschiedsbetrags jeweils sämtliche Aktiva nach Absatz 2b Satz 1 Nr. 6 oder 7 einbezogen werden. [4]Die Berechnung der nicht realisierten Reserven ist dem Bundesaufsichtsamt und der Deutschen Bundesbank unverzüglich nach ihrem Abschluß unter Angabe der maßgeblichen Wertansätze offenzulegen.

260

(4b) ¹Für die Ermittlung des Beleihungswertes von Grundstücken, grundstücksgleichen Rechten und Gebäuden gilt § 12 Abs. 1 und 2 des Hypothekenbankgesetzes entsprechend. ²Diese Werte sind mindestens alle drei Jahre durch Bewertungsgutachten zu ermitteln. ³Für die Ermittlung des Beleihungswertes hat das Institut einen aus mindestens drei Mitgliedern bestehenden Sachverständigenausschuß zu bestellen. ⁴§ 32 Abs. 2 und 3 des Gesetzes über Kapitalanlagegesellschaften gilt entsprechend. ⁵Liegt der Beleihungswert unter dem Buchwert, sind die nicht realisierten Reserven um diesen negativen Unterschiedsbetrag zu ermäßigen.

(4c) ¹Der Kurswert der Wertpapiere nach Absatz 2b Satz 1 Nr. 7 Buchstabe a bestimmt sich nach dem Kurs am Bilanzstichtag. ²Liegt der Durchschnitt aus diesem Kurs und den Kursen, die an den vorher vergangenen drei Bilanzstichtagen festgestellt wurden, unterhalb dieses Kurses, so gilt der Durchschnittskurs. ³Liegt an einem Bilanzstichtag kein Kurs vor, so ist der letzte innerhalb von 30 Tagen vor dem Bilanzstichtag festgestellte Kurs maßgebend. ⁴Wird von der Behandlung von Wertpapieren nach den Grundsätzen für das Anlagevermögen Gebrauch gemacht, sind die nicht realisierten Reserven um den Unterschiedsbetrag zwischen dem maßgeblichen Kurswert und dem höheren Buchwert zu ermäßigen. ⁵Auf die Ermittlung des Wertes der Wertpapiere nach Absatz 2b Satz 1 Nr. 7 Buchstabe b nach § 11 Abs. 2 des Bewertungsgesetzes und des Rücknahmepreises von Anteilen an einem Sondervermögen ist das Verfahren der Sätze 1,2 und 4 entsprechend anzuwenden.

(5) ¹Kapital, das gegen Gewährung von Genußrechten eingezahlt ist (Genußrechtsverbindlichkeiten), ist dem haftenden Eigenkapital zuzurechnen, wenn

1. es bis zur vollen Höhe am Verlust teilnimmt und das Institut berechtigt ist, im Falle eines Verlustes Zinszahlungen aufzuschieben,

2. vereinbart ist, daß es im Falle des Konkurses oder der Liquidation des Instituts erst nach Befriedigung aller nicht nachrangigen Gläubiger zurückgezahlt wird,

3. es dem Institut für mindestens fünf Jahre zur Verfügung gestellt worden ist,

4. der Rückzahlungsanspruch nicht in weniger als zwei Jahren fällig wird oder auf Grund des Vertrags fällig werden kann,

5. der Vertrag über die Einlage keine Besserungsabreden enthält, nach denen der durch Verluste während der Laufzeit der Einlage ermäßigte Rückzahlungsanspruch durch Gewinne, die nach mehr als vier Jahren nach der Fälligkeit des Rückzahlungsanspruchs entstehen, wieder aufgefüllt wird, und

6. das Institut bei Abschluß des Vertrags auf die in den Sätzen 3 und 4 genannten Rechtsfolgen ausdrücklich und schriftlich hingewiesen hat.

²Das Institut darf sich die fristlose Kündigung der Verbindlichkeit für den Fall vorbehalten, daß eine Änderung der Besteuerung zu Zusatzzahlungen an den Erwerber der Genußrechte führt. ³Nachträglich können die Teilnahme am Verlust nicht zum Nachteil des Instituts geändert, der Nachrang nicht beschränkt sowie die Laufzeit und die Kündigungsfrist nicht verkürzt werden. ⁴Ein vorzeitiger Rückerwerb oder eine anderweitige Rückzahlung ist außer in den Fällen des Satzes 6 dem Institut

ohne Rücksicht auf entgegenstehende Vereinbarungen zurückzugewähren, sofern nicht das Kapital durch die Einzahlung anderen, zumindest gleichwertigen haftenden Eigenkapitals ersetzt worden ist oder das Bundesaufsichtsamt der vorzeitigen Rückzahlung zustimmt; das Institut kann sich ein entsprechendes Recht vertraglich vorbehalten. [5]Werden Wertpapiere über die Genußrechte begeben, ist nur in den Zeichnungs- und Ausgabebedingungen auf die in den Sätzen 3 und 4 genannten Rechtsfolgen hinzuweisen. [6]Ein Institut darf in Wertpapieren verbriefte eigene Genußrechte im Rahmen der Marktpflege bis zu 3 vom Hundert ihres Gesamtnennbetrags erwerben oder im Rahmen einer Einkaufskommission erwerben. [7]Ein Institut hat die Absicht, von der Möglichkeit der Marktpflege nach Satz 6 Gebrauch zu machen, dem Bundesaufsichtsamt und der Deutschen Bundesbank unverzüglich anzuzeigen.

(5a) [1]Kapital, das auf Grund der Eingehung nachrangiger Verbindlichkeiten eingezahlt ist, ist dem haftenden Eigenkapital als längerfristige nachrangige Verbindlichkeiten zuzurechnen, wenn

1. vereinbart ist, daß es im Falle des Konkurses oder der Liquidation des Instituts erst nach Befriedigung aller nicht nachrangigen Gläubiger zurückgezahlt wird,

2. es dem Institut für mindestens fünf Jahre zur Verfügung gestellt worden ist und

3. die Aufrechnung des Rückerstattungsanspruchs gegen Forderungen des Instituts ausgeschlossen ist und für die Verbindlichkeiten in den Vertragsbedingungen keine Sicherheiten durch das Institut oder durch Dritte gestellt werden.

[2]Wenn der Rückerstattungsanspruch in weniger als zwei Jahren fällig wird oder auf Grund des Vertrags fällig werden kann, werden die Verbindlichkeiten nur noch zu zwei Fünfteln dem haftenden Eigenkapital angerechnet. [3]Das Institut darf sich die fristlose Kündigung der Verbindlichkeit für den Fall vorbehalten, daß eine Änderung der Besteuerung zu Zusatzzahlungen an den Erwerber der nachrangigen Forderungen führt. [4]Nachträglich können der Nachrang nicht beschränkt sowie die Laufzeit und die Kündigungsfrist nicht verkürzt werden.

[5]Ein vorzeitiger Rückerwerb oder eine anderweitige Rückzahlung ist außer in den Fällen des Satzes 6 dem Institut ohne Rücksicht auf entgegenstehende Vereinbarungen zurückzugewähren, sofern nicht das Kapital durch die Einzahlung anderen, zumindest gleichwertigen haftenden Eigenkapitals ersetzt worden ist oder das Bundesaufsichtsamt der vorzeitigen Rückzahlung zustimmt; das Institut kann sich ein entsprechendes Recht vertraglich vorbehalten. [6]Ein Institut darf in Wertpapieren verbriefte eigene nachrangige Verbindlichkeiten im Rahmen der Marktpflege bis zu 3 vom Hundert ihres Gesamtnennbetrags oder im Rahmen einer Einkaufskommission erwerben. [7]Ein Institut hat die Absicht, von der Möglichkeit der Marktpflege nach Satz 6 Gebrauch zu machen, dem Bundesaufsichtsamt und der Deutschen Bundesbank unverzüglich anzuzeigen. [8]Das Institut hat bei Abschluß des Vertrags auf die in den Sätzen 4 und 5 genannten Rechtsfolgen ausdrücklich und schriftlich hinzuweisen; werden Wertpapiere über die nachrangigen

Verbindlichkeiten begeben, ist nur in den Zeichnungs- und Ausgabebedingungen auf die genannten Rechtsfolgen hinzuweisen. [9]§ 11 Nr. 3 des Gesetzes zur Regelung des Rechts der Allgemeinen Geschäftsbedingungen über das Aufrechnungsverbot findet keine Anwendung auf Forderungen aus nachrangigen Verbindlichkeiten des Instituts. [10]Für nachrangige Verbindlichkeiten darf keine Bezeichnung verwendet und mit keiner Bezeichnung geworben werden, die den Wortanteil "Spar" enthält oder sonst geeignet ist, über den Nachrang im Fall des Konkurses oder der Liquidation zu täuschen; dies gilt jedoch nicht, soweit ein Kreditinstitut seinen in § 40 geschützten Firmennamen benutzt. [11]Abweichend von Satz 1 Nr. 3 darf ein Institut nachrangige Sicherheiten für nachrangige Verbindlichkeiten stellen, die ein ausschließlich für den Zweck der Kapitalaufnahme gegründetes Tochterunternehmen des Instituts eingegangen ist.

(6)   [1]Von der Summe des Kern- und Ergänzungskapitals sind abzuziehen:

1.   Beteiligungen an Instituten, ausgenommen Kapitalanlagegesellschaften und Finanzunternehmen in Höhe von mehr als 10 vom Hundert des Kapitals dieser Unternehmen; das Bundesaufsichtsamt kann auf Antrag des Instituts Ausnahmen zulassen, wenn das Institut Beteiligungen eines anderen Instituts oder eines Finanzunternehmens vorübergehend besitzt, um dieses Unternehmen finanziell zu stützen;

2.   Forderungen aus nachrangigen Verbindlichkeiten im Sinne des Absatzes 5a an Institute, ausgenommen Kapitalanlagegesellschaften, und Finanzunternehmen, an denen das Institut zu mehr als 10 vom Hundert beteiligt ist;

3.   Forderungen aus Genußrechten an Unternehmen nach Nummer 2;

4.   Vermögenseinlagen als stiller Gesellschafter bei Unternehmen nach Nummer 2;

5.   der Gesamtbetrag der folgenden Beteiligungen und Forderungen, soweit er 10 vom Hundert des haftenden Eigenkapitals des Instituts vor Abzug der Beträge nach den Nummern 1 bis 4 und nach dieser Nummer übersteigt:

   a)   Beteiligungen an Instituten, ausgenommen Kapitalanlagegesellschaften, und Finanzunternehmen bis zu höchstens 10 vom Hundert des Kapitals dieser Unternehmen;

   b)   Forderungen aus nachrangigen Verbindlichkeiten an Instituten, ausgenommen Kapitalanlagegesellschaften und Finanzunternehmen, an denen das Institut nicht oder bis zu höchstens 10 vom Hundert des Kapitals dieser Unternehmen beteiligt ist;

   c)   Forderungen aus Genußrechten an Unternehmen nach Buchstabe b;

   d)   Vermögenseinlagen als stiller Gesellschafter bei Unternehmen nach Buchstabe b.

[2]Ein Institut braucht Beteiligungen, die es oder das ihm übergeordnete Unternehmen pflichtweise in die Zusammenfassung nach § 10a, nach § 13b Abs. 3 Satz 1 und, für den Beteiligungsaltbestand am 1. Januar 1993 vorbehaltlich das § 64a, nach § 12 Abs. 2 Satz 1 und 2 einbezieht, nicht von seinem haftenden Eigenkapital

abzuziehen. ³Die Regelung gilt entsprechend für Beteilungen, die es oder das ihm übergeordnetes Unternehmen freiwillig in die Zusammenfassung nach § 10a, nach § 13b Abs. 3 Satz 1 und, für den Beteiligungsaltbestand am 1. Januar 1993 vorbehaltlich des § 64a, nach § 12 Abs. 2 Satz 1 und 2 einbezieht oder die es freiwillig nach diesen Bestimmungen konsolidiert.

(7) ¹Kapital, das auf Grund der Eingehung nachrangiger Verbindlichkeiten eingezahlt ist, ist den Drittrangmitteln als kurzfristige nachrangige Verbindlichkeiten zuzurechnen, wenn

1. vereinbart ist, daß es im Falle des Konkurses oder der Liquidations des Instituts erst nach Befriedigung aller nicht nachrangigen Gläubiger zurückerstattet wird,

2. es dem Institut für mindestens zwei Jahren zur Verfügung gestellt worden ist,

3. die Aufrechnung des Rückzahlungsanspruchs gegen Forderungen des Instituts ausdrücklich ausgeschlossen ist und für die Verbindlichkeiten in den Vertragsbedingungen ausdrücklich keine Sicherheiten durch das Institut oder durch Dritte gestellt werden und

4. in den Vertragsbedingungen ausdrücklich festgelegt ist, daß

   a) auf die Verbindlichkeit weder Tilgungs- noch Zinszahlungen geleistet werden müssen, wenn dies zur Folge hätte, daß die Eigenmittel des Instituts die gesetzlichen Anforderungen nicht mehr erfüllen, und

   b) vorzeitige Tilgungs- oder Zinszahlungen dem Institut unbeschadet entgegenstehender Vereinbarungen zurückzuerstatten sind

²Nachträglich können der Nachrang nicht beschränkt sowie die Laufzeit und die Kündigungsfrist nicht verkürzt werden. ³Ein vorzeitiger Rückerwerb oder eine anderweitige Rückzahlung ist außer in den Fällen des Satzes 5 dem Institut ohne Rücksicht auf entgegenstehende Vereinbarungen zurückzugewähren, sofern nicht das Kapital durch die Einzahlung anderer, zumindest gleichwertiger Eigenmittel ersetzt worden ist oder das Bundesaufsichtsamt der vorzeitigen Rückzahlung zugestimmt hat; das Institut kann sich ein entsprechendes Recht vertraglich vorbehalten. ⁴Das Institut hat bei Abschluß des Vertrags auf die in den Sätzen 2 und 3 genannten Rechtsfolgen ausdrücklich und schriftlich hinzuweisen; werden Wertpapiere über die nachrangigen Verbindlichkeiten begeben, ist nur in den Zeichnungs- und Ausgabebedingungen auf die genannten Rechtsfolgen hinzuweisen. ⁵Ein Institut darf in Wertpapieren verbriefte eigene nachrangige Verbindlichkeiten im Rahmen der Marktpflege bis zu 3 vom Hundert ihres Gesamtnennbetrags oder im Rahmen einer Einkaufskommission erwerben. ⁶Ein Institut hat die Absicht, von der Möglichkeit der Marktpflege nach Satz 5 Gebrauch zu machen, dem Bundesaufsichtsamt und der Deutschen Bundesbank unverzüglich anzuzeigen. ⁷Ein Institut hat das Bundesaufsichtsamt und die Deutsche Bundesbank unverzüglich zu unterrichten, wenn seine Eigenmittel durch Tilgungs- oder Zinszahlungen auf die kurzfristigen nachrangigen Verbindlichkeiten unter 120 vom Hundert des Gesamtbetrags der nach Abs. 1 Satz 1 angemessenen Eigenmittel absinken.

(8) ¹Ein Institut hat dem Bundesaufsichtsamt und der Deutschen Bundesbank unverzüglich nach Maßgabe des Satzes 2 einen Kredit anzuzeigen, der nach Absatz 2a Satz 2 Nr. 4 oder 5 abzuziehen ist. ²Dabei hat es die gestellten Sicherheiten und die Kreditbedingungen anzugeben. ³Es hat einen Kredit, den es nach Satz 1 angezeigt hat, unverzüglich erneut dem Bundesaufsichtsamt und der Deutschen Bundesbank anzuzeigen, wenn die gestellten Sicherheiten oder die Kreditbedingungen rechtsgeschäftlich geändert werden, und die entsprechenden Änderungen anzugeben. ⁴Das Bundesaufsichtsamt kann von den Instituten fordern, ihm und der Deutschen Bundesbank alle fünf Jahre einmal eine Sammelanzeige der nach Satz 1 anzuzeigenden Kredite einzureichen.

(9) ¹Ein Wertpapierhandelsunternehmen muß Eigenmittel aufweisen, die mindestens einem Viertel seiner Kosten entsprechen, die in der Gewinn- und Verlustrechnung des letzten Jahresabschlusses unter den allgemeinen Verwaltungsaufwendungen, den Abschreibungen und Wertberichtigungen auf immaterielle Anlagewerte und Sachanlagen ausgewiesen sind. ²Beim Fehlen eines Jahresabschlusses für das erste volle Geschäftsjahr sind die im Geschäftsplan für das laufende Jahr für die entsprechenden Posten vorgesehenen Aufwendungen auszuweisen. ³Das Bundesaufsichtsamt kann diese Anforderungen nach den Sätzen 1 und 2 heraufsetzen, wenn dies durch eine Ausweitung der Geschäftstätigkeit des Instituts angezeigt ist.

§ 10a Eigenmittelausstattung von Institutsgruppen und Finanzholding-Gruppen

(1) ¹Eine Institutsgruppe oder eine Finanzholding-Gruppe (Gruppe) insgesamt muß angemessene Eigenmittel haben. ²§ 10 über die Eigenkapitalausstattung einzelner Institute gilt entsprechend.

(2) ¹Eine Institutsgruppe im Sinne dieser Vorschrift besteht aus dem übergeordneten Unternehmen mit Sitz im Inland und den nachgeordneten Unternehmen (gruppenangehörige Unternehmen). ²Nachgeordnete Unternehmen im Sinne dieser Vorschrift sind die Tochterunternehmen eines Instituts, die selbst Institute, Finanzunternehmen oder Unternehmen mit bankbezogenen Hilfsdiensten sind. ³Das übergeordnete Unternehmen der Gruppe ist das Institut, das keinem anderen Institut mit Sitz im Inland nachgeordnet ist. ⁴Erfüllt bei wechselseitigen Beteiligungen kein Institut der Gruppe diese Voraussetzung, bestimmt das Bundesaufsichtsamt das übergeordnete Unternehmen der Gruppe. ⁵Sind einem Institut ausschließlich Unternehmen mit bankbezogenen Hilfsdiensten nachgeordnet, besteht keine Institutsgruppe.

(3) ¹Eine Finanzholding-Gruppe im Sinne dieser Vorschrift besteht, wenn einer Finanzholding-Gesellschaft mit Sitz im Inland Unternehmen im Sinne des Absatzes 2 Satz 2 nachgeordnet sind, von denen mindestens ein Einlagenkreditinstitut oder ein Wertpapierhandelsunternehmen mit Sitz im Inland der

Finanzholding-Gesellschaft als Tochterunternehmen nachgeordnet ist, es sei denn, die Finanzholding-Gesellschaft ist ihrerseits

1. einem Einlagenkreditinstitut, einem Wertpapierhandelsunternehmen oder einer Finanzholding-Gesellschaft mit Sitz im Inland als Tochterunternehmen oder

2. einem Einlagenkreditinstitut oder einem Wertpapierhandelsunternehmen mit Sitz in einem anderen Staat des Europäischen Wirtschaftsraums als Tochterunternehmen nachgeordnet.

[2]Hat die Finanzholding-Gesellschaft ihren Sitz in einem anderen Staat des Europäischen Wirtschaftsraums, besteht vorbehaltlich des Satzes 1 Nr. 1 und 2 eine Finanzholding-Gruppe, wenn

1. der Finanzholding-Gesellschaft mindestens ein Einlagenkreditinstitut oder ein Wertpapierhandelsunternehmen mit Sitz im Inland und weder ein Einlagenkreditinstitut noch ein Wertpapierhandelsunternehmen mit Sitz in ihrem Sitzstaat als Tochterunternehmen nachgeordnet ist und

2. das Einlagenkreditinsitut oder das Wertpapierhandelsunternehmen mit Sitz im Inland eine höhere Bilanzsumme hat als jedes andere der Finanzholding-Gesellschaft als Tochterunternehmen nachgeordnete Einlagenkreditinstitut und jedes andere als Tochterunternehmen nachgeordnete Wertpapierhandelsunternehmen mit Sitz in einem anderen Staat des Europäischen Wirtschaftsraums; bei gleich hoher Bilanzsumme ist der frühere Zulassungszeitpunkt maßgeblich.

[3]Bei einer Finanzholding-Gruppe gilt als übergeordnetes Unternehmen dasjenige gruppenangehörige Einlagenkreditinsitut oder Wertpapierhandelsunternehmen mit Sitz im Inland, das selbst keinem anderen gruppenangehörigen Institut mit Sitz im Inland nachgeordnet ist. [4]Erfüllen mehrere Einlagenkreditinsitut oder Wertpapierhandelsunternehmen mit Sitz im Inland oder bei wechselseitigen Beteiligungen kein Institut mit Sitz im Inland diese Voraussetzungen, bestimmt das Bundesaufsichtsamt das übergeordnete Unternehmen.

(4) [1]Als nachgeordnete Unternehmen gelten auch Institute, Finanzunternehmen oder Unternehmen mit bankbezogenen Hilfsdiensten mit Sitz im Inland oder Ausland, wenn ein gruppenangehöriges Unternehmen mindestens 20 vom Hundert der Kapitalanteile unmittelbar oder mittelbar hält, die Institute oder Unternehmen gemeinsam mit anderen Unternehmen leitet und für die Verbindlichkeiten dieser Institute oder Unternehmen auf ihre Kapitalanteile beschränkt haftet. [2]Unmittelbar oder mittelbar gehaltene Kapitalanteile sowie Kapitalanteile, die von einem anderen für Rechnung eines gruppenangehörigen Unternehmens gehalten werden, sind zusammenzurechnen. [3]Mittelbar gehaltene Kapitalanteile sind nicht zu berücksichtigen, wenn sie durch ein Unternehmen vermittelt werden, das nicht Tochterunternehmen des übergeordneten Instituts oder der Finanzholding-Gesellschaft ist. [4]Dies gilt entsprechend für mittelbar gehaltene Kapitalanteile, die durch mehr als ein Unternehmen vermittelt werden.[5]Kapitalanteilen stehen Stimmrechte gleich. [6]§ 16 Abs. 2 und 3 des Aktiengesetzes gilt entsprechend.

(5)   Kapitalanlagegesellschaften gelten nicht als nachgeordnete Unternehmen.

(6)   [1]Ob gruppenangehörige Unternehmen insgesamt angemessene Eigenmittel haben, ist anhand einer Zusammenfassung ihrer Eigenmittel einschließlich der Anteile anderer Gesellschafter und der weiteren im Rahmen der Grundsätze nach Absatz 1 Satz 2 in Verbindung mit § 10 Abs. 1 Satz 2 maßgeblichen Positionen zu beurteilen; bei gruppenangehörigen Unternehmen gelten als Eigenmittel die Bestandteile, die den nach § 10 anerkannten Bestandteilen entsprechen. [2]Für die Zusammenfassung hat das übergeordnete Unternehmen seine maßgeblichen Positionen mit denen der anderen gruppenangehörigen Unternehmen zusammenzufassen. [3]Von den gemäß Satz 2 zusammenzufassenden Eigenmitteln sind abzuziehen

1.   die bei dem übergeordneten Unternehmen und den anderen Unternehmen der Gruppe ausgewiesenen, auf die gruppenangehörigen Unternehmen entfallenden Buchwerte

        a)   der Kapitalanteile,

        b)   der Vermögenseinlagen als stiller Gesellschafter nach § 10 Abs. 4 Satz 1,

        c)   der Genußrechte nach § 10 Abs. 5 Satz 1,

        d)   der längerfristigen nachrangigen Verbindlichkeiten nach § 10 Abs. 5a Satz 1 und

        e)   der kurzfristigen nachrangigen Verbindlichkeiten nach § 10 Abs. 7 Satz 1 sowie

2.   die bei dem übergeordneten Unternehmen oder einem anderen Unternehmen der Gruppe berücksichtigten nicht realisierten Reserven nach § 10 Abs. 2b Satz 1 Nr. 6 und 7, soweit sie auf gruppenangehörige Unternehmen entfallen.

[4]Abzuziehen sind die Kapitalanteile, jedoch nur vorbehaltlich der Regelung für den aktivischen Unterschiedsbetrag nach den Sätzen 6 und 7, und Vermögenseinlagen stiller Gesellschafter vom Kernkapital, die längerfristigen nachrangigen Verbindlichkeiten von den Bestandteilen des Ergänzungskapitals gemäß § 10 Abs. 2b Satz 3, die Genußrechtsverbindlichkeiten und die nicht realisierten Reserven vom Ergänzungskapital insgesamt, jeweils vor der in § 10 Abs. 2b Satz 2 und 3 vorgesehenen Kappung, und die kurzfristigen nachrangigen Verbindlichkeiten von den Drittrangmitteln gemäß § 10 Abs. 2c Satz 1 vor der in § 10 Abs. 2c Satz 2 und 4 vorgesehenen Kappung. [5]Bei Beteiligungen, die über nicht gruppenangehörige Unternehmen vermittelt werden, sind solche Buchwerte und nicht realisierten Reserven jeweils quotal in Höhe desjenigen Anteils abzuziehen, welcher der durchgerechneten Kapitalbeteiligung entspricht. [6]Ist der Buchwert einer Beteiligung höher als der nach Satz 2 zusammenzufassende Teil des Kapitals und der Rücklagen des nachgeordneten Unternehmens, hat das übergeordnete Unternehmen den Unterschiedsbetrag zu gleichen Teilen vom Kern- und Ergänzungskapital der Gruppe abzuziehen. [7]Dabei kann der aktivische Unterschiedsbetrag mit einem jährlich um mindestens ein Zehntel abnehmenden Betrag wie eine Beteiligung an einem gruppenfremden Unternehmen behandelt werden. [8]Die Positionen, die sich aus Rechtsverhältnissen zwischen gruppenangehörigen Unternehmen ergeben, sind nicht zu berücksichtigen. [9]Marktrisikobehaftete Positionen verschiedener gruppenangehöri-

ger Unternehmen können nicht miteinander verrechnet werden, es sei denn, die Unternehmen sind in die zentrale Risikosteuerung des übergeordneten Unternehmens einbezogen, die Eigenmittel sind in der Gruppe angemessen verteilt und es ist bei nachgeordneten Unternehmen mit Sitz in Drittstaaten gewährleistet, daß die örtlichen Rechts- und Verwaltungsvorschriften den freien Kapitaltransfer zu anderen gruppenangehörigen Unternehmen nicht behindern. [10]Das Bundesministerium der Finanzen kann im Benehmen mit der Deutschen Bundesbank durch Rechtsverordnung ergänzende Vorschriften erlassen, insbesondere auch um die Anwendung von Vorschriften über das Handelsbuch in der Gruppe, die Anforderungen an die zentrale Risikosteuerung des übergeordneten Unternehmens und die Angemessenheit der Verteilung der Eigenmittel in der Gruppe zu konkretisieren sowie die Verrechnung marktrisikobehafteter Positionen näher zu regeln. [11]Das Bundesministerium der Finanzen kann die Ermächtigung durch Rechtsverordnung auf das Bundesaufsichtsamt mit der Maßgabe übertragen, daß die Rechtsverordnung im Einvernehmen mit der Deutschen Bundesbank ergeht. [12]Vor Erlaß der Rechtsverordnung sind die Spitzenverbände der Institute anzuhören.

(7)   [1]Bei nachgeordneten Unternehmen, die keine Tochterunternehmen sind, hat das übergeordnete Unternehmen seine Eigenmittel und die weiteren im Rahmen der Grundsätze nach Absatz 1 Satz 2 in Verbindung mit § 10 Abs. 1 Satz 2 maßgeblichen Positionen mit den Eigenmitteln und den weiteren maßgeblichen Positionen der nachgeordneten Unternehmen jeweils quotal in Höhe desjenigen Anteils zusammenzufassen, der seiner Kapitalbeteiligung an dem nachgeordneten Unternehmen entspricht. [2]Im übrigen gilt Absatz 6.

(8)   [1]Das übergeordnete Unternehmen ist für eine angemessene Eigenmittelausstattung der Gruppe verantwortlich. [2]Es darf jedoch zur Erfüllung seiner Verpflichtungen nach Satz 1 auf die gruppenangehörigen Unternehmen nur einwirken, soweit dem das allgemein geltende Gesellschaftsrecht nicht entgegensteht. [3]§ 10 Abs. 1 Satz 4 gilt entsprechend.

(9)   [1]Die gruppenangehörigen Unternehmen haben zur Sicherstellung der ordnungsgemäßen Aufbereitung und Weiterleitung der für die Zusammenfassung gemäß den Absätzen 6 und 7 erforderlichen Angaben eine ordnungsgemäße Organisation und angemessene interne Kontrollverfahren einzurichten. [2]Sie sind verpflichtet, dem übergeordneten Unternehmen die für die Zusammenfassung erforderlichen Angaben zu übermitteln. [3]Kann ein übergeordnetes Unternehmen für einzelne gruppenangehörige Unternehmen die erforderlichen Angaben nicht beschaffen, sind die auf das gruppenangehörige Unternehmen entfallenden, in Absatz 6 Satz 3 genannten Buchwerte von den Eigenmitteln des übergeordneten Unternehmens abzuziehen.

(10)   Die Absätze 1 und 6 bis 8 gelten nicht für ein übergeordnetes Unternehmen, das selbst einem Institut mit Sitz im Inland nachgeordnet ist, für das die Absätze 1 und 6 bis 8 gelten.

§ 11 Liquidität

[1]Die Institute müssen ihre Mittel so anlegen, daß jederzeit eine ausreichende Zahlungsbereitschaft gewährleistet ist. [2]Das Bundesaufsichtsamt stellt im Einvernehmen mit der Deutschen Bundesbank Grundsätze auf, nach denen es für den Regelfall beurteilt, ob die Liquidität eines Instituts ausreicht; die Spitzenverbände der Institute sind vorher anzuhören. [3]Die Grundsätze sind im Bundesanzeiger zu veröffentlichen. [4]In den Grundsätzen ist an die Definition der Spareinlagen, insbesondere des Sparbuchs, in der Verordnung über die Rechnungslegung der Institute, die insoweit der Zustimmung des Deutschen Bundestages bedarf, anzuknüpfen. [5]Die Institute haben dem Bundesaufsichtsamt und der Deutschen Bundesbank monatlich die nach den Grundsätzen für die Überprüfung der Liquiditätsausstattung erforderlichen Angaben einzureichen.

§ 12 Begrenzung von bedeutenden Beteiligungen

(1)   [1]Ein Einlagenkreditinstitut darf an einem Unternehmen, das weder Institut, Finanzunternehmen oder Versicherungsunternehmen noch Unternehmen mit bankbezogenen Hilfsdiensten ist, keine bedeutende Beteiligung halten, deren Nennbetrag 15 vom Hundert des haftenden Eigenkapitals des Einlagenkreditinstituts übersteigt. [2]Ein Einlagenkreditinstitut darf an Unternehmen im Sinne des Satzes 1 bedeutende Beteiligungen nicht halten, deren Nennbetrag zusammen 60 vom Hundert des haftenden Eigenkapitals des Einlagenkreditinstituts übersteigt. [3]Anteile, die nicht dazu bestimmt sind, durch die Herstellung einer dauernden Verbindung dem eigenen Geschäftsbetrieb zu dienen, sind in die Berechnung der Höhe der bedeutenden Beteiligung nicht einzubeziehen. [4]Das Einlagenkreditinstitut darf die in Satz 1 oder 2 festgelegten Grenzen mit Zustimmung des Bundesaufsichtsamtes überschreiten. [5]Das Bundesaufsichtsamt darf die Zustimmung nur erteilen, wenn das Einlagenkreditinstitut die über die Grenze hinausgehenden Beteiligungen, bei Überschreitung beider Grenzen den höheren Betrag, mit haftendem Eigenkapital unterlegt.

(2)   [1]Ein Institut hat als übergeordnetes Unternehmen einer Gruppe (§ 10a Abs. 2 oder 3), zu der mindestens ein Einlagenkreditinstitut gehört, sicherzustellen, daß die Gruppe an einem Unternehmen im Sinnes des Absatzes 1 Satz 1 bedeutende Beteiligungen nicht hält, deren Nennbetrag 15 vom Hundert des haftenden Eigenkapitals der Gruppe übersteigt. [2]Es hat außerdem sicherzustellen, daß die Gruppe insgesamt an Unternehmen im Sinne des Absatzes 1 Satz 1 bedeutende Beteiligungen nicht hält, deren Nennbetrag zusammen 60 vom Hundert des haftenden Eigenkapitals der Gruppe übersteigt. [3]Absatz 1 Satz 3 ist anzuwenden. [4]Mit Zustimmung des Bundesaufsichtsamtes darf das Institut zulassen, daß die Gruppe die in Satz 1 oder 2 festgelegten Grenzen überschreitet. [5]Das Bundesaufsichtsamt darf die Zustimmung nur erteilen, wenn das Institut die über die Grenze hinausgehenden Beteiligungen, bei Überschreitung beider Grenzen den höheren Betrag, mit haftendem Eigenkapital der Gruppe unterlegt.

§ 12a Begründung von Unternehmensbeziehungen

(1) ¹Ein Institut oder eine Finanzholding-Gesellschaft hat bei dem Erwerb einer Beteiligung an einem Unternehmen mit Sitz im Ausland oder der Begründung einer Unternehmensbeziehung mit einem solchen Unternehmen, wodurch das Unternehmen zu einem nachgeordneten Unternehmen im Sinne des § 10a Abs. 2 bis 5 oder § 13b Abs. 2 wird, sicherzustellen, daß es, im Falle einer Finanzholding-Gesellschaft das für die Zusammenfassung verantwortliche übergeordnete Unternehmen, die für die Erfüllung der jeweiligen Pflichten nach § 10a, § 13b und § 25 Abs. 2, erforderlichen Angaben erhält. ²Satz 1 ist hinsichtlich der für die Erfüllung der Pflichten nach den §§ 10a und 13b erforderlichen Angaben nicht anzuwenden, wenn durch den gemäß § 10a Abs. 9 Satz 3 vorzunehmenden Abzug der Buchwerte in einer der Zusammenfassung nach § 10a Abs. 6 oder 7 und § 13b Abs. 3 vergleichbaren Weise dem Risiko aus der Begründung der Beteiligung oder der Unternehmensbeziehung Rechnung getragen und es dem Bundesaufsichtsamt ermöglicht wird, die Einhaltung dieser Voraussetzung zu überprüfen. ³Das Institut oder die Finanzholding-Gesellschaft hat die Begründung, die Veränderung oder die Aufgabe einer in Satz 1 genannten Beteiligung oder Unternehmensbeziehung unverzüglich dem Bundesaufsichtsamt und der Deutschen Bundesbank anzuzeigen.

(2) ¹Das Bundesaufsichtsamt kann die Fortführung der Beteiligung oder der Unternehmensbeziehung untersagen, wenn das übergeordnete Unternehmen die für die Erfüllung der Pflichten nach §§ 10a, § 13b oder § 25 Abs. 2 erforderlichen Angaben nicht erhält. ²Die Ausnahme nach Absatz 1 Satz 2 gilt entsprechend für die Untersagungsermächtigung nach Satz 1.

2. Kreditgeschäft

§ 13 Großkredite von Nichthandelsbuchinstituten

(1) ¹Ein Institut, das nach § 2 Abs. 11 von den Vorschriften über das Handelsbuch freigestellt ist (Nichthandelsbuchinstitut), hat der Deutschen Bundesbank unverzüglich anzuzeigen, wenn seine Kredite an einen Kreditnehmer insgesamt 10 vom Hundert seines haftenden Eigenkapitals erreichen oder übersteigen (Großkredit). ²Die Rechtsverordnung nach § 24 Abs. 4 Satz 1 kann statt der unverzüglichen Anzeige nach Satz 1 regelmäßige Sammelanzeigen vorsehen. ³Die Deutsche Bundesbank leitet die Anzeigen mit ihrer Stellungnahme an das Bundesaufsichtsamt weiter; dieses kann auf die Weiterleitung bestimmter Anzeigen verzichten.

(2) ¹Ein Nichthandelsbuchinstitut in der Rechtsform einer juristischen Person oder einer Personenhandelsgesellschaft darf unbeschadet der Wirksamkeit der Rechtsgeschäfte einen Großkredit nur auf Grund eines einstimmigen Beschlusses sämtlicher Geschäftsleiter gewähren. ²Der Beschluß soll vor der Kreditgewährung gefaßt

werden. [3]Ist dies im Einzelfall wegen der Eilbedürftigkeit des Geschäftes nicht möglich, ist der Beschluß unverzüglich nachzuholen. [4]Der Beschluß ist aktenkundig zu machen. [5]Ist der Großkredit ohne vorherigen einstimmigen Beschluß sämtlicher Geschäftsleiter gewährt worden und wird die Beschlußfassung nicht innerhalb eines Monats nach Gewährung des Kredits nachgeholt, hat das Nichthandelsbuchinstitut dies dem Bundesaufsichtsamt und der Deutschen Bundesbank unverzüglich anzuzeigen. [6] Wird ein bereits gewährter Kredit durch Verringerung des haftenden Eigenkapitals zu einem Großkredit, darf das Nichthandelsbuchinstitut diesen Großkredit unbeschadet der Wirksamkeit des Rechtsgeschäftes nur auf Grund eines unverzüglich nachzuholenden einstimmigen Beschlusses sämtlicher Geschäftsleiter weitergewähren. [7]Der Beschluß ist aktenkundig zu machen. [8]Wird der Beschluß nicht innerhalb eines Monats, gerechnet von dem Zeitpunkt an, zu dem der Kredit zu einem Großkredit geworden ist, nachgeholt, hat das Nichthandelsbuchinstitut dies dem Bundesaufsichtsamt und der Deutschen Bundesbank unverzüglich anzuzeigen.

(3) [1]Unbeschadet der Wirksamkeit der Rechtsgeschäfte darf ein Nichthandelsbuchinstitut ohne Zustimmung des Bundesaufsichtsamtes an einen Kreditnehmer nicht Kredite gewähren, die insgesamt 25 vom Hundert des haftenden Eigenkapitals des Nichthandelsbuchinstituts (Großkrediteinzelobergrenze) überschreiten. [2]Unabhängig davon, ob das Bundesaufsichtsamt die Zustimmung erteilt, hat das Nichthandelsbuchinstitut das Überschreiten der Großkrediteinzelobergrenze unverzüglich dem Bundesaufsichtsamt und der Deutschen Bank anzuzeigen und den Betrag, um den der Großkredit die Großkrediteinzelobergrenze überschreitet, mit haftendem Eigenkapital zu unterlegen,

[3]Die Kredite an ein verbundenes Unternehmen, das weder einer Gruppe im Sinne des § 13b Abs. 2 angehört noch durch die zuständigen Stellen eines anderen Staates des Europäischen Wirtschaftsraums zu einer Gruppe nach Maßgabe der Richtlinie 92/121/EWG des Rates vom 21. Dezember 1992 über die Überwachung und Kontrolle der Großkredite von Kreditinstituten - ABl. EG 1993 Nr. L 29 S. 1 - (Großkreditrichtlinie) zusammengefaßt wird, dürfen ohne Zustimmung des Bundesaufsichtsamtes 20 vom Hundert des haftenden Eigenkapitals des Nichthandelsbuchinstitut nicht überschreiten. [4]Satz 2 gilt entsprechend.

[5]Das Nichthandelsbuchinstitut hat sicherzustellen, daß alle Großkredite zusammen ohne Zustimmung des Bundesaufsichtsamtes nicht das Achtfache seines haftenden Eigenkapitals (Großkreditgesamtobergrenze) überschreiten. [6]Unabhängig davon, ob das Bundesaufsichtsamt die Zustimmung erteilt, hat das Nichthandelsbuchinstitut das Überschreiten der Großkreditgesamtobergrenze unverzüglich dem Bundesaufsichtsamt und der Deutschen Bundesbank anzuzeigen und den Betrag, um den die Großkredite zusammen die Großkreditgesamtobergrenze überschreiten, mit haftendem Eigenkapital zu unterlegen.

[7]Ein Nichthandelsbuchinstitut, das sowohl die Großkrediteinzelobergrenze gegenüber einem oder mehreren Kreditnehmern als auch die Großkreditgesamtobergrenze überschreitet, hat nur den jeweils höheren Überschreitungsbetrag mit haftendem Eigenkapital zu unterlegen.

⁸Die Zustimmung nach den Sätzen 1, 3 und 5 steht im pflichtgemäßen Ermessen des Bundesaufsichtsamtes. ⁹Das Bundesaufsichtsamt kann ein Nichthandels- buchinstitut in besonders gelagerten Fällen vorübergehend von der Unterlegungspflicht nach Satz 2, auch in Verbindung mit Satz 4, befreien, wenn die Überschreitung der Grenze durch die Verschmelzung von Kreditnehmern oder vergleichbare Ereignisse eingetreten ist und für das Nichthandelsbuchinstitut nicht vorhersehbar war.

(4)   Die Abs. 1 und 2 gelten auch für Zusagen von Kreditrahmenkontingenten mit der Maßgabe, daß die Anzeigen nach Absatz 1 an Stichtagen zu erstatten sind, die durch Rechtsverordnung nach § 24 Abs. 4 Satz 1 bestimmt werden.

§ 13a Großkredite von Handelsbuchinstituten

(1)   ¹Ein Institut, das nicht nach § 2 Abs. 11 von den Vorschriften über das Handelsbuch freigestellt ist (Handelsbuchinstitut), hat Großkredite gemäß Satz 3 der Deutschen Bundesbank anzuzeigen. ²§ 13 Abs. 1 Satz 2 und 3 gilt entsprechend. ³Für ein Handelsbuchinstitut besteht ein Gesamtbuch-Großkredit, wenn die Gesamtheit der Kredite an einem Kreditnehmer (kreditnehmerbezogene Gesamtposition) 10 vom Hundert der Eigenmittel erreicht oder überschreitet; für das Handelsbuchinstitut besteht ein Anlagebuch-Großkredit, wenn die Gesamtheit der Kredite an einen Kreditnehmer ohne Berücksichtigung der kreditnehmerbezogenen Handelsbuchpositionen (kreditnehmerbezogene Anlagebuch-Gesamtposition) 10 vom Hundert des haftenden Eigenkapitals des Instituts erreicht oder überschreitet. ⁴Die kreditnehmerbezogene Handelsbuchgesamtposition bilden eine Gesamtheit der Kredite an einem Kreditnehmer, die dem Handelsbuch zugeordnet werden.

(2)   § 13 Abs. 2 über die Beschlußfassung über Großkredite von Nichthandelsbuchinstituten gilt für Handelsbuchinstitute entsprechend.

(3)   ¹Unbeschadet der Wirksamkeit der Rechtsgeschäfte hat ein Handelsbuchinstitut sicherzustellen, daß die kreditnehmerbezogene Anlagebuch-Gesamtpositon nicht ohne Zustimmung des Bundesaufsichtsamtes 25 vom Hundert des haftenden Eigenkapitals (Anlagebuch-Großkrediteinzelobergrenze) überschreitet. ² Unabhängig davon, ob das Bundesaufsichtsamt die Zustimmung erteilt, hat das Handelsbuchinstitut das Überschreiten der Anlagebuch-Großkrediteinzelobergrenze dem Bundesaufsichtsamt und der Deutschen Bundesbank anzuzeigen und den Überschreitungsbetrag mit haftenden Eigenkapital zu unterlegen.

³Gegenüber einem verbundenen Unternehmen im Sinne des § 13 Abs. 3 Satz 3 darf die kreditnehmerbezogene Anlagebuch-Gesamtposition nicht ohne Zustimmung des Bundesaufsichtsamtes 20 vom Hundert des haftenden Eigenkapitals überschreiten. ⁴Satz 2 gilt entsprechend.

⁵Das Handelsbuchinstitut hat sicherzustellen, daß alle Anlagebuch-Großkredite zusammen nicht ohne Zustimmung des Bundesaufsichtsamtes das Achtfache seines

haftenden Eigenkapitals (Anlagebuch-Großkreditgesamtobergrenze) überschreiten. [6]Unabhängig davon, ob das Bundesaufsichtsamt die Zustimmung erteilt, hat das Handelsbuchinstitut das Überschreiten der Anlagebuch-Großkreditgesamtobergrenze dem Bundesaufsichtsamt und der Deutschen Bundesbank anzuzeigen und den Überschreitungsbetrag mit haftendem Eigenkapital zu unterlegen. [7]§ 13 Abs. 3 Satz 7 gilt entsprechend.

[8]Die Zustimmung nach den Sätzen 1, 3 und 5 steht im pflichtgemäßen Ermessen des Bundesaufsichtsamtes. [9]§ 13 Abs. 3 Satz 9 gilt entsprechend.

(4)   [1]Das Handelsbuchinstitut hat sicherzustellen, daß die kreditnehmerbezogene Gesamtposition nicht ohne Zustimmung des Bundesaufsichtsamtes 25 vom Hundert seiner Eigenmittel überschreitet (Gesamtbuch-Großkrediteinzelobergrenze). [2]Unabhängig davon, ob das Bundesaufsichtsamt die Zustimmung erteilt, hat das Handelsbuchinstitut eine Überschreitung der Gesamtbuch-Großkrediteinzelobergrenze dem Bundesaufsichtsamt und der Deutschen Bundesbank anzuzeigen und den Überschreitungsbetrag nach Maßgabe der Rechtsverordnung nach § 22 Satz 1 mit Eigenmitteln zu unterlegen.

[3]Gegenüber einem verbundenen Unternehmen im Sinne des § 13 Abs. 3 Satz 3 darf die kreditnehmerbezogene Gesamtposition 20 vom Hundert der Eigenmittel nicht überschreiten. [4]Satz 2 gilt entsprechend.

[5]Das Handelsbuchinstitut hat sicherzustellen, daß die Gesamtbuch-Großkredite zusammen nicht ohne Zustimmung des Bundesaufsichtsamtes das Achtfache seiner Eigenmittel (Gesamtbuch-Großkreditgesamtobergrenze) überschreiten. [6] Unabhängig davon, ob das Bundesaufsichtsamt die Zustimmung erteilt, hat das Handelsbuchinstitut das Überschreiten der Gesamtbuch-Großkreditgesamtobergrenze dem Bundesaufsichtsamt und der Deutschen Bundesbank anzuzeigen und den Überschreitungsbetrag nach Maßgabe der Rechtsverordnung nach § 22 Satz 1 mit Eigenmitteln zu unterlegen. [7]§ 13 Abs. 3 Satz 7 gilt entsprechend.

[8]Die Zustimmung nach den Sätzen 1,3 und 5 steht im pflichtgemäßen Ermessen des Bundesaufsichtsamtes; die Zustimmung nach Satz 1 oder 3 gilt als nicht erteilt, wenn die kreditnehmerbezogene Anlagebuch-Gesamtposition die jeweils maßgebliche Großkrediteinzelobergrenze nach Absatz 3 Satz 1 oder 3 überschreitet.

(5)   [1]Auch mit der Zustimmung des Bundesaufsichtsamtes darf im Fall einer Überschreitung der Obergrenze nach Absatz 4 Satz 1 oder 3 die kreditnehmerbezogene Handelsbuch-Gesamtposition eines Handelsbuchinstituts höchstens das Fünffache der Eigenmittel des Handelsbuchinstituts, die nicht zur Unterlegung von Risiken des Anlagebuchs benötigt werden, betragen. [2]Eine Überschreitung dieser Grenze hat das Handelsbuchinstitut unverzüglich dem Bundesaufsichtsamt und der Deutschen Bundesbank anzuzeigen und den Überschreitungsbetrag nach Maßgabe der Rechtsverordnung nach § 22 Satz 1 mit Eigenmitteln zu unterlegen.

³Alle kreditnehmerbezogenen Gesamtpositionen, welche die Obergrenze nach Absatz 4 Satz 1 oder 3 länger als zehn Tage überschreiten, dürfen nach Abzug der Beträge, die diese Obergrenzen nicht überschreiten (Gesamt-Überschreitungsposition), zusammen nicht das Sechsfache der Eigenmittel des Handelsbuchinstituts, die nicht zur Unterlegung von Risiken des Anlagebuchs benötigt werden, übersteigen. ⁴Eine Überschreitung dieser Grenze hat das Handelsbuchinstitut unverzüglich dem Bundesaufsichtsamt und der Deutschen Bundesbank anzuzeigen und den Überschreitunsbetrag nach Maßgabe der Rechtsverordnung nach § 22 Satz 1 mit Eigenmitteln zu unterlegen.

(6) ¹Die Absätze 1 und 2 gelten auch für Zusagen von Kreditrahmenkontingenten mit der Maßgabe, daß die Anzeigen nach Absatz 1 an Stichtagen zu erstatten sind, die durch Rechtsverordnung nach § 24 Abs. 4 Satz 1 bestimmt werden.

§ 13b Großkredite von Institutsgruppen und Finanzholding-Gruppen

(1) Für die von den Unternehmen einer Institutsgruppe oder Finanzholding-Gruppe insgesamt gewährten Kredite gelten § 13 Abs. 1, 3 und 4 sowie § 13a Abs. 1 und 3 bis 6 über Großkredite einzelner Institute entsprechend.

(2) Für die Bestimmung einer Gruppe im Sinne dieser Vorschrift gilt § 10a Abs. 2 bis 5 entsprechend.

(3) ¹Ob Unternehmen, die einer Gruppe angehören, insgesamt einen Großkredit gewährt haben und die Obergrenzen nach den §§ 13 und 13a einhalten, ist anhand einer Zusammenfassung ihrer Eigenmittel einschließlich der Anteile anderer Gesellschafter und der Kredite an einen Kreditnehmer festzustellen, wenn für eines der gruppenangehörigen Unternehmen die kreditnehmerbezogene Gesamtposition 5 vom Hundert seines haftenden Eigenkapitals beträgt oder übersteigt. ²§ 10a Abs. 6 Satz 2 bis 15 und Abs. 7 gilt entsprechend.

(4) ¹Das übergeordnete Unternehmen hat die Anzeigepflichten nach Absatz 1 in Verbindung mit den §§ 13 und 13a zu erfüllen. ²Es ist dafür verantwortlich, daß die gruppenangehörigen Unternehmen insgesamt die Obergrenzen nach den §§ 13 und 13a einhalten. ³Es darf jedoch zur Erfüllung seiner Verpflichtungen nach Satz 2 auf gruppenangehörige Unternehmen nur einwirken, soweit dem das allgemein geltende Gesellschaftsrecht nicht entgegensteht.

(5) § 10a Abs. 9 und 10 gilt entsprechend.

§ 14 Millionenkredite

(1) ¹Ein Kreditinstitut, ein Finanzdienstleistungsinstitut im Sinne des § 1 Abs. 1a Satz 2 Nr. 4 und ein Finanzunternehmen im Sinne des § 1 Abs. 3 Satz 1 Nr. 2 haben der Deutschen Bundesbank bis zum 15. der Monate Januar, April, Juli und Oktober diejenigen Kreditnehmer anzuzeigen, deren Verschuldung bei ihnen zu einem Zeitpunkt während der dem Meldetermin vorhergehenden drei Kalendermonate drei Millionen Deutsche Mark oder mehr betragen hat (Millionenkredite). ²Übergeordnete Unternehmen im Sinne des § 13b Abs. 2 haben zugleich für die gruppenangehörigen Unternehmen im Sinne des § 13b Abs. 2 deren Kreditnehmer im Sinne des entsprechend anzuwendenden Satzes 1 anzuzeigen. Dies gilt nicht, soweit diese Unternehmen selbst nach Satz 1 anzeigepflichtig sind. ³Die nicht selbst nach Satz 1 anzeigepflichtigen gruppenangehörigen Unternehmen haben dem übergeordneten Unternehmen die hierfür erforderlichen Angaben zu übermitteln. ⁴Satz 1 gilt bei Gemeinschaftskrediten von 3 Millionen Deutsche Mark und mehr auch dann, wenn der Anteil des einzelnen Unternehmens 3 Millionen Deutsche Mark nicht erreicht. ⁵Aus der Anzeige muß die Höhe der Kreditinanspruchnahme des Kreditnehmers am Meldestichtag ersichtlich sein. ⁶§ 13 Abs. 1 Satz 3 gilt entsprechend.

(2) ¹Ergibt sich, daß einem Kreditnehmer von mehreren Unternehmen Millionenkredite gewährt worden sind, hat die Deutsche Bundesbank die anzeigenden Unternehmen zu benachrichtigen. ²Die Benachrichtigung darf nur Angaben über die Gesamtverschuldung des Kreditnehmers und über die Anzahl der beteiligten Unternehmen umfassen. ³Die Verschuldung bei den beteiligten Kreditgebern ist in der Benachrichtigung aufzugliedern in

1. Kredite im Sinne des § 19 Abs. 1 Satz 2,

2. Derivate, die Kredite im Sinne des § 19 Abs. 1 Satz 1 sind,

3. Kredite im Sinne des § 19 Abs. 1 Satz 3 Nr. 3 bis 5, 7, 9 und 12,

4. Kredite, soweit sie vom Bund, einem Sondervermögen des Bundes, einem Land, einer Gemeinde oder einem Gemeindeverband verbürgt oder in anderer Weise gesichert sind (öffentlich verbürgte Kredite),

5. Kredite, soweit sie den Erfordernissen der §§ 11 und 12 Abs. 1 und 2 des Hypothekenbankgesetzes entsprechen (Realkredite);

6. Kredite im Sinne des § 20 Abs. 3 Satz 2 Nr. 2 und

7. Kredite im Sinne des § 19 Abs. 1 Satz 2 Nr. 9 und Forderungen aus dem entgeltlichen Erwerb von Geldforderungen.

⁴Die Deutsche Bundesbank teilt einem anzeigepflichtigen Unternehmen auf Antrag den Schuldenstand eines Kunden mit, sofern das Unternehmen beabsichtigt, dem Kunden einen Kredit in Höhe von 3 Millionen Deutsche Mark oder mehr zu gewähren oder einen bereits gewährten Kredit auf 3 Millionen Deutsche Mark oder mehr zu erhöhen und der Kunde in die Mitteilung eingewilligt hat. ⁵Die bei einem anzeigepflichtigen Unternehmen beschäftigten Personen dürfen Angaben, die dem Unternehmen nach diesem Absatz mitgeteilt werden, Dritten nicht offenbaren und nicht verwerten.

(3) ¹Gelten nach § 19 Abs. 2 mehrere Schuldner als ein Kreditnehmer, so ist in den Anzeigen nach Absatz 1 auch die Verschuldung der einzelnen Schuldner anzugeben. ²Bei der Benachrichtigung nach Absatz 2 ist die Gesamtverschuldung der als ein Kreditnehmer geltenden Schuldner mitzuteilen. ³Die Verschuldung einzelner Schuldner ist nur den Unternehmen mitzuteilen, die selbst oder deren nach- geordnete Unternehmen im Sinne des Absatzes 1 Satz 3 und 4 diesen Schuldnern Kredite gewährt haben.

(4) Nach dem Abschluß von zwischenstaatlichen Vereinbarungen oder nach dem Inkrafttreten einer Richtlinie der Europäischen Gemeinschaften über Kreditmeldungen im Sinne dieser Vorschrift ist die Deutsche Bundesbank befugt, die Anzeigen nach Absatz 1 in der nach Absatz 2 Satz 2 und 3 vorgesehenen Zusammenfassung an die in der zwischenstaatlichen Vereinbarung oder in der Richtlinie der Europäischen Gemeinschaften vorgesehenen Stellen zur Benachrichtigung der beteiligten Unternehmen mit Sitz im Ausland weiterzuleiten sowie die beteiligten Unternehmen gemäß Absatz 2 über die Verschuldung von Kreditnehmern bei Unternehmen mit Sitz im Ausland zu benachrichtigen.

§ 15 Organkredite

(1) ¹Kredite an

1. Geschäftsleiter des Instituts,

2. nicht zu den Geschäftsleitern gehörende Gesellschafter des Instituts, wenn dieses in der Rechtsform einer Personenhandelsgesellschaft oder der Gesellschaft mit beschränkter Haftung betrieben wird, sowie an persönlich haftende Gesellschafter eines in der Rechtsform der Kommanditgesellschaft auf Aktien betriebenen Instituts, die nicht Geschäftsleiter sind,

3. Mitglieder eines zur Überwachung der Geschäftsführung bestellten Organs des Instituts, wenn die Überwachungsbefugnisse des Organs durch Gesetz geregelt sind (Aufsichtsorgan),

4. Prokuristen und zum gesamten Geschäftsbetrieb ermächtigte Handlungsbevollmächtigte des Instituts,

5. Ehegatten und minderjährige Kinder der unter Nummern 1 bis 4 genannten Personen,

6. stille Gesellschafter des Instituts,

7. Unternehmen in der Rechtsform einer juristischen Person oder einer Personenhandelsgesellschaft, wenn ein Geschäftsleiter, ein Prokurist oder ein zum gesamten Geschäftsbetrieb ermächtigter Handlungsbevollmächtigter des Instituts gesetzlicher Vertreter oder Mitglied des Aufsichtsorgans der juristischen Person oder Gesellschafter der Personenhandelsgesellschaft ist,

8. Unternehmen in der Rechtsform einer juristischen Person oder einer Personenhandelsgesellschaft, wenn ein gesetzlicher Vertreter der juristischen Person, ein Gesellschafter der Personenhandelsgesellschaft, ein Prokurist oder ein zum gesamten Geschäftsbetrieb ermächtigter Handlungsbevollmächtigter dieses Unternehmens dem Aufsichtsorgan des Instituts angehört,

9. Unternehmen, an denen das Institut oder ein Geschäftsleiter mit mehr als 10 vom Hundert des Kapitals des Unternehmens beteiligt ist oder bei denen das Institut oder ein Geschäftsleiter persönlich haftender Gesellschafter ist,

10. Unternehmen, die an dem Institut mit mehr als 10 vom Hundert des Kapitals des Instituts beteiligt sind und

11. Unternehmen in der Rechtsform einer juristischen Person oder einer Personenhandelsgesellschaft, wenn ein gesetzlicher Vertreter der juristischen Person oder ein Gesellschafter der Personenhandelsgesellschaft an dem Institut mit mehr als 10 vom Hundert des Kapitals beteiligt ist, dürfen nur aufgrund eines einstimmigen Beschlusses sämtlicher Geschäftsleiter des Instituts und nur mit ausdrücklicher Zustimmung des Aufsichtsorgans gewährt werden. [2]Als Beteiligung im Sinne des Satzes 1 Nr. 9 bis 11 gilt jeder Besitz von Aktien oder Geschäftsanteilen des Unternehmens, wenn er mindestens ein Viertel des Kapitals (Nennkapital, Summe der Kapitalanteile) erreicht, ohne daß es auf die Dauer des Besitzes ankommt. [3]Der Gewährung eines Kredits steht die Gestattung von Entnahmen gleich, die über die einem Geschäftsleiter oder einem Mitglied des Aufsichtsorgans zustehenden Vergütungen hinausgehen, insbesondere auch die Gestattung der Entnahme von Vorschüssen auf Vergütungen.

(2) [1]Absatz 1 gilt entsprechend für die Gewährung von Krediten an persönlich haftende Gesellschafter, an Geschäftsführer, an Mitglieder des Vorstandes oder des Aufsichtsorgans, an Prokuristen und an zum gesamten Geschäftsbetrieb ermächtigte Handlungsbevollmächtigte eines von dem Institut abhängigen oder es beherrschenden Unternehmens sowie an ihre Ehegatten und minderjährigen Kinder. [2]In diesen Fällen muß die ausdrückliche Zustimmung des Aufsichtsorgans des herrschenden Unternehmens erteilt sein.

(3) Die Absätze 1 und 2 gelten nicht

1. für Kredite an Prokuristen und an zum gesamten Geschäftsbetrieb ermächtigte Handlungsbevollmächtigte sowie an ihre Ehegatten und minderjährigen Kinder, wenn der Kredit ein Jahresgehalt des Prokuristen oder des Handlungsbevollmächtigten nicht übersteigt,

2. für Kredite an in Absatz 1 Satz 1 Nr. 6 bis 11 genannte Personen oder Unternehmen, wenn der Kredit weniger als 1 vom Hundert des haftenden Eigenkapitals des Instituts oder weniger als 100 000 Deutsche Mark beträgt und

3. für Kredite, die um nicht mehr als 10 vom Hundert des nach Absatz 1 Satz 1 beschlossenen Betrages erhöht werden.

(4) ¹Der Beschluß der Geschäftsleiter und der Beschluß über die Zustimmung sind vor der Gewährung des Kredits zu fassen. ²Die Beschlüsse müssen Bestimmungen über die Verzinsung und Rückzahlung des Kredits enthalten. ³Sie sind aktenkundig zu machen. ⁴Ist die Gewährung eines Kredits nach Absatz 1 Satz 1 Nr. 6 bis 11 eilbedürftig, genügt es, daß sämtliche Geschäftsleiter sowie das Aufsichtsorgan der Kreditgewährung unverzüglich nachträglich zustimmen. ⁵Ist der Beschluß der Geschäftsleiter nicht innerhalb von zwei Monaten oder der Beschluß des Aufsichtsorgans nicht innerhalb von vier Monaten, jeweils vom Tage der Kreditgewährung an gerechnet, nachgeholt, hat das Institut dies dem Bundesaufsichtsamt unverzüglich anzuzeigen. ⁶Der Beschluß der Geschäftsleiter und der Beschluß über die Zustimmung zu Krediten an die in Absatz 1 Satz 1 Nr. 1 bis 5 und Absatz 2 genannten Personen können für bestimmte Kreditgeschäfte und Arten von Kreditgeschäften im voraus, jedoch nicht für länger als ein Jahr gefaßt werden.

(5) Wird entgegen den Absätzen 1, 2 oder 4 ein Kredit an eine in Absatz 1 Satz 1 Nr. 1 bis 5 oder an eine in Absatz 2 genannte Person gewährt, so ist dieser Kredit ohne Rücksicht auf entgegenstehende Vereinbarungen sofort zurückzuzahlen, wenn nicht sämtliche Geschäftsleiter sowie das Aufsichtsorgan der Kreditgewährung nachträglich zustimmen.

§ 16 (aufgehoben)

§ 17 Haftungsbestimmung

(1) Wird entgegen den Vorschriften des § 15 Kredit gewährt, so haften die Geschäftsleiter, die hierbei ihre Pflichten verletzen, und die Mitglieder des Aufsichtsorgans, die trotz Kenntnis gegen eine beabsichtigte Kreditgewährung pflichtwidrig nicht einschreiten, dem Institut als Gesamtschuldner für den entstehenden Schaden; die Geschäftsleiter und die Mitglieder des Aufsichtsorgans haben nachzuweisen, daß sie nicht schuldhaft gehandelt haben.

(2) ¹Der Ersatzanspruch des Instituts kann auch von dessen Gläubigern geltend gemacht werden, soweit sie von diesem keine Befriedigung erlangen können. ²Den Gläubigern gegenüber wird die Ersatzpflicht weder durch einen Verzicht oder Vergleich des Instituts noch dadurch aufgehoben, daß bei Instituten in der Rechtsform der juristischen Person die Kreditgewährung auf einem Beschluß des obersten Organs des Instituts (Hauptversammlung, Generalversammlung, Gesellschafterversammlung) beruht.

(3) Die Ansprüche nach Absatz 1 verjähren in fünf Jahren.

§ 18 Kreditunterlagen

[1]Ein Kreditinstitut darf einen Kredit von insgesamt mehr als 500.000 Deutsche Mark nur gewähren, wenn es sich von dem Kreditnehmer die wirtschaftlichen Verhältnisse, insbesondere durch Vorlage der Jahresabschlüsse, offenlegen läßt. [2]Das Kreditinstitut kann hiervon absehen, wenn das Verlangen nach Offenlegung im Hinblick auf die gestellten Sicherheiten oder auf die Mitverpflichteten offensichtlich unbegründet wäre. [3]Das Kreditinstitut kann von der laufenden Offenlegung absehen, wenn

1. der Kredit durch Grundpfandrechte auf Wohneigentum, das vom Kreditnehmer selbst genutzt wird, gesichert ist,

2. der Kredit vier Fünftel des Beleihungswertes des Pfandobjektes im Sinne des § 12 Abs. 1 und 2 des Hypothekenbankgesetzes nicht übersteigt und

3. der Kreditnehmer die von ihm geschuldeten Zins- und Tilgungsleistungen störungsfrei erbringt. [4]Eine Offenlegung ist nicht erforderlich bei Krediten an eine ausländische öffentliche Stelle im Sinne des § 20 Abs. 1 Nr. 1 Buchstabe b bis d.

§ 19 Begriff des Kredits für die §§ 13 bis 14 und des Kreditnehmers

(1) [1]Kredite im Sinne der §§ 13 bis 14 sind Bilanzaktiva, Derivate mit Ausnahme der Stillhalterpositionen von Optionsgeschäften sowie die dafür übernommenen Gewährleistungen, und andere außerbilanzielle Geschäfte. [2]Bilanzaktiva im Sinne des Satzes 1 sind

1. Guthaben bei Zentralnotenbanken und Postgiroämtern,

2. Schuldtitel öffentlicher Stellen und Wechsel, die zur Refinanzierung bei Zentralnotenbanken zugelassen sind,

3. im Einzug befindliche Werte, für die entsprechende Zahlungen bereits bevorschußt wurden,

4. Forderungen an Kreditinstitute und Kunden (einschließlich der Warenforderungen von Kreditinstituten mit Warengeschäft),

5. Schuldverschreibungen und andere festverzinsliche Wertpapiere, soweit sie kein Recht verbriefen, das unter die in Satz 1 genannten Derivate fällt,

6. Aktien und andere nicht festverzinsliche Wertpapiere, soweit sie kein Recht verbriefen, das unter die in Satz 1 genannten Derivate fällt,

7. Beteiligungen,

8. Anteile an verbundenen Unternehmen,

9. Gegenstände, über die als Leasinggeber Leasingverträge abgeschlossen worden sind, unabhängig von ihrem Bilanzausweis und

10. sonstige Vermögensgegenstände, sofern sie einem Adressenausfallrisiko unterliegen.

³Als andere außerbilanzielle Geschäfte im Sinne des Satzes 1 sind anzusehen

1. den Kreditnehmern abgerechnete eigene Ziehungen im Umlauf,

2. Indossamentsverbindlichkeiten aus weitergegebenen Wechseln,

3. Bürgschaften und Garantien für Bilanzaktiva,

4. Erfüllungsgarantien und andere als die in Nummer 3 genannten Garantien und Gewährleistungen, soweit sie sich nicht auf die in Satz 1 genannten Derivate beziehen,

5. Eröffnung und Bestätigung von Akkreditiven,

6. unbedingte Verpflichtungen der Bausparkassen zur Ablösung fremder Vorfinanzierungs- und Zwischenkredite an Bausparer,

7. Haftung aus der Bestellung von Sicherheiten für fremde Verbindlichkeiten,

8. beim Pensionsgeber vom Bestand abgesetzte Bilanzaktiva, die dieser mit der Vereinbarung auf einen anderen übertragen hat, daß er sie auf Verlangen zurücknehmen muß,

9. Verkäufe von Bilanzaktiva mit Rückgriff, bei denen das Kreditrisiko bei dem verkaufenden Institut verbleibt,

10. Terminkäufe auf Bilanzaktiva, bei denen eine unbedingte Verpflichtung zur Abnahme des Liefergegenstandes besteht,

11. Plazierung von Termineinlagen auf Termin,

12. Ankaufs- und Refinanzierungszusagen,

13. noch nicht in Anspruch genommene Kreditzusagen, welche eine Ursprungslaufzeit von mehr als einem Jahr haben und nicht jederzeit fristlos und vorbehaltlos von dem Institut gekündigt werden können und

14. noch nicht in Anspruch genommene Kreditzusagen, welche eine Ursprungslaufzeit von bis zu einem Jahr haben oder jederzeit fristlos und vorbehaltlos von dem Institut gekündigt werden können.

(2) ¹Im Sinne der §§ 10, 13 bis 18 gelten als ein Kreditnehmer zwei oder mehr natürliche oder juristische Personen oder Personenhandelsgesellschaften, die insofern eine Einheit bilden, als eine von ihnen unmittelbar oder mittelbar beherrschenden Einfluß auf die andere oder die anderen ausüben kann, oder die ohne Vorliegen eines solchen Beherrschungsverhältnisses als Risikoeinheit anzusehen sind, da die zwischen ihnen bestehenden Abhängigkeiten es wahrscheinlich erscheinen lassen, daß, wenn einer dieser Kreditnehmer in finanzielle Schwierigkeiten gerät, dies auch bei den anderen zu Zahlungsschwierigkeiten führt.

²Dies ist insbesondere der Fall bei:

1. allen Unternehmen, die demselben Konzern angehören oder durch Verträge verbunden sind, die vorsehen, daß das eine Unternehmen verpflichtet ist, seinen ganzen Gewinn an ein anderes abzuführen, sowie in Mehrheitsbesitz stehenden Unternehmen und den an ihnen mit Mehrheit beteiligten Unternehmen oder Personen, ausgenommen

    a) der Bund, ein Sondervermögen des Bundes, ein Land, eine Gemeinde oder ein Gemeindeverband,

    b) die Europäischen Gemeinschaften,

    c) ausländische Zentralregierungen,

    d) Regionalregierungen und örtliche Gebietskörperschaften in anderen Staaten des Europäischen Wirtschaftsraums, für die gemäß Artikel 7 der Richtlinie 89/647/EWG des Rates vom 18. Dezember 1989 über einen Solvabilitätskoeffizienten für Kreditinstitute - ABI. EG Nr. L 386 S. 14 - (Solvabilitätsrichtlinie) die Gewichtung Null bekanntgegeben worden ist,

2. Personenhandelsgesellschaften und jedem persönlich haftenden Gesellschafter sowie Partnerschaften und jedem Partner und

3. Personen und Unternehmen, für deren Rechnung Kredit aufgenommen wird, und denjenigen, die diesen Kredit im eigenen Namen aufnehmen.

³Bei Anwendung der §§ 13 und 13a gilt Satz 1 nicht für Kredite innerhalb einer Gruppe nach § 13b Abs. 2 an Unternehmen, die in die Zusammenfassung nach § 13b Abs. 3 einbezogen sind. ⁴Satz 3 gilt entsprechend für Kredite an Mutterunternehmen mit Sitz in einem anderen Staat des Europäischen Wirtschaftsraums sowie an deren andere Tochterunternehmen, sofern das Institut, sein Mutterunternehmen und deren andere Tochterunternehmen von den zuständigen Stellen des anderen Staates in die Überwachung der Großkredite auf zusammengefaßter Basis nach Maßgabe der Großkreditrichtlinie einbezogen werden.

(3) ¹Bei Krediten aus öffentlichen Fördermitteln, welche die Förderinstitute des Bundes und der Länder aufgrund selbständiger Kreditverträge, gegebenenfalls auch über weitere Durchleitungsinstitute, über Hausbanken zu vorbestimmten Konditionen an Endkreditnehmer leiten (Hausbankprinzip), gelten für die beteiligten Kreditinstitute in bezug auf die §§ 13 bis 13b die einzelnen Endkreditnehmer als Kreditnehmer des von ihnen gewährten Interbankkredits, wenn ihnen die Kreditforderungen zur Sicherheit abgetreten werden. ²Dies gilt entsprechend für aus eigenen oder öffentlichen Mitteln zinsverbilligte Kredite der Förderinstitute nach dem Hausbankprinzip (Eigenmittelprogramme) sowie für Kredite aus nicht öffentlichen Mitteln, die ein Kreditinstitut nach gesetzlichen Vorgaben, gegebenenfalls auch über weitere Durchleitungsinstitute, über Hausbanken an Endkreditnehmer leitet.

(4)   Für die Anwendung der §§ 13 bis 13b gelten bei Krediten, die Zentralkredit-
       institute über die ihnen angeschlossenen Zentralbanken oder Girozentralen oder
       über die diesen angeschlossenen eingetragenen Genossenschaften oder Sparkassen
       an Endkreditnehmer leiten, die einzelnen Endkreditnehmer als Kreditnehmer des
       Zentralkreditinstituts, wenn die Kreditforderungen an das Zentralkreditinstitut zur
       Sicherheit abgetreten werden.

(5)   Bei dem entgeltlichen Erwerb von Geldforderungen gilt der Veräußerer der Forde-
       rungen als Kreditnehmer im Sinne der §§ 13 bis 18, wenn er für die Erfüllung der
       übertragenen Forderung einzustehen oder sie auf Verlangen des Erwerbers zurück-
       zuerwerben hat; andernfalls gilt der Schuldner der Verbindlichkeit als Kredit-
       nehmer.

(6)   Haftet eine inländisches Kreditinstitut oder ein Einlagenkreditinstitut mit Sitz in
       einem anderen Staat des Europäischen Wirtschaftsraum selbstschuldnerisch für
       einen Kredit mit einer Restlaufzeit von nicht über einem Jahr an einen Dritten, der
       nicht selbst ein solches Institut ist, wird für die Zwecke der §§ 13 bis 14 statt des
       Dritten das inländische Kreditinstitut oder Einlagenkreditinstitut mit Sitz in einem
       anderen Staat des Europäischen Wirtschaftsraumes als Kreditnehmer angesehen.

§ 20 Ausnahmen von den Verpflichtungen nach den §§ 13 bis 14

(1)   Als Kredite im Sinne der §§ 13 bis 13b gelten nicht

       1.   Vorleistungen bei Wechselkursgeschäften, die im Rahmen des üblichen
             Abrechnungsverfahrens innerhalb von zwei Geschäftstagen ab Vorleistung
             abgewickelt werden;

       2.   Vorleistungen bei Wertpapiergeschäften, die im Rahmen des üblichen
             Abrechnungsverfahrens innerhalb von fünf Geschäftstagen ab Vorleistung
             abgewickelt werden;

       3.   Bilanzaktiva, die nach § 10 Abs. 6 Satz 1 Nr. 1 bis 4, § 10a Abs. 9 Satz 3
             oder § 13b Abs. 5 von dem haftenden Eigenkapital abgezogen werden;

       4.   abgeschriebene Kredite.

(2)   Bei den Anzeigen nach § 13 Abs. 1, § 13a Abs. 1 und § 13b Abs. 1 sind nicht zu
       berücksichtigen

       1.   Kredite an

             a)   den Bund, die Deutsche Bundesbank, ein rechtlich unselbständiges
                  Sondervermögen des Bundes oder eines Landes, ein Land, eine
                  Gemeinde oder einen Gemeindeverband,

             b)   die Zentralregierung oder Zentralnotenbank in einem anderen Staat der
                  Zone A,

c) die Europäischen Gemeinschaften,

d) eine Regionalregierung oder örtliche Gebietskörperschaft in einem anderen Staat des Europäischen Wirtschaftsraums, für die nach Artikel 7 der Solvabilitätsrichtlinie die Gewichtung Null bekanntgegeben worden ist, sowie

e) andere Kreditnehmer, soweit die Kredite durch eine in den Buchstaben a bis d genannte Stelle ausdrücklich gewährleistet werden und

2. Kredite, soweit sie gedeckt sind durch Sicherheiten in Form von

a) Wertpapieren, die von einem der in Nummer 1 genannten Emittenten ausgegeben worden sind,

b) Bareinlagen bei dem kreditgewährenden Institut oder

c) Einlagenzertifikaten oder ähnlichen Papieren, die von dem kreditgewährenden Institut ausgegeben wurden und bei diesem hinterlegt sind.

Sofern ein Kredit ohne ein Beträge, die nach Satz 1 nicht zu berücksichtigen sind, die Großkreditdefinitionsgrenze nach § 13 Abs.1 Satz 1, auch in Verbindung mit § 13b Abs. 1, nicht mehr erreichen würde, entfällt die Anzeigepflicht.

(3) ¹Bei der Berechnung der Auslastung der Obergrenzen nach § 13 Abs. 3 und § 13a Abs. 3 bis 5 sind Kredite im Sinne des Absatzes 2 nicht zu berücksichtigen. ²Nicht zu berücksichtigen sind außerdem

1. Kredite an eine Zentralregierung oder Zentralnotenbank in einem Staat der Zone B, sofern die Kredite auf die Währung des jeweiligen Schuldners oder Emittenten lauten und in dieser finanziert sind;

2. Kredite mit Restlaufzeiten bis zu einem Jahr an Kreditinstitute mit Sitz im Inland oder Einlagenkreditinstitute mit Sitz in einem anderen Staat der Zone A; Forderungen eingetragener Genossenschaften an ihre Zentralbanken, von Sparkassen an ihre Girozentralen sowie von Zentralbanken und Girozentralen an ihre Zentralkreditinstitute, die dem Liquiditätsausgleich im Verbund dienen, können eine längere Laufzeit haben;

3. Schuldverschreibungen, welche die Voraussetzungen des Artikels 22 Abs. 4 Satz 1 und 2 der Investmentrichtlinie erfüllen;

4. Kredite, die gesichert sind durch Grundpfandrechte auf Wohneigentum, das von dem Kreditnehmer gegenwärtig oder künftig selbst genutzt oder vermietet wird oder über das er als Leasinggeber Leasingverträge mit einer Kaufoption des Leasingnehmers abgeschlossen hat und das so lange sein Eigentum bleibt, wie der Leasingnehmer oder Mieter seine Kaufoption nicht ausgeübt hat, soweit die Kredite 50 vom Hundert des Grundstückswertes nicht übersteigen und wenn der Wert des Grundstücks jährlich nach von dem Bundesaufsichtsamt festgelegten Bewertungsvorschriften ermittelt wird;

5. vor dem 1. Januar 2002 gewährte Kredite, die den Erfordernissen des § 12 Abs. 1 und 2 des Hypothekenbankgesetzes entsprechen, soweit sie 50 vom Hundert des Wertes des Grundstücks nicht übersteigen.

³Rechtlich selbständige Förderinstitute des Bundes und der Länder im Sinne des § 5 Abs. 1 Nr. 2 des Körperschaftsteuergesetzes können abweichend von Satz 2 Nr. 2 Kredite, deren Erfüllung von anderen Kreditinstituten mit Sitz im Inland geschuldet werden, unabhängig von deren Laufzeit bei der Berechnung der Auslastung der Obergrenze für Großkredite nach § 13 Abs. 3 und § 13a Abs. 3 bis 5 mit einem Gewicht von 20 vom Hundert berücksichtigen. ⁴Das Förderinstitut hat die Inanspruchnahme dieses Anrechnungsverfahrens dem Bundesaufsichtsamt anzuzeigen und für einen Zeitraum von mindestens fünf Jahren ab Eingang der Anzeige beim Bundesaufsichtsamt beizubehalten.

(4) Bei der Berechnung der Auslastung der Großkreditgesamtobergrenze nach § 13 Abs. 3 Satz 5 und § 13a Abs. 3 Satz 5, der erweiterten Großkreditgesamtobergrenze nach § 13a Abs. 4 Satz 5, bei der Berechnung der kreditnehmerbezogenen Handelsbuch-Gesamtposition nach § 13a Abs. 5 Satz 1 und bei der Berechnung der Gesamt-Überschreitungsposition nach § 13a Abs. 5 Satz 3 sind die Kredite nach den Absätzen 2 und 3 Satz 2 sowie die Kredite nach § 19 Abs. 1 Satz 3 Nr. 14 nicht zu berücksichtigen.

(5) § 13 Abs. 2 und 4 sowie § 13a Abs. 2 und 6 über Großkreditbeschlüsse gelten nicht für Kredite nach den Absätzen 2 und 3 Satz 2 Nr. 2 und 3.

(6) ¹Als Kredite im Sinne des § 14 gelten nicht

1. Kredite nach Abs. 1 Nr. 1, 2 und 4;

2. Kredite an

    a) den Bund, die Deutsche Bundesbank, ein rechtlich unselbständiges Sondervermögen des Bundes oder des Landes, ein Land, eine Gemeinde oder einen Gemeindeverband,

    b) die Europäischen Gemeinschaften,

    c) die Europäischen Investitionsbank oder

    d) eine juristische Person des öffentlichen Rechts, die vom Bund, einem Land oder einer in Buchstabe a genannten juristischen Person getragen wird und keine Erwerbszwecke verfolgt, oder einem Unternehmen ohne Erwerbscharakter im Besitz des Bundes, eines Landes oder einer der in Buchstabe a genannten juristischen Personen;

3. Anteile an anderen Unternehmen unabhängig von ihrem Bilanzausweis;

4. die Wertpapiere des Handelsbestandes.

§ 21 Begriff des Kredits für die §§ 15 bis 18

(1) ¹Kredite im Sinne der §§ 15 bis 18 sind

1. Gelddarlehen aller Art, entgeltlich erworbene Geldforderungen, Akzeptkredite sowie Forderungen aus Namensschuldverschreibungen mit Ausnahme der auf den Namen lautenden Pfandbriefe und Kommunalschuldverschreibungen;

2. die Diskontierung von Wechseln und Schecks;

3. Geldforderungen aus sonstigen Handelsgeschäften eines Kreditinstituts, ausgenommen die Forderungen aus Warengeschäften der Kreditgenossenschaften, sofern diese nicht über die handelsübliche Frist hinaus gestundet werden;

4. Bürgschaften, Garantien und sonstige Gewährleistungen eines Instituts sowie die Haftung eines Instituts aus der Bestellung von Sicherheiten für fremde Verbindlichkeiten;

5. die Verpflichtung, für die Erfüllung entgeltlich übertragener Geldforderungen einzustehen oder sie auf Verlangen des Erwerbers zurückzuerwerben;

6. der Besitz eines Instituts an Aktien und Geschäftsanteilen eines anderen Unternehmens, der mindestens ein Viertel des Kapitals (Nennkapital, Summe der Kapitalanteile) des Beteiligungsunternehmens erreicht, ohne daß es auf die Dauer des Besitzes ankommt;

7. Gegenstände, über die ein Institut als Leasinggeber Leasingverträge abgeschlossen hat, abzüglich bis zum Buchwert des ihm zugehörigen Leasinggegenstandes solcher Posten, die wegen der Erfüllung oder der Veräußerung von Forderungen aus diesen Leasingverträgen gebildet werden.

²Zugunsten des Instituts bestehende Sicherheiten sowie Guthaben des Kreditnehmers bei dem Institut bleiben außer Betracht.

(2) Als Kredite im Sinne der §§ 15 bis 18 gelten nicht

1. Kredite an den Bund, ein rechtlich unselbständiges Sondervermögen des Bundes oder des Landes, ein Land, eine Gemeinde oder einen Gemeindeverband;

2. ungesicherte Forderungen an andere Institute aus bei diesen unterhaltenen, nur der Geldanlage dienenden Guthaben, die spätestens in drei Monaten fällig sind;

   Forderungen eingetragener Genossenschaften an ihre Zentralbanken, von Sparkassen an ihre Girozentralen sowie von Zentralkassen und Girozentralen an ihre Zentralkreditinstitute können später fällig gestellt sein;

3. von anderen Instituten angekaufte Wechsel, die von einem Institut angenommen, indossiert oder als eigene Wechsel ausgestellt sind, eine Laufzeit von höchstens drei Monaten haben und am Geldmarkt üblicherweise gehandelt werden;

4. abgeschriebene Kredite.

(3)   § 15 Abs. 1 Satz 1 Nr. 6 bis 11 und § 18 gelten nicht für

1.   Realkredite;

2.   Kredite mit Laufzeiten von höchstens 15 Jahren gegen Bestellung von Schiffshypotheken, soweit sie den Erfordernissen des § 10 Abs. 1, 2 Satz 1 und Abs. 4 Satz 2, des § 11 Abs. 1 und 4 sowie des § 12 Abs. 1 und 2 des Schiffsbankgesetzes entsprechen;

3.   Kredite an eine inländische juristische Person des öffentlichen Rechts, die nicht in Absatz 2 Nr. 1 genannt ist, die Europäischen Gemeinschaften oder die Europäische Investitionsbank;

4.   Kredite, soweit sie von einem der in Absatz 2 Nr. 1 genannten Kreditnehmer gewährleistet sind.

(4)   Kredite auf Grund des entgeltlichen Erwerbs einer Forderung aus nicht bankmäßigen Handelsgeschäften gelten nicht als Kredite im Sinne des § 18, wenn

1.   Forderungen gegen den jeweiligen Schuldner laufend erworben werden,

2.   der Veräußerer der Forderung nicht für ihre Erfüllung einzustehen hat und

3.   die Forderung innerhalb von drei Monaten, vom Tage des Ankaufs an gerechnet, fällig ist.

§ 22 Rechtsverordnungsermächtigung über Kredite

[1]Das Bundesministerium der Finanzen bestimmt durch eine im Benehmen mit der Deutschen Bundesbank zu erlassende Rechtsverordnung für Großkredite und Millionenkredite innerhalb der Vorgaben der Großkreditrichtlinie, der Solvabilitätsrichtlinie und der Richtlinie 93/6/EWG vom 15. März 1993 über die angemessene Eigenkapitalausstattung von Wertpapierfirmen und Kreditinstituten - ABl. EG Nr. L 141 S. 1 - (Kapitaladäquanzrichtlinie)

1.   die Ermittlung der Kreditbeträge,

2.   die Ermittlung der Kreditäquivalenzbeträge von Derivaten sowie von Wertpapierpensions- und Wertpapierdarlehensgeschäften und von anderen mit diesen vergleichbaren Geschäften sowie der für diese Geschäfte übernommenen Gewährleistungen sowie

3.   die Ermittlung der Handelsbuch-Gesamtposition.

[2]Die Rechtsverordnung kann innerhalb der Vorgaben dieser Richtlinien und über § 19 Abs. 3 bis 5 sowie § 20 Abs. 2 bis 5 hinaus Regelungen vorsehen über

1.   die Zurechnung von Krediten zu Kreditnehmern,

2.   die Anrechnung von Krediten auf die Großkreditgrenzen und im Rahmen der Millionenkreditanzeigen sowie

3.   die Beschlußfassungspflichten für Großkredite.

³Das Bundesaufsichtsamt der Finanzen kann die Ermächtigung durch Rechtsverordnung auf das Bundesaufsichtsamt mit der Maßgabe übertragen, daß die Rechtsverordnung im Einvernehmen mit der Deutschen Bundesbank ergeht. ⁴Vor Erlaß der Rechtsverordnung sind die Spitzenverbände der Institute anzuhören.

3. (weggefallen)

4. Werbung und Hinweispflichten der Institute

§ 23 Werbung

(1) Um Mißständen bei der Werbung der Institute zu begegnen, kann das Bundesaufsichtsamt bestimmte Arten der Werbung untersagen, soweit nicht die Zuständigkeit des Bundesaufsichtsamtes für den Wertpapierhandel nach § 36b des Wertpapierhandelsgesetzes gegeben ist.

(2) Vor allgemeinen Maßnahmen nach Absatz 1 sind die Spitzenverbände der Institute und des Verbraucherschutzes zu hören.

§ 23a Einlagensicherungseinrichtung, Anlegerentschädigungseinrichtung

(1) ¹Ein Institut, das Einlagen oder andere rückzahlbare Gelder des Publikums entgegennimmt, die nicht durch eine geeignete inländische Einrichtung zur Sicherung der Einlagen oder anderer rückzahlbarer Gelder (Einlagensicherungseinrichtung) gedeckt sind, hat die Kunden, die nicht Kreditinstitute sind, auf diese Tatsache drucktechnisch deutlich gestaltet in den Allgemeinen Geschäftsbedingungen, im Preisaushang und an hervorgehobener Stelle in den Vertragsunterlagen nach Maßgabe des Satzes 2 vor Aufnahme der Geschäftsbeziehung hinzuweisen, es sei denn, die rückzahlbaren Gelder sind in Pfandbriefen, Kommunalschuldverschreibungen oder anderen Schuldverschreibungen, welche die Voraussetzungen des Artikels 22 Abs. 4 Satz 1 und 2 der Investmentrichtlinie erfüllen, verbrieft. ²Der Hinweis in den Vertragsunterlagen darf keine anderen Erklärungen enthalten und ist von den Kunden gesondert zu unterschreiben. ³Scheidet das Institut aus der Sicherungseinrichtung aus, hat es die Kunden, die nicht Kreditinstitute sind, sowie das Bundesaufsichtsamt und die Deutsche Bundesbank hierüber unverzüglich schriftlich zu unterrichten. ⁴Das Bundesaufsichtsamt leitet eine Ausfertigung dieser Anzeige an das Bundesaufsichtsamt für den Wertpapierhandel weiter.

(2) ¹Ein Institut, welches das Finanzkommissions- oder Emissionsgeschäft betreibt oder Finanzdienstleistungen im Sinne des § 1 Abs. 1a Satz 2 Nr. 1 bis 4 erbringt, hat die Kunden, bevor es mit ihnen in eine Geschäftsbeziehung tritt, schriftlich darauf hinzuweisen, welcher geeigneten Einrichtung zur Entschädigung der Kunden (Anlegerentschädigungseinrichtung) das Institut angehört und welche Absicherung durch diese Einrichtung besteht oder welcher gleichwertige Schutz für das geplante Geschäft oder die geplante Dienstleistung zur Verfügung steht. ²Absatz 1 Satz 2 bis 4 gilt entsprechend.

5. Besondere Pflichten der Institute, ihrer Geschäftsleiter, der Finanzholding-Gesellschaften und der gemischten Unternehmen

§ 24 Anzeigen

(1) ¹Ein Institut hat dem Bundesaufsichtsamt und der Deutschen Bundesbank unverzüglich anzuzeigen

1. die Absicht der Bestellung eines Geschäftsleiters und der Ermächtigung einer Person zur Einzelvertretung des Instituts in dessen gesamten Geschäftsbereich unter Angabe der Tatsachen, die für die Beurteilung der Zuverlässigkeit und der fachlichen Eignung wesentlich sind, und den Vollzug einer solchen Absicht;

2. das Ausscheiden eines Geschäftsleiters sowie die Entziehung der Befugnis zur Einzelvertretung des Instituts in dessen gesamten Geschäftsbereich;

3. die Übernahme und die Aufgabe einer unmittelbaren Beteiligung an einem anderen Unternehmen sowie Veränderungen in der Höhe der Beteiligung; als unmittelbare Beteiligung gilt das Halten von mindestens 10 vom Hundert der Anteile am Kapital oder Stimmrechte des anderen Unternehmens;

4. die Änderung der Rechtsform, soweit nicht bereits eine Erlaubnis nach § 32 Abs. 1 erforderlich ist, und die Änderung der Firma;

5. einen Verlust in Höhe von 25 vom Hundert des haftenden Eigenkapitals;

6. die Verlegung der Niederlassung oder des Sitzes;

7. die Errichtung, die Verlegung und die Schließung einer Zweigstelle in einem Drittstaat;

8. die Einstellung des Geschäftsbetriebs;

9. die Aufnahme und die Einstellung des Betreibens von Geschäften, die nicht Bankgeschäfte oder Finanzdienstleistungen sind, oder von Geschäften, für welche die Erlaubnis nach § 64e Abs. 1 als erteilt gilt;

10. das Absinken des Anfangskapitals unter die Mindestanforderungen nach § 33 Abs. 1 Satz 1 Nr. 1 sowie den Wegfall einer geeigneten Versicherung nach § 33 Abs. 1 Satz 2 ;

11. den Erwerb oder die Aufgabe einer bedeutenden Beteiligung an dem anzeigenden Institut, das Erreichen, das Über- oder das Unterschreiten der Beteiligungsschwellen von 20 vom Hundert, 33 vom Hundert und 50 vom Hundert der Stimmrechte oder des Kapitals sowie die Tatsache, daß das Institut Tochterunternehmen eines anderen Unternehmens wird oder nicht mehr ist, wenn das Institut von der Änderung dieser Beteiligungsverhältnisse Kenntnis erlangt;

12. jeden Fall, in dem die Gegenpartei eines Pensions- oder Wertpapierdarlehensgeschäftes ihren Erfüllungsverpflichtungen nicht nachgekommen ist;

13. das Bestehen, die Änderung oder die Beendigung einer engen Verbindung zu einer anderen natürlichen Person oder einem anderen Unternehmen.

(1a) ^{1}Ein Institut hat dem Bundesaufsichtsamt und der Deutschen Bundesbank jährlich anzuzeigen

1. seine mittelbaren Beteiligungen an anderen Unternehmen

2. den Namen und die Anschrift des Inhabers einer bedeutenden Beteiligung an dem anzeigenden Institut und an den ihm nach § 10a nachgeordneten Unternehmen mit Sitz im Ausland und die Höhe dieser Beteiligungen und

3. die Errichtung, Verlegung oder Schließung einer inländischen Zweigstelle.

^{2}Das Bestehen einer mittelbaren Beteiligung im Sinne des Satzes 1 Nr. 1 ist im Rahmen der Rechtsverordnung nach Absatz 4 zu bestimmen.

(2) Hat ein Institut die Absicht, sich mit einem anderen Institut zu vereinigen, so hat es dies dem Bundesaufsichtsamt und der Deutschen Bundesbank unverzüglich anzuzeigen.

(3) Ein Geschäftsleiter eines Instituts hat dem Bundesaufsichtsamt und der Deutschen Bundesbank unverzüglich anzuzeigen

1. die Aufnahme und die Beendigung einer Tätigkeit als Geschäftsleiter oder als Aufsichtsrats- oder Verwaltungsratsmitglied eines anderen Unternehmens und

2. die Übernahme und die Aufgabe einer unmittelbaren Beteiligung an einem Unternehmen sowie Veränderungen in der Höhe der Beteiligung.

^{2}Als unmittelbare Beteiligung im Sinne des Satzes 1 Nr. 2 gilt das Halten von mindestens 25 vom Hundert der Anteile am Kapital des Unternehmens.

(3a) ^{1}Eine Finanzholding-Gesellschaft hat dem Bundesaufsichtsamt und der Deutschen Bundesbank einmal jährlich eine Sammelanzeige der Institute, Finanzunternehmen und Unternehmen mit bankbezogenen Hilfsdiensten, die ihr nachgeordnete

Unternehmen im Sinne des § 10a Abs. 3 bis 5 sind, einzureichen. [2]Das Bundesaufsichtsamt übermittelt hierüber eine Aufstellung den zuständigen Stellen der anderen Staaten des Europäischen Wirtschaftsraums und der Kommission der Europäischen Gemeinschaften. [3]Die Begründung, die Veränderung oder die Aufgabe solcher Beteiligungen oder Unternehmensbeziehungen sind dem Bundesaufsichtsamt und der Deutschen Bundesbank unverzüglich anzuzeigen.

(4) [1]Das Bundesministerium der Finanzen kann im Benehmen mit der Deutschen Bundesbank durch Rechtsverordnung nähere Bestimmungen über Art, Umfang und Zeitpunkt der nach diesem Gesetz vorgesehenen Anzeigen und Vorlagen von Unterlagen erlassen und die bestehenden Anzeigepflichten durch die Verpflichtung zur Erstattung von Sammelanzeigen und die Einreichung von Sammelaufstellungen ergänzen, soweit dies zur Erfüllung der Aufgaben des Bundesaufsichtsamtes erforderlich ist, insbesondere um einheitliche Unterlagen zur Beurteilung der von den Instituten durchgeführten Bankgeschäfte und Finanzdienstleistungen zu erhalten.

[2]Es kann diese Ermächtigung durch Rechtsverordnung auf das Bundesaufsichtsamt mit der Maßgabe übertragen, daß Rechtsverordnungen des Bundesaufsichtsamtes im Einvernehmen mit der Deutschen Bundesbank ergehen. [3]Vor Erlaß der Rechtsordnung sind die Spitzenverbände der Institute anzuhören.

§ 24a Errichtung einer Zweigniederlassung und Erbringung grenzüberschreitender Dienstleistungen in anderen Staaten des Europäischen Wirtschaftsraums

(1) [1]Ein Einlagenkreditinstitut und ein Wertpapierhandelsunternehmen haben die Absicht, in einem anderen Staat des Europäischen Wirtschaftsraums eine Zweigniederlassung zu errichten, dem Bundesaufsichtsamt und der Deutschen Bundesbank unverzüglich nach Maßgabe des Satzes 2 anzuzeigen. [2]Die Anzeige muß enthalten

1. die Angabe des Mitgliedstaates, in dem die Zweigniederlassung errichtet werden soll,

2. einen Geschäftsplan, aus dem die Art der geplanten Geschäfte und der organisatorische Aufbau der Zweigniederlassung hervorgehen,

3. die Anschrift, unter der Unterlagen des Instituts im Aufnahmemitgliedstaat angefordert und Schriftstücke zugestellt werden können, und

4. den Namen des Leiters der Zweigniederlassung.

(2) [1]Besteht kein Grund, die Angemessenheit der Organisationsstruktur und der Finanzlage des Instituts anzuzweifeln, übermittelt das Bundesaufsichtsamt die Angaben nach Absatz 1 Satz 2 innerhalb von zwei Monaten nach Eingang der vollständigen Unterlagen den zuständigen Stellen des Aufnahmestaats und teilt dies

dem anzeigenden Institut mit. [2]Das Bundesaufsichtsamt unterrichtet die zuständigen Stellen des Aufnahmestaates außerdem über die Höhe der Eigenmittel und die Angemessenheit der Eigenmittelausstattung sowie gegebenenfalls über die Einlagensicherungseinrichtung oder Anlegerentschädigungseinrichtung, der das Institut angehört, oder den gleichwertigen Schutz im Sinne des § 23a Abs. 2 Satz 1. [3]Leitet das Bundesaufsichtsamt die Angaben nach Absatz 1 Satz 2 nicht an die zuständigen Stellen des Aufnahmestaats weiter, teilt das Bundesaufsichtsamt dem Institut innerhalb von zwei Monaten nach Eingang sämtlicher Angaben nach Absatz 1 Satz 2 die Gründe dafür mit und unterrichtet das Bundesaufsichtsamt für den Wertpapierhandel.

(3)   [1]Absatz 1 Satz 1 gilt entsprechend für die Absicht, im Wege des grenzüberschreitenden Dienstleistungsverkehrs in einem anderen Staat des Europäischen Wirtschaftsraums Bankgeschäfte mit Ausnahme des Investmentgeschäfts zu betreiben, Finanzdienstleistungen im Sinne des § 1 Abs. 1a Satz 2 Nr. 1 bis 4 oder Tätigkeiten nach § 1 Abs. 3 Satz 1 Nr. 2 bis 8 zu erbringen oder Handelsauskünfte oder Schließfachvermietungen anzubieten. [2]Die Anzeige hat die Angabe des Staates, in dem die grenzüberschreitende Dienstleistung erbracht werden soll, und einen Geschäftsplan mit Angabe der beabsichtigten Tätigkeiten zu enthalten. [3]Das Bundesaufsichtsamt unterrichtet die zuständigen Stellen des Aufnahmestaats innerhalb eines Monats nach Eingang der Anzeige.

(4)   [1]Ändern sich die Verhältnisse, die nach Absatz 1 Satz 2 oder Absatz 3 Satz 2 angezeigt wurden, hat das Institut dem Bundesaufsichtsamt, der Deutschen Bundesbank und den zuständigen Stellen des Aufnahmestaats diese Änderungen mindestens einen Monat vor dem Wirksamwerden der Änderungen schriftlich anzuzeigen. [2]Änderungen der Verhältnisse der Einlagensicherungseinrichtung oder der Anlegerentschädigungseinrichtung oder des gleichwertigen Schutzes im Sinne des § 23a Abs. 2 Satz 1 hat das Institut, das eine Zweigniederlassung gemäß Absatz 1 errichtet hat, dem Bundesaufsichtsamt, der Deutschen Bundesbank und den zuständigen Stellen des Aufnahmestaats mindestens einen Monat vor dem Wirksamwerden der Änderungen anzuzeigen. [3]Das Bundesaufsichtsamt teilt den zuständigen Stellen des Aufnahmestaats die Änderungen nach Satz 2 mit.

(5)   Das Bundesministerium der Finanzen wird ermächtigt, durch Rechtsverordnung zu bestimmen, daß die Absätze 2 und 4 für die Errichtung einer Zweigniederlassung in einem Drittstaat entsprechend gelten, soweit dies im Bereich des Niederlassungsrechts auf Grund von Abkommen der Europäischen Gemeinschaften mit Drittstaaten erforderlich ist.

(6)   Das Bundesaufsichtsamt leitet Kopien der Anzeigen nach Absatz 1 Satz 1, Absatz 3 Satz 1 und Absatz 4 Satz 1 an das Bundesaufsichtsamt für den Wertpapierhandel weiter.

§ 25 Monatsausweise und weitere Angaben

(1) ¹Ein Institut hat unverzüglich nach Ablauf eines jeden Monats der Deutschen Bundesbank einen Monatsausweis einzureichen. ²Die Deutsche Bundesbank leitet die Monatsausweise mit ihrer Stellungnahme an das Bundesaufsichtsamt weiter; dieses kann auf die Weiterleitung bestimmter Monatsaufweise verzichten. ³Werden nach § 18 des Gesetzes über die Deutsche Bundesbank monatliche Bilanzstatistiken durchgeführt, gelten die hierzu einzureichenden Meldungen auch als Monatsausweis nach Satz 1.

(2) ¹Ein übergeordnetes Unternehmen im Sinne des § 13b Abs. 2 hat außerdem unverzüglich nach Ablauf eines jeden Monats der Deutschen Bundesbank einen zusammengefaßten Monatsausweis einzureichen. ²Absatz 1 Satz 2 und § 10a Abs. 6 und 7 über das Verfahren der Zusammenfassung, Abs. 9 über die Informationspflicht und Abs. 10 über die Ausnahmen von der Zusammenfassung gelten entsprechend.

(3) ¹Das Bundesministerium der Finanzen kann im Benehmen mit der Deutschen Bundesbank durch Rechtsverordnung nähere Bestimmungen über Art und Umfang der Monatsausweise, soweit monatliche Bilanzstatistiken nach § 18 des Gesetzes über die Deutsche Bundesbank nicht durchgeführt werden, insbesondere um Einblick in die Entwicklung der Vermögens- und Ertragslage der Institute zu erhalten, sowie über weitere Angaben erlassen, soweit dies zur Erfüllung der Aufgaben des Bundesaufsichtsamtes erforderlich ist. ²Die Angaben können sich auch auf nachgeordnete Unternehmen im Sinne des § 13b Abs. 2 sowie auf Tochterunternehmen mit Sitz im Inland oder Ausland, die nicht in die Beaufsichtigung auf zusammengefaßter Basis einbezogen sind, sowie auf gemischte Unternehmen mit nachgeordneten Instituten beziehen; die gemischten Unternehmen haben den Instituten die erforderlichen Angaben zu übermitteln. ³Das Bundesministerium der Finanzen kann die Ermächtigung zum Erlaß einer Rechtsverordnung durch Rechtsverordnung auf das Bundesaufsichtsamt mit der Maßgabe übertragen, daß die Rechtsverordnung im Einvernehmen mit der Deutschen Bundesbank ergeht.

§ 25a Besondere organisatorische Pflichten von Instituten

(1) Ein Institut muß

1. über geeignete Regelungen zur Steuerung, Überwachung und Kontrolle der Risiken sowie über angemessene Regelungen verfügen, anhand deren sich die finanzielle Lage des Instituts jederzeit mit hinreichender Genauigkeit bestimmen läßt;

2. über die ordnungsgemäße Geschäftsorganisation, über ein angemessenes internes Kontrollverfahren sowie über angemessene Sicherheitsvorkehrungen für den Einsatz der elektronischen Datenverarbeitung verfügen;

3. dafür Sorge tragen, daß die Aufzeichnungen über die ausgeführten Geschäfte eine lückenlose Überwachung durch das Bundesaufsichtsamt für seinen Zuständigkeitsbereich gewährleisten; die erforderlichen Aufzeichnungen sind sechs Jahre aufzubewahren; § 257 Abs. 3 und 5 des Handelsgesetzbuchs gilt entsprechend;

(2) ¹Die Auslagerung von Bereichen auf ein anderes Unternehmen, die für die Durchführung der Bankgeschäfte oder Finanzdienstleistungen wesentlich sind, darf weder die Ordnungsmäßigkeit dieser Geschäfte oder Dienstleistungen noch die Steuerungs- oder Kontrollmöglichkeiten der Geschäftsleitung, noch die Prüfungsrechte und Kontrollmöglichkeiten des Bundesaufsichtsamtes beeinträchtigen. ²Das Institut hat sich insbesondere die erforderlichen Weisungsbefugnisse vertraglich zu sichern und die ausgelagerten Bereiche in seine internen Kontrollverfahren einzubeziehen. ³Das Institut hat die Absicht der Auslagerung sowie ihren Vollzug dem Bundesaufsichtsamt und der Deutschen Bundesbank unverzüglich anzuzeigen. ⁴Das Bundesaufsichtsamt leitet eine Kopie der Anzeige an das Bundesaufsichtsamt für den Wertpapierhandel weiter.

5a. Vorlage von Rechnungslegungsunterlagen

§ 26 Vorlage von Jahresabschluß, Lagebericht und Prüfungsberichten

(1) ¹Die Institute haben den Jahresabschluß in den ersten drei Monaten des Geschäftsjahres für das vergangene Geschäftsjahr aufzustellen und den aufgestellten sowie später den festgestellten Jahresabschluß und den Lagebericht dem Bundesaufsichtsamt und der Deutschen Bundesbank nach Maßgabe des Satzes 2 jeweils unverzüglich einzureichen. ²Der Jahresabschluß muß mit dem Bestätigungsvermerk oder einem Vermerk über die Versagung der Bestätigung versehen sein. ³Der Abschlußprüfer hat den Bericht über die Prüfung des Jahresabschlusses (Prüfungsbericht) unverzüglich nach Beendigung der Prüfung dem Bundesaufsichtsamt und der Deutschen Bundesbank einzureichen. ⁴Bei Kreditinstituten, die einem genossenschaftlichen Prüfungsverband angehören oder durch die Prüfungsstelle eines Sparkassen- und Giroverbandes geprüft werden, hat der Abschlußprüfer den Prüfungsbericht nur auf Anforderung des Bundesaufsichtsamtes einzureichen.

(2) Hat im Zusammenhang mit einer Einlagensicherungseinrichtung oder Anlegerentschädigungseinrichtung eine zusätzliche Prüfung stattgefunden, hat der Prüfer oder der Prüfungsverband den Bericht über diese Prüfung dem Bundesaufsichtsamt und der Deutschen Bundesbank unverzüglich einzureichen.

(3)　¹Ein Institut, das einen Konzernabschluß oder einen Konzernlagebericht aufstellt, hat diese Unterlagen dem Bundesaufsichtsamt und der Deutschen Bundesbank unverzüglich einzureichen. ²Wird ein Prüfungsbericht von einem Konzernabschlußprüfer erstellt, hat dieser den Prüfungsbericht unverzüglich nach Beendigung der Prüfung dem Bundesaufsichtsamt und der Deutschen Bundesbank einzureichen. ³Bei Kreditinstituten, die einem genossenschaftlichen Prüfungsverband angehören oder durch die Prüfungsstelle eines Sparkassen- und Giroverbandes geprüft werden, hat der Prüfer den Prüfungsbericht nur auf Anforderung des Bundesaufsichtsamtes einzureichen.

6.　Prüfung und Prüferbestellung

§ 27　(aufgehoben)

§ 28　Bestellung des Prüfers in besonderen Fällen

(1)　¹Die Institute haben dem Bundesaufsichtsamt und der Deutschen Bundesbank den von ihnen bestellten Prüfer unverzüglich nach der Bestellung anzuzeigen. ²Das Bundesaufsichtsamt kann innerhalb eines Monats nach Zugang der Anzeige die Bestellung eines anderen Prüfers verlangen, wenn dies zur Erreichung des Prüfungszwecks geboten ist.

(2)　¹Das Registergericht des Sitzes des Instituts hat auf Antrag des Bundesaufsichtsamtes einen Prüfer zu bestellen, wenn

　　1.　die Anzeige nach Absatz 1 Satz 1 nicht unverzüglich nach Ablauf des Geschäftsjahres erstattet wird;

　　2.　das Institut dem Verlangen auf Bestellung eines anderen Prüfers nach Absatz 1 Satz 2 nicht unverzüglich nachkommt;

　　3.　der gewählte Prüfer die Annahme des Prüfungsauftrages abgelehnt hat, weggefallen ist oder am rechtzeitigen Abschluß der Prüfung verhindert ist und das Institut nicht unverzüglich einen anderen Prüfer bestellt hat.

²Die Bestellung durch das Gericht ist endgültig. ³§ 318 Abs. 5 des Handelsgesetzbuchs ist entsprechend anzuwenden. ⁴Das Registergericht kann auf Antrag des Bundesaufsichtsamtes einen nach Satz 1 bestellten Prüfer abberufen.

(3)　Die Absätze 1 und 2 gelten nicht für Kreditinstitute, die einem genossenschaftlichen Prüfungsverband angeschlossen sind oder durch die Prüfungsstelle eines Sparkassen- und Giroverbandes geprüft werden.

§ 29 Besondere Pflichten des Prüfers

(1) ¹Bei der Prüfung des Jahresabschlusses sowie eines Zwischenabschlusses hat der Prüfer auch die wirtschaftlichen Verhältnisse des Instituts zu prüfen. ²Bei der Prüfung des Jahresabschlusses hat er insbesondere festzustellen, ob das Institut die Anzeigepflichten nach den §§ 10, 12a, 13 bis 13b und 14 Abs. 1, nach §§ 15, 24 und 24a, jeweils auch in Verbindung mit einer Rechtsverordnung nach § 24 Abs. 4 Satz 1, nach § 24a auch in Verbindung mit einer Rechtsverordnung nach Abs. 5, sowie die Anforderungen nach den §§ 10, 10a, 12, 13 bis 13b, 18 und 25a, nach den §§ 13 bis 13b und 14 Abs. 1 jeweils auch in Verbindung mit einer Rechtsverordnung nach §§ 22, erfüllt hat. ³Sofern dem haftenden Eigenkapital des Instituts nicht realisierte Reserven zugerechnet werden, hat der Prüfer bei der Prüfung des Jahresabschlusses auch zu prüfen, ob bei der Ermittlung dieser Reserven § 10 Abs. 4a bis 4c beachtet worden ist. ⁴Das Ergebnis ist in den Prüfungsbericht aufzunehmen.

(2) ¹Der Prüfer hat auch zu prüfen, ob das Institut seinen Verpflichtungen nach dem Geldwäschegesetz nachgekommen ist. ²Bei Instituten, die das Depotgeschäft betreiben, hat er dieses Geschäft besonders zu prüfen; diese Prüfung hat sich auch auf die Einhaltung des § 128 des Aktiengesetzes über Mitteilungspflichten und des § 135 des Aktiengesetzes über die Ausübung des Stimmrechts zu erstrecken. ³Über die Prüfungen nach den Sätzen 1 und 2 ist jeweils gesondert zu berichten; § 26 Abs. 1 Satz 3 gilt entsprechend.

(3) ¹Der Prüfer hat unverzüglich dem Bundesaufsichtsamt und der Deutschen Bundesbank anzuzeigen, wenn ihm bei der Prüfung Tatsachen bekannt werden, welche die Einschränkung oder Versagung des Bestätigungsvermerks rechtfertigen, den Bestand des Instituts gefährden oder seine Entwicklung wesentlich beeinträchtigen können oder die schwerwiegende Verstöße der Geschäftsleiter gegen Gesetz, Satzung oder Gesellschaftsvertrag erkennen lassen. ²Auf Verlangen des Bundesaufsichtsamtes oder der Deutschen Bundesbank hat der Prüfer ihnen den Prüfungsbericht zu erläutern und sonstige bei der Prüfung bekannt gewordene Tatsachen mitzuteilen, die gegen eine ordnungsmäßige Durchführung der Geschäfte des Instituts sprechen.

³Der Prüfer haftet nicht für die Richtigkeit von Tatsachen, die er nach diesem Absatz in gutem Glauben anzeigt.

(4) ¹Das Bundesministerium der Finanzen kann im Einvernehmen mit dem Bundesministerium der Justiz und nach Anhörung der Deutschen Bundesbank durch Rechtsverordnung nähere Bestimmungen über den Gegenstand der Prüfung, den Zeitpunkt ihrer Durchführung und den Inhalt der Prüfungsberichte erlassen, soweit dies zur Erfüllung der Aufgaben des Bundesaufsichtsamtes erforderlich ist, insbesondere um Mißstände, welche die Sicherheit der dem Institut anvertrauten Vermögenswerte gefährden oder die ordnungsmäßige Durchführung der Bankgeschäfte

oder Finanzdienstleistungen beeinträchtigen können, zu erkennen sowie einheitliche Unterlagen zur Beurteilung der von den Instituten durchgeführten Geschäfte zu erhalten. [2]Es kann diese Ermächtigung durch Rechtsverordnung auf das Bundesaufsichtsamt übertragen.

§ 30 (aufgehoben)

7. Befreiungen

§ 31 Befreiungen

(1) [1]Das Bundesministerium der Finanzen kann nach Anhörung der Deutschen Bundesbank durch Rechtsverordnung

    1. alle Institute oder Arten oder Gruppen von Instituten von der Pflicht zur Anzeige bestimmter Kredite und Tatbestände nach § 10 Abs. 8 Satz 3, § 13 Abs. 1, § 13a Abs. 1, § 14 Abs. 1 sowie § 24 Abs. 1 Nr. 1 bis 5, 7 und 9 sowie Abs. 1a, Arten oder Gruppen von Instituten von der Pflicht zur Einreichung von Monatsausweisen nach § 25 oder von der Pflicht nach § 26 Abs. 1 Satz 2, den Jahresabschluß in einer Anlage zu erläutern, sowie Geschäftsleiter eines Instituts von der Pflicht zur Anzeige von Beteiligungen nach § 24 Abs. 3 Nr. 2 freistellen, wenn die Angaben für die Aufsicht ohne Bedeutung sind;.

    2. Arten oder Gruppen von Instituten von der Einhaltung der Vorschriften der § 13 Abs. 3 sowie des § 26 freistellen, wenn die Eigenart des Geschäftsbetriebes dies rechtfertigt.

[2]Das Bundesministerium der Finanzen kann diese Ermächtigung durch Rechtsverordnung auf das Bundesaufsichtsamt mit der Maßgabe übertragen. daß die Rechtsverordnung im Benehmen mit der Deutschen Bundesbank ergeht.

(2) [1]Das Bundesaufsichtsamt kann einzelne Institute von Verpflichtungen nach § 13 Abs. 1 und 2, § 13a Abs. 1 und 2, § 15 Abs. 1 Satz 1 Nr. 6 bis 11 und Abs. 2, § 24 Abs. 1 Nr. 1, 2, 4 und 5 sowie §§ 25, 26 und 29 Abs. 2 Satz 2 freistellen, wenn dies aus besonderen Gründen, insbesondere wegen der Art oder des Umfanges der betriebenen Geschäfte, angezeigt ist. [2]Das Bundesaufsichtsamt kann einzelne übergeordnete Unternehmen im Sinne des § 10a Abs. 2 bis 5 und des § 13b Abs. 2 von Verpflichtungen nach § 10a Abs. 6 bis 8, § 12a Abs. 1 Satz 1 und § 13b Abs. 3 und 4 hinsichtlich einzelner nachgeordneter Unternehmen im Sinne des § 10a Abs. 2 bis 5 und des § 13b Abs. 2 freistellen, wenn und solange die Bilanzsumme des einzelnen nachgeordneten Unternehmens weniger als zehn Millionen ECU und

weniger als 1 vom Hundert der Bilanzsumme des einer Institutsgruppe übergeordneten Unternehmens oder der die Beteiligung haltenden Finanzholding-
Gesellschaft beträgt, die Einbeziehung dieser Unternehmen für die Aufsicht auf
zusammengefaßter Basis ohne Bedeutung ist und es dem Bundesaufsichtsamt
ermöglicht wird, die Einhaltung dieser Voraussetzungen zu überprüfen. [3]Das
Bundesaufsichtsamt hat von einer Freistellung nach Satz 2 abzusehen, wenn
mehrere gruppenangehörige Unternehmen die Voraussetzung für eine Freistellung
zwar erfüllen, die Gesamtheit dieser Unternehmen für die Aufsicht auf zusammengefaßter Basis aber nicht von untergeordneter Bedeutung ist. [4]Für einzelne
gruppenangehörige Unternehmen ist eine Freistellung auch zulässig, wenn nach
Auffassung des Bundesaufsichtsamtes ihre Einbeziehung in die Aufsicht auf
zusammengefaßter Basis ungeeignet oder irreführend wäre.

Dritter Abschnitt: Vorschriften über die Beaufsichtigung der Institute

1. Zulassung zum Geschäftsbetrieb

§ 32 Erlaubnis

(1) [1]Wer im Inland gewerbsmäßig oder in einem Umfang, der einen in kaufmännischer Weise eingerichteten Geschäftsbetrieb erfordert, Bankgeschäfte betreiben oder Finanzdienstleistungen erbringen will, bedarf der schriftlichen Erlaubnis des Bundesaufsichtsamtes. [2]Der Erlaubnisantrag muß enthalten:

1. einen geeigneten Nachweis der zum Geschäftsbetrieb erforderlichen Mittel;

2. die Angabe der Geschäftsleiter;

3. die Angaben, die für die Beurteilung der Zuverlässigkeit der Antragsteller und der in § 1 Abs. 2 Satz 1 bezeichneten Personen erforderlich sind;

4. die Angaben, die für die Beurteilung der zur Leitung des Instituts erforderlichen fachlichen Eignung der Inhaber und der in § 1 Abs. 2 Satz 1 bezeichneten Personen erforderlich sind;

5. einen Geschäftsplan, aus dem die Art der geplanten Geschäfte, der organisatorische Aufbau und die geplanten internen Kontrollverfahren des Instituts hervorgehen;

6. sofern an dem Institut bedeutende Beteiligungen gehalten werden:

   a) die Angabe der Inhaber bedeutender Beteiligungen;

   b) die Höhe dieser Beteiligungen;

   c) die für die Beurteilung der Zuverlässigkeit dieser Inhaber oder gesetzlichen Vertreter oder persönlich haftenden Gesellschafter erforderlichen Angaben;

   d) sofern diese Inhaber Jahresabschlüsse aufzustellen haben:
   die Jahresabschlüsse der letzten drei Geschäftsjahre nebst Prüfungsberichten von unabhängigen Abschlußprüfern, sofern solche zu erstellen sind, und

   e) sofern diese Inhaber einem Konzern angehören:
   die Angabe der Konzernstruktur und, sofern solche Abschlüsse aufzustellen sind, die konsolidierten Konzernabschlüsse der letzten drei Geschäftsjahre nebst Prüfungsberichten von unabhängigen Abschlußprüfern, sofern solche zu erstellen sind;

7. die Angabe der Tatsachen, die auf eine enge Verbindung zwischen dem Institut und anderen natürlichen Personen oder anderen Unternehmen hinweisen.

[4]Die nach Satz 2 einzureichenden Anzeigen und vorzulegenden Unterlagen sind durch Rechtsverordnung nach § 24 Abs. 4 näher zu bestimmen. [5]Die Pflichten nach Satz 2 Nr. 6 Buchstabe d und e bestehen nicht für Finanzdienstleistungsinstitute.

(2)   ¹Das Bundesaufsichtsamt kann die Erlaubnis unter Auflagen erteilen, die sich im Rahmen des mit diesem Gesetz verfolgten Zweckes halten müssen. ²Es kann die Erlaubnis auf einzelne Bankgeschäfte oder Finanzdienstleistungen beschränken.

(3)   Vor Erteilung der Erlaubnis zum Betreiben des Einlagengeschäftes hat das Bundesaufsichtsamt den für das Kreditinstitut in Betracht kommenden Träger der Einlagensicherungseinrichtung zu hören.

(4)   Das Bundesaufsichtsamt hat die Erteilung der Erlaubnis im Bundesanzeiger bekanntzumachen und das Bundesaufsichtsamt für den Wertpapierhandel darüber zu unterrichten.

§ 33 Versagung der Erlaubnis

(1)   ¹Die Erlaubnis ist zu versagen, wenn

1.   die zum Geschäftsbetrieb erforderlichen Mittel, insbesondere ein ausreichendes Anfangskapital im Sinne des § 10 Abs. 2a Satz 1 Nr. 1 bis 7 im Inland nicht zur Verfügung stehen; als Anfangskapital muß zur Verfügung stehen

a)   bei Anlagevermittlern, Abschlußvermittlern und Finanzportfolioverwaltern, die nicht befugt sind, sich bei der Erbringung von Finanzdienstleistungen Eigentum oder Besitz an Geldern oder Wertpapieren von Kunden zu verschaffen, und die nicht auf eigene Rechnung mit Finanzinstrumenten handeln, ein Betrag im Gegenwert von mindestens 50 000 ECU,

b)   bei anderen Finanzdienstleistungsinstituten, die nicht auf eigene Rechnung mit Finanzinstrumenten handeln, ein Betrag im Gegenwert von mindestens 125 000 ECU,

c)   bei Finanzdienstleistungsinstituten, die auf eigene Rechnung mit Finanzinstrumenten handeln, sowie bei Wertpapierhandelsbanken ein Betrag im Gegenwert von mindestens 730 000 ECU und

d)   bei Einlagenkreditinstituten ein Betrag im Gegenwert von mindestens fünf Millionen ECU;

2.   Tatsachen vorliegen, aus denen sich ergibt, daß ein Antragsteller oder eine der in § 1 Abs. 2 Satz 1 bezeichneten Personen nicht zuverlässig ist;

3.   Tatsachen die Annahme rechtfertigen, daß der Inhaber einer bedeutenden Beteiligung an dem Institut oder ein Gesellschafter oder gesetzlicher Vertreter des beteiligten Unternehmens nicht zuverlässig ist oder aus anderen Gründen nicht den im Interesse einer soliden und umsichtigen Führung des Instituts zu stellenden Ansprüchen genügt;

4.   Tatsachen vorliegen, aus denen sich ergibt, daß der Inhaber oder eine der in § 1 Abs. 2 Satz 1 bezeichneten Personen nicht die zur Leitung des Instituts erforderliche fachliche Eignung hat und auch nicht eine andere Person nach § 1 Abs. 2 Satz 2 oder 3 als Geschäftsleiter bezeichnet wird;

5. ein Kreditinstitut oder ein Finanzdienstleistungsinstitut, das befugt ist, sich bei der Erbringung von Finanzdienstleistungen Eigentum oder Besitz an Geldern oder Wertpapieren von Kunden zu verschaffen, nicht mindestens zwei Geschäftsleiter hat, die nicht nur ehrenamtlich für das Institut tätig sind;

6. das Institut seine Hauptverwaltung nicht im Inland hat;

7. das Institut nicht bereit oder in der Lage ist, die erforderlichen organisatorischen Vorkehrungen zum ordnungsgemäßen Betreiben der Geschäfte, für die es die Erlaubnis beantragt, zu schaffen.

²Einem Anlagevermittler oder Abschlußvermittler, der nicht befugt ist, sich bei der Erbringung von Finanzdienstleistungen Eigentum oder Besitz an Geldern oder Wertpapieren von Kunden zu verschaffen, und der nicht auf eigene Rechnung mit Finanzinstrumenten handelt, ist die Erlaubnis nach Satz 1 Buchstabe a nicht zu versagen, wenn er anstelle des Anfangskapitals den Abschluß einer geeigneten Versicherung zum Schutz der Kunden nachweist.

(2) ¹Die fachliche Eignung der in Absatz 1 Satz 1 Nr. 4 genannten Personen für die Leitung eines Instituts setzt voraus, daß sie in ausreichendem Maße theoretische und praktische Kenntnisse in den betreffenden Geschäften sowie Leitungserfahrung haben. ²Die fachliche Eignung für die Leitung eines Instituts ist regelmäßig anzunehmen, wenn eine dreijährige leitende Tätigkeit bei einem Institut von vergleichbarer Größe und Geschäftsart nachgewiesen wird.

(3) ¹Das Bundesaufsichtsamt kann die Erlaubnis versagen, wenn

1. Tatsachen die Annahme rechtfertigen, daß das Institut mit anderen Personen oder Unternehmen in einen Unternehmensverbund eingebunden ist, der eine wirksame Aufsicht über das Institut beeinträchtigt;

2. (aufgehoben)

3. Tatsachen die Annahme rechtfertigen, das das Institut Tochterunternehmen eines Instituts mit Sitz im Ausland ist, das im Staat seines Sitzes oder seiner Hauptverwaltung nicht wirksam beaufsichtigt wird oder dessen zuständige Aufsichtsstelle zu einer befriedigenden Zusammenarbeit mit dem Bundesaufsichtsamt nicht bereit ist;

4. entgegen § 32 Abs. 1 Satz 2 der Antrag keine ausreichenden Angaben oder Unterlagen enthält.

(4) Aus anderen als den in den Absätzen 1 und 3 genannten Gründen darf die Erlaubnis nicht versagt werden.

§ 33a Aussetzung oder Beschränkung der Erlaubnis bei Unternehmen mit Sitz außerhalb der Europäischen Gemeinschaften

[1]Das Bundesaufsichtsamt hat die Entscheidung über einen Antrag auf Erlaubnis von Unternehmen mit Sitz außerhalb der Europäischen Gemeinschaften oder von Tochterunternehmen dieser Unternehmen auszusetzen oder die Erlaubnis zu beschränken, wenn ein entsprechender Beschluß der Kommission oder des Rates der Europäischen Gemeinschaften vorliegt, der nach Artikel 22 Abs. 2 der Zweiten Bankrechtskoordinierungsrichtlinie zustande gekommen ist. [2]Die Aussetzung oder Beschränkung darf drei Monate vom Zeitpunkt des Beschlusses an nicht überschreiten. [3]Die Sätze 1 und 2 gelten auch für nach dem Zeitpunkt des Beschlusses eingereichte Anträge auf Erlaubnis. [4]Beschließt der Rat der Europäischen Gemeinschaften die Verlängerung der Frist nach Satz 2, so hat das Bundesaufsichtsamt diese Fristverlängerung zu beachten und die Aussetzung oder Beschränkung entsprechend zu verlängern.

§ 33b Anhörung der zuständigen Stellen eines anderen Staates des Europäischen Wirtschaftsraums

Soll eine Erlaubnis für das Betreiben von Bankgeschäften nach § 1 Abs. 1 Satz 2 Nr. 1, 2, 4 oder 10 oder für das Erbringen von Finanzdienstleistungen nach § 1 Abs. 1a Satz 2 Nr. 1 bis 4 einem Unternehmen erteilt werden, das

1. Tochter- oder Schwesterunternehmen eines Einlagenkreditinstituts oder Wertpapierhandelsunternehmen ist und dessen Mutterunternehmen in einem anderen Staat des Europäischen Wirtschaftsraums zugelassen ist oder

2. durch dieselben natürlichen Personen oder Unternehmen kontrolliert wird, die ein Einlagenkreditinstitut oder Wertpapierhandelsunternehmen mit Sitz in einem anderen Staat des Europäischen Wirtschaftsraums kontrollieren.

hat das Bundesaufsichtsamt vor Erteilung der Erlaubnis die zuständigen Stellen des Herkunftsstaats anzuhören.

§ 34 Stellvertretung und Fortführung für den Todesfall

(1) § 45 der Gewerbeordnung findet auf Institute keine Anwendung.

(2) [1]Nach dem Tode des Inhabers der Erlaubnis darf ein Institut durch zwei Stellvertreter ohne Erlaubnis für die Erben bis zur Dauer eines Jahres fortgeführt werden. [2]Die Stellvertreter sind unverzüglich nach dem Todesfall zu bestimmen; sie gelten als Geschäftsleiter. [3]Ist ein Stellvertreter nicht zuverlässig oder hat er nicht die erforderliche fachliche Eignung, kann das Bundesaufsichtsamt die Fortführung der Geschäfte untersagen. [4]Das Bundesaufsichtsamt kann die Frist nach Satz 1 aus besonderen Gründen verlängern. [5]Für Finanzdienstleistungsinstitute, die nicht

befugt sind, sich bei der Erbringung von Finanzdienstleistungen Eigentum oder Besitz an Geldern oder Wertpapieren von Kunden zu verschaffen, genügt ein Stellvertreter.

§ 35 Erlöschen und Aufhebung der Erlaubnis

(1) Die Erlaubnis erlischt, wenn von ihr nicht innerhalb eines Jahres seit ihrer Erteilung Gebrauch gemacht wird.

(2) ¹Das Bundesaufsichtsamt kann die Erlaubnis außer nach den Vorschriften des Verwaltungsverfahrensgesetzes aufheben, wenn

1. der Geschäftsbetrieb, auf den sich die Erlaubnis bezieht, seit mehr als sechs Monaten nicht mehr ausgeübt worden ist;

2. ein Kreditinstitut in der Rechtsform des Einzelkaufmanns betrieben wird;

3. ihm Tatsachen bekannt werden, welche die Versagung der Erlaubnis nach § 33 Abs. 1 Satz 1 Nr. 1 bis 7 oder Abs. 3 Nr. 1 bis 3 rechtfertigen würden;

4. Gefahr für die Erfüllung der Verpflichtungen des Instituts gegenüber seinen Gläubigern, insbesondere für die Sicherheit der dem Institut anvertrauten Vermögenswerte, besteht und die Gefahr nicht durch andere Maßnahmen nach diesem Gesetz abgewendet werden kann; eine Gefahr für die Sicherheit der dem Institut anvertrauten Vermögenswerte besteht auch

   a) bei einem Verlust in Höhe der Hälfte des nach § 10 maßgebenden haftenden Eigenkapitals oder

   b) bei einem Verlust in Höhe von jeweils mehr als 10 vom Hundert des nach § 10 maßgebenden haftenden Eigenkapitals in mindestens drei aufeinanderfolgenden Geschäftsjahren;

5. die Eigenmittel eines Wertpapierhandelsunternehmens nicht mindestens einem Viertel seiner Kosten im Sinne des § 10 Abs. 9 entsprechen;

6. das Institut nachhaltig gegen Bestimmungen dieses Gesetzes, des Wertpapierhandelsgesetzes oder die zur Durchführung dieser Gesetze erlassenen Verordnungen oder Anordnungen verstoßen hat.

(3) § 48 Abs. 4 Satz 1 und § 49 Abs. 2 Satz 2 des Verwaltungsverfahrensgesetzes über die Jahresfrist sind nicht anzuwenden.

§ 36 Abberufung von Geschäftsleitern

(1) In den Fällen des § 35 Abs. 2 Nr. 3, 4 und 6 kann das Bundesaufsichtsamt, statt die Erlaubnis aufzuheben, die Abberufung der verantwortlichen Geschäftsleiter verlangen und diesen Geschäftsleitern auch die Ausübung ihrer Tätigkeit bei Instituten in der Rechtsform einer juristischen Person untersagen.

(2) ¹Das Bundesaufsichtsamt kann die Abberufung eines Geschäftsleiters auch verlangen und diesem Geschäftsleiter auch die Ausübung seiner Tätigkeit bei Instituten in der Rechtsform einer juristischen Person untersagen, wenn dieser vorsätzlich oder leichtfertig gegen die Bestimmungen dieses Gesetzes oder des Wertpapierhandelsgesetzes, gegen die zur Durchführung dieser Gesetze erlassenen Verordnungen oder gegen Anordnungen des Bundesaufsichtsamtes oder des Bundesaufsichtsamtes für den Wertpapierhandel verstoßen hat und trotz Verwarnung durch das Bundesaufsichtsamt oder das Bundesaufsichtsamt für den Wertpapierhandel dieses Verhalten fortsetzt. ²Das Bundesaufsichtsamt unterrichtet das Bundesaufsichtsamt für den Wertpapierhandel über die Abberufung.

§ 37 Einschreiten gegen ungesetzliche Geschäfte

¹Werden ohne die nach § 32 erforderliche Erlaubnis Bankgeschäfte betrieben oder Finanzdienstleistungen erbracht oder werden nach § 3 verbotene Geschäfte betrieben, kann das Bundesaufsichtsamt die sofortige Einstellung des Geschäftsbetriebs und die unverzügliche Abwicklung dieser Geschäfte anordnen. ²Es kann für die Abwicklung Weisungen erlassen und eine geeignete Person als Abwickler bestellen. ³Es kann seine Maßnahmen nach den Sätzen 1 und 2 bekanntmachen.

§ 38 Folgen der Aufhebung und des Erlöschens der Erlaubnis, Maßnahmen bei der Abwicklung

(1) ¹Hebt das Bundesaufsichtsamt die Erlaubnis auf oder erlischt die Erlaubnis, so kann es bei juristischen Personen und Personenhandelsgesellschaften bestimmen, daß das Institut abzuwickeln ist. ²Seine Entscheidung wirkt wie ein Auflösungsbeschluß. ³Sie ist dem Registergericht mitzuteilen und von diesem in das Handels- oder Genossenschaftsregister einzutragen.

(2) ¹Das Bundesaufsichtsamt kann für die Abwicklung eines Instituts allgemeine Weisungen erlassen. ²Das Registergericht hat auf Antrag des Bundesaufsichtsamtes Abwickler zu bestellen, wenn die sonst zur Abwicklung berufenen Personen keine Gewähr für die ordnungsgemäße Abwicklung bieten. ³Gegen die Verfügung des

Registergerichts findet die sofortige Beschwerde statt. [4]Besteht eine Zuständigkeit des Registergerichts nicht, bestellt das Bundesaufsichtsamt den Abwickler.

(3) [1]Das Bundesaufsichtsamt hat die Aufhebung oder das Erlöschen der Erlaubnis im Bundesanzeiger bekanntzumachen und das Bundesaufsichtsamt für den Wertpapierhandel darüber zu unterrichten. [2]Es hat die zuständigen Stellen der anderen Staaten des Europäischen Wirtschaftsraums zu unterrichten, in denen das Institut Zweigniederlassungen errichtet hat oder im Wege des grenzüberschreitenden Dienstleistungsverkehrs tätig gewesen ist.

(4) Die Absätze 1 und 2 gelten nicht für juristische Personen des öffentlichen Rechts.

2. Bezeichnungsschutz

§ 39 Bezeichnungen "Bank" und "Bankier"

(1) [1]Die Bezeichnung "Bank", "Bankier" oder eine Bezeichnung, in der das Wort "Bank" oder "Bankier" enthalten ist, dürfen, soweit durch Gesetz nichts anderes bestimmt ist, in der Firma, als Zusatz zur Firma, zur Bezeichnung des Geschäftszweckes oder zu Werbezwecken nur führen

1. Kreditinstitute, die eine Erlaubnis nach § 32 besitzen oder Zweigniederlassungen von Unternehmen nach § 53b Abs. 1 Satz 1 oder Abs. 7;

2. andere Unternehmen, die bei Inkrafttreten dieses Gesetzes eine solche Bezeichnung nach den bisherigen Vorschriften befugt geführt haben.

(2) Die Bezeichnung "Volksbank" oder eine Bezeichnung, in der das Wort "Volksbank" enthalten ist, dürfen nur Kreditinstitute neu aufnehmen, die in der Rechtsform einer eingetragenen Genossenschaft betrieben werden und einem Prüfungsverband angehören.

(3) Das Bundesaufsichtsamt kann bei Erteilung der Erlaubnis bestimmen, daß die in Absatz 1 genannten Bezeichnungen nicht geführt werden dürfen, wenn Art oder Umfang der Geschäfte des Kreditinstituts nach der Verkehrsanschauung die Führung einer solchen Bezeichnung nicht rechtfertigen.

§ 40 Bezeichnung "Sparkasse"

(1) Die Bezeichnung "Sparkasse" oder eine Bezeichnung, in der das Wort "Sparkasse" enthalten ist, dürfen in der Firma, als Zusatz zur Firma, zur Bezeichnung des Geschäftszwecks oder zu Werbezwecken nur führen

1. öffentlich-rechtliche Sparkassen, die eine Erlaubnis nach § 32 besitzen;

2. andere Unternehmen, die bei Inkrafttreten dieses Gesetzes eine solche Bezeichnung nach den bisherigen Vorschriften befugt geführt haben.

3. Unternehmen, die durch Umwandlung der in Nummer 2 bezeichneten Unternehmen neu gegründet werden, solange sie auf Grund ihrer Satzung besondere Merkmale, insbesondere eine am Gemeinwohl orientierte Aufgabenstellung und eine Beschränkung der wesentlichen Geschäftstätigkeit auf den Wirtschaftsraum, in dem das Unternehmen seinen Sitz hat, in dem Umfang wie vor der Umwandlung aufweisen.

(2) Kreditinstitute im Sinne des § 1 des Gesetzes über Bausparkassen dürfen die Bezeichnung "Bausparkasse", eingetragene Genossenschaften, die einem Prüfungsverband angehören, die Bezeichnung "Spar- und Darlehenskasse" führen.

§ 41 Ausnahmen

[1]Die §§ 39 und 40 gelten nicht für Unternehmen, die die Worte "Bank", "Bankier" oder "Sparkasse" in einem Zusammenhang führen, der den Anschein ausschließt, daß sie Bankgeschäfte betreiben. [2]Kreditinstitute mit Sitz im Ausland dürfen bei ihrer Tätigkeit im Inland die in § 39 Abs. 2 und in § 40 genannten Bezeichnungen in der Firma, als Zusatz zur Firma, zur Bezeichnung des Geschäftszwecks oder zu Werbezwecken führen, wenn sie zur Führung dieser Bezeichnung in ihrem Sitzstaat berechtigt sind und sie die Bezeichnung um einen auf ihren Sitzstaat hinweisenden Zusatz ergänzen.

§ 42 Entscheidung des Bundesaufsichtsamtes

[1]Das Bundesaufsichtsamt entscheidet in Zweifelsfällen, ob ein Unternehmen zur Führung der in den §§ 39 und 40 genannten Bezeichnungen befugt ist. [2]Es hat seine Entscheidungen dem Registergericht mitzuteilen.

§ 43 Registervorschriften

(1) Soweit nach § 32 das Betreiben von Bankgeschäften oder das Erbringen von Finanzdienstleistungen einer Erlaubnis bedarf, dürfen Eintragungen in öffentliche Register nur vorgenommen werden, wenn dem Registergericht die Erlaubnis nachgewiesen ist.

(2) ¹Führt ein Unternehmen eine Firma oder einen Zusatz zur Firma, deren Gebrauch nach den §§ 39 bis 41 unzulässig ist, so hat das Registergericht die Firma oder den Zusatz zur Firma vom Amts wegen zu löschen; § 142 Abs. 1 Satz 2, Abs. 2 und 3 sowie § 143 des Gesetzes über die Angelegenheiten der freiwilligen Gerichtsbarkeit gelten entsprechend. ²Das Unternehmen ist zur Unterlassung des Gebrauchs der Firma oder des Zusatzes zur Firma durch Festsetzung von Ordnungsgeld anzuhalten; § 140 des Gesetzes über die Angelegenheiten der freiwilligen Gerichtsbarkeit gilt entsprechend.

(3) Das Bundesaufsichtsamt ist berechtigt, in Verfahren des Registergerichts, die sich auf die Eintragung oder Änderung der Rechtsverhältnisse oder der Firma von Kreditinstituten oder Unternehmen beziehen, die nach §§ 39 bis 41 unzulässige Bezeichnungen verwenden, Anträge zu stellen und die nach dem Gesetz über die Angelegenheiten der freiwilligen Gerichtsbarkeit zulässigen Rechtsmittel einzulegen.

3. Auskünfte und Prüfungen

§ 44 Auskünfte und Prüfungen von Instituten, Unternehmen mit bankbezogenen Hilfsdiensten, Finanzholding-Gesellschaften und in die Aufsicht auf zusammengefaßter Basis einbezogenen Unternehmen

(1) ¹Ein Institut und die Mitglieder seiner Organe haben dem Bundesaufsichtsamt, den Personen oder Einrichtungen, deren sich das Bundesaufsichtsamt bei der Durchführung seiner Aufgaben bedient, sowie der Deutschen Bundesbank auf Verlangen Auskünfte über alle Geschäftsangelegenheiten zu erteilen und Unterlagen vorzulegen. ²Das Bundesaufsichtsamt kann, auch ohne besonderen Anlaß, bei den Instituten Prüfungen vornehmen. ³Die Bediensteten des Bundesaufsichtsamtes sowie die Personen, deren sich das Bundesaufsichtsamt bei der Durchführung der Prüfungen bedient, können hierzu die Geschäftsräume des Instituts innerhalb der üblichen Betriebs- und Geschäftszeiten betreten und besichtigen. ⁴Die Betroffenen haben Maßnahmen nach den Sätzen 2 und 3 zu dulden.

(2) ¹Ein nachgeordnetes Unternehmen im Sinne des § 10a Abs. 2 bis 5, eine Finanzholding-Gesellschaft an der Spitze einer Finanzholding-Gruppe im Sinne des § 10a Abs. 3 sowie ein Mitglied eines Organs eines solchen Unternehmens haben dem

Bundesaufsichtsamt, den Personen und Einrichtungen, deren sich das Bundesaufsichtsamt bei der Durchführung seiner Aufgaben bedient, sowie der Deutschen Bundesbank auf Verlangen Auskünfte zu erteilen und Unterlagen vorzulegen, um die Richtigkeit der Auskünfte oder der übermittelten Daten zu überprüfen, die für die Aufsicht auf zusammengefaßter Basis erforderlich sind oder die in Verbindung mit einer Rechtsverordnung nach § 25 Abs. 3 Satz 1 zu übermitteln sind. [2]Das Bundesaufsichtsamt kann, auch ohne besonderen Anlaß, bei diesen Unternehmen Prüfungen vornehmen. [3]Die Bediensteten des Bundesaufsichtsamtes sowie die Personen, deren sich das Bundesaufsichtsamt bei der Durchführung der Prüfungen bedient, können hierzu die Geschäftsräume des Instituts innerhalb der üblichen Betriebs- und Geschäftszeiten betreten und besichtigen. [4]Die Betroffenen haben Maßnahmen nach den Sätzen 2 und 3 zu dulden. [5]Die Sätze 1 bis 4 gelten entsprechend für ein nicht in die Zusammenfassung einbezogenes Tochterunternehmen und ein gemischtes Unternehmen und dessen Tochterunternehmen.

(3) [1]Die in die Zusammenfassung einbezogenen Unternehmen mit Sitz im Ausland haben dem Bundesaufsichtsamt auf Verlangen die nach diesem Gesetz zulässigen Prüfungen zu gestatten, insbesondere die Überprüfung der Richtigkeit der für die Zusammenfassung nach § 10a Abs. 6 und 7, § 13b Abs. 3 und § 25 Abs. 2 und 3 übermittelten Daten, soweit dies zur Erfüllung der Aufgaben des Bundesaufsichtsamtes erforderlich und nach dem Recht des anderen Staates zulässig ist. [2]Dies gilt auch für nicht in die Zusammenfassung einbezogene Tochterunternehmen mit Sitz im Ausland.

(4) [1]Das Bundesaufsichtsamt kann zu den Hauptversammlungen, Generalversammlungen oder Gesellschafterversammlungen sowie zu den Sitzungen der Aufsichtsorgane bei Instituten in der Rechtsform einer juristischen Person Vertreter entsenden. [2]Diese können in der Versammlung oder Sitzung das Wort ergreifen. [3]Die Betroffenen haben Maßnahmen nach den Sätzen 1 und 2 zu dulden.

(5) [1]Die Institute in der Rechtsform einer juristischen Person haben auf Verlangen des Bundesaufsichtsamtes die Einberufung der in Absatz 4 Satz 1 bezeichneten Versammlungen, die Anberaumung von Sitzungen der Verwaltungs- und Aufsichtsorgane sowie die Ankündigung von Gegenständen zur Beschlußfassung vorzunehmen. [2]Das Bundesaufsichtsamt kann zu einer nach Satz 1 anberaumten Sitzung Vertreter entsenden. [3]Diese können in der Sitzung das Wort ergreifen. [4]Die Betroffenen haben Maßnahmen nach den Sätzen 2 und 3 zu dulden. [5]Absatz 4 bleibt unberührt.

(6) Der zur Erteilung einer Auskunft Verpflichtete kann die Auskunft auf solche Fragen verweigern, deren Beantwortung ihn selbst oder einen der in § 383 Abs. 1 Nr. 1 bis 3 der Zivilprozeßordnung bezeichneten Angehörigen der Gefahr strafgerichtlicher Verfolgung oder eines Verfahrens nach dem Gesetz über Ordnungswidrigkeiten aussetzen würde.

§ 44a Grenzüberschreitende Auskünfte und Prüfungen

(1) ¹Rechtsvorschriften, die einer Übermittlung von Daten entgegenstehen, sind nicht anzuwenden auf die Übermittlung von Daten zwischen einem Institut, einem Finanzunternehmen, einer Finanzholding-Gesellschaft, einem Unternehmen mit bankbezogenen Hilfsdiensten oder einem nicht in die Zusammenfassung einbezogenen Unternehmen und einem Unternehmen mit Sitz im Ausland, das mindestens 20 vom Hundert der Kapitalanteile oder Stimmrechte an dem Unternehmen unmittelbar oder mittelbar hält, Mutterunternehmen ist oder beherrschenden Einfluß ausüben kann, oder zwischen einem gemischten Unternehmen und seinen Tochterunternehmen mit Sitz im Ausland, wenn die Übermittlung der Daten erforderlich ist, um Bestimmungen der Aufsicht nach Maßgabe der Konsolidierungsrichtlinie über das Unternehmen mit Sitz im Ausland zu erfüllen. ²Das Bundesaufsichtsamt kann einem Institut die Übermittlung von Daten in einen Drittstaat untersagen.

(2) ¹Auf Ersuchen einer für die Aufsicht über ein Unternehmen mit Sitz in einem anderen Staat des Europäischen Wirtschaftsraums zuständigen Stelle hat das Bundesaufsichtsamt die Richtigkeit der von einem Unternehmen im Sinne des Absatzes 1 Satz 1 für die Aufsichtsstelle nach Maßgabe der Konsolidierungsrichtlinie übermittelten Daten zu überprüfen oder zu gestatten, daß die ersuchende Stelle, ein Wirtschaftsprüfer oder ein Sachverständiger diese Daten überprüft. ²§ 5 Abs. 2 des Verwaltungsverfahrensgesetzes über die Grenzen der Amtshilfe gilt entsprechend. ³Die Unternehmen im Sinne des Absatzes 1 Satz 1 haben die Prüfung zu dulden. ⁴Unberührt bleibt die Einräumung von Prüfungsrechten der Bankaufsichtsbehörden durch zwischenstaatliche Vereinbarungen.

(3) Das Bundesaufsichtsamt kann von Einlagenkreditinstituten, Wertpapierhandelsunternehmen oder Finanzholding-Gesellschaften mit Sitz in einem anderen Staat des Europäischen Wirtschaftsraums Auskünfte verlangen, welche die Aufsicht über Institute erleichtern, die Tochterunternehmen dieser Unternehmen sind und von den zuständigen Stellen des anderen Staates aus § 31 Abs. 2 Satz 2 oder 4 entsprechenden Gründen nicht in die Beaufsichtigung auf zusammengefaßter Basis einbezogen werden.

§ 44b Prüfung der Inhaber bedeutender Beteiligungen

(1) Die Verpflichtungen nach § 44 Abs. 1 Satz 1 gegenüber dem Bundesaufsichtsamt und der Deutschen Bundesbank zur Auskunft und Vorlegung von Unterlagen gelten auch für

1. Personen und Unternehmen, die eine Beteiligungsabsicht nach § 2b anzeigen oder die im Rahmen eines Erlaubnisantrags nach § 32 Abs. 1 Satz 2 Nr. 6 oder einer Ergänzungsanzeige nach § 64e Abs. 2 Satz 4 als Inhaber bedeutender Beteiligungen angegeben werden,

2. die Inhaber einer bedeutenden Beteiligung an einem Institut und den von ihnen kontrollierten Unternehmen,

3. Personen und Unternehmen, bei denen Tatsachen die Annahme rechtfertigen, daß es sich um Personen oder Unternehmen im Sinne der Nummer 2 handelt, und

4. Personen und Unternehmen, die mit einer Person oder einem Unternehmen im Sinne der Nummern 1 bis 3 nach § 15 des Aktiengesetzes verbunden sind.

(2) Das Bundesaufsichtsamt und die Deutsche Bundesbank können Maßnahmen nach § 44 Abs. 1 Satz 2 und 3 gegenüber den in Absatz 1 genannten Personen und Unternehmen ergreifen, wenn Anhaltspunkte für einen Untersagungsgrund nach § 2b Abs. 1a Satz 1 Nr. 1 bis 3 vorliegen. Die Betroffenen haben diese Maßnahmen zu dulden.

§ 44c Verfolgung unerlaubter Bankgeschäfte und Finanzdienstleistungen

(1) ¹Ein Unternehmen, bei dem Tatsachen die Annahme rechtfertigen, daß es ein Institut ist oder nach § 3 verbotene Geschäfte betreibt, ein Mitglied eines seiner Organe sowie ein Beschäftigter dieses Unternehmens haben dem Bundesaufsichtsamt sowie der Deutschen Bundesbank auf Verlangen Auskünfte über die Geschäftsangelegenheiten zu erteilen und Unterlagen vorzulegen. ²Ein Mitglied eines Organs sowie ein Beschäftigter haben auf Verlangen auch nach ihrem Ausscheiden aus dem Organ oder dem Unternehmen Auskunft zu erteilen.

(2) ¹Soweit dies zur Feststellung der Art oder des Umfangs der Geschäfte oder Tätigkeiten erforderlich ist, kann das Bundesaufsichtsamt Prüfungen in Räumen des Unternehmens vornehmen. ²Die Bediensteten des Bundesaufsichtsamtes und der Deutschen Bundesbank dürfen hierzu diese Räume innerhalb der üblichen Betriebs- und Geschäftszeiten betreten und besichtigen. ³Zur Verhütung dringender Gefahren für die öffentliche Ordnung und Sicherheit sind sie befugt, diese Räume auch außerhalb der üblichen Betriebs- und Geschäftszeiten sowie Räume, die auch als Wohnung dienen, zu betreten und zu besichtigen; das Grundrecht des Artikels 13 des Grundgesetzes wird insoweit eingeschränkt.

(3) ¹Die Bediensteten des Bundesaufsichtsamtes und der Deutschen Bundesbank dürfen diese Räume des Unternehmens durchsuchen. ²Das Grundrecht des Artikel 13 des Grundgesetzes wird insoweit eingeschränkt. ³Durchsuchungen von Geschäftsräumen sind, außer bei Gefahr im Verzug, durch den Richter anzuordnen. ⁴Durchsuchungen von Räumen, die auch als Wohnung dienen, sind durch den Richter anzuordnen. ⁵Zuständig ist das Amtsgericht, in dessen Bezirk sich die Räume befinden. ⁶Gegen die richterliche Entscheidung ist die Beschwerde zulässig; die §§ 306 bis 310 und 311a der Strafprozeßordnung gelten entsprechend. ⁷Über die Durchsuchung ist eine Niederschrift zu fertigen. ⁸Sie muß die verantwortliche

Dienststelle, Grund, Zeit und Ort der Durchsuchung und ihr Ergebnis und, falls keine richterliche Anordnung ergangen ist, auch die Tatsachen, welche die Annahme einer Gefahr im Verzuge begründet haben, enthalten.

(4) Die Bediensteten des Bundesaufsichtsamtes und der Deutschen Bundesbank können Gegenstände sicherstellen, die als Beweismittel für die Ermittlung des Sachverhaltes von Bedeutung sein können.

(5) ¹Die Betroffenen haben Maßnahmen nach Absatz 2, Absatz 3 Satz 1 und Absatz 4 zu dulden. ²§ 44 Abs. 6 ist anzuwenden.

4. Maßnahmen in besonderen Fällen

§ 45 Maßnahmen bei unzureichenden Eigenmitteln oder unzureichender Liquidität

(1) ¹Entsprechen bei einem Institut

1. die Eigenmittel nicht den Anforderungen des § 10 Abs. 1,

2. die Anlage seiner Mittel nicht den Anforderungen des § 11 Satz 1 oder kann das Bundesaufsichtsamt Entnahmen durch die Inhaber oder Gesellschafter, die Ausschüttung von Gewinnen und die Gewährung von Krediten (§ 19 Abs. 1) untersagen oder beschränken. ²Satz 1 ist auf übergeordnete Unternehmen im Sinne des § 10a Abs. 2 bis 5 entsprechend anzuwenden, wenn die konsolidierten Eigenmittel der gruppenangehörigen Unternehmen den Anforderungen des § 10a Abs. 1 nicht entsprechen.

(2) ¹Das Bundesaufsichtsamt darf die in Absatz 1 bezeichneten Anordnungen erst treffen, wenn das Institut den Mangel nicht innerhalb einer vom Bundesaufsichtsamt zu bestimmenden Frist behoben hat. ²Beschlüsse über die Gewinnausschüttung sind insoweit nichtig, als sie einer Anordnung nach Abs. 1 widersprechen.

§ 45a Maßnahmen gegenüber Finanzholding-Gesellschaften

(1) Übermittelt eine Finanzholding-Gesellschaft an der Spitze einer Finanzholding-Gruppe im Sinne des § 10a Abs. 3 Satz 1 oder 2 oder § 13b Abs. 2 dem übergeordneten Unternehmen nicht die für die Zusammenfassung nach § 10a oder § 13b erforderlichen Angaben gemäß § 10a Abs. 9 Satz 2 oder § 13b Abs. 5 in Verbindung mit § 10a Abs. 9 Satz 2, kann das Bundesaufsichtsamt der Finanzholding-Gesellschaft die Ausübung ihrer Stimmrechte an dem Institut und den anderen nachgeordneten Unternehmen mit Sitz im Inland untersagen, sofern nicht den

Erfordernissen der bankaufsichtlichen Zusammenfassung in anderer Weise Rechnung getragen werden kann.

(2) [1]Im Falle der Untersagung nach Absatz 1 hat auf Antrag des Bundesaufsichtsamtes das Gericht des Sitzes des übergeordneten Unternehmens einen Treuhänder zu bestellen, auf den es die Ausübung der Stimmrechte überträgt. [2]Der Treuhänder hat bei der Ausübung der Stimmrechte den Interessen einer soliden und bankaufsichtskonformen Führung der betroffenen Unternehmen Rechnung zu tragen. [3]Das Bundesaufsichtsamt kann aus wichtigem Grund die Bestellung eines anderen Treuhänders beantragen. [4]Sind die Voraussetzungen des Absatzes 1 entfallen, hat das Bundesaufsichtsamt den Widerruf der Bestellung des Treuhänders zu beantragen. [5]Der Treuhänder hat Anspruch auf Ersatz angemessener Auslagen und auf Vergütung für seine Tätigkeit. [6]Das Gericht setzt auf Antrag des Treuhänders die Auslagen und die Vergütung fest; die weitere Beschwerde ist ausgeschlossen. [7]Der Bund schießt die Auslagen und die Vergütung vor; für seine Aufwendungen haften die Finanzholding-Gesellschaft und die betroffenen Unternehmen gesamtschuldnerisch.

(3) Solange die Untersagungsverfügung nach Absatz 1 vollziehbar ist, gelten die betroffenen Unternehmen nicht als nachgeordnete Unternehmen der Finanzholding-Gesellschaft im Sinne des § 10a und des § 13b.

§ 46 Maßnahmen bei Gefahr

(1) [1]Besteht Gefahr für die Erfüllung der Verpflichtungen eines Instituts gegenüber seinen Gläubigern, insbesondere für die Sicherheit der ihm anvertrauten Vermögenswerte, oder besteht der begründete Verdacht, daß eine wirksame Aufsicht über das Institut nicht möglich ist (§ 33 Abs. 3 Nr. 1 bis 3), kann das Bundesaufsichtsamt zur Abwendung dieser Gefahr einstweilige Maßnahmen treffen. [2]Es kann insbesondere

1. Anweisungen für die Geschäftsführung des Instituts erlassen,

2. die Annahme von Einlagen oder Geldern oder Wertpapieren von Kunden und die Gewährung von Krediten (§ 19 Abs. 1) verbieten,

3. Inhabern und Geschäftsleitern die Ausübung ihrer Tätigkeit untersagen oder beschränken und

4. Aufsichtspersonen bestellen.

[3]Beschlüsse über die Gewinnausschüttung sind insoweit nichtig, als sie einer Anordnung nach Satz 1 und 2 widersprechen. [4]Bei Instituten, die in anderer Rechtsform als der eines Einzelkaufmanns betrieben werden, sind Geschäftsleiter, denen die Ausübung ihrer Tätigkeit untersagt worden ist, für die Dauer der Untersagung von der Geschäftsführung und Vertretung des Instituts ausgeschlossen. [5]Für die Ansprüche aus dem Anstellungsvertrag oder anderen Bestimmungen über die

Tätigkeit des Geschäftsleiters gelten die allgemeinen Vorschriften. [6]Rechte, die einem Geschäftsleiter als Gesellschafter oder in anderer Weise eine Mitwirkung an Entscheidungen über Geschäftsführungsmaßnahmen bei dem Institut ermöglichen, können für die Dauer der Untersagung nicht ausgeübt werden.

(2)   [1]Ist Geschäftsleitern nach Absatz 1 Satz 2 Nr. 3 die Ausübung ihrer Tätigkeit untersagt worden, hat das Gericht des Sitzes des Instituts auf Antrag des Bundesaufsichtsamtes die erforderlichen geschäftsführungs- und vertretungsbefugten Personen zu bestellen, wenn zur Geschäftsführung und Vertretung des Instituts befugte Personen infolge der Untersagung nicht mehr in der erforderlichen Anzahl vorhanden sind. [2]§ 46a Abs. 2 Satz 2 bis 4, Abs. 3 Satz 1, Abs. 4 bis 7 gilt entsprechend.

§ 46a Maßnahmen bei Konkursgefahr, Bestellung vertretungsbefugter Personen

(1)   [1]Liegen die Voraussetzungen des § 46 Abs. 1 Satz 1 vor, kann das Bundesaufsichtsamt zur Vermeidung des Konkurses vorübergehend

1.   ein Veräußerungs- und Zahlungsverbot an das Institut erlassen;

2.   die Schließung des Instituts für den Verkehr mit der Kundschaft anordnen und

3.   die Entgegennahme von Zahlungen, die nicht zur Tilgung von Schulden gegenüber dem Institut bestimmt sind, verbieten, es sei denn, die zuständige Einlagensicherungseinrichtung oder Anlegerentschädigungseinrichtung stellt die Befriedigung der Berechtigten in vollem Umfang sicher.

[2]Die Einlagensicherungseinrichtung oder Anlegerentschädigungseinrichtung kann ihre Verpflichtungserklärung davon abhängig machen, daß eingehende Zahlungen, soweit sie nicht zur Tilgung von Schulden gegenüber dem Institut bestimmt sind, von dem im Zeitpunkt des Erlassens des Veräußerungs- und Zahlungsverbots nach Satz 1 Nr. 1 vorhandenen Vermögen des Instituts zugunsten der Einrichtung getrennt gehalten und verwaltet werden. [3]Das Institut darf nach Erlaß des Veräußerungs- und Zahlungsverbots nach Satz 1 Nr. 1 die im Zeitpunkt des Erlasses laufenden Geschäfte abwickeln und neue Geschäfte eingehen, soweit diese zur Abwicklung erforderlich sind, wenn und soweit die zuständige Einlagensicherungseinrichtung oder Anlegerentschädigungseinrichtung die zur Durchführung erforderlichen Mittel zur Verfügung stellt oder sich verpflichtet, aus diesen Geschäften insgesamt entstehende Vermögensminderungen des Instituts, soweit dies zur vollen Befriedigung sämtlicher Gläubiger erforderlich ist, diesem zu erstatten. [4]Das Bundesaufsichtsamt kann darüber hinaus Ausnahmen von Veräußerungs- und Zahlungsverbot nach Satz 1 Nr. 1 zulassen, soweit dies für die Durchführung der Verwaltung des Instituts notwendig ist. [5]Solange Maßnahmen nach Satz 1 andauern, sind Zwangsvollstreckungen, Arreste und einstweilige Verfügungen in das Vermögen des Instituts nicht zulässig.

(2) ¹Sind bei Instituten, die in anderer Rechtsform als der eines Einzelkaufmanns betrieben werden, Maßnahmen nach Absatz 1 Satz 1 angeordnet und ist Geschäftsleitern die Ausübung ihrer Tätigkeit untersagt worden, so hat das Gericht des Sitzes des Instituts auf Antrag des Bundesaufsichtsamtes die erforderlichen geschäftsführungs- und vertretungsbefugten Personen zu bestellen, wenn zur Geschäftsführung und Vertretung des Instituts befugte Personen infolge der Untersagung nicht mehr in der erforderlichen Anzahl vorhanden sind. ²Die Bestellung oder Abberufung von vertretungsbefugten Personen durch das Gericht, deren Vertretungsbefugnis sowie das Erlöschen ihres Amtes werden bei Instituten, die in ein öffentliches Register eingetragen sind, von Amts wegen eingetragen. ³Die vertretungsbefugten Personen haben ihre Namensunterschriften zur Aufbewahrung beim Gericht zu zeichnen. ⁴Solange die Voraussetzungen nach Satz 1 vorliegen, können die nach anderen Rechtsvorschriften hierzu berufenen Personen oder Organe ihr Recht, geschäftsführungs- und vertretungsbefugte Personen zu bestellen, nicht ausüben.

(3) ¹Die Vertretungsbefugnis einer durch das Gericht bestellten Person bestimmt sich nach der Vertretungsbefugnis des Geschäftsleiters, an dessen Stelle die Person bestellt worden ist. ²Ihre Geschäftsführungsbefugnis ist, wenn sie nicht durch die dafür zuständigen Organe des Instituts erweitert wird, auf die Durchführung von Maßnahmen beschränkt, die zur Vermeidung des Konkurses und zum Schutz der Gläubiger erforderlich sind.

(4) ¹Die geschäftsführungs- und vertretungsbefugte Person, die durch das Gericht bestellt worden ist, hat Anspruch auf Ersatz angemessener barer Auslagen und auf Vergütung für ihre Tätigkeit. Das Gericht des Sitzes des Instituts setzt auf Antrag der durch das Gericht bestellten geschäftsführungs- und vertretungsbefugten Person die Auslagen und die Vergütung fest. ²Die weitere Beschwerde ist ausgeschlossen. ³Aus der rechtskräftigen Entscheidung findet die Zwangsvollstreckung nach der Zivilprozeßordnung statt.

(5) Solange Maßnahmen nach Absatz 1 Satz 1 angeordnet ist, kann eine geschäftsführungs- und vertretungsbefugte Person, die durch das Gericht bestellt worden ist, nur durch das Gericht auf Antrag des Bundesaufsichtsamtes oder des Organs des Instituts, das für den Ausschuß von Gesellschaftern von der Geschäftsführung und Vertretung oder die Abberufung geschäftsführungs- und vertretungsbefugter Personen zuständig ist, und nur dann abberufen werden, wenn ein wichtiger Grund vorliegt.

(6) ¹Das Amt einer geschäftsführungs- und vertretungsbefugten Person, die durch das Gericht bestellt worden ist, erlischt in jedem Fall, wenn die Maßnahmen nach Absatz 1 Satz 1 und die Verfügung aufgehoben werden, mit der dem Geschäftsleiter, an dessen Stelle die Person bestellt worden ist, die Ausübung seiner Tätigkeit untersagt worden war. ²Sind nur Maßnahmen nach Absatz 1 Satz 1 aufgehoben worden, erlischt das Amt einer geschäftsführungs- und vertretungsbefugten Person,

die durch das Gericht bestellt worden ist, sobald die nach anderen Rechtsvorschriften hierzu berufenen Personen und Organe eine geschäftsführungs- und vertretungsbefugte Person bestellt haben und dieser Person, soweit erforderlich, eine Erlaubnis nach § 32 erteilt worden ist.

(7)   Die Absätze 2 bis 6 gelten nicht für juristische Personen des öffentlichen Rechts.

§ 46b Konkursantrag

[1]Wird ein Institut zahlungsunfähig oder tritt Überschuldung ein, so haben die Geschäftsleiter und bei einem in der Rechtsform des Einzelkaufmanns betriebenen Instituts der Inhaber dies dem Bundesaufsichtsamt unverzüglich anzuzeigen. [2]Soweit diese Personen nach anderen Rechtsvorschriften verpflichtet sind, bei Zahlungsunfähigkeit oder Überschuldung die Konkurseröffnung zu beantragen, tritt an die Stelle der Antragspflicht die Anzeigepflicht nach Satz 1. [3]Das Konkursverfahren über das Vermögen eines Instituts findet im Falle der Zahlungsunfähigkeit oder der Überschuldung statt. [4]Der Antrag auf Konkurseröffnung über das Vermögen des Instituts kann nur von dem Bundesaufsichtsamt gestellt werden. [5]Das Konkursgericht hat dem Antrag des Bundesaufsichtsamtes zu entsprechen; die §§ 46 und 84 der Vergleichsordnung sowie § 107 Abs. 1 der Konkursordnung bleiben unberührt. [6]Der Eröffnungsbeschluß ist unanfechtbar.

§ 46c Berechnung von Fristen

Die nach § 31 Nr. 2, den §§ 32, 32a Satz 2, §§ 33 und 55 Nr. 3 sowie § 183 Abs. 2 der Konkursordnung, nach § 237 des Handelsgesetzbuches und nach § 32b Satz 1 des Gesetzes betreffend die Gesellschaften mit beschränkter Haftung vom Tage der Konkurseröffnung sowie die nach § 75 Abs. 2 und § 107 Abs. 2 der Vergleichsordnung vom Tage der Eröffnung des Vergleichsverfahrens an zu berechnenden Fristen sind vom Tage des Erlassens einer Maßnahme nach § 46a Abs. 1 an zu berechnen.

§ 47 Moratorium, Einstellung des Bank- und Börsenverkehrs

(1)   Sind wirtschaftliche Schwierigkeiten bei Kreditinstituten zu befürchten, die schwerwiegende Gefahren für die Gesamtwirtschaft, insbesondere den geordneten Ablauf des allgemeinen Zahlungsverkehrs, erwarten lassen, so kann die Bundesregierung durch Rechtsverordnung

   1.   einem Kreditinstitut einen Aufschub für die Erfüllung seiner Verbindlichkeiten gewähren und anordnen, daß während der Dauer des Aufschubs Zwangsvollstreckungen, Arreste und einstweilige Verfügungen gegen das

Kreditinstitut sowie das Vergleichsverfahren oder der Konkurs über das Vermögen des Kreditinstituts nicht zulässig sind;

2. anordnen, daß die Kreditinstitute für den Verkehr mit ihrer Kundschaft vorübergehend geschlossen bleiben und im Kundenverkehr Zahlungen und Überweisungen weder leisten noch entgegennehmen dürfen; sie kann diese Anordnung auf Arten oder Gruppen von Kreditinstituten sowie auf bestimmte Bankgeschäfte beschränken;

3. anordnen, daß die Börsen im Sinne des Börsengesetzes vorübergehend geschlossen bleiben.

(2) Vor den Maßnahmen nach Absatz 1 hat die Bundesregierung die Deutsche Bundesbank zu hören.

(3) Trifft die Bundesregierung Maßnahmen nach Absatz 1, so hat sie durch Rechtsverordnung die Rechtsfolgen zu bestimmen, die sich hierdurch für Fristen und Termine auf dem Gebiet des bürgerlichen Rechts, des Handels-, Gesellschafts-, Wechsel-, Scheck- und Verfahrensrechts ergeben.

§ 48 Wiederaufnahme des Bank- und Börsenverkehrs

(1) Die Bundesregierung kann nach Anhörung der Deutschen Bundesbank für die Zeit nach einer vorübergehenden Schließung der Kreditinstitute und Börsen gemäß § 47 Abs. 1 Nr. 2 und 3 durch Rechtsverordnung Vorschriften für die Wiederaufnahme des Zahlungs- und Überweisungsverkehrs sowie des Börsenverkehrs erlassen. Sie kann hierbei insbesondere bestimmen, daß die Auszahlung von Guthaben zeitweiligen Beschränkungen unterliegt. Für Geldbeträge, die nach einer vorübergehenden Schließung der Kreditinstitute angenommen werden, dürfen solche Beschränkungen nicht angeordnet werden.

(2) Die nach Absatz 1 sowie die nach § 47 Abs. 1 erlassenen Rechtsverordnungen treten, wenn sie nicht vorher aufgehoben worden sind, drei Monate nach ihrer Verkündung außer Kraft.

5. Vollziehbarkeit, Zwangmittel, Umlagen und Kosten

§ 49 Sofortige Vollziehbarkeit

Widerspruch und Anfechtungsklage gegen Maßnahmen des Bundesaufsichtsamtes auf der Grundlage des § 2b Abs. 1a Satz 1 und Abs. 2 Satz 1, des § 12a Abs. 2, des § 13 Abs. 3 , des § 13a Abs. 3 bis 5, jeweils auch in Verbindung mit § 13b Abs. 4 Satz 2, des § 28 Abs. 1, des § 35 Abs. 2 Nr. 2 bis 4, der §§ 36, 37 und § 44 Abs. 1, auch in Verbindung mit § 44b und Abs. 2, des § 44a Abs. 2 Satz 1, der §§ 44c, 45, 45a Abs. 1, §§ 46 und 46a Abs. 1 und des § 46b haben keine aufschiebende Wirkung.

§ 50 Zwangsmittel

(1) ¹Das Bundesaufsichtsamt kann die Befolgung der Verfügungen, die es innerhalb seiner gesetzlichen Befugnisse trifft, mit Zwangsmitteln nach den Bestimmungen des Verwaltungs-Vollstreckungsgesetzes durchsetzen. ²Es kann Zwangsmittel auch gegen Institute anwenden, die juristische Personen des öffentlichen Rechts sind.

(2) Die Höhe des Zwangsgeldes beträgt bei Maßnahmen nach den § 2b Abs. 1a Satz 1, Abs. 2 Satz 1, §§ 37 und 44c bis zu 500 000 DM, bei Maßnahmen nach den §§ 46 und 46a bis zu 250 000 DM und bei anderen Maßnahmen bis zu 100 000 DM.

§ 51 Umlagen und Kosten

(1) ¹Die Kosten des Bundesaufsichtsamtes sind, soweit sie nicht durch Gebühren oder durch besondere Erstattung nach Absatz 3 gedeckt sind, dem Bund von den Instituten zu 90 vom Hundert zu erstatten. ²Die Kosten werden anteilig auf die einzelnen Institute nach Maßgabe ihres Geschäftsumfanges umgelegt und vom Bundesaufsichtsamt nach den Vorschriften des Verwaltungsvollstreckungsgesetzes beigetrieben. ³Das Nähere über die Erhebung der Umlage und über die Beitreibung bestimmt das Bundesministerium der Finanzen durch Rechtsverordnung; es kann in der Rechtsverordnung Mindestbeträge festsetzen. ⁴Es kann die Ermächtigung durch Rechtsverordnung auf das Bundesaufsichtsamt übertragen.

(2) ¹Das Bundesaufsichtsamt kann für Entscheidungen auf Grund des § 2 Abs. 4 oder 5, des § 10 Abs. 3b Satz 1, des § 31 Abs. 2, der §§ 32 und 34 Abs. 2 und der §§ 35 bis 37 Gebühren in Höhe von 500 Deutsche Mark bis 100 000 Deutsche Mark festsetzen. ²Die Höhe der Gebühr soll sich im Einzelfall nach dem für die Entscheidung erforderlichen Arbeitsaufwand und nach dem Geschäftsumfang des betroffenen Unternehmens richten.

(3)   ¹Die Kosten, die dem Bund durch die Bestellung eines Abwicklers nach § 37 Satz 2 und § 38 Abs. 2 Satz 2 und 4, einer Aufsichtsperson nach § 46 Abs. 1 Satz 2, durch eine Bekanntmachung nach § 32 Abs. 4, § 37 Satz 3 oder § 38 Abs. 3 oder eine auf Grund des § 44 Abs. 1 oder 2, § 44b Satz 2 oder § 44c Abs. 2 vorgenommene Prüfung entstehen, sind von dem betroffenen Unternehmen gesondert zu erstatten und auf Verlangen des Bundesaufsichtsamtes vorzuschießen. ²Die Kosten, die dem Bund durch eine auf Grund des § 44 Abs. 3 vorgenommene Prüfung der Richtigkeit der für die Zusammenfassung nach § 10a Abs. 6 und 7, § 13b Abs. 3 und § 25 Abs. 2 übermittelten Daten entstehen, sind von dem zur Zusammenfassung verpflichteten übergeordneten Institut gesondert zu erstatten und auf Verlangen des Bundesaufsichtsamtes vorzuschießen.

Vierter Abschnitt: Sondervorschriften

§ 52 Sonderaufsicht

Soweit Institute einer anderen staatlichen Aufsicht unterliegen, bleibt diese neben der Aufsicht des Bundesaufsichtsamtes bestehen.

§ 53 Zweigstellen von Unternehmen mit Sitz im Ausland

(1)   Unterhält ein Unternehmen mit Sitz im Ausland eine Zweigstelle im Inland, die Bankgeschäfte betreibt oder Finanzdienstleistungen erbringt, gilt die Zweigstelle als Kreditinstitut oder Finanzdienstleistungsinstitut. Unterhält das Unternehmen mehrere Zweigstellen im Sinne des Satzes 1, gelten sie als ein Institut.

(2)   Auf die in Absatz 1 bezeichneten Institute ist dieses Gesetz mit folgender Maßgabe anzuwenden:

    1.   Das Unternehmen hat mindestens zwei natürliche Personen mit Wohnsitz im Inland zu bestellen, die für den Geschäftsbereich des Instituts zur Geschäftsführung und zur Vertretung des Unternehmens befugt sind, sofern das Institut Bankgeschäfte betreibt oder Finanzdienstleistungen erbringt und befugt ist, sich bei der Erbringung von Finanzdienstleistungen Eigentum oder Besitz an Geldern oder Wertpapieren von Kunden beschaffen. Solche Personen gelten als Geschäftsleiter. Sie sind zur Eintragung in das Handelsregister anzumelden.

    2.   Das Institut ist verpflichtet, über die von ihm betriebenen Geschäfte und über das seinem Geschäftsbetrieb dienende Vermögen des Unternehmens gesondert Buch zu führen und gegenüber dem Bundesaufsichtsamt und der Deutschen Bundesbank Rechnung zu legen. Die Vorschriften des Handelsgesetzbuchs über Handelsbücher gelten insoweit entsprechend. Auf der Passivseite der jährlichen Vermögensübersicht ist der Betrag des dem Institut von dem Unternehmen zur Verfügung gestellten Betriebskapitals und der Betrag der dem Institut zur Verstärkung der eigenen Mittel belassenen Betriebsüberschüsse gesondert auszuweisen. Der Überschuß der Passivposten über die Aktivposten oder der Überschuß der Aktivposten über die Passivposten ist am Schluß der Vermögensübersicht ungeteilt und gesondert auszuweisen.

    3.   Die nach Nummer 2 für den Schluß eines jeden Geschäftsjahres aufzustellende Vermögensübersicht mit einer Aufwands- und Ertragsrechnung und einem Anhang gilt als Jahresabschluß (§ 26). Für die Prüfung des Jahresabschlusses gilt § 340k des Handelsgesetzbuchs entsprechend mit der Maßgabe, daß der Prüfer von den Geschäftsleitern gewählt und bestellt wird. Mit dem

Jahresabschluß des Instituts ist der Jahresabschluß des Unternehmens für das gleiche Geschäftsjahr einzureichen.

4.   Als Eigenmittel des Instituts gilt die Summe der Beträge, die in dem Monatsausweis nach § 25 als dem Institut von dem Unternehmen zur Verfügung gestelltes Betriebskapital und ihm zur Verstärkung der eigenen Mittel belassene Betriebsüberschüsse ausgewiesen wird, abzüglich des Betrags eines etwaigen aktiven Verrechnungssaldos. Außerdem sind dem Institut Kapital, das gegen Gewährung von Genußrechten oder auf Grund der Eingehung längerfristiger nachrangiger Verbindlichkeiten oder kurzfristiger nachrangiger Verbindlichkeiten eingezahlt ist, und Nettogewinne (§ 10 Abs. 2c Satz 1 Nr. 1) als haftendes Eigenkapital oder Drittrangmittel zurechnen, wenn die gemäß § 10 Abs. 5, 5a oder 7 geltenden Bedingungen sich jeweils auf das gesamte Unternehmen beziehen; § 10 Abs. 1, 2b Satz 2 und 3, Abs. 2c Satz 2 bis 5, Abs. 3b, 6 und 9 gilt entsprechend mit der Maßgabe, daß die Eigenmittel nach Satz 1 als Kernkapital gelten. Maßgebend für die Bemessung der Eigenmittel ist der jeweils letzte Monatsausweis.

5.   Die Aufnahme der Geschäftstätigkeit einer jeden Zweigstelle des Unternehmens bedarf der Erlaubnis. Die Erlaubnis kann auch dann versagt werden, wenn die Gegenseitigkeit nicht auf Grund zwischenstaatlicher Vereinbarungen gewährleistet ist. Die Erlaubnis ist zu widerrufen, wenn und soweit dem Unternehmen die Erlaubnis zum Betreiben von Bankgeschäften oder Erbringung von Finanzdienstleistungen von der für die Aufsicht über das Unternehmen im Ausland zuständigen Stelle entzogen worden ist.

6.   Für die Anwendung des § 36 Abs. 1 gilt das Institut als juristische Person.

(2a)   Für die Bestimmungen dieses Gesetzes, die daran anknüpfen, daß ein Institut das Tochterunternehmen eines Unternehmens mit Sitz im Ausland ist, gilt die Zweigstelle als hundertprozentiges Tochterunternehmen der Institutszentrale mit Sitz im Ausland.

(3)   Für Klagen, die auf den Geschäftsbetrieb einer Zweigstelle im Sinne des Absatzes 1 Bezug haben, darf der Gerichtsstand der Niederlassung nach § 21 der Zivilprozeßordnung nicht durch Vertrag ausgeschlossen werden.

(4)   Die Absätze 2 bis 3 sind nicht anzuwenden, soweit zwischenstaatliche Vereinbarungen entgegenstehen, denen die gesetzgebenden Körperschaften in der Form eines Bundesgesetzes zugestimmt haben.

§ 53a Repräsentanzen von Instituten mit Sitz im Ausland

¹Ein Institut mit Sitz im Ausland darf eine Repräsentanz im Inland errichten oder fortführen, wenn es befugt ist, in seinem Herkunftsstaat Bankgeschäfte zu betreiben oder Finanzdienstleistungen zu erbringen und dort seine Hauptverwaltung hat. ²Das Institut hat die Absicht, eine Repräsentanz zu errichten, und den Vollzug einer solchen Absicht dem Bundesaufsichtsamt und der Deutschen Bundesbank unverzüglich anzuzeigen. ³Das Bundesaufsichtsamt bestätigt dem Institut den Eingang der Anzeige. ⁴Die Repräsentanz darf ihre Tätigkeit erst aufnehmen, wenn dem Institut die Bestätigung des Bundesaufsichtsamtes vorliegt. ⁵Das Institut hat dem Bundesaufsichtsamt und der Deutschen Bundesbank die Verlegung oder Schließung der Repräsentanz unverzüglich anzuzeigen.

§ 53b Unternehmen mit Sitz in einem anderen Staat des Europäischen Wirtschaftsraums

(1) ¹Ein Einlagenkreditinstitut oder ein Wertpapierhandelsunternehmen mit Sitz in einem anderen Staat des Europäischen Wirtschaftsraums darf ohne Erlaubnis durch das Bundesaufsichtsamt über eine Zweigniederlassung oder im Wege des grenzüberschreitenden Dienstleistungsverkehrs im Inland Bankgeschäfte mit Ausnahme des Investmentgeschäftes betreiben oder Finanzdienstleistungen erbringen, wenn das Unternehmen von den zuständigen Stellen des Herkunftsstaats zugelassen worden ist, die Geschäfte durch die Zulassung abgedeckt sind und das Unternehmen von den zuständigen Stellen nach den Vorgaben der Richtlinien der Europäischen Gemeinschaften beaufsichtigt wird. ²§ 53 ist in diesem Fall nicht anzuwenden. ³§ 14 der Gewerbeordnung bleibt unberührt.

(2) ¹Das Bundesaufsichtsamt hat ein Unternehmen im Sinne des Absatzes 1 Satz 1, das beabsichtigt, eine Zweigniederlassung im Inland zu errichten, innerhalb von zwei Monaten nach Eingang der von den zuständigen Stellen des Herkunftsstaats über die beabsichtigte Errichtung der Zweigniederlassung übermittelten Unterlagen auf die für seine Tätigkeit vorgeschriebenen Meldungen an das Bundesaufsichtsamt und die Deutsche Bundesbank hinzuweisen und die Bedingungen anzugeben, die nach Absatz 3 Satz 1 für die Ausübung der von der Zweigniederlassung geplanten Tätigkeiten aus Gründen des Allgemeininteresses gelten. ²Nach Eingang der Mitteilung des Bundesaufsichtsamtes und der Mitteilung des Bundesaufsichtsamtes für den Wertpapierhandel nach § 36a Abs. 1 des Wertpapierhandelsgesetzes, spätestens nach Ablauf der in Satz 1 genannten Frist, kann die Zweigniederlassung errichtet werden und ihre Tätigkeit aufnehmen.

(2a) Das Bundesaufsichtsamt hat einem Unternehmen im Sinne des Absatzes 1 Satz 1, das beabsichtigt, im Inland im Wege des grenzüberschreitenden Dienstleistungsverkehrs tätig zu werden, innerhalb von zwei Monaten nach Eingang der von den zuständigen Stellen des Herkunftsstaats über die beabsichtigte Aufnahme des grenzüberschreitenden Dienstleistungsverkehrs übermittelten Unterlagen die

Bedingungen anzugeben, die nach Absatz 3 Satz 2 für die Ausübung der geplanten Tätigkeiten aus Gründen des Allgemeininteresses gelten.

(3) ¹Auf Zweigniederlassungen im Sinne des Absatzes 1 Satz 1 sind die §§ 3 und 6 Abs. 2, §§ 11, 14, 22, 23, 23a und 24 Abs. 1 Nr. 6 bis 9, §§ 25 und 25a Abs. 1 Nr. 3, die §§ 37, 39 bis 42 und 43 Abs. 2 und 3, § 44 Abs. 1 und 6, § 44a Abs. 1 und 2 sowie die §§ 44c und 46 bis 50 mit der Maßgabe entsprechend anzuwenden, daß eine oder mehrere Zweigniederlassungen desselben Unternehmens als ein Kreditinstitut oder Finanzdienstleistungsinstitut gelten. ²Für die Tätigkeiten im Wege des grenzüberschreitenden Dienstleistungsverkehrs nach Absatz 1 Satz 1 gelten die §§ 3, 23a und 37, § 44 Abs. 1 sowie die §§ 44c, 49 und 50 entsprechend.

(4) ¹Stellt das Bundesaufsichtsamt fest, daß ein Unternehmen im Sinne des Absatzes 1 Satz 1 seinen Verpflichtungen nach Absatz 3 nicht nachkommt, insbesondere daß es eine unzureichende Liquidität aufweist, fordert es das Unternehmen auf, den Mangel innerhalb einer bestimmten Frist zu beheben. ²Kommt das Unternehmen der Aufforderung nicht nach, unterrichtet das Bundesaufsichtsamt die zuständigen Stellen des Herkunftsstaats. ³Ergreift der Herkunftsstaat keine Maßnahmen oder erweisen sich die Maßnahmen als unzureichend oder wurde das Bundesaufsichtsamt gemäß § 36a Abs. 2 des Wertpapierhandelsgesetzes unterrichtet, kann das Bundesaufsichtsamt nach Unterrichtung der zuständigen Stellen des Herkunftsstaats die erforderlichen Maßnahmen ergreifen; erforderlichenfalls kann das Bundesaufsichtsamt die Durchführung neuer Geschäfte im Inland untersagen.

(5) ¹In dringenden Fällen kann das Bundesaufsichtsamt vor Einleitung des in Absatz 4 vorgesehenen Verfahrens die erforderlichen Maßnahmen ergreifen. ²Es hat die Kommission der Europäischen Gemeinschaften und die zuständigen Stellen des Herkunftsstaats hiervon unverzüglich zu unterrichten. ³Das Bundesaufsichtsamt hat die Maßnahmen zu ändern oder aufzuheben, wenn die Kommission dies nach Anhörung der zuständigen Stellen des Herkunftsstaats und des Bundesaufsichtsamtes beschließt.

(6) Die zuständigen Stellen des Herkunftsstaats können nach vorheriger Unterrichtung des Bundesaufsichtsamtes selbst oder durch ihre Beauftragten die für die bankaufsichtliche Überwachung der Zweigniederlassung erforderlichen Informationen bei der Zweigniederlassung prüfen.

(7) ¹Ein Unternehmen mit Sitz in einem anderen Staat des Europäischen Wirtschaftsraums, das Bankgeschäfte im Sinne des § 1 Abs. 1 Satz 2 Nr. 1 bis 3, 5, 7 bis 9 betreibt, Finanzdienstleistungen im Sinne des § 1 Abs. 1a Satz 2 Nr. 7 erbringt oder sich als Finanzunternehmen im Sinne des § 1 Abs. 3 betätigt, kann diese Tätigkeiten über eine Zweigniederlassung oder im Wege des grenzüberschreitenden Dienstleistungsverkehrs im Inland abweichend von § 32 ohne Erlaubnis des Bundesaufsichtsamtes ausüben, wenn

1. das Unternehmen ein Tochterunternehmen eines Einlagenkreditinstituts oder ein gemeinsames Tochterunternehmen mehrerer Einlagenkreditinstitute ist,

2. seine Satzung diese Tätigkeiten gestattet,

3. das oder die Mutterunternehmen in dem Staat, in dem das Unternehmen seinen Sitz hat, als Einlagenkreditinsitut zugelassen sind,

4. die Tätigkeiten, die das Unternehmen ausübt, auch im Herkunftsstaat betrieben werden,

5. das oder die Mutterunternehmen mindestens 90 vom Hundert der Stimmrechte des Tochterunternehmens halten,

6. das oder die Mutterunternehmen gegenüber den zuständigen Stellen des Herkunftsstaats des Unternehmens die umsichtige Geschäftsführung des Unternehmens glaubhaft gemacht und sich mit Zustimmung dieser zuständigen Stellen des Herkunftsstaats gegebenenfalls gesamtschuldnerisch für die vom Tochterunternehmen eingegangenen Verpflichtungen verbürgt haben und

7. das Unternehmen in die Beaufsichtigung des Mutterunternehmens auf konsolidierter Basis einbezogen ist.

[2]Satz 1 gilt entsprechend für Tochterunternehmen von in Satz 1 genannten Unternehmen, welche die vorgenannten Bedingungen erfüllen. [3]Die Absätze 2 bis 6 gelten entsprechend.

§ 53c Unternehmen mit Sitz in einem Drittstaat

Das Bundesministerium der Finanzen wird ermächtigt, durch Rechtsverordnung

1. zu bestimmen, daß die Vorschriften dieses Gesetzes über ausländische Unternehmen mit Sitz in einem anderen Staat des Europäischen Wirtschaftsraums auch auf Unternehmen mit Sitz in einem Drittstaat anzuwenden sind, soweit dies im Bereich des Niederlassungsrechts oder des Dienstleistungsverkehrs oder für die Aufsicht auf zusammengefaßter Basis auf Grund von Abkommen der Europäischen Gemeinschaften mit Drittstaaten erforderlich ist;

2. die vollständige oder teilweise Anwendung der Vorschriften des § 53b unter vollständiger oder teilweiser Freistellung von den Vorschriften des § 53 auf Unternehmen mit Sitz in einem Drittstaat anzuordnen, wenn die Gegenseitigkeit gewährleistet ist und

   a) die Unternehmen in ihrem Sitzstaat in den von der Freistellung betroffenen Bereichen nach international anerkannten Grundsätzen beaufsichtigt werden,

   b) den Zweigniederlassungen der entsprechenden Unternehmen mit Sitz im Inland in diesem Staat gleichwertige Erleichterungen eingeräumt werden und

c) die zuständigen Stellen des Sitzstaates zu einer befriedigenden Zusammenarbeit mit dem Bundesaufsichtamt bereit sind und dies auf der Grundlage einer zwischenstaatlichen Vereinbarung sichergestellt ist.

§ 53d Meldungen an die Kommission der Europäischen Gemeinschaften

Das Bundesaufsichtsamt meldet der Kommission der Europäischen Gemeinschaften

1. die Erteilung einer Erlaubnis an ein Einlagenkreditinstitut oder ein Wertpapierhandelsunternehmen;

2. die Erteilung einer Erlaubnis nach § 32 Abs. 1 an das Tochterunternehmen eines Unternehmens mit Sitz in einem Drittstaat; die Struktur des Konzerns ist in der Mitteilung anzugeben;

3. den Erwerb einer Beteiligung an einem Einlagenkreditinstitut oder Wertpapierhandelsunternehmen, durch den das Einlagenkreditinstitut oder Wertpapierhandelsunternehmen zu einem Tochterunternehmen eines Unternehmens mit Sitz in einem Drittstaat wird;

4. die Anzahl und die Art der Fälle, in denen die Errichtung einer Zweigniederlassung in einem anderen Staat des Europäischen Wirtschaftsraums nicht zustande gekommen ist, weil das Bundesaufsichtsamt die Angaben nach § 24a Abs. 1 Satz 2 nicht an die zuständigen Stellen des Aufnahmestaats weitergeleitet hat;

5. die Anzahl und Art der Fälle, in denen Maßnahmen nach § 53b Abs. 4 Satz 3 und Abs. 5 Satz 1 ergriffen wurden;

6. allgemeine Schwierigkeiten, die Einlagenkreditinstitute oder Wertpapierhandelsunternehmen bei der Errichtung von Zweigniederlassungen, der Gründung von Tochterunternehmen, beim Betreiben von Bankgeschäften, beim Erbringen von Finanzdienstleistungen oder bei Tätigkeiten nach § 1 Abs. 3 Satz 1 Nr. 2 bis 8 in einem Drittstaat haben;

7. den Erlaubnisantrag des Tochterunternehmens eines Unternehmens mit Sitz in einem Drittstaat;

8. die nach § 2b gemeldete Absicht des Erwerbs einer Beteiligung im Sinne der Nummer 3.

[2]Die Meldungen nach Satz 1 Nr. 7 und 8 sind nur auf Verlangen der Kommission abzugeben.

Fünfter Abschnitt: Strafvorschriften, Bußgeldvorschriften

§ 54 Verbotene Geschäfte, Handeln ohne Erlaubnis

(1) [1]Wer

1. Geschäfte betreibt, die nach § 3, auch in Verbindung mit § 53b Abs. 3 Satz 1 oder 2, verboten sind, oder

2. ohne Erlaubnis nach § 32 Abs. 1 Satz 1Bankgeschäfte betreibt oder Finanzdienstleistungen erbringt,

wird mit Freiheitstrafe bis zu drei Jahren oder mit Geldstrafe bestraft.

(2) Handelt der Täter fahrlässig, so ist die Strafe Freiheitsstrafe bis zu einem Jahr oder Geldstrafe.

§ 55 Verletzung der Pflicht zur Anzeige der Zahlungsunfähigkeit oder der Überschuldung

(1) Wer es als Geschäftsleiter eines Instituts oder als Inhaber eines in der Rechtsform des Einzelkaufmanns betriebenen Instituts entgegen § 46b Satz 1, auch in Verbindung mit § 53b Abs. 3 Satz 1, unterläßt, dem Bundesaufsichtsamt die Zahlungsunfähigkeit oder Überschuldung anzuzeigen, wird mit Freiheitsstrafte bis zu drei Jahren oder mit Geldstrafe bestraft.

(2) Handelt der Täter fahrlässig, so ist die Strafe Freiheitsstrafe bis zu einem Jahr oder Geldstrafe.

§ 55a Unbefugte Verwertung von Angaben über Millionenkredite

(1) Mit Freiheitsstrafe bis zu zwei Jahren oder mit Geldstrafe wird bestraft, wer entgegen § 14 Abs. 2 Satz 5 eine Angabe verwertet.

(2) Die Tat wird nur auf Antrag verfolgt.

§ 55b Unbefugte Offenbarung von Angaben über Millionenkredite

(1)   Mit Freiheitsstrafe bis zu einem Jahr oder mit Geldstrafe wird bestraft, wer entgegen § 14 Abs. 2 Satz 5 eine Angabe offenbart.

(2)   Handelt der Täter gegen Entgelt oder in der Absicht, sich oder einen anderen zu bereichern oder einen andern zu schädigen, ist die Strafe Freiheitsstrafe bis zu zwei Jahren oder Geldstrafe.

(3)   Die Tat wird nur auf Antrag verfolgt.

§ 56 Bußgeldvorschriften

(1)   Ordnungswidrig handelt, wer einer vollziehbaren Anordnung nach § 36 Abs. 1 oder 2 Satz 1 zuwiderhandelt.

(2)   Ordnungswidrig handelt, wer vorsätzlich oder leichtfertig

1.   entgegen § 2b Abs. 1 Satz 1, 5 oder 6, jeweils auch in Verbindung mit einer Rechtsverordnung nach § 24 Abs. 4 Satz 1, eine Anzeige nicht, nicht richtig, nicht vollständig oder nicht rechtzeitig erstattet,

2.   entgegen § 2b Abs. 1 Satz 3, auch in Verbindung mit einer Rechtsverordnung nach § 24 Abs. 4 Satz 1, eine Unterlage nicht, nicht richtig, nicht vollständig oder nicht rechtzeitig einreicht,

3.   einer vollziehbaren Untersagung oder Anordnung nach

   a)   § 2b Abs. 1a Satz 1 oder Abs. 2 Satz 1 oder

   b)   § 12a Abs. 2 Satz 1

   zuwiderhandelt,

4.   entgegen § 2b Abs. 1 Satz 10, Abs. 4 Satz 1 oder 4, § 10 Abs. 8 Satz 1 oder 3, § 12a Abs. 1 Satz 3, § 13 Abs. 1 Satz 1, auch in Verbindung mit Abs. 4, Abs. 2 Satz 4 oder 7, jeweils auch in Verbindung mit § 13a Abs. 2, § 13 Abs. 3 Satz 2 oder 6, § 13a Abs. 1 Satz 1, auch in Verbindung mit Abs. 6, Abs. 3 Satz 2 oder 6, § 14 Abs. 1 Satz 1 oder 2, jeweils auch in Verbindung mit § 53b Abs. 3 Satz 1, § 15 Abs. 4 Satz 5, § 24 Abs. 1, Nr. 6 bis 9 jeweils auch in Verbindung mit § 53b Abs. 3 Satz 1, § 24 Abs. 1a Satz 1, § 24 Abs. 3 Satz 1 oder Abs. 3a Satz 1. § 24a Abs. 1 Satz 1, auch in Verbindung mit Abs. 3 Satz 1, oder Abs. 4 Satz 1, jeweils auch in Verbindung mit einer Rechtsverordnung nach § 24a Abs. 5, § 25a Abs. 2 Satz 3, § 28 Abs. 1 Satz 1 oder § 53a Satz 2 oder 5, jeweils auch in Verbindung mit einer Rechtsverordnung nach § 24 Abs. 4 Satz 1, eine Anzeige nicht, nicht richtig, nicht vollständig oder nicht rechtzeitig erstattet,

5. entgegen § 10 Abs. 3 Satz 5 oder 6, § 25 Abs. 1 Satz 1 oder Abs. 2 Satz 1, jeweils in Verbindung mit einer Rechtsverordnung nach Abs. 3 Satz 1, jeweils auch in Verbindung mit § 53b Abs. 3 Satz 1, oder entgegen § 26 Abs. 1 Satz 1, 3 oder 4 oder Abs. 3 einen Zwischenabschluß, einen Zwischenprüfungsbericht, einen Monatsausweis, einen Jahresabschluß, einen Lagebericht, einen Prüfungsbericht, einen Konzernabschluß oder einen Konzernlagebericht nicht, nicht richtig, nicht vollständig oder nicht rechtzeitig einreicht,

6. entgegen § 13 Abs. 3 Satz 1 oder § 13a Abs. 3 Satz 1 einen Kredit gewährt oder nicht sicherstellt, daß Kredite die dort genannte Obergrenze nicht überschreiten,

7. entgegen § 13 Abs. 3 Satz 5 oder § 13a Abs. 3 Satz 5 nicht sicherstellt, daß Großkredite die dort genannte Obergrenze nicht überschreiten oder

8. entgegen § 53 Satz 4 die Tätigkeit aufnimmt.

(3) Ordnungswidrig handelt, wer vorsätzlich oder fahrlässig

1. entgegen § 10 Abs. 5 Satz 7 oder Abs. 5a Satz 7, jeweils auch in Verbindung mit einer Rechtsverordnung nach § 24 Abs. 4 Satz 1, eine Anzeige nicht, nicht richtig, nicht vollständig oder nicht rechtzeitig erstattet,

2. entgegen § 12 Abs. 1 oder 2 eine bedeutende Beteiligung hält,

3. entgegen § 12 Abs. 2 Satz 1 oder 2 nicht sicherstellt, daß die Gruppe keine bedeutende Beteiligung hält,

4. entgegen § 18 Satz 1 einen Kredit gewährt,

5. einer vollziehbaren Anordnung nach § 23 Abs. 1, auch in Verbindung mit § 53b Abs. 3 Satz 1, oder § 45 Abs. 1 Satz 1 oder 2 zuwiderhandelt,

6. entgegen § 23a Abs. 1 Satz 1 oder Abs. 2 Satz 1, jeweils auch in Verbindung mit § 53b Abs. 3, einen Hinweis nicht, nicht richtig, nicht vollständig, nicht in der vorgeschriebenen Weise oder nicht rechtzeitig gibt,

7. entgegen § 23a Abs. 1 Satz 3, auch in Verbindung mit Abs. 2 Satz 2 oder § 53b Abs. 3, einen Kunden, das Bundesaufsichtsamt oder die Deutsche Bundesbank nicht, nicht richtig, nicht vollständig, nicht in der vorgeschriebenen Weise oder nicht rechtzeitig unterrichtet,

8. einer vollziehbaren Auflage nach § 32 Abs. 2 Satz 1 zuwiderhandelt,

9. entgegen § 44 Abs. 1 Satz 1, auch in Verbindung mit § 44b Abs. 1 oder § 53b Abs. 3 Satz 1, § 44 Abs. 2 Satz 1 oder § 44c Abs. 1, auch in Verbindung mit § 53b Abs. 3 Satz 1", eine Auskunft nicht, nicht richtig, nicht vollständig oder nicht rechtzeitig erteilt oder eine Unterlage nicht, nicht richtig, nicht vollständig oder nicht rechtzeitig vorlegt,

10. entgegen § 44 Abs. 1 Satz 4, auch in Verbindung mit § 44b Abs. 2 oder § 53b Abs. 3, Abs. 2 Satz 4, Abs. 4 Satz 3, Abs. 5 Satz 4 oder § 44c Abs. 5 Satz 1, auch in Verbindung mit § 53b Abs. 3, eine Maßnahme nicht duldet,

11. entgegen § 44 Abs. 5 Satz 1 eine dort genannte Maßnahme nicht oder nicht rechtzeitig vornimmt,

12. einer vollziehbaren Anordnung nach § 46 Abs. 1 Satz 1 oder § 46a Abs. 1 Satz 1, jeweils auch in Verbindung mit § 53b Abs. 3 Satz 1, zuwiderhandelt oder

13. einer Rechtsverordnung nach § 47 Abs. 1 Nr. 2 oder 3 oder § 48 Abs. 1 Satz 1 zuwiderhandelt, soweit sie für einen bestimmten Tatbestand auf diese Bußgeldvorschrift verweist.

(4) Die Ordnungswidrigkeit kann in den Fällen des Absatzes 1, des Absatzes 2 Nr. 3 Buchstabe a, Nr. 6 und 7 sowie des Absatzes 3 Nr. 12 mit einer Geldbuße bis zu einer Million Deutsche Mark, in den Fällen des Absatzes 2 Nr. 1, 2 und 3 Buchstabe b sowie des Absatzes 3 Nr. 4 bis 10 mit einer Geldbuße bis zu dreihunderttausend Deutsche Mark, in den übrigen Fällen mit einer Geldbuße bis zu hunderttausend Deutsche Mark geahndet werden.

§ 57 (weggefallen)

§ 58 (weggefallen)

§ 59 Geldbußen gegen Unternehmen

§ 30 des Gesetzes über Ordnungswidrigkeiten gilt für Institute in der Rechtsform einer juristischen Person oder Personenhandelsgesellschaft oder für Unternehmen im Sinne des § 53b Abs. 1 Satz 1, Abs. 7 Satz 1, die über eine Zweigniederlassung oder im Wege des grenzüberschreitenden Dienstleistungsverkehrs im Inland tätig sind, auch dann, wenn ein Geschäftsleiter, der nicht nach Gesetz, Satzung oder Gesellschaftsvertrag zur Vertretung des Unternehmens berufen ist, eine Straftat oder Ordnungswidrigkeit begangen hat.

§ 60 Zuständige Verwaltungsbehörde

Verwaltungsbehörde im Sinne des § 36 Abs. 1 Nr. 1 des Gesetzes über Ordnungswidrigkeiten ist das Bundesaufsichtsamt für das Kreditwesen.

§ 60a Mitteilungen in Strafsachen

(1) ¹Das Gericht, die Strafverfolgungs- oder die Strafvollstreckungsbehörde hat in Strafverfahren gegen Inhaber oder Geschäftsleiter von Instituten sowie gegen Inhaber bedeutender Beteiligungen an Instituten oder deren gesetzliche Vertreter oder persönlich haftende Gesellschafter wegen Verletzung ihrer Berufspflichten oder anderer Straftaten bei oder im Zusammenhang mit der Ausübung eines Gewerbes oder dem Betrieb einer sonstigen wirtschaftlichen Unternehmung, ferner in Strafverfahren, die Straftaten nach § 54 zum Gegenstand haben, im Falle der Erhebung der öffentlichen Klage dem Bundesaufsichtsamt

1. die Anklageschrift oder eine an ihre Stelle tretende Antragsschrift,

2. den Antrag auf Erlaß eines Strafbefehls und

3. die das Verfahren abschließende Entscheidung mit Begründung

zu übermitteln; ist gegen die Entscheidung ein Rechtsmittel eingelegt worden, ist die Entscheidung unter Hinweis auf das eingelegte Rechtsmittel zu übermitteln. ²In Verfahren wegen fahrlässig begangener Straftaten werden die in den Nummern 1 und 2 bestimmten Übermittlungen nur vorgenommen, wenn aus der Sicht der übermittelnden Stelle unverzüglich Entscheidungen oder andere Maßnahmen des Bundesaufsichtsamtes geboten sind.

(2) ¹Werden sonst in einem Strafverfahren Tatsachen bekannt, die auf Mißstände in dem Geschäftsbetrieb eines Instituts hindeuten, und ist deren Kenntnis aus der Sicht der übermittelnden Stelle für Maßnahmen des Bundesaufsichtsamtes nach diesem Gesetz erforderlich, soll das Gericht, die Strafverfolgungs- oder die Strafvollstreckungsbehörde diese Tatsachen ebenfalls mitteilen, soweit nicht für die übermittelnde Stelle erkennbar ist, daß schutzwürdige Interessen des Betroffenen überwiegen. ²Dabei ist zu berücksichtigen, wie gesichert die zu übermittelnden Erkenntnisse sind.

Sechster Abschnitt: Übergangs- und Schlußvorschriften

§ 61 Erlaubnis für bestehende Kreditinstitute

[1]Soweit ein Kreditinstitut bei Inkrafttreten dieses Gesetzes Bankgeschäfte in dem in § 1 Abs. 1 bezeichneten Umfang betreiben durfte, gilt die Erlaubnis nach § 32 als erteilt. [2]Die in § 35 Abs. 1 genannte Frist beginnt mit dem Inkrafttreten dieses Gesetzes zu laufen.

§ 62 Überleitungsbestimmungen

(1) [1]Die auf dem Gebiet des Kreditwesens bestehenden Rechtsvorschriften sowie die aufgrund der bisherigen Rechtsvorschriften erlassenen Anordnungen bleiben aufrechterhalten, soweit ihnen nicht Bestimmungen dieses Gesetzes entgegenstehen.

[2]Rechtsvorschriften, die für die geschäftliche Bestätigung bestimmter Arten von Kreditinstituten weitergehende Anforderungen stellen als dieses Gesetz, bleiben unberührt.

(2) Aufgaben und Befugnisse, die in Rechtsvorschriften des Bundes der Bankaufsichtsbehörde zugewiesen sind, gehen auf das Bundesaufsichtsamt über.

(3) Die Zuständigkeiten der Länder für die Anerkennung als verlagertes Geldinstitut nach der Fünfunddreißigsten Durchführungsverordnung zum Umstellungsgesetz, für die Bestätigung der Umstellungsrechnung und der Altbankenrechnung sowie für die Aufgaben und Befugnisse nach den Wertpapierbereinigungsgesetzen und dem Bereinigungsgesetz für deutsche Auslandsbonds bleiben unberührt.

§ 63 (nicht mehr abgedruckt)

§ 63a Sondervorschriften für das in Artikel 3 des Einigungsvertrages genannte Gebiet

(1) Soweit ein Kreditinstitut mit Sitz in der Deutschen Demokratischen Republik einschließlich Berlin (Ost) am 1. Juli 1990 Bankgeschäfte in dem § 1 Abs. 1 bezeichneten Umfang betreiben durfte, gilt die Erlaubnis nach § 32 als erteilt.

(2) Das Bundesaufsichtsamt kann Gruppen von Kreditinstituten oder einzelne Kreditinstitute mit Sitz in dem in Artikel 3 des Einigungsvertrages genannten Gebiet von Verpflichtungen aufgrund dieses Gesetzes freistellen, wenn dies aus besonderen Gründen, insbesondere wegen der noch fehlenden Angleichung des Rechts in dem in Artikel 3 des Einigungsvertrages genannten Gebiet an das Bundesrecht, angezeigt ist.

(3) § 9 Abs. 1 Satz 3 Nr. 3, § 46a Abs. 1 Satz 1, Abs. 3 Satz 2, § 46b Satz 1 bis 5, §§ 46c und 47 Abs. 1 Nr. 1 gelten mit der Maßgabe, daß für Kreditinstitute mit Sitz in dem in Artikel 3 des Einigungsvertrages genannten Gebiet an die Stelle des Konkursverfahrens das Verfahren nach der Gesamtvollstreckungsordnung tritt und daß die Gesamtvollstreckung nur auf Antrag des Bundesaufsichtsamtes eröffnet werden kann.

§ 64 Nachfolgeunternehmen der Deutschen Bundespost

Ab 1. Januar 1995 gilt die Erlaubnis nach § 32 für das Nachfolgeunternehmen der Deutschen Bundespost POSTBANK als erteilt. Bei der Zusammenfassung gemäß § 19 Abs. 2 Satz 1 werden bis zum 31. Dezember 2002 Anteile an den Nachfolgeunternehmen der Deutschen Bundespost nicht berücksichtigt, die von der Bundesanstalt für Post- und Telekommunikation Deutsche Bundespost gehalten werden.

§ 64a Grenzen für Anlagen von bestehenden Kreditinstituten

Hält ein Kreditinstitut oder eine Kreditinstitutsgruppe am 01. Januar 1993 die nach § 12 Abs. 1 vorgesehenen Grenzen nicht ein, so hat das Kreditinstitut oder die Kreditinstitutsgruppe innerhalb von zehn Jahren von diesem Zeitpunkt an die Anforderungen dieser Vorschrift zu erfüllen.

§ 64b Kapital von bestehenden Kreditinstituten

(1) [1]Einlagenkreditinstituten, die am 1. Januar 1993 nach § 32 zugelassen sind, darf abweichend von § 33 Abs. 1 Satz 1 Nr. 1 Buchstabe d an Anfangskapital ein niedrigerer Betrag als der Gegenwert von 5 Millionen ECU zur Verfügung stehen. [2]In diesem Falle darf das Anfangskapital nicht unter den am 31. Dezember 1990 vorhandenen Betrag absinken. [3]Bei nach dem 31. Dezember 1990 zugelassenen Einlagenkreditinstituten darf das Anfangskapital nicht unter den Betrag zum Zeitpunkt der Zulassung absinken.

(2) Sind die Voraussetzungen des Absatzes 1 erfüllt, ist § 35 Abs. 2 Nr. 3 in Verbindung mit § 33 Abs. 1 Satz 1 Nr. 1 Buchstabe d über die Aufhebung der Erlaubnis nicht anzuwenden.

(3) Wechselt die Kontrolle über ein Kreditinstitut, das die Vergünstigung des Absatzes 1 für sich in Anspruch genommen hat, so ist § 33 Abs. 1 Satz 1 Nr. 1 Buchstabe d über die Höhe des Kapitals auf das Kreditinstitut anzuwenden.

(4) [1]Bei einem Zusammenschluß von zwei oder mehreren Kreditinstituten, welche die Vergünstigung des Absatzes 1 für sich in Anspruch genommen haben, darf das Anfangskapital des aus dem Zusammenschluß hervorgehenden Kreditinstituts mit Einwilligung des Bundesaufsichtsamtes unter dem Gegenwert von fünf Millionen ECU liegen, wenn eine Gefahr für die Erfüllung der Verpflichtungen des Kreditinstituts gegenüber seinen Gläubigern nicht besteht. [2]Das Anfangskapital des zusammengeschlossenen Kreditinstituts muß in diesem Falle jedoch mindestens den zum Zeitpunkt des Zusammenschlusses vorhandenen Gesamtbetrag des Anfangskapitals der sich zusammenschließenden Kreditinstitute erreichen.

(5) Das Bundesaufsichtsamt kann dem Kreditinstitut eine Frist einräumen, innerhalb der es die Kapitalanforderungen nach Absatz 1 Satz 2 oder 3 oder Absatz 4 Satz 2 zu erfüllen oder seine Tätigkeit einzustellen hat. Erfüllt ein Kreditinstitut diese Kapitalanforderungen dauerhaft nicht, so gilt § 35 Abs. 2 Nr. 3 über die Aufhebung der Erlaubnis entsprechend.

§ 64c Übergangsregelung für aktivische Unterschiedsbeträge

Ist der Buchwert einer Beteiligung, die bis zum 31. Dezember 1993 erworben worden ist, höher als der nach § 10a Abs. 6 Satz 2 zusammenzufassende Teil des Kapitals und der Rücklagen des nachgeordneten Unternehmens, so braucht das Institut abweichend von § 10a den Unterschiedsbetrag, wie er sich bei erstmaliger Einbeziehung in die Zusammenfassung ergibt, für die Dauer von längstens zehn Jahren mit einem jährlich um mindestens ein Zehntel abnehmenden Betrag nicht in den Abzug nach § 10a Abs. 6 Satz 3 einzubeziehen, sondern kann ihn wie eine Beteiligung an einem gruppenfremden Unternehmen behandeln.

§ 64d Übergangsregelung für Großkredite

[1]Bis zum 31. Dezember 1998 gelten für die Großkreditdefinitionsgrenze gemäß § 13 Abs. 1 Satz 1 und für die Gesamtbuch-Großkreditgrenze nach § 13a Abs. 1 Satz 3 ein Vomhundertsatz von 15 statt 10, für die Großkrediteinzelobergrenze nach § 13 Abs. 3 Satz 1 oder 3 und die Anlagebuch-Großkrediteinzelobergrenze nach § 13a Abs. 3 Satz 1 oder 3 und die Gesamtbuch-Großkrediteinzelobergrenze nach § 13a Abs. 4 Satz 1 oder 3 und 4 ein Vomhundertsatz von 40 statt 25 oder ein Vomhundertsatz von 30 statt 20. [2]Die Kredite sind bis zum 31. Dezember 2001 auf die Großkrediteinzelobergrenzen nach § 13 Abs. 3 Satz 1 oder 3 und § 13a Abs. 4 Satz 1 oder 3 zurückzuführen. [3]Satz 2 gilt nicht für Kredite, die vor dem 1. Januar 1996 gewährt wurden und auf Grund vertraglicher Bedingungen erst nach dem 31. Dezember 2001 fällig werden. [4]Für Institute, deren haftendes Eigenkapital am 5. Februar 1993 sieben Millionen ECU nicht überstiegen hat, verlängern sich die in den Sätzen 1 und 2 genannten Fristen jeweils um fünf Jahre; Satz 3 gilt entsprechend. [5]Satz 4 gilt nicht, falls ein solches Institut nach dem 5. Februar 1993 mit einem anderen Institut verschmolzen worden ist oder wird und das haftende Eigenkapital der verschmolzenen Kreditinstitute sieben Millionen ECU übersteigt.

§ 64e Übergangsvorschriften zum Sechsten Gesetz zur Änderung des Gesetzes über das Kreditwesen

(1)   Für ein Kreditinstitut, das am 1. Januar 1998 über die Erlaubnis als Einlagenkreditinstitut verfügt, gilt die Erlaubnis für das Betreiben des Finanzkommissionsgeschäftes, des Emissionsgeschäftes, des Geldkartengeschäftes, des Netzgeldgeschäftes sowie für das Erbringen von Finanzdienstleistungen für diesen Zeitpunkt als erstellt.

(2)   [1]Finanzdienstleistungsinstitute und Wertpapierhandelsbanken, die am 1. Januar 1998 zulässigerweise tätig waren, ohne über eine Erlaubnis des Bundesaufsichtsamtes zu verfügen, haben bis zum 1. April 1998 ihre nach diesem Gesetz erlaubnispflichtigen Tätigkeiten und die Absicht, diese fortzuführen, dem Bundesaufsichtsamt und der Deutschen Bundesbank anzuzeigen. [2]Ist die Anzeige fristgerecht erstattet worden, gilt die Erlaubnis nach § 32 in diesem Umfang als erteilt. [3]Das Bundesaufsichtsamt bestätigt die bezeichneten Erlaubnisgegenstände innerhalb von drei Monaten nach Eingang der Anzeige. [4]Innerhalb von drei Monaten nach Zugang der Bestätigung des Bundesaufsichtsamtes hat das Institut dem Bundesaufsichtsamt und der Deutschen Bundesbank eine Ergänzungsanzeige einzureichen, die den inhaltlichen Anforderungen des § 32 entspricht. [5]Wird die Ergänzungsanzeige nicht

fristgerecht eingereicht, kann das Bundesaufsichtsamt die Erlaubnis nach Satz 2 aufheben; § 35 bleibt unberührt. [6]Das Bundesaufsichtsamt übermittelt dem Bundesaufsichtsamt für den Wertpapierhandel eine Kopie der Anzeige gemäß Satz 1, der Bestätigung gemäß Satz 3, der Ergänzungsanzeige gemäß Satz 4 und des Aufhebungsbescheids gemäß Satz 5.

(3) [1]Auf Institute, für die eine Erlaubnis nach Absatz 2 als erteilt gilt, sind § 35 Abs. 2 Nr. 3 in Verbindung mit § 33 Abs. 1 Satz 1 Nr. 1 Buchstabe a bis c sowie § 24 Abs. 1 Nr. 10 über das Anfangskapital erst ab 1. Januar 2003 anzuwenden. [2]Solange das Anfangskapital der in Satz 1 genannten Institute geringer ist als der bei Anwendung des § 33 Abs. 1 Satz 1 Nr. 1 erforderliche Betrag, darf es den Durchschnittswert der jeweils sechs vorangehenden Monate nicht unterschreiten; der Durchschnittswert ist alle sechs Monate zu berechnen und dem Bundesaufsichtsamt mitzuteilen. [3]Bei einem Unterschreiten des in Satz 2 genannten Durchschnittswertes kann das Bundesaufsichtsamt die Erlaubnis aufheben. [4]Auf die in Satz 1 genannten Institute sind § 10 Abs. 1 bis 8 und die §§ 10a, 11 und 13 bis 13b erst ab 1. Januar 1999 anzuwenden, es sei denn, sie errichten eine Zweigniederlassung oder erbringen grenzüberschreitende Dienstleistungen in anderen Staaten des Europäischen Wirtschaftsraums gemäß § 24a. [5] Wertpapierhandelsunternehmen, für die Erlaubnis nach Absatz 2 als erteilt gilt und die § 10 Abs. 1 bis 8 und die §§ 10a, 11 und 13 bis 13b nicht anwenden, haben die Kunden darüber zu unterrichten, daß sie nicht gemäß § 24a in anderen Staaten des Europäischen Wirtschaftsraums eine Zweigniederlassung errichten oder grenzüberschreitende Dienstleistungen erbringen können. [6]Institute, für die eine Erlaubnis nach Absatz 2 als erteilt gilt, haben dem Bundesaufsichtsamt und der Deutschen Bundesbank anzuzeigen, ob sie § 10 Abs. 1 bis 8 und die §§ 10a, 11 und 13 bis 13b anwenden.

(4) [1]Kreditinstitute, die am 1. Januar 1998 über eine Erlaubnis nach § 32 verfügen, brauchen die §§ 10, 10a und 13 bis 13b erst ab 1. Oktober 1998 anzuwenden. [2]Bis zu diesem Zeitpunkt haben Kreditinstitute, welche die §§ 10, 10a und 13 bis 13b nicht anwenden, die Vorschriften der §§ 10, 10a, 13 und 13a in der Fassung der Bekanntmachung vom 22. Januar 1996 (BGBl. I S. 64) anzuwenden. [3]Soweit die im Satz 1 genannten Kerditinstitute die §§ 10, 10a und 13 bis 13b anwenden, haben sie dies dem Bundesaufsichtsamt und der Deutschen Bsundesbank unverzüglich anzuzeigen.

(5) Nachgewiesenes freies Vermögen des Inhabers oder der persönlich haftenden Gesellschafter eines Kreditinstituts, das am 1. Januar 1998 über eine Erlaubnis nach § 32 verfügt, kann auf Antrag in einem vom Bundesaufsichtsamt zu bestimmenden Umfang als haftendes Eigenkapital berücksichtigt werden.

Inkrafttreten

Die §§ 10a Abs. 6 Satz 14 und 15, 12, 16, 18, 22, 24, 25 Abs. 3 und 29 Abs. 4 der 6. KWG-Novelle treten am Tage nach der Verkündung in Kraft. Im übrigen tritt dieses Gesetz am 01. Januar 1998 in Kraft (vgl. Artikel 4 des Gesetzes zur Umsetzung von EG-Richtlinien zur Harmonierung bank- und wertpapieraufsichtrechtlicher Vorschriften); siehe auch vorstehend § 64e Abs. 4 Satz 1 der 6. KWG-Novelle. (Anwendung der novellierten §§ 10, 10a und 13 bis 13b erst ab 01. Oktober 1998 obligatorisch.)

Anhang 2

Neufassung des Grundsatz I

gemäß §§ 10 Abs. 1 und 10a Abs. 1 KWG zur Umsetzung der Richtlinie 93/6/EWG des Rates vom 15. März 1993 über die angemessene Eigenkapitalausstattung von Wertpapierfirmen und Kreditinstituten (Kapitaladäquanzrichtlinie) in der Bekanntmachung vom 29. Oktober 1997 (BAnz)

Inhaltsübersicht

Fünfter Abschnitt: Handelsbuch-Risikopositionen

Sechster Abschnitt: Optionsposition

Siebter Abschnitt: Eigene Risikomodelle

Erster Abschnitt: Angemessenheit der Eigenmittel

§ 1 Anwendungsbereich

(1) [1]Dieser Grundsatz trifft gemäß § 10 Abs. 1, § 10a Abs. 1 KWG Regelungen, nach denen das Bundesaufsichtsamt für das Kreditwesen für den Regelfall beurteilen wird, ob die Eigenmittel eines Instituts (einschließlich einer als rechtlich unselbständige Einrichtung betriebenen Bausparkasse) und der Unternehmen einer Gruppe (§ 10a Abs. 1 Satz 1 KWG) insgesamt angemessen sind. [2]Hält ein Institut oder eine Gruppe die in § 2 festgelegten Grenzen nicht nur geringfügig oder wiederholt nicht ein, so ist in der Regel die Vermutung begründet, daß das Institut nicht über die erforderlichen Eigenmittel verfügt. [3]Bei der Beurteilung der Angemessenheit der Eigenmittel eines Instituts oder einer Gruppe können vorbehaltlich Absatz 5 Sonderverhältnisse berücksichtigt werden, die - je nach Sachlage - geringere oder höhere Anforderungen rechtfertigen.

(2) [1]Dieser Grundsatz findet keine Anwendung auf Kapitalanlagegesellschaften sowie auf Finanzdienstleistungsinstitute, ausgenommen diejenigen Finanzdienstleistungsinstitute, die

1. Eigenhandel (§ 1 Abs. 1a Satz 2 Nr. 4 KWG) betreiben,

2. als Anlagevermittler (§ 1 Abs. 1a Satz 2 Nr. 1 KWG), Abschlußvermittler (§ 1 Abs. 1a Satz 2 Nr. 2 KWG) oder Finanzportfolioverwalter (§ 1 Abs. 1a Satz 2 Nr. 3 KWG) befugt sind, sich Eigentum oder Besitz an Geldern oder Wertpapieren von Kunden zu verschaffen oder die auf eigene Rechnung mit Finanzinstrumenten handeln.

[2]Bei den Wertpapierhandelsunternehmen in der Rechtsform des Einzelkaufmanns oder der Personenhandelsgesellschaft (§ 2a Abs. 2 Satz 1 KWG) sind die auf eigene Rechnung des Inhabers oder der persönlich haftenden Gesellschafter abgeschlossenen Geschäfte in diesen Grundsatz einzubeziehen.

(3) Die Vorschriften des Fünften Abschnitts finden keine Anwendung auf Nichthandelsbuchinstitute (§ 13 Abs. 1 Satz 1 KWG).

(4) Die Vorschriften des Vierten Abschnitts finden keine Anwendung auf die von gemischtwirtschaftlichen Kreditgenossenschaften üblicherweise betriebenen Warengeschäfte.

(5) [1]Bei der Beurteilung der Angemessenheit der Eigenmittel dürfen an ein Institut oder eine Gruppe, auf die die Vorschriften des Fünften Abschnitts anzuwenden sind, bei der Anwendung der Vorschriften dieses Grundsatzes mit Ausnahme des Vierten Abschnitts keine geringeren Anforderungen gestellt werden. [2]An Einlagenkreditinstitute oder Gruppen, auf die die Vorschriften des Fünften Abschnitts nicht anzuwenden sind, dürfen bei der Anwendung der Vorschriften des Zweiten und Dritten Abschnitts keine geringeren Anforderungen gestellt werden.

§ 2 Angemessenheit der Eigenmittel

(1)   Das Verhältnis zwischen dem haftenden Eigenkapital eines Instituts (§ 10 Abs. 2 Satz 2 KWG) und seinen gewichteten Risikoaktiva darf 8 v.H. täglich zum Geschäftsschluß nicht unterschreiten.

(2)   [1]Die Summe der Anrechnungsbeträge für die Marktrisikopositionen und im Falle des § 28 Abs. 3 Satz 1 der Anrechnungsbeträge für die Optionsgeschäfte eines Instituts darf den um die Drittrangmittel (§ 10 Abs. 2c Satz 1 KWG) vermehrten Differenzbetrag zwischen dem haftenden Eigenkapital und der in Höhe von 8 v.H. berücksichtigten Summe der gewichteten Risikoaktiva (Risikoaktiva-Anrechnungsbetrag) täglich bei Geschäftsschluß nicht übersteigen. [2]Die Marktrisikopositionen nach Satz 1 werden gebildet durch

1.   die Währungsgesamtposition nach § 5 Abs. 1,

2.   die Rohwarenposition nach § 5 Abs. 2,

3.   bei Instituten, die den Vorschriften des Fünften Abschnitts unterliegen, die Handelsbuch-Risikopositionen nach § 5 Abs. 3.

[3]Bei Instituten, die das Wahlrecht nach § 32 zur Verwendung eigener Risikomodelle ausüben, werden die Marktrisikopositionen aus denjenigen in Satz 2 Nr. 1 bis 3 genannten Positionen gebildet, deren risikomäßige Zusammenhänge das Institut in seinem eigenen Risikomodell berücksichtigt; eine teilweise Zusammenfassung der Positionen nach Satz 2 Nr. 1 bis 3 ist zulässig.

(3)   [1]Zum Ultimo eines jeden Kalendermonats ist eine Gesamtkennziffer zu ermitteln, die das prozentuale Verhältnis zwischen den anrechenbaren Eigenmitteln des Instituts (Zähler) und der Summe aus den gewichteten Risikoaktiva und den mit 12,5 multiplizierten Anrechnungsbeträgen für die Marktrisikopositionen und Optionsgeschäfte nach Absatz 2 (Nenner) angibt. [2]Anrechenbare Eigenmittel sind das in diesem Grundsatz zur Verfügung stehende haftende Eigenkapital und die zur Unterlegung der Anrechnungsbeträge für die Marktrisikopositionen und die Optionsgeschäfte genutzten Drittrangmittel. [3]Nachrichtlich ist neben der Gesamtkennziffer das prozentuale Verhältnis zwischen den ungenutzten, aber den Eigenmitteln zurechenbaren Drittrangmitteln und dem Nenner der Gesamtkennziffer nach Satz 1 anzugeben.

§ 3 Konsolidierung

(1) Die Anforderungen gemäß § 2 gelten entsprechend für Gruppen für die Größenverhältnisse

1. des gesamten haftenden Eigenkapitals und der gesamten Risikoaktiva-
Anrechnungsbeträge (die in den Abzug nach § 10a Abs. 6 KWG einbezogenen Risikoaktiva sind nicht zu berücksichtigen),

2. des gesamten haftenden Eigenkapitals abzüglich der gesamten Risikoaktiva-
Anrechnungsbeträge zuzüglich der gesamten Drittrangmittel und der Summe
der Anrechnungsbeträge für die Marktrisikopositionen aller gruppenangehörigen Unternehmen,

3. der insgesamt anrechenbaren Eigenmittel und der Summe aus den gewichteten Risikoaktiva und den mit 12,5 multiplizierten Anrechnungsbeträgen für
die Marktrisikopositionen und Optionsgeschäfte.

(2) Bei der Berechnung der Anforderungen für die Größenverhältnisse nach Absatz 1
Nr. 2 darf auf die Anrechnungsbeträge für die Marktrisikopositionen und Options-
geschäfte der nachgeordneten Unternehmen mit Sitz außerhalb der Bundesrepublik
Deutschland abgestellt werden, die nach der in dem jeweiligen Sitzland geltenden
Marktrisikoregelung zu den Stichtagen nach § 2 Abs. 3 ermittelt werden, sofern die
Marktrisikoregelung auf den Vorgaben der Richtlinie 93/6/EWG vom 15. März
1993 oder in anderen Staaten der Zehnergruppe außerhalb des Europäischen
Wirtschaftsraumes auf der Eigenkapital-Übereinkunft des Baseler Ausschusses für
Bankenaufsicht beruht.

§ 4 Risikoaktiva

[1]Der Risikoaktiva-Anrechnungsbetrag des Instituts ist nach den Vorschriften des Zweiten
Abschnitts zu ermitteln. [2]Als Risikoaktiva sind anzusehen:

1. Bilanzaktiva,

2. außerbilanzielle Geschäfte, soweit sie nicht unter Nr. 3 oder 4 fallen,

3. Swapgeschäfte,

4. Termingeschäfte und Optionsrechte,

soweit diese Posten bei der Ermittlung der Anrechnungsbeträge für die Handelsbuch-
Risikopositionen nicht zu berücksichtigen sind. [3]Nicht zu berücksichtigen sind des weiteren Barrengold sowie außerdem Bilanzaktiva, die

1. in die Ermittlung der Rohwarenposition einbezogen,

2. nach § 10 Abs. 2 und 6 KWG vom haftenden Eigenkapital abgezogen oder

3. in vollem Umfang mit haftendem Eigenkapital unterlegt werden.

§ 5 Marktrisikopositionen

(1) [1]Der Anrechnungsbetrag für die Währungsgesamtposition ist nach den Vorschriften des Dritten Abschnitts aus allen auf fremde Währung oder auf Gold lautenden Posten des Instituts zu ermitteln. [2]Posten, die nach § 10 Abs. 2 und 6 KWG vom haftenden Eigenkapital abgezogen oder in vollem Umfang mit haftendem Eigenkapital unterlegt werden sowie Beteiligungen einschließlich Anteilen an verbundenen Unternehmen in fremder Währung, die zu Anschaffungskursen bewertet werden (strukturelle Währungspositionen), dürfen auf Antrag des Instituts nach vorheriger Zustimmung des Bundesaufsichtsamtes bei der Ermittlung der Währungsgesamtposition außer Ansatz bleiben.

(2) Der Anrechnungsbetrag für die Rohwarenposition ist nach den Vorschriften des Vierten Abschnitts aus allen auf Rohwaren einschließlich Edelmetallen, ausgenommen Gold, lautenden Posten des Instituts zu ermitteln.

(3) Die Anrechnungsbeträge für die Handelsbuch-Risikopositionen des Instituts sind

1. für die mit zins- und aktienkursbezogenen Risiken behafteten Positionen des Handelsbuches aus der Summe der Teilanrechnungsbeträge für die allgemeinen und für die besonderen Kursrisiken,

2. für die Adressenausfallrisikopositionen des Handelsbuches als die Summe der Anrechnungsbeträge für das Abwicklungsrisiko, das Vorleistungsrisiko, die Erfüllungsrisiken bei Wertpapier-Pensionsgeschäften und Wertpapier-Leihgeschäften sowie bei außerbörslich gehandelten Instrumenten und für andere, damit in unmittelbarem Zusammenhang stehende Adressenausfallrisiken

nach den Vorschriften des Fünften Abschnitts zu ermitteln.

342

Zweiter Abschnitt: Anrechnung von Risikoaktiva

§ 6 Bemessungsgrundlage

(1) Bemessungsgrundlage für die Anrechnung der Risikoaktiva ist vorbehaltlich § 12 bei

1. Bilanzaktiva sowie außerbilanziellen Geschäften nach § 4 Satz 2 Nr. 2 (ausgenommen Gewährleistungen bei Swapgeschäften, Termingeschäften und Optionsrechten) der Buchwert zuzüglich der als haftendes Eigenkapital nach § 10 Abs. 2b Satz 1 Nr. 1 KWG anerkannten, den einzelnen Bilanzaktiva zuzuordnenden Vorsorgereserven nach § 340f des Handelsgesetzbuches (HGB) abzüglich der passiven Rechnungsabgrenzungsposten aus Gebührenabgrenzung und für das Damnum auf Darlehen sowie der Posten wegen der Erfüllung oder der Veräußerung von Forderungen aus Leasingverträgen bis zu den Buchwerten der diesen zugehörigen Leasinggegenstände,

2. Swapgeschäften sowie den für sie übernommenen Gewährleistungen der effektive Kapitalbetrag oder - in Ermangelung eines solchen - der aktuelle Marktwert des Geschäftsgegenstandes,

3. Termingeschäften und Optionsrechten sowie den für sie übernommenen Gewährleistungen der unter der Annahme tatsächlicher Erfüllung bestehende, zum aktuellen Marktkurs umgerechnete Anspruch des Instituts auf Lieferung oder Abnahme des Geschäftsgegenstandes.

(2) ¹Auf fremde Währung lautende Risikoaktiva sind zum Devisenkurs des jeweiligen Stichtages (Stichtagskurs) in Deutsche Mark umzurechnen; statt des Stichtagskurses darf das Institut bei der Umrechnung derjenigen Beteiligungen einschließlich der Anteile an verbundenen Unternehmen, die es nicht als Bestandteil seiner Fremdwährungsposition behandelt, den zum Zeitpunkt ihrer Erstverbuchung maßgeblichen Devisenkurs anwenden. ²Für die an der Frankfurter Devisenbörse amtlich notierten Währungen sind die Kassamittelkurse, für die anderen Währungen die Mittelkurse aus feststellbaren An- und Verkaufskursen des Stichtages zugrunde zu legen.

§ 7 Bilanzaktiva

Als Bilanzaktiva im Sinne des § 4 Satz 2 Nr. 1 sind anzurechnen:

1. Guthaben bei Zentralnotenbanken und Postgiroämtern,

2. Schuldtitel öffentlicher Stellen und Wechsel, die zur Refinanzierung bei Zentralnotenbanken zugelassen sind,

3. im Einzug befindliche Werte, für die entsprechende Zahlungen bereits bevorschußt wurden,

4. Forderungen an Kreditinstitute und an Kunden (einschließlich der Warenforderungen von Kreditinstituten mit Warengeschäft),

5. Schuldverschreibungen und andere festverzinsliche Wertpapiere, soweit sie kein in § 4 Satz 2 Nr. 4 genanntes Recht verbriefen,

6. Aktien und andere nicht festverzinsliche Wertpapiere, soweit sie kein in § 4 Satz 2 Nr. 4 genanntes Recht verbriefen,

6a. Warenbestand von Kreditgenossenschaften, die das Warengeschäft betreiben,

7. Beteiligungen,

8. Anteile an verbundenen Unternehmen,

9. Sachanlagen,

10. Gegenstände, über die als Leasinggeber Leasingverträge abgeschlossen worden sind, unabhängig von ihrem Bilanzausweis,

11. Sonstige Vermögensgegenstände,

12. Rechnungsabgrenzungsposten.

§ 8 Außerbilanzielle Geschäfte

Als außerbilanzielle Geschäfte im Sinne des § 4 Satz 2 Nr. 2 sind anzurechnen

1. mit 100 v.H. ihrer Bemessungsgrundlage:

   a) den Kreditnehmern abgerechnete eigene Ziehungen im Umlauf,

   b) Indossamentsverbindlichkeiten aus weitergegebenen Wechseln,

   c) Bürgschaften und Garantien für Bilanzaktiva,

   d) Bestellung von Sicherheiten für fremde Verbindlichkeiten,

   e) unbedingte Verpflichtungen der Bausparkassen zur Ablösung fremder Vorfinanzierungs- und Zwischenkredite an Bausparer,

   f) Terminkäufe auf Bilanzaktiva, bei denen eine unbedingte Verpflichtung zur Abnahme des Geschäftsgegenstandes besteht,

   g) Plazierung von Termineinlagen auf Termin,

   h) Verkäufe von Bilanzaktiva mit Rückgriff, bei denen das Kreditrisiko beim verkaufenden Institut verbleibt,

   i) beim Pensionsgeber vom Bestand abgesetzte Bilanzaktiva, die dieser mit der Vereinbarung auf einen anderen übertragen hat, daß er sie auf Verlangen zurücknehmen muß,

   j) unbezahlter Anteil von teileingezahlten Aktien und Wertpapieren;

2. mit 50 v.H. ihrer Bemessungsgrundlage:

a) Eröffnung und Bestätigung von Akkreditiven,

b) Erfüllungsgarantien und andere als die in Nr. 1c genannten Garantien und Gewährleistungen,

c) Verpflichtungen aus 'Note Issuance Facilities' (NIFs) und 'Revolving Underwriting Facilities' (RUFs),

d) noch nicht in Anspruch genommene Kreditzusagen, welche eine Ursprungslaufzeit von mehr als einem Jahr haben und nicht fristlos und vorbehaltlos von dem Institut gekündigt werden können;

3. mit 20 v.H. ihrer Bemessungsgrundlage:

Eröffnung und Bestätigung von Dokumentenakkreditiven, die durch Warenpapiere gesichert werden.

§ 9 Swapgeschäfte, Termingeschäfte und Optionsrechte

(1) ¹Institute, auf die die Vorschriften des Fünften Abschnitts anzuwenden sind, haben Swapgeschäfte, Termingeschäfte und Optionsrechte sowie für diese Risikoaktiva übernommene Gewährleistungen nach der Marktbewertungsmethode gemäß § 10 anzurechnen. ²Nichthandelsbuchinstitute dürfen die in Satz 1 genannten Geschäfte, soweit der Eindeckungsaufwand ausschließlich oder teilweise auf Änderungen von Zinssätzen, Wechselkursen oder dem Goldpreis beruht, nach einheitlicher Wahl des Instituts anstelle der Marktbewertungsmethode nach der Laufzeitmethode gemäß § 11 anrechnen. ³Die Wahl darf für genau bestimmte und eindeutig abgegrenzte Teilbereiche unterschiedlich ausfallen; die Festlegung von Teilbereichen kann nach verschiedenen Finanzinstrumenten oder nach unterschiedlichen organisatorisch festgelegten Bereichen des Instituts erfolgen. ⁴Das Institut darf jederzeit von der Laufzeitmethode zur Marktbewertungsmethode übergehen. ⁵Swap- und Termingeschäfte sowie Optionsrechte im Rahmen der von den gemischtwirtschaftlichen Kreditgenossenschaften üblicherweise betriebenen Warengeschäfte, die gemäß § 1 Abs. 4 von den Vorschriften des Vierten Abschnitts ausgenommen sind, dürfen abweichend von Satz 2 nach der Laufzeitmethode angerechnet werden.

(2) Als maßgebliche Laufzeit ist anzusehen

1. bei Termingeschäften und Optionsrechten über Gegenstände, die eine bestimmte Laufzeit aufweisen, die Laufzeit des Gegenstandes,

2. bei Termingeschäften auf variabel verzinsliche Wertpapiere und bei währungsgleichen Zinsswaps ohne Festzinsteil die bis zum nächstfolgenden Zinsanpassungstermin verbleibende Zeitspanne,

3. bei anderen Swapgeschäften, Termingeschäften und Optionsrechten die Laufzeit des Geschäftes.

§ 10 Marktbewertungsmethode

[1]Bei Anwendung der Marktbewertungsmethode sind vorbehaltlich des Anrechenverfahrens nach § 12 bei Vorliegen der dort genannten Voraussetzungen die Risikoaktiva mit dem potentiellen Eindeckungsaufwand anzurechnen, soweit dieser nach der täglich vorzunehmenden Bewertung bei einem Ausfall des Vertragspartners entstehen würde, vermehrt um den in Satz 3 festgelegten Zuschlag für die in Zukunft mögliche Risikoerhöhung; der Zuschlag entfällt bei währungsgleichen Zinsswaps ohne Festzinsteil. [2]Der Betrag des potentiellen Eindeckungsaufwandes wird durch die Höhe des zusätzlichen Aufwandes oder des geringeren Erlöses bestimmt, der sich bei Begründung einer gleichwertigen Position ergeben würde. [3]Der Zuschlag beläuft sich auf die mit dem maßgeblichen Vomhundertsatz aus Tabelle 1 angesetzte Bemessungsgrundlage. [4]Risikoaktiva, bei denen der Eindeckungsaufwand auf der Änderung von Preisen mehrerer Kategorien beruht, sind der Kategorie mit dem höchsten nach Tabelle 1 anzusetzenden Vomhundertsatz zuzuordnen.

Tabelle 1

Restlaufzeit	Zinsbezogene Geschäfte	Währungskurs und goldpreisbezogene Geschäfte	Aktienkursbezogene Geschäfte	Edelmetallpreisbezogene Geschäfte (ohne Gold)	Rohwarenpreisbezogene und sonstige Geschäfte
bis 1 Jahr	0,0 v.H.	1,0 v.H.	6,0 v.H.	7,0 v.H.	10,0 v.H.
über 1 Jahr bis 5 Jahre	0,5 v.H.	5,0 v.H.	8,0 v.H.	7,0 v.H.	12,0 v.H.
über 5 Jahre	1,5 v.H.	7,5 v.H.	10,0 v.H.	8,0 v.H.	15,0 v.H.

§ 11 Laufzeitmethode

[1]Bei Anwendung der Laufzeitmethode sind vorbehaltlich des Anrechenverfahrens nach § 12 bei Vorliegen der dort genannten Voraussetzungen die Risikoaktiva in Höhe der mit den laufzeitbezogenen Vomhundertsätzen nach Tabelle 2 angesetzten, für sie maßgeblichen Bemessungsgrundlage anzurechnen.

Tabelle 2

Laufzeit	Ausschließlich zinsbezogene Geschäfte (Restlaufzeit)	Währungskurs- und goldpreisbezogene Geschäfte (Ursprungslaufzeit)
bis 1 Jahr	0,5 v.H.	2,0 v.H.
über 1 Jahr bis 2 Jahre	1,0 v.H.	5,0 v.H.
zusätzliche Berücksichtigung eines jeden weiteren Jahres	1,0 v.H.	3,0 v.H.

§ 12 Anerkannte zweiseitige Aufrechnungsvereinbarungen und Schuldumwandlungsverträge

(1) Zweiseitige Aufrechnungsvereinbarungen und Schuldumwandlungsverträge für Swapgeschäfte, Termingeschäfte und Optionsrechte zwischen dem Institut und seinem Vertragspartner bewirken eine ermäßigte Anrechnung der darunter einbezogenen Risikoaktiva nach Maßgabe der Absätze 2 und 5, sofern das Bundesaufsichtsamt für das Kreditwesen die risikomindernde Wirkung dieser Abmachungen unter den in der Kreditbestimmungsverordnung genannten Voraussetzungen anerkannt hat.

(2) [1]Wenn auf Grund einer zweiseitigen Aufrechnungsvereinbarung unter der Bedingung des Ausfalls des Vertragspartners ein einziger Anspruch in Höhe des Unterschiedsbetrages der positiven und negativen Marktwerte der mit dem Vertragspartner abgeschlossenen und in die Vereinbarung einbezogenen Geschäfte nach Absatz 1 begründet wird, sind die einbezogenen Geschäfte entweder nach der Marktbewertungsmethode oder nach der Laufzeitmethode anzurechnen. [2]Bei Anwendung der Marktbewertungsmethode sind die in die Aufrechnungsvereinbarung einbezogenen Geschäfte in Höhe des Unterschiedsbetrages der positiven und negativen Marktwerte anzurechnen, vermehrt um den Zuschlag Z. [3]Z wird nach der Gleichung

$$Z = 0,4 \text{ x } S \ + 0,6 \text{ x } V \text{ x } S$$

aus der Summe S der Zuschläge nach § 10 Satz 3 der in die Aufrechnungsvereinbarung einbezogenen Geschäfte und dem Verhältnis V bestimmt. [4]V bezeichnet das Verhältnis zwischen dem potentiellen Eindeckungsaufwand, der bei unterstelltem Ausfall des Vertragspartners in Höhe des Unterschiedsbetrages der positiven und negativen Marktwerte in die Aufrechnungsvereinbarung mit dem Vertragspartner einbezogenen Geschäfte entstehen würde, und der Summe der in getrennten Betrachtungen für die einbezogenen Geschäfte einzeln ermittelten Eindeckungsaufwendungen. [5]Bei Anwendung der Laufzeitmethode sind die Vomhundertsätze der Tabelle 3 zugrunde zu legen. [6]Die Marktwerte sind täglich zu ermitteln.

Tabelle 3

Laufzeit	Ausschließlich zinsbezogene Geschäfte (Restlaufzeit)	Währungskurs- und goldpreisbezogene Geschäfte (Ursprungslaufzeit)
bis 1 Jahr	0,35 v.H.	1,50 v.H.
über 1 Jahr bis 2 Jahre	0,75 v.H.	3,75 v.H.
zusätzliche Berücksichtigung eines jeden weiteren Jahres	0,75 v.H.	2,25 v.H.

(3) ¹Für die Anrechnung von Devisentermingeschäften und vergleichbaren Geschäften, bei denen der Nennwert dem bestehenden Zahlungsanspruch entspricht, kann, soweit den auf Grund solcher Geschäfte begründeten Ansprüchen gegenläufige Verbindlichkeiten in derselben Währung und mit demselben Wertstellungstag gegenüberstehen, eine durch Verrechnung ermäßigte Bemessungsgrundlage auch dann angesetzt werden, wenn nur eine Aufrechnungsvereinbarung getroffen worden ist. ²Die ermäßigte Bemessungsgrundlage bestimmt sich nach der Summe der Ansprüche, die für das Institut nach Saldierung der gegenläufigen, in Währung und Wertstellungstag sich deckenden Ansprüche und Verpflichtungen verbleiben würden. ³Bei Anwendung der Marktbewertungsmethode darf abweichend von Absatz 2 Satz 3 ein einheitlicher Zuschlag unter Berücksichtigung der ermäßigten Bemessungsgrundlage berechnet werden, welcher dem im übrigen maßgeblichen Anrechnungsbetrag hinzuzufügen ist. ⁴Bei Anwendung der Laufzeitmethode sind die laufzeitbezogenen Vomhundertsätze gemäß § 11 (Tabelle 2) auf die ermäßigte Bemessungsgrundlage anzuwenden.

(4) ¹Das Institut darf in die zweiseitige Aufrechnungsvereinbarung einbezogene Risikoaktiva nach § 4 Satz 2 Nr. 3 oder 4 berücksichtigen, bei denen der Eindeckungsaufwand ausschließlich oder teilweise auf der Änderung von Wechselkursen beruht und die Ursprungslaufzeit des Geschäftes weniger als fünfzehn Kalendertage beträgt, wenn dies einheitlich für alle mit dem Vertragspartner abgeschlossenen Geschäfte erfolgt. ²An der Berücksichtigung ist auch dann festzuhalten, wenn der Risikoaktiva-Anrechnungsbetrag durch sie erhöht wird.

(5) Bei einem Schuldumwandlungsvertrag, durch den das auf Grund eines Swapgeschäftes, Termingeschäftes oder Optionsrechts bestehende Schuldverhältnis unmittelbar in der Weise umgestaltet wird, daß die sich daraus ergebenden Ansprüche und Verpflichtungen ganz oder teilweise erlöschen, ist auf das nach der Schuldumwandlung verbleibende Schuldverhältnis abzustellen.

§ 13 Bonitätsgewichte

(1) Mit 0 v.H. zu gewichten sind:

1. Risikoaktiva, deren Erfüllung geschuldet oder ausdrücklich gewährleistet wird von

   a) dem Bund, der Kreditanstalt für Wiederaufbau, einem Land, einem rechtlich unselbständigen Sondervermögen des Bundes oder eines Landes, einer Gemeinde oder einem Gemeindeverband im Geltungsbereich des Gesetzes über das Kreditwesen,

   b) einer ausländischen Zentralregierung oder einer Zentralnotenbank der Zone A,

c) den Europäischen Gemeinschaften,

d) einer Zentralregierung oder einer Zentralnotenbank der Zone B, sofern die Risikoaktiva auf die Währung des jeweiligen Schuldners bzw. Emittenten lauten und in dieser finanziert sind,

e) einer Regionalregierung oder örtlichen Gebietskörperschaft in einem anderen Mitgliedstaat der Europäischen Gemeinschaften oder Vertragsstaat über den Europäischen Wirtschaftsraum, wenn derartige Risikoaktiva in diesem Staat nicht berücksichtigt werden, der Staat die Europäische Kommission hierüber unterrichtet und die Kommission dies bekannt gegeben hat;

2. Risikoaktiva, soweit ihre Erfüllung nachweislich gesichert ist durch Sicherheiten in Form von

   a) Wertpapieren einer Zentralregierung oder Zentralnotenbank der Zone A oder Wertpapieren der Europäischen Gemeinschaften,

   b) Wertpapieren eines Landes, einer Gemeinde oder eines Gemeindeverbandes im Geltungsbereich des Gesetzes über das Kreditwesen,

   c) Wertpapieren einer Regionalregierung oder örtlichen Gebietskörperschaft in einem anderen Mitgliedstaat der Europäischen Gemeinschaften oder Vertragsstaat über den Europäischen Wirtschaftsraum, wenn derartig gesicherte Risikoaktiva in diesem Staat nicht berücksichtigt werden, der Staat die Europäische Kommission hierüber unterrichtet und die Kommission dies bekannt gegeben hat,

   d) Einlagenzertifikaten oder ähnlichen Papieren, die von dem kreditgewährenden Institut ausgegeben wurden und bei diesem hinterlegt sind,

   e) Bareinlagen bei dem kreditgewährenden Institut;

3. Risikoaktiva nach § 4 Satz 2 Nr. 3 oder 4, bei denen der Eindeckungsaufwand ausschließlich auf der Änderung von Wechselkursen beruht und bei denen die Ursprungslaufzeit des Geschäftes weniger als fünfzehn Kalendertage beträgt, sofern sie nicht gemäß § 12 Abs. 3 Satz 3 berücksichtigt werden;

4. Risikoaktiva nach § 4 Satz 2 Nr. 4, die täglichen Einschußpflichten unterworfen sind (Margin-System) und deren Erfüllung von einer Wertpapier- oder Terminbörse geschuldet oder gewährleistet wird, sowie die für die Erfüllung derartiger Risikoaktiva übernommenen Gewährleistungen.

(2) Mit 10 v.H. zu gewichten sind Schuldverschreibungen, die die Voraussetzungen des Artikels 22 Abs. 4 Satz 1 und 2 der Investmentrichtlinie erfüllen.

(3) Mit 20 v.H. zu gewichten sind:

1. Risikoaktiva, deren Erfüllung geschuldet oder ausdrücklich gewährleistet wird von

a) einer ausländischen Regionalregierung oder örtlichen Gebietskörperschaft der Zone A vorbehaltlich Absatz 1 Nr. 1 Buchstabe e,

b) einer juristischen Person des öffentlichen Rechts, die von einer der in Absatz 1 Nr. 1 Buchstabe a genannten Personen getragen wird und keine Erwerbszwecke verfolgt oder einem Unternehmen ohne Erwerbscharakter im vollen Besitz einer oder mehrerer dieser Gebietskörperschaften,

c) einer Einrichtung ohne Erwerbscharakter des öffentlichen Sektors in einem anderen Land der Zone A, ausgenommen diejenigen Stellen, für welche die zuständigen Bankaufsichtsbehörden im Sitzland ein höheres adressenbezogenes Gewicht festgelegt haben,

d) der Europäischen Investitionsbank,

e) einer multilateralen Entwicklungsbank im Sinne des Artikels 2 Abs. 1 7. Anstrich der Richtlinie des Rates der Europäischen Gemeinschaften vom 18. Dezember 1989 über einen Solvabilitätskoeffizienten für Kreditinstitute (89/647/EWG) (Solvabilitätsrichtlinie),

f) einem Institut (einschließlich einer Zweigstelle gemäß § 53 KWG), auf das dieser Grundsatz Anwendung findet, sofern die Risikoaktiva bei dem Institut nicht dem haftenden Eigenkapital zugerechnet werden,

g) einem ausländischen Institut im Sinne des Artikels 2 Nr. 3 der Richtlinie des Rates der Europäischen Gemeinschaften vom 15. März 1993 über die angemessene Eigenkapitalausstattung von Wertpapierfirmen und Kreditinstituten (93/6/EWG) (Kapitaladäquanzrichtlinie) sowie anerkannten Wertpapierfirmen dritter Länder im Sinne des Artikels 2 Nr. 4 der Kapitaladäquanzrichtlinie, soweit diese ihren Sitz in der Zone A haben und für diese Artikel 4 Abs. 1 Kapitaladäquanzrichtlinie entsprechende Eigenmittelanforderungen gelten, sofern die Risikoaktiva bei dem Institut nicht Eigenmittel im Sinne der Richtlinie des Rates der Europäischen Gemeinschaften vom 17. April 1989 über die Eigenmittel von Kreditinstituten (89/299/EWG) (Eigenmittelrichtlinie) oder entsprechende Eigenmittel darstellen,

h) einem Kreditinstitut der Zone B, sofern die Ursprungslaufzeit der Risikoaktiva die Dauer eines Jahres nicht übersteigt und soweit es sich nicht um Eigenmittel handelt,

i) ausländischen Verwaltungseinrichtungen der Zone A, die keine Erwerbszwecke verfolgen und Zentralregierungen, Regionalregierungen oder örtlichen Gebietskörperschaften unterstehen, sowie Unternehmen ohne Erwerbscharakter im Besitz von Zentralregierungen, Regionalregierungen, örtlichen Gebietskörperschaften der Zone A oder von Stellen der Zone A, die die gleichen Aufgaben wahrnehmen wie Regionalregierungen oder örtliche Gebietskörperschaften, sofern die Risikoaktiva, deren Erfüllung von diesen Verwaltungseinrichtungen oder Unternehmen geschuldet oder ausdrücklich gewährleistet wird, im Sitzstaat nicht mit mehr als 20 v.H. berücksichtigt werden,

j)   kirchlichen Körperschaften des öffentlichen Rechts, die bundesweit verfaßt sind und auf Grund des Artikels 140 des Grundgesetzes und des Artikels 137 Abs. 6 der Weimarer Verfassung Steuern erheben oder am Steueraufkommen der steuererhebenden kirchlichen Körperschaften teilhaben;

2.   Risikoaktiva, soweit deren Erfüllung nachweislich gesichert ist durch Sicherheiten in Form von

a)   Wertpapieren der Europäischen Investitionsbank,

b)   Wertpapieren einer multilateralen Entwicklungsbank,

c)   Wertpapieren einer ausländischen Regionalregierung oder örtlichen Gebietskörperschaft der Zone A vorbehaltlich Absatz 1 Nr. 2 Buchstabe c,

d)   Bareinlagen, die bei einem anderen Institut der Zone A als dem kreditgewährenden Institut hinterlegt worden sind,

e)   Einlagenzertifikaten oder ähnlichen Papieren eines anderen Instituts der Zone A als dem kreditgewährenden Institut;

3.   Bilanzaktiva im Sinne des § 7 Nr. 3.

(4)   Mit 50 v.H. zu gewichten sind:

1.   Risikoaktiva nach § 4 Satz 2 Nr. 3 und 4, sofern nicht die Voraussetzungen für die Anwendung eines niedrigeren Anrechnungssatzes gegeben sind,

2.   Realkredite im Sinne des § 14 Abs. 2 Satz 3 Nr. 5 KWG, die durch Grundpfandrechte auf Wohneigentum, das von dem Kreditnehmer gegenwärtig oder künftig selbst genutzt oder vermietet wird, gesichert sind,

3.   bis zum 1. Januar 2001 Realkredite im Sinne des § 14 Abs. 2 Satz 3 Nr. 5 KWG, die durch Grundpfandrechte auf gewerblich genutzte, im Geltungsbereich des KWG oder auf dem Gebiet eines anderen Mitgliedstaates, der das Wahlrecht nach Artikel 11 Abs. 4 der Solvabilitätsrichtlinie in Anspruch genommen hat, belegene Grundstücke gesichert sind,

4.   grundpfandrechtlich gesicherte Wertpapiere, die hinsichtlich ihres Kapitals und ihres Zinsertrags in vollem Umfang und unmittelbar von einem Pool grundpfandrechtlich gesicherter Darlehen gedeckt sind, sofern sichergestellt ist, daß die grundpfandrechtlichen Sicherheiten für die Erwerber gehalten werden,

5.   Rechnungsabgrenzungsposten nach § 7 Nr. 12 mit Forderungscharakter, wenn der Schuldner, an den die Forderung gerichtet ist, nicht bestimmt werden kann.

(5) Mit 70 v.H. zu gewichten sind die folgenden Kredite der Bausparkassen an Bausparer, sofern sie nicht unter die in den Absätzen 1 und 3 genannten Adressen fallen:

1. Bauspardarlehen aus Zuteilungen (einschließlich der Ausleihungen nach Absatz 4 Nr. 2),

2. Darlehen zur Vor- und Zwischenfinanzierung von Leistungen der Bausparkassen auf Bausparverträge ihrer Bausparer,

wenn mindestens 60 v.H. dieser Darlehen unter Einhaltung der Beleihungsgrenze gemäß § 7 Abs. 1 Satz 3 des Gesetzes über Bausparkassen grundpfandrechtlich gesichert sind.

(6) Mit 100 v.H. zu gewichten sind alle sonstigen Risikoaktiva.

Dritter Abschnitt: Währungsgesamtposition

§ 14 Ermittlung und Anrechnung der Währungsgesamtposition

(1) [1]Die Währungsgesamtposition ist täglich bei Geschäftsschluß aus den in Deutsche Mark umgerechneten Unterschiedsbeträgen zwischen den Aktiv- und den Passivpositionen getrennt für jede fremde Währung (offene Einzelwährungspositionen) und für Gold (offene Goldposition) festzustellen. [2]§ 6 Abs. 2 gilt entsprechend; Aktiv- und Passivpositionen in Gold sind nach der Notierung an der Frankfurter Goldbörse für 12,5-kg-Barren (1 kg = 32 Feinunzen) in Deutsche Mark umzurechnen.

(2) [1]Die offenen Einzelwährungspositionen sind getrennt für Beträge mit aktivischer und Beträge mit passivischer Ausrichtung zusammenzufassen. [2]Der betragsmäßig größere der beiden Beträge (Nettowährungsposition) bildet zusammen mit dem Betrag der offenen Goldposition die Währungsgesamtposition des Instituts.

(3) Sofern die Währungsgesamtposition den Betrag von 2 v.H. oder die größere der beiden getrennt zu bestimmenden Summen aller in Deutsche Mark umgerechneten Aktiv- und Passivpositionen in allen fremden Währungen den Betrag von 100 v.H. der Eigenmittel übersteigt, ist die Währungsgesamtposition für die Ermittlung des Anrechnungsbetrages mit 8 v.H. zu gewichten.

(4) [1]Bei der Ermittlung des Anrechnungsbetrages für die Währungsgesamtposition darf das Institut nach einheitlicher und dauerhafter Wahl gegenläufig ausgerichtete und nach Umrechnung in Deutsche Mark betragsmäßig gleiche Positionen (ausgeglichene Währungsposition) in nachweislich eng verbundenen Währungen bei der Ermittlung der offenen Einzelwährungspositionen nach Absatz 1 unberücksichtigt lassen und statt dessen 50 v.H. des Betrages der ausgeglichenen Währungsposition der Nettowährungsposition nach Absatz 2 hinzufügen. [2]Für die Ermittlung des Anrechnungsbetrages ist die Währungsgesamtposition mit 8 v.H. zu gewichten; Absatz 3 findet keine Anwendung.

(5) Fremde Währungen gelten als nachweislich eng verbunden, wenn bei Zugrundelegen der täglichen Wechselkurse für die letzten drei Jahre eine Wahrscheinlichkeit von mindestens 99 v.H. - oder für die letzten fünf Jahre eine Wahrscheinlichkeit von mindestens 95 v.H. - besteht, daß aus ausgeglichenen Einzelwährungspositionen in diesen Währungen über die nächsten zehn Arbeitstage ein Verlust entsteht, der höchstens 4 v.H. des Wertes der ausgeglichenen Währungsposition beträgt.

§ 15 Aktiv- und Passivpositionen

(1) [1]Aktivpositionen sind

1. unter Aktiva der Bilanz auszuweisende Vermögensgegenstände einschließlich zeitanteiliger Erträge, auch wenn diese noch nicht den zugehörigen bilanziellen Posten zugeordnet worden sind, soweit diese Vermögensgegenstände nicht in den Aktivpositionen Nummern 4 oder 5 zu erfassen sind,

2. Liefer- und Zahlungsansprüche aus Kassa- und Termingeschäften sowie Ansprüche auf die Zahlung von Kapitalbeträgen aus Finanz-Swaps, soweit die Ansprüche nicht in der Aktivposition Nummer 1 erfaßt sind,

3. Eventualansprüche auf Rückgabe von in Pension gegebenen Gegenständen der Aktivposition Nummer 1,

4. dem Institut im Falle der Ausübung eigener oder fremder Optionsrechte zustehende Liefer- oder Zahlungsansprüche aus Devisen- oder Goldoptionen nach Maßgabe des § 28,

5. nicht unter Nummer 4 erfaßte eigene Optionsrechte,

6. unwiderrufliche Garantien und Gewährleistungen sowie vergleichbare Instrumente, die mit Sicherheit in Anspruch genommen werden, soweit ihre Inanspruchnahme zu einer Zunahme der Aktivpositionen Nummern 1 bis 4 führen wird.

[2]Erwartete Einnahmen, die nicht zeitanteilige Erträge sind, dürfen, soweit sie nachweislich durch eine oder mehrere der Passivpositionen Nummern 1 bis 4 gesichert sind, nach einheitlicher und dauerhafter Wahl des Instituts den Aktivpositionen zugerechnet werden.

(2) [2]Passivpositionen sind

1. unter Passiva der Bilanz auszuweisende Schulden einschließlich zeitanteiliger Aufwendungen, auch wenn diese noch nicht den zugehörigen bilanziellen Posten zugeordnet worden sind,

2. Liefer- und Zahlungsverpflichtungen aus Kassa- und Termingeschäften sowie Verpflichtungen zur Zahlung von Kapitalbeträgen aus Finanz-Swaps, soweit die Verpflichtungen nicht in der Passivposition Nummer 1 erfaßt sind,

3. Eventualverbindlichkeiten auf Rückgabe von in Pension genommenen Gegenständen der Aktivposition Nummer 1,

4. vom Institut im Falle der Ausübung eigener oder fremder Optionsrechte zu erfüllende Liefer- oder Zahlungsverpflichtungen aus Devisen- oder Goldoptionen nach Maßgabe des § 28,

5. nicht unter Nummer 4 erfaßte fremde Optionsrechte,

6. unwiderrufliche Garantien und Gewährleistungen sowie vergleichbare Instrumente, die mit Sicherheit in Anspruch genommen werden, soweit ihre Inanspruchnahme zu einer Zunahme der Passivpositionen Nummern 1 bis 4 führen wird.

²Erwartete Ausgaben, die nicht zeitanteilige Aufwendungen sind, dürfen, soweit sie nachweislich durch eine oder mehrere Aktivpositionen Nummern 1 bis 4 gesichert sind, nach einheitlicher und dauerhafter Wahl des Instituts den Passivpositionen zugerechnet werden.

(3) ¹Die Aktiv- und Passivpositionen Nummern 1, 3 und 6 sind in Höhe ihrer Buchwerte, die Aktiv- und Passivpositionen Nummer 5 in Höhe ihrer Marktwerte, die übrigen Aktiv- und Passivpositionen mit ihren Nominalbeträgen zu berücksichtigen. ²Abweichend von Satz 1 dürfen die unter den Aktiv- und Passivpositionen Nummer 2 zu berücksichtigenden Liefer- und Zahlungsverpflichtungen aus Devisen- und Goldtermingeschäften nach einheitlicher und dauerhafter Wahl des Instituts mit ihren Gegenwartswerten berücksichtigt werden. ³Unabhängig von der Art ihres Bilanzausweises sind die in fremder Währung und in Deutscher Mark gebildeten Einzelwertberichtigungen zu Aktivpositionen von diesen abzuziehen.

(4) Aktiv- oder Passivpositionen in Verrechnungseinheiten, deren Kurs aus den Kursen anderer Währungen rechnerisch bestimmt wird, dürfen nach einheitlicher und dauerhafter Wahl des Instituts wie eine fremde Währung behandelt oder in die ihrer Kursfeststellung zugrundeliegenden Währungen aufgeschlüsselt werden.

Vierter Abschnitt: Rohwarenposition

§ 16 Ermittlung und Anrechnung der Rohwarenposition

(1)   [1]Die Rohwarenposition ist täglich bei Geschäftsschluß aus den Unterschiedsbeträgen aus den mit den Kassamarktpreisen der Rohwaren bewerteten und in Deutsche Mark umgerechneten Aktiv- und Passivpositionen (offene Rohwareneinzelpositionen) getrennt für jede Rohware festzustellen. [2]§ 6 Abs. 2 gilt entsprechend.

(2)   Aktivpositionen sind

1.   unter Aktiva der Bilanz auszuweisende Rohwarenbestände,

2.   Lieferansprüche aus Swap-, Kassa- und Termingeschäften,

3.   dem Institut im Falle der Ausübung eigener oder fremder Optionsrechte zustehende Lieferansprüche nach Maßgabe des § 28,

4.   Eventualansprüche auf Rückgabe von in Pension gegebenen Gegenständen der Aktivposition Nummer 1.

(3)   Passivpositionen sind

1.   Lieferverpflichtungen aus Swap-, Kassa- und Termingeschäften,

2.   vom Institut im Falle der Ausübung eigener oder fremder Optionsrechte zu erfüllende Lieferverpflichtungen nach Maßgabe des § 28,

3.   Eventualverbindlichkeiten auf Rückgabe von in Pension genommenen Gegenständen der Aktivposition Nummer 1.

(4)   [1]Zur Ermittlung des Anrechnungsbetrages sind die offenen Rohwareneinzelpositionen ungeachtet ihrer aktivischen oder passivischen Ausrichtung zusammenzufassen und mit 15 v.H. zu gewichten. [2]Die Aktiv- und Passivpositionen in den einzelnen Rohwaren sind ungeachtet ihrer aktivischen oder passivischen Ausrichtung zusammenzufassen und in Höhe von 3 v.H. der Summe nach Satz 1 hinzuzurechnen.

§ 17 Zeitfächermethode

(1)   Abweichend von § 16 Abs. 4 darf das Institut nach dauerhafter Wahl den Anrechnungsbetrag für die Rohwarenposition aus den Teilanrechnungsbeträgen für die offenen Rohwareneinzelpositionen mit Hilfe eines für jede Rohware getrennt aufzustellenden, zeitlich gegliederten Risiko-Erfassungssystems für die in Tabelle 4 genannten sieben aufeinanderfolgenden Anrechnungsbereiche (Zeitfächer) bestimmen.

Tabelle 4

Anrechnungsbereich
bis zu einem Monat
über einem Monat bis zu drei Monaten
über drei Monaten bis zu sechs Monaten
über sechs Monaten bis zu einem Jahr
über einem Jahr bis zu zwei Jahren
über zwei Jahren bis zu drei Jahren
über drei Jahren

(2) [1]Zur Ermittlung der Teilanrechnungsbeträge für die offenen Rohwareneinzel-positionen sind die Aktiv- und Passivpositionen entsprechend ihrer Fälligkeit den Anrechnungsbereichen des Risiko-Erfassungssystems zuzuordnen und in jedem Anrechnungsbereich die einander betragsmäßig entsprechenden, gegenläufig ausgerichteten Positionen (ausgeglichene Bereichspositionen) sowie die verbleibenden Unterschiedsbeträge zwischen den Aktiv- und den Passivpositionen (offene Bereichspositionen) zu bestimmen. [2]Die ausgeglichenen Bereichspositionen sind mit 3 v.H. zu gewichten und zum Teilanrechnungsbetrag zusammenzufassen.

(3) [1]Die offene Bereichsposition eines jeden Anrechnungsbereichs ist, beginnend mit dem ersten in Tabelle 4 aufgeführten Anrechnungsbereich, mit der offenen Bereichsposition des jeweils nächstfolgenden Anrechnungsbereichs zusammenzufassen und die aus dieser Zusammenfassung sich ergebenden, dem nächstfolgenden Anrechnungsbereich zuzuordnenden ausgeglichenen und offenen Bereichspositionen zu ermitteln. [2]Jede der in die Zusammenfassung eingehenden offenen Bereichspositionen ist mit 0,6 v.H. je Anrechnungsbereich zu gewichten und dem Teilanrechnungsbetrag nach Absatz 2 Satz 2 hinzuzurechnen. [3]Die sich aus der Zusammenfassung ergebenden ausgeglichenen Bereichspositionen sind mit 3 v.H. zu gewichten und dem Teilanrechnungsbetrag nach Absatz 2 Satz 2 hinzuzurechnen. [4]Die verbleibende offene Bereichsposition ist mit 15 v.H. zu gewichten und dem Teilanrechnungsbetrag nach Absatz 2 Satz 2 hinzuzurechnen.

Fünfter Abschnitt: Handelsbuch-Risikopositionen

§ 18 Handelsbuch-Risikopositionen

(1) Handelsbuch-Risikopositionen sind

    1. Nettopositionen aus

        a) zinsbezogenen Finanzinstrumenten nach § 1 Abs. 11 KWG (Zinsnettopositionen),

        b) aktienkursbezogenen Finanzinstrumenten nach § 1 Abs. 11 KWG (Aktiennettopositionen);

    2. Adressenausfallrisikopositionen des Handelsbuches.

(2) Bei der Ermittlung der Nettopositionen im Sinne des Absatzes 1 Nr. 1 sind die vom Institut übernommenen Garantien und Gewährleistungen zur Übernahme von zins- oder aktienkursbezogenen Wertpapieren in Abhängigkeit vom zeitlichen, in Arbeitstagen bemessenen Abstand vom Datum der verbindlichen Abgabe der Garantie- oder Gewährleistungerklärung in Höhe der in Tabelle 5 aufgeführten Vomhundertsätze zu berücksichtigen, sofern die Wertpapiere, auf die sich die Übernahmeverpflichtung bezieht, nicht bereits dem Bestand des Instituts zugerechnet werden.

Tabelle 5

Seit verbindlicher Abgabe der Garantie- oder Gewährleistungserklärung vergangene Arbeitstage	Vomhundertsatz
Null	0
Ein	10
Zwei	25
Drei	25
Vier	50
Fünf	75
Sechs und mehr	100

(3) Im Rahmen von Pensionsgeschäften übertragene oder im Rahmen von Leihgeschäften verliehene Finanzinstrumente, die in die Nettopositionen nach Absatz 1 Nr. 1 einzubeziehen sind, sind dem Pensionsgeber oder dem Verleiher zuzurechnen.

(4) Investmentanteile sind bei der Ermittlung der Handelsbuch-Risikopositionen nicht zu berücksichtigen.

§ 19 Nettopositionen

(1)   ¹Nettopositionen sind die Unterschiedsbeträge aus

1.   Beständen an gleichen Wertpapieren, Lieferansprüchen und Lieferverpflichtungen aus Kassa-, Termin- und Optionsgeschäften sowie Swapgeschäften, die die gleichen Wertpapiere zum Geschäftsgegenstand haben oder sich vertraglich auf die gleichen Wertpapiere beziehen,

2.   einander weitgehend entsprechenden, gegenläufig ausgerichteten derivativen Geschäften, soweit sie der Zinsnettoposition zugehören.

²Geschäfte, die sich auf einen Index beziehen, stehen Wertpapieren gleich.

(2)   ¹Bei der Ermittlung der Nettopositionen sind die Termin-, Options- und Swapgeschäfte nach Absatz 1 Satz 1 Nr. 1 sowie die derivativen Geschäfte nach Absatz 1 Satz 1 Nr. 2 entsprechend ihrer zinsmäßigen Wirkung unter Beachtung der mit ihnen verbundenen Zahlungsströme in Komponenten aufzuspalten und in Höhe ihrer maßgeblichen Beträge zu berücksichtigen. ²Die nicht auf Wertpapiere bezogenen Komponenten der Termin-, Options- und Swapgeschäfte nach Absatz 1 Satz 1 Nr. 1 sind nach der Aufspaltung als derivative Geschäfte zu betrachten und in die Berechnung der Nettoposition nach Absatz 1 Satz 1 Nr. 2 einzubeziehen. ³Maßgebliche Beträge sind bei Nettopositionen nach Absatz 1 Satz 1 Nr. 1 die aktuellen Marktpreise der Wertpapiere, bei Nettopositionen nach Absatz 1 Satz 1 Nr. 2 die Gegenwartswerte, jeweils in Deutsche Mark umgerechnet; § 6 Abs. 2 gilt entsprechend. ⁴Optionsgeschäfte sind nach Maßgabe des § 28 zu berücksichtigen.

(3)   Wertpapiere sind als gleich anzusehen, wenn sie

1.   von demselben Emittenten ausgegeben wurden,

2.   auf dieselbe Währung lauten und auf demselben nationalen Markt gehandelt werden,

3.   im Falle der Einbeziehung in die Zinsnettoposition in ihrem Rückzahlungsprofil übereinstimmen,

4.   im Falle der Einbeziehung in die Aktiennettoposition dem Inhaber hinsichtlich des Stimmrechtes dieselbe Stellung verleihen,

5.   im Falle der Insolvenz des Emittenten denselben Rang einnehmen.

(4)   Positionen aus derivativen Geschäften sind als einander weitgehend entsprechend anzusehen, wenn

1.   sie denselben Nominalwert haben und auf dieselbe Währung lauten,

2.   im Falle der Einbeziehung in die Zinsnettoposition sich ihre nach ihrem Coupon oder demselben variablen Referenzzinssatz bemessene Nominalverzinsung um nicht mehr als 0,15 Prozentpunkte unterscheidet,

3. sich die Restlaufzeit oder restliche Zinsbindungsfrist um nicht mehr als die in Tabelle 6 festgelegten Zeitspannen unterscheidet.

Tabelle 6

Länge der restlichen Zinsbindungsfrist oder Restlaufzeit	Zeitspannen
unter ein Monat	selber Kalendertag
ein Monat bis ein Jahr	7 Kalendertage
mehr als ein Jahr	30 Kalendertage

§ 20 Allgemeines Kursrisiko Zinsnettoposition

(1) Zur Ermittlung des Teilanrechnungsbetrages für das allgemeine Kursrisiko sind die Zinsnettopositionen nach der Jahresbandmethode entsprechend ihrer restlichen Zinsbindungsfrist in Höhe ihrer maßgeblichen Beträge getrennt nach Währungen unter Berücksichtigung ihrer Zinsbindungsrichtung und ihrer Nominalverzinsung in zeitlich bestimmte Laufzeitbänder einzustellen und zu gewichten.

(2) Abweichend von Absatz 1 darf nach einheitlicher und dauerhafter Wahl des Instituts statt der Jahresbandmethode die Durationmethode verwendet werden.

§ 21 Jahresbandmethode

(1) [1]Bei der Jahresbandmethode umfassen die Laufzeitbänder für Nettopositionen mit einer Nominalverzinsung von weniger als 3 v.H. (Zinsbereich A) die in Spalte A der Tabelle 7 aufgeführten Zeitspannen. [2]Bei einer Nominalverzinsung von 3 v.H. und mehr (Zinsbereich B) umfassen die Laufzeitbänder die in Spalte B der Tabelle 7 aufgeführten Zeitspannen. [3]Den Laufzeitbändern, die ab dem jeweiligen Berechnungstag bemessen werden, sind die in Spalte C der Tabelle 7 aufgeführten Gewichtungssätze zugeordnet. [4]Von den Laufzeitbändern werden verbunden

1. die ersten vier Laufzeitbänder zur kurzfristigen Laufzeitzone,

2. die folgenden drei Laufzeitbänder zur mittelfristigen Laufzeitzone,

3. die übrigen Laufzeitbänder zur langfristigen Laufzeitzone.

Tabelle 7

Spalte A Zeitspanne im Zinsbereich A	Spalte B Zeitspanne im Zinsbereich B	Spalte C Gewichtungs- satz in v.H.
bis zu einem Monat	bis zu einem Monat	0
über einem bis zu drei Monaten	über einem bis zu drei Monaten	0,2
über drei bis zu sechs Monaten	über drei bis zu sechs Monaten	0,4
über sechs Monate bis zu einem Jahr	über sechs Monate bis zu einem Jahr	0,7
über einem bis zu 1,9 Jahren	über einem bis zu 2 Jahren	1,25
über 1,9 bis zu 2,8 Jahren	über 2 bis zu 3 Jahren	1,75
über 2,8 bis zu 3,6 Jahren	über 3 bis zu 4 Jahren	2,25
über 3,6 bis zu 4,3 Jahren	über 4 bis zu 5 Jahren	2,75
über 4,3 bis zu 5,7 Jahren	über 5 bis zu 7 Jahren	3,25
hüber 5,7 bis zu 7,3 Jahren	über 7 bis zu 10 Jahren	3,75
über 7,3 bis zu 9,3 Jahren	über 10 bis zu 15 Jahren	4,5
über 9,3 bis zu 10,6 Jahren	über 15 bis zu 20 Jahren	5,25
über 10,6 bis zu 12,0 Jahren	über 20 Jahren	6
über 12,0 bis zu 20,0 Jahren		8
über 20,0 Jahren		12,5

(2) Nach der Einstellung und Gewichtung der Zinsnettopositionen in die Laufzeit-bänder nach § 20 Abs. 1 sind die gewichteten Zinsnettopositionen beider Zins-bereiche für jedes Laufzeitband getrennt nach ihrer Zinsbindungsrichtung zusam-menzufassen.

(3) Für jedes Laufzeitband sind die sich betragsmäßig entsprechenden Summen der gewichteten Nettopositionen mit gegenläufigen Zinsbindungsrichtungen (ausge-glichene Bandpositionen) sowie die verbleibenden Unterschiedsbeträge (offene Bandpositionen) zu ermitteln.

(4) [1]Die ausgeglichenen Bandpositionen sind zur Gesamtsumme der ausgeglichenen Bandpositionen zusammenzufassen. [2]Für jede Laufzeitzone sind die der Zone zuge-hörigen offenen Bandpositionen getrennt nach ihrer Zinsbindungsrichtung zusam-menzufassen.

(5) ¹Für jede Laufzeitzone sind die sich betragsmäßig entsprechenden Summen der nach Absatz 4 Satz 2 zusammengefaßten offenen Bandpositionen mit gegenläufigen Zinsbindungsrichtungen (ausgeglichene Zonenpositionen) sowie die verbleibenden Unterschiedsbeträge (offene Zonenpositionen) zu errechnen. ²Die offenen Zonenpositionen aller Laufzeitzonen sind unter Berücksichtigung ihrer Zinsbindungsrichtung jeweils einzeln zur Ermittlung der ausgeglichenen Zonensaldopositionen und der offenen Zonensaldoposition miteinander zu verrechnen und die verbleibende offene Zonensaldoposition zu ermitteln; hierbei ist zunächst die offene Zonenposition der kurzfristigen Zone mit der offenen Zonenposition der mittelfristigen Zone, die verbleibende offene Zonenposition der mittelfristigen Zone mit der offenen Zonenposition der langfristigen Zone und die verbleibende offene Zonenposition der langfristigen Zone mit der verbleibenden offenen Zonenposition der kurzfristigen Zone zu verrechnen.

(6) Der Teilanrechnungsbetrag für das allgemeine Kursrisiko ist zu ermitteln als Summe aus

1. der mit 10 v.H. gewichteten Gesamtsumme der ausgeglichenen Bandpositionen,

2. der mit 40 v.H. gewichteten ausgeglichenen Zonenposition der kurzfristigen Zone,

3. der mit 30 v.H. gewichteten ausgeglichenen Zonenposition der mittelfristigen Zone,

4. der mit 30 v.H. gewichteten ausgeglichenen Zonenposition der langfristigen Zone,

5. der mit 40 v.H. gewichteten ausgeglichenen Zonensaldoposition zwischen der kurzfristigen und der mittelfristigen Zone,

6. der mit 40 v.H. gewichteten ausgeglichenen Zonensaldoposition zwischen der verbleibenden offenen Zonenposition der mittelfristigen Zone und der offenen Zonenposition der langfristigen Zone,

7. der mit 150 v.H. gewichteten ausgeglichenen Zonensaldoposition zwischen den verbleibenden offenen Zonenpositionen der kurzfristigen und der langfristigen Zone,

8. der verbleibenden offenen Zonensaldoposition.

§ 22 Durationmethode

(1) [1]Bei der Durationmethode sind die Zinsnettopositionen entsprechend ihrer Duration in die Laufzeitbänder einzustellen, die die in Tabelle 8 aufgeführten, ab dem jeweiligen Berechnungstag bemessenen Zeitspannen umfassen. [2]§ 21 Abs. 1 Satz 4 gilt entsprechend.

(2) Zur Ermittlung der Gewichtungssätze, die auf die in die Laufzeitzonen einzustellenden Nettopositionen anzuwenden sind, sind die in Tabelle 8 aufgeführten anzunehmenden Renditeänderungen mit der für jede Nettoposition festzustellenden finanzmathematischen Kennzahl der "modifizierten Duration" zu multiplizieren.

Tabelle 8

Zeitspanne	anzunehmende Rendite-änderung in v.H.-Punkten
bis zu einem Monat	1
über einem bis zu drei Monaten	1
über drei bis zu sechs Monaten	1
über sechs Monate bis zu einem Jahr	1
über einem Jahr bis zu 1,9 Jahren	0,9
über 1,9 bis zu 2,8 Jahren	0,8
über 2,8 bis zu 3,6 Jahren	0,75
über 3,6 bis zu 4,3 Jahren	0,75
über 4,3 bis zu 5,7 Jahren	0,7
über 5,7 bis zu 7,3 Jahren	0,65
über 7,3 bis zu 9,3 Jahren	0,6
über 9,3 bis zu 10,6 Jahren	0,6
über 10,6 bis zu 12,0 Jahren	0,6
über 12,0 bis zu 20,0 Jahren	0,6
über 20,0 Jahren	0,6

(3) § 21 Abs. 2 bis 6 gilt entsprechend mit der Maßgabe, daß abweichend von § 21 Abs. 6 Nr. 1 die Gesamtsumme der ausgeglichenen Bandpositionen mit 5 v.H. zu gewichten ist.

§ 23 Besonderes Kursrisiko Zinsnettoposition

(1) Zur Ermittlung des Teilanrechnungsbetrages für das besondere Kursrisiko sind die Zinsnettopositionen in Höhe ihrer maßgeblichen Beträge zusammenzufassen und mit 8 v.H. zu gewichten.

(2) Nettopositionen nach § 19 Abs. 1 Satz 1 Nr. 1 (Wertpapier-Zinsnettopositionen), bei denen die Erfüllung von Personen nach § 13 Abs. 1 Nr. 1 Buchstaben a bis c und e geschuldet oder ausdrücklich gewährleistet wird, sowie Nettopositionen aus Komponenten nach § 19 Abs. 2 Satz 1 und 2, bei denen in bezug auf den zugrundeliegenden Gegenstand kein emittentenbezogenes Risiko besteht (Derivativ-Zinsnettopositionen), sind bei der Zusammenfassung nach Absatz 1 nicht zu berücksichtigen.

(3) [1]Bei der Zusammenfassung nach Absatz 1 sind Wertpapier-Zinsnettopositionen in Wertpapieren mit hoher Anlagequalität entsprechend ihrer Restlaufzeit zu gewichten. [2]Wertpapiere mit hoher Anlagequalität sind Wertpapiere, bei denen die Erfüllung von Personen nach § 13 Abs. 3 Nr. 1 Buchstaben a bis g sowie i und j geschuldet oder ausdrücklich gewährleistet wird, sowie Wertpapiere, die

1. auf mindestens einem geregelten Markt im Sinne des Artikels 1 Nr. 13 der Richtlinie des Rates vom 10. Mai 1993 über Wertpapierdienstleistungen (93/22/EWG) (Wertpapierdienstleistungsrichtlinie) in einem Mitgliedstaat der Europäischen Union oder an einer anerkannten Börse eines anderen Landes der Zone A gehandelt und

2. von dem Institut nach eigenen allgemeinen, auf dauerhafte Verwendung angelegten Kriterien, die dem Bundesaufsichtsamt auf Verlangen offenzulegen sind, als hinreichend liquide angesehen und mit einem Adressenausfallrisiko eingestuft werden, das mit dem von Risikoaktiva nach § 13 Abs. 3 Nr. 1 Buchstaben a bis g sowie i und j vergleichbar oder niedriger ist.

[3]Die Gewichtungssätze betragen für Aktiva mit hoher Anlagequalität mit einer Restlaufzeit von

1.	bis zu sechs Monaten	3,125 v.H.,
2.	über sechs Monaten bis zu zwei Jahren	12,500 v.H.,
3.	mehr als zwei Jahren	20,000 v.H.

§ 24 Allgemeines Kursrisiko Aktiennettoposition

Der Unterschiedsbetrag zwischen den entsprechend ihrer aktivischen (bestandsvermehrenden) oder passivischen (bestandsvermindernden) Ausrichtung in Höhe ihrer maßgeblichen Beträge zusammengefaßten Aktiennettopositionen ist getrennt für jeden nationalen Aktienmarkt in Höhe von 8 v.H. als Teilanrechnungsbetrag für das allgemeine Kursrisiko zu berücksichtigen.

§ 25 Besonderes Kursrisiko Aktiennettoposition

(1) ¹Zur Ermittlung des Teilanrechnungsbetrages für das besondere Kursrisiko sind die Aktiennettopositionen unabhängig von ihren bestandsvermehrenden oder bestandsvermindernden Ausrichtungen in Höhe ihrer maßgeblichen Beträge zusammenzufassen und vorbehaltlich Satz 2 mit 4 v.H. zu gewichten. ²Nettopositionen in Aktienindexkontrakten sind nicht zu berücksichtigen.

(2) ¹Nettopositionen nach § 19 Abs. 1 Satz 1 Nr. 1 in hochliquiden Aktien mit hoher Anlagequalität sind bei der Zusammenfassung nach Abs. 1 mit nur 50 v.H. ihres maßgeblichen Betrages zu berücksichtigen, sofern sie jeweils nicht mehr als 5 v.H. des Werts der gesamten Nettopositionen bilden. ²Die in Satz 1 Halbsatz 2 genannte Grenze beträgt 10 v.H., wenn der Gesamtwert dieser Nettopositionen nicht mehr als 50 v.H. des Werts der gesamten Nettopositionen beträgt. ³Aktien gelten als hochliquide, wenn sie nachweislich in einen gängigen Aktienindex einbezogen sind. ⁴Aktien mit hoher Anlagequalität sind Aktien, die nachweislich in einem Land mit liquidem Aktienmarkt zum Handel an einer Wertpapierbörse gemäß § 1 Abs. 3e KWG zugelassen sind und deren Emittent nicht Schuldner aus in die Zinsnettoposition einbezogenen Wertpapieren ist, die keine Aktiva mit hoher Anlagequalität nach § 23 Abs. 3 sind.

§ 26 Aktienindexpositionen

Bei der Ermittlung der Aktiennettopositionen dürfen abweichend von § 19 Abs. 1 Satz 2 nach einheitlicher und dauerhafter Wahl des Instituts Nettopositionen aus Aktienindexgeschäften nach Maßgabe der jeweils gültigen Indexzusammensetzung in Nettopositionen in den dem Aktienindex zugrundeliegenden einzelnen Aktien vollständig aufgeschlüsselt werden.

§ 27 Adressenausfallrisikopositionen des Handelsbuches

(1) Bei der Anrechnung der Adressenausfallrisikopositionen des Handelsbuches ist zugrunde zu legen

1. bei Geschäften mit Schuldtiteln und Anteilspapieren, die nach Ablauf des vereinbarten Erfüllungszeitpunktes noch nicht abgewickelt sind, der zugunsten des Instituts bestehende Unterschiedsbetrag zwischen dem vereinbarten Abrechnungspreis und dem aktuellen Marktwert des zugrundeliegenden Geschäftsgegenstands (Abwicklungsrisiko),

2. bei Vorleistungen durch das Institut im Rahmen von Wertpapiergeschäften der Wert der geschuldeten Gegenleistung, wobei im Falle von grenzüberschreitenden Transaktionen Vorleistungen anrechenpflichtig sind, wenn sie länger als einen Geschäftstag bestehen (Vorleistungsrisiko),

3. bei Pensionsgeschäften und Leihgeschäften

   a) des Pensionsgebers bzw. Verleihers der Betrag, zu dem der aktuelle Marktwert der übertragenen Finanzinstrumente den erhaltenen Geldbetrag oder aktuellen Marktwert der empfangenen Sicherheiten einschließlich der aufgelaufenen Zinsen übersteigt, sofern der Pensionsnehmer bzw. Entleiher verpflichtet ist, die ihm vom Pensionsgeber bzw. Verleiher gegen Zahlung eines Geldbetrages oder Bestellung einer Bar- oder Wertpapiersicherheit auf Zeit überlassenen Finanzinstrumente zurückzuübertragen,

   b) des Pensionsnehmers bzw. Entleihers der Betrag, zu dem der hingegebene Geldbetrag oder aktuelle Marktwert der hinterlegten Sicherheiten einschließlich der aufgelaufenen Zinsen den Marktwert der erhaltenen Finanzinstrumente übersteigt,

   unter den Voraussetzungen nach Absatz 3,

4. bei derivativen Instrumenten, die keinen täglichen Einschußpflichten unterworfen sind (Margin-System) und deren Erfüllung von einer Wertpapier- oder Terminbörse weder geschuldet noch gewährleistet wird, der zugrundeliegende Kapitalbetrag bzw. der unter der Annahme tatsächlicher Erfüllung bestehende Anspruch des Instituts auf Lieferung oder Abnahme des Geschäftsgegenstandes,

5. bei Forderungen in Form von Gebühren, Provisionen, Zinsen, Dividenden und Einschüssen, die in einem unmittelbaren Zusammenhang mit den Posten des Handelsbuches stehen, der Buchwert, sofern die Forderungen nicht unter den Bilanzaktiva im Sinne des § 7 erfaßt oder von den Eigenmitteln abgezogen werden.

(2) Als Anrechnungsbeträge ergeben sich

1. für das Abwicklungsrisiko nach einheitlicher und dauerhafter Wahl des Instituts die Summe der mit den in Spalte A der Tabelle 9 aufgeführten zeitabhängigen Vomhundertsätzen gewichteten Unterschiedsbeträge zwischen dem jeweils vereinbarten Abrechnungspreis und dem aktuellen Marktwert des

Wertpapiergeschäftes oder die Summe der mit den in Spalte B der Tabelle 9 aufgeführten gestaffelten Gewichtungssätzen multiplizierten Abrechnungspreise der zugrundeliegenden Wertpapiere; sind mehr als fünfundvierzig Geschäftstage nach dem festgesetzten Abrechnungstermin verstrichen, so ist der zugunsten des Instituts bestehende Unterschiedsbetrag zwischen dem vereinbarten Abrechnungspreis und dem aktuellen Marktwert in voller Höhe zu berücksichtigen,

Tabelle 9

Anzahl der Geschäftstage nach dem vereinbarten Abrechnungstermin	Spalte A in v.H.	Spalte B in v.H.
5 - 15	8	0,5
16 - 30	50	4
31 - 45	75	9
46 und mehr	100	

2. für das Vorleistungsrisiko der mit 8 v.H. zu berücksichtigende Wert der geschuldeten Gegenleistung gewichtet mit dem für die Gegenpartei geltenden Bonitätsgewicht nach Maßgabe des § 13,

3. für das Ausfallrisiko aus Pensions- und Leihgeschäften die mit 8 v.H. zu berücksichtigenden Beträge nach Absatz 1 Nr. 3 gewichtet mit dem für die Gegenpartei gemäß § 13 geltenden Bonitätsgewicht vorbehaltlich Absatz 3,

4. für das Adressenausfallrisiko bei derivativen Instrumenten nach Absatz 1 Nr. 4 der anhand des Verfahrens nach § 10 zu bestimmende und mit 8 v.H. zu berücksichtigende Anrechnungsbetrag gewichtet mit dem Bonitätsgewicht nach Maßgabe des § 13,

5. für das Adressenausfallrisiko bei sonstigen Forderungen im Sinne des Absatzes 1 Nr. 5 der entsprechende, mit 8 v.H. zu berücksichtigende Risikoaktiva-Anrechnungsbetrag.

(3) [1]Die Ermittlung des Anrechnungsbetrages nach Absatz 2 Nr. 3 setzt voraus, daß beim Pensionsnehmer und Entleiher

1. die Risikopositionen täglich zum Marktwert bemessen werden,

2. die Sicherheitsleistungen an veränderte Marktgegebenheiten angepaßt werden,

3. die Geschäfte bei Insolvenz einer Vertragspartei beendet und glattgestellt werden,

4. keine Scheingeschäfte abgeschlossen worden sind.

[2]Andernfalls ist der Anrechnungsbetrag nach den Vorschriften aus dem Zweiten Abschnitt zu bestimmen.

Sechster Abschnitt: Optionsposition

§ 28 Berücksichtigung von Optionsgeschäften

(1) Bei der Ermittlung der Währungsgesamtposition, der Rohwarenposition und der Handelsbuch-Risikopositionen sind die dem Institut aus den einzubeziehenden Optionsgeschäften zustehenden Liefer- oder Zahlungsansprüche und die von ihm zu erfüllenden Liefer- oder Zahlungsverpflichtungen unter der Annahme tatsächlicher Erfüllung in Höhe ihres Deltaäquivalents zu berücksichtigen.

(2) Sofern auf das Institut die Vorschriften des Fünften Abschnitts anzuwenden sind, sind den Anrechnungsbeträgen für die Währungsgesamtposition und die Rohwarenposition sowie den Teilanrechnungsbeträgen für das allgemeine Kursrisiko aus Handelsbuch-Risikopositionen zusätzliche Anrechnungsbeträge für das Gammafaktorrisiko und das Vegafaktorrisiko nach Maßgabe der §§ 29 und 30 hinzuzufügen (Delta-Plus-Methode).

(3) [1]Ein Institut, auf das die Vorschriften des Fünften Abschnitts anzuwenden sind, darf nach einheitlicher und dauerhafter Wahl auf Antrag mit vorheriger Zustimmung des Bundesaufsichtsamtes den auf die Optionsgeschäfte entfallenden Anrechnungsbetrag nach Maßgabe des § 31 gesondert ermitteln (Szenario-Matrix-Methode). [2]In diesem Falle sind die Optionsgeschäfte abweichend von Absatz 1 bei der Ermittlung der Anrechnungsbeträge für die Währungsgesamtposition und die Rohwarenposition sowie der Teilanrechnungsbeträge für das allgemeine Kursrisiko aus Handelsbuch-Risikopositionen nicht zu berücksichtigen. [3]Das Institut darf bei der Ermittlung des Anrechnungsbetrages für die Optionsgeschäfte zusätzlich die durch die Optionsgeschäfte nachweislich gesicherten anderen Aktiv- und Passivposten oder Nettopositionen berücksichtigen, sofern diese in die Währungsgesamtposition, die Rohwarenposition oder die Handelsbuch-Risikopositionen einzubeziehen sind, und bei der Ermittlung der Anrechnungsbeträge für die Währungsgesamtposition und die Rohwarenposition sowie der Teilanrechnungsbeträge für das allgemeine Kursrisiko aus Handelsbuch-Risikopositionen unberücksichtigt lassen. [4]Das Bundesaufsichtsamt kann von einem Institut, das die Delta-Plus-Methode anwendet, die Umstellung auf die Szenario-Matrix-Methode für einige oder alle Arten von Optionsgeschäften innerhalb einer angemessenen Übergangsfrist verlangen, wenn dies nach Art, Umfang oder Struktur dieser Optionsgeschäfte des Instituts zur adäquaten Erfassung und Eigenmittelunterlegung der mit diesen Geschäften verbundenen Risiken geboten erscheint.

(4) [1]Das Deltaäquivalent eines Anspruchs oder einer Verpflichtung oder einer Aktiv- oder Passivkomponente ist durch die Multiplikation des zugehörigen Nominalbetrages mit dem für die Option ermittelten Deltafaktor zu bestimmen. [2]Der Deltafaktor eines Optionsgeschäftes besteht in dem Verhältnis der Veränderung des Optionspreises zu einer als nur geringfügig angenommenen Veränderung des Preises des Optionsgegenstandes. [3]Der Gammafaktor eines Optionsgeschäftes

besteht in dem Verhältnis der Veränderung des Deltafaktors bei einer als nur geringfügig angenommenen Veränderung des Preises des Optionsgegenstandes; ein negativer Gammafaktor bezeichnet hierbei den Gammafaktor eines fremden Optionsrechtes. [4]Der Vegafaktor eines Optionsgeschäftes besteht in dem Verhältnis der Veränderung des Optionspreises zu einer angenommenen geringfügigen Veränderung der Volatilität; ein negativer Vegafaktor bezeichnet hierbei den Vegafaktor eines fremden Optionsrechtes. [5]Die Volatilität bezeichnet die Veränderlichkeit des Preises des Optionsgegenstandes.

(5) [1]Bei der Ermittlung der in Absatz 4 Satz 2 bis 4 genannten Sensitivitätsfaktoren und der Volatilität sowie bei der Anwendung der Szenario-Matrix-Methode sind vom Institut für gleichartige Optionsgeschäfte einheitlich unter Beachtung der Marktusancen nach wissenschaftlichen Verfahren geeignete EDV-gestützte Optionspreismodelle zu verwenden. [2]§ 36 Abs. 3 Satz 1 und 2 Halbsatz 1 gilt entsprechend. [3]Die in Satz 1 genannten Verfahren und Optionspreismodelle sind dem Bundesaufsichtsamt mit einer ausführlichen und umfassenden Beschreibung mitzuteilen. [4]Das Bundesaufsichtsamt kann einem Institut die Verwendung eines ungeeigneten Optionspreismodelles untersagen und die Verwendung eines geeigneten Optionspreismodelles verlangen, wenn dies nach Art, Umfang oder Struktur der Optionsgeschäfte des Instituts zur adäquaten Erfassung und Eigenmittelunterlegung der mit diesen Geschäften verbundenen Risiken geboten erscheint.

§ 29 Anrechnungsbetrag für das Gammafaktorrisiko

(1) Wenn das Optionsgeschäft auf die Lieferung oder Abnahme von Aktien, anderen Anteilspapieren, Aktienindizes, Fremdwährungen oder Gold gerichtet ist, so ist das Gammafaktorrisiko für eine Einheit des Optionsgegenstandes durch Multiplikation der Hälfte des Gammafaktors des Optionsgeschäftes mit dem Quadrat des mit 8 v.H. gewichteten, in Deutsche Mark ausgedrückten Marktwerts einer Einheit des Optionsgegenstandes zu bestimmen.

(2) Wenn das Optionsgeschäft auf die Lieferung oder Abnahme von Rohwaren gerichtet ist, so ist das Gammafaktorrisiko für eine Einheit des Optionsgegenstandes durch Multiplikation der Hälfte des Gammafaktors des Optionsgeschäftes mit dem Quadrat des mit 15 v.H. gewichteten, in Deutsche Mark ausgedrückten Marktwerts einer Einheit des Optionsgegenstandes zu bestimmen.

(3) [1]Wenn das Optionsgeschäft auf die Lieferung oder Abnahme eines Schuldtitels gerichtet ist, so ist das Gammafaktorrisiko durch Multiplikation der Hälfte des Gammafaktors des Optionsgeschäftes mit dem Quadrat des mit dem zugehörigen Gewichtungsfaktor aus Tabelle 7 gewichteten, in Deutsche Mark ausgedrückten Marktwerts des Schuldtitels zu bestimmen. [2]Bei Anwendung der Durationmethode nach § 20 Abs. 2 ist der nach § 22 Abs. 2 errechnete Gewichtungssatz zu verwenden.

(4) [1]Wenn das Optionsgeschäft auf die Lieferung oder Abnahme eines anderen als in Absatz 3 genannten zinsbezogenen Finanzinstrumentes gerichtet ist, so ist das Gammafaktorrisiko durch Multiplikation der Hälfte des Gammafaktors des Optionsgeschäftes mit dem Quadrat des gewichteten, in Deutsche Mark ausgedrückten Marktwerts des Optionsgegenstandes zu bestimmen. [2]Zur Bestimmung des in Satz 1 anzuwendenden Gewichtungssatzes sind die in Tabelle 8 aufgeführten Renditeänderungen zugrunde zu legen.

(5) [1]Die Gammafaktorrisiken für Optionsgeschäfte, die auf die Lieferung oder Abnahme von Aktien, anderen Anteilspapieren oder Aktienindizes gerichtet sind, sind zusammenzufassen, soweit die Aktien, anderen Anteilspapiere oder Aktienindizes auf jeweils einem nationalen Markt gehandelt werden. [2]Die Gammafaktorrisiken für Optionsgeschäfte, die auf die Lieferung oder Abnahme von Fremdwährungen und Gold gerichtet sind, sind für alle auf dieselben Fremdwährungspaare oder auf dieselben Währungs-/ Goldpaare bezogenen Optionsgeschäfte zusammenzufassen. [3]Die Gammafaktorrisiken für Optionsgeschäfte, die auf die Lieferung oder Abnahme von Rohwaren gerichtet sind, sind für alle auf dieselben Rohwaren bezogenen Optionsgeschäfte zusammenzufassen. [4]Die Gammafaktorrisiken für auf Schuldtitel oder andere Zinsinstrumente bezogene Optionsgeschäfte sind - bei Anwendung der Jahresbandmethode - für alle in Tabelle 7 oder - bei Anwendung der Durationmethode - für alle in Tabelle 8 bezeichneten Laufzeitbänder getrennt zusammenzufassen.

(6) Der Anrechnungsbetrag für das Gammafaktorrisiko ergibt sich als der Absolutwert der Summe aller nach den Absätzen 1 bis 4 ermittelten und nach Absatz 5 zusammengefaßten Gammafaktorrisiken, die ein negatives Vorzeichen aufweisen.

§ 30 Anrechnungsbetrag für das Vegafaktorrisiko

[1]Das Vegafaktorrisiko für jedes einzelne Optionsgeschäft ist unter Zugrundelegung des Vegafaktors des Optionsgeschäftes für eine relative Veränderung der aktuellen Volatilität in Höhe von 25 v.H., in Deutsche Mark ausgedrückt, zu bestimmen. [2]Die Vegafaktorrisiken sind nach Maßgabe von § 29 Abs. 5 für auf gleichartige Optionsgegenstände lautende Optionsgeschäfte zusammenzufassen. [3]Der Anrechnungsbetrag für das Vegafaktorrisiko ist als der Absolutbetrag der nach Satz 2 zusammengefaßten Vegafaktorrisiken zu ermitteln.

§ 31 Szenario-Matrix-Methode

(1) [1]Bei der Anwendung der Szenario-Matrix-Methode sind auf gleichartige Options-gegenstände lautende Optionsgeschäfte nach Maßgabe von § 29 Abs. 5 zu Optionsgeschäftsklassen zusammenzufassen. [2]Abweichend von Satz 1 darf das Institut nach einheitlicher und dauerhafter Wahl die Optionsgeschäftsklassen für die Zusammenfassung von Schuldtiteln und anderen Zinsinstrumenten unter Zugrundelegung der in den Tabellen 7 und 8 bezeichneten Laufzeitbänder selbst bestimmen, wobei eine Aufteilung in mindestens sechs Optionsgeschäftsklassen zu erfolgen hat und nicht mehr als drei der in den Tabellen 7 und 8 bezeichneten Laufzeitbänder zu einer Optionsgeschäftsklasse zusammengefaßt werden dürfen.

(2) [1]Der Anrechnungsbetrag für eine Optionsgeschäftsklasse ist über eine Neubewer-tung aller in die Zusammenfassung eingehenden Optionsgeschäfte sowie ihrer nach § 28 Abs. 3 Satz 3 zusätzlich berücksichtigten Sicherungsgegenstände für verschie-dene Kombinationen gleichzeitiger Veränderungen des Preises des Optionsgegen-standes und der Volatilität und der Bestimmung des Unterschieds zum Preis der Option bei unverändertem Preis des Optionsgegenstandes und Volatilität zu ermit-teln. [2]Dabei sind

1. eine relative Zunahme und eine relative Abnahme der Volatilität in Höhe von jeweils 25 v.H. des jeweils aktuellen Niveaus der Volatilität sowie

2. eine relative Zunahme und eine relative Abnahme des Preises des Options-gegenstandes für

    a) auf Fremdwährung, Gold, Aktien, Aktienindizes lautende Optionsgegen-stände und vergleichbare Optionsgegenstände in Höhe von 8 v.H.,

    b) auf Rohwaren lautende Optionsgegenstände in Höhe von 15 v.H.,

    c) auf zinsbezogene Finanzinstrumente lautende Optionsgegenstände in Höhe der höchsten nach Tabelle 8 anzunehmenden Renditeänderung für den Laufzeitbereich, dem die entsprechende Klasse zuzuordnen ist,

zugrunde zu legen; für die Veränderung des Preises des Optionsgegenstandes nach Nr. 2 sind mindestens sechs gleich große Intervalle zu verwenden. [3]Der Anrech-nungsbetrag für die Optionsgeschäftsklasse ist als der Absolutbetrag des sich aus der Ermittlung nach Satz 2 für alle Kombinationen ergebenden größten Verlusts zu ermitteln. [4]Zur Bestimmung des Anrechnungsbetrages für alle Optionsgeschäfte (§ 28 Abs. 3 Satz 1) sind die Anrechnungsbeträge für die einzelnen Options-geschäftsklassen zusammenzufassen. [5]§ 6 Abs. 2 gilt entsprechend.

Siebter Abschnitt: Eigene Risikomodelle

§ 32 Verwendung von Risikomodellen

(1) [1]Für die Ermittlung der Anrechnungsbeträge oder Teilanrechnungsbeträge für die Marktrisikopositionen nach § 2 Abs. 2 Satz 2 dürfen die Institute nach vorheriger Zustimmung des Bundesaufsichtsamtes anstelle der Vorschriften des Dritten, Vierten, Fünften oder Sechsten Abschnitts geeignete eigene Risikomodelle verwenden, sofern das Bundesaufsichtsamt ihre Eignung auf Antrag des Instituts schriftlich bestätigt hat. [2]Die Institute dürfen die Verwendung geeigneter Risikomodelle auf die Ermittlung einzelner oder mehrerer Anrechnungsbeträge oder Teilanrechnungsbeträge beschränken. [3]Das Bundesaufsichtsamt kann im Einzelfall die Verwendung eigener Risikomodelle nach Satz 1 nach zeitlichen, örtlichen oder sachlichen Kriterien einschränken.

(2) [1]Risikomodelle sind zeitbezogene stochastische Darstellungen der Veränderungen von Marktkursen, -preisen oder -zinssätzen und ihrer Auswirkungen auf den Marktwert einzelner Finanzinstrumente oder Gruppen von Finanzinstrumenten (potentielle Risikobeträge) auf der Basis der Empfindlichkeit (Sensitivität) dieser Finanzinstrumente oder Finanzinstrumentsgruppen gegenüber Veränderungen der für sie maßgeblichen risikobestimmenden Faktoren. [2]Risikomodelle beinhalten mathematisch-statistische Strukturen und Verteilungen zur Ermittlung risikobeschreibender Kennzahlen, insbesondere des Ausmaßes und Zusammenhangs von Kurs-, Preis- und Zinssatzschwankungen (Volatilität und Korrelation) sowie der Sensitivität der Finanzinstrumente und Finanzinstrumentsgruppen, die durch angemessene EDV-gestützte Verfahren, insbesondere Zeitreihenanalysen, ermittelt werden.

(3) [1]Risikomodelle sind nur dann als geeignet anzusehen, wenn bei der Ermittlung der risikobeschreibenden Kennzahlen die quantitativen Größen nach § 34 zugrunde gelegt, mindestens die Risikofaktoren nach § 35 erfaßt, die qualitativen Anforderungen nach § 36 eingehalten werden und das Modell eine befriedigende Prognosegüte aufweist. [2]Die Einhaltung der Eignungserfordernisse nach Satz 1 wird vom Bundesaufsichtsamt zusammen mit der Deutschen Bundesbank überprüft; soweit erforderlich, können die Überprüfungen auch nach erteilter Eignungsbestätigung wiederholt werden (Nachschauprüfungen). [3]Änderungen der Risikomodelle, sofern sie nicht nur unbedeutend sind, bedürfen einer erneuten Eignungsbestätigung nach Absatz 1.

(4) Institute, die nach erteilter Zustimmung des Bundesaufsichtsamtes eigene Risikomodelle verwenden, dürfen die Anrechnungsbeträge oder Teilanrechnungsbeträge für die Marktrisikopositionen nur dann wieder nach den Vorschriften des Dritten, Vierten, Fünften oder Sechsten Abschnitts ermitteln, wenn das Bundesaufsichtsamt die Bestätigung der Eignung des Risikomodells schriftlich zurückgenommen hat oder andere, vom Bundesaufsichtsamt zuvor anerkannte schwerwiegende Gründe vorliegen.

§ 33 Bestimmung der Anrechnungsbeträge

(1) Dem maßgeblichen Anrechnungsbetrag oder Teilanrechnungsbetrag ist der größere der folgenden Beträge zugrunde zu legen:

    1. der potentielle Risikobetrag für die zum Geschäftsschluß des Vortages im Bestand des Instituts befindlichen Finanzinstrumente oder Finanzinstrumentsgruppen (Portfolio),

    2. der Durchschnitt der potentiellen Risikobeträge für die zum jeweiligen Geschäftsschluß der vorangegangenen sechzig Arbeitstage im Bestand des Instituts befindlichen Finanzinstrumente oder Finanzinstrumentsgruppen, gewichtet mit einem vom Bundesaufsichtsamt festzulegenden Faktor.

(2) [1]Der nach Absatz 1 Nr. 2 anzuwendende Gewichtungsfaktor beträgt 3; sofern das Modell zur Ermittlung des Teilanrechnungsbetrages für das besondere Kursrisiko verwendet wird, beträgt der für den hierfür ermittelten potentiellen Risikobetrag anzuwendende Gewichtungsfaktor 4. [2]Das Bundesaufsichtsamt kann jedoch bestimmen, daß im Einzelfall ein Zusatzfaktor anzuwenden ist. [3]Das Bundesaufsichtsamt legt den anzuwendenden Zusatzfaktor unter Berücksichtigung der qualitativen Anforderungen nach § 36 und der Prognosegüte des Risikomodells nach Maßgabe des § 37 halbjährlich, bei Bedarf auch in kürzeren Zeitabständen, fest.

§ 34 Quantitative Vorgaben

Bei Ermittlung der potentiellen Risikobeträge ist

1. anzunehmen, daß die zum Geschäftsschluß im Bestand befindlichen Finanzinstrumente oder Finanzinstrumentsgruppen weitere zehn Arbeitstage im Bestand gehalten werden (Haltedauer),

2. ein einseitiges Prognoseintervall mit einem Wahrscheinlichkeitsniveau in Höhe von 99 v.H. und

3. ein effektiver historischer Beobachtungszeitraum von mindestens einem Jahr zugrunde zu legen.

§ 35 Zu erfassende Risikofaktoren

(1) Bei der Bestimmung der potentiellen Risikobeträge sind alle nicht nur unerheblichen Marktrisikofaktoren in einer dem Umfang und der Struktur des Geschäftes des Instituts angemessenen Weise zu berücksichtigen.

(2) Die den einbezogenen Optionsgeschäften eigentümlichen, mit den Kurs-, Preis-
oder Zinssatzschwankungen nicht in linearem Zusammenhang stehenden Risiken
sind in angemessener Weise zu berücksichtigen.

(3) [1]Besondere Zinsänderungsrisiken für die nicht gleichförmige Entwicklung kurzfristiger und langfristiger Zinssätze (Zinsstrukturrisiken) und die nicht gleichförmige Entwicklung der Zinssätze verschiedener, auf die gleiche Währung lautender
zinsbezogener Finanzinstrumente mit vergleichbarer Restlaufzeit (Spreadrisiken)
sind gesondert in angemessener Weise zu berücksichtigen. [2]Bei der Bestimmung
der Zinsstrukturrisiken ist eine dem Umfang und der Struktur des Geschäftes des
Instituts angemessene Anzahl und Verteilung von zeitmäßig bestimmten Zinsrisikozonen zu unterscheiden; die Anzahl der Zinsrisikozonen muß mindestens
sechs betragen.

(4) Bei der Ermittlung der Aktienkursrisiken und Rohwarenpreisrisiken sind Unterschiede in der Entwicklung der Kurse oder Preise von Produktgruppen und
Produkten sowie Unterschiede in der Entwicklung von Kassa- und Terminpreisen
in angemessener Weise zu berücksichtigen.

§ 36 Qualitative Anforderungen

(1) Die Arbeits- und Ablauforganisation des Instituts ist so zu gestalten, daß eine zeitnahe Ermittlung der potentiellen Risikobeträge, insbesondere durch eine vollständige Erfassung aller marktpreisrisikobehafteten Positionen des Instituts, gewährleistet ist; diese ist ausführlich zu dokumentieren.

(2) Die Aufgabe der Erstellung, Pflege und Weiterentwicklung der Risikomodelle, der
täglichen Ermittlung der potentiellen Risikobeträge sowie der Erfüllung der Anforderungen nach den Absätzen 3 bis 5 sowie des § 37 Absatz 1 ist einer vom Handel
organisatorisch unabhängigen Stelle innerhalb des Instituts zu übertragen.

(3) [1]Die mathematisch-statistischen Verfahren zur Ermittlung der potentiellen Risikobeträge sind ausführlich zu dokumentieren. [2]Sie müssen mit den für die aktuelle
Risikosteuerung verwendeten Verfahren übereinstimmen; zulässig sind nur Abweichungen von den in § 34 und § 35 Abs. 3 Satz 2 vorgeschriebenen quantitativen
Vorgaben.

(4) In regelmäßigen zeitlichen Abständen ist die Angemessenheit der mathematisch-
statistischen Verfahren zur Ermittlung der potentiellen Risikobeträge und der ihnen
zugrunde gelegten quantitativen Größen zu prüfen, die Überprüfung ist ausführlich
zu dokumentieren und das Risikomodell erforderlichenfalls anzupassen.

(5) ^{1}In regelmäßigen zeitlichen Abständen sind mögliche außergewöhnlich große Wertverluste der in die modellmäßige Berechnung einbezogenen einzelnen Finanzinstrumente oder Finanzinstrumentsgruppen, die aufgrund von ungewöhnlich großen oder geringen Änderungen der wertbestimmenden Marktparameter und ihrer Zusammenhänge entstehen können, zu ermitteln (Krisenszenarien). ^{2}Die Ergebnisse der Krisenszenarien sind der Beurteilung der Angemessenheit der Limite nach Absatz 6 zugrunde zu legen.

(6) Die vom Institut einzurichtenden, quantitativ zu bemessenden Obergrenzen für wechselkurs-, zins-, aktienkurs- und rohwarenpreisbezogene Risiken (Limite) sind nachweislich in angemessener Weise von den modellmäßig ermittelten potentiellen Risikobeträgen abhängig zu machen.

(7) Die für die Zeitreihenanalysen verwendeten empirischen Daten der Entwicklung von Preisen, Kursen und Zinssätzen sowie deren Zusammenhänge sind regelmäßig, mindestens aber dreimonatlich, bei Bedarf jedoch unverzüglich, zu aktualisieren.

(8) Die Einhaltung der Anforderungen nach den Absätzen 1 bis 7 sowie des § 37 Abs. 1 ist regelmäßig, mindestens aber einmal jährlich, von der Innenrevision zu überprüfen.

(9) Die Geschäftsleitung hat sicherzustellen, daß sie von der in Absatz 2 genannten Stelle direkt über die Ergebnisse der Überprüfung der Angemessenheit der Risikomodellgrößen und -verfahren nach Absatz 4, die Ergebnisse der Krisenszenarien nach Absatz 5 sowie über die Prüfungsergebnisse nach Absatz 8 nachweislich in aussagekräftiger Weise informiert wird; sie hat diese Informationen in angemessener Weise bei der Festlegung des Geschäftsverhaltens des Instituts zu berücksichtigen.

§ 37 Prognosegüte

(1) ^{1}Die Prognosegüte eines Risikomodells ist mittels eines täglichen Vergleichs des anhand des Risikomodells auf der Basis einer Haltedauer von einem Arbeitstag ermittelten potentiellen Risikobetrages mit der Wertveränderung der in die modellmäßige Berechnung einbezogenen einzelnen Finanzinstrumente oder Finanzinstrumentsgruppen nachweislich zu ermitteln ("Backtesting"). ^{2}Dabei sind die zum Geschäftsschluß des Vortages im Bestand des Instituts befindlichen Finanzinstrumente oder Finanzinstrumentsgruppen mit den jeweiligen Marktpreisen zum Geschäftsschluß neu zu bewerten und die negative Differenz zum Bewertungsergebnis des Vortages festzustellen. ^{3}Übersteigt der Absolutbetrag der nach Satz 2 ermittelten Wertveränderung den modellmäßig ermittelten potentiellen Risikobetrag, so sind das Bundesaufsichtsamt und die Deutsche Bundesbank über diese Ausnahme, ihre Größe und den Grund ihres Entstehens unverzüglich zu unterrichten.

(2) [1]Für die Zwecke der Bemessung des Zusatzfaktors nach § 33 Abs. 2 Satz 2 legt das Bundesaufsichtsamt die Zahl der Ausnahmen für die jeweils zurückliegenden 250 Arbeitstage entsprechend der Tabelle 10 zugrunde. [2]Das Bundesaufsichtsamt kann bei der Bemessung des Zusatzfaktors einzelne Ausnahmen unberücksichtigt lassen, wenn das Institut nachweist, daß die Ausnahme nicht auf eine mangelhafte Prognosegüte des Risikomodells zurückzuführen ist.

Tabelle 10

Anzahl der Ausnahmen	höherer Faktor
weniger als 5	0
5	0,4
6	0,5
7	0,65
8	0,75
9	0,85
10 und mehr	1

Anhang 3

Gesetz über den Wertpapierhandel (Wertpapierhandelsgesetz - WpHG)

Zuletzt geändert durch Art. 3 des 3. Finanzmarktförderungsgesetzes laut Bekanntmachung vom 24. März 1998 (BGBl. I S. 529).

Inhaltsübersicht

Abschnitt 4: Mitteilungs- und Veröffentlichungspflichten bei Veränderungen des Stimmrechtsanteils an börsennotierten Gesellschaften

Abschnitt 5: Verhaltensregeln für Wertpapierdienstleistungsunternehmen; Verjährung von Ersatzansprüchen

Abschnitt 6: Straf- und Bußgeldvorschriften

Abschnitt 7: Übergangsbestimmungen

Abschnitt 1: Anwendungsbereich, Begriffsbestimmungen

§ 1 Anwendungsbereich

Dieses Gesetz ist anzuwenden auf die Erbringung von Wertpapierdienstleistungen und Wertpapiernebendienstleistungen, den börslichen und außerbörslichen Handel mit Wertpapieren, Geldmarktinstrumenten und Derivaten sowie auf Veränderungen der Stimmrechtsanteile von Aktionären an börsennotierten Gesellschaften.

§ 2 Begriffsbestimmungen

(1) Wertpapiere im Sinne dieses Gesetzes sind, auch wenn für sie keine Urkunden ausgestellt sind,

    1. Aktien, Zertifikate, die Aktien vertreten, Schuldverschreibungen, Genußscheine, Optionsscheine und

    2. andere Wertpapiere, die mit Aktien oder Schuldverschreibungen vergleichbar sind,

wenn sie an einem Markt gehandelt werden können.

Wertpapiere sind auch Anteilscheine, die von einer Kapitalanlagegesellschaft oder einer ausländischen Investmentgesellschaft ausgegeben werden.

(1a) Geldmarktinstrumente im Sinne dieses Gesetzes sind Forderungen, die nicht unter Absatz 1 fallen und üblicherweise auf dem Geldmarkt gehandelt werden.

(2) Derivate im Sinne dieses Gesetzes sind

    1. als Festgeschäfte oder Optionsgeschäfte ausgestaltete Termingeschäfte, deren Preis unmittelbar oder mittelbar abhängt von

        a) dem Börsen- oder Marktpreis von Wertpapieren,

        b) dem Börsen- oder Marktpreis von Geldmarktinstrumenten,

        c) Zinssätzen oder anderen Erträgen oder

        d) dem Börsen- oder Marktpreis von Waren oder Edelmetallen,

    2. Devisentermingeschäfte, die an einem organisierten Markt gehandelt werden (Devisenfuturegeschäfte), Devisenoptionsgeschäfte, Währungsswapgeschäfte, Devisenswapoptionsgeschäfte und Devisenfutureoptionsgeschäfte.

(3) Wertpapierdienstleistungen im Sinne dieses Gesetzes sind

1. die Anschaffung und die Veräußerung von Wertpapieren, Geldmarktinstrumenten oder Derivaten im eigenen Namen für fremde Rechnung,

2. die Anschaffung und die Veräußerung von Wertpapieren, Geldmarktinstrumenten oder Derivaten im Wege des Eigenhandels für andere,

3. die Anschaffung und die Veräußerung von Wertpapieren, Geldmarktinstrumenten oder Derivaten im fremden Namen für fremde Rechnung,

4. die Vermittlung oder der Nachweis von Geschäften über die Anschaffung und die Veräußerung von Wertpapieren, Geldmarktinstrumenten oder Derivaten,

5. die Übernahme von Wertpapieren, Geldmarktinstrumenten oder Derivaten für eigenes Risiko zur Plazierung oder die Übernahme gleichwertiger Garantien,

6. die Verwaltung einzelner in Wertpapieren, Geldmarktinstrumenten oder Derivaten angelegter Vermögen für andere mit Entscheidungsspielraum.

(3a) Wertpapiernebendienstleistungen im Sinne dieses Gesetzes sind

1. die Verwahrung und die Verwaltung von Wertpapieren für andere, sofern nicht das Depotgesetz anzuwenden ist,

2. die Gewährung von Krediten oder Darlehen an andere für die Durchführung von Wertpapierdienstleistungen durch das Unternehmen, das den Kredit oder das Darlehen gewährt hat,

3. die Beratung bei der Anlage in Wertpapieren, Geldmarktinstrumenten oder Derivaten,

4. die in Absatz 3 Nr. 1 bis 4 genannten Tätigkeiten, soweit sie Devisengeschäfte oder Devisentermingeschäfte, die nicht unter Absatz 2 Nr. 2 fallen, zum Gegenstand haben und im Zusammenhang mit Wertpapierdienstleistungen stehen.

(4) Wertpapierdienstleistungsunternehmen im Sinne dieses Gesetzes sind Kreditinstitute, Finanzdienstleistungsinstitute und nach § 53 Abs. 1 Satz 1 des Gesetzes über das Kreditwesen tätige Unternehmen, die Wertpapierdienstleistungen allein oder zusammen mit Wertpapiernebendienstleistungen gewerbsmäßig oder in einem Umfang erbringen, der einen in kaufmännischer Weise eingerichteten Geschäftsbetrieb erfordert.

(5) Organisierter Markt im Sinne dieses Gesetzes ist ein Markt, der von staatlich anerkannten Stellen geregelt und überwacht wird, regelmäßig stattfindet und für das Publikum unmittelbar oder mittelbar zugänglich ist.

§ 2a Ausnahmen

(1) Als Wertpapierdienstleistungsunternehmen gelten nicht

1. Unternehmen, die Wertpapierdienstleistungen ausschließlich für ihr Mutterunternehmen oder ihre Tochter- oder Schwesterunternehmen im Sinne des § 1 Abs. 6 und 7 des Gesetzes über das Kreditwesen erbringen,

2. Unternehmen, deren Wertpapierdienstleistung ausschließlich in der Verwaltung eines Systems von Arbeitnehmerbeteiligungen an den eigenen oder an mit ihnen verbundenen Unternehmen besteht,

3. Unternehmen, die ausschließlich Wertpapierdienstleistungen im Sinne sowohl der Nummer 1 als auch der Nummer 2 erbringen,

4. private und öffentlich-rechtliche Versicherungsunternehmen,

5. die öffentliche Schuldenverwaltung des Bundes, eines seiner Sondervermögen, eines Landes, eines anderen Mitgliedstaats der Europäischen Union oder eines anderen Vertragsstaats des Abkommens über den Europäischen Wirtschaftsraum, die Deutsche Bundesbank sowie die Zentralbanken der anderen Mitgliedstaaten oder Vertragsstaaten,

6. Angehörige freier Berufe, die Wertpapierdienstleistungen nur gelegentlich im Rahmen ihrer Berufstätigkeit erbringen und einer Berufskammer in der Form der Körperschaft des öffentlichen Rechts angehören, deren Berufsrecht die Erbringung von Wertpapierdienstleistungen nicht ausschließt,

7. Unternehmen, die als einzige Wertpapierdienstleistung Aufträge zum Erwerb oder zur Veräußerung von Anteilscheinen von Kapitalanlagegesellschaften oder von ausländischen Investmentanteilen, die nach dem Auslandinvestment-Gesetz vertrieben werden dürfen, weiterleiten an

    a) ein Kreditinstitut oder Finanzdienstleistungsinstitut,

    b) ein nach § 53b Abs. 1 Satz 1 oder Abs. 7 des Gesetzes über das Kreditwesen tätiges Unternehmen,

    c) ein Unternehmen, das auf Grund einer Rechtsverordnung gemäß § 53c des Gesetzes über das Kreditwesen gleichgestellt oder freigestellt ist, oder

    d) eine ausländische Investmentgesellschaft,

    sofern sie nicht befugt sind, sich bei der Erbringung dieser Wertpapierdienstleistungen Eigentum oder Besitz an Geldern, Anteilscheinen oder Anteilen von Kunden zu verschaffen,

8. Unternehmen, die Wertpapierdienstleistungen ausschließlich an einem organisierten Markt, an dem ausschließlich Derivate gehandelt werden, für andere Mitglieder dieses Marktes erbringen und deren Verbindlichkeiten durch ein System zur Sicherung der Erfüllung der Geschäfte an diesem Markt abgedeckt sind,

9. Unternehmen, deren Haupttätigkeit darin besteht, Geschäfte über Rohwaren mit gleichartigen Unternehmen, mit den Erzeugern oder den gewerblichen Verwendern der Rohwaren zu tätigen, und die Wertpapierdienstleistungen nur für diese Gegenparteien und nur insoweit erbringen, als es für ihre Haupttätigkeit erforderlich ist.

(2) Übt ein Unternehmen Wertpapierdienstleistungen im Sinne des § 2 Abs. 3 Nr. 3 und 4 ausschließlich für Rechnung und unter der Haftung eines Kreditinstituts oder Finanzdienstleistungsinstituts oder eines nach § 53b Abs. 1 Satz 1 oder Abs. 7 des Gesetzes über das Kreditwesen tätigen Unternehmens oder unter der gesamtschuldnerischen Haftung solcher Institute oder Unternehmen aus, ohne andere Wertpapierdienstleistungen zu erbringen, gilt es nicht als Wertpapierdienstleistungsunternehmen. Seine Tätigkeit wird den Instituten oder Unternehmen zugerechnet, für deren Rechnung und unter deren Haftung es seine Tätigkeit erbringt.

Abschnitt 2: Bundesaufsichtsamt für den Wertpapierhandel

§ 3 Organisation

(1) Das Bundesaufsichtsamt für den Wertpapierhandel (Bundesaufsichtsamt) wird als eine selbständige Bundesoberbehörde im Geschäftsbereich des Bundesministeriums der Finanzen errichtet.

(2) Der Präsident des Bundesaufsichtsamtes wird auf Vorschlag der Bundesregierung durch den Bundespräsidenten ernannt. Die Bundesregierung hat bei ihrem Vorschlag die für das Börsenwesen zuständigen Fachministerien der Länder anzuhören.

§ 4 Aufgaben

(1) Das Bundesaufsichtsamt übt die Aufsicht nach den Vorschriften dieses Gesetzes aus. Es hat im Rahmen der ihm zugewiesenen Aufgaben Mißständen entgegenzuwirken, welche die ordnungsmäßige Durchführung des Wertpapierhandels oder von Wertpapierdienstleistungen oder Wertpapiernebendienstleistungen beeinträchtigen oder erhebliche Nachteile für den Wertpapiermarkt bewirken können. Das Bundesaufsichtsamt kann Anordnungen treffen, die geeignet und erforderlich sind, diese Mißstände zu beseitigen oder zu verhindern.

(2) Das Bundesaufsichtsamt nimmt die ihm nach diesem Gesetz zugewiesenen Aufgaben und Befugnisse nur im öffentlichen Interesse wahr.

§ 5 Wertpapierrat

(1) Beim Bundesaufsichtsamt wird ein Wertpapierrat gebildet. Er besteht aus Vertretern der Länder. Die Mitgliedschaft ist nicht personengebunden. Jedes Land entsendet einen Vertreter. An den Sitzungen können Vertreter der Bundesministerien der Finanzen, der Justiz und für Wirtschaft, der Deutschen Bundesbank und des Bundesaufsichtsamtes für das Kreditwesen teilnehmen. Der Wertpapierrat kann Sachverständige insbesondere aus dem Bereich der Börsen, der Marktteilnehmer, der Wirtschaft und der Wissenschaft anhören. Der Wertpapierrat gibt sich eine Geschäftsordnung.

(2) Der Wertpapierrat wirkt bei der Aufsicht mit. Er berät das Bundesaufsichtsamt, insbesondere

1. bei dem Erlaß von Rechtsverordnungen und der Aufstellung von Richtlinien für die Aufsichtstätigkeit des Bundesaufsichtsamtes,

2. hinsichtlich der Auswirkungen von Aufsichtsfragen auf die Börsen und Marktstrukturen sowie den Wettbewerb im Wertpapierhandel,

3. bei der Abgrenzung von Zuständigkeiten zwischen dem Bundesaufsichtsamt und den Börsenaufsichtsbehörden sowie bei Fragen der Zusammenarbeit.

Der Wertpapierrat kann beim Bundesaufsichtsamt Vorschläge zur allgemeinen Weiterentwicklung der Aufsichtspraxis einbringen. Das Bundesaufsichtsamt berichtet dem Wertpapierrat mindestens einmal jährlich über die Aufsichtstätigkeit, die Weiterentwicklung der Aufsichtspraxis sowie über die internationale Zusammenarbeit.

(3) Der Wertpapierrat wird mindestens einmal jährlich vom Präsidenten des Bundesaufsichtsamtes einberufen. Er ist ferner auf Verlangen von einem Drittel seiner Mitglieder einzuberufen. Jedes Mitglied hat das Recht, Beratungsvorschläge einzubringen.

§ 6 Zusammenarbeit mit Aufsichtsbehörden im Inland

(1) Das Bundesaufsichtsamt kann sich bei der Durchführung seiner Aufgaben anderer Personen und Einrichtungen bedienen.

(2) Die Börsenaufsichtsbehörden werden im Wege der Organleihe für das Bundesaufsichtsamt bei der Durchführung von eilbedürftigen Maßnahmen für die Überwachung der Verbote von Insidergeschäften nach § 14 an den ihrer Aufsicht unterliegenden Börsen tätig. Das Nähere regelt ein Verwaltungsabkommen zwischen dem Bund und den börsen-aufsichtsführenden Ländern.

(3) Das Bundesaufsichtsamt für das Kreditwesen, das Bundesaufsichtsamt für das Versicherungswesen, die Deutsche Bundesbank, soweit sie die Beobachtungen und Feststellungen im Rahmen ihrer Tätigkeit nach Maßgabe des Gesetzes über das Kreditwesen macht, die Börsenaufsichtsbehörden sowie das Bundesaufsichtsamt haben einander Beobachtungen und Feststellungen einschließlich personenbezogener Daten mitzuteilen, die für die Erfüllung ihrer Aufgaben erforderlich sind.

(4) Die Deutsche Bundesbank hat dem Bundesaufsichtsamt auf Anfrage Auskünfte über die ihr auf Grund des § 14 Abs. 1 des Gesetzes über das Kreditwesen mitgeteilten Daten zu erteilen, soweit dies zur Verfolgung von verbotenen Insidergeschäften erforderlich ist.

(5) Das Bundesaufsichtsamt darf zur Erfüllung seiner Aufgaben die nach §§ 2b, 14 Abs. 3 in Verbindung mit § 19 Abs. 2, § 24 Abs. 1 Nr. 1 bis 3, 6, 8 und 11 und Abs. 3, § 32 Abs. 1 Satz 1 und 2 Nr. 2, 6 Buchstabe a und b des Gesetzes über das Kreditwesen bei der Deutschen Bundesbank oder dem Bundesaufsichtsamt für das Kreditwesen gespeicherten Daten im automatisierten Verfahren abrufen. Werden bei der Deutschen Bundesbank vom Bundesaufsichtsamt Daten abgerufen, hat sie bei jedem zehnten Abruf für Zwecke der Datenschutzkontrolle den Zeitpunkt, die Angaben, welche die Feststellung der aufgerufenen Datensätze ermöglichen, sowie die für den Abruf verantwortliche Person zu protokollieren. Die protokollierten Daten dürfen nur für Zwecke der Datenschutzkontrolle, der Datensicherung oder zur Sicherstellung eines ordnungsgemäßen Betriebs der Datenverarbeitungsanlage verwendet werden. Die Protokolldaten sind am Ende des auf die Speicherung folgenden Kalenderjahres zu löschen. Werden beim Bundesaufsichtsamt für das Kreditwesen Daten abgerufen, gelten die Sätze 2 bis 4 entsprechend.

§ 7 Zusammenarbeit mit zuständigen Stellen im Ausland

(1) Dem Bundesaufsichtsamt obliegt die Zusammenarbeit mit den für die Überwachung von Börsen oder anderen Wertpapier- oder Derivatemärkten und den Handel in Wertpapieren, Geldmarktinstrumenten, Derivaten oder Devisen zuständigen Stellen anderer Staaten. Die Vorschriften des Börsengesetzes und des Verkaufsprospektgesetzes über die Zusammenarbeit der Zulassungsstelle der Börse mit entsprechenden Stellen anderer Staaten bleiben hiervon unberührt.

(2) Das Bundesaufsichtsamt darf im Rahmen der Zusammenarbeit mit den in Absatz 1 Satz 1 genannten Stellen Tatsachen übermitteln, die für die Überwachung von Börsen oder anderen Wertpapier- oder Derivatemärkten, des Wertpapier-, Geldmarktinstrumente-, Derivate- oder Devisenhandels, von Kreditinstituten, Finanzdienstleistungsinstituten, Investmentgesellschaften, Finanzunternehmen oder Versicherungsunternehmen oder damit zusammenhängender Verwaltungs oder Gerichtsverfahren erforderlich sind. Bei der Übermittlung von Tatsachen hat das Bundesaufsichtsamt den Zweck zu bestimmen, für den diese Tatsachen verwendet werden dürfen. Der Empfänger ist darauf hinzuweisen, daß die übermittelten Tatsachen einschließlich personenbezogener Daten nur zu dem Zweck verarbeitet oder benutzt werden dürfen, zu dessen Erfüllung sie übermittelt wurden. Eine Übermittlung personenbezogener Daten unterbleibt, soweit Grund zu der Annahme besteht, daß durch sie gegen den Zweck eines deutschen Gesetzes verstoßen wird. Die Übermittlung unterbleibt außerdem, wenn durch sie schutzwürdige Interessen des Betroffenen beeinträchtigt würden, insbesondere wenn im Empfängerland ein angemessener Datenschutzstandard nicht gewährleistet wäre.

(3) Werden dem Bundesaufsichtsamt von einer Stelle eines anderen Staates Tatsachen mitgeteilt, so dürfen diese nur unter Beachtung der Zweckbestimmung durch diese Stelle offenbart oder verwertet werden. Das Bundesaufsichtsamt darf diese Tatsachen unter Beachtung der Zweckbestimmung den Börsenaufsichtsbehörden und den Handelsüberwachungsstellen der Börsen mitteilen.

(4) Die Regelungen über die internationale Rechtshilfe in Strafsachen bleiben unberührt.

§ 8 Verschwiegenheitspflicht

(1) Die beim Bundesaufsichtsamt Beschäftigten und die nach § 6 Abs. 1 beauftragten Personen dürfen die ihnen bei ihrer Tätigkeit bekanntgewordenen Tatsachen, deren Geheimhaltung im Interesse eines nach diesem Gesetz Verpflichteten oder eines Dritten liegt, insbesondere Geschäfts und Betriebsgeheimnisse sowie personenbezogene Daten, nicht unbefugt offenbaren oder verwerten, auch wenn sie nicht mehr im Dienst sind oder ihre Tätigkeit beendet ist. Dies gilt auch für andere Personen, die durch dienstliche Berichterstattung Kenntnis von den in Satz 1 bezeichneten Tatsachen erhalten. Ein unbefugtes Offenbaren oder Verwerten im Sinne des Satzes 1 liegt insbesondere nicht vor, wenn Tatsachen weitergegeben werden an

1. Strafverfolgungsbehörden oder für Straf und Bußgeldsachen zuständige Gerichte,

2. kraft Gesetzes oder im öffentlichen Auftrag mit der Überwachung von Börsen oder anderen Wertpapier- oder Derivatemärkten, des Wertpapier-, Geldmarktinstrumente-, Derivate- oder Devisenhandels, von Kreditinstituten, Finanzdienstleistungsinstituten, Investmentgesellschaften, Finanzunternehmen oder Versicherungsunternehmen betraute Stellen sowie von diesen beauftragte Personen,

soweit diese Stellen die Informationen zur Erfüllung ihrer Aufgaben benötigen. Für die bei diesen Stellen beschäftigten Personen gilt die Verschwiegenheitspflicht nach Satz 1 entsprechend. An eine Stelle eines anderen Staates dürfen die Tatsachen nur weitergegeben werden, wenn diese Stelle und die von ihr beauftragten Personen einer dem Satz 1 entsprechenden Verschwiegenheitspflicht unterliegen.

(2) Die Vorschriften der §§ 93, 97, 105 Abs. 1, § 111 Abs. 5 in Verbindung mit § 105 Abs. 1 sowie § 116 Abs. 1 der Abgabenordnung gelten nicht für die in Absatz 1 Satz 1 oder 2 bezeichneten Personen, soweit sie zur Durchführung dieses Gesetzes tätig werden. Sie finden Anwendung, soweit die Finanzbehörden die Kenntnisse für die Durchführung eines Verfahrens wegen einer Steuerstraftat sowie eines damit zusammenhängenden Besteuerungsverfahrens benötigen, an deren Verfolgung ein zwingendes öffentliches Interesse besteht, und nicht Tatsachen betroffen sind, die den in Absatz 1 Satz 1 oder 2 bezeichneten Personen durch eine Stelle eines anderen Staates im Sinne von Absatz 1 Satz 3 Nr. 2 oder durch von dieser Stelle beauftragte Personen mitgeteilt worden sind.

§ 9 Meldepflichten

(1) Kreditinstitute, Finanzdienstleistungsinstitute mit der Erlaubnis zum Betreiben des Eigenhandels, nach § 53 Abs. 1 Satz 1 des Gesetzes über das Kreditwesen tätige Unternehmen mit Sitz in einem Staat, der nicht Mitglied der Europäischen Union und auch nicht Vertragsstaat des Abkommens über den Europäischen Wirtschaftsraum ist, sowie Unternehmen, die ihren Sitz im Inland haben und an einer inländischen Börse zur Teilnahme am Handel zugelassen sind, sind verpflichtet, dem Bundesaufsichtsamt jedes Geschäft in Wertpapieren oder Derivaten, die zum Handel an einem organisierten Markt in einem Mitgliedstaat der Europäischen Union oder in einem anderen Vertragsstaat des Abkommens über den Europäischen Wirtschaftsraum zugelassen oder in den Freiverkehr einer inländischen Börse einbezogen sind, spätestens an dem auf den Tag des Geschäftsabschlusses folgenden Werktag, der kein Samstag ist, mitzuteilen, wenn sie das Geschäft im Zusammenhang mit einer Wertpapierdienstleistung oder als Eigengeschäft abschließen. Die Verpflichtung nach Satz 1 gilt auch für den Erwerb und die Veräußerung von Rechten auf Zeichnung von Wertpapieren, sofern diese Wertpapiere an einem organisierten Markt gehandelt werden sollen, sowie für Geschäfte in Aktien und Optionsscheinen, bei denen ein Antrag auf Zulassung zum Handel an einem organisierten Markt oder auf Einbeziehung in den Freiverkehr gestellt oder öffentlich angekündigt ist. Die Verpflichtung nach den Sätzen 1 und 2 gilt auch für inländische Stellen, die ein System zur Sicherung der Erfüllung von Geschäften an einem organisierten Markt betreiben, hinsichtlich der von ihnen abgeschlossenen Geschäfte. Die Verpflichtung nach den Sätzen 1 und 2 gilt auch für Unternehmen, die ihren Sitz im Ausland haben und an einer inländischen Börse zur Teilnahme am Handel zugelassen sind, hinsichtlich der von ihnen an einer inländischen Börse oder im Freiverkehr im Zusammenhang mit einer Wertpapierdienstleistung oder als Eigengeschäft geschlossenen Geschäfte.

(1a) Von der Verpflichtung nach Absatz 1 ausgenommen sind Bausparkassen im Sinne des § 1 Abs. 1 des Gesetzes über Bausparkassen und Unternehmen im Sinne des § 2 Abs. 1, 4 und 5 des Gesetzes über das Kreditwesen, sofern sie nicht an einer inländischen Börse zur Teilnahme am Handel zugelassen sind, sowie Wohnungsgenossenschaften mit Spareinrichtung. Die Verpflichtung nach Absatz 1 findet auch keine Anwendung auf Geschäfte in Anteilscheinen einer Kapitalanlagegesellschaft oder einer ausländischen Investmentgesellschaft, bei denen eine Rücknahmeverpflichtung der Gesellschaft besteht, sowie auf Geschäfte in Derivaten im Sinne des § 2 Abs. 2 Nr. 1 Buchstabe b und d.

(2) Die Mitteilung hat auf Datenträger oder im Wege der elektronischen Datenfernübertragung zu erfolgen. Sie muß für jedes Geschäft die folgenden Angaben enthalten:

1. Bezeichnung des Wertpapiers oder Derivats und Wertpapierkennnummer,

2. Datum und Uhrzeit des Abschlusses oder der maßgeblichen Kursfeststellung,

3. Kurs, Stückzahl, Nennbetrag der Wertpapiere oder Derivate,

4. die an dem Geschäft beteiligten Institute und Unternehmen im Sinne des Absatzes 1,

5. die Börse oder das elektronische Handelssystem der Börse, sofern es sich um ein Börsengeschäft handelt,

6. Kennzeichen zur Identifikation des Geschäfts.

Geschäfte für eigene Rechnung sind gesondert zu kennzeichnen.

(3) Das Bundesministerium der Finanzen kann durch Rechtsverordnung, die nicht der Zustimmung des Bundesrates bedarf,

1. nähere Bestimmungen über Inhalt, Art, Umfang und Form der Mitteilung und über die zulässigen Datenträger und Übertragungswege erlassen,

2. zusätzliche Angaben vorschreiben, soweit diese zur Erfüllung der Aufsichtsaufgaben des Bundesaufsichtsamtes erforderlich sind,

3. zulassen, daß die Mitteilungen der Verpflichteten auf deren Kosten durch die Börse oder einen geeigneten Dritten erfolgen, und die Einzelheiten hierzu festlegen,

4. für Geschäfte, die Schuldverschreibungen oder bestimmte Arten von Derivaten zum Gegenstand haben, zulassen, daß Angaben nach Absatz 2 nicht oder in einer zusammengefaßten Form mitgeteilt werden,

5. die in Absatz 1 genannten Institute und Unternehmen von der Mitteilungspflicht nach Absatz 1 für Geschäfte befreien, die an einem organisierten Markt in einem anderen Mitgliedstaat der Europäischen Union oder in einem anderen Vertragsstaat des Abkommens über den Europäischen Wirtschaftsraum abgeschlossen werden, wenn in diesem Staat eine Mitteilungspflicht mit gleichwertigen Anforderungen besteht,

6. bei Sparkassen und Kreditgenossenschaften, die sich zur Ausführung des Geschäfts einer Girozentrale oder einer genossenschaftlichen Zentralbank oder des Zentralkreditinstituts bedienen, zulassen, daß die in Absatz 1 vorgeschriebenen Mitteilungen durch die Girozentrale oder die genossenschaftliche Zentralbank oder das Zentralkreditinstitut erfolgen, wenn und soweit der mit den Mitteilungspflichten verfolgte Zweck dadurch nicht beeinträchtigt wird.

(4) Das Bundesministerium der Finanzen kann die Ermächtigung nach Absatz 3 durch Rechtsverordnung auf das Bundesaufsichtsamt übertragen.

§ 10 Zwangsmittel

Das Bundesaufsichtsamt kann seine Verfügungen, die es innerhalb seiner gesetzlichen Befugnisse trifft, mit Zwangsmitteln nach den Bestimmungen des VerwaltungsVollstreckungsgesetzes durchsetzen. Es kann auch Zwangsmittel gegen juristische Personen des öffentlichen Rechts anwenden. Die Höhe des Zwangsgeldes beträgt abweichend von § 11 des VerwaltungsVollstreckungsgesetzes bis zu 100.000 Deutsche Mark.

§ 11 Umlage und Kosten

(1) Die Kosten des Bundesaufsichtsamtes sind dem Bund zu erstatten

1. zu 68 Prozent durch Kreditinstitute und nach § 53 Abs. 1 Satz 1 des Gesetzes über das Kreditwesen tätige Unternehmen, sofern diese Kreditinstitute oder Unternehmen befugt sind, im Inland Wertpapierdienstleistungen im Sinne des § 2 Abs. 3 Nr. 1, 2 oder 5 zu erbringen,

2. zu 4 Prozent durch die Kursmakler und andere Unternehmen, die an einer inländischen Börse zur Teilnahme am Handel zugelassen sind und nicht unter Nummer 1 fallen,

3. zu 9 Prozent durch Finanzdienstleistungsinstitute und nach § 53 Abs. 1 Satz 1 des Gesetzes über das Kreditwesen tätige Unternehmen, sofern diese Finanzdienstleistungsinstitute oder Unternehmen befugt sind, im Inland Wertpapierdienstleistungen im Sinne des § 2 Abs. 3 Nr. 3, 4 oder 6 zu erbringen und nicht unter Nummer 1 oder 2 fallen,

4. zu 9 Prozent durch Emittenten mit Sitz im Inland, deren Wertpapiere an einer inländischen Börse zum Handel zugelassen oder mit ihrer Zustimmung in den Freiverkehr einbezogen sind.

In den Fällen des Satzes 1 Nr. 1 und 2 werden die Kosten nach Maßgabe des Umfangs der nach § 9 Abs. 1 gemeldeten Geschäfte anteilig umgelegt; maßgeblich ist die Zahl der Geschäfte, wobei bei Schuldverschreibungen nur ein Drittel der Geschäfte zu berücksichtigen ist. Im Fall des Satzes 1 Nr. 3 werden die Kosten nach Maßgabe des Ergebnisses aus der gewöhnlichen Geschäftstätigkeit oder bei Nachweis nach Maßgabe der aus Wertpapierdienstleistungen oder Eigengeschäften erzielten Bruttoerlöse anteilig umgelegt. Im Fall des Satzes 1 Nr. 4 werden die Kosten auf die Emittenten nach Maßgabe der Börsenumsätze ihrer zum Handel zugelassenen oder in den Freiverkehr einbezogenen Wertpapiere anteilig umgelegt.

(2) Die nach Absatz 1 Satz 1 Verpflichteten und die inländischen Börsen haben dem Bundesaufsichtsamt auf Verlangen Auskünfte über den Geschäftsumfang, das Ergebnis aus der gewöhnlichen Geschäftstätigkeit oder die Bruttoerlöse und die Börsenumsätze zu erteilen. Die Kostenforderungen werden vom Bundesaufsichtsamt nach den Vorschriften des Verwaltungs-Vollstreckungsgesetzes durchgesetzt.

(3) Das Nähere über die Erhebung der Umlage nach Absatz 1 und über die Beitreibung bestimmt das Bundesministerium der Finanzen durch Rechtsverordnung, die nicht der Zustimmung des Bundesrates bedarf; es kann in der Rechtsverordnung Mindestbeträge festsetzen. Das Bundesministerium der Finanzen kann die Ermächtigung durch Rechtsverordnung auf das Bundesaufsichtsamt übertragen.

(4) Die Kosten, die dem Bund durch die Prüfung nach § 35 Abs. 1 sowie § 36 Abs. 4 entstehen, sind von den betroffenen Unternehmen gesondert zu erstatten und auf Verlangen des Bundesaufsichtsamtes vorzuschießen.

Abschnitt 3: Insiderüberwachung

§ 12 Insiderpapiere

(1) Insiderpapiere sind Wertpapiere, die

    1. an einer inländischen Börse zum Handel zugelassen oder in den Freiverkehr einbezogen sind, oder

    2. in einem anderen Mitgliedstaat der Europäischen Union oder einem anderen Vertragsstaat des Abkommens über den Europäischen Wirtschaftsraum zum Handel an einem organisierten Markt zugelassen sind.

Der Zulassung zum Handel an einem organisierten Markt oder der Einbeziehung in den Freiverkehr steht gleich, wenn der Antrag auf Zulassung oder Einbeziehung gestellt oder öffentlich angekündigt ist.

(2) Als Insiderpapiere gelten auch

    1. Rechte auf Zeichnung, Erwerb oder Veräußerung von Wertpapieren,

    2. Rechte auf Zahlung eines Differenzbetrages, der sich an der Wertentwicklung von Wertpapieren bemißt,

    3. Terminkontrakte auf einen Aktien oder Rentenindex oder Zinsterminkontrakte (Finanzterminkontrakte) sowie Rechte auf Zeichnung, Erwerb oder Veräußerung von Finanzterminkontrakten, sofern die Finanzterminkontrakte Wertpapiere zum Gegenstand haben oder sich auf einen Index beziehen, in den Wertpapiere einbezogen sind,

    4. sonstige Terminkontrakte, die zum Erwerb oder zur Veräußerung von Wertpapieren verpflichten,

wenn die Rechte oder Terminkontrakte in einem Mitgliedstaat der Europäischen Union oder einem anderen Vertragsstaat des Abkommens über den Europäischen Wirtschaftsraum zum Handel an einem organisierten Markt zugelassen oder in den Freiverkehr einbezogen sind und die in den Nummern 1 bis 4 genannten Wertpapiere in einem Mitgliedstaat des Abkommens über den Europäischen Wirtschaftsraum zum Handel an einem organisierten Markt zugelassen oder in den Freiverkehr einbezogen sind. Der Zulassung der Rechte oder Terminkontrakte zum Handel an einem organisierten Markt oder ihrer Einbeziehung in den Freiverkehr steht gleich, wenn der Antrag auf Zulassung oder Einbeziehung gestellt oder öffentlich angekündigt ist.

§ 13 Insider

(1) Insider ist, wer

1. als Mitglied des Geschäftsführungs oder Aufsichtsorgans oder als persönlich haftender Gesellschafter des Emittenten oder eines mit dem Emittenten verbundenen Unternehmens,

2. aufgrund seiner Beteiligung am Kapital des Emittenten oder eines mit dem Emittenten verbundenen Unternehmens oder

3. aufgrund seines Berufs oder seiner Tätigkeit oder seiner Aufgabe bestimmungsmäß

Kenntnis von einer nicht öffentlich bekannten Tatsache hat, die sich auf einen oder mehrere Emittenten von Insiderpapieren oder auf Insiderpapiere bezieht und die geeignet ist, im Falle ihres öffentlichen Bekanntwerdens den Kurs der Insiderpapiere erheblich zu beeinflussen (Insidertatsache).

(2) Eine Bewertung, die ausschließlich aufgrund öffentlich bekannter Tatsachen erstellt wird, ist keine Insidertatsache, selbst wenn sie den Kurs von Insiderpapieren erheblich beeinflussen kann.

§ 14 Verbot von Insidergeschäften

(1) Einem Insider ist es verboten,

1. unter Ausnutzung seiner Kenntnis von einer Insidertatsache Insiderpapiere für eigene oder fremde Rechnung oder für einen anderen zu erwerben oder zu veräußern,

2. einem anderen eine Insidertatsache unbefugt mitzuteilen oder zugänglich zu machen,

3. einem anderen auf der Grundlage seiner Kenntnis von einer Insidertatsache den Erwerb oder die Veräußerung von Insiderpapieren zu empfehlen.

(2) Einem Dritten, der Kenntnis von einer Insidertatsache hat, ist es verboten, unter Ausnutzung dieser Kenntnis Insiderpapiere für eigene oder fremde Rechnung oder für einen anderen zu erwerben oder zu veräußern.

§ 15 Veröffentlichung und Mitteilung kursbeeinflussender Tatsachen

(1) Der Emittent von Wertpapieren, die zum Handel an einer inländischen Börse zugelassen sind, muß unverzüglich eine neue Tatsache veröffentlichen, die in seinem Tätigkeitsbereich eingetreten und nicht öffentlich bekannt ist, wenn sie wegen der Auswirkungen auf die Vermögens- oder Finanzlage oder auf den allgemeinen Geschäftsverlauf des Emittenten geeignet ist, den Börsenpreis der zugelassenen Wertpapiere erheblich zu beeinflussen, oder im Fall zugelassener Schuldverschreibungen die Fähigkeit des Emittenten, seinen Verpflichtungen nachzukommen, beeinträchtigen kann. Das Bundesaufsichtsamt kann den Emittenten auf Antrag von der Veröffentlichungspflicht befreien, wenn die Veröffentlichung der Tatsache geeignet ist, den berechtigten Interessen des Emittenten zu schaden.

(2) Der Emittent hat die nach Absatz 1 zu veröffentlichende Tatsache vor der Veröffentlichung

1. der Geschäftsführung der Börsen, an denen die Wertpapiere zum Handel zugelassen sind,

2. der Geschäftsführung der Börsen, an denen ausschließlich Derivate im Sinne des § 2 Abs. 2 gehandelt werden, sofern die Wertpapiere Gegenstand der Derivate sind, und

3. dem Bundesaufsichtsamt

mitzuteilen. Die Geschäftsführung darf die ihr nach Satz 1 mitgeteilte Tatsache vor der Veröffentlichung nur zum Zwecke der Entscheidung verwenden, ob die Feststellung des Börsenpreises auszusetzen oder einzustellen ist. Das Bundesaufsichtsamt kann gestatten, daß Emittenten mit Sitz im Ausland die Mitteilung nach Satz 1 gleichzeitig mit der Veröffentlichung vornehmen, wenn dadurch die Entscheidung der Geschäftsführung über die Aussetzung oder Einstellung der Feststellung des Börsenpreises nicht beeinträchtigt wird.

(3) Die Veröffentlichung nach Absatz 1 Satz 1 ist

1. in mindestens einem überregionalen Börsenpflichtblatt oder

2. über ein elektronisch betriebenes Informationsverbreitungssystem, das bei Kreditinstituten, nach § 53 Abs. 1 Satz 1 des Gesetzes über das Kreditwesen tätigen Unternehmen, anderen Unternehmen, die ihren Sitz im Inland haben und an einer inländischen Börse zur Teilnahme am Handel zugelassen sind, und Versicherungsunternehmen weit verbreitet ist,

in deutscher Sprache vorzunehmen; das Bundesaufsichtsamt kann gestatten, daß Emittenten mit Sitz im Ausland die Veröffentlichung in einer anderen Sprache vornehmen, wenn dadurch eine ausreichende Unterrichtung der Öffentlichkeit nicht gefährdet erscheint. Eine Veröffentlichung in anderer Weise darf nicht vor der Veröffentlichung nach Satz 1 erfolgen. Das Bundesaufsichtsamt kann bei umfangreichen Angaben gestatten, daß eine Zusammenfassung gemäß Satz 1 veröffentlicht wird, wenn die vollständigen Angaben bei den Zahlstellen des Emittenten kostenfrei erhältlich sind und in der Veröffentlichung hierauf hingewiesen wird.

(4) Der Emittent hat die Veröffentlichung nach Absatz 3 Satz 1 unverzüglich der Geschäftsführung der in Absatz 2 Satz 1 Nr. 1 und 2 erfaßten Börsen und dem Bundesaufsichtsamt zu übersenden, soweit nicht das Bundesaufsichtsamt nach Absatz 2 Satz 3 gestattet hat, die Mitteilung nach Absatz 2 Satz 1 gleichzeitig mit der Veröffentlichung vorzunehmen.

(5) Das Bundesaufsichtsamt kann von dem Emittenten Auskünfte und die Vorlage von Unterlagen verlangen, soweit dies zur Überwachung der Einhaltung der in den Absätzen 1 bis 4 geregelten Pflichten erforderlich ist. Während der üblichen Arbeitszeit ist seinen Bediensteten und den von ihm beauftragten Personen, soweit dies zur Wahrnehmung seiner Aufgaben erforderlich ist, das Betreten der Grundstücke und Geschäftsräume des Emittenten zu gestatten. § 16 Abs. 6 und 7 gilt entsprechend.

(6) Verstößt der Emittent gegen die Verpflichtung nach Absatz 1, 2 oder 3, so ist er einem anderen nicht zum Ersatz des daraus entstehenden Schadens verpflichtet. Schadensersatzansprüche, die auf anderen Rechtsgrundlagen beruhen, bleiben unberührt.

§ 16 Laufende Überwachung

(1) Das Bundesaufsichtsamt überwacht das börsliche und außerbörsliche Geschäft in Insiderpapieren, um Verstößen gegen die Verbote nach § 14 entgegenzuwirken.

(2) Hat das Bundesaufsichtsamt Anhaltspunkte für einen Verstoß gegen ein Verbot nach § 14, kann es von den Wertpapierdienstleistungsunternehmen sowie von Unternehmen mit Sitz im Inland, die an einer inländischen Börse zur Teilnahme am Handel zugelassen sind, Auskünfte über Geschäfte in Insiderpapieren verlangen, die sie für eigene oder fremde Rechnung abgeschlossen oder vermittelt haben. Satz 1 gilt entsprechend für Auskunftsverlangen gegenüber Unternehmen mit Sitz im Ausland, die an einer inländischen Börse zur Teilnahme am Handel zugelassen sind, hinsichtlich ihrer an einer inländischen Börse oder im Freiverkehr abgeschlossenen Geschäfte. Das Bundesaufsichtsamt kann vom Auskunftspflichtigen die Angabe der Identität der Auftraggeber, der berechtigten oder verpflichteten Personen sowie die Bestandsveränderungen in Insiderpapieren verlangen, soweit es sich um Insiderpapiere handelt, für welche die Anhaltspunkte für einen Verstoß vorliegen oder deren Kursentwicklung von solchen Insiderpapieren abhängt. Liegen auf Grund der Angaben nach Satz 3 weitere Anhaltspunkte für einen Verstoß gegen ein Verbot nach § 14 vor, kann das Bundesaufsichtsamt vom Auskunftspflichtigen Auskunft über Bestandsveränderungen in Insiderpapieren der Auftraggeber verlangen, soweit die Bestandsveränderungen innerhalb der letzten sechs Monate vor Abschluß des Geschäfts, für das Anhaltspunkte für einen Verstoß gegen ein Verbot nach § 14 vorliegen, erfolgt sind. Die in Satz 1 genannten Unternehmen haben vor Durchführung von Aufträgen, die Insiderpapiere im Sinne des § 12 zum Gegenstand haben, bei natürlichen Personen den Namen, das Geburtsdatum und die Anschrift, bei Unternehmen die Firma und die Anschrift der Auftraggeber und der

berechtigten oder verpflichteten Personen oder Unternehmen festzustellen und diese Angaben aufzuzeichnen.

(3) Im Rahmen der Auskunftspflicht nach Absatz 2 kann das Bundesaufsichtsamt vom Auskunftspflichtigen die Vorlage von Unterlagen verlangen. Während der üblichen Arbeitszeit ist seinen Bediensteten und den von ihm beauftragten Personen, soweit dies zur Wahrnehmung seiner Aufgaben erforderlich ist, das Betreten der Grundstücke und Geschäftsräume der in Absatz 2 Satz 1 genannten Unternehmen zu gestatten. Das Betreten außerhalb dieser Zeit, oder wenn die Geschäftsräume sich in einer Wohnung befinden, ist ohne Einverständnis nur zur Verhütung von dringenden Gefahren für die öffentliche Sicherheit und Ordnung zulässig und insoweit zu dulden. Das Grundrecht der Unverletzlichkeit der Wohnung (Artikel 13 des Grundgesetzes) wird insoweit eingeschränkt.

(4) Hat das Bundesaufsichtsamt Anhaltspunkte für einen Verstoß gegen ein Verbot nach § 14, so kann es von den Emittenten von Insiderpapieren und den mit ihnen verbundenen Unternehmen, die ihren Sitz im Inland haben oder deren Wertpapiere an einer inländischen Börse zum Handel zugelassen sind, sowie den Personen, die Kenntnis von einer Insidertatsache haben, Auskünfte sowie die Vorlage von Unterlagen über Insidertatsachen und über andere Personen verlangen, die von solchen Tatsachen Kenntnis haben.

(5) Das Bundesaufsichtsamt kann von Personen, deren Identität nach Absatz 2 Satz 3 mitgeteilt worden ist, Auskünfte über diese Geschäfte verlangen.

(6) Der zur Erteilung einer Auskunft Verpflichtete kann die Auskunft auf solche Fragen verweigern, deren Beantwortung ihn selbst oder einen der in § 383 Abs. 1 Nr. 1 bis 3 der Zivilprozeßordnung bezeichneten Angehörigen der Gefahr strafgerichtlicher Verfolgung oder eines Verfahrens nach dem Gesetz über Ordnungswidrigkeiten aussetzen würde. Der Verpflichtete ist über sein Recht zur Verweigerung der Auskunft zu belehren.

(7) Widerspruch und Anfechtungsklage gegen Maßnahmen nach den Absätzen 2 bis 5 haben keine aufschiebende Wirkung.

(8) Die in Absatz 2 Satz 1 genannten Unternehmen dürfen die Auftraggeber oder die berechtigten oder verpflichteten Personen oder Unternehmen nicht von einem Auskunftsverlangen des Bundesaufsichtsamtes nach Absatz 2 Satz 1 oder einem daraufhin eingeleiteten Ermittlungsverfahren in Kenntnis setzen.

(9) Die Aufzeichnungen nach Absatz 2 Satz 4 sind mindestens sechs Jahre aufzubewahren. Für die Aufbewahrung gilt § 257 Abs. 3 und 5 des Handelsgesetzbuchs entsprechend.

§ 16a Überwachung der Geschäfte der beim Bundesaufsichtsamt Beschäftigten

(1) Das Bundesaufsichtsamt muß über angemessene interne Kontrollverfahren verfügen, die geeignet sind, Verstößen der beim Bundesaufsichtsamt Beschäftigten gegen die Verbote nach § 14 entgegenzuwirken.

(2) Der Dienstvorgesetzte oder die von ihm beauftragte Person kann von den beim Bundesaufsichtsamt Beschäftigten die Erteilung von Auskünften und die Vorlage von Unterlagen über Geschäfte in Insiderpapieren verlangen, die sie für eigene oder fremde Rechnung oder für einen anderen abgeschlossen haben. § 16 Abs. 6 ist anzuwenden. Beschäftigte, die bei ihren Dienstgeschäften bestimmungsgemäß Kenntnis von Insidertatsachen haben oder haben können, sind verpflichtet, Geschäfte in Insiderpapieren, die sie für eigene oder fremde Rechnung oder für einen anderen abgeschlossen haben, unverzüglich dem Dienstvorgesetzten oder der von ihm beauftragten Person schriftlich anzuzeigen. Der Dienstvorgesetzte oder die von ihm beauftragte Person bestimmt die in Satz 3 genannten Beschäftigten.

§ 17 Verarbeitung und Nutzung personenbezogener Daten

(1) Das Bundesaufsichtsamt darf ihm nach § 16 Abs. 2 Satz 3 oder § 16a Abs. 2 Satz 1 oder 3 mitgeteilte personenbezogene Daten nur für Zwecke der Prüfung, ob ein Verstoß gegen ein Verbot nach § 14 vorliegt, und der internationalen Zusammenarbeit nach Maßgabe des § 19 speichern, verändern und nutzen.

(2) Personenbezogene Daten, die für Prüfungen oder zur Erfüllung eines Auskunftsersuchens einer zuständigen Stelle eines anderen Staates nach Absatz 1 nicht mehr erforderlich sind, sind unverzüglich zu löschen.

§ 18 Strafverfahren bei Insidervergehen

(1) Das Bundesaufsichtsamt hat Tatsachen, die den Verdacht einer Straftat nach § 38 begründen, der zuständigen Staatsanwaltschaft anzuzeigen. Es kann die personenbezogenen Daten der Betroffenen, gegen die sich der Verdacht richtet oder die als Zeugen in Betracht kommen, der Staatsanwaltschaft übermitteln.

(2) Dem Bundesaufsichtsamt sind die Anklageschrift, der Antrag auf Erlaß eines Strafbefehls und der Ausgang des Verfahrens mitzuteilen, soweit dies für die Wahrnehmung seiner Aufgaben nach diesem Abschnitt erforderlich ist.

§ 19 Internationale Zusammenarbeit

(1) Das Bundesaufsichtsamt übermittelt den zuständigen Stellen anderer Mitgliedstaaten der Europäischen Union oder anderer Vertragsstaaten des Abkommens über den Europäischen Wirtschaftsraum die für die Überwachung der Verbote von Insidergeschäften erforderlichen Informationen. Es macht von seinen Befugnissen nach § 16 Abs. 2 bis 5 Gebrauch, soweit dies zur Erfüllung des Auskunftsersuchens der in Satz 1 genannten zuständigen Stellen erforderlich ist.

(2) Bei der Übermittlung von Informationen sind die zuständigen Stellen im Sinne des Absatzes 1 Satz 1 darauf hinzuweisen, daß sie unbeschadet ihrer Verpflichtungen in strafrechtlichen Angelegenheiten, die Verstöße gegen Verbote von Insidergeschäften zum Gegenstand haben, die ihnen übermittelten Informationen ausschließlich zur Überwachung des Verbotes von Insidergeschäften oder im Rahmen damit zusammenhängender Verwaltungs oder Gerichtsverfahren verwenden dürfen. Eine Verwendung dieser Informationen für andere Zwecke der Überwachung nach § 7 Abs. 2 Satz 1 oder in strafrechtlichen Angelegenheiten in diesen Bereichen oder ihre Weitergabe an zuständige Stellen anderer Staaten für Zwecke nach Satz 1 bedarf der Zustimmung des Bundesaufsichtsamtes.

(3) Das Bundesaufsichtsamt kann die Übermittlung von Informationen verweigern, wenn

1. die Weitergabe der Informationen die Souveränität, die Sicherheit oder die öffentliche Ordnung der Bundesrepublik Deutschland beeinträchtigen könnte oder

2. aufgrund desselben Sachverhalts gegen die betreffenden Personen bereits ein gerichtliches Verfahren eingeleitet worden ist oder eine unanfechtbare Entscheidung ergangen ist.

(4) Das Bundesaufsichtsamt darf die ihm von den zuständigen Stellen im Sinne des Absatzes 1 Satz 1 übermittelten Informationen, unbeschadet seiner Verpflichtungen in strafrechtlichen Angelegenheiten, die Verstöße gegen Verbote von Insidergeschäften zum Gegenstand haben, ausschließlich für die Überwachung der Verbote von Insidergeschäften oder im Rahmen damit zusammenhängender Verwaltungs oder Gerichtsverfahren verwenden. Eine Verwendung dieser Informationen für andere Zwecke der Überwachung nach § 7 Abs. 2 Satz 1 oder in strafrechtlichen Angelegenheiten in diesen Bereichen oder ihre Weitergabe an zuständige Stellen anderer Staaten für Zwecke nach Satz 1 bedarf der Zustimmung der übermittelnden Stellen.

(5) Das Bundesaufsichtsamt kann für die Überwachung der Verbote von Insider-
     geschäften im Sinne des § 14 und entsprechender ausländischer Verbote mit den
     zuständigen Stellen anderer als der in Absatz 1 Satz 1 genannten Staaten zusam-
     menarbeiten und diesen Stellen Informationen nach Maßgabe des § 7 Abs. 2 über-
     mitteln. Absatz 1 Satz 2 ist entsprechend anzuwenden.

§ 20 Ausnahmen

Die Vorschriften dieses Abschnitts sind nicht auf Geschäfte anzuwenden, die aus geld-
oder währungspolitischen Gründen oder im Rahmen der öffentlichen Schuldenverwaltung vom Bund, einem seiner Sondervermögen, einem Land, der Deutschen Bundesbank, einem ausländischen Staat oder dessen Zentralbank oder einer anderen mit diesen
Geschäften beauftragten Organisation oder mit für deren Rechnung handelnden Personen
getätigt werden.

Abschnitt 4: Mitteilungs und Veröffentlichungs-pflichten bei Veränderungen des Stimmrechtsanteils an börsennotierten Gesellschaften

§ 21 Mitteilungspflichten des Meldepflichtigen

(1) Wer durch Erwerb, Veräußerung oder auf sonstige Weise 5 Prozent, 10 Prozent, 25 Prozent, 50 Prozent oder 75 Prozent der Stimmrechte an einer börsennotierten Gesellschaft erreicht, überschreitet oder unterschreitet (Meldepflichtiger), hat der Gesellschaft sowie dem Bundesaufsichtsamt unverzüglich, spätestens innerhalb von sieben Kalendertagen, das Erreichen, Überschreiten oder Unterschreiten der genannten Schwellen sowie die Höhe seines Stimmrechtsanteils unter Angabe seiner Anschrift und des Tages des Erreichens, Überschreitens oder Unterschreitens schriftlich mitzuteilen. Die Frist beginnt mit dem Zeitpunkt, zu dem der Melde-pflichtige Kenntnis davon hat oder nach den Umständen haben mußte, daß sein Stimmrechtsanteil die genannten Schwellen erreicht, überschreitet oder unter-schreitet.

(1a) Wem im Zeitpunkt der erstmaligen Zulassung der Aktien einer Gesellschaft mit Sitz im Inland zum amtlichen Handel an einer Börse in einem Mitgliedstaat der Europäischen Union oder in einem anderen Vertragsstaat des Abkommens über den Europäischen Wirtschaftsraum 5 Prozent oder mehr der Stimmrechte an der Gesell-schaft zustehen, hat der Gesellschaft sowie dem Bundesaufsichtsamt eine Mittei-lung entsprechend Absatz 1 Satz 1 zu machen.

(2) Börsennotierte Gesellschaften im Sinne dieses Abschnitts sind Gesellschaften mit Sitz im Inland, deren Aktien zum amtlichen Handel an einer Börse in einem Mit-gliedstaat der Europäischen Union oder in einem anderem Vertragsstaat des Abkommens über den Europäischen Wirtschaftsraum zugelassen sind.

§ 22 Zurechnung von Stimmrechten

(1) Für die Mitteilungspflichten nach § 21 Abs. 1 und 1a stehen den Stimmrechten des Meldepflichtigen Stimmrechte aus Aktien der börsennotierten Gesellschaft gleich,

1. die einem Dritten gehören und von diesem für Rechnung des Meldepflichtigen oder eines von dem Meldepflichtigen kontrollierten Unternehmens gehalten werden,

2. die einem Unternehmen gehören, das der Meldepflichtige kontrolliert,

3. die einem Dritten gehören, mit dem der Meldepflichtige oder ein von ihm kontrolliertes Unternehmen eine Vereinbarung getroffen hat, die beide ver-pflichtet, langfristig gemeinschaftliche Ziele bezüglich der Geschäftsführung der börsennotierten Gesellschaft zu verfolgen, indem sie ihre Stimmrechte ein-vernehmlich ausüben,

4. die der Meldepflichtige einem Dritten als Sicherheit übertragen hat, es sei denn, der Dritte ist zur Ausübung der Stimmrechte aus diesen Aktien befugt und bekundet die Absicht, die Stimmrechte auszuüben,

5. an denen zugunsten des Meldepflichtigen ein Nießbrauch bestellt ist,

6. die der Meldepflichtige oder ein von ihm kontrolliertes Unternehmen durch einseitige Willenserklärung erwerben kann,

7. die dem Meldepflichtigen zur Verwahrung anvertraut sind, sofern er die Stimmrechte aus diesen Aktien nach eigenem Ermessen ausüben kann, wenn keine besonderen Weisungen des Aktionärs vorliegen.

(2) Die zuzurechnenden Stimmrechte sind in den Mitteilungen nach § 21 Abs. 1 und 1a für jede der Nummern in Absatz 1 getrennt anzugeben.

(3) Ein kontrolliertes Unternehmen ist ein Unternehmen, bei dem dem Meldepflichtigen unmittelbar oder mittelbar

1. die Mehrheit der Stimmrechte der Aktionäre oder Gesellschafter zusteht,

2. als Aktionär oder Gesellschafter das Recht zusteht, die Mehrheit der Mitglieder des Verwaltungs, Leitungs oder Aufsichtsorgans zu bestellen oder abzuberufen, oder

3. als Aktionär oder Gesellschafter aufgrund einer mit anderen Aktionären oder Gesellschaftern dieses Unternehmens getroffenen Vereinbarung die Mehrheit der Stimmrechte allein zusteht.

§ 23 Nichtberücksichtigung von Stimmrechten

(1) das Bundesaufsichtsamt läßt auf schriftlichen Antrag zu, daß Stimmrechte aus Aktien der börsennotierten Gesellschaft bei der Berechnung des Stimmrechtsanteils unberücksichtigt bleiben, wenn der Antragsteller

1. ein zur Teilnahme am Handel an einer Börse in einem Mitgliedstaat der Europäischen Union oder in einem anderen Vertragsstaat des Abkommens über den Europäischen Wirtschaftsraum zugelassenes Unternehmen ist, das Wertpapierdienstleistungen erbringt,

2. die betreffenden Aktien im Handelsbestand hält oder zu halten beabsichtigt und

3. darlegt, daß mit dem Erwerb der Aktien nicht beabsichtigt ist, auf die Geschäftsführung der Gesellschaft Einfluß zu nehmen.

(2) Das Bundesaufsichtsamt läßt auf schriftlichen Antrag eines Unternehmens mit Sitz in einem Mitgliedstaat der Europäischen Union oder in einem anderen Vertragsstaat des Abkommens über den Europäischen Wirtschaftsraum, das nicht die Vor-

aussetzungen des Absatzes 1 Nr. 1 erfüllt, zu, daß Stimmrechte aus Aktien der börsennotierten Gesellschaft für die Meldeschwelle von 5 Prozent unberücksichtigt bleiben, wenn der Antragsteller

1. die betreffenden Aktien hält oder zu halten beabsichtigt, um bestehende oder erwartete Unterschiede zwischen dem Erwerbspreis und dem Veräußerungspreis kurzfristig zu nutzen und

2. darlegt, daß mit dem Erwerb der Aktien nicht beabsichtigt ist, auf die Geschäftsführung der Gesellschaft Einfluß zu nehmen.

(3) Bei der Prüfung des Jahresabschlusses eines Unternehmens, dem gemäß Absatz 1 oder 2 eine Befreiung erteilt worden ist, hat der Abschlußprüfer in einem gesonderten Vermerk festzustellen, ob das Unternehmen die Vorschriften des Absatzes 1 Nr. 2 oder des Absatzes 2 Nr. 1 beachtet hat, und diesen Vermerk zusammen mit dem Prüfungsbericht den gesetzlichen Vertretern des Unternehmens vorzulegen. Das Unternehmen ist verpflichtet, den Vermerk des Abschlußprüfers unverzüglich dem Bundesaufsichtsamt vorzulegen. Das Bundesaufsichtsamt kann die Befreiung nach Absatz 1 oder 2 außer nach den Vorschriften des Verwaltungsverfahrensgesetzes widerrufen, wenn die Verpflichtungen nach Satz 1 oder 2 nicht erfüllt worden sind. Wird die Befreiung zurückgenommen oder widerrufen, so kann das Unternehmen einen erneuten Antrag auf Befreiung frühestens drei Jahre nach dem Wirksamwerden der Rücknahme oder des Widerrufs stellen.

(4) Stimmrechte aus Aktien, die aufgrund einer Befreiung nach Absatz 1 oder 2 unberücksichtigt bleiben, können nicht ausgeübt werden, wenn im Falle ihrer Berücksichtigung eine Mitteilungspflicht nach § 21 Abs. 1 oder 1a bestünde.

§ 24 Mitteilung durch Konzernunternehmen

Gehört der Meldepflichtige zu einem Konzern, für den nach den §§ 290, 340i des Handelsgesetzbuchs ein Konzernabschluß aufgestellt werden muß, so können die Mitteilungspflichten nach § 21 Abs. 1 und 1a durch das Mutterunternehmen oder, wenn das Mutterunternehmen selbst ein Tochterunternehmen ist, durch dessen Mutterunternehmen erfüllt werden.

§ 25 Veröffentlichungspflichten der börsennotierten Gesellschaft

(1) Die börsennotierte Gesellschaft hat Mitteilungen nach § 21 Abs. 1 und 1a unverzüglich, spätestens neun Kalendertage nach Zugang der Mitteilung, in deutscher Sprache in einem überregionalen Börsenpflichtblatt zu veröffentlichen. In der Veröffentlichung ist der Meldepflichtige mit Name oder Firma und Staat, in dem sich der Wohnort befindet, oder Sitz anzugeben. Die börsennotierte Gesellschaft hat im Bundesanzeiger unverzüglich bekanntzumachen, in welchem Börsenpflichtblatt die Mitteilung veröffentlicht worden ist.

(2) Sind die Aktien der börsennotierten Gesellschaft an einer Börse in einem anderen Mitgliedstaat der Europäischen Union oder in einem anderen Vertragsstaat des Abkommens über den Europäischen Wirtschaftsraum zum amtlichen Handel zugelassen, so hat die Gesellschaft die Veröffentlichung nach Absatz 1 Satz 1 und 2 unverzüglich, spätestens neun Kalendertage nach Zugang der Mitteilung, auch in einem Börsenpflichtblatt dieses Staates oder, sofern das Recht dieses Staates eine andere Form der Unterrichtung des Publikums vorschreibt, in dieser anderen Form vorzunehmen. Die Veröffentlichung muß in einer Sprache abgefaßt werden, die in diesem Staat für solche Veröffentlichungen zugelassen ist.

(3) Die börsennotierte Gesellschaft hat dem Bundesaufsichtsamt unverzüglich einen Beleg über die Veröffentlichung nach den Absätzen 1 und 2 zu übersenden. Das Bundesaufsichtsamt unterrichtet die in Absatz 2 genannten Börsen über die Veröffentlichung.

(4) Das Bundesaufsichtsamt befreit auf schriftlichen Antrag die börsennotierte Gesellschaft von den Veröffentlichungspflichten nach den Absätzen 1 und 2, wenn es nach Abwägung der Umstände der Auffassung ist, daß die Veröffentlichung dem öffentlichen Interesse zuwiderlaufen oder der Gesellschaft erheblichen Schaden zufügen würde, sofern im letzten Fall die Nichtveröffentlichung nicht zu einem Irrtum des Publikums über die für die Beurteilung der betreffenden Wertpapiere wesentlichen Tatsachen und Umstände führen kann.

§ 26 Veröffentlichungspflichten von Gesellschaften mit Sitz im Ausland

(1) Erreicht, übersteigt oder unterschreitet der Stimmrechtsanteil des Aktionärs einer Gesellschaft mit Sitz im Ausland, deren Aktien zum amtlichen Handel an einer inländischen Börse zugelassen sind, die in § 21 Abs. 1 Satz 1 genannten Schwellen, so ist die Gesellschaft, sofern nicht die Voraussetzungen des Absatzes 3 vorliegen, verpflichtet, diese Tatsache sowie die Höhe des Stimmrechtsanteils des Aktionärs unverzüglich, spätestens innerhalb von neun Kalendertagen, in einem überregionalen Börsenpflichtblatt zu veröffentlichen. Die Frist beginnt mit dem Zeitpunkt, zu dem die Gesellschaft Kenntnis hat, daß der Stimmrechtanteil des Aktionärs die in § 21 Abs. 1 Satz 1 genannten Schwellen erreicht, überschreitet oder unterschreitet.

(2) Auf die Veröffentlichungen nach Absatz 1 ist § 25 Abs. 1 Satz 2 und 3, Abs. 3 und 4 entsprechend anzuwenden.

(3) Gesellschaften mit Sitz in einem anderen Mitgliedstaat der Europäischen Union oder in einem anderen Vertragsstaat des Abkommens über den Europäischen Wirtschaftsraum, deren Aktien sowohl an einer Börse mit Sitzstaat als auch an einer inländischen Börse zum amtlichen Handel zugelassen sind, müssen Veröffentlichungen, die das Recht des Sitzstaates aufgrund des Artikels 10 der Richtlinie 88/627/EWG des Rates vom 12. Dezember 1988 über die bei Erwerb und Veräußerung einer bedeutenden Beteiligung an einer börsennotierten Gesellschaft

zu veröffentlichenden Informationen (ABl. EG Nr. L 348 S. 62) vorschreibt, im Inland in einem überregionalen Börsenpflichtblatt in deutscher Sprache vornehmen. § 25 Abs. 1 Satz 3 gilt entsprechend.

§ 27 Nachweis mitgeteilter Beteiligungen

Wer eine Mitteilung nach § 21 Abs. 1 oder 1a abgegeben hat, muß auf Verlangen des Bundesaufsichtsamtes oder der börsennotierten Gesellschaft das Bestehen der mitgeteilten Beteiligung nachweisen.

§ 28 Rechtsverlust

Rechte aus Aktien, die einem Meldepflichtigen gehören oder aus denen ihm Stimmrechte gemäß § 22 Abs. 1 Nr. 1 oder 2 zugerechnet werden, bestehen nicht für die Zeit, für welche die Mitteilungspflichten nach § 21 Abs. 1 oder 1a nicht erfüllt werden. Dies gilt nicht für Ansprüche nach § 58 Abs. 4 des Aktiengesetzes und § 271 des Aktiengesetzes, wenn die Mitteilung nicht vorsätzlich unterlassen wurde und nachgeholt worden ist.

§ 29 Befugnisse des Bundesaufsichtsamtes

(1) Das Bundesaufsichtsamt kann von der börsennotierten Gesellschaft, deren Aktionären und ehemaligen Aktionären sowie von Wertpapierdienstleistungsunternehmen Auskünfte und die Vorlage von Unterlagen verlangen, soweit dies zur Überwachung der Einhaltung der in diesem Abschnitt geregelten Pflichten erforderlich ist. Die Befugnisse nach Satz 1 bestehen auch gegenüber Personen und Unternehmen, deren Stimmrechte nach § 22 Abs. 1 zuzurechnen sind. § 16 Abs. 6 ist anzuwenden.

(2) Das Bundesaufsichtsamt kann Richtlinien aufstellen, nach denen es für den Regelfall beurteilt, ob die Voraussetzungen für einen mitteilungspflichtigen Vorgang oder eine Befreiung von den Mitteilungspflichten nach § 21 Abs. 1 gegeben sind. Die Richtlinien sind im Bundesanzeiger zu veröffentlichen.

(3) Das Bundesaufsichtsamt kann die Veröffentlichungen nach § 25 Abs. 1 und 2 auf Kosten der börsennotierten Gesellschaft vornehmen, wenn die Gesellschaft die Veröffentlichungspflicht nicht, nicht richtig, nicht vollständig oder nicht in der vorgeschriebenen Form erfüllt.

§ 30 Zusammenarbeit mit den zuständigen Stellen im Ausland

(1) Das Bundesaufsichtsamt arbeitet mit den zuständigen Stellen der anderen Mitgliedstaaten der Europäischen Union, der anderen Vertragsstaaten des Abkommens über
den Europäischen Wirtschaftsraum sowie in den Fällen der Nummern 1 und 4 auch
mit den entsprechenden Stellen von Drittstaaten zusammen, um insbesondere darauf hinzuwirken, daß

1. Meldepflichtige mit Wohnsitz, Sitz oder gewöhnlichem Aufenthalt in einem
dieser Staaten ihre Mitteilungspflichten ordnungsmäßig erfüllen,

2. börsennotierte Gesellschaften ihre Veröffentlichungspflicht nach § 25 Abs. 2
ordnungsgemäß erfüllen,

3. die nach den Vorschriften eines anderen Mitgliedstaates der Europäischen
Gemeinschaften oder eines anderen Vertragsstaates des Abkommens über den
Europäischen Wirtschaftsraum in diesem Staat Meldepflichtigen mit Wohnsitz
oder gewöhnlichem Aufenthalt im Inland ihre Mitteilungspflichten ordnungsmäßig erfüllen,

4. Gesellschaften mit Sitz im Ausland, deren Aktien an einer inländischen Börse
zum amtlichen Handel zugelassen sind, ihre Veröffentlichungspflichten im
Inland ordnungsmäßig erfüllen.

(2) Das Bundesaufsichtsamt darf den zuständigen Stellen der anderen Mitgliedstaaten
oder Vertragsstaaten Tatsachen einschließlich personenbezogener Daten übermitteln, soweit dies zur Überwachung der Einhaltung der Mitteilungs und Veröffentlichungspflichten erforderlich ist. Bei der Übermittlung ist darauf hinzuweisen, daß
die zuständigen Stellen, unbeschadet ihrer Verpflichtungen in strafrechtlichen
Angelegenheiten, die Verstöße gegen Mitteilungs oder Veröffentlichungspflichten
zum Gegenstand haben, die ihnen übermittelten Tatsachen einschließlich personenbezogener Daten ausschließlich zur Überwachung der Einhaltung dieser Pflichten
oder im Rahmen damit zusammenhängender Verwaltungs oder Gerichtsverfahren
verwenden dürfen.

(3) Dem Bundesaufsichtsamt stehen im Fall des Absatzes 1 Nr. 3 die Befugnisse nach
§ 29 Abs. 1 zu.

Abschnitt 5: Verhaltensregeln für Wertpapier-dienstleistungsunternehmen; Verjährung von Ersatzansprüchen

§ 31 Allgemeine Verhaltensregeln

(1) Ein Wertpapierdienstleistungsunternehmen ist verpflichtet,

1. Wertpapierdienstleistungen und Wertpapiernebendienstleistungen mit der erforderlichen Sachkenntnis, Sorgfalt und Gewissenhaftigkeit im Interesse seiner Kunden zu erbringen,

2. sich um die Vermeidung von Interessenkonflikten zu bemühen und dafür zu sorgen, daß bei unvermeidbaren Interessenkonflikten der Kundenauftrag unter der gebotenen Wahrung des Kundeninteresses ausgeführt wird.

(2) Es ist ferner verpflichtet,

1. von seinen Kunden Angaben über ihre Erfahrungen oder Kenntnisse in Geschäften, die Gegenstand von Wertpapierdienstleistungen oder Wertpapier-nebendienstleistungen sein sollen, über ihre mit den Geschäften verfolgten Ziele und über ihre finanziellen Verhältnisse zu verlangen,

2. seinen Kunden alle zweckdienlichen Informationen mitzuteilen,

soweit dies zur Wahrung der Interessen der Kunden und im Hinblick auf Art und Umfang der beabsichtigten Geschäfte erforderlich ist. Die Kunden sind nicht ver-pflichtet, dem Verlangen nach Angaben gemäß Satz 1 Nr. 1 zu entsprechen.

(3) Die Absätze 1 und 2 gelten auch für Unternehmen mit Sitz im Ausland, die Wert-papierdienstleistungen oder Wertpapiernebendienstleistungen gegenüber Kunden erbringen, die ihren gewöhnlichen Aufenthalt oder ihre Geschäftsleitung im Inland haben, sofern nicht die Wertpapierdienstleistung oder Wertpapiernebendienstleis-tung einschließlich der damit im Zusammenhang stehenden Nebenleistungen aus-schließlich im Ausland erbracht wird.

§ 32 Besondere Verhaltensregeln

(1) Einem Wertpapierdienstleistungsunternehmen oder einem mit ihm verbundenen Unternehmen ist es verboten,

1. Kunden des Wertpapierdienstleistungsunternehmens den Ankauf oder Verkauf von Wertpapieren, Geldmarktinstrumenten oder Derivaten zu empfehlen, wenn und soweit die Empfehlung nicht mit den Interessen der Kunden über-einstimmt;

2. Kunden des Wertpapierdienstleistungsunternehmens den Ankauf oder Verkauf von Wertpapieren, Geldmarktinstrumenten oder Derivaten zu dem Zweck zu empfehlen, für Eigengeschäfte des Wertpapierdienstleistungsunternehmens oder eines mit ihm verbundenen Unternehmens Preise in eine bestimmte Richtung zu lenken;

3. Eigengeschäfte aufgrund der Kenntnis von einem Auftrag eines Kunden des Wertpapierdienstleistungsunternehmens zum Ankauf oder Verkauf von Wertpapieren, Geldmarktinstrumenten oder Derivaten abzuschließen, die Nachteile für den Auftraggeber zur Folge haben können.

(2) Den Geschäftsinhabern eines in der Rechtsform des Einzelkaufmanns betriebenen Wertpapierdienstleistungsunternehmens, bei anderen Wertpapierdienstleistungsunternehmen den Personen, die nach Gesetz oder Gesellschaftsvertrag mit der Führung der Geschäfte des Unternehmens betraut und zu seiner Vertretung ermächtigt sind, sowie den Angestellten eines Wertpapierdienstleistungsunternehmens, die mit der Durchführung von Geschäften in Wertpapieren, Geldmarktinstrumenten oder Derivaten, der Wertpapieranalyse oder der Anlageberatung betraut sind, ist es verboten,

1. Kunden des Wertpapierdienstleistungsunternehmens den Ankauf oder Verkauf von Wertpapieren, Geldmarktinstrumenten oder Derivaten unter den Voraussetzungen des Absatzes 1 Nr. 1 oder zu dem Zweck zu empfehlen, für den Abschluß von Geschäften für sich oder Dritte Preise von Wertpapieren, Geldmarktinstrumenten oder Derivaten in eine bestimmte Richtung zu lenken;

2. aufgrund der Kenntnis von einem Auftrag eines Kunden des Wertpapierdienstleistungsunternehmen zum Ankauf oder Verkauf von Wertpapieren, Geldmarktinstrumenten oder Derivaten Geschäfte für sich oder einen Dritten abzuschließen, die Nachteile für den Auftraggeber zur Folge haben können.

(3) Die Absätze 1 und 2 gelten unter den in § 31 Abs. 3 bestimmten Voraussetzungen auch für Unternehmen mit Sitz im Ausland.

§ 33 Organisationspflichten

(1) Ein Wertpapierdienstleistungsunternehmen

1. ist verpflichtet, die für eine ordnungsmäßige Durchführung der Wertpapierdienstleistung und Wertpapiernebendienstleistung notwendigen Mittel und Verfahren vorzuhalten und wirksam einzusetzen;

2. muß so organisiert sein, daß bei der Erbringung der Wertpapierdienstleistung und Wertpapiernebendienstleistung Interessenkonflikte zwischen dem Wertpapierdienstleistungsunternehmen und seinen Kunden oder Interessenkonflikte zwischen verschiedenen Kunden des Wertpapierdienstleistungsunternehmens möglichst gering sind;

3. muß über angemessene interne Kontrollverfahren verfügen, die geeignet sind, Verstößen gegen Verpflichtungen nach diesem Gesetz entgegenzuwirken.

(2) Bereiche, die für die Durchführung der Wertpapierdienstleistungen oder Wertpapiernebendienstleistungen wesentlich sind, dürfen auf ein anderes Unternehmen
nur ausgelagert werden, wenn dadurch weder die Ordnungsmäßigkeit dieser
Dienstleistungen noch die Wahrnehmung der Pflichten nach Absatz 1, noch die
entsprechenden Prüfungsrechte und Kontrollmöglichkeiten des Bundesaufsichtsamtes beeinträchtigt werden. Das Wertpapierdienstleistungsunternehmen hat sich
insbesondere die erforderlichen Weisungsbefugnisse vertraglich zu sichern und die
ausgelagerten Bereiche in seine internen Kontrollverfahren einzubeziehen.

§ 34 Aufzeichnungs und Aufbewahrungspflichten

(1) Ein Wertpapierdienstleistungsunternehmen hat bei der Erbringung von Wertpapierdienstleistungen aufzuzeichnen

1. den Auftrag und hierzu erteilte Anweisungen des Kunden sowie die Ausführung des Auftrags,

2. den Namen des Angestellten, der den Auftrag des Kunden angenommen hat,
sowie die Uhrzeit der Erteilung und Ausführung des Auftrags,

3. die dem Kunden für den Auftrag in Rechnung gestellten Provisionen und
Spesen,

4. die Anweisungen des Kunden sowie die Erteilung des Auftrags an ein anderes
Wertpapierdienstleistungsunternehmen, soweit es sich um die Verwaltung von
Vermögen im Sinne des § 2 Abs. 3 Nr. 6 handelt,

5. die Erteilung eines Auftrags für eigene Rechnung an ein anderes Wertpapierdienstleistungsunternehmen, sofern das Geschäft nicht der Meldepflicht nach
§ 9 unterliegt; Aufträge für eigene Rechnung sind besonders zu kennzeichnen.

(2) Das Bundesministerium der Finanzen kann nach Anhörung der Deutschen Bundesbank durch Rechtsverordnung, die nicht der Zustimmung des Bundesrates bedarf,
die Wertpapierdienstleistungsunternehmen zu weiteren Aufzeichnungen verpflichten, soweit diese zur Überwachung der Verpflichtungen der Wertpapierdienstleistungsunternehmen durch das Bundesaufsichtsamt erforderlich sind. Das Bundesministerium der Finanzen kann die Ermächtigung durch Rechtsverordnung auf das
Bundesaufsichtsamt übertragen.

(3) Die Aufzeichnungen nach den Absätzen 1 und 2 sind mindestens sechs Jahre aufzubewahren. Für die Aufbewahrung gilt § 257 Abs. 3 und 5 des Handelsgesetzbuchs entsprechend.

§ 34a Getrennte Vermögensverwaltung

(1) Ein Wertpapierdienstleistungsunternehmen ohne eine Erlaubnis zum Betreiben des Einlagengeschäftes im Sinne des § 1 Abs. 1 Satz 2 Nr. 1 des Gesetzes über das Kreditwesen hat Kundengelder, die es im Zusammenhang mit einer Wertpapierdienstleistung oder einer Wertpapiernebendienstleistung entgegennimmt und im eigenen Namen und auf Rechnung der Kunden verwendet, unverzüglich getrennt von den Geldern des Unternehmens und von anderen Kundengeldern auf Treuhandkonten bei einem Kreditinstitut, das im Inland zum Betreiben des Einlagengeschäftes befugt ist, oder einem geeigneten Kreditinstitut mit Sitz im Ausland, das zum Betreiben des Einlagengeschäftes befugt ist, zu verwahren. Das Wertpapierdienstleistungsunternehmen hat dem Kreditinstitut vor der Verwahrung offenzulegen, daß die Gelder für fremde Rechnung eingelegt werden. Es hat den Kunden unverzüglich darüber zu unterrichten, auf welchem Konto die Kundengelder verwahrt werden und ob das Kreditinstitut, bei dem die Kundengelder verwahrt werden, Mitglied einer Einlagensicherungseinrichtung ist und in welchem Umfang die Kundengelder durch diese Einrichtung gesichert sind.

(2) Ein Wertpapierdienstleistungsunternehmen ohne eine Erlaubnis zum Betreiben des Depotgeschäftes im Sinne des § 1 Abs. 1 Satz 2 Nr. 5 des Gesetzes über das Kreditwesen hat Wertpapiere, die es im Zusammenhang mit einer Wertpapierdienstleistung oder einer Wertpapiernebendienstleistung entgegennimmt, unverzüglich einem Kreditinstitut, das im Inland zum Betreiben des Depotgeschäftes befugt ist, oder einem Kreditinstitut mit Sitz im Ausland, das zum Betreiben des Depotgeschäftes befugt ist und bei welchem dem Kunden eine Rechtsstellung eingeräumt wird, die derjenigen nach dem Depotgesetz gleichwertig ist, zur Verwahrung weiterzuleiten. Absatz 1 Satz 3 gilt entsprechend.

(3) Das Bundesministerium der Finanzen kann durch Rechtsverordnung, die nicht der Zustimmung des Bundesrates bedarf, zum Schutz der einem Wertpapierdienstleistungsunternehmen anvertrauten Gelder oder Wertpapiere der Kunden nähere Bestimmungen über den Umfang der Verpflichtungen nach den Absätzen 1 und 2 erlassen. Das Bundesministerium der Finanzen kann die Ermächtigung durch Rechtsverordnung auf das Bundesaufsichtsamt übertragen.

§ 35 Überwachung der Meldepflichten und Verhaltensregeln

(1) Das Bundesaufsichtsamt kann zur Überwachung der Einhaltung der in diesem Abschnitt geregelten Pflichten von den Wertpapierdienstleistungsunternehmen, den mit diesen verbundenen Unternehmen und den in § 32 Abs. 2 vor Nummer 1 genannten Personen Auskünfte und die Vorlage von Unterlagen verlangen und auch ohne besonderen Anlaß Prüfungen vornehmen. § 16 Abs. 6 ist anzuwenden. Während der üblichen Arbeitszeit ist den Bediensteten des Bundesaufsichtsamtes und den von ihm beauftragten Personen, soweit dies zur Wahrnehmung seiner Aufgaben nach diesem Abschnitt erforderlich ist, das Betreten der Grundstücke und Geschäftsräume der Wertpapierdienstleistungsunternehmen und der mit diesen verbundenen Unternehmen zu gestatten.

(2) Das Bundesaufsichtsamt kann zur Überwachung der Einhaltung der in diesem Abschnitt geregelten Pflichten Auskünfte und die Vorlage von Unterlagen auch von Unternehmen mit Sitz im Ausland verlangen, die Wertpapierdienstleistungen gegenüber Kunden erbringen, die ihren gewöhnlichen Aufenthalt oder ihre Geschäftsleitung im Inland haben, sofern nicht die Wertpapierdienstleistung einschließlich der damit im Zusammenhang stehenden Wertpapiernebendienstleistungen ausschließlich im Ausland erbracht wird.

(3) Das Bundesaufsichtsamt kann zur Überwachung der Einhaltung der in diesem Abschnitt geregelten Pflichten Auskünfte über die Geschäftsangelegenheiten, insbesondere über Art und Umfang der betriebenen Geschäfte, und die Vorlage von Unterlagen auch von solchen Kreditinstituten, Finanzdienstleistungsinstituten und nach § 53 Abs. 1 Satz 1 des Gesetzes über das Kreditwesen tätigen Unternehmen verlangen, bei denen Tatsachen die Annahme rechtfertigen, daß sie Wertpapierdienstleistungen erbringen. Absatz 1 Satz 2 und 3 gilt entsprechend.

(4) Die Befugnisse nach Absatz 1 stehen dem Bundesaufsichtsamt auch zur Überwachung der Meldepflichten nach § 9 gegenüber den in § 9 Abs. 1 Satz 1, 3 und 4 genannten Unternehmen zu. § 16 Abs. 6 ist anzuwenden.

(5) Widerspruch und Anfechtungsklage gegen Maßnahmen nach den Absätzen 1, 3 und 4 haben keine aufschiebende Wirkung.

(6) Das Bundesaufsichtsamt kann Richtlinien aufstellen, nach denen es für den Regelfall beurteilt, ob die Anforderungen nach den §§ 31 bis 33 erfüllt sind. Die Deutsche Bundesbank, das Bundesaufsichtsamt für das Kreditwesen sowie die Spitzenverbände der betroffenen Wirtschaftskreise sind vor dem Erlaß der Richtlinien anzuhören; Richtlinien zu § 33 sind im Einvernehmen mit dem Bundesaufsichtsamt für das Kreditwesen zu erlassen. Die Richtlinien sind im Bundesanzeiger zu veröffentlichen.

§ 36 Prüfung der Meldepflichten und Verhaltensregeln

(1) Unbeschadet des § 35 ist die Einhaltung der Meldepflichten nach § 9 und der in diesem Abschnitt geregelten Pflichten einmal jährlich durch einen geeigneten Prüfer zu prüfen. Das Wertpapierdienstleistungsunternehmen hat den Prüfer jeweils spätestens zum Ablauf des Geschäftsjahres zu bestellen, auf das sich die Prüfung erstreckt. Bei Kreditinstituten, die einem genossenschaftlichen Prüfungsverband angehören oder durch die Prüfungsstelle eines Sparkassen- und Giroverbandes geprüft werden, wird die Prüfung durch den zuständigen Prüfungsverband oder die zuständige Prüfungsstelle, soweit hinsichtlich letzterer das Landesrecht dies vorsieht, vorgenommen. Geeignete Prüfer sind darüber hinaus Wirtschaftsprüfer, vereidigte Buchprüfer sowie Wirtschaftsprüfungs- und Buchprüfungsgesellschaften, die hinsichtlich des Prüfungsgegenstandes über ausreichende Kenntnisse verfügen. Der Prüfer hat unverzüglich nach Beendigung der Prüfung einen Prüfungsbericht dem Bundesaufsichtsamt, dem Bundesaufsichtsamt für das Kreditwesen und der Deutschen Bundesbank einzureichen. Soweit die Prüfungen von genossenschaftlichen Prüfungsverbänden oder Prüfungsstellen von Sparkassen- und Giroverbänden durchgeführt werden, haben die Prüfungsverbände oder Prüfungsstellen den Prüfungsbericht nur auf Anforderung des Bundesaufsichtsamtes, des Bundesaufsichtsamtes für das Kreditwesen oder der Deutschen Bundesbank einzureichen.

(2) Das Wertpapierdienstleistungsunternehmen hat vor Erteilung des Prüfungsauftrags dem Bundesaufsichtsamt den Prüfer anzuzeigen. Das Bundesaufsichtsamt kann innerhalb eines Monats nach Zugang der Anzeige die Bestellung eines anderen Prüfers verlangen, wenn dies zur Erreichung des Prüfungszweckes geboten ist; Widerspruch und Anfechtungsklage hiergegen haben keine aufschiebende Wirkung. Das Bundesaufsichtsamt unterrichtet das Bundesaufsichtsamt für das Kreditwesen über seine Entscheidung. Die Sätze 1 bis 3 gelten nicht für Kreditinstitute, die einem genossenschaftlichen Prüfungsverband angehören oder durch die Prüfungsstelle eines Sparkassen- und Giroverbandes geprüft werden.

(3) Das Bundesaufsichtsamt kann gegenüber dem Wertpapierdienstleistungsunternehmen Bestimmungen über den Inhalt der Prüfung treffen, die vom Prüfer zu berücksichtigen sind. Es kann insbesondere Schwerpunkte der Prüfungen festsetzen. Bei schwerwiegenden Verstößen gegen die Meldepflichten nach § 9 oder die in diesem Abschnitt geregelten Pflichten hat der Prüfer das Bundesaufsichtsamt unverzüglich zu unterrichten. Das Bundesaufsichtsamt kann an den Prüfungen teilnehmen. Hierfür ist dem Bundesaufsichtsamt der Beginn der Prüfung rechtzeitig mitzuteilen.

(4) Das Bundesaufsichtsamt kann in Einzelfällen die Prüfung nach Absatz 1 anstelle des Prüfers selbst oder durch Beauftragte durchführen. Das Wertpapierdienstleistungsunternehmen ist hierüber rechtzeitig zu informieren.

(5) Das Bundesministerium der Finanzen kann durch Rechtsverordnung, die nicht der Zustimmung des Bundesrates bedarf, nähere Bestimmungen über Art, Umfang und Zeitpunkt der Prüfung nach Absatz 1 erlassen, soweit dies zur Erfüllung der Aufgaben des Bundesaufsichtsamtes erforderlich ist, insbesondere um Mißständen im Handel mit Wertpapieren, Geldmarktinstrumenten und Derivaten entgegenzuwirken, um auf die Einhaltung der Meldepflichten nach § 9 und der in diesem Abschnitt geregelten Pflichten hinzuwirken und um zu diesem Zweck einheitliche Unterlagen zu erhalten. Das Bundesministerium der Finanzen kann die Ermächtigung durch Rechtsverordnung auf das Bundesaufsichtsamt übertragen.

§ 36a Unternehmen mit Sitz in einem anderen Mitgliedstaat der Europäischen Union oder in einem anderen Vertragsstaat des Abkommens über den Europäischen Wirtschaftsraum

(1) Ein Unternehmen mit Sitz in einem anderen Mitgliedstaat der Europäischen Union oder in einem anderen Vertragsstaat des Abkommens über den Europäischen Wirtschaftsraum, das Wertpapierdienstleistungen allein oder zusammen mit Wertpapiernebendienstleistungen erbringt und das beabsichtigt, im Inland eine Zweigniederlassung zu errichten oder Wertpapierdienstleistungen und Wertpapiernebendienstleistungen gegenüber Kunden zu erbringen, die ihren gewöhnlichen Aufenthaltsort oder ihre Geschäftsleitung im Inland haben, ist vom Bundesaufsichtsamt innerhalb der in § 53b Abs. 2 Satz 1 des Gesetzes über das Kreditwesen bestimmten Frist auf die Meldepflichten nach § 9 und die in diesem Abschnitt geregelten Pflichten hinzuweisen.

(2) Stellt das Bundesaufsichtsamt fest, daß ein Unternehmen im Sinne des Absatzes 1, das im Inland eine Zweigniederlassung hat oder Wertpapierdienstleistungen oder Wertpapiernebendienstleistungen gegenüber den in Absatz 1 genannten Kunden erbringt, die Meldepflichten nach § 9 oder die in diesem Abschnitt geregelten Pflichten nicht beachtet, fordert es das Unternehmen auf, seine Verpflichtungen innerhalb einer vom Bundesaufsichtsamt zu bestimmenden Frist zu erfüllen. Kommt das Unternehmen der Aufforderung nicht nach, unterrichtet das Bundesaufsichtsamt die zuständigen Behörden des Herkunftsstaats. Das Bundesaufsichtsamt unterrichtet das Bundesaufsichtsamt für das Kreditwesen, sofern der Herkunftsstaat keine Maßnahmen ergreift oder sich die Maßnahmen als unzureichend erweisen.

§ 36b Werbung der Wertpapierdienstleistungsunternehmen

(1) Um Mißständen bei der Werbung für Wertpapierdienstleistungen und Wertpapiernebendienstleistungen zu begegnen, kann das Bundesaufsichtsamt den Wertpapierdienstleistungsunternehmen bestimmte Arten der Werbung untersagen.

(2) Vor allgemeinen Maßnahmen nach Absatz 1 sind die Spitzenverbände der betroffenen Wirtschaftskreise und des Verbraucherschutzes anzuhören.

§ 36c Zusammenarbeit mit zuständigen Stellen im Ausland

(1) Das Bundesaufsichtsamt übermittelt den zuständigen Stellen der anderen Mitgliedstaaten der Europäischen Union und der anderen Vertragsstaaten des Abkommens
über den Europäischen Wirtschaftsraum die Informationen, die für diese Stellen zur
Überwachung der Einhaltung der nach den Vorschriften des anderen Mitgliedstaats
oder Vertragsstaats geltenden Verhaltensregeln erforderlich sind. Es macht von
seinen Befugnissen nach § 35 Abs. 1 Gebrauch, soweit dies zur Erfüllung des Aus-
kunftersuchens der in Satz 1 genannten zuständigen Stellen erforderlich ist.

(2) Bei der Übermittlung von Informationen sind die zuständigen Stellen im Sinne des
Absatzes 1 Satz 1 darauf hinzuweisen, daß sie unbeschadet ihrer Verpflichtungen
in strafrechtlichen Angelegenheiten, die Verstöße gegen Verhaltensregeln zum
Gegenstand haben, die ihnen übermittelten Informationen ausschließlich zur Überwachung der Einhaltung der Verhaltensregeln oder im Rahmen damit zusammenhängender Verwaltungs- und Gerichtsverfahren verwenden dürfen.

(3) Das Bundesaufsichtsamt darf die ihm von den zuständigen Stellen im Sinne des
Absatzes 1 Satz 1 übermittelten Informationen, unbeschadet seiner Verpflichtungen
in strafrechtlichen Angelegenheiten, die Verstöße gegen Verhaltensregeln zum
Gegenstand haben, ausschließlich für die Überwachung der Einhaltung der Verhal-
tensregeln oder im Rahmen damit zusammenhängender Verwaltungs- und
Gerichtsverfahren verwenden. Eine Verwendung dieser Informationen für andere
Zwecke der Überwachung nach § 7 Abs. 2 Satz 1 oder in strafrechtlichen Angele-
genheiten in diesen Bereichen oder ihre Weitergabe an zuständige Stellen anderer
Staaten für Zwecke nach Satz 1 bedarf der Zustimmung der übermittelnden Stelle.

(4) Das Bundesaufsichtsamt kann für die Überwachung der Einhaltung der in den
§§ 31 und 32 geregelten Pflichten und entsprechender ausländischer Verhaltensregeln mit den zuständigen Stellen anderer als der in Absatz 1 Satz 1 genannten
Staaten zusammenarbeiten und diesen Stellen Informationen nach Maßgabe des § 7
Abs. 2 übermitteln. Absatz 1 Satz 2 ist entsprechend anzuwenden.

§ 37 Ausnahmen

(1) Die §§ 31, 32 und 34 gelten nicht für Geschäfte, die an einer Börse zwischen zwei Wertpapierdienstleistungsunternehmen abgeschlossen werden und zu Börsenpreisen führen. Wertpapierdienstleistungsunternehmen, die an einer Börse ein Geschäft als Kommissionär abschließen, unterliegen insoweit den Pflichten nach § 34.

(2) § 33 gilt nicht für ein Wertpapierdienstleistungsunternehmen, das ausschließlich Geschäfte betreibt, die in Absatz 1 Satz 1 genannt sind.

(3) § 33 Abs. 1 Nr. 2 und 3 und Abs. 2 sowie die §§ 34 und 34a gelten nicht für Zweigniederlassungen von Unternehmen im Sinne des § 53b Abs. 1 Satz 1 des Gesetzes über das Kreditwesen.

§ 37a Verjährung von Ersatzansprüchen

Der Anspruch des Kunden gegen ein Wertpapierdienstleistungsunternehmen auf Schadensersatz wegen Verletzung der Pflicht zur Information und wegen fehlerhafter Beratung im Zusammenhang mit einer Wertpapierdienstleistung oder Wertpapiernebendienstleistung verjährt in drei Jahren von dem Zeitpunkt an, in dem der Anspruch entstanden ist.

Abschnitt 6: Straf und Bußgeldvorschriften

§ 38 Strafvorschriften

(1) Mit Freiheitsstrafe bis zu fünf Jahren oder mit Geldstrafe wird bestraft, wer

1. entgegen einem Verbot nach § 14 Abs. 1 Nr. 1 oder Abs. 2 ein Insiderpapier erwirbt oder veräußert,

2. entgegen einem Verbot nach § 14 Abs. 1 Nr. 2 eine Insidertatsache mitteilt oder zugänglich macht oder

3. entgegen einem Verbot nach § 14 Abs. 1 Nr. 3 den Erwerb oder die Veräußerung eines Insiderpapiers empfiehlt.

(2) Einem Verbot im Sinne des Absatzes 1 steht ein entsprechendes ausländisches Verbot gleich.

§ 39 Bußgeldvorschriften

(1) Ordnungswidrig handelt, wer vorsätzlich oder leichtfertig

1. entgegen
    a) § 9 Abs. 1 Satz 1, 2 oder 3 jeweils in Verbindung mit Absatz 2, auch in Verbindung mit einer Rechtsverordnung nach Absatz 3,
    b) § 15 Abs. 2 Satz 1 oder
    c) § 21 Abs. 1 Satz 1 oder 1a, jeweils auch in Verbindung mit § 22 Abs. 1 oder 2,

    eine Mitteilung nicht, nicht richtig, nicht vollständig, nicht in der vorgeschriebenen Form oder nicht rechtzeitig macht,

2. entgegen
    a) § 15 Abs. 1 Satz 1 in Verbindung mit Abs. 3 Satz 1 oder
    b) § 25 Abs. 1 Satz 1 in Verbindung mit Satz 2, § 25 Abs. 2 Satz 1 in Verbindung mit Satz 2 oder § 26 Abs. 1 Satz 1

    eine Veröffentlichung nicht, nicht richtig, nicht vollständig, nicht in der vorgeschriebenen Form oder nicht rechtzeitig vornimmt,

3. entgegen § 15 Abs. 3 Satz 2 eine Veröffentlichung vornimmt,

4. entgegen § 25 Abs. 1 Satz 3, auch in Verbindung mit § 26 Abs. 3 Satz 2, eine Bekanntmachung nicht, nicht richtig oder nicht rechtzeitig vornimmt,

5. entgegen § 15 Abs. 4 oder § 25 Abs. 3 Satz 1, auch in Verbindung mit § 26 Abs. 2, eine Veröffentlichung oder einen Beleg nicht oder nicht rechtzeitig übersendet,

6. entgegen § 16 Abs. 2 Satz 5 oder § 34 Abs. 1, auch in Verbindung mit einer Rechtsverordnung nach § 34 Abs. 2 Satz 1, eine Aufzeichnung nicht, nicht richtig, nicht vollständig oder nicht rechtzeitig fertigt,

7. entgegen § 16 Abs. 8 die Auftraggeber oder die berechtigten oder verpflichteten Personen oder Unternehmen in Kenntnis setzt,

8. entgegen § 34 Abs. 3 Satz 1 eine Aufzeichnung nicht oder nicht mindestens sechs Jahre aufbewahrt,

9. einer Vorschrift des § 34a Abs. 1 oder 2, jeweils auch in Verbindung mit einer Rechtsverordnung nach Abs. 3 Satz 1, über die getrennte Vermögensverwaltung zuwiderhandelt oder

10. entgegen § 36 Abs. 1 Satz 2 einen Prüfer nicht oder nicht rechtzeitig bestellt.

(2) Ordnungswidrig handelt, wer vorsätzlich oder fahrlässig

1. einer vollziehbaren Anordnung nach § 15 Abs. 5 Satz 1, § 16 Abs. 2, 3 Satz 1, Abs. 4 oder 5, § 29 Abs. 1, auch in Verbindung mit § 30 Abs. 3, oder § 35 Abs. 1 Satz 1, auch in Verbindung mit Abs. 4 Satz 1 zuwiderhandelt,

2. ein Betreten entgegen § 15 Abs. 5 Satz 2, § 16 Abs. 3 Satz 2 oder § 35 Abs. 1 Satz 3 nicht gestattet oder entgegen § 16 Abs. 3 Satz 3 nicht duldet oder

3. einer vollziehbaren Anordnung nach § 36b Abs. 1 zuwiderhandelt.

(3) Die Ordnungswidrigkeit kann in den Fällen des Absatzes 1 Nr. 2 Buchstabe a und Nr. 3 mit einer Geldbuße bis zu drei Millionen Deutsche Mark, in den Fällen des Absatzes 1 Nr. 1 Buchstabe b und c mit einer Geldbuße bis zu fünfhunderttausend Deutsche Mark, in den Fällen des Absatzes 1 Nr. 9 und des Absatzes 2 Nr. 3 mit einer Geldbuße bis zu zweihunderttausend Deutsche Mark, in den übrigen Fällen mit einer Geldbuße bis zu einhunderttausend Deutsche Mark geahndet werden.

§ 40 Zuständige Verwaltungsbehörde

Verwaltungsbehörde im Sinne des § 36 Abs. 1 Nr. 1 des Gesetzes über Ordnungswidrigkeiten ist das Bundesaufsichtsamt für den Wertpapierhandel.

Abschnitt 7: Übergangsbestimmungen

§ 41 Erstmalige Mitteilungs- und Veröffentlichungspflichten

(1) Ein Unternehmen im Sinne des § 9 Abs. 1 Satz 1, das am 1. August 1997 besteht und nicht bereits vor diesem Zeitpunkt der Meldepflicht nach § 9 Abs. 1 unterlag, muß Mitteilungen nach dieser Bestimmung erstmals am 1. Februar 1998 abgeben.

(2) Wem am 1. Januar 1995 unter Berücksichtigung des § 22 Abs. 1 fünf Prozent oder mehr der Stimmrechte einer börsennotierten Gesellschaft zustehen, hat spätestens am Tag der ersten Hauptversammlung der Gesellschaft, die nach dem 1. April 1995 stattfindet, der Gesellschaft sowie dem Bundesaufsichtsamt die Höhe seines Anteils am stimmberechtigten Kapital unter Angabe seiner Anschrift schriftlich mitzuteilen, sofern nicht zu diesem Zeitpunkt bereits eine Mitteilung gemäß § 21 Abs. 1 abgegeben worden ist.

(3) Die Gesellschaft hat Mitteilungen nach Absatz 2 innerhalb von einem Monat nach Zugang nach Maßgabe des § 25 Abs. 1 Satz 1, Abs. 2 zu veröffentlichen und dem Bundesaufsichtsamt unverzüglich einen Beleg über die Veröffentlichung zu übersenden.

(4) Auf die Pflichten nach den Absätzen 2 und 3 sind die §§ 23, 24, 25 Abs. 1 Satz 3, Abs. 3 Satz 2, Abs. 4, §§ 27 bis 30 entsprechend anzuwenden.

(5) Ordnungswidrig handelt, wer vorsätzlich oder leichtfertig

1. entgegen Absatz 2 eine Mitteilung nicht, nicht richtig, nicht vollständig, nicht in der vorgeschriebenen Form oder nicht rechtzeitig macht oder

2. entgegen Absatz 3 in Verbindung mit § 25 Abs. 1 Satz 1 oder Abs. 2 eine Veröffentlichung nicht, nicht richtig, nicht vollständig, nicht in der vorgeschriebenen Form oder nicht rechtzeitig vornimmt oder einen Beleg nicht oder nicht rechtzeitig übersendet.

(6) Die Ordnungswidrigkeit kann in den Fällen des Absatzes 5 Nr. 1 mit einer Geldbuße bis zu fünfhunderttausend Deutsche Mark und in den Fällen des Absatzes 5 Nr. 2 mit einer Geldbuße bis zu einhunderttausend Deutsche Mark geahndet werden.

§ 42 Übergangsregelung für die Kostenerstattungspflicht nach § 11

Die nach § 11 Abs. 1 Satz 1 in der Fassung des Gesetzes vom 26. Juli 1994 (BGBl. I S. 1749) zur Erstattung der Kosten des Bundesaufsichtsamtes Verpflichteten können für die Zeit bis Ende 1996 den Nachweis über den Umfang der Geschäfte in Wertpapieren und Derivaten auch anhand der im Jahre 1996 und für 1997 anhand der Zahl der im Jahre 1997 gemäß § 9 mitgeteilten Geschäfte führen.

§ 43 Übergangsregelung für die Verjährung von Ersatzansprüchen nach § 37a

§ 37a ist nicht anzuwenden auf Ansprüche gegen Wertpapierdienstleistungsunternehmen auf Schadensersatz wegen Verletzung der Pflicht zur Information und wegen fehlerhafter Beratung im Zusammenhang mit einer Wertpapierdienstleistung oder Wertpapiernebendienstleistung, die vor dem 1. April 1998 entstanden sind.

BUNDESAUFSICHTSAMT
FÜR DAS
KREDITWESEN

INFORMATIONSBLATT 1/97

für inländische Unternehmen im Finanzdienstleistungssektor
(Stand: April 1998)

Bundesaufsichtsamt für das Kreditwesen, Gardeschützenweg 71-101, 12203 Berlin
Telefon : (030) 8436 - 0 Telefax : (030) 8436 - 1550

Seit Inkrafttreten des Gesetzes über das Kreditwesen in der Fassung von Artikel 1 des Gesetzes zur Umsetzung von EG-Richtlinien zur Harmonisierung bank- und wertpapieraufsichtsrechtlicher Vorschriften vom 22. Oktober 1997 (BGBl. I S. 2518) - KWG - am 1. Januar 1998 bedarf derjenige, der gewerbsmäßig oder in einem eine kaufmännische Einrichtung erfordernden Umfang Finanzdienstleistungen und/oder das Finanzkommissionsgeschäft sowie das Emissionsgeschäft erbringen will, der Erlaubnis des Bundesaufsichtsamtes für das Kreditwesen - im folgenden: Bundesaufsichtsamt - gemäß § 32 Abs. 1 Satz 1 KWG und unterliegt als Finanzdienstleistungsinstitut oder Wertpapierhandelsbank wie die Kreditinstitute der ständigen Aufsicht.

Die Erlaubnis zum Erbringen der vorgenannten Geschäfte muß vor Aufnahme der Geschäftstätigkeit vorliegen, da deren Betreiben ohne Erlaubnis gemäß § 54 Abs. 1 Nr. 2 KWG strafbar ist. Auch Eintragungen in öffentliche Register (z.B. Handelsregister) dürfen nur vorgenommen werden, wenn dem Registergericht die Erlaubnis nachgewiesen worden ist (§ 43 Abs. 1 KWG) Um den Betroffenen einen ersten Überblick über die gesetzlichen Bestimmungen zu geben, enthält dieses Blatt Informationen zu den folgenden Themen:

Abschnitt   I.:   Finanzdienstleistungen und bisher erlaubnisfreie Bankgeschäfte der Wertpapierhandelsbanken

Abschnitt II.:   Finanzinstrumente

Abschnitt III.:   Kriterien für die Finanzdienstleistungsinstitutseigenschaft

Abschnitt IV.:   Aufsicht

Abschnitt V.:   Wertpapierhandelsbanken und Wertpapierhandelsunternehmen

Abschnitt VI.:   Ausnahmen

Abschnitt VII.:   Ansprechpartner

I. Finanzdienstleistungen und bisher erlaubnisfreie Bankgeschäfte der Wertpapierhandelsbanken

A. Finanzdienstleistungen (§ 1 Abs. 1a Satz 2 KWG)

Was als **Finanzdienstleistung** anzusehen ist, wird abschließend in § 1 Abs. 1a Satz 2 Nrn. 1 - 7 KWG normiert. Danach sind als Finanzdienstleistungen zu qualifizieren:

1. die Vermittlung von Geschäften über die Anschaffung und die Veräußerung von Finanzinstrumenten oder deren Nachweis (Anlagevermittlung),

2. die Anschaffung und die Veräußerung von Finanzinstrumenten im fremden Namen für fremde Rechnung (Abschlußvermittlung),

3. die Verwaltung einzelner in Finanzinstrumenten angelegter Vermögen für andere mit Entscheidungsspielraum (Finanzportfolioverwaltung),

4. die Anschaffung und die Veräußerung von Finanzinstrumenten im Wege des Eigenhandels für andere (Eigenhandel),

5. die Vermittlung von Einlagengeschäften mit Unternehmen mit Sitz außerhalb des Europäischen Wirtschaftsraums (Drittstaateneinlagenvermittlung),

6. die Besorgung von Zahlungsaufträgen (Finanztransfergeschäft) und

7. der Handel mit Sorten (Sortengeschäft).

Nachfolgend werden die oben genannten Finanzdienstleistungen näher erläutert.

Anlagevermittlung (Nr. 1)

Die Tätigkeit des Anlagevermittlers besteht in der Entgegennahme und der Übermittlung von Aufträgen von Anlegern, soweit sie sich auf Finanzinstrumente im Sinne des § 1 Abs. 11 KWG (siehe unter II.) bezieht.

Die Vermittlung darf sich jedoch nicht auf die bloße Weiterleitung des Auftrages (Botentätigkeit) beschränken. Für die Abgrenzung zwischen Vermittler und Bote kommt es nicht auf die Bezeichnung, sondern auf den materiellen Inhalt der Tätigkeit an.

Erfaßt wird auch die Tätigkeit des Nachweismaklers im Sinne des § 34c Gewerbeordnung.

Der Nachweis der Gelegenheit zum Abschluß von Verträgen besteht darin, daß ein bisher unbekannter Vertragspartner benannt wird, so daß der Kunde selbst den Vertrag schließen kann.

Da der Vertragsabschluß unmittelbar zwischen dem Kunden und dem Vertragsunternehmen erfolgt, kann es in Einzelfällen Probleme bereiten, die Anlagevermittlung von der reinen Anlageberatung abzugrenzen. Einen Anhaltspunkt, ob die Anlagevermittlung oder Anlageberatung vorliegt, können die Provisionszahlungen geben:

-   Erhält der Betroffene Provisionszahlungen von dem Unternehmen, an das es Finanzinstrumente vermittelt, liegt der Schluß nahe, daß er als Anlagevermittler einzustufen ist.

-   Erhält der Betroffene dagegen von seinem Kunden eine Vergütung für die Beratung, ist zunächst davon auszugehen, daß eine Anlageberatung vorliegt.

Abschlußvermittlung (Nr. 2)

Die Regelung erfaßt die offene Stellvertretung. Sie deckt sich mit der Tätigkeit des Abschlußmaklers im Sinne des § 34c Gewerbeordnung, sofern er eine Partei bei Abschluß des Geschäfts vertritt. Diese Partei ist zumeist das Vertragsunternehmen, mit dem der Kunde bei Abschluß nicht in Kontakt kommt.

Anlage- und Abschlußvermittlung werden im Rahmen des KWG gleichgestellt.

Finanzportfolioverwaltung (Nr. 3)

Erfaßt wird die Verwaltung von Finanzinstrumenten, die dem Verwalter einen Entscheidungsspielraum bei den Anlageentscheidungen einräumt. Ein Entscheidungsspielraum ist gegeben, wenn die konkreten Anlageentscheidungen im eigenen Ermessen des Verwalters liegen. Erteilt dagegen der Anleger aufgrund einer Anlageberatung eine dem Beratungsergebnis entsprechende, bestimmte Weisung, ohne daß der Verwalter bei der Ausführung des Auftrages einen eigenen Ermessensspielraum hat, liegt keine Finanzportfolioverwaltung vor. Der Verwalter ist aber als Abschlußvermittler einzustufen, sobald er die Geschäfte in fremdem Namen für fremde Rechnung tätigt.

Als Finanzportfolioverwaltung ist z.B. auch das sog. Fonds-Picking anzusehen, auch wenn das innerhalb eines Umbrellafonds stattfindet. In den Portfolios können auch Vermögen verschiedener Kunden zusammengefaßt werden (z.B. Vermögen einer GbR).

Soweit es um Wertpapiere geht, hat der Portfolioverwalter die Papiere auf einem Wertpapierdepot des Kunden bei einem Unternehmen, das zum Betreiben des Depotgeschäfts befugt ist, verwahren zu lassen; andernfalls bedarf er einer Erlaubnis zum Betreiben des Depotgeschäfts und ist als Kreditinstitut zu qualifizieren.

Eigenhandel (Nr. 4)

Beim Handel im Auftrag eines Kunden als Eigenhändler tritt das Institut seinem Kunden nicht als Kommissionär, sondern als Käufer oder Verkäufer gegenüber. Auch wenn es sich zivilrechtlich hierbei um einen reinen Kaufvertrag handelt, ist das Geschäft Dienstleistung im Sinne der Wertpapierdienstleistungsrichtlinie.

Der Handel in Wertpapieren und anderen Finanzinstrumenten ist als Dienstleistung für andere immer jeweils einer der drei folgenden Kategorien zuzuordnen:

·   der Handel im fremden Namen für fremde Rechnung (offene Stellvertretung) ist Finanzdienstleistung im Sinne des § 1 Abs. 1a Satz 2 Nr. 2 KWG (Abschlußvermittlung);

·   der Handel im eigenen Namen für fremde Rechnung (verdeckte Stellvertretung) ist Bankgeschäft im Sinne des § 1 Abs. 1 Satz 2 Nr. 4 KWG (Finanzkommissionsgeschäft);

·   der Handel im eigenen Namen für eigene Rechnung, ist - sofern er Dienstleistung für andere darstellt - Finanzdienstleistung im Sinne des § 1 Abs. 1a Satz 2 Nr. 4 KWG (Eigenhandel).

Drittstaateneinlagenvermittlung (Nr. 5)

Hierzu zählt die Vermittlung des Abschlusses von Verträgen über Einlagen mit Adressen in Staaten außerhalb des Europäischen Wirtschaftsraumes sowie die Entgegennahme von Einlagegeldern im Inland und das Weiterleiten an solche Adressen. Sofern ein „Treuhänder" offiziell auf Weisung eines ausländischen Unternehmens Anlagegelder entgegennimmt, liegt eine nach § 53 KWG erlaubnispflichtige Zweigstellentätigkeit (Einlagengeschäft) vor.

Finanztransfergeschäft (Nr. 6)

Hierunter fällt der gewerbsmäßige, insbesondere nicht kontengebundene Transfer von Geld als Dienstleistung für andere. Auf die Nähe des Finanztransfergeschäfts zu dem zu den Bankgeschäften zählenden Girogeschäft (§ 1 Abs. 1 Satz 2 Nr. 9 KWG) wird hingewiesen.

Sortengeschäft (Nr. 7)

Das Sortengeschäft umfaßt den Austausch von Banknoten oder Münzen, die gesetzliche Zahlungsmittel darstellen, sowie den Verkauf und Ankauf von Reiseschecks. Wechselstuben sind damit Finanzdienstleistungsinstitute (siehe aber VI. 8.).

B. Bisher erlaubnisfreie Bankgeschäfte der Wertpapierhandelsbanken (§ 1 Abs. 1 Satz 2 Nrn. 4 und 10 KWG)

1. Finanzkommissionsgeschäft (Nr. 4)

Unter dem Begriff Finanzkommissionsgeschäft versteht man die Anschaffung und die Veräußerung von Finanzinstrumenten **im eigenen Namen für fremde Rechnung**. Es ist eine Erweiterung des bisher bereits als Bankgeschäft geltenden Effektengeschäfts, das lediglich die Anschaffung und die Veräußerung von Wertpapieren und ihrer Derivate zum Gegenstand hatte.

2. Emissionsgeschäft (Nr. 10)

Vom Finanzkommissionsgeschäft und dem Eigenhandel zu trennen ist das Emissionsgeschäft (Underwriting), das **die Übernahme von Finanzinstrumenten für eigenes Risiko zur Plazierung oder die Übernahme gleichwertiger Garantien** zum Gegenstand hat. Es umfaßt sowohl die Erstemission als auch jede weitere Übernahme, z.B. im Rahmen einer Privatisierung.

Ein Bankgeschäft in diesem Sinne liegt bei dem sog. Übernahmekonsortium vor, bei dem mehrere Dienstleistungsunternehmen eine Emission zu einem festen Kurs in den eigenen Bestand übernehmen, dem Emittenten sofort den Gegenwert vergüten und die übernommenen Finanzinstrumente anschließend im eigenen Namen und für eigene Rechnung plazieren.

Kein Emissionsgeschäft in diesem Sinne liegt dagegen bei dem Begebungskonsortium (Plazierung im eigenen Namen für Rechnung des Emittenten) und bei dem Geschäftsbesorgungskonsortium (Plazierung in offener Stellvertretung, also im Namen und für Rechnung des Emittenten) vor, es sei denn, die Konsorten verpflichten sich, nicht verkaufte Emissionen in den Eigenbestand zu übernehmen, also garantiemäßig für den Erfolg der Plazierung einzustehen. Beim Begebungskonsortium liegt indessen ein Bankgeschäft im Sinne des § 1 Abs. 1 Satz 2 Nr. 4 KWG (Finanzkommissionsgeschäft), beim Geschäftsbesorgungskonsortium eine Finanzdienstleistung im Sinne des § 1 Abs. 1a Satz 2 Nr. 2 KWG (Abschlußvermittlung) vor.

II. Finanzinstrumente (§ 1 Abs. 11 KWG)

Für die Definition der in § 1 Abs. 1a Satz 2 Nrn. 1 - 4 KWG aufgezählten Finanzdienstleistungen sowie des Finanzkommissionsgeschäftes und des Emissionsgeschäftes (§ 1 Abs. 1 Satz 2 Nrn. 4 und 10 KWG) ist der Begriff der Finanzinstrumente wesentlich. Hierunter werden vier Gattungen von Finanzprodukten zusammengefaßt: Handelbare Wertpapiere, Geldmarktinstrumente, Devisen oder Rechnungseinheiten sowie Derivate (§ 1 Abs. 11 Satz 1 KWG). Die folgenden Legaldefinitionen der Begriffe Wertpapiere, Geldmarktinstrumente und Derivate gibt § 1 Abs. 11 Satz 2 - 4 KWG:

Wertpapiere sind, auch wenn keine Urkunden über sie ausgestellt sind,

1. Aktien, Zertifikate, die Aktien vertreten, Schuldverschreibungen, Genußscheine, Optionsscheine und

2. andere Wertpapiere, die mit Aktien oder Schuldverschreibungen vergleichbar sind,

wenn sie an einem Markt gehandelt werden können; der Begriff „Markt" umfaßt sowohl den organisierten (z.b. Börse) als auch den nicht organisierten Markt (z.B. Telefonhandel).

Wertpapiere sind auch Anteilscheine, die von einer Kapitalanlagegesellschaft oder einer ausländischen Investmentgesellschaft ausgegeben werden[1] **(Satz 2).**

Voraussetzung ist ferner regelmäßig, daß die Wertpapiere fungibel sind.

Geldmarktinstrumente sind Forderungen, die nicht unter Satz 2 fallen und üblicherweise auf dem Geldmarkt gehandelt werden (Satz 3).

Geldmarktinstrumente sind als Auffangtatbestand definiert. Eine eigenständige Bedeutung kommt diesem Tatbestand in bezug auf nicht wertpapiermäßig verbriefte oder als Wertrechte ausgestaltete Forderungsrechte zu, die auf dem Geldmarkt gehandelt werden. Das sind beispielsweise kürzerfristige Schuldscheindarlehen, bestimmte Unternehmensgeldmarktpapiere, Deposit Notes, Finanzierungs-Fazilitäten und Finanz-Swaps.

---

[1]   Zu Investmentanteilen siehe aber die Ausnahme unter VI. 4.

Derivate sind als Festgeschäfte oder Optionsgeschäfte ausgestaltete Termingeschäfte, deren Preis unmittelbar oder mittelbar abhängt von

1. dem Börsen- oder Marktpreis von Wertpapieren,

2. dem Börsen- oder Marktpreis von Geldmarktinstrumenten,

3. dem Kurs von Devisen oder Rechnungseinheiten,

4. Zinssätzen oder anderen Erträgen oder

5. dem Börsen- oder Marktpreis von Waren oder Edelmetallen (Satz 4).

Der Begriff der Derivate erfaßt beide Grundformen des Termingeschäfts: das Festgeschäft, vor allem in der Form des Terminkaufs, und das Optionsgeschäft, auch in der Form der Übernahme von Stillhalterverpflichtungen.[2]

· **Devisen und vergleichbare Rechnungseinheiten,** die keine gesetzlichen Zahlungsmittel sind (bspw. ECU), werden generell erfaßt.

Nicht unter den Begriff der Finanzinstrumente fallen u. a.:

· Bausparverträge

· Immobilien

· Kredite

· Versicherungen

· Termin- und Spargelder (hier kann jedoch ggf. die Drittstaateneinlagenvermittlung vorliegen)

· gesellschaftsrechtliche Beteiligungen (mit Ausnahme von Aktien), die nicht fungibel und nicht an einem Markt handelbar sind (z.B. GmbH-, KG- oder GbR-Anteile)

In Zweifelsfällen (z.B. bei stillen Vermögenseinlagen und Fonds, die nicht unter die Aufsicht des Gesetzes über Kapitalanlagegesellschaften oder des Auslandinvestment-Gesetzes fallen) empfiehlt es sich, daß Sie sich zur Klärung an die für Sie zuständige Landeszentralbank wenden (Adressen siehe unter VII.).

---

[2] Nähere Erläuterungen hierzu finden Sie in der Begründung zur 6. KWG-Novelle

III. Kriterien für die Finanzdienstleistungsinstitutseigenschaften

Inländische Unternehmen, die Finanzdienstleistungen für andere **gewerbsmäßig** oder in einem Umfang erbringen, der einen in **kaufmännischer** Weise eingerichteten **Geschäftsbetrieb** erfordert, bedürfen der Erlaubnis nach § 32 KWG und unterliegen der **Aufsicht** durch das Bundesaufsichtsamt für das Kreditwesen.

A. Gewerbsmäßig

Die Geschäfte werden gewerbsmäßig betrieben, wenn der Betrieb auf eine gewisse Dauer angelegt ist und der Betreiber sie mit der <u>Absicht</u> der Gewinnerzielung verfolgt.

B. Kaufmännischer Geschäftsbetrieb

Ist eine Gewerbsmäßigkeit nicht gegeben, gilt das Kriterium des Erfordernisses eines in kaufmännischer Weise eingerichteten Geschäftsbetriebes. Entscheidend für das Vorliegen dieses Merkmals ist dabei nicht, daß ein in kaufmännischer Weise eingerichteter Geschäftsbetrieb vorhanden ist, sondern allein, ob die Geschäfte einen derartigen Umfang haben, daß objektiv eine kaufmännische Organisation erforderlich ist.

IV. <u>Aufsicht</u>

1. Solvenzaufsicht

Der Aufsicht unterliegende Institute müssen die Vorschriften des KWG, aber auch des Geldwäschegesetzes, und die dazu erlassenen Verordnungen sowie die Verlautbarungen des Bundesaufsichtsamtes beachten und die vorgeschriebenen regelmäßigen Meldungen und Anzeigen unaufgefordert, termingerecht und vollständig erstatten, soweit sie nicht z.B. nach § 2 Abs. 7 oder 8 KWG von einzelnen Vorschriften befreit sind. Die Einhaltung dieser Vorschriften wird vom Bundesaufsichtsamt in Zusammenarbeit mit den Landeszentralbanken durch die Auswertung der erstatteten Anzeigen und Meldungen sowie sonstiger Erkenntnisquellen und insbesondere auch durch die gemäß § 29 KWG entsprechend erweiterte Jahresabschlußprüfung und weitere, vom Bundesaufsichtsamt gemäß § 44 Abs. 1 KWG angeordnete Prüfungen überwacht.

2. Marktaufsicht

Gleichzeitig mit der 6. KWG-Novelle ist das Wertpapierhandelsgesetz[3] geändert worden. Danach werden Finanzdienstleistungsinstitute und Wertpapierhandelsbanken, die Wertpapierdienstleistungen[4] allein oder zusammen mit Wertpapiernebendienstleistungen erbringen, auf die Einhaltung der Verhaltensregeln gemäß §§ 31 bis 34a Wertpapierhandelsgesetz vom **Bundesaufsichtsamt für den Wertpapierhandel** überwacht. Ein Informationsblatt hierzu finden Sie im Internet unter der Adresse http://www.bawe.de oder erhalten Sie auf Anforderung beim Bundesaufsichtsamt für den Wertpapierhandel, 60318 Frankfurt am Main, Nibelungenplatz 3, - ab **1. Mai 1998** unter folgender neuer Anschrift: 60439 Frankfurt am Main, Lurgiallee 12 - Tel.: (069) 95 95 2 - 270, Fax: (069) 95 95 2 - 110.

V. Wertpapierhandelsbanken und Wertpapierhandelsunternehmen

A. Wertpapierhandelsbanken

Wertpapierhandelsbanken sind nach der Definition des § 1 Abs. 3d Satz 3 KWG **Kreditinstitute**, die keine Einlagenkreditinstitute[5] sind und die als Bankgeschäfte das Finanzkommissions- oder das Emissionsgeschäft betreiben oder als Finanzdienstleistungen die Anlage- oder Abschlußvermittlung, die Finanzportfolioverwaltung oder den Eigenhandel für andere erbringen. Kreditinstitute bedürfen deshalb auch für diese Geschäfte einer Erlaubnis.

---

[3] Siehe Art. 2 des Gesetzes zur Umsetzung von EG-Richtlinien zur Harmonisierung bank- und wertpapieraufsichtsrechtlicher Vorschriften vom 22. Oktober 1997 (BGBl. I S. 2518)

[4] Wertpapierdienstleistungen sind das Finanzkommissions- und das Emissionsgeschäft, die Anlage- und Abschlußvermittlung, die Finanzportfolioverwaltung, der Eigenhandel mit Kunden.

[5] Einlagenkreditinstitute sind Kreditinstitute, die Einlagen oder andere rückzahlbare Gelder des Publikums entgegennehmen und das Kreditgeschäft betreiben (§ 1 Abs. 3d Satz 1 KWG)

B. Wertpapierhandelsunternehmen

Finanzdienstleistungsinstitute und Wertpapierhandelsbanken fallen unter den Begriff des in § 1 Abs. 3d Satz 2 KWG definierten Wertpapierhandelsunternehmens, wenn sie keine Einlagenkreditinstitute sind und das Finanzkommissions- oder das Emissionsgeschäft betreiben oder die Anlage- oder Abschlußvermittlung, die Finanzportfolioverwaltung oder den Eigenhandel für andere erbringen, es sei denn, die vorgenannten Geschäfte beschränken sich auf Devisen, Rechnungseinheiten oder Derivate, deren Preis unmittelbar oder mittelbar vom Börsen- oder Marktpreis von Waren oder Edelmetallen (z.B. Warentermingeschäfte) abhängt.

Wertpapierhandelsunternehmen können ggf. mit dem sog. Europapaß in einem vereinfachten Verfahren und unter der Aufsicht der Heimatlandbehörden Zweigstellen in anderen Ländern des Europäischen Wirtschaftsraumes errichten oder dort grenzüberschreitende Finanzdienstleistungen erbringen.

VI. Ausnahmen

A. Die unter III. und IV. skizzierte Erlaubnispflicht mit der Folge laufender Überwachung durch das Bundesaufsichtsamt besteht gemäß § 2 Abs. 6 Satz 1 KWG u.a. für folgende Einrichtungen/Unternehmen nicht:

1. **Unternehmen, die Finanzdienstleistungen ausschließlich für ihr Mutterunternehmen oder ihre Tochter- oder Schwesterunternehmen erbringen (Nr. 5).**

2. **Unternehmen, deren Finanzdienstleistung ausschließlich in der Verwaltung eines Systems von Arbeitnehmerbeteiligungen an den eigenen oder an mit ihnen verbundenen Unternehmen besteht (Nr. 6).**

3. **Unternehmen, die ausschließlich Finanzdienstleistungen im Sinne sowohl der Nummer 5** (siehe 1.) **als auch der Nummer 6** (siehe 2.) **erbringen (Nr. 7).**

4. **Unternehmen, die als Finanzdienstleistungen im Sinne des § 1 Abs. 1a Satz 2 Nrn. 1 bis 4 KWG ausschließlich die Anlage- und Abschlußvermittlung zwischen Kunden und**

   a) **einem Institut** (d.h. lizenzierte Kredit- oder Finanzdienstleistungsinstitute),

   b) **einem nach § 53b Abs. 1 Satz 1 oder Abs. 7 KWG[6] tätigen Unternehmen,**

---

[6] Einlagenkreditinstitute oder Wertpapierhandelsunternehmen mit Sitz in einem anderen Staat des Europäischen Wirtschaftsraums bzw. bestimmte Tochtergesellschaften von Einlagenkreditinstituten

c) einem Unternehmen, das auf Grund einer Rechtsverordnung nach § 53c KWG gleichgestellt oder freigestellt ist, oder

d) einer ausländischen Investmentgesellschaft

betreiben, sofern sich diese Finanzdienstleistungen auf Anteilscheine von Kapitalanlagegesellschaften oder von ausländischen Investmentanteilen, die nach dem Auslandinvestment-Gesetz vertrieben werden dürfen, beschränken und die Unternehmen nicht befugt sind, sich bei der Erbringung dieser Finanzdienstleistungen Eigentum oder Besitz an Geldern, Anteilscheinen oder Anteilen von Kunden zu verschaffen (Nr. 8).

Die Institute oder Unternehmen, an die die Vermittlung erfolgt, unterliegen bereits selbst einer Aufsicht. Eine weitergehende Beaufsichtigung der ausschließlich die Aufträge weiterleitenden Unternehmen ist nicht erforderlich.

Diese Ausnahme gilt auch bei Vermittlung an mehrere unter a) bis d) fallende Anbieter.

5. Unternehmen, die Finanzdienstleistungen ausschließlich an einer Börse, an der ausschließlich Derivate gehandelt werden, für andere Mitglieder dieser Börse erbringen und deren Verbindlichkeiten durch ein System zur Sicherung der Erfüllung der Geschäfte an dieser Börse abgedeckt sind (Nr. 9).

6. Angehörige freier Berufe, die Finanzdienstleistungen nur gelegentlich im Rahmen ihrer Berufstätigkeit erbringen und einer Berufskammer in der Form der Körperschaft des öffentlichen Rechts angehören, deren Berufsrecht die Erbringung von Finanzdienstleistungen nicht ausschließt (Nr. 10).

7. Unternehmen, deren Haupttätigkeit darin besteht, Geschäfte über Rohwaren mit gleichartigen Unternehmen, mit den Erzeugern oder den gewerblichen Verwendern der Rohwaren zu tätigen, und die Finanzdienstleistungen nur für diese Personen und nur insoweit erbringen, als es für ihre Haupttätigkeit erforderlich ist (Nr. 11).

8. Unternehmen, deren einzige Finanzdienstleistung der Handel mit Sorten ist, sofern ihre Haupttätigkeit nicht im Sortengeschäft besteht (Nr. 12).

Hierunter fallen Hotels, Reisebüros, Kaufhäuser und andere Unternehmen, die das Sortengeschäft lediglich als Nebentätigkeit betreiben.

B. Eine weitere Ausnahme von der Erlaubnispflicht sieht § 2 Abs. 10 Satz 1 und 2 KWG vor:

Ein Unternehmen gilt nicht als Finanzdienstleistungsinstitut, wenn und solange es die Anlage- oder Abschlußvermittlung ausschließlich für Rechnung und unter der Haftung eines Einlagenkreditinstitutes oder Wertpapierhandelsunternehmens (siehe oben unter V. B.) mit Sitz im Inland oder eines nach § 53b Abs. 1 Satz 1 oder Abs. 7 KWG tätigen Unternehmens oder unter der gesamtschuldnerischen Haftung solcher Institute oder Unternehmen ausübt, ohne andere Finanzdienstleistungen zu erbringen, und wenn dies dem Bundesaufsichtsamt von einem dieser haftenden Institute oder Unternehmen angezeigt wird. Seine Tätigkeit wird den Instituten oder Unternehmen zugerechnet, für deren Rechnung und unter deren Haftung es tätig wird.

Diese Ausnahmeregelung ist auch anwendbar, wenn die Unternehmen (in der Regel wird es sich um freie Mitarbeiter handeln) für Rechnung mehrerer beaufsichtigter Institute oder Unternehmen tätig sind, sofern diese Institute oder Unternehmen jeweils die gesamtschuldnerische Haftung übernehmen.

VII. <u>Ansprechpartner</u>

Sollten Sie zu diesem Informationsblatt Fragen haben, richten Sie diese bitte zuerst an die für Ihren Sitz zuständige Landeszentralbank (Hauptverwaltung der Deutschen Bundesbank), die ggf. Ihre Anfrage, insbesondere auch bei Fragen zum Geldwäschegesetz, mit einer Stellungnahme an das Bundesaufsichtsamt weiterreichen wird.

Dort und unter der Internet-Adresse http://www.bundesbank.de (Homepage der Deutschen Bundesbank) erhalten Sie auch das Merkblatt über die Erteilung einer Erlaubnis zum Erbringen von Finanzdienstleistungen gemäß § 32 Abs. 1 KWG.

Landeszentralbank in Baden-Württemberg

Marstallstr. 3, 70173 Stuttgart,   Tel.: (0711) 9 44 - 0

Fax: (0711) 9 44 - 19 03

Landeszentralbank im Freistaat Bayern

Ludwigstr. 13, 80539 München   Tel.: (089) 28 89 - 5

Fax: (089) 28 89 - 36 30

Landeszentralbank in Berlin und Brandenburg

Steinplatz 2, 10623 Berlin   Tel.: (030) 34 75 - 0

Fax: (030) 34 75 - 12 90

**Landeszentralbank in der Freien Hansestadt Bremen,
in Niedersachsen und Sachsen-Anhalt**

Georgsplatz 5, 30159 Hannover   Tel.: (0511) 30 33 - 0

Fax: (0511) 30 33 - 25 99

oder - 25 81

**Landeszentralbank in der Freien und Hansestadt Hamburg,
in Mecklenburg-Vorpommern und Schleswig-Holstein**

Ost-West-Str. 73, 20459 Hamburg   Tel.: (040) 37 07 - 0

Fax: (040) 37 07 - 41 72

Landeszentralbank in Hessen

Taunusanlage 5, 60329 Frankfurt am Main   Tel.: (069) 23 88 - 0

Fax: (069) 23 88 - 11 11

Landeszentralbank in Nordrhein-Westfalen

Berliner Allee 14, 40212 Düsseldorf   Tel.: (0211) 8 74 - 0

Fax: (0211) 8 74 - 36 35

Landeszentralbank in Rheinland-Pfalz und im Saarland

Hegelstr. 65, 55122 Mainz   Tel.: (06131) 3 77 - 0

Fax: (06131) 3 77 - 3 55

Landeszentralbank in den Freistaaten Sachsen und Thüringen

Prager Str. 200, 04103 Leipzig   Tel.: (0341) 8 60 - 0

Fax: (0341) 8 60 - 25 99

Anhang 5

BAWe (97.10.24): Informationsblatt für Finanzdienstleister

Mit Inkrafttreten der Novelle des Wertpapierhandelsgesetzes (WpHG) zum 1. Januar 1998 vergrößert sich der Kreis der vom Bundesaufsichtsamt für den Wertpapierhandel (BAWe) zu überwachenden Unternehmen. Vor allem Anlagevermittler und Vermögensverwalter müssen dann erstmals die Verhaltensregeln und Meldepflichten des WpHG beachten. Mit einem jetzt herausgegebenen Informationsblatt will das BAWe diesen Unternehmen bei der Vorbereitung auf die Gesetzesnovelle helfen. Dazu hat das Amt die wichtigsten Auszüge aus dem Gesetz zusammengestellt und erläutert. Das BAWe rechnet mit mehreren tausend Unternehmen, die neu unter seine Aufsicht fallen werden.

Informationsblatt

für inländische Unternehmen im Finanzdienstleistungssektor,
die am 01. Januar 1998 unter die Aufsichtsvorschriften des WpHG fallen

(Stand: 24. Oktober 1997)

Mit Inkrafttreten des Gesetzes zur Umsetzung von EG-Richtlinien zur Harmonisierung bank- und wertpapieraufsichtsrechtlicher Vorschriften am 01. Januar 1998 wird der Kreis der vom Bundesaufsichtsamt für den Wertpapierhandel (BAWe) zu überwachenden Unternehmen erweitert. Das Wertpapierhandelsgesetz (WpHG) wird geändert, so daß nun zu den bisher schon als Wertpapierdienstleistungsunternehmen vom BAWe beaufsichtigten Unternehmen neue Wertpapierdienstleistungsunternehmen hinzukommen. Alle Wertpapierdienstleistungsunternehmen sind verpflichtet, die Verhaltensregeln und Meldepflichten des WpHG einzuhalten.

Dieses Informationsblatt stellt die Folgen dar, die sich aus dieser Gesetzesänderung ergeben. Informationen zur Zuständigkeitsverteilung zwischen dem BAWe und dem Bundesaufsichtsamt für das Kreditwesen (BAKred) finden sich in Abschnitt I. Wer der Aufsicht durch das BAWe unterliegt, ist in Abschnitt II erläutert. Damit die Betroffenen prüfen können, ob sie Wertpapierdienstleistungen und/oder Wertpapiernebendienstleistungen erbringen, enthält Abschnitt III Definitionen zu diesen Begriffen. In Abschnitt IV finden sich zusätzlich Erläuterungen zu den Begriffen Wertpapiere, Geldmarktinstrumente und Derivate. In Abschnitt V werden die Verhaltensregeln des WpHG und in Abschnitt VI die Befugnisse des BAWe dargestellt. Abschnitt VII geht auf die Meldepflichten der Unternehmen ein, die Eigenhandel betreiben. Wie das BAWe die Unternehmen beaufsichtigt, schildert Abschnitt VIII. Abschnitt IX nennt Adressen für weitere Auskünfte.

I. Zuständigkeitsverteilung zwischen dem BAWe und dem BAKred

Die Beaufsichtigung über die Wertpapierfirmen und die Kreditinstitute, soweit sie Wertpapierdienstleistungen erbringen, erfolgt durch das BAWe und das BAKred. Der Arbeitsteilung zwischen den beiden Behörden liegt ein funktionaler Ansatz zugrunde: Das BAKred ist für die Zulassung und die Solvenzaufsicht zuständig, das BAWe führt die Marktaufsicht über die Wertpapierdienstleistungsunternehmen durch. Solvenzaufsicht bedeutet hierbei die Überwachung der Fähigkeit von Unternehmen, ihr Bestehen und die ständige Erfüllbarkeit aller fälligen Verbindlichkeiten sicherzustellen, sowohl durch eine entsprechende Geschäftspolitik als auch durch ausreichendes Eigenkapital. Marktaufsicht ist die Sicherstellung des Anlegerschutzes, die Transparenz der Wertpapiermärkte sowie der Integrität des Kapitalmarktes.

II. Wertpapierdienstleistungsunternehmen

Welche Unternehmen Wertpapierdienstleistungsunternehmen im Sinne des WpHG sind und daher der Aufsicht des BAWe unterfallen, ist in § 2 Abs. 4 WpHG abschließend geregelt. Danach gilt:

Wertpapierdienstleistungsunternehmen im Sinne dieses Gesetzes sind Kreditinstitute, Finanzdienstleistungsinstitute und nach § 53 Abs. 1 Satz 1 des Gesetzes über das Kreditwesen tätige Unternehmen, die Wertpapierdienstleistungen allein oder zusammen mit Wertpapiernebendienstleistungen gewerbsmäßig oder in einem Umfang erbringen, der einen in kaufmännischer Weise eingerichteten Geschäftsbetrieb erfordert.

Geschäfte werden gewerbsmäßig betrieben, wenn der Betrieb auf eine gewisse Dauer angelegt ist und der Betreiber sie mit der Absicht der Gewinnerzielung verfolgt.

Alternativ gilt das Kriterium des Erfordernisses eines in kaufmännischer Weise eingerichteten Geschäftsbetriebes. Dies ist der Fall, wenn der Geschäftsumfang objektiv eine kaufmännische Organisation erfordert.

Der Begriff Wertpapierdienstleistungen ist im nächsten Abschnitt erläutert.

III. Wertpapierdienstleistungen und Wertpapiernebendienstleistungen

A. Wertpapierdienstleistungen

Welche Tätigkeiten eines Unternehmens Wertpapierdienstleistungen sind, wird in § 2 Abs. 3 WpHG definiert. Nach dieser Vorschrift sind Wertpapierdienstleistungen:

1. **die Anschaffung und die Veräußerung von Wertpapieren, Geldmarktinstrumenten oder Derivaten im eigenen Namen für fremde Rechnung (Finanzkommissionsgeschäft),**

2. **die Anschaffung und die Veräußerung von Wertpapieren, Geldmarktinstrumenten oder Derivaten im Wege des Eigenhandels für andere (Eigenhandel),**

3. **die Anschaffung und die Veräußerung von Wertpapieren, Geldmarktinstrumenten oder Derivaten im fremden Namen für fremde Rechnung (Abschlußvermittlung),**

4. die Vermittlung oder der Nachweis von Geschäften über die Anschaffung und die Veräußerung von Wertpapieren, Geldmarktinstrumenten oder Derivaten (Anlagevermittlung),

5. die Übernahme von Wertpapieren, Geldmarktinstrumenten oder Derivaten für eigenes Risiko zur Plazierung oder die Übernahme gleichwertiger Garantien (Emissionsgeschäft),

6. die Verwaltung einzelner in Wertpapieren, Geldmarktinstrumenten oder Derivaten angelegter Vermögen für andere mit Entscheidungsspielraum (Finanzportfolioverwaltung).

Nachfolgend werden die oben genannten Wertpapierdienstleistungen näher erläutert.

Finanzkommissionsgeschäft (Nr. 1)

Erfaßt werden alle rechtlich zulässigen Formen der Anschaffung und Veräußerung von Wertpapieren, Geldmarktinstrumenten oder Derivaten im eigenen Namen für andere.

Eigenhandel (Nr. 2)

Handelt ein Unternehmen mit seinen Kunden als Eigenhändler, so tritt es seinem Kunden nicht als Kommissionär, sondern als Käufer oder Verkäufer gegenüber (Festpreisgeschäft). Auch wenn es sich zivilrechtlich um einen Kaufvertrag handelt, ist dieses Geschäft eine Wertpapierdienstleistung.

Abschlußvermittlung (Nr. 3)

Die Vorschrift regelt die offene Stellvertretung gemäß § 164 Abs. 1 Satz 1 BGB. Erfaßt ist die Tätigkeit des Abschlußmaklers im Sinne des § 34c Gewerbeordnung, sofern er eine Partei bei Abschluß des Geschäftes vertritt. Andere Maklertätigkeiten fallen unter Nr. 4.

Anlagevermittlung (Nr. 4)

Die Regelung erfaßt die Vermittlung im Sinne des § 34c Gewerbeordnung. Die Tätigkeit darf sich dabei nicht auf die bloße Weiterleitung des Auftrags beschränken. Für die Abgrenzung zwischen Vermittler und Bote kommt es nicht auf die Bezeichnung, sondern auf den materiellen Inhalt der Tätigkeit an. Erfaßt ist auch der Nachweismakler im Sinne des § 34 c Gewerbeordnung. Der Nachweis der Gelegenheit zum Abschluß von Verträgen besteht darin, daß ein bisher unbekannter Vertragspartner benannt wird, so daß ein Kunde selbst den Vertrag schließen kann.

Emissionsgeschäft (Nr. 5)

Die Regelung erfaßt sowohl die Erstemission als auch jede weitere Übernahme, z.B. im Rahmen einer Privatisierung. Voraussetzung ist, daß das am Emissionskonsortium beteiligte Unternehmen gegenüber dem Emittenten den Absatz der Wertpapiere, Geldmarktinstrumente oder Derivate garantiert und dadurch das Absatzrisiko trägt. Dies ist der Fall bei einem Übernahmekonsortium, bei dem die Konsorten die Wertpapiere, Geldmarktinstrumente oder Derivate zu einem festen Preis in den eigenen Bestand nehmen, und bei einem Geschäftsbesorgungskonsortium, bei dem die Konsorten die Emission im Namen und für Rechnung des Emittenten verkaufen und sich gleichzeitig zur Übernahme des nicht verkauften Teiles der Emission in den eigenen Bestand verpflichten. Liegt keine derartige Verpflichtung hinsichtlich des nicht verkauften Teiles der Emission vor, handelt es sich um einen Fall der Abschlußvermittlung im Sinn der Nr. 3. Erfolgt die Emission über ein Begebungskonsortium, bei dem die Konsorten die Emission im eigenen Namen für Rechnung des Emittenten plazieren, übernehmen die Konsorten kein Absatzrisiko. Dieser Fall wird von Nr. 1 erfaßt.

Finanzportfolioverwaltung (Nr. 6)

Finanzportfolioverwaltung ist die Verwaltung einzelner in Wertpapieren, Geldmarktinstrumenten oder Derivaten angelegter Vermögen für andere mit Entscheidungsspielraum. Ein Entscheidungsspielraum ist gegeben, wenn die konkreten Anlageentscheidungen im eigenen Ermessen des Verwalters liegen. Erteilt dagegen der Anleger auf Grund einer Anlageberatung eine dem Beratungsergebnis entsprechende, bestimmte Weisung, ohne daß der Verwalter dabei ein eigenes Ermessen hat, liegt eine Anlageberatung vor.

B. Wertpapiernebendienstleistungen

Der Begriff Wertpapiernebendienstleistungen ist in § 2 Abs. 3a WpHG definiert. Danach sind Wertpapiernebendienstleistungen:

1. **die Verwahrung und die Verwaltung von Wertpapieren für andere, sofern nicht das Depotgesetz anzuwenden ist,**

2. **die Gewährung von Krediten oder Darlehen an andere für die Durchführung von Wertpapierdienstleistungen durch das Unternehmen, das den Kredit oder das Darlehen gewährt hat,**

   Die Gewährung von Sachdarlehen ist keine Wertpapiernebendienstleistung im Sinne dieser Bestimmung.

3. **die Beratung bei der Anlage in Wertpapieren, Geldmarktinstrumenten oder Derivaten,**

4. **die in Absatz 3 Nr. 1 bis 4 genannten Tätigkeiten, soweit sie Devisengeschäfte oder Devisentermingeschäfte, die nicht unter Absatz 2 Nr. 2 fallen, zum Gegenstand haben und im Zusammenhang mit Wertpapierdienstleistungen stehen.**

Im Rahmen einer solchen Wertpapiernebendienstleistung werden auch Devisentermingeschäfte, die nicht an einem organisierten Markt gehandelt werden, sowie Devisenkassageschäfte erfaßt.

Wer nur Wertpapiernebendienstleistungen erbringt, ist kein Wertpapierdienstleistungsunternehmen.

IV. Wertpapiere, Geldmarktinstrumente und Derivate

Wertpapierdienstleistungen und Wertpapiernebendienstleistungen beziehen sich auf bestimmte im WpHG definierte Finanzinstrumente.

A. Wertpapiere

Die Bestimmung, welche Anlagen als Wertpapiere im Sinne des Gesetzes anzusehen sind, findet sich in § 2 Abs. 1 WpHG. Dort heißt es:

Wertpapiere im Sinne dieses Gesetzes sind, auch wenn für sie keine Urkunden ausgestellt sind,

1. **Aktien, Zertifikate, die Aktien vertreten, Schuldverschreibungen, Genußscheine, Optionsscheine und**

2. **andere Wertpapiere, die mit Aktien oder Schuldverschreibungen vergleichbar sind, wenn sie an einem Markt gehandelt werden können.**

Wertpapiere sind auch Anteilscheine, die von einer Kapitalanlagegesellschaft oder einer ausländischen Investmentgesellschaft ausgegeben werden.

Der Marktbegriff erfaßt sowohl den organisierten als auch den nicht organisierten Markt. Voraussetzung ist außerdem, daß die Wertpapiere fungibel sind.

B. Geldmarktinstrumente

Geldmarktinstrumente sind in § 2 Abs. 1 a WpHG definiert als

Forderungen, die nicht unter Absatz 1 fallen (d.h. nicht Wertpapiere sind) **und üblicherweise auf dem Geldmarkt gehandelt werden.**

Hierunter fallen in der Bundesrepublik Deutschland insbesondere kurzfristige Schuldscheindarlehen. Nicht unter den Begriff der Geldmarktinstrumente fallen dagegen z.B. Termingelder und Sparbriefe.

C. Derivate

Als Derivate sind gemäß § 2 Abs. 2 WpHG zu qualifizieren:

1. **als Festgeschäfte oder Optionsgeschäfte ausgestaltete Termingeschäfte, deren Preis unmittelbar oder mittelbar abhängt von**

   a) **dem Börsen- oder Marktpreis von Wertpapieren,**

   b) **dem Börsen- oder Marktpreis von Geldmarktinstrumenten,**

   c) **Zinssätzen oder anderen Erträgen oder**

   d) **dem Börsen- oder Marktpreis von Waren oder Edelmetallen** (d.h. Warentermingeschäfte),

   Durch diese Bestimmung werden auch außerbörsliche Derivate erfaßt.

2. **Devisentermingeschäfte, die an einem organisierten Markt gehandelt werden (Devisenfuturegeschäfte), Devisenoptionsgeschäfte, Währungsswapgeschäfte, Devisenswapoptionsgeschäfte und Devisenfutureoptionsgeschäfte.**

V.   Ausnahmen

Nicht als Wertpapierdienstleistungsunternehmen gelten gemäß § 2a WpHG folgende Unternehmen:

1. Unternehmen, die Wertpapierdienstleistungen ausschließlich für ihr Mutterunternehmen oder ihre Tochter- oder Schwesterunternehmen im Sinne des § 1 Abs. 6 und 7 des Gesetzes über das Kreditwesen erbringen,

2. Unternehmen, deren Wertpapierdienstleistung ausschließlich in der Verwaltung eines Systems von Arbeitnehmerbeteiligungen an den eigenen oder an mit ihnen verbundenen Unternehmen besteht,

3. Unternehmen, die ausschließlich Wertpapierdienstleistungen im Sinne sowohl der Nummer 1 als auch der Nummer 2 erbringen,

4. private und öffentlich-rechtliche Versicherungsunternehmen,

5. die öffentliche Schuldenverwaltung des Bundes, eines seiner Sondervermögen, eines Landes, eines anderen Mitgliedstaats der Europäischen Gemeinschaften oder eines anderen Vertragsstaats des Abkommens über den Europäischen Wirtschaftsraum, die Deutsche Bundesbank sowie die Zentralbanken der anderen Mitgliedstaaten oder Vertragsstaaten,

6. Angehörige freier Berufe, die Wertpapierdienstleistungen nur gelegentlich im Rahmen ihrer Berufstätigkeit erbringen und einer Berufskammer in der Form der Körperschaft des öffentlichen Rechts angehören, deren Berufsrecht die Erbringung von Wertpapierdienstleistungen nicht ausschließt,

7. Unternehmen, die als einzige Wertpapierdienstleistung Aufträge zum Erwerb oder zur Veräußerung von Anteilscheinen von Kapitalanlagegesellschaften oder von ausländischen Investmentanteilen, die nach dem Auslandinvestment-Gesetz vertrieben werden dürfen, weiterleiten an

    a) ein Kreditinstitut oder Finanzdienstleistungsinstitut,

    b) ein nach § 53b Abs. 1 Satz 1 oder Abs. 7 des Gesetzes über das Kreditwesen tätiges Unternehmen,

    c) ein Unternehmen, das auf Grund einer Rechtsverordnung gemäß § 53c des Gesetzes über das Kreditwesen gleichgestellt oder freigestellt ist, oder

    d) eine ausländische Investmentgesellschaft,

    sofern sie nicht befugt sind, sich bei der Erbringung dieser Wertpapierdienstleistungen Eigentum oder Besitz an Geldern, Anteilscheinen oder Anteilen von Kunden zu verschaffen,

8. Unternehmen, die Wertpapierdienstleistungen ausschließlich an einem organisierten Markt, an dem ausschließlich Derivate gehandelt werden, für andere Mitglieder dieses Marktes erbringen und deren Verbindlichkeiten durch ein System zur Sicherung der Erfüllung der Geschäfte an diesem Markt abgedeckt sind,

9. Unternehmen, deren Haupttätigkeit darin besteht, Geschäfte über Rohwaren mit gleichartigen Unternehmen, mit den Erzeugern oder den gewerblichen Verwendern der Rohwaren zu tätigen, und die Wertpapierdienstleistungen nur für diese Gegenparteien und insoweit erbringen, als es für ihre Haupttätigkeit erforderlich ist.

Übt ein Unternehmen Wertpapierdienstleistungen im Sinne des § 2 Abs. 3 Nr. 3 und 4 ausschließlich für Rechnung und unter der Haftung eines Kreditinstituts oder Finanzdienstleistungsinstituts oder eines nach § 53b Abs. 1 Satz 1 oder Abs. 7 des Gesetzes über das Kreditwesen tätigen Unternehmens oder unter der gesamtschuldnerischen Haftung solcher Institute oder Unternehmen aus, ohne andere Wertpapierdienstleistungen zu erbringen, gilt es nicht als Wertpapierdienstleistungsunternehmen. Seine Tätigkeit wird den Instituten oder Unternehmen zugerechnet, für deren Rechnung und unter deren Haftung es seine Tätigkeit erbringt.

Unter diese Ausnahme können beispielsweise Handelsvertreter fallen. Entscheidend ist, daß das Unternehmen nur für ein einziges Wertpapierdienstleistungsunternehmen, das die Haftung übernimmt, oder für mehrere Unternehmen, wenn diese gesamtschuldnerisch haften, tätig wird, sowie ausschließlich Wertpapierdienstleistungen im Sinne des § 2 Abs. 3 Nr. 3 und 4 WpHG (d.h. Abschluß- und Anlagevermittlung) erbringt. Er ist daher eher mit einem Arbeitnehmer der betreffenden Unternehmen vergleichbar als mit einem selbständig Tätigen. Die Tätigkeit des Unternehmens wird dann dem Wertpapierdienstleistungsunternehmen zugerechnet, für dessen Rechnung und unter dessen Haftung es die Wertpapierdienstleistung erbringt. Betreibt das Unternehmen die Anlage- und Abschlußvermittlung hingegen für mehrere Wertpapierdienstleistungsunternehmen, die nicht gesamtschuldnerisch haften, ist es selbst Wertpapierdienstleistungsunternehmen. Erbringt das Unternehmen neben der Anlage- und Abschlußvermittlung weitere Wertpapierdienstleistungen im Sinne des § 2 Abs. 3 WpHG, fällt es ebenfalls nicht unter diese Ausnahmevorschrift.

VI. Verhaltensregeln des WpHG

A. Inhalt der Verhaltensregeln

Unternehmen, die Wertpapierdienstleistungen erbringen, sind verpflichtet, die Verhaltensregeln gemäß §§ 31 bis 34a WpHG zu beachten. Diese beinhalten die Verpflichtung, den Kunden diejenigen Informationen mitzuteilen, die dieser für die von ihm beabsichtigten Geschäfte benötigt. Hierzu gehören beispielsweise Informationen über Berechnung, Höhe und Art der Kosten, ggf. zu erbringende Sicherheitsleistungen (margin) und etwaige andere Zahlungspflichten. Zu den für Kunden zweckdienlichen Informationen zählt auch die Aufklärung des Kunden über die Eigenschaften und Risiken der von dem Kunden gewünschten Anlageform sowie der Hinweis auf andere erhebliche Umstände, z.B. die Möglichkeit der Limitierung von Aufträgen. Die Aufklärung des jeweiligen Kunden muß zutreffend, vollständig und unmißverständlich sein. Sie ist so zu gestalten, daß hinsichtlich des Inhalts und der Form der Aufklärung die Kenntnisse bzw. Erfahrungen sowie das jeweilige Aufklärungsbedürfnis des Kunden in bezug auf die betreffende Anlageform berücksichtigt werden.

Die Verhaltensregeln nennen auch für bestimmte Bereiche des Wertpapierdienstleistungsgeschäftes geltende Verbote. Untersagt sind etwa Anlageempfehlungen, die nicht mit den Interessen des Kunden übereinstimmen und Geschäfte, die Nachteile für den Kunden zur Folge haben können. Dazu zählen etwa Eigengeschäfte aufgrund der Kenntnis von Kundenaufträgen (sog. frontrunning) oder die häufige Umschichtung von Vermögenswerten allein aus Provisionsinteresse (sog. churning).

Um die Einhaltung der Verhaltenspflichten zu gewährleisten, sind Wertpapierdienstleistungsunternehmen verpflichtet, ihren Geschäftsbetrieb entsprechend zu organisieren. Sie müssen deshalb die für eine ordnungsgemäße Erfüllung der Wertpapierdienstleistung notwendigen Mittel und Verfahren vorhalten und wirksam einsetzen. Wertpapierdienstleistungsunternehmen müssen über angemessene interne Kontrollen verfügen sowie über eine Organisation, die geeignet ist, Interessenkonflikte, insbesondere zwischen Eigen- und Kundengeschäften, möglichst gering zu halten.

Schließlich beinhalten die Verhaltensregeln des WpHG Aufzeichnungs- und Aufbewahrungspflichten. Danach müssen Wertpapierdienstleistungsunternehmen z.B. den erteilten Auftrag, hierzu erteilte Anweisungen des Kunden, die Ausführung des Auftrages aufzeichnen und sechs Jahre aufbewahren.

B. Besondere Vorschriften für Unternehmen, die Kundengelder und/oder Wertpapiere entgegennehmen

Soweit Unternehmen Kundengelder entgegennehmen und im eigenen Namen und auf Rechnung der Kunden verwenden, sind sie verpflichtet, diese Kundengelder unverzüglich getrennt von den Geldern des Unternehmens und von anderen Kundengeldern auf Treuhandkonten bei einem zum Einlagengeschäft befugten Kreditinstitut zu verwahren (vgl. § 34a Abs. 1 WpHG). Dies gilt jedoch nur dann, wenn diese Unternehmen selbst nicht über eine Erlaubnis zum Betreiben des Einlagengeschäftes verfügen.

Wenn Unternehmen Wertpapiere im Zusammenhang mit der Erbringung von Wertpapierdienstleistungen entgegennehmen, ohne selbst eine Erlaubnis zum Betreiben des Depotgeschäftes zu haben, müssen diese Wertpapiere unverzüglich einem Kreditinstitut, das über eine entsprechende Erlaubnis verfügt, zugeleitet werden. Dabei muß dem Kunden eine Rechtsstellung eingeräumt werden, die derjenigen nach dem Depotgesetz gleichwertig ist (vgl. § 34 a Abs. 2 WpHG).

VII. Meldepflichten für Unternehmen, die Eigenhandel betreiben

Seit dem 01. Januar 1996 unterliegen deutsche Kreditinstitute, die Zweigstellen ausländischer Kreditinstitute sowie bestimmte andere Unternehmen der Pflicht, jedes börsliche und außerbörsliche Geschäft in allen Wertpapieren und Derivaten, die an einer Börse eines Mitgliedstaates der Europäischen Union oder eines Vertragsstaates des Abkommens über den Europäischen Wirtschaftsraum zum Börsenhandel zugelassen sind, auf elektronischem Weg an das BAWe zu melden.

Während Kreditinstitute, unabhängig von einer Zulassung zum Börsenhandel, meldepflichtig sind, unterliegen die sonstigen Unternehmen bisher nur dann der Meldepflicht, wenn sie an einer Börse zugelassen sind. Jetzt sind nach § 9 Abs. 1 Satz 1 WpHG auch Finanzdienstleistungsinstitute meldepflichtig, die Eigenhandel betreiben, unabhängig davon, ob sie an einer Börse zum Handel zugelassen sind.

Ein Unternehmen nach § 9 Abs. 1 Satz 1 WpHG, das am 01. August 1997 bestanden hat und nicht bereits vor diesem Zeitpunkt der Meldepflicht nach § 9 Abs. 1 WpHG unterlag, muß Mitteilungen nach dieser Bestimmung erstmals am 01. Februar 1998 abgeben.

Wird von dem Unternehmen beim BAKred eine Erstanzeige erstattet, auf der das Anschaffen und Veräußern von Finanzinstrumenten im Wege des Eigenhandels für andere vermerkt wird, wird das BAWe nach dem üblichen Verfahren vom BAKred informiert. Die Stammdaten des Unternehmens werden daraufhin in den Datenbestand des BAWe übernommen und es unterliegt ab dem 01. Februar 1998 der Meldepflicht. Die Meldepflicht entsteht, soweit die vorgenannten Geschäfte getätigt werden, unabhängig von der Erstanzeige beim BAKred. Die Unternehmen müssen in beiden Fällen ihre Kunden- und Eigengeschäfte nach dem vorgeschriebenen Verfahren melden.

Einzelheiten der Ausgestaltung der Meldepflicht sind der Verordnung des BAWe über die Meldepflicht beim Handel mit Wertpapieren und Derivaten zu entnehmen. Die Verordnung zu § 9 WpHG präzisiert die Form und den Inhalt der Meldungen und nennt auch die zulässigen Übermittlungswege. Die Verordnung kann im Internet unter der BAWe-Homepage http://www.bawe.de abgerufen werden.

VIII. Instrumente der Aufsicht

Die Einhaltung der Verhaltensregeln wird vom BAWe überwacht. Hierzu sieht das WpHG vor, daß Wertpapierdienstleistungsunternehmen einmal jährlich auf ihre Kosten durch einen geeigneten Prüfer, den das Wertpapierdienstleistungsunternehmen dem BAWe vor Erteilung des Prüfungsauftrages anzeigen muß, die Einhaltung der Verhaltensregeln feststellen lassen müssen. Die Bestellung des Prüfers erfolgt durch das Wertpapierdienstleistungsunternehmen spätestens zum Ablauf des Geschäftsjahres, auf das sich die Prüfung erstreckt. Das Wertpapierdienstleistungsunternehmen kann dazu Wirtschaftsprüfer, vereidigte Buchprüfer Wirtschaftsprüfungs- und Buchprüfungsgesellschaften beauftragen. Der Prüfer hat unverzüglich nach Beendigung der Prüfung jeweils einen Prüfungsbericht beim BAWe, dem BAKred und der Deutschen Bundesbank einzureichen.

Hinsichtlich des Inhaltes der Prüfung kann das BAWe Bestimmungen treffen, die vom Prüfer zu berücksichtigen sind. Hierbei können insbesondere Schwerpunkte der Prüfung festgesetzt werden. Das BAWe kann auch selbst an der Prüfung der Wertpapierdienstleistungsunternehmen teilnehmen.

Daneben kann das BAWe zur Überwachung der Einhaltung der Verhaltensregeln Auskünfte und die Vorlage von Unterlagen verlangen und auch ohne besonderen Anlaß zusätzliche Prüfungen bei Wertpapierdienstleistungsunternehmen vornehmen. Hierbei ist das Betreten der Grundstücke und Geschäftsräume des Wertpapierdienstleistungsunternehmens und der mit diesem verbundenen Unternehmen zu gestatten.

IX.   Auskünfte

Weitere Informationen erhalten Sie unter folgender Adresse:

Bundesaufsichtsamt für den Wertpapierhandel
Nibelungenplatz 3
60318 Frankfurt am Main

Telefon: (0 69) 9 59 52-1 27
Fax Nr.: (0 69) 9 59 52-1 10
E-mail : mailsymbol 64 \f "MS LineDraw" \s 12bawe.de

Informationen über das BAWe liefert Ihnen auch die Internet Homepage des BAWe (Adresse: http://www.bawe.de)

Fragen, die sich auf die Solvenzaufsicht und/oder die Zulassung selbst beziehen, richten Sie bitte an die zuständige Landeszentralbank oder an das Bundesaufsichtsamt für das Kreditwesen, Gardeschützenweg 71 - 101, 12203 Berlin, Telefon: (0 30) 84 36 - 0.

Ihre Ansprechpartner bei PwC

Wenn Sie weitere Fragen zum Thema Finanzdienstleistungsinstitute haben, wenden Sie sich an:

PwC Deutsche Revision

Bockenheimer Anlage 15

60322 Frankfurt am Main

Tel.: (0 69) 95 85-0

Fax: (0 69) 95 85-22 50

Ihre Ansprechpartner:

> WP Günter Borgel
> Tel.: (0 69) 95 85-21 15

> WP Georg Kütter
> Tel.: (0 69) 95 85-22 43